尤玉祥·著

中国名帝选讲

线装書局

图书在版编目（CIP）数据

中国名帝选讲 / 尤玉祥著. -- 北京 : 线装书局,
2019.3
ISBN 978-7-5120-3627-7

Ⅰ. ①中… Ⅱ. ①尤… Ⅲ. ①皇帝—人物研究—中国
Ⅳ. ①K827=2

中国版本图书馆CIP数据核字(2019)第053933号

中国名帝选讲

著　　者：尤玉祥
责任编辑：于建平
出版发行：线装书局
　　　　　地　　址：北京市丰台区方庄日月天地大厦B座17层（100078）
　　　　　电　　话：010-58077126（发行部）010-58076938（总编室）
　　　　　网　　址：www.zgxzsj.com
经　　销：新华书店
印　　制：河北盛世彩捷印刷有限公司
开　　本：710mm×1000mm　　1/16
印　　张：31
字　　数：420千字
版　　次：2019年3月第1版第1次印刷
印　　数：0001—1000册

线装书局官方微信

定　　价：82.00元

/ 目 / 录 /

汉武帝刘彻

唐太宗李世民

女皇武则天

唐明皇李隆基

·前言·

2010 年 1 月，在家乡的文县一中教了几十年书的我刚刚退休，即被聘为陇南市政府督学。2012 年 9 月，县委又发文任命我为刚成立的文县老年大学的副校长，所以，已退休多年的我至今还在从事着我这辈子无法割舍的教育工作。

作为副校长，我不能只做些学校的管理工作，况且县老年大学也实在没有多少管理工作可做，于是我便将我这个教了几十年语文课的中学教师拔高为"大学教师"，给文史班讲中国古代文学作品赏析课。常言道，文史不分家，讲中国古代文学作品常常牵涉历史人物、历史故事，而这却成为学员在课堂上最感兴趣的内容。于是，我又新开了历史人物讲析课，自己另起炉灶，改弦更张地当起了历史教师，专讲历史人物。

讲历史人物，一开始我便选择了选讲中国皇帝，而选讲中国皇帝，并不是我对皇帝有什么喜好和钟情。阅读中国历史，便是在阅读一部中国皇权专制史，无论是对那些不惜亿万生灵涂炭而发动战争、为争夺一家天下所谓的开国皇帝，还是对那些阴险卑鄙、弑父杀兄、凶残地发动政变来抢班夺权的皇帝，特别是对那些暴虐天下、奢侈荒淫、视天下臣民如牛马的皇帝，以及对那些昏庸无能、尸位素餐、误国祸民的皇帝，稍有良知的人都会心生憎恶之情。即使是两千多年以来中国历史上极为难见的几个所谓"明君"，虽然他们以自己的有所作为曾让我国的历史出现了难得而又短暂的"盛世"，但因他们在志得意满后因执掌着不受任何约束的权力而不可避免地率性而为、胡乱折腾，也很难让人对其有更多的喜好和钟情。

然而，我还是选择了选讲中国皇帝。这是因为记载这些皇帝的历史资料多，他们的人生流传至今的故事多。他们的人生事故不仅大多为我国历史上的重大事件，且涉及了众多的历史人物，而且左右了当时国家和民族的命运。所以，对他们人生经历的了解，自然能以点带面地认识我国两千多年来的皇权专制社会的历史。

另外，皇权处在封建极权专制统治的顶端，皇帝的权力不受社会的制约和监督，没有什么机构和什么人能对其有所束缚与限制。虽然我国历史上也常出受人控制的傀儡皇帝，但其实他只是有其名而无其实的皇帝，操纵控制他的人才算是真正意义上的皇帝。不受社会制约和束缚的人性才可能显现出人性的底色，所以，对我们人类社会中拥有绝对至高无上的权力而可以任性而为的极为稀少的皇帝人生的了解和研究，或有可能让我们认识到人性的本质。

身为皇帝已是极其幸运的，而身为中国的皇帝则更为幸运，因为中国的皇帝有着世界上最好统治的臣民百姓。中国的臣民百姓对皇权的敬畏与顺从，对暴政的宽容与忍耐是举世公认的，因此中国成了皇权专制制度最舒适的温床。两千多年来，中国虽有频繁的改朝换代，但皇权专制制度却代代延续，经久不衰。不是中国民众有什么天生喜好受人奴役的性格，而是两千多年来皇权帝制统治的血腥镇压和思想禁锢造就了我们对权势畏顺忍让的劣根性，甚至在帝制被推翻、皇帝名号被废弃、"民主""共和"的大旗被高高举起后，我们心底对"圣主""明君"的尊崇迷恋的人治情愫依然是暗流涌动、无法割舍的。所以，了解这些皇帝，特别是历史上较有名气的中国皇帝的真实的人生面目，看清他们也是凡胎肉身的所作所为，自会对我们劣根性的治疗有所助益。这应该也是我选讲中国皇帝的又一个理由。

退休后自己在老年大学改行做历史教师的决定，逼迫我在年逾花甲之后阅读了大量的历史书籍，已写了近40万字的讲稿。本书所选的六位中国皇帝的资料多来自《史记》和《资治通鉴》，另外参考了相关的断代史和野史，以及许多中国历史人物的传记作品。讲稿的编写采取了文白夹杂的形式，既有对文言史料的摘录，也有对所录文言史料的意译，这主要是为了适应老年大学学员的学习特点。也有一些摘录的文言史料没有给以意译，主要是考虑教材的特点，给授课教师留下讲解发挥的空间。

前人有言曰："以史为镜，可以知兴替。""鉴前世之兴衰，考当今之得失。"所以在史料讲述过程中，也多有作为今人的我由史料而生发的感慨和想法。对一些有争议的史料，在综述了前人的论断后，也大胆地提出了一些自己的推论和看法。对于一个初涉史学的人来说，这里的偏颇谬误定当不少，恳切地盼望方家赐教指正。

尤玉祥

2018 年 3 月 16 日

秦始皇嬴政

秦始皇嬴政，中国历史上第一位皇帝。他 13 岁即秦国王位，39 岁横扫天下，吞并战国七雄中的其他六国，建立了我国历史上大一统的秦朝帝国，自称秦始皇。因其创建了在我国延续了两千多年的中央集权的封建帝制，又因其短促而残暴的统治恶名而被称为"千古一帝"。

一、诡异的身世

秦的先祖是周天子的牧马官，因为牧马有功而被周天子看重，将今天甘肃陇西、西和礼县一带赐为其采邑，并赐给嬴姓，称为秦嬴。

经过几百年的风雨洗礼，到了群雄争锋的战国末期，秦国迅速崛起，经过不断地吞并和扩张，秦国成了战国七雄中实力最为雄厚而称霸西部的一方诸侯。

对于秦始皇的身世，《史记·秦始皇本纪》有如下记载："秦始皇帝者，秦庄襄王子也。庄襄王为秦质子于赵，见吕不韦姬，悦而取之，生始皇。以秦昭王四十八年正月生于邯郸。及生，名为政，姓赵氏。年十三岁，庄襄王死，政代立为秦王。"

秦始皇是秦庄襄王的儿子。庄襄王在赵国做秦国的质子时，见到了吕不韦的爱妻赵姬，因为喜欢她便娶她做了自己的妻子，生下了秦始皇。秦始皇于秦昭襄王四十八年（公元前 259 年）正月生在赵国都城邯郸，出生时取名叫"政"，跟着他母亲姓赵。13 岁时，他的父亲庄襄王死了，嬴政便代他父亲而被立为秦王。

《史记·吕不韦列传》对秦始皇的身世，又有下面的补充记载："吕不韦取邯郸诸姬绝好善舞者与居，知有身。子楚从不韦饮，见而说之，因起为寿，请之。吕不韦怒，念业已破家为子楚，欲以钓奇，乃遂献其姬。姬自匿有身，至大期时，生子政。子楚遂立姬为夫人。"

吕不韦与邯郸最漂亮而又最善长歌舞的女子同居，知道她有了身孕。秦国的质子子楚和吕不韦饮酒时看到了这个女子，很喜欢她，便起身为吕不韦敬酒，请求吕不韦将这个女子送给他。吕不韦当时很生气，但转念一想自己已经为子楚花了很多家财，要想钓取巨大的利益，于是就献出了自己喜爱的这个女子。这个女子对子楚隐瞒了自己已经怀有身孕的事，到满月生产时，生下个儿子取名叫作"政"，子楚于是立这个女子做了夫人。

《史记》这两处关于秦始皇身世的记载提出了一个让人惊奇的问题，即秦始皇不是其父秦庄襄王子楚亲生，他的亲生父亲是吕不韦。这个问题极为敏感，两千多年来一直备受史家争论，至今未有结论。下面我们便参照其他的历史资料，将《史记》中记载的秦始皇出生前后的来龙去脉整理如下：

战国末期，是齐、楚、燕、韩、赵、魏、秦这战国七雄相互混战争逐的时期，各国之间相互攻击、相互猜疑又相互利用，为确保各国之间达成的盟约、协议不被废弃、撕毁，保持彼此的信任，各国之间将自己的王子王孙派遣给对方，作为确保信任的人质，即质子。秦始皇的父亲子楚便是秦昭襄王派遣至赵国的秦王孙质子。

当时，秦昭襄王已在位半个多世纪，太子安国君自然是未来王位的接班人，而太子安国君有二十多个儿子，子楚排行居中，并且是备受太子冷落的夏姬所生，自然得不到父亲太子安国君的宠爱，更不受在位的爷爷秦昭襄王的注意。

子楚不受其在位的爷爷秦昭襄王及其父亲太子安国君的宠爱，赵国君臣自然也不把他当作秦国贵宾对待，而且因赵国紧邻秦国，秦国按照远交近攻的国策，一而再再而三地攻打赵国，特别是不久前发生的长平之战，秦将白起打败了只会纸上谈兵的赵括，坑杀了赵国40万降卒，让赵国十分痛恨秦国。子楚在这样的情况下作为人质生活在对秦国仇恨遍地的赵国，日子过得自然极其狼狈、艰难。

但是，想不到的是子楚在他极其艰难的时刻却遇到了他人生中的大贵人吕不韦。吕不韦是当时韩国的商人，生在阳翟（今河南禹县），出身于商贾大家，他为人精明、智慧过人，常在韩、赵两地做生意，成了赵国都城邯郸很有名气的大商人。吕不韦既有商家的精明算计，也有政治家敏锐的目光，在和官府做生意的过程中摸清了各国政要及深宫的关系与内幕，他深知只有官商勾结染指政治才能聚集巨大的财富，于是看上了在赵国饱受白眼和苦难、在秦国也无人注意的子楚，决心做一场巨大的投机。这之前，他和父亲有场讨论，得出的结论是：耕田力作，获利十倍；买卖珠宝，获利百倍；而资人获君位，获利无法计算。于是他认为子楚是"奇货可居"，决定在子楚身上押宝投资，做一场有可能获利无法计算的政治生意。

于是吕不韦亲自登门见子楚，二人有了如下对话：

吕不韦说："秦王老矣，安国君得为太子。窃闻安国君爱幸华阳夫人，华阳夫人无子，能立适嗣者独华阳夫人耳。不韦虽贫，请以千金为子西游，事安国君及华阳夫人，立子为适嗣。"

吕不韦对子楚说："秦昭襄王已经老了，现在你的父亲安国君是太子。我听说安国君最宠幸华阳夫人，而华阳夫人却没有生子，但是能够决定谁可以做安国君接班人的人只有华阳夫人。我吕不韦虽然没有多少钱，但愿意拿出千金替你到西秦游说，做好安国君和华阳夫人的工作，争取立你为接班人。"

吕不韦的这番话对当时困顿不堪的子楚来说无疑是喜从天降，他立即跪在地上给吕不韦叩头说："必如君策，请得分秦国与君共之。"这句话的意思是说："如果你的计策获得成功，我愿意分封秦国的土地与你共同享用。"

听了子楚的表态，吕不韦立刻决定做他的这项"期货"大生意。他拿出500两黄金交给子楚，让他用各种办法交往各国重要人物，获得称赞和礼贤下士的名声，特别是厚待秦国出使赵国的使臣，要极力表达自己对父亲安国君的思念和对华阳夫人的赞美与尊敬,让使臣将其贤孝的名声传到秦国。吕不韦又用500两黄金从各地购买各种奇珍异宝,亲自带着这些礼物来到秦国都城咸阳求见华阳夫人的姐姐,托其将礼物献给华阳夫人并在华阳夫人面前极力称赞子楚的贤名并带话给华阳夫人说:"吾闻之,以色事人者,色衰而爱弛。今夫人事太子,甚爱而无子,不以此时早自结于诸子中贤孝者,夫成岁之后,所子者为王,终不失势,此所谓一言而万世之利也。今子楚贤,而自知中男也,次不得为适,其母又不得幸,自附夫人。夫人诚以此时拔以为适,夫人则竟世而宠于秦矣。"

吕不韦托华阳夫人姐姐传话说:"我听说靠自己的美色来侍奉人的人,自己容颜衰老了便会失去宠爱。现在夫人您侍奉太子,很受太子的宠爱却没有自己的儿子,不如趁早在太子众多的儿子中选择一个有才能而又孝顺的孩子认作自己的儿子。这样即便在自己的丈夫去世以后,自己所认的儿子继位做了秦王,自己也就不会失去权势,这就是人们所说的一句话就能得到万代的利益啊。现在太子的儿子中子楚最为贤能而且他也知道自己的排行在中间,按照顺序无论如何都不能轮到他做太子的继承人,他的母亲又得不到太子的宠幸,所以他自己很愿意做夫人您的儿子。夫人您如果确实在这个时候选择子楚做太子安国君的嫡系继承人,那么,夫人终生都能在秦国得到恩宠了。"

吕不韦的礼物获得了华阳夫人的欢心,吕不韦的这番话更是打动了华阳夫人,于是她在侍奉太子时慢慢地说到了太子的儿子子楚,说他特别贤能,人们都称赞他。说着说着又流着眼泪对太子说:"妾幸得充后宫,不幸无子,愿得子楚立以为适嗣,以托妾身。"华阳夫人说自己有幸充列做太子的后宫,却不幸没有亲生的儿子,希望能把子楚立为太子的嫡系继承人,使自己有个终老托身的人。看到身边最宠爱的美人一把鼻涕一把眼泪地恳求,安国君不仅答应了华阳夫人,还刻下玉符作为信物,约定立子楚为自己的嫡系继承人。

这以后安国君和华阳夫人便不断给子楚送来各种礼物,还特别聘请吕不韦来辅佐他。各国诸侯知道子楚做了华阳夫人的义子,成了秦国太子的嫡系继承人,便看重了他,他的名声一下子大了起来。

吕不韦的计划开展的第一步便顺利成功,他便由一个商人成了秦王孙子楚的辅佐大臣，从此两人来往密切，时时寻找机会实施他们的下一步计划。

吕不韦是个富甲一方的大商人，所以家中有众多的美人，最受他宠爱的是一个在邯郸当地最为漂亮，而且善长歌舞名叫赵姬的美女。有一天，子楚到吕不韦府第赴宴，看到了美艳夺人的赵姬，便忍不住要吕不韦割爱，将赵姬送给自己。史载此时的赵姬已有了身孕，肚里怀着吕不韦的儿子，吕不韦一听，心中很是生气，但商人的精明算计又让他冷静了下来。他想到自己已经在子楚身上花了很大的家产，现在不答应他的要求，和他闹翻，自己以前的巨额投资便有可能泡汤，于是他便回嗔作喜答应了子楚的要求，将赵姬送给了子楚。

子楚得到了美人赵姬自然十分高兴，不久被子楚十分宠爱的赵姬生下了一个儿子，因为这个儿子生于秦昭襄王四十八年（公元前259年）正月，于是子楚为其取名为"政"。子楚逃离赵国后，此儿一直跟着他的母亲在民间隐匿逃生，便一直跟着其母姓赵，这便是后来威名赫赫的秦始皇嬴政。

《史记》是我国第一部通史，它的权威性及史料可靠信历来受人推崇，但是关于秦始皇非其父亲子楚所亲生的记载却受到一些人的质疑，有人认为这是因为后世对秦始皇暴政的痛恨，又在其出身问题上有所臆测，便为攻击秦始皇而有意的杜撰。但是，不仅《史记》对秦始皇的出身有此记载，历来被公认著史最为严谨的北宋史学家司马光主持编撰的编年体史书《资治通鉴》对此不仅有明确的记载，而且还特别指出是吕不韦有意让赵姬怀上自己的儿子后，再将赵姬赠送给异人（子楚），从而使得秦国王位的继承人实际是吕不韦自己的亲生儿子。在此我们不妨将《资治通鉴》中有关秦始皇出生的记载抄录下来，以对照思考，从而做出我们的判断。

秦太子之妃曰华阳夫人，无子；夏妃生子异人。异人质于赵，秦数伐赵，赵人不礼之。异人以庶孽孙质于诸侯，车乘进用不饶，居处困不得意。

阳翟大贾吕不韦适邯郸，见之，曰："此奇货可居！"乃往见异人，说曰："吾能大子之门！"异人笑曰："且自大君之门。"不韦曰："子不知也，吾门待子门而大。"异人心知所谓，乃引与坐，深语。

不韦曰："秦王老矣，太子爱华阳夫人，夫人无子。子之兄弟二十余人，子傒有秦国之业，士仓又辅之。子居中，不甚见幸，久质诸侯。太子即位，子不得争为嗣矣。"异人曰："然则奈何？"不韦曰："能立嫡嗣者，独华阳夫人耳。不韦虽贫，请以千金为子西游，立子为嗣。"异人曰："必如君策，请得分秦国与君共之。"

不韦乃以五百金与异人，令结宾客。复以五百金买奇物玩好，自奉而西，见华阳夫人之姊，而以奇物献于华阳夫人，因誉子异人之贤，宾客遍天下，常日夜泣思太子及夫人。曰："异人也以夫人为天！"夫人大喜。不韦因使其姊说夫人曰："夫以色事人者，色衰则爱弛。今夫人爱而无子，不以繁华时蚤自结于诸子中贤孝者，举以为嫡，即色衰爱弛，虽欲开一言，尚可得乎？今子异人贤而自知中子不得为嫡，夫人诚以此时拔之，是子异人无国而有国，夫人无子而有子也，则终身有宠于秦矣！"夫人以为然，承间言于太子："子异人绝贤，往来者皆称誉之。"因泣曰："妾不幸无子，愿得子异人立以为子以托妾身。"太子许之，与夫人刻玉符，约以为嗣。因厚馈遗异人，而请吕不韦傅之。异人名誉盛于诸侯。

吕不韦娶邯郸诸姬绝美者与居，知其有娠，异人从不韦饮，见而请之。不韦佯怒，既而献之，孕期年而生子政，异人遂以为夫人。

邯郸之围，赵人欲杀之，异人与不韦行金六百斤予守者，脱亡赴秦军，遂得归。异人楚服而见华阳夫人，夫人曰："吾楚人也，当自子之。"因更其名曰"楚"。

《资治通鉴》所载除前面增加了吕不韦与异人相互试探的对话及后来华阳夫人为其改名子楚的内容外，其他内容虽然基本与《史记》所载相同。但是，这其中有特别不同的一句话，便是吕不韦与赵姬同居后，已经"知其有娠"，在子楚提出索要赵姬时，"不韦佯怒"。一个"佯"字照应前面的"知"字，明确地告诉读者，吕不韦是有意地谋划好，在赵姬身怀自己的儿子后，再将其送给子楚，而达到使秦国后继的君王是自己亲生儿子的目的。所以，司马光的《资治通鉴》更是明确说出了秦始皇不是子楚的亲生儿子，秦始皇的生父是吕不韦。

但是这个结论也常常被人所质疑，特别是20世纪70年代的"评法反儒"运动，秦始皇不仅被树为中国法家代表人物而受到极力颂扬，而且还认为秦始皇的生父是吕不韦的说法，是"儒家反动人物"为攻击秦始皇的有意抹黑和无耻诬蔑。

今天，我们要对这个问题得出明确的结论是很难做到的，因为我们无法为两千多年前的古人做令人信服的DNA亲子鉴定。但是如果从今天我们能看到的历史资料做分析的话，笔者还是比较倾向秦始皇的生父是吕不韦的说法的。首先，汉代史学家司马迁的《史记》和宋代史学家司马光的《资治通鉴》均是我国公认的严肃的史学典籍，在没有其他更有力的能否定其说法的历史资料佐证的情况下，我们当然要采信历史大家的记述。其次，如果从现有历史资料的记载中进行情理分析，也可为这个说法增加可信度。在其后我们将要讲到的秦王嬴政对牵涉吕不韦的嫪毐作乱的案件处理中，我们看到嬴政对实质是他继父的嫪毐的处治是极惨烈的车裂，对其亲生母亲赵姬是赶出咸阳，发誓永不相认，但对吕不韦却是"王不忍至法"，也是像处治其母一样，将吕不韦赶出了咸阳，让其在河南封地居住。而且对劝其不要处治其母的27个人杀掉肢解后在城门下示众，但却顺从了为吕不韦求情的臣子宾客，这当然是表现出嬴政对其生身父亲吕不韦的不忍之心。特别是到后来被罢了相位的吕不韦竟然在秦国及各诸侯国中声名更加显赫，严重威胁到秦王嬴政地位时，嬴政也没有像对待其他人一样痛下杀手，只是写信指责他对秦国没有功劳，不该封侯享用10万户食邑，在秦国没有亲缘关系，不该被称为仲父，只是要求其迁到蜀地居住。这当然反映出嬴政虽然希望吕不韦从自己的眼前消失，以免刺伤自己的自尊和威胁到自己的王位，但却不忍也不愿自己成为杀死生父的逆子。

但是，对此肯定会有人说虽然秦王嬴政没有直接下令处死吕不韦，但说到底还是因为他的这封信逼得吕不韦自杀身亡了吧？然而需要说明的是，正是吕不韦接到嬴政书信后自杀身亡的行动，更从另一个角度说明秦王嬴政是吕不韦的亲生儿子。因为吕不韦扶持了秦国两代君王登上王位，其功劳天下皆知，而且明明是嬴政自己从小便尊称吕不韦为仲父，秦王嬴政却对此一概否定，这种罔顾事实的驼鸟式的否定来自智力非凡的秦王嬴政之口，便给同样聪明绝顶的吕不韦强烈的暗示："你的存在让人非议我，你是我仲父的关系，让人怀疑我执政为王的合法性，否定了你才会消除对我的非议，没有你，我的秦王地位才合法稳固。"于是，为了自己儿子的颜面和地位，为了儿子将来会有更大的功业垂世，吕不韦选择了自杀身死。他以自己的死堵住了对秦王嬴政身世的嘲讽和非议，他以自己的死消除了对自己儿子执政为秦王合法性的质疑。所以，吕不韦的死虽然是被逼的、无奈的，但却又是他政治大投机最终使自己聪明反被聪明误而带给自己危局时的又一次聪明的选择。

对这个问题虽然我在这里讲得有点多，但却不影响我们对秦始皇这个历史人物的分析评价，因为对一个历史人物的分析评价，不在于他的出身如何，而在于他的所作所为及影响。即使在 20 世纪中期大讲阶级成分和人的出身的年代，都还有一句冠冕堂皇的"出身不由己，道路可选择"的话，所以秦始皇的生父究竟是谁是不重要的，我们在后面主要关注的还是已坐稳了王位的秦王嬴政及后来称帝的秦始皇本人的作为。

二、平乱逐仲父

秦昭襄王五十年（公元前 257 年），秦国和赵国又发生了战争，秦国大将王龁率领大军一路斩关夺将兵临赵国都城，将赵国都城邯郸围困起来，赵国君臣看到都城危急，迁怒于秦国的质子，准备将子楚杀害以泄心头之恨。接到密报的吕不韦来不及多想，只得带上子楚用 600 两重金买通了邯郸城守将，出城投奔秦国军营，辗转回到了秦国。来不及被带走的赵姬，一看丈夫子楚不见了踪影，知道情况危急，便带着儿子逃到了熟人家躲避。5 年多的时间里，母子二人东躲西藏，受尽了惊吓，吃尽了苦头。

公元前 250 年，在位半个多世纪的秦昭襄王去世，太子安国君继位，就是秦孝文王。孝文王即位后不忘当初与华阳夫人的约定，立华阳夫人为王后、子楚为太子，同时孝文王还特意遣使臣到赵国，迎接子楚夫人赵姬和其儿子回到秦国。在太子位上苦等了几十年的秦孝文王即王位不到一年就去世了，子楚顺利地继承了王位，为秦庄襄王。庄襄王即位后尊华阳夫人为华阳太后，尊自己的生母夏氏为夏太后，立夫人赵姬为王后，将已改姓为嬴的儿子嬴政立为太子。

子楚即位为秦王，吕不韦投资巨额资金并舍弃自己心爱的女人苦心经营的一场政治投机生意获得了巨大成功。子楚即位后，拜吕不韦为相国，并封其为文信侯，食邑 10 万户。

有时候，历史的进程像是有意等待着一个历史人物来驾驭似的，秦庄襄王子楚只在位 3 年便离开了人世，太子嬴政自然便继位为秦王了。秦昭王在位 56 年，几十年来秦国东进南下，大肆攻伐吞并别国土地，成为战国七雄中最为强大的国家，而他的儿子和孙子秦孝文王与秦庄襄王两代人在位还不到 4 年便将王位传给了嬴政，使其在王位上仅用了 26 年便吞并六国，统一了华夏。

嬴政即位为秦王后，尊其母亲赵姬为太后，仍然拜吕不韦为相国，并尊称其为仲父。秦王嬴政即位时年仅 13 岁，所以秦国此时的朝野政务尽决于相国吕不韦，精明过人的大商人吕不韦的政治投机获得了空前的成功。对此，吕不韦并不满足，他还要著书立说留名于后世。当时他豢养的门客有 3000 人，于是，他便让这些门客书写自己的所见所闻，内容涉及天地万物及古往今来许多事情，他将这些文章汇集成八览、六论、十二纪，编成一部有 20 多万字的书，取名《吕氏春秋》。书成之后，志得意满的吕不韦非常高兴，将其公布在咸阳市中，悬赏天下说"若有能在其书上增减一个字的，便奖千金"。权倾天下的吕不韦的书，谁敢改动一个字呢？没有人敢冒杀头的危险来改动相国的文章，于是吕不韦更是得意非常。

但是，事情发展得过于顺利，人的名利地位快速膨胀到无以复加时，往往孕育着巨大的危险。几年之后，智力非凡到能将别人的命运和自己的命运按照自己的设计顺利发展的吕不韦竟然遭到了他意想不到的变故。下面我们就来阅读《资治通鉴》中的有关几则记载：

初，王即位，年少，太后时与文信侯私通。王益壮，文信侯恐事觉，祸及己，乃诈以舍人嫪毐为宦者，进于太后。太后幸之，生二子，封毐为长信侯，以太原为毐国，政事皆决于毐，客求为毐舍人者甚众。

王左右有于毐争言者，告毐实非宦者，王下吏治毐。毐惧，矫王玺发兵，欲攻蕲年宫。王使相国昌平君、昌文君发卒攻毐，战咸阳，斩首数百，毐败走，获之。秋，九月，夷毐三族；党羽皆车裂灭宗；舍人罪轻者徙蜀，凡四千余家。迁太后于雍萯阳宫，杀其二子。下令曰："敢以太后事谏者，戮而杀之，断其四支，积于阙下。"

秦王嬴政刚刚即位时，因为其年少，国家大事基本上由相国吕不韦做主，而且寡居宫中的赵太后又与吕不韦旧情复燃私通起来。到了后来秦王嬴政一天天长大，头脑清楚、做事缜密的吕不韦担心自己和赵太后的私情败露而对自己不利，想断绝自己和赵太后的私情关系，但赵太后却对他难以割舍，纠缠不放，吕不韦就想找一个人代替自己满足赵太后的欲望，自己好脱离与其的关系。于是吕不韦就在自己的门客中找了一个叫嫪毐的人，买通了宫中专门做阉割手术的人，假称嫪毐是个已被阉割的宦官进献给了赵太后。嫪毐长得高大雄伟、仪表堂堂，很得赵太后的欢心，后来他们还生下了两个儿子。嫪毐还被封为长信侯，太原为他的食邑国，国中的大小事务均由嫪毐做主，当时许多人都争先恐后地投奔嫪毐，求做他的门客。

嫪毐这样的无耻小人，一朝暴贵便忘乎所以，不可一世起来，结果给自己招来了灭顶之灾。秦王嬴政即位的第九年，有一次嫪毐和朝臣饮酒，酒醉后同一个人发生了争吵，嫪毐为镇住对方，便借着酒劲亮出了自己觉得足以吓退对方的身份，说自己是当今太后一时都离不开的情夫，是当今秦王的继父，你竟敢和他这样的人做对？谁知嫪毐的自暴隐私不仅没有镇住对方，此人还立即将太后与嫪毐的秽行报告给了秦王嬴政。

嬴政得报以后极其愤怒，即刻派人调查取证，结果查证的官员不仅查实了赵太后和嫪毐私通多年，并公然生下两个儿子养在深宫的秽行，同时还查出了太后和嫪毐密谋，一旦他们的私情暴露，秦王嬴政要追查处置的话，他们就发动叛乱夺取王位，让嫪毐的儿子来做秦王。同时调查结果还牵涉仲父相国吕不韦，说吕不韦不仅和太后私通，还贿赂欺诈，把假宦官送给了赵太后。

秦王嬴政从小便过着同母亲一起东躲西藏的动荡生活，而且由于没有父亲，母亲赵姬也不敢说出他的父亲是谁，常受到周围人冷嘲热讽和欺凌，回到秦宫后，更有知其出身的人暗中指指点点，养成了他孤僻多疑、固执残暴的性格。听到查证报告觉得大伤了自己的面子和自尊，便着手安排人马准备捉拿嫪毐一伙来发泄自己心头的怒火。想不到消息很快传到了早有准备的嫪毐耳中，他立即先发制人，用假的秦王玉玺调动士卒攻打秦王嬴政正举行冠礼的蕲年宫。想不到已成年执政的嬴政临危不乱，一边指挥激励宫中禁卫及宦官防守，一边急调昌平君、昌文君领军攻打嫪毐士卒，经过一场激战，叛军大败，嫪毐被擒。

当年9月，嫪毐被车裂处死，而且灭其三族，他的同伙20多人也被车裂并灭族，他的门客中罪行较轻的人4000多家被流放到蜀地。同时嬴政还下令将嫪毐和赵太后生的两个儿子装在口袋中乱棒打死，将他的母亲赵太后迁出咸阳到雍地的萯阳宫软禁起来，发誓断绝母子关系，永不再见。还放出狠话说，有敢劝谏我接回太后而母子相见的人，不但杀了他，还要肢解他的尸体后堆在门阙之下。

杀死了嫪毐，赶走了母亲赵太后，对于牵涉案中的仲父相国吕不韦怎么办呢？《史记·吕不韦列传》记载："王欲诛相国，为其奉先王功大，及宾客辩士为游说者众，王不忍至法。秦王十年十月，免相国吕不韦……而出文信侯就国河南。"

嬴政想杀了吕不韦，但因为他侍奉先王子楚功劳很大，而且很多人都来替他求情，这使得秦王嬴政不忍心对吕不韦治罪。到了第二年10月，下令免除了吕不韦的相国职务，把他赶出了都城咸阳，让吕不韦回到他自己的河南封地去居住。

吕不韦被赶出咸阳，回到他自己的封地，想不到由于他在秦国执政多年、位高权重，特别是他将子楚居为奇货的政治投机被传为神话，其他六国诸侯都知道他是智谋超人的人才，于是一年多来，各国诸侯纷纷派遣使者到河南他的封地，上门聘请他到自己国中任职。各国诸侯如此看重吕不韦，看起来是提高吕不韦名声地位的大好事，但这却造成了吕不韦的大祸临头。《史记·吕不韦列传》文末载道："岁余，诸侯宾客使者相望于道，请文信侯。秦王恐其为变，乃赐文信侯书曰：'君何功于秦？秦封君河南，食十万户！君何亲于秦？号称仲父！其与家属徙处蜀！'吕不韦自度稍侵，恐诛，乃饮鸩而死。"

秦王看到吕不韦的声名如此巨大，担心其有变乱发生，便给吕不韦写信说："你对秦国有什么功劳，秦国却把河南封给你，让你据有食邑 10 万户！你跟秦国有什么亲缘关系？竟然号称仲父！你与你的家属迁到蜀地去居住！"看到秦王嬴政对自己如此强烈的语气，吕不韦意识到危险正逐渐逼近，害怕被杀头，于是就喝鸩毒自杀了。

谋略过人的吕不韦的政治投机虽然一度获得成功，但是，他的这种奇货可居的谋划经营的起点还是建立在"吾门待子门而大"的基础之上的，即自己的最终获利和地位的提高是建立在子楚地位能否改变的基础之上的，其本质仍然是攀高枝附权贵的人身依附关系，只不过吕不韦是设法栽高枝而攀高枝，将子楚抬上高位而提高自己的地位罢了。这种投靠权贵的依附关系是将自己的命运维系给他人的，这种毛依附在皮之上的关系，最怕的是"皮之不存"，所以，吕不韦设法做大的子楚这个"皮"已不在世上了，吕不韦这个待子楚门大而大的"毛"自然也就岌岌可危了。另外，如果说当初吕不韦就是有意将怀有身孕的赵姬送给子楚而使后来的秦王是自己的后代，那吕不韦之死就更有自掘坟墓、聪明反被聪明误的味道了，因为已成人亲政的秦王嬴政，或许已从嫪毐案件的查处中察觉到了从小便有人对自己身世冷嘲热讽、指指点点的个中缘由了。从维护自身根正苗红的面子和尊严出发，从显示自己执政的合法性出发，逼杀吕不韦这个自己叫了 20 多年的仲父，自然是秦王嬴政的最终选择。

在处理嫪毐案件时，秦王嬴政将自己的母亲赵姬赶出了咸阳，并发誓断绝母子关系而永不相见，这在秦国引起了极大的反响，因为国王不认生母极不符合封建伦理道德，影响极大。虽然嬴政放出狠话，说谁来劝谏他与母亲相认，他便"戮而杀之，断其四支，积于阙下"，但还是有人一个接一个地直言劝谏秦王与其母亲相认，结果几天下来，已经有 27 个人的尸体堆积在城阙之下了，但还是有愿死于义的士人来以死相谏。对此《资治通鉴》有下面的记载："齐客茅焦上谒请谏。王使谓之曰：'若不见夫积阙下者邪？'对曰：'臣闻天有二十八宿，今死者二十七人，臣之来固欲满其数耳。臣非畏死者也！'使者走入白之。茅焦邑子国食者，尽负其衣物而逃。王大怒曰：'是人也，故来犯吾，趣召镬烹之，是安得积阙下哉！'王按剑怒而坐，口正沫出。使者召之入，茅焦徐行至前，再拜谒起，称曰：'臣闻有生者不讳死，有国者不讳亡；讳死者不可以得生，讳亡者不可以得存。死生存亡，圣主所欲急闻也，陛下欲闻之乎？'王曰：'何谓也？'茅焦曰：'陛下有狂悖之行，不自知邪？车裂假父，囊扑二弟，迁母于雍，残戮谏士，桀纣之行不至于是矣！令天下闻之，尽瓦解，无向秦者，臣窃为陛下危之！臣言已矣！'乃解衣伏质。王下殿，手自接之曰：'先生起就衣，今愿受事。'乃爵之上卿。王自驾，虚左方，往迎太后，归于咸阳，复为母子如初。"

茅焦在已有 27 个人的尸体堆积在城门之下的情况下，面对按剑怒视、暴怒得口吐白沫的秦王直言劝谏，其胆略实在是少见，但更让人佩服的是他善辩的口才。他以爱惜生命的人并不忌讳死，同样地，一个以国家为重的君主也不忌讳别人说国家面临的危机开头，既避免了像前面 27 位劝谏的人直言劝谏而被杀的风险，而且引起了一心想使秦国走向强大的嬴政想听其看法的兴趣，并引出了下面谈论秦国面临危机的话题。接着他打破好言相劝的常规，直言不讳地指责秦王的大逆不道，最终以指出这种不道行为引起的天下离心、诸侯背弃带给秦国的危局来惊醒陷于愤怒而不能自拔的秦王，让我们领略到了战国时期凭自己超人的胆略和善辩的口才周游各国、说劝君王从而捭阖历史的纵横家士人的风采。

同样，一篇为秦国扫除六国、统一天下起了重要作用，并且是秦国统一天下的另一重要历史人物初次登台的文章，也会让我们感到眼前一亮。这篇文章便是《谏逐客书》，这个重要的历史人物便是这篇文章的作者，以后我们还会多次提到的大秦帝国的开国丞相李斯。

　　李斯是楚国上蔡人，初到秦国后做了吕不韦的门客，受吕不韦的推荐，他面见了秦王，向嬴政陈述了秦国应抓住眼前的大好时机灭诸侯、成帝业、统一天下的建议，深受秦王嬴政赏识，被拜为客卿。

　　但正当李斯踌躇满志，准备在秦国大展身手实现个人抱负理想时，却恰恰遇到了韩国人郑国以修建郑国渠来拖垮秦国，延缓灭韩进程的案件被破。于是秦王听信一面之词，认为其他各国人来秦做事都是为其国做奸细的，一怒之下发出了逐客令，要将诸侯各国来秦国做事的人全部赶出国境。李斯是楚国人，自然也在被驱逐回国之列，于是他便修书一封来劝谏秦王嬴政，这便是历史上很有名的《谏逐客书》。下面阅读一下全文：

　　　　臣闻吏议逐客，窃以为过矣。昔穆公求士，西取由余于戎，东得百里奚于宛，迎蹇叔于宋，来邳豹、公孙枝于晋。此五子者，不产于秦，而穆公用之，并国二十，遂霸西戎。孝公用商鞅之法，移风易俗，民以殷盛，国以富强，百姓乐用，诸侯亲服，获楚魏之师，举地千里，至今治强。惠王用张仪之计，拔三川之地，西并巴蜀，北收上郡，南取汉中，包九夷，制鄢郢，东据成皋之险，割膏腴之壤，遂散六国之众，使之西面事秦，功施至今。昭王得范雎，废穰侯，逐华阳，强公室，杜私门，蚕食诸侯，使秦成帝业。此四君者，皆以客之功。由此观之，客何负于秦哉！向使四君却客而不内，疏士而不用，是使国无富利之实而秦无强大之名也。

　　　　今陛下致昆山之玉，有随和之宝，垂明月之珠，服太阿之剑，乘纤离之马，建翠凤之旗，树灵鼍之鼓。此数宝者，秦不生一焉，而陛下说之，何也？必秦国之所生然后可，则是夜光之璧不饰朝廷，犀象之器不为玩好，郑卫之女不充后宫，而骏良駃騠不实外厩，河南金锡不为用，西蜀丹青不为采。所以饰后宫，充下陈，娱心意，说耳目者，必出于秦然后可，则是宛珠之簪，傅玑之珥，阿缟之衣，锦绣之饰不进于前，而随俗雅化佳冶窈窕赵女不立于侧也。夫击瓮叩缶弹筝搏髀，而歌呼呜呜快耳者，真秦之声也；《郑》《卫》《桑间》《韶》《虞》《武》《象》者，异国之乐也。今弃击瓮叩缶而就《郑》《卫》，退弹筝而取《昭》

《虞》，若是者何也？快意当前，适观而已矣。今取人则不然，不问可否，不论曲直，非秦者去，为客者逐。然则是所重者在乎色乐珠玉，而所轻者在乎人民也。此非所以跨海内、制诸侯之术也。

臣闻地广者粟多，国大者人众，兵强则士勇。是以太山不让土壤，故能成其大；河海不择细流，故能就其深；王者不却众庶，故能明其德。是以地无四方，民无异国，四时充美，鬼神降福，此五帝三王之所以无敌也。今乃弃黔首以资敌国，却宾客以业诸侯，使天下之士退而不敢西向，裹足不入秦，此所谓"借寇兵而赍盗粮"者也。

夫物不产于秦，可宝者多；士不产于秦，而愿忠者众。今逐客以资敌国，损民以益仇，内自虚而外树怨于诸侯，求国无危，不可得也。

李斯首先一一列举出秦国历史上四位君王重用客卿而使秦国逐步强大的历史事实，指出正是各国客卿之功，成就了现在富足强大、威震诸侯的秦国。接着又点出秦王所用之物皆非秦国所出，喜爱的音乐也非秦地本土所有，明确指出喜悦这些外来的色乐珠玉，却下令驱逐外来的客卿这种重物轻人的做法，不是一个胸怀扫除六国、统一天下之志的君主所应该有的。然后以太山不让土壤故能成其大，河海不择细流故能成深的自然之理与上古三皇五帝不却众庶而布德四方的历史经验为据，直言不讳地批评驱逐客卿是为敌寇增强兵力、为盗贼提供食粮的愚蠢至极的行为。最后在归纳全文论述的基础上，告诫秦王这种逐客以资敌国的损己树敌的做法会使秦国面临极大的危险。

秦王嬴政天资聪明，下逐客令不过是其一气之下的糊涂做法。李斯言辞激烈、论据充分、论点鲜明、论述有力的《谏逐客书》让秦王嬴政一下子猛醒过来，于是"王乃召李斯，复其官，除逐客之令"。

当时雄踞西部的秦国已形成了震慑其他六国之势，逐客令废除后，天下各国有识之士更是纷纷奔向秦国来施展自己的抱负，具有众多谋士武将人力资源优势的秦王嬴政在清除了内乱、稳固了王位后自然将目光投向了山东各国，一场吞并六国、统一华夏的战争势不可当地拉开了大幕。

三、秦王扫六合

早在李斯受吕不韦举荐面见秦王嬴政时，李斯就提出了秦国应趁现在的大好时机灭掉六国统一天下的建议。他对秦王说："自秦孝公以来，周室卑微，诸侯相兼，关东为六国，秦之乘胜役诸侯，盖六世矣。各诸侯服秦，譬若郡县。夫以秦之强，大王之贤，由灶上骚除，足以灭诸侯，成帝业，为天下一统，此万世之一时也。今怠而不急就，诸侯复强，相聚约从，虽有黄帝之贤，不能并也。"

李斯对秦王说："自从秦孝公以来周王室便一天天地衰弱下来，各诸侯国之间相互兼并争战，到现在只剩下函谷关以东的六个诸侯国，秦国六代君王征伐各国已获得压倒性的优势。现诸侯六国已惧服秦国，好像只是秦国的一个个郡县一样了。现在凭靠秦国的强大，大王您英明的才能，灭除诸侯各国，就只像是用灶火一下子烧掉跳蚤那样，这时统一天下，完成帝国大业，是万代难遇的时机啊！但是，现在如果我们懈怠，不立即施行统一大业，那么诸侯各国就有可能重整旗鼓，增强力量，并且合纵联合来对抗秦国，那时即使具有黄帝那样的才能，也不可能兼并六国，统一天下了。"

秦王嬴政听了李斯的谋略非常高兴，于是李斯进一步给秦王献上兼并六国的两大策略：一是用离间之计破坏诸侯国之间的合纵联盟及诸侯国君臣之间的关系，削弱其力量；二是继续坚持远交近攻的军事方针，由近及远逐步灭掉山东六国而统一天下。对此，《史记·李斯列传》载道："秦王乃拜斯为长史，听其计，阴遣谋士赍金玉以游说诸侯。诸侯名士可下以财者，厚遗结之；不肯者，利剑刺之。离其君臣之计，秦王乃使其良将随其后。"

在秦王嬴政扫灭六国统一天下的战争中，除文有李斯出谋划策辅佐其成功外，武更有大将王翦作为军事攻伐的柱石，率领强大的秦军横扫中原诸国。

王翦是今陕西富平县（古称频阳）人，约生于秦昭王二十年（公元前287年），卒于秦王政十一年（公元前236年）。他从小便力大无比，尤喜兵法，年轻时便投身军旅，很快又因作战勇敢武功超群得到大将白起的青睐，提升为将军。白起非常看重王翦，曾对人说："吾没，秦欲混一海内，非王翦将兵则必败。"后来白起被秦昭襄王赐死自杀，王翦便一直未得重用。但是，在平定嫪毐反叛的战斗中，身为王宫侍卫长的王翦立了大功，生擒了嫪毐，被秦王封为上将军，成为嬴政的心腹大将，承担起了扫除六国的历史使命。

秦王嬴政即位之时，秦国的国土面积已迅速扩张，成为战国时期国力最强盛的西方大国。《史记·秦始皇本纪》记载道："当是之时，秦地已并巴蜀、汉中，越宛有郢，置南郡矣；北收上郡以东，有河东、太原、上党郡；东至荥阳，灭二周，置三川郡。"在这种形势下，除了南方的楚国和远离秦国的齐国外，其他几国已被秦国打得没有了招架之力，秦国统一中国已成为大势所趋。

秦王在平叛结束，处理了文信侯吕不韦，自己的王位巩固后，立即按照李斯的建议开始实施统一六国的战略。在政治和外交上，采纳了李斯和尉缭的策略，继续远交近攻，分化瓦解六国合纵联盟，同时不惜重金收买六国内部的大臣为内应，削弱其力量。在军事上，以王翦为中柱，带兵对中原各国全线进攻。王翦采取由近及远、先北后南、先弱后强的策略，几年时间就攻战了黄河以北的广大地区。

秦王嬴政十七年（公元前230年），王翦率10万大军进攻韩国，很快便将韩国都城阳翟（今河南新郑）包围起来。但是，阳翟城的城墙极其坚固高大，易守难攻，秦军久攻不下。最后，王翦采纳了将军蒙鳌的建议，决河堤灌城，韩王无法抵挡，只得投降。

秦王嬴政十八年（公元前229年），王翦率20万大军攻赵，大军出发前，嬴政便对王翦说："寡人受苦于赵，几死。秦赵不并立，望将军为寡人雪耻。"但是，王翦在攻赵时，碰到了他的强硬对手，这便是赵国名将李牧。李牧的纵深防遇多次遏止了王翦的强力进攻，使王翦一时束手无策。秦军几十万人屯军在荒野前进不得，时间一长，军心出现了不稳的情况，这实在让王翦进退不得。这时他的副将李信给他出了个主意说，现在赵国是宠臣郭开主事，他是一个贪财的小人，将军您为什么不效法武安君白起长平之战用的离间其君臣的方法？王翦一听，顿觉眼前一亮，在征得秦王同意后，即刻施行反间计来除掉李牧，为秦军攻赵清除障碍。

于是，王翦在前线派人前往赵军营寨，提出休战议和，李牧的军力势弱自然很是同意，于是王翦便和李牧书信来往商讨议和事宜。但是，王翦又派人暗中到赵国都城邯郸，用一万斤黄金买通了赵王宠臣郭开，让郭开在朝廷内外散布流言，说李牧早有反心，现在和王翦书信往来准备投降秦国。赵王迁是个昏庸之辈，听到流言便怀疑李牧，立即解除了李牧的兵权，派遣毫无指挥能力的赵葱接替李牧，李牧听到赵王的旨令表示不服，结果被早有准备的赵葱手下杀害。心高气傲的赵葱，获得了前线指挥权便改变了李牧的防守布局，主动向秦军发起进攻，自然被做好准备的王翦打得大败，赵葱被乱军所杀，赵军死伤八万多人，王翦乘胜大举进攻，包围了赵国都城邯郸。一个月后，邯郸城被秦军攻破，赵王迁被俘，赵国灭亡。

赵国都城邯郸被攻破后，秦王嬴政亲自赶到了邯郸派人到处搜捕当年欺侮过他们母子的人，将他们全部杀掉。郭开自以为有功于秦，向秦王献媚邀功，结果也被杀掉了。

秦王嬴政十九年（公元前228年），王翦大军灭掉了赵国后即挥师北上，驻军中山威逼燕国。燕国的太子丹当年曾在赵国做人质，与秦王关系很好，秦王即位后，太子丹又到了秦国做人质，但秦王却不以礼节来对待他，太子丹很生气，便偷偷地跑回了燕国。此时他眼看秦国大军兵临边境，为了挽救燕国面临的灭顶之灾，也为了发泄自己心中对秦王的怨气，便一手导演了一场历史上惊心动魄的悲剧——荆轲刺秦王。太子丹打听到荆轲是很有名的侠士，于是将他请到府中供养起来，准备派他到秦国都城劫持秦王嬴政，迫使其归还被秦国吞并的诸侯各国的土地，如果秦王不答应，就杀死秦王。《史记·刺客列传第二十六》做了详细记载，现将其摘录于下：

　　秦将王翦破赵，虏赵王，尽收其地，进兵北略地，至燕南界。

　　太子丹恐惧，乃请荆轲曰："秦兵旦暮渡易水，则虽欲长侍足下，岂可得哉！"荆轲曰："微太子言，臣愿得谒之。今行而无信，则秦未可亲也。夫今樊将军，秦王购之金千斤，邑万家。诚得樊将军首，与燕督亢之地图，奉献秦王，秦王必说见臣，臣乃得有以报太子。"太子曰："樊将军以穷困来归丹，丹不忍以己之私而伤长者之意，愿足下更虑之！"

荆轲知太子不忍，乃遂私见樊于期曰："秦之遇将军，可谓深矣。父母宗族，皆为戮没。今闻购将之军首，金千斤，邑万家，将奈何？"于期仰天太息流涕曰："于期每念之，常痛于骨髓，顾计不知所出耳！"荆轲曰："今有一言，可以解燕国之患，而报将军之仇者，何如？"于期乃前曰："为之奈何？"荆轲曰："愿得将军之首以献秦王，秦王必喜而见臣，臣左手把其袖，右手揕其胸，然则将军之仇报而燕见陵之愧除矣。将军岂有意乎？"樊于期偏袒扼腕而进曰："此臣之日夜切齿腐心也，乃今得闻教！"遂自刭。太子闻之，驰往，伏尸而哭，极哀。既已不可奈何，乃遂盛樊于期首函封之。

于是太子预求天下之利匕首，得赵人徐夫人匕首，取之百金。使工以药粹之，以试人，血濡缕，人无不立死者。乃装为遣荆卿。燕国有勇士秦武阳，年十二，杀人，人不敢与忤视。乃令秦武阳为副。荆轲有所待，欲与俱，其人居远未来，而为治行，顷之，未发。太子迟之，疑其改悔，乃复请曰："日已尽矣，荆卿岂有意哉？丹请得先遣秦武阳。"荆轲怒，叱太子曰："何太子之遣？往而不返者，竖子也！且提一匕首入不测之强秦，仆所以留者，待吾客与俱。今太子迟之，请辞决矣！"遂发。

太子及宾客知其事者，皆白衣冠以送之。至易水之上，既祖，取道，高渐离击筑，荆轲和而为歌，为变征之声，士皆垂泪涕泣。又前而为歌曰："风萧萧兮易水寒，壮士一去兮不复还！"复为羽声慷慨，士皆瞋目，发尽上指冠。于是荆轲就车而去，终已不顾。

遂至秦，持千金之资币物，厚遗秦王宠臣中庶子蒙嘉。嘉为先言于秦王曰："燕王诚振怖大王之威，不敢举兵以逆军吏，愿举国为内臣，比诸侯之列，给贡职如郡县，而得奉守先王之宗庙。恐惧不敢自陈，谨斩樊于期之头，及献燕督亢之地图，函封，燕王拜送于庭，使使以闻大王，唯大王命之。"秦王闻之，大喜，乃朝服，设九宾，见燕使者咸阳宫。荆轲奉樊于期头函，而秦武阳奉地图柙，以次进。至陛，秦武阳色变振恐，群臣怪之。荆轲顾笑武阳，前谢曰："北蕃蛮夷之鄙人，未尝见天子，故振慑。愿大王少假借之，使得毕使于前。"秦王谓轲曰："取武阳所持地图。"轲既取图奏之，秦王发图，图穷而匕首见。因左手把秦王之袖，而右手持匕首揕之。未至身，秦王惊，自引而起，袖绝，拔剑，剑长，操其室。时惶急，剑坚，故不可立拔。荆轲逐秦王，秦王环柱而走。群臣惊愕，卒起不意，尽失其度。而秦法，群臣侍殿上者不得持尺寸之兵；诸郎中执兵皆陈殿下，非有诏召不得上。方急时，不及召下兵，以故荆轲乃逐秦王。而卒惶急，无以击轲，而以手共搏之。是时侍医夏无且以其所奉药囊提荆轲也。秦王方环柱走，卒惶急，不知所为，左右乃曰："王负剑！"负剑，遂拔以击荆轲，断其左股。荆轲废，乃引其匕首以掷秦王，不中，中铜柱。秦王复击轲，轲被八创。轲自知事不就，倚柱而笑，箕踞以骂曰："事所以不成者，以欲生劫之，必得约契以报太子也。"于是左右既前杀轲，秦王不怡者良久。已而论功，赏群臣及当坐者各有差，而赐夏无且黄金二百溢，曰："无且爱我，乃以药囊提荆轲也。"

于是秦王大怒，益发兵诣赵，诏王翦军伐燕。

在秦军大兵压境、燕国岌岌可危的情况下，燕太子丹孤注一掷派遣荆轲前往咸阳刺杀秦王。为了取得秦王信任，获得与秦王见面而行刺的机会，荆轲激励与秦王有仇的樊于期，获得了樊于期的首级，并和燕国督亢地图一起作为表示诚意和请降的见面礼呈献给秦王。在荆轲有所待，准备要和他信任的另一位侠客一起去执行刺杀行动时，急不可待且对荆轲产生怀疑的太子丹的催促，特别是其准备另找人去完成刺杀任务的话语刺伤了荆轲的自尊，于是荆轲只得愤然前行。但是，太子丹配给荆轲的副手，看起来是一位年十二便杀过人，在燕国人人惧畏的勇士，但荆轲并不信任他，这成为这次刺杀行动不能成功的重要原因。

易水送别是司马迁这篇人物传记中最感人的一幕。荆轲在明知此去绝无生还的情况下慷慨悲歌，不顾而去，让我们深深感知了中国古代舍生取义、重诺轻生的侠士风骨。其"风萧萧兮易水寒，壮士一去兮不复还"的千古绝唱与赵将李牧被谗身死的悲剧，成为千百年来广受咏叹的燕赵悲歌。

咸阳宫中激烈惊险的刺杀场面更是让人惊心动魄。当年那样声名烜赫的勇士秦武阳在秦王宫中的色变惊恐、临阵畏缩，更衬托出了荆轲的英勇无畏，但却完全打乱了两人配合共同完成刺杀秦王行动的计划。在这样情势突变的情况下，荆轲不仅顾笑武阳、沉着镇定地掩盖破绽，而且独自一人实施刺杀秦王的行动。刺杀虽然没有成功，但让秦王及群臣惊慌失措、乱作一团的场面，足以让人感受到荆轲一往无前的胆略和勇气。当然，荆轲刺杀秦王即使成功，也不可能改变当时强大的秦国扫除诸侯各国、统一天下的趋势，但他的这种胆略和勇气及视死如归的精神，千百年来深受人们的喜爱和传颂。因这篇文章的广泛流传而产生了诸如"慷慨悲歌""怒发冲冠""图穷匕见"等成语，便可见中华民族对荆轲这种精神的尊崇。

燕太子丹派遣荆轲刺杀秦王，这当然让秦王极其愤怒，于是下令王翦大举进攻燕国，燕王喜自然无法抵抗，只得要求割地求和，得到的答复是"必杀太子丹乃和"。结果燕王喜只好把太子丹杀了，将其首级呈献给秦王，但秦军并未停止进攻，一直打到了蓟北（今北京），燕军几乎全军覆灭，燕王喜只好逃往辽东。到了秦王嬴政二十五年（公元前222年），王翦的儿子，秦国大将王贲率大军攻占辽东，俘虏了燕王喜，燕国灭亡。

秦王嬴政二十二年（公元前225年），秦王派大将王贲进攻魏国，很快打到了魏国都城大梁（今河南开封市西北），并决黄河和大沟水淹没大梁。到了这年3月，大梁城被冲毁，魏王假装投降，想设法突围，结果被杀，魏国灭亡。

在灭亡了韩国、赵国、燕国和魏国后，秦军的进攻对象便只剩下东方的齐国和南方的楚国了，于是秦王决定秦军掉头南下，进攻楚国。

在王翦率大军进攻燕国捷报频传时，秦王嬴政便不断派使者出使王翦军中，对王翦又是加官进爵，又是奖励赏赐，又是持节慰问，这让深谋远虑的王翦非常忧愁。王翦的儿子王贲很是不解，对他的父亲说："父亲有大功于国，现在国王如此看重您，你应该高兴才是，却为什么这样忧愁呢？"王翦说：

"我们的大王长着鸡胸、蜂头，并且有着豺狼一样的声音和细长的眼睛。这种长相的人一定是薄情寡恩之人，和这样的人相处只能共患难，不能同富贵。你想想，他能囚禁自己的母亲，杀死他的同母异父的弟弟，还车裂他的继父，毒杀他的仲父，和这样的人相处，实在让人担心。我现在率领几十万精兵强将在外打仗，他这样表面上对我又是奖赏，又是慰问，实际是派人打探我，对我不放心，但愿我不要步武安君白起被赐自杀的后尘啊！"

等到燕国被灭后，带兵回到咸阳的王翦便主动请求辞职，交出兵权回家养老了。到秦国进攻楚国时，还发生了王翦求田问舍的故事。我们将《资治通鉴》有关记载摘录如下：

王问于将军李信曰："吾欲取荆，于将军度用几何人何足？"李信曰："不过用二十万。"王以问王翦，王翦曰："非六十万人不可。"王曰："王将军老矣，何怯也！"遂使李信、蒙恬将二十万人伐楚。王翦因谢病归频阳。

李信攻平舆，蒙恬攻寝，大破楚军。信又攻鄢郢，破之。于是引兵而西，与蒙恬会城父。楚人因随之，三日三夜不顿舍，大败李信，入两壁，杀七都尉，李信奔还。

王闻之，大怒，自至频阳谢王翦曰："寡人不用将军谋，李信果辱秦军。将军虽病，独忍弃寡人乎？"王翦谢："病不能将。"王曰："已矣，勿复言！"王翦曰："必不得已用臣，非六十万人不可！"王曰："为听将军计耳。"于是王翦将六十万人伐楚。王送至霸上，王翦请美田宅甚众。王曰："将军行矣，何忧贫乎！"王翦曰："为大王将，有功，终不得封侯，故及大王之向臣，以请田宅为子孙业耳。"王大笑。王翦既行，至关，使使还请善田者五辈。或曰："将军之乞贷亦已甚矣！"王翦曰："不然，王怚中而不信人，今空国中之甲士而专委于我，我不多请田宅为子孙业以自坚，顾令王坐而疑我矣。"

楚国是南方大国，多年来虽遭遇秦国多次攻掠，但其地域宽广、物产丰盈，其国力依然不能小觑。在秦国君臣商讨如何攻楚时，大将李信认为只要有 20 万兵力便可灭楚，但王翦却认为进攻楚国需要 60 万人马才可以。按秦国当时的人口，倾尽秦国青壮年男丁也很难凑够60万人马，于是秦王便任命李信、蒙恬为大将，率20万大军进攻楚国。

李信、蒙恬率大军恃勇轻进，一开始攻城掠地，十分顺利，但这却正中了楚国名将项燕的诱敌深入之计。到后来秦军的后路被截断，全军被包围，20万大军被打得狼狈逃窜，一败涂地。

秦王嬴政自从即位为王以来，第一次吃这样的大败仗，非常生气，震怒之后意识到自己不用老将王翦的错误，于是他亲自赶到频阳王翦家中，同意王翦60万人马攻楚的要求，恳请王翦率兵攻楚。

自古以来，为将者拥兵自重、功高盖主都是君臣相处的大忌，老谋深算、洞察世情的王翦深知其中利害。于是在出兵之前和出兵之后多次要求秦王给自己赏赐良田美宅，用这种自污的手法使秦王认为自己只是一个胸无政治野心、目光短浅的贪财小人，从而放心让自己倾全国兵力在外打仗。王翦的手段确实获得了很好的效果，秦王对他放心不疑、不予牵制让他攻楚没有了后顾之忧，而且在他完成灭亡楚国这样的大功后没有像史上许多优秀将领一样"狡兔死，走狗烹"，而是能回家颐养天年。这最终使王翦成为中国历史上为数极少的功勋盖世却能获得善终的名将。

秦王嬴政二十三年（公元前224年），王翦率秦国大军攻楚。《资治通鉴》对其战法有较详细的记载，现摘录如下：

> 楚人闻王翦益军而来，乃悉国中兵以御之，王翦坚壁不与战。楚人数挑战，终不出。王翦日休士洗沐，而善饮食，抚循之，亲与士卒同食。久之，王翦使人问："军中戏乎？"对曰："方投石，超距。"王翦曰："可用矣！"楚既不得战，乃引而东去。王翦追之，令壮士击，大破楚师，至蕲南，杀其将领项燕，楚师遂败走。王翦因乘胜略定城邑。
>
> 二十四年（戊寅）王翦蒙武虏楚王负刍，以其地置楚郡。……
>
> 二十五年（己卯）王翦悉定荆江南地，降百越之郡，置会稽郡。
>
> 五月，天下大酺。

楚国听说秦军来攻，便调集全国所有军力40万人马由大败李信的名将项燕来御敌。王翦一改上次李信长驱直入楚境的做法，大军刚进入楚境天中山（今河南汝阳）便高筑壁垒，不与楚军交战。楚军多次进攻挑战，王翦均令防守营寨，不出营交战。让自己的士兵在营中每日吃饱喝足后，跳远、投掷，训练体力，休养生息，这样两军相持了一年有余，楚国大将项燕认为秦军没有攻楚国的勇气，便引军东撤。楚军后移，给了秦军机会，王翦即刻率领大军猛扑而来，仓皇应战的楚军一片混乱，被打得大败而逃。王翦率大军顺长江而下穷追不舍，楚军主力几乎被全歼，项燕也被杀而亡。

消灭了楚军主力部队后，秦军更是势如破竹，不久便抓获了楚王，灭了楚国，将楚地设为秦国的楚郡。第二年，王翦大军一路南下，攻取了楚国南方百越之地，设置了会稽郡。接到捷报的秦王嬴政大喜过望，传令全国上下大摆宴席，喝酒庆祝。

在秦王嬴政统一全国的战争中，一代名将王翦，功勋卓著，前无古人，他不仅文韬武略，刚柔相济，每临大战都能做到知己知彼，从而稳操胜券，而且机智地处理了和君王的关系，做到了权大主不疑，功高不震主，不仅保证了前方作战不受干扰而取得胜利，而且还保全了自身，做到了许多名将难以做到的功成身退。

但是，历史上许多事情并不以人的谋略为转移。相传，楚将项燕临死时曾说"我身死秦将，秦国必没于楚国后人之手，楚虽三户，亡秦必楚"。王翦回乡隐退后便对他的孙子王离说，道家忌讳三代为将，为将杀戮过重，必造罪孽，家已有三人（王翦及其二子王贲、王苗）为将，杀戮过多，并叮嘱其孙再不要投军为将。但是，王离还是成了秦国的大将，十多年后被灭亡秦国的项燕的孙子项羽所杀。

楚国被灭后，诸侯六国便只剩下了大海边上的齐国。在战国后期的七雄中，齐国是仅次于秦楚的大国，但它处在与秦国相隔着韩、赵、魏、燕等国的东方，秦国在兼并其他各国的战争中一直推行远交近攻的战略，即为了不让国力强盛的齐国支援其他各国，便一直与齐国结好关系。而齐国也为求自保，几十年来一直讨好秦国，对秦国攻打其他各国的战争，一直保持中立，袖手旁观。但是，如今其他各国都已经为秦所灭，秦齐之间已没有隔离缓冲的地带，齐国的危亡便在眼前了。

其实，秦国早已做好了攻齐的准备工作。史载："后胜相齐，多受秦间金。宾客入秦，秦又多与金。客皆为反间，劝王朝秦，不修攻战之备，不助五国攻秦，秦以故得灭五国。"

后胜做齐国相国时，便接受了秦国的重金而为秦国效力。每有齐国宾客出使秦国，秦国就将其重金收买，成为秦国的奸细。这些人都劝齐王不做战争准备，不帮助其他五国抗击秦国，秦国才因此灭掉了其他五国。

五国灭亡后，秦王立即下令进攻齐国。秦王政二十六年（公元前221年），秦国大将王贲奉命大举攻齐，迅速灭掉了齐国。《资治通鉴》记载如下：

> 王贲自燕南攻齐，猝入临淄，民莫敢格者。秦使人诱齐王，约封以五百里之地，齐王遂降。秦迁之共，处之松柏之间，饿而死。齐人怨王建不早与诸侯合从，听奸人宾客以亡其国，歌之曰："松耶！柏耶！住建共者客耶！"疾建用客之不详也。

对于齐王建这种听信被秦国收买的宾客之言，不助其他五国，而最终祸及自身的短视行为，不仅齐人极为怨恨，司马光编史至此，也不由得发出了下面的感叹："臣光曰：从衡之说虽反覆百端，然大要合从者，六国之利也。……向使六国能以信义相亲，则秦虽强暴，安得而亡之哉！夫三晋者，齐、楚之藩蔽；齐楚者，三晋之根柢。形势相资，表里相依。故以三晋而攻齐楚，自绝其根柢；以齐楚而攻三晋，自撤其藩蔽也。安有撤其藩蔽以媚盗，曰："盗将爱我而不攻，岂不悖哉！"

对于齐国这种不助五国、认为秦国不会灭亡自己的想法，司马光愤然斥其为是自撤屏障来巴结讨好强盗的混账做法。宋代苏洵也直言指出齐国的灭亡是："与嬴而不助五国也，五国既丧，齐亦不免矣！"

从秦王政十七年（公元前230年）王翦率军灭掉韩国，到秦王政二十六年（公元前221年）王贲率军灭掉齐国，10个年头，9年时间，秦王嬴政便相继灭掉了六国，结束了自东周开始的春秋战国时期诸侯混战分裂549年的历史，统一了天下。

四、功罪秦始皇

秦王嬴政在其数代先王大肆攻伐兼并其他诸侯国而强盛的基础上，抓住有利时机横扫六国统一天下，建立了大秦帝国。于是他认为自己功盖天下，前无古人，再以"秦王"来称呼自己已不能显示自己绝世的功勋和至高无上的地位了，便给自己拟定了一个新的称号——"皇帝"。对此《资治通鉴》有如下记载：

> 王初并下天，自以为德兼三皇，功过五帝，乃更号曰"皇帝"，命为"制"，令为"诏"，自称曰"朕"。……朕为始皇帝，后世以计数，二世、三世以至于万世，传之无穷。

中国上古历史中有三皇五帝这些贤王的传说，秦王统一了天下后，便认为自己的德行和功劳超过了三皇五帝，于是便改称自己为皇帝。皇帝下的命改称为制，发的令改称为诏，自称为朕。他是第一位皇帝称始皇帝，以后继位的皇帝称为二世、三世，一代一代传下去，以至于无穷。

从公元前 221 年秦统一天下，嬴政称始皇帝开始，到公元前 210 年死于沙丘（今河北巨鹿县城南），秦始皇在位 11 个年头，整 10 年。在其身后两千多年来，历朝历代的人们都将其定性为中国历史上暴君的代表，但在 20 世纪六七十年代，有人却称其为中国法家的典范、功高至伟的千古一帝。现将其在始皇帝位上 10 年的作为概述出来，从而得出我们自己的看法。

1. 实行郡县制

第一个把中国建立成统一的、多民族的中央集权制的专制国家。

秦统一天下后，是实行殷周的分封制，还是实行郡县制，曾引起朝廷的激烈争论，但秦始皇在听了众臣的争论后表态说："天下共苦战斗不休，以有侯王。赖宗庙，天下初定，又复立国，是树兵也，而求其宁息，岂不难哉？"

秦始皇说天下所以苦于战乱不断，就是因为实行了分封，设置了诸侯国的缘故。现在自己凭靠祖先的护佑，刚刚平定了天下却又实行分封，设置诸侯各国，这不是制造战乱吗？用分封诸侯的办法来求得安定，这难道不是很困难的事吗？

秦王嬴政能够统一六国，客观上有顺应世事变化历史潮流的因素，但也确实有其自身头脑清楚、才智过人的内在因素，他对分封制的弊病分析，真可以说是极为精辟、一语中的。分封制不仅造成国中有国、政令不行的局面，而且中央的控制能力稍有衰弱，便会有诸侯国挑战其权力制约的危险，同时更造成各诸侯国之间互相兼并，战乱不断。周代在王室衰落迁都洛邑后，便形成了大大小小的诸侯国无视王室的存在，相互攻伐兼并，战乱长达五个半世纪，给中华民族造成惨重的灾难，秦国强盛后，便在公元前256年灭了周王室。甚至在秦始皇统一天下废除了分封制，实行了中央集权的郡县制后，后世各朝代基本上都沿用秦制的情况下，分封制还一直在中国历史上阴魂不散，给中华民族带来战乱。如西汉同姓王的"七国之乱"，唐朝后期因藩镇割据造成的五代十国混战不休的局面，直至清朝灭亡后民国时期军阀割据，战乱连绵的历史。正是分封制在中国历史上的阴影浓重，造成了我国历史陷入"合久必分，分久必合"的怪圈，对中华民族的历史发展进程造成了严重影响。

两千多年前的秦始皇能清醒地认识到分封诸侯王是春秋战国时期战乱不断的根源，一语中的地指出恢复分封制便是制造分裂、制造战争，对此，我们称其为英明是不为过的。

当然，李斯在秦朝实行郡县制上也有很大的功劳，他同主张施行分封制的官员辩论时便说道："周文武所封子弟同姓甚众，然后属疏远，相攻击如仇雠，周天子弗能止。今海内赖陛下神灵一统，皆为郡、县，诸子功臣以公赋税重赏赐之，甚足易制，天下无异意，则安宁之术也。置诸侯不便。"听了李斯的意见后，秦始皇一言九鼎力排众议，将天下分为三十六郡、实行中央集权的郡县制管理体制。这种体制一直治用至今。

2. 车同轨，书同文，统一度量衡

在诸侯割据称雄的战国时期，"田畴异亩，车涂异轨，律令异法，衣冠异制，言语异声，文字异形。"各个诸侯国之间不仅车子道路的大小格式不同、度量衡标准不同、法律法令不同，甚至发行不同的货币、书写不同的文字。秦朝建立后，李斯向秦始皇建议，为了国家统一的巩固和发展，必须统一法令、统一货币、统一度量衡、统一语言文字、统一车子道路的规格。在秦始皇的赞同下，对各个方面的统一要求便迅速实行起来。制定秦法，推行车途同轨。废除了六国货币，统一货币，以黄金和铜为货币，以黄金为上币，铜为下币。铜币经寸三分，处圆内方，重 12 铢。统一了度量衡，量制上以二龠为一合，10 合为一升，10 升为一斗，10 斗为一斛；度制以 10 寸为一尺，10 尺为一丈，10 丈为一行；衡制以 24 铢为一两，16 两为一斤，30 斤为一钧，4 钧为一石。在秦统一全国的当年，秦始皇便下令"书同文字"，规定用简化的小篆作为标准文字，废除西周以来的大篆和通行在六国中的古文与其他的异体文字，由李斯等人主持编写了小篆字书，作为学童必读的课本，后来又出现了书写更为简便的"秦隶"。

实践证明，这些措施对于加强国家统一具有极为重要的作用。特别是统一文字，对于地域广大、方言众多且差别极大的中国来说意义更为重大，有了统一的文字这种书面语言，对于加强各地联系、增强民族的向心力和认同感、巩固祖国的统一，产生了无可替代的重要作用。

3. 开拓疆土，修建长城和灵渠

早在战国时期，北方的匈奴就经常南下抢劫财物、掠夺人口，造成极大危害，所以当时地处北部的燕国、赵国和秦国分别筑长城防守的同时，还长期派驻大军警戒反击。秦王朝统一天下后，秦始皇决心消除这一边患，他第一次出巡就到西北视察，并派大将蒙恬率 30 万大军北伐匈奴。公元前 215 年，秦始皇又巡察北方边区，制定了大举进攻夺取河套南部战略要地的作战方针。第二年，蒙恬指挥秦军驱逐匈奴 700 多里，占领了河套南部地区，新设置了 44 个县，并大量迁移内地居民到新增疆域去居住，将这一地区纳入了国家版图。

为了巩固此次大战的胜利成果，秦军又渡过黄河，占领了黄河北岸多处的战略要地，并在秦国、赵国和燕国原建长城的基础上，扩建而成了闻名世界的万里长城。秦代的万里长城比现存的明代长城更靠北也更长，它西起临洮，向东北行，从河套地区过黄河，沿着阴山、燕山向东直到辽东，蜿蜒万余里，是中国古代一项伟大工程，至今被看作中国的象征，在当时防备匈奴南侵时发挥了重要作用。

为了加强中央和北部边区的联系，也为了调动军队运输物资的军事需要，蒙恬还督建修筑了北部的九原（今包头市）到都城咸阳的"直道"。直道全长 1800 里，沿途开山填谷，工程也异常艰巨，到秦始皇死后还没有完成。

在北方防御匈奴、扩大疆土的同时，秦军又大举向南进攻。在王翦灭楚降服百越之地的一些首领，建立了会稽郡和闽中郡（今浙江福建一带）的基础上，秦统一后，秦始皇又派遣屠睢组建了一支50万人的大军大举进攻南越、两瓯之地（今广东、广西），终于在公元前214年把这些地区纳入了秦王朝的版图，新建了南海郡、桂林郡和象郡。

为了保证征伐防守岭南的大军后勤物资的供应，秦始皇派遣监禄负责粮饷后勤供应。监禄在考察了当地地理水系等情况后精心勘察规划，巧妙地在长江水系和珠江水系的关键地方，即湘江和漓江源头的分水岭上修建了著名的兴安灵渠。这项极其艰巨的工程在分水岭上创建了 36 座"斗门"船闸，分段控制水位，使船只沿梯级上下，顺利通过两大水系的分水岭，打通了华中到华南的航道。这项极端艰巨的工程所开辟的伟大航道，直到明清时期还在发挥着南北沟通的重要作用，今天依然在灌溉和发电方面继续发挥着作用。这不能不说是我国古代水利史上的伟大杰作，是我国古代劳动人民智慧和劳苦的结晶。

但需要在特别提出的是，我们在这里看到秦始皇倾尽国力南征北战、开疆拓土，并修建万里长城和灵渠航道对国家巩固发展的重大作用与历史意义的同时，还应看到在连续几百年战争刚刚结束，民力民生极其疲惫衰弱的时候，发动这样大规模的征战和修建如此浩大的工程给当时的人民造成的沉重苦难。对此我们将在下面讲到。

4. 役使天下百姓

秦始皇北攻匈奴，调动的军动高达 30 多万，南征百越之地，调动的军队 50 多万。北国天寒地冻，南方酷暑潮湿，自然条件极其恶劣，况且不管是南征或北伐，战争都极其残酷，死伤均在十之六七以上，需要源源不断地补充兵员。近百万大军在南北两线作战，后勤供给战线长、消耗大，在当时运输基本上靠人力和畜力的条件下，一个士兵的给养军需因运输者本身也需要给养，则要有三个民夫运送才能得以保证，粗略计算，每年便需要近 400 万人来进行 10 多年的战争。

同时，在北线修筑长城，在南线开掘灵渠，这两项浩大的工程在当时生产力低下的情况下，没有上百万人常年劳作是不可能完成的。这样仅秦王朝建立后发动的南北两线的战争调发的民力就不下 500 万人。而秦王朝当时的全国人口不过只有 2000 万人。按人口男女各半，再将男人数中的老人和小孩去掉一半计算，当时全国能够当兵和充作差役的青壮年男丁也不过 500 万人，这就是说，当时全国的青壮年男丁全被征发上了前线。

但是，当时被朝廷征发充作差役的人还远远不止这个数，因为，当时还有许多为满足秦始皇生前作威作福、极尽享乐和死后继续享乐的浩大工程更需要役使百姓无休无止地劳作。这些工程主要有修建六国王宫和阿房宫，修建驰道和行宫，修建秦始皇死后长眠的陵墓。

如果说开拓疆土、修建长城和灵渠还有其积极意义的话，那这些工程则主要是为了满足秦始皇个人欲望而苦役天下百姓的奢侈行为。

秦始皇从大举扫灭六国开始，每吞并一个国家，便让人把那里的王宫测绘成图，在咸阳依图兴建，并将从那个国家掳掠而来的贵妇美女和乐器陈设全部安置其宫中，这等于是把六国的宫廷全部搬到了咸阳，自己轮流住在这些宫中。到了后来，秦宫和这些六国王宫都不能满足秦始皇了，他便在渭水南岸修建更大的朝宫，仅其前殿阿房宫，史载其东西宽 300 丈，南北长 50 丈，殿内可坐 1 万人，殿下能竖起 5 丈高的大旗。殿前修大道直达南山，山顶竖立华表作为阙门，殿后修的大道渡过渭水直达咸阳，整个朝宫的宫殿星罗棋布，复道联通，亭台水榭错落有致，其布局完全按照天帝所属的星座结构。这项浩大的工程从秦朝建立开始修建，一直到秦始皇死去还未完工，在后来项羽进入咸阳，放火焚烧阿房宫，大火一直烧了三个月之久，可见这个建筑群有多么庞大。

为了修建这些宫殿，几十万人长年劳作，仅从四川、湖北、湖南采伐运送各种建筑材料，所用人力便无法计算，后世文人杜牧的《阿房宫赋》开篇便言"阿房出，蜀山兀"，当时的民间便流传着咒骂这项工程的民谣："阿房阿房亡始皇！"

这种宫室的修建，从秦始皇即位以来，一刻也没有停止过，到秦始皇死时，总计在关中修建了宫廷 300 处、关外 400 处。在咸阳附近 200 里内的 270 座宫廷还修建了相互连接的通道，每处宫廷里的宫女器乐等都置办齐全，秦始皇就在这些宫廷内随意往来寻乐。每天他住在哪个宫廷，外人谁也不得而知，随从人员有胆敢泄露其行踪的都要被立即处死。

为了显示自己最高统治者的威势和满足自己游乐的需要，秦始皇在统一六国的第二年便调发民力开始修建"驰道"。驰道从都城咸阳东到燕齐（今河北、山东），南到吴楚（今江苏、湖北）。这种大路据说宽 69 米，路两旁每隔三丈种一棵青松。每隔几十里便修建行宫，供秦始皇住宿休息。秦朝统一后，秦始皇在短短的 10 年中 5 次大规模巡游天下，曾到泰山封禅，沿途祭祀名山大川，到处刻石竖碑，为自己歌功颂德。巡游途中，朝中文武官员跟随照常批阅公文、处理政务，其队伍浩浩荡荡，物资供给、往来送迎，动用大量财力、人力。

秦始皇不仅在地面上大肆修建供自己淫乐，从他即位起便调发民众修建他的骊山陵墓，来供自己死后还能作威享福。统一天下后，更是调发 70 多万民众来修建陵墓，前后修建了 37 年，司马迁在《史记·秦始皇本纪》中对其陵墓有以下记载：

> 始皇初即位，穿治骊山，及并天下，天下徒送诣七十余万人。穿三泉，下铜而致椁，宫观百官奇器珍怪徙藏满之。令匠作机弩矢，有所穿近者辄射之。以水银为百川江河大海，机相灌输，上具天文，下具地理。以人鱼膏为烛，度不灭者久之。二世曰："先帝后宫非有子者，出焉不宜。"皆令从死，死者甚众。葬既已下，或言工匠为机，臧皆知之，臧重即泄。大事毕，已臧，闭中羡，下外羡门，尽闭工匠者，无复出者。

树草木以象山。

这座陵墓深挖穿过了多层的地下水层，浇铸了大量的铜液来堵塞渗漏。里边修建了朝廷百官伺职的宫殿，藏满各种珍宝奇巧的器物。用水银灌注在江河大海的模型中，用机械装置使其循环流动不息。上面用珍珠宝石做成日月星辰来象征天空，下面用美玉珍石做成山川大地。还有鱼膏做灯烛，长时间地供给照明。

为了防备盗墓，还安装了"机弩矢"，对敢于挖掘盗墓的人自动射击。为了不让墓中的珍藏和机密泄露，安葬秦始皇时，将在墓中劳作的工匠全部封闭在其中，同时还将秦始皇后宫中没有生育过的嫔妃全部殉葬其中。

从这些记载来看，秦始皇完全是把天地宇宙和他的王廷全部搬进了他的坟墓，以便他死后在地下还可以享受至高无上的皇帝之尊。对此，许多人以前还有所怀疑，认为司马迁的记载有言过其实之嫌，但是20世纪70年代中期在秦始皇陵东面数里外发现的3个规模巨大的始皇陵殡葬设施部分的兵马俑俑坑，有力地证实了司马迁记载内容的真实性。兵马俑俑坑中成千上万和实物大小相当的陶制车、骑、步兵俑排列成一个个严整的战斗阵势，其刀、矛、剑、戟都是青铜铸造的实战武器，完美地展现出当年横扫六国、征伐天下的秦军雷霆万钧的气势，被世人称为"世界第八大奇迹"。

但是，这一举世瞩目的发现对秦始皇陵总体来说，还是一个开端，仅是整个陵墓的冰山一角，据现在考古探测估计，秦始皇陵及其陪葬区总面积竟高达255平方里。所以，随着时间的推移、考古技术的提高，今后还会有怎样的发现，无论今天的人怎样想象都难以呈现出秦始皇陵的全貌。这样规模浩大的、让人难以想象的地下奇迹，自然会让人们不禁产生疑问：这要耗费多少的人力物力？

十多年前，笔者去秦始皇陵游览，看到入口处立了一块巨大的招牌，上书"七十万刑徒，三十七年的苦役，创造了世界第八大奇迹"，不由得感慨顿生：70多万人，几十年在幽暗的地下苦役劳作，这期间多少人因劳苦而死，又有多少被押解补充至此？他们来到这个世界，唯一的意义就是为最高统治者修筑坟墓，他们看不到阳光、见不到父母，更不能与妻子儿女团聚，生在黑暗、死在黑暗不得不让人既悲且愤。几年前又过西安，因同行没有见过兵马俑，只得同路前往，但见入口处的大幅招牌不见了，代之而起的是巍峨高大的秦始皇塑像。始皇帝头戴冠冕，身披龙袍，左手按剑，右手前挥，气势之雄犹如仰望高山。游人不是对之顶礼膜拜，便是投掷钱币，这又让人生发感慨：被称为万物之灵的人类不但逃不脱动物世界的丛林生存规则，更因其高度进化的大脑对权势者又多了一层心理崇拜和迷信。

且不说秦王朝中央以及地方郡县还有多少工程需征调差役，仅上面所举为秦始皇生前淫乐和死后长眠的浩大工程，没有两三百万人长年劳作是不可能完成的。所以当时的秦王朝前方打仗，后方运送军需，再加上这几项浩大的工程，全国的青壮年男丁是远远不够的，因此，当时的秦王朝，不仅男子被征发打仗、劳作苦役，妇女被征用后勤运输，甚至老人和未成年人也难以逃脱苦役。整个秦朝天下可以说是一个偌大的劳改集中营，除了监管的官吏，便是成千上万在前方打仗戍边和各处无休无止做苦役的百姓。人们在漫长的苦役劳作中呻吟、挣扎，只能用哭泣和哀号来表达他们心中的悲愤，孟姜女用哭声震倒了万里长城的故事，便是抒发像牛马一样被役使劳作的人民大众对统治者恶行的愤怒和诅咒。

5. 横征暴敛

多年征战的军费开支、浩大工程耗费的资财，以及维持庞大的官吏阶层和秦始皇穷奢极欲享乐的费用从哪里来呢？那就是摊派在全国人民头上的沉重赋税。

据汉初学者估算，秦朝时的赋税为古代的 20 倍，徭役为古代的 30 倍，老百姓每家每户三分之二的收入要拿出来交纳赋税。农民不仅要向官府交纳粮食，甚至连禾秆也要按规定数目交纳。前些年出土的"云梦秦简"中，经专家整理考证，有一些记载了秦朝的"田律"，其中有一条规定：按每户官府所统计拥有的土地面积计算，不论是否耕种，每百亩要交饲草 3 石（每石 120 斤），禾秆 2 石。史书上便有秦朝有"入刍藁"的赋税规定，"云梦秦简"的出土，有力地证明了这种记载的真实性。

同时，服徭役的人要带上自己家的粮食食用。《资治通鉴》记载修建阿房宫时粮食、草料不足，"下调郡县，转输菽粟，刍藁，皆令自赍粮食；咸阳三百里内不得食其谷"。从这些资料中我们可以看出，秦王朝过度地耗费远远超出了当时国民经济能支撑的极限，沉重的赋税负担已将人民大众逼向无法生存的绝境。

6. 严酷残暴的刑罚

为了役使天下百姓为其疆场卖命流血和从事繁重的苦役来满足自己好大喜功的欲望，为了从天下百姓身上压榨盘剥出其力不能胜任的沉重赋税来供自己淫乐享受，秦始皇所采取的手段就是严刑和暴力，即对人民大众采取严酷苛虐的刑罚。据记载，秦始皇时期，仅死刑就有近20种。如赐死（强迫自杀）、枭首（砍头）、绞、戮、坑、定杀（沉水溺死）、腰斩、剖腹、凿颠、抽胁、体解（同磔，斧裂肢体）、烹（煮或油炸）、车裂（五马分尸）、戮尸、夷三族（将家人及亲族全处死）、具五刑（将犯人依次刺面、割鼻、断趾、鞭笞、枭首）等。其他的肉刑、徒刑、流放、苦役等名目更是很多，而且推行"连坐法"，一人犯罪，其全家甚至亲戚、邻居都受到牵连。

特别是秦始皇本人性格极其残暴，常常随心所欲草菅人命，根本不依据什么法律条文。

秦统一天下的当年，东郡（今山东、河南邻接处）掉下了一块陨石，有人在石上刻了"始皇帝死而地分"几个字。秦始皇接到报告后非常生气，派御史去追查，结果没查出是什么人写的，秦始皇便下令将陨石掉落处四周所有村庄的人不分男女老少全部杀死。

有一次秦始皇在宫内山上望见丞相李斯随从人员众多，便很不高兴。过了几天他发现李斯的车马随从减少了许多，便认为是他身边的侍从官员将他不高兴的情况透露给了李斯，但是，经过反复调查审问也没有人招认，于是秦始皇便下令将当天在场的随从及官员全部斩首。

秦始皇的性格乖张暴虐不仅是对人，对神灵也是如此。他到南方巡游渡过长江时遇到了风浪，受到了惊吓，便认为是这里供奉的湘山祠中的水神作怪，即刻下令派选3000刑徒将湘山的树木全部砍光，使整座山不见树木，只见红土。

皇帝这样残暴，各级官员自然上行下效。《汉书·晁错传》便指出秦时"法令烦惨，刑罚暴酷，轻绝人命"，而且"奸邪之吏乘其乱法以成其威，狱管主断，生杀自恣"。这样严刑酷法、恣意生杀镇压的结果是秦王朝各级政府的监狱人满为患，"杀人之父，孤人之子，断人之足，黥人之首，数不胜数"，路上及各地的施工场所满是被黥面、割鼻，手脚不全的刑徒。

但是，信奉武力、残暴统治人民的秦始皇想不到的是，他这样滥用武力残酷镇压人民大众的结果是激起民众的反抗。为秦王朝敲响丧钟的陈胜、吴广大泽乡起义，就是被征发戍守渔阳的 900 名役卒，因为遇大雨而不能按期限到达驻地的情况下，死里求生，揭竿而起的。因为按照秦法"失期，法皆斩"，900 人遇雨不能按时到达渔阳，便要全部被斩首，于是在"今亡亦死，举大计亦死"的绝境逼迫下，冒死求生，掀起了推翻秦王朝残暴统治的大风暴。

7. 钳制思想言论的愚民政策

除了用严酷的刑罚维持其统治外，秦始皇还用从其最倾慕的韩非的著作当中领悟而来的手法对待全国民众，这种手法就是钳制民众的思想言论，推行愚民政策。

被 20 世纪 70 年代进行的"评法反儒"运动奉为法家思想集大成者的韩非可以说是秦始皇其人一生唯一倾慕向往的人。韩非在《韩非子·五蠹》中主张"明主之国，无书简之文，以法为教；无先王之语，以吏为师"。并明确指出，这才是英明的君主富国强兵超过三皇五帝唯一的妙法。韩非认为一个君主要维护自己的统治，把国家治理好，不应该用文章典籍来教化人民，只用法律来约束规范他们；不用遵循历史规律和传统，各级官吏要民众怎么做、民众就应该怎么做。韩非这种禁锢民众的思想、钳制民众的言论、培养盲从于统治者的愚民政策，其目的就是他在《韩非子·六反》中所说的"君上之子民也，有难则用其死，安平则尽其力"。

韩非的主张说穿了是什么意思呢？他的意思很明确，就是君主所需要的民众，只要具备两点就可以了：一是战时能为君主流血卖命；二是平时能为君主出力劳作。说穿了就是民众应该只是统治者单纯的武器和工具，民众不应该是具有独立思想意识的人，而只能是像牛马一样愚昧无知的文盲。

韩非这种视人民如牛马的极端观点被秦始皇看到后，顿感相见恨晚，大为赞赏，立刻逼迫韩国将韩非送到秦国来。由于李斯担心秦始皇重用韩非而代替了自己，从中作梗害死了韩非，才使得韩非没有进一步被与其心灵相通的秦始皇重用，但是，韩非这种推行愚民政策的主张却被秦始皇奉为至宝，从而做出了"焚书坑儒"这样的极端行为。

《资治通鉴》对此有较详细的记载，现抄录如下：

丞相李斯上书曰："异时诸侯并争，厚招游学。今天下已定，法令出一，百姓当家则力农工，士则学习法令。今诸生不师今而学古，以非当世，惑乱黔首，相与非法教人。人闻令下，则各以其学议之，入则心非，出则巷议，夸主以为名，异趣以为尚，率群下以造谤。如此弗禁，则主势降乎上，党与成乎下。禁之便！臣请史官非秦记皆烧之；非博士官所职，天下有藏《诗》《书》，百家语者，皆诣守尉杂烧之。有敢偶语《诗》《书》，弃市；以古非今者族；吏见知不举，与同罪。令下三十日，不烧黔为城旦。所不去者，医药、卜筮、种树之书。若有欲学法令者以吏为师。"制曰："可。"

侯生、卢生相与讥议始皇，因亡去。始皇闻之，大怒曰："卢生等，吾尊赐之甚厚，今乃诽谤我！诸生在咸阳者，吾使人廉问，或为妖言以乱黔首。"于是使御史悉案问诸生。诸生传相告引，乃自除犯禁者四百六十余人，皆坑之咸阳，使天下知之，以惩后，益发谪徙边。始皇长子扶苏谏曰："诸生皆诵法孔子，今上皆重法绳之，臣恐天下不安。"始皇怒，使扶苏北监蒙恬军于上郡。

许多史料记载秦始皇焚书是因为在实行郡县制还是实行分封制的争论中，博士淳于越认为应效法上古三代的传统，恢复分封制，并说不效法古代贤君的做法是不能保持统治长久的，这样便触怒了秦始皇和丞相李斯，从而引发了全国焚书运动。其实，早在秦商鞅变法时期，就在秦国推行了"燔诗书而明法令"的行动，秦始皇和李斯只不过是借这次有人反对分封制的由头，将焚书运动推到灭除了六国后的整个秦帝国而已。司马迁在《史记·李斯列传》中记载说："始皇可其议，收去《诗》《书》，百家之语以愚百姓，使天下无以古非今。"明确提出了焚书的目的便是推行愚民政策，让天下人无以知古，因而无法非今。而且从表面来看焚书是经李斯提出后秦始皇认可施行的，但实质上这种以焚书灭绝传统文化的愚民思想早已在将韩非视民众为牛马的法家主张奉为至宝的始皇心中根深蒂固，所以一经李斯提出，秦始皇便下制认可，一场史无前例的大规模焚书运动便在全国迅速推行起来。中华民族先秦之前，几千年累积的文化典籍便在这场全国各地燃起的大火中几乎化为灰烬。

我们今天还能有幸看到流传下来的一些先秦时期的文化典籍，如《诗经》《尚书》及诸子百家的一些著作，可以肯定地说，一是这只是我国先秦时期文化典籍中有幸流传下来的极少部分；二是大多数的典籍都在这场焚书浩劫中毁灭不存了；三是我们今天能看到的先秦文化典籍是当时的有识之士冒死保存下来的，他们为中华民族文化的传承立下了不朽之功。《资治通鉴》就明确记载在秦始皇大肆焚书时，当时孔子的后裔孔鲋就说："吾将藏之以待其求，求至，无患矣。"这句话说的是，"我要把书籍藏起来，等待来寻求它的人，寻求它的人找到了，就不再担心了。"

坑杀儒生的事件实质上是秦始皇钳制舆论、禁止民众议论朝政的残暴举措。表面上这是因为以给秦始皇寻找长生不死药物行骗的侯生和卢生怕骗局暴露，在议论了秦始皇的一些过错后溜之大吉，惹得秦始皇大怒而为之。但是，实际上却是秦始皇借机来追查在咸阳议论过他及朝政的人，而且他将这460多人全部活埋的目的非常明确，即"皆坑之咸阳，使天下知之，以惩后"。他将这些儒生残忍地杀害，而且还昭令天下，用来警告其他的人，以此来达到控制舆论、禁止言论自由的目的。

秦始皇焚书坑儒为两千多年中国封建专制统治者禁锢民众思想、钳制民众言论开了一个极恶劣的先例，历朝历代专制统治者对民众思想的束缚，对言论的封杀严重地影响了中国社会的发展进步，特别是清代统治者大兴文字狱，严重制约了民族的创造力、社会的发展力，使国力迅速衰落，造成了中华民族百年受辱史。

上面我们从七个方面对秦始皇称帝以来的所作所为进行了介绍梳理。从这七个方面来看，秦始皇扫除了六国，统一了天下，结束了国家几百年诸侯分裂战乱的局面，建立了统一的多民族的大秦帝国，而且抵御外敌、扩大疆土，实施了许多巩固国家统一的有效措施，对我国疆域的形成及民族的统一有很重要的作用，是我国历史发展进程中很重要的历史人物。

但是，看待一个历史人物，特别是一个掌握国家管理权力的人物，我们不能仅站在现代人的立场角度来看他的历史作用，我们还应该从他所处的那个时代的角度，从他作为一个国家最高统治者所管理的民众的立场来看看他的统治给当时的人民带来了什么，看看他的统治给当时社会经济文化的发展带来了什么，还应该看看他的作为是由于什么原因，出于什么目的。

如果我们从这些立场来看，秦始皇出于自己好大喜功的心理需求和追求个人无法满足的享乐欲望，不顾几百年战乱后极需休养生息的国计民生，穷兵黩武，大兴土木，用严酷的刑罚和思想言论控制维持其残暴统治，役使民众、盘剥百姓，使国民经济陷于崩溃。人民大众生活痛苦不堪，几乎陷入绝境。

所以，从以上分析来看，对秦始皇这样一个历史人物，我们当然不能否定他的历史作用，但也应该看到他视民众为牛马的极端恶行，看到他对中华文化造成的灾难，看到他的专制统治及思想对我国历史发展的不良作用。但是，一直以来却总有人不时地吹捧他，甚至拜倒在他的脚下，这不能不说是我们中华民族的一大悲哀，虽然人是不相同的，看法也总是有所不同，但我想，如果真有时光隧道，能将吹捧秦始皇的人送到秦始皇那个时代去当一个大秦帝国的百姓，那他的说法或许会是另一种样子了。

五、秦始皇之死

从秦始皇开始的中国皇帝地位尊贵至极，万民为其所役，万物为其所用，所以许多的皇帝不仅是作威作福、为所欲为，而且是肆无忌惮、无所畏惧，甚至像秦始皇一样，连神灵也不害怕，也敢报复欺凌。但是他们却对一样东西特别害怕，这就是死亡。只有死亡对天下的每个人都是公正的，人人都要死亡，所以人人都害怕死亡，但极尽人间荣华富贵的皇帝更怕死亡。因为他们更害怕死亡，所以要自己的臣民喊自己万岁，希冀自己能长生不死，然而他们心中也明白这只不过是一种心理安慰，于是便寻找各种让自己不死的方法，或炼丹、或求仙，想让自己永享这人间无人能及的富贵。

秦始皇更是这样，晚年的秦始皇极其恐惧死亡，死亡的阴影让他对死亡到了神经质的地步，身边有人不小心提到死亡的话题或说出了"死"字，便立即被杀头。他是如此畏惧死亡，可却多次遭遇死神，面临险情。

第一次便是在他灭除六国时，燕太子丹派遣荆轲来刺杀他，虽然刺杀没有成功，但他和刺客面对面搏斗，寒光闪闪的匕首在他面前晃动，这让他"不怡者良久"。

第二次是在巡游天下时，"始皇东游，至阳武博浪沙（今河南原阳县东南）中，张良令力士操铁椎狙击始皇，误中副车。始皇惊，求，弗得，令天下大索十日"。

第三次竟然发生在咸阳宫中，"始皇为微行咸阳，与武士四人俱，夜出逢盗兰池，见窘，武士击杀盗。关中大索二十日"。

多次面临死亡威胁的秦始皇极端害怕死亡，为了防备天下民众反抗，威胁他的统治，谋害他的生命，在统一天下后便"收天下之兵，聚之咸阳，销以为钟鐻，金人十二，重各千石，置廷宫中"。为了让自己长生不死，秦始皇更是用尽心力寻找不死之仙药和不死之妙法。对此在《史记·秦始皇本纪》中有多处记载：

因使韩终、侯公、石生求仙人不死之药。始皇巡北边，从上郡入。燕人卢生使入海还，以鬼神事，因奏录图书，曰："亡秦者胡也。"始皇乃使将军蒙恬发兵三十万人以击胡，略取河南地。

……

卢生说始皇曰："臣等求芝奇药仙者常弗遇，类物有害之者。方中，人主时为微行以辟恶鬼，恶鬼辟，真人至。人主所居而人臣知之，则害于神。真人者，入水不濡，入火不蒸，陵云气，与天地久长。今上治天下，未能恬倓。愿上所居毋令人知，然后不死之药殆可得也。"于是始皇曰，"吾慕真人"，自谓真人，不称朕。乃令咸阳之旁二百里内宫观二百七十复道甬道相连，帷帐钟鼓美人充之，各案署不移徙。行所幸，有言其处者，罪死。

......

方士徐市等入海求神药，数岁不得，费多，恐谴，乃诈曰："蓬莱药可得，然常为大鲛鱼所苦，故不得至，愿请善射与俱，见则以连弩射之。"始皇梦与海神战，如人状。问占梦，博士曰："水神不可见，以大鱼蛟龙为候。今上祷伺务谨，而有此恶神，当除去，而善神可致。"乃令入海者赍捕巨鱼具，而且以连弩，候大鱼出射之。自琅邪北至荣成山，弗见。至之罘，见巨鱼，射杀一鱼。遂并海西。

秦始皇称帝之后派出了韩终、侯公、石生等一批批方士四处寻求长生不死的仙药，但却一直没有结果。他在北部边境巡视回到都城后，被派到海上寻求仙药的卢生回报说，他虽然没有找到仙药，却遇到了神人，给了他一幅谶纬图，图上说"灭亡秦的人是胡"。这句话让秦始皇非常吃惊，不管这里说的"秦"是暗指秦朝，还是暗指秦王，都让他坐立不安，最后他觉得"胡"应该指的是北方的胡人匈奴，于是便派大将蒙恬出动30万人北上进攻匈奴。方士胡乱搪塞他的一句假话，便让秦始皇发起了出动30万兵力北上击胡的战争，可见秦始皇对他王朝的灭亡和自身的死亡忌怕之深。

卢生等人因很长时间拿不出仙药献给秦始皇，于是便哄骗秦始皇说他们费尽了气力寻找不死之药，却很难遇到，好像有什么东西在一直妨碍他们。所以在他们用法术寻找仙药时，皇帝应该隐藏自己的行迹来避开恶鬼，避开恶鬼，真人才会降临。皇帝您住的地方让臣民知道了，就妨碍了真人见面传授不死仙药。那些真人入水不会被沾湿，遇火不会被烧伤，腾云驾雾，能活得和天地一样久长。现在作为治理国家的皇帝，做不到清静恬淡，所以希望秦始皇居住的宫室不要让别人知道，这样不死的仙药才有可能找到。对于方士的这些鬼话，一心指望找到不死之药的秦始皇是深信不疑，他说自己很仰慕真人啊，从此以后便称自己为真人，不再称朕。而且将他在咸阳周围200里内的270多座宫殿用天桥和甬道相互连接起来，并用帷帐完全遮蔽，把钟鼓乐器和美人分别安置在里面，并登记在案不准移动。传令如果有人胆敢说出皇帝巡幸或居住的地方，就处以死刑。

在求药心切的秦始皇一再催促下，无法交差的方士徐市担心自己花了无数的钱财，最终露底被惩罚，便又哄骗秦始皇说他知道蓬莱仙山可以找到不死仙药，但却常常被大鲛鱼扰乱，所以一直没有找到仙药。希望秦始皇派遣善于射箭的人和他一起，看到大鲛鱼便用连弩射死它。听了徐市的谎言，秦始皇便梦见自己同样子像人的海神搏斗，于是他便下令下海的渔民携带捕捉大鱼的用具，而且自己海上巡游时亲自拿着连弩寻找大鲛鱼。他从琅琊北上一直到荣成山也没有见到一条大鱼，最后在之罘时，才遇到了一条大鱼，射杀了这条大鱼后才沿海西行。

秦始皇在隐藏了自己的形迹和亲自出海射杀大鱼后还是没有见到真人、没有得到长生不死仙药的情况下，依然对寻求仙药的事情深信不疑。史载他还相信徐市的鬼话，不但送给徐市无数的钱财珍宝，还让徐市带着几千童男童女到海上仙山寻求不死之药，结果徐市一去便杳无踪影。

秦始皇始终没有找到不死仙药，却又遇到了陨石落至东郡后被人刻写"始皇帝死而地分"的事件，虽然他一气之下烧毁了陨石，杀死了陨石落处四周村落的所有居民，但从此心中一直不乐，便让博士写了一首为仙真人诗，谱上了曲在他巡游天下时让宫中乐人跟随咏唱，希望能感动真人给自己传授不死仙药。然而，就在陨石事件发生不久，秦始皇更遇到了让他心惊的事。《史记·秦始皇本纪》载："秋，使者从关东夜过华阴平舒道，有人持璧遮使者曰：'为吾遗滈池君。'因言曰、'今年祖龙死。'使者问其故，因忽不见，置其璧去。使者奉璧具以闻。始皇默然良久曰：'山鬼固不过知一岁事也。'退言曰：'祖龙者，人之先也。'使御府视璧，乃二十八年行渡江所沉璧也。于是始皇卜之，卦得游徙吉。"

这件事表面看起确实荒诞不经，一个飘乎而来的怪人，手拿8年前秦始皇南巡渡江时掉落在长江中的玉璧，夜半时分拦住皇帝的使者带话说"今年

祖龙死"。但如果我们联系此事发生前后的事情和结果可推测出它的真实性
与发展脉络。

下面确实只能是笔者的推测，因为实在没有其他的史料可以佐证，但笔
者自认为有很大的可信度。

这件事发生之前不久就发生了从天上掉落的陨石被人刻上"始皇帝死而
地分"的事件，这两件事一是前后发生时间相接，二是内容和作用高度一致，
即内容都是诅咒秦始皇死，作用都是惊吓极其怕死的秦始皇，给他以精神上
的打击。所以笔者认为这两件事极有可能是同一个人，至少是同一伙人有意
为之，其目的是在无法用其他方法杀死秦始皇的情况下，用这种精神打击的
方式惊吓秦始皇，促其早死。

秦始皇灭除六国和残暴的统治，使得六国贵族和天下民众对其极其愤恨，
所以接二连三地发生了荆轲刺秦王、张良雇人在博浪沙椎杀秦始皇及秦始皇
在咸阳宫甬道遇盗的刺杀事件。在这些行动难以奏效的情况下，一心想置秦
始皇于死地的人便想到了用这种惊吓的方式，从精神上来摧毁十分怕死，又
十分迷信的秦始皇。

这种心理打击方式的效果极其明显。陨石刻字事件发生后，秦始皇不仅
一直郁闷不乐，而且让人给真人做歌曲，自己走到哪里就让乐工唱到哪里，
不住地祈祷真人现身给自己传授不死之药，反映出他内心极度的紧张和不安。
怪人送玉璧带话的事发生后，秦始皇一开始是自我宽慰，说这样的山鬼只能
推测一两年的事，但内心则极度害怕，退到宫中还在念叨祖龙可能就是说的
自己，于是又打卦问卜，希望通过巡游他方来躲过灾难。这更反映死亡的阴
影已控制了他的大脑，心中对死的恐惧已达到了绝望的境地。

为了躲开他心中预想的劫难，公元前 210 年，秦始皇按照卦象指示，开
始了他的最后一次巡游，然而接连的心理打击摧垮了秦始皇的精神，这次巡
游一开始他便踏上了死亡之路。时间不长，巡游中的秦始皇便得了病，到这
年农历七月，秦始皇终于病死在沙丘（今河北广宗县西北）。《资治通鉴》
对此记载如下：

始皇恶言死，群臣莫敢言死事。上病益甚，乃令中车府令行符玺事赵高为书赐扶苏曰："与丧，会咸阳而葬。"书已封，在赵高所，未付使者。秋、七月，丙寅，始皇崩于沙丘平台。

按理说，皇帝病了，而且病得很重，就应该商讨后事，确定继承人，以免老皇帝死后发生争位变乱，但是秦始皇极端害怕死亡，非常厌恶有人在他面前提到死和安排后事，所以臣下随从谁也不也敢提安排后事的事情。直到病势沉重，秦始皇意识到自己即将咽气了，才让管理皇帝印信的中车府令赵高给远在北部边境上郡的大儿子扶苏写信说："回来参加丧礼，会合咸阳商议葬礼事宜。"书信封好后便放在赵高处，还没有来得及交给使者送出，这年农历七月丙寅日，秦始皇便死在了沙丘平台。

秦始皇死了，他生前没有确定立谁为太子，死前并没有明确指定继承人，但他临死时想到了给远在北方的大公子扶苏写信，让他赶回来安葬他，应该说他临死时指定了他的大儿子扶苏为其接班人。但是，他是在死到临头时才有此安排的，还没有来得及命令使者将书信送出便一命呜呼了，这便给他的后事安排增添了可变的因素，为秦国在其死后发生的内乱及他想传之万世的秦王朝迅速崩溃埋下了祸根。《资治通鉴》对秦始皇死后的继位之变有如下记载：

始皇出游，左丞相斯从，右丞相去疾守。始皇二十余子，少子胡亥最爱，请从；上许之。

承相斯为上崩在外，恐诸公子及天下有变，乃秘之不发丧，棺载辒凉车中，故幸宦者参乘。所至，上食，百官奏事如故，宦者辄从车中可其奏事。独胡亥，赵高及幸宦者五六人知之。

初，始皇尊宠蒙氏，信任之。蒙恬任外将，蒙毅常居中参谋议，名为忠信，故虽诸将相莫敢与之争。赵高者，生而隐宫，始皇闻其强力，通于狱法，举以为中车府令，使教胡亥决狱，胡亥幸之。赵高有罪，始皇使蒙毅治之，毅当高法应死，始皇以高敏于事，赦之，复其官。赵高既雅得幸于胡亥，又怨蒙氏，乃说胡亥，请作以始皇命诛扶苏而立胡亥为太子。胡亥然之。赵高曰："不与丞相谋，恐事不能成。"乃见丞相斯曰："上赐长子书及符玺，皆在胡亥所，定太子，在君侯与高之口耳，事将何如？"斯曰："安得亡国之言！此非人臣所当议也！"高曰："君侯材能，谋虑，功高，无怨，长子信之，此五者皆孰与蒙恬？"斯曰："不及也。"高曰："然则长子即位，必用蒙恬为丞相，君侯终不怀通侯之印归乡里明矣！胡亥慈仁笃厚，可以为嗣。愿君审计而定之！"丞相斯以为然，乃相与谋，诈为受始皇诏，立胡亥为太子。更为书赐扶苏，数以不能辟地立功，士卒多耗；数上书，直言诽谤；日夜怨望不能得罢归为太子；将军恬不矫正，知其谋。皆赐死，以兵属裨将王离。

扶苏发书，泣，入内舍，欲自杀。蒙恬曰："陛下居外，未立太子，使臣将三十万守边，公子为监，此天下重任也。今使者来，即自杀，安知其非诈？复请而后死，未暮也。"使者数趣之。扶苏谓蒙恬曰："父赐子死，尚安复请！"即自杀。蒙恬不肯死，使者以属吏，系诸阳固（今甘肃正宁县）。更置李斯舍人为护军，还报。胡亥已闻扶苏死，即欲释蒙恬，会蒙毅为始皇出祷山川，还至。赵高言于胡亥曰："先帝欲举贤立太子久矣，而毅谏以为不可，不若诛之！"乃系诸代。

遂从井陉抵九原。会暑，辒车臭，乃诏从官令车载一石鲍鱼以乱之。从直道至咸阳，发丧。太子胡亥袭位。

二世欲诛蒙恬兄弟，二世兄子子婴谏曰："赵王迁杀李牧而用颜聚，齐王建杀其故世忠臣而用后胜，卒皆亡国。蒙氏，秦之大臣、谋士也，而陛下欲一日弃去之。诛杀忠臣而立无节行之人则内使群臣不相信而外使斗士之意离也！"二世弗听，遂杀蒙毅及内史恬。恬曰："自吾先人及至子孙，积功信于秦三世矣。今臣将兵三十余万，身虽囚系，其势足以倍畔。然自知必死而守义者，不敢辱先人之教以不忘先帝也！"乃吞药自杀。

秦始皇最后一次巡游天下，带着左丞相李斯，让右丞相冯去疾留守京城。秦始皇有20多个儿子，临走时他最疼爱的小儿子胡亥请求跟着他，于是秦始皇便带上了他的小儿子胡亥。小儿子一般都受父母宠爱，父亲到外地巡游，小儿子央求带上自己，这看起来实在是非常偶然的小细节，却成了秦始皇死后发生继位变乱的基本要素。

秦始皇死了，大公子扶苏远在上郡，丞相李斯自然成了巡游队伍的最高负责人。他担心在扶苏没有赶到咸阳之前留在咸阳的其他公子和大臣发生变乱，于是便秘不发丧，没有宣告秦始皇的死讯。他将秦始皇的尸体仍然安置在皇帝的卧车中，只让秦始皇生前最信任的宦官陪乘。一路上仍然进献食品，官员有事相奏，宦官便从车子里回答认可。对秦始皇已死的情况，只有李斯、胡亥、赵高及一两个受宠信的宦官知道。

在当时的形势下，李斯的安排自然有其道理，但却被一个人看到了可以投机取巧、坐大自己的契机，这个人便是宦官赵高。赵高虽然以前因犯事被蒙毅处理过，但因其善用心机很受秦始皇喜爱，不但把他任用为管理皇帝印符的中车府令，而且让他做了自己的小儿子胡亥的老师。他受过蒙氏兄弟的处罚，深知扶苏继位，蒙恬掌权，将对自己不利，又因其为胡亥的老师，深知胡亥昏庸无能，易于掌握的性格，便打起了害死扶苏，让胡亥继位，从而使自己掌控朝中实权的主意。他的想法自然获得了胡亥的同意，但却绕不开当时有最高决定权的丞相李斯。

李斯一开始对赵高的想法不仅严词拒绝，而且叱责赵高的想法是亡国之言，不是做臣子该说的话。但是心机过人的赵高非常了解李斯是个把权位看得极重的人物，一句"扶苏即位一定任蒙恬为丞相，您最终只能是告老还乡罢了"的话让李斯改变了态度。为了保住自己一人之下万人之上的相位，李斯便和赵高、胡亥同流合污，他们篡改了秦始皇写给扶苏的信，赐令扶苏与蒙恬自尽，伪造了秦始皇临终诏书，立胡亥为太子继承皇帝位。

扶苏接到赐令他自尽的伪造信后，不顾蒙恬的一再劝说自杀而死，不肯自尽的蒙恬即被关押起来。从扶苏以前曾劝秦始皇不要坑杀儒生的记载来看，扶苏还是一个有一定头脑且心肠仁慈之人，如果秦始皇死后他顺利地即位，或许秦朝的历史会是另外的样子，但是，他的愚孝毁灭了他，我们便只能看到胡亥即位后的历史了。

扶苏自杀，蒙恬被囚禁，清除了胡亥即位的最大障碍，于是胡亥等人急忙赶往咸阳。夏末秋初的天气仍然十分炎热，载送着秦始皇尸体的卧车臭气熏天，于是李斯等人安排运了一车鲍鱼来掩盖尸臭味，一行人昼夜兼程赶到了都城咸阳。到达咸阳后马上发布了秦始皇的死讯，假传诏令让胡亥继位当了皇帝，史称秦二世。

秦二世胡亥即位后不顾扶苏儿子的劝谏，下令诛杀蒙恬、蒙毅蒙氏兄弟。蒙家三代均为秦国名将，蒙恬的祖父蒙骜，是秦庄襄王时的名将，他带兵攻打赵国，夺取 37 城；攻打韩国，夺取 13 城；攻打魏国，夺取 20 城，战功卓著。蒙恬的父亲蒙武，秦王嬴政时与王翦一起进攻楚国，杀了楚国大将项燕，俘虏了楚王，灭掉了强大的楚国。而蒙恬在秦王嬴政二十六年（公元前 221 年）统军攻打齐国，灭掉了齐国，秦国统一后又带兵征讨匈奴，长驱匈奴 700 余里。此时蒙恬虽被囚禁，但他在秦军中有很高的威望，如果他不服胡亥令其自尽的诏令，率兵反叛，推翻胡亥的帝位也大有可能。但是他一是感到自己不能辱没了蒙家世代是秦国忠臣名将的名声，二是要对得起重用自己的先帝秦始皇，三是他临死时曾说自己修万里长城，修直道可能伤了地脉灵气，所以上天以此来惩罚他，自己的死也是罪有应得，于是他自杀身亡了。

对此，司马迁曾有一段评论："吾适北边，自直道归，行观蒙恬所为秦筑长城亭障，堑山堙谷，通直道，固轻百姓力矣。夫秦之初灭诸侯，天下之心未定，痍伤者未瘳，而恬为名将，不以此时强谏，振百姓之急，养老存孤，务修众庶之和，而阿意兴功，此其兄弟遇诛，不亦宜乎？何乃罪地脉哉！"

司马迁对秦朝初年不顾长年的战乱给国家带来的创伤和百姓急需休养生息的实际，发动战争、大修长城直道做法的遣责是很有道理的。但是，他指责蒙恬身为秦国大将没有劝阻秦始皇停止这种劳民伤财的行为是罪有应得，笔者却感到有些苛刻，有点过分。作为臣子，你要做一个谏臣，像历史上有名的唐代谏臣魏徵，他的激烈的劝谏能被采纳，主要是遇到了唐太宗李世民这样能听得进去劝谏的皇帝，遇上秦始皇这样暴虐无道的皇帝，你的劝谏能起作用吗？笔者想唯一能起到的作用便是你的劝谏让你丢掉脑袋吧。

六、秦二世而亡

秦二世胡亥靠着赵高的阴谋诡计登上了皇位，自然非常感激赵高，于是将赵高封为郎中令，视赵高为自己最信任的心腹，大小事务均听从赵高。

胡亥是个昏庸无能之辈，当上皇帝后志得意满，便想着学他父亲秦始皇称帝后的样子极尽享乐，于是他对赵高说："夫人生居世间也，譬犹骋六骥过决隙也。吾既已临天下矣，欲悉耳目之所好，穷心志之所乐，以终年寿，可乎？"但是，赵高是个生性刁猾的恶棍，他知道胡亥是靠自己的阴谋登上皇位的，王公大臣肯定有所怀疑，而且自己是个宦官，出身低贱，现在一下子位高权重，朝中众臣定会有所不服。于是他对胡亥说："此贤主之所能行而昏乱主之所禁也。臣请言之：夫沙丘之谋，诸公子及大臣皆疑焉，而诸公子尽帝兄，大臣又先帝之所置也。今陛下初立，此其属意怏怏皆不服，恐为变。臣战战栗栗，唯恐不终，陛下安得为此乐乎？"

于是赵高便给胡亥出了严法苛刑、罗织罪名除灭众公子大臣的主意，秦二世胡亥非常赞同，便开始了大肆杀戮，以稳固自己的帝位。《资治通鉴》记载："二世然之，乃更为法律，务益刻深，大臣诸公子有罪，辄下高鞠治之。于是公子十二人僇死咸阳市，十公主矺死于杜。财物入于县官，相连逮者不可胜数。"秦始皇二十几个儿子，这场大屠杀一开始便有12个公子被杀头，10个公主被肢解，财物被抄灭至官府，牵连被抓捕的大臣公子不可胜数，一时间朝廷内外人心惶惶。

据史载，胡亥在屠杀他的兄长时达到了毫无人性的地步。公子将闾同母亲弟兄三人被抓后关押在内宫，最后派使者处死他们时传二世胡亥的话说"你们几个违犯了做臣子的规则，按法应当处死"。将闾辩白说"自己从来没有违犯臣规的事，希望能明确说出我犯了何罪，也好死得心甘，"但使者说"我没有参与你们案件的审理，我是按皇帝的旨令办事。"兄弟三人没有办法流着眼泪大呼着"老天啊，我实在无罪而死"。公子高眼看自己的弟兄一个个被杀，想逃走又怕牵连到自己的家人，于是便给秦二世上书请求自己给父亲秦始皇殉葬于骊山。秦二世胡亥看到公子高的上书，喜形于色地对赵高说这才叫作着急哩！赵高也高兴地说这些人担忧自己的死都来不及，怎么能够再谋划变乱呢？于是胡亥同意了他的哥哥公子高的请求，还发了10万钱作为安葬费。

赵高用奸诈的手段让胡亥登上皇位，目的是最终坐大自己，在朝中独掌大权，在处置了对胡亥皇位有潜在威胁的公子大臣后，便将谋害的目标定在了权位尚在他之上的丞相李斯身上。

当初，为了架空秦二世，便于自己耍弄权术，赵高对二世胡亥说："天子所以贵者，但以闻声，群臣莫得见其面，故号曰：'朕'。且陛下富于春秋，未必尽通诸事，今坐朝廷，谴举有不当者，则见短于大臣，非所以示神明于天下也。且陛下深拱禁中，与臣及侍中习法者待事，事来有以揆之。如此，则大臣不敢奏疑事，天下称圣主矣。"胡亥一是糊涂昏庸，二是他本来觉得做了皇帝，就该淫乐享受，于是便长期不上朝见大臣，住在深宫鬼混，大臣有事很难见到皇帝，朝中的大事便全由赵高传话定夺。

当时，由于秦二世为了自己声色犬马更加享乐加紧修建秦始皇没有完工的阿房宫，徭役赋税更加沉重，官逼民反，陈胜、吴广大泽乡起义，全国各地民众及六国贵族纷纷响应，告急文书不断传来，形势非常紧急。但是由于秦二世胡亥深居内宫，着急万分的丞相李斯也很难见到皇上。于是，精通整人之术的赵高计上心来，开始了除掉丞相李斯的行动。下面先来看看《史记·李斯列传》的有关记载：

> 高闻李斯以为言，乃见丞相曰："关东群盗多，今上急益发徭役阿房宫，聚狗马无用之物。臣欲谏，为位贱。此真君侯之事，君何不谏？"
>
> 李斯曰："固也，吾欲言之久矣。今时上不坐朝廷，上居深宫，吾有所言者，不可传也，欲见无闲。"赵高谓曰："君诚能谏，请为君侯上闲

语吾。"于是赵高待二世方燕乐，妇女居前，使人告丞相："上方闲，可奏事。"丞相至宫门上谒，如此者三。二世怒曰："吾常多闲日，丞相不来。吾方燕私，丞相辄来请事。丞相岂少我哉？且固我哉？"赵高因曰："如此殆矣！夫沙丘之谋，丞相与焉。今陛下已立为帝，而丞相贵不益，此其意亦望裂地而王矣。且陛下不问臣，臣不敢言。丞相长男李由为三川守，楚盗陈胜等皆丞相傍县之子，以故楚盗公行，过三川，城守不肯击。高闻其文书相往来，未得其审，故未敢以闻。且丞相居外，权重于陛下。"二世以为然。欲案丞相，恐其不审，乃使人案验三川守与盗通状，李斯闻之。

是时二世在甘泉，方作角抵优俳之观。李斯不得见，因上书言赵高之短曰："臣闻之，臣疑其君，无不危国；妾疑其夫，无不危家。今有大臣于陛下擅利擅害，与陛下无异，此甚不便。昔者司城子罕相宋，身行刑罚，以威行之，期年遂劫其君。田常为简公臣，爵列无敌于国，私家之富与公家均，布惠施德，下得百姓，上得群臣，阴取齐国，杀宰予于庭，即弑简公于朝，遂有齐国。此天下所明知也。今高有邪佚之志，危反之行，如子罕相宋也；私家之富，若田氏之于齐也。兼行田常、子罕之逆道而劫陛下之威信，其志若韩玘为韩安相也。陛下不图，臣恐其为变也。"……二世已前信赵高，恐李斯杀之，乃私告赵高。高曰："丞相所患者独高，高已死，丞相即欲为田常所为。"于是二世曰："其以李斯属郎中令！"

赵高眼见收拾李斯的时机已经成熟，便找上门去对李斯说："现在天下盗贼蜂起，而皇帝却还在大修阿房宫，整天放狗赛马享乐。我想去劝谏他，可是我人微言轻，而这正是丞相您应该做的，您怎么不去劝劝君王？"李斯回答说："我早就想去面见皇帝，但他却不上朝视事，一直住在深宫，我无法见到他啊！"于是赵高便说："您如果真能去劝谏皇上，就由我在皇上闲暇时传话让您面见皇上。"

但是，这以后每当秦二世胡亥宴乐歌舞和宫女鬼混时，便给李斯传话说皇帝正闲，让李斯赶快到宫中请求面见君王。这样反复多次后，秦二世非常生气，发怒说："我无事时丞相不来，每当我宴乐有兴致时，他就来打扰我，他这是小瞧我，还是故意这样做？"

赵高眼见自己的奸计已有了效果，便乘机对秦二世说："皇上，您千万不要发怒生气，这要传到丞相耳中，事情就危险了。沙丘我们谋划的事情，丞相是参与者，但现在您登位当了皇帝，可丞相的地位却没有提升，这明摆着他是想能够被封为诸侯王哩。还有一件事，如果皇上您今天不问我，我是不敢说的，那就是丞相的大儿子李由是三川郡的郡守，陈胜这些盗贼都是他们邻县的人，这些盗贼经过三川郡，李由却不出兵攻打。我还听说李由和盗贼之间常有书信往来，以前没有证据，所以一直没有向您奏报。但现在丞相在外主持朝政，大权在握，这实在是很危险的事啊！"

秦二世听了赵高的谗言，不免担忧起来，他想把丞相李斯抓起来，但却没有罪证，便先派人查实李由与盗贼暗通的情况。

李斯知道了皇帝查找自己儿子李由暗通贼寇的事，才认清了赵高的险恶用心，于是他给秦二世胡亥上书，首先指出赵高在朝中大权独揽，擅自做主，这对陛下是很危险的，其后以春秋时期宋国的子罕和齐国的田常势力坐大后弑君夺国的事例，告诫皇帝胡亥要防备赵高。但是非常宠信赵高的胡亥在看了李斯的上书后，反而担心李斯危害赵高，便将李斯上书的事告诉了赵高。赵高看出胡亥内心深处对自己的信任和依赖，便不失时机地对胡亥说，丞相李斯在朝中只害怕我赵高一人，如果我死了，李斯就会干出田常那样弑君夺国的事了。秦二世听了赵高的话便立即下令把李斯抓起来交给郎中令赵高审理。

李斯落在了一定要他死的赵高手中，其结果便可想而知。他给李斯安上了与儿子李由谋反的罪名，将李斯的宗族门客全部抓了起来，然后"榜掠千余"，对李斯用尽了各种刑法，实在无法忍受的李斯只得承认自己犯了谋反罪。屈打成招的李斯还是不死心，于是在狱中偷偷给秦二世上书，他在书中一口气列举了他为秦王朝创立的七大功绩，希望皇帝看后能赦免自己。但书信仍然落在了赵高手中，赵高生气地说死囚怎么能有资格给皇帝上书，便将李斯的上书毁弃掉了。为了防止李斯在秦二世派人来复审时翻供，狡猾凶狠的赵高又做了精心的准备，《史记·李斯列传》中有如下的记载：

> 赵高使其客十余辈诈为御史、谒者、侍中，更往覆讯斯。斯更以其实对，辄使人复榜之。后二世使人验斯，斯以为如前，终不敢更言，辞服。奏当上，二世喜曰："微赵君，几为丞相所卖。"

赵高让自己的门客十多个人装作朝中的御史、访查案件的官员和皇帝身边的侍中等人，一次一次地反复前来审讯李斯。李斯看到皇帝派人来复查自己，便推翻原来的供词，申诉自己无罪，于是赵高便让人毒打李斯，这样反复多次后，被打怕了的李斯再也弄不清谁才是皇帝真正派来复审案件的人了。当秦二世真的派人来复审李斯时，李斯以为又是赵高派来的人，便像以前一样认罪，不敢再翻供了。复查案件的官员将审讯结果上报后，秦二世非常高兴地感叹道："如果没有我的赵先生，我几乎要被丞相李斯卖给盗贼了啊！"

但是，在秦二世所派的查找李由通贼的官员到达三川郡时，李由已经被项梁的人马给杀了头，可这个官员回到咸阳时，丞相李斯已经被下狱定案了，赵高听了报告后还是给李斯定了谋反罪。最终在秦二世二年（公元前208年）七月，李斯被判具五刑后，腰斩于咸阳市。

太史公司马迁在《史记·李斯列传》的文后对李斯其人有下面的评论："李斯以闾阎历诸侯，入事秦，因以瑕衅，以辅始皇，卒成帝业，斯为三公，可谓尊用矣。斯知六艺之归，不务明政以补主上之缺，持爵禄之重，阿顺苟合，严威酷刑，听高邪说，废嫡立庶。诸侯已畔，斯乃欲谏争，不亦末乎？人皆以斯极忠而被五刑死，察其本，乃与俗议之异。不然，斯之功且与周、召列矣。"

司马迁说："李斯从一介贫民书生游说诸侯来到秦国，凭他的卓越才能抓住了时机辅佐秦始皇完成了统一天下的大业，自己位列三公，可以说是尊贵极了。但是他明了六艺的宗旨，却不致力于贤明的治国之道来补救秦始皇的过错，为了保全他的权位而一味苟且顺从，推行严法酷刑来治理天下，而且竟然顺从赵高的阴谋诡计，废立长子扶苏而立庶子胡亥。等到最后天下纷纷起事反叛了，他才想到去劝谏皇帝，岂不是本末倒置的做法？现在大家都说李斯极忠却遭受了五刑，但从根本上看，我的看法却和一般人不一样。如果不是这样，李斯的功劳便可以和周公、召公同列了。"

太史公司马迁对李斯的评论是很中肯的。李斯的人生教训是很深刻的，值得人们认真体会。下面我们从李斯一生中很有名的三句话来品味一下李斯其人的人生教训。

其一是李斯青年时期的一句话。《史记·李斯列传》："李斯者，楚上蔡人也。年少时为郡小吏，见吏舍厕中鼠食不洁，近人犬，数惊恐之。斯入仓，观仓中鼠，食积粟，居大庑之下，不见人犬之扰。于是李斯乃叹曰：'人之贤不肖譬如鼠矣，在所自处耳！'"

李斯观察到，厕所中的老鼠吃的是不洁之物，但每当人犬走近，便吓得惊恐逃窜，非常可怜，而住在官仓中的老鼠，吃着堆积如山的谷米、住着高大的房子，却丝毫受不到人犬的惊扰。于是他感叹道："人的一生就像这些老鼠一样，有好的名声或不好的名声全是凭自己所处的位置决定的啊！"他认为一个人处在社会底层，生活恶劣不说，还时时担忧受气，而处在有权位的社会高层，养尊处优不说，还能留下伟大的名声。于是年轻的李斯辞去了只能挣点微薄的薪水养家糊口的公务员职务，拜荀子为师学习游说诸侯成就帝王之术，决心学有所成后，成就自己爬上社会高层、施展自己才华的人生理想。所以青年时期的李斯便把追求权位富贵作为了自己的人生目标。

其二是在他辅佐秦始皇灭六国，统一天下，被封为丞相，位极人臣时，又发出的一句感慨。《史记·李斯列传》："斯长男由为三川守，诸男皆尚秦公主，女悉嫁秦诸公子，三川守李由先归咸阳，李斯置酒于家，百官长皆前为寿，门廷车骑以千数。李斯喟然而叹曰：'嗟呼！吾闻之荀卿曰"物禁大盛"。夫斯乃上蔡布衣，闾巷之黔首，上不知其驽下，遂擢至此。当今人臣之位无居臣上者，可谓富贵极矣。物极则衰，吾未知所税驾也！'"

李斯在他"人臣之位无居臣上者"，在他的人生大红大紫"富贵极矣"之时，尚能想到他的老师荀子叮嘱他的"物禁大盛"之言，想到"物极则衰"的哲理，不能不说他是一位有头脑的知识分子，然而年轻时形成的权位决定人生的信条、位极人臣后对荣华富贵的迷恋还是迷住了他的眼睛，让他看不到是不是该止步停车的时候了。正是这种对权位和富贵的贪恋态度，使他在关键时刻做出了错误的选择：为了保住自己的相位，为了继续享受荣华富贵，他舍弃了做人臣的道德标准，舍弃了国家的利益，在明知赵高废长立幼的阴谋是"非人臣所言""亡国之道"的情况下，依然选择与赵高胡亥同流合污、狼狈为奸，最终走上了一条误国误民、害人害己的道路。

其三是在他被处具五刑，腰斩咸阳市时，他看到自己的父族、母族、妻族300多人即将同自己一起被处死时，他转头对自己的儿子说："吾欲与若复牵黄犬俱出上蔡东门逐狡兔，岂可得乎！"

年轻时为了高官厚禄、荣华富贵，离开家乡上蔡求学求职实现了自己权高位重、富贵至极、名响天下的人生目标后，临死之时的李斯却想的是重新回到自己的故乡过自由自在的贫民生活。李斯的人生愿望真可以说是绕了一个极大的怪圈：从起点回到了起点，从原先弃之不顾的鄙视成了极力向往的悔悟，李斯的人生不能不让我们深思！

一个人对美好生活的向往，特别是对拓宽自己人生平台、提高自己人生价值的追求，应该说是不可指责的，是有理想、有抱负、有志向的人生观。但是如果自己的这种向往和追求，自己的既得利益和自己心中的道德准则、做人的底线发生冲突时做的选择，特别是和国家的、民族的与社会大众的利益发生冲突时做的选择，最能区分出我们人生价值观的高尚和低劣。李斯在沙丘政变中的选择，既违背了自己心中的道德准则和做人的底线，又抛弃了国家民众的利益，所以显现出了他人品和价值观的低劣，这不仅成为他人生最大的污点，而且让他走上了一条害人害己的绝路。如果他在当时以自己是临时最高负责人的丞相身份坚持原则，不仅中国的历史可以改写，而且他自己真会像太史公司马迁所说的其历史地位和名声与周公召公同列而大受历史的肯定和世人的称颂了。

李斯死后，赵高如愿以偿被秦二世胡亥封为丞相。赵高为了摸清群臣对自己的态度，玩秦二世于股掌之上，于是要弄权术，在朝堂上演了一场"指鹿为马"的闹剧。《资治通鉴》载：

初，中丞相赵高欲专秦权，恐群臣不听，乃先设验，持鹿献于二世曰："马也。"二世笑曰："丞相误邪，谓鹿为马？"问左右，或默，或言马以阿顺赵高，或言鹿者。高因阴中诸言鹿者以法。后群臣皆畏高，莫敢言其过。

赵高用指鹿为马的诡计清除了不顺从自己的朝臣，在朝中更是一手遮天，为所欲为，为了独掌大权，他蒙蔽胡亥，让胡亥在宫中鬼混淫乐。当时，项羽和刘邦两路大军已斩将夺关向都城咸阳杀来，但赵高一直对胡亥瞒情不报，直到项羽的大军在巨鹿之战中歼灭了秦军的主力，刘邦的大军已攻破武关逼近咸阳时，隐约听到消息的秦二世胡亥才派人去斥责赵高为何不向自己报告。赵高担心自己欺君罔上的罪行受到皇帝的惩处，便指使他的女婿咸阳令阎乐和他的弟弟赵成在郎中令的接应下率领1000多名士卒杀进了秦二世的内宫。《资治通鉴》对此事变记载如下：

郎中令与乐俱入，射上幄坐袆。二世怒，召左右，左右皆惶扰不斗。旁有宦者一人侍，不敢去。二世入内谓曰："公何不早告我，乃至于此。"宦者曰："臣不敢言，故得全；使臣早言，皆已诛，安得至今。"阎乐前即二世，数曰："足下骄恣，诛杀无道，天下共畔足下。足下其自为计！"二世曰："丞相可得见否？"乐曰："不可！"二世曰："吾愿得一郡为王。"弗许。又曰："愿为万户侯。"弗许。曰："愿与妻子为黔首，比诸公子。"阎乐曰："臣受命于丞相，为天下诛足下，足下虽多言，臣不敢报！"麾其兵进。二世自杀。

阎乐归报赵高。赵高乃悉召诸大臣、公子，告以诛二世之状，曰："秦故王国，始皇君天下，故称帝。今六国复自立，秦地益小，乃以空名为帝，不可。宜如故，便。"乃立子婴为秦王。以黔首葬二世杜南宜春苑中。

胡亥靠着赵高的诡计继承皇位，又在赵高发起的叛乱中被逼身亡，将自身的命运完全寄托在阴谋家耍弄的诡计与权术之上，其下场自然可悲。其在位时只顾个人淫乐，暴虐天下，死到临头时沦为孤家寡人还死乞白赖地哀求富贵与活命，其人格的低贱令人鄙视。

秦二世死后，赵高认为在当时天下各诸侯国已纷纷恢复自立，大秦帝国已只有区区关中之地的形势下，君临天下的皇帝名号已名不副实，秦国只能退回以前的诸侯国地位，于是便立了扶苏的儿子子婴做了秦王。取消了皇帝名号，宣告秦朝从秦始皇开始传至二世仅维持了 15 年统治的结束，大秦帝国成了中国历史上最短命的一统王朝。

赵高可以说是我国历史上将权术阴谋玩到家的人物了，他能将大秦名相李斯一步步套入陷阱，他能将秦廷众大臣指鹿为马玩弄于股掌之间，更能将胡亥玩上皇帝之位，又将皇帝胡亥玩得自杀身亡。但是，历史是无情的，最终历史又给中国这位大阴谋家赵高开了一个冷峻的玩笑：以耍阴谋闻名于世的赵高死在了他人的阴谋之中。下面就是《资治通鉴》对赵高死于非命的记载：

> 九月，赵高令子婴斋戒，当庙见，受玉玺，斋五日。子婴与其二子谋曰："丞相高杀二世望夷宫，恐群臣诛之，乃诈以义立我。我闻赵高乃与楚约，灭秦宗室而分王关中。今使我斋，见庙，此欲因庙中杀我。我称病不行，丞相必自来，来则杀之。"高使人请子婴数辈，子婴不行。高果自往，曰："宗庙重事，王奈何不行？"子婴遂刺杀高于斋宫。三族高家以徇咸阳。

赵高立子婴为秦王，目的是以立秦始皇长孙即位的正当性来掩盖自己杀死秦二世胡亥的不义罪行，想不到子婴竟能当机立断杀了祸国殃民的权奸赵高。以此来看年轻的子婴尚有清醒的头脑和决断的作风，假以时日，作为秦王的他说不定还能使秦国重振旗鼓，恢复元气。但是，历史没有给秦王子婴机会，到了这年 10 月，刘邦的攻秦大军已经兵临咸阳城下，驻军霸上。只当了 40 多天秦王的子婴只得打开城门，驾着白马素车，身穿丧服，用绳索系着自己的脖子，捧着皇帝的印信和玉符，跪在道旁投降了刘邦。一个多月后，项羽所带的各路诸侯大军进入咸阳，"杀子婴及秦诸公子宗族。遂屠咸阳，烧其宫室，虏其子女，收其珍宝货财，诸侯共分之。灭秦之后，各分其地为三，名曰雍王、塞王、翟王，号曰三秦。项羽为西楚霸王，主命分天下王诸侯，秦竟灭矣"。

秦始皇在其铁蹄横扫天下，吞并六国，建立起我国历史上第一个大一统的中央集权的专制王朝时，自称始皇帝，并希望其皇位二世、三世，以至于万世代代相传，但是其皇位仅传至二世，其朝代仅维持了 15 年便在全国民众的大起义中分崩离析、毁灭于一旦了。这样庞大的王朝迅速崩溃的原因和其中令人深思的历史教训，一直是历代政治家、史学家热议的话题。太史公司马迁在其《史记·秦始皇本纪》文后力推两汉著名的政治家、文学家贾谊的论述文章《过秦论》，并将全文引述于后作为对秦始皇与秦王朝最中肯的评论。

下面我们仅将贾谊《过秦论》中评论秦王朝迅速灭亡的结论部分摘录阅读："然秦以区区之地，千乘之权，招八州而朝同列，百有余年矣。然后以六合为家，崤函为宫，一夫作难而七庙堕，身死人手，为天下笑者，何也？仁义不施而攻守之势异也！"

贾谊说："100 多年来，秦国仅凭着它一个诸侯国的资源和兵力，使得天下诸侯同列来朝拜自己，到了秦王嬴政即位，更是灭了六国，统一了天下，把全天下变成了自己的家，崤山和函谷关作为自己的屏障宫墙。但仅仅是陈胜那样的一个普通人发难起事，天子的宗庙就被捣毁，皇帝和宗族都死在他人手中，成了天下人的笑谈。这是什么原因造成的呢？这是因为秦王朝暴虐天下，不施仁政，才造成了当年的夺取天下和现在的维持天下的形势发生了变化啊！"

贾谊的分析评论是非常到位的，凭借武力夺取了天下的统治者，如果像秦王朝一样一味地迷信武力，认为武力夺取的天下只能靠武力来维持，即所谓的马上得之只需马上守之，而视天下民众如牛马，不仅严法酷刑、残酷镇压，而且横征暴敛，不顾其死活，必将迅速走向自我毁灭、崩溃的道路。

秦始皇的暴虐统治促使了他的大秦王朝的短命而亡，为其后的治国者提供了一个反面的教材，这应该就是秦王朝迅速灭亡的历史教训和历史作用吧。

汉高祖刘邦

汉高祖刘邦是我国第一位出身于布衣的皇帝。在秦末推翻秦王朝的战争中，他率军攻至秦都咸阳城下，逼迫秦王子婴开城投降。在其后的楚汉相争中，他大败项羽，逼其自刎于乌江，建立了大汉王朝，是西汉王朝的开国皇帝。

一、神乎其神浪刘三

刘邦，字季，家中排行老三，故人称刘三，沛县（今江苏沛县）人。

刘邦年轻时是一个不事产业，好酒色，喜欢恶作剧捉弄人的浪荡青年。《史记·高祖本记》对此便有明确的记载："仁而爱人，喜施，意豁如也。常有大度，不事家人生产作业。及壮，试为吏，为泗水亭长，廷中吏无所不狎侮。好酒及色。"

刘邦在家中是老三，老大早逝，老二非常勤劳，老四喜欢读书，但刘邦却不从事生产劳动，也不做生意赚钱，因此常受到父亲的指责。而且整日游手好闲的刘三很喜欢结交朋友，性格豁达，还喜欢施舍别人，常将其酒肉朋友带至家中混饭吃。有一次刘三的嫂子从窗口看见小叔子刘三又带着一帮人吆五喝六地走进了院子，便故意拿起饭勺把锅底刮得叮当响，刘邦的朋友听见了，只好知趣地走开了。所以，年轻时的刘邦因其游手好闲的无赖性格，不仅常受到父亲的叱责，而且家人也不喜欢他，这从他打下了天下，当了皇帝后说的一句话中便可得到证实。在刘邦与群臣庆贺未央宫建成的酒宴上，有了几分酒意的刘邦举起酒杯向他的父亲敬酒说："始大人常以臣无赖，不能治产业，不如仲力。今某之业所就孰与仲多？"结果未央宫中群臣是高呼万岁，一片欢笑，弄得刘邦的父亲刘太公只好苦笑两声，无言以对。

这句话不仅证实了刘邦年轻时的"不事家人生产作业"，而且从他对父亲得意忘形的奚落便更可以看出他"无赖"的性格。

然而，就是这样一个放荡不羁的青年刘三，史书对他起事前的种种记载却满是神秘的色彩。

一是他出生于人神交配。"高祖，沛丰邑中阳里人，姓刘氏，字季。父曰太公，母曰刘媪。其先刘媪尝息大泽之陂，梦与神遇。是时雷电晦冥，太公往视，则见蛟龙于其上。已而有身，遂产高祖。"

这段记载真可谓神乎其神，不仅刘邦的母亲刘媪梦见自己在大湖岸边与神人相遇，而且刘邦的父亲刘太公竟然亲眼看见一条蛟龙就卧在刘媪的身上。这样刘媪便有了身孕，生下了刘邦，这样刘邦的出生便笼罩了神秘的色彩。当然这只能是刘媪本人或刘太公知道的事了，能为别人所知，只能是从他们的口中传出。

二是刘邦的长相特别不凡。"高祖为人，隆准而龙颜，美须髯，左股有七十二黑子。"

说刘邦的鼻子很高，胡子很美，这倒不觉得有什么不同凡人，只不过说他是个美男子罢了，但又说面相像龙，这就不同凡响了。说他左腿上有 72 颗黑痣，明显的是他或家人说给别人听的罢了。

三是他的身上常出现神奇的现象。"常从王媪、武负贳酒，醉卧，武负、王媪见其上常有龙，怪之。岁竟，此两家常折券弃责。"

因为不事产业，家人又不喜他，所以年轻的刘邦自然没有钱，但他又好酒，于是只得赊酒喝。但酒喝醉了倒卧在店中的刘邦又让酒店老板大为惊奇，因为他们看到醉卧在地的刘邦身上盘旋着神龙。这下好了，酒店老板连刘邦全年赊欠的酒钱也不敢要了。

> 秦始皇帝常曰"东南有天子气",于是因东游以厌之。高祖即自疑,亡匿,隐于芒砀山泽岩石之间。吕后与人俱求,常得之。高祖怪问之,吕后曰:"季所居上常有云气,故从往常得季。"高祖心喜。沛中子弟或闻之,多欲附者矣。

这个记载更是让人惊奇,连秦始皇巡游天下,都是因为要设法压住刘邦与生俱来的天子气,弄得刘邦都觉得自己不是凡人,只得躲藏在山中。然而此话最终是他的妻子吕雉说出来的,男人藏在山中,女人要给他送吃喝,当然知道他的藏身之处,但此话传扬出去,自是给刘邦披上了神秘的外衣,也就有了沛中子弟"多欲附者"的预期效果了。

四是常有高人看出他的命相"贵不可言"。"单父人吕公善沛令避仇从之客,因家沛焉。沛中豪杰吏闻令有重客,皆往贺。萧何为主吏,主进,令诸大夫曰:'进不满千钱,坐之堂下。'高祖为亭长,素易诸吏,乃绐为谒者曰'贺钱万',实不持一钱。谒入,吕公大惊,起,迎之门。吕公者,好相人,见高祖状貌,因重敬之,引入坐……高祖因狎侮诸客,遂坐上坐,无所诎。酒阑,吕公因目固留高祖,高祖竟酒后,吕公曰:'臣少好相人,相人多矣,无如季相,愿季自爱。臣有息女,愿为季箕帚妾。'酒罢,吕媪怒吕公曰:'公始常欲奇此女,与贵人,沛令善公,求之不与,何自妄许与刘季?'吕公曰:'此非儿女子所知也。'卒与刘季。"

这则故事真有点天上掉馅饼砸在了刘邦头上的意思。喝酒常要赊账的刘邦要给县令大人送礼祝贺其家中来了重要客人,却拿不出一文钱,竟然高声哄骗说自己上礼金一万钱而坐上了县令大人的上座。这说好听点的是为人不羁、率性而为,说不好听的则是耍无赖、混吃混喝;但却因之结识了自称善于相面的吕公,他未来的老丈人。吕公不但说刘邦的命相无人可及,而且还把自己视为珍宝,连县令求婚也未答应的亲生女儿吕雉许配给了他。刘邦这次的无赖之举不仅混了个酒足饭饱,还喜从天降,白捡来一个富家小姐为妻。当然,像前面说的刘邦居处常有天子气是他的妻子吕雉说的,而这次说刘邦的面相无人可及也是他未来的老丈人说的,二人暗中有什么交易,他人是不得而知的。但是,紧接着还有下面的故事,而且故事中说刘邦一家人的面相均贵不可言的话，还是从他人口中而出的。

> 吕后与两子居田中耨，有一老父请饮，吕后因哺之。老父相吕后曰：
> "夫人天下贵人。"令相两子，见孝惠（刘盈），曰："夫人所以贵者，
> 乃此男也。"相鲁元，亦皆贵。老父已去，高祖适从旁舍来，吕后具言
> 客有过，相我子母皆大贵。高祖问，曰："未远。"及追及，问老父。
> 老父曰："乡者夫人，婴儿皆以君贵，君相贵不可言。"高祖乃谢曰：
> "诚如父言，不敢忘德。"及高祖贵，遂不知老父处。

说刘邦全家人的面相均贵不可言的话不仅是他人说的，而且还是一个毫不相干的路人说的，自然提高了可信度，但是仔细推敲一下故事细节，却不由让人感到可笑。富家小姐出身的妻子和小儿小女都头顶烈日在田中锄草，而男子汉丈夫刘邦却身在"旁舍"，其"不事家人生产作业"的恶劣性格到为人夫、为人父了还是依然，这怎能不让妻子心生怨气？况且当初吕家小姐嫁给浪子刘三，是其父看出了未来女婿的命带富贵，但是，吕雉跟刘邦成家多年，儿女都有了两个，面相上显示的大富大贵还一直是个美好的愿望，妻子吕雉能不能一直跟着他给他耨田养家，这不能不让刘邦有所担忧。所以，花点小钱雇个路人即所谓的老父，说两句好话，稳住妻子，以免自己的婚姻生出变故，而且稳住妻子对未来美好生活的向往，心甘情愿地给他种田养家，这对于能骗酒家白喝酒、能骗县令白吃饭的刘邦自然是驾轻就熟的。而到了刘邦果真打下了天下，贵为天子了，花点钱让这个老父远走高飞，消失得无影无踪，更是不难做到的事。

五是刘邦起事前发生怪异之事。"高祖以亭长为县送徒骊山，徒多道亡，自度比至皆亡之。至丰西泽中，止饮。夜乃解纵所送徒。曰：'公等皆去，吾亦从此逝矣！'徒中壮士愿从者十余人。高祖被酒，夜径泽中，令一人行前。行前者还报曰：'前有大蛇当径，愿还。'高祖醉，曰：'壮士行，何畏！'乃前，拔剑击斩蛇。蛇遂分为两，径开。行数里，醉，因卧。后人来至蛇所，有一老妪夜哭。人问何哭，妪曰：'吾子，白帝子也，化为蛇当道，今为赤帝子斩之，故哭。'人乃以妪为不诚，欲告之，妪因忽不见。后人至，高祖觉。后人告高祖，高祖乃心独喜，自负。诸从者日益畏之。"

　　汉高祖刘邦夺取天下，当了大汗天子后常挂在嘴上的一句话便是"吾提三尺之剑斩蛇起义"，指的便是此事。其实在大泽荒野中遇蛇当道算不上什么奇怪事，手提长剑的刘邦将一条路上的蛇一刀两断也算不上什么英雄壮举，神奇而让刘邦增加仙气神灵的便是其后的赤帝子杀了白帝子的故事。这个故事预示着赤帝子化身的刘邦将灭掉白帝子化身的秦王，自然给刘邦的追随者增添了敢于造反的勇气和必胜的信心。这样的戏法在刘邦起事之前，陈胜、吴广在大泽乡第一个举起造反大旗时便精彩上演过：在陈胜、吴广等900多位被征发戍守渔阳的士卒遇雨，道路冲断而不能按时到达目的地的情况下，按秦朝的法律，900多人都要被处斩。因此陈胜、吴广认为这样到渔阳也是死，逃亡也是死，倒不如造反起事来死里求生。为鼓动这900多人跟随他们造反，于是让吴广晚上在荒野学着狐狸的叫声吼道："大楚兴，陈胜王。"还用朱砂在绸帛上写"陈胜王"的字样后塞在鱼肚之中，杀鱼时让大家发现而增加跟随陈胜起事的勇气和信心。结果使陈胜一呼百应，900多人跟着陈胜掀起了推翻秦王朝的风暴。刘邦在自己押解前往骊山服徭役的刑徒逃亡大半的情况下，自己也是死罪难逃，只得冒死起事，没有这种神化他自己的最有效的思想工作，是很难让人们跟着他造反拼命的，所以刘邦是赤帝子化身的神话舆论便被制造出来而广为流传了，并迅速获得"诸从者益畏之"的神奇效果。

　　陈胜、吴广和刘邦装神弄鬼神化自身制造舆论的方式给我国历次农民起义造反树起了榜样，其后两千多年来，无论是汉末的黄巾军起义、唐朝的黄巢起义，还是清代的太平天国运动无不是用神话来制造舆论为先导的。

　　自古以来，作为中国最高统治者的皇帝均把自己装扮成上天派遣到人间实施上天意旨的代表，称自己为天子，说自己据有天下，统治人民是"奉天承运"，自己既然是上天派遣来管理人间的，自己的执政便有了正当性、合法性。所以史料中有这样许多神化刘邦的记载一是刘邦在起事之前神化自己，制造舆论的需要；二是在其建立大汗王朝，当上皇帝后，为他的执政寻求合法性、合理性来稳固其长久统治。

　　其实，年轻时"不事家人生产作业"的刘邦，早就有干一番大事，成就一番大业，做人上之人的抱负志向的。《史记·高祖本纪》在开篇介绍了刘邦年轻时的性格后便写道："高祖常繇咸阳，纵观，观秦皇帝，喟然太息曰：'嗟乎，大丈夫当如此也！'"这句话在流露了刘邦对秦始皇这种高高在上、前呼后拥、作威作福的气势极其羡慕的同时，也表现出自己也该做个这样的大丈夫的想法。正是年轻时的这种想法占据了他的大脑，于是他不从事一般人的生产劳作，而是"仁而爱人，喜施"来广交人脉，以图大事。秦末苛刻的暴政引起的社会矛盾加剧让他觉察到了社会大动荡的来临，所以工于心计的刘邦从各个方面来神化自己，制造舆论。从前面我们对神化刘邦的诸多材料的分析来看，他制造散布神化自己的神奇舆论有三种方式：一是让自己的亲人传言，二是买通他人制造，三是让自己的同伙散布。

至于《史记》这样严谨正统的史书都将这样今天看来很荒唐的事情载入也是毫不奇怪的。一是，古人本来就相信神灵，迷信命运，太史公司马迁也不例外；二是，《史记》的作者司马迁本身便是西汉当朝史官，对本朝开国皇帝汉高祖刘邦奉天承运、代秦而立的执政合法性当然是要有所表现的。

二、屡败屡战楚汉争

1. 入关降秦王

前面我们说了刘邦的起事反秦与陈胜、吴广起事反秦很相似，都是在面临绝境的情况下冒死造反、死里求生的举动。刘邦押解刑徒去骊山做苦役，但刑徒寻机逃跑了大半，这样负责押解任务的亭长刘邦即使将剩下的人送到骊山也是死罪，于是借酒消愁的刘邦在醉意蒙胧中将剩下的刑徒放掉，让他们各自死里逃生。他的义举感动了十几个刑徒，表示愿意跟随他，于是据史书记载刘邦便同这十多个人斩蛇起义了。其实刘邦的斩蛇起义同陈胜、吴广的大泽乡起义也有很大的不同。陈胜、吴广大泽乡起义后，立即率兵攻城掠地，所向披靡，到攻下陈县，战车已达六七百乘，骑千余，卒数万人，而且天下百姓纷纷响应，拥立陈胜为王，号为张楚。而刘邦在与十几个刑徒斩蛇起事后便"隐至芒砀山泽岩之间"，最后因其赤帝子斩了白帝子的神话广为传开，才渐渐聚集了数百人的部众。

但是，时间不长刘邦便获得了扩大自己势力的机会。《史记·高祖本纪》载道："秦二世元年秋，陈胜等起薪，至陈胜而王，号为'张楚'。诸郡县皆多杀其长吏以应陈涉。沛令恐，欲以沛应涉。掾、主吏萧何、曹参乃曰：'君为秦吏，今欲背之，率沛子弟恐不听。愿君召诸亡在外者，可得数百人，因劫众，众不敢不听。'乃令樊哙召刘季。刘季之众已数十百人矣。

"于是樊哙从刘季来。沛令后悔，恐其有变，乃闭城城守，欲诛萧、曹，萧、曹恐，逾城保刘季。刘季乃书帛射城上，谓沛父老曰：'天下苦秦久矣。今父老虽为沛令守，诸侯并起，今屠沛。沛今共诛沛令，择子弟可立者立之，以应诸侯，则家室完。不然，父子俱屠，无为也。'父老乃率子弟共杀沛令，开城门迎刘季，欲以为沛令。刘季曰：'天下方扰，诸侯并起，今置将不善，一败涂地。吾非敢自爱，恐能薄，不能完父兄子弟。此大事，愿更相推择可者。'萧、曹等皆文吏，自爱，恐事不就，后秦种族其家，尽让刘季。诸父老皆曰：'平生所闻刘季诸珍怪，当贵，且卜筮之，莫如刘季最吉。'于是刘季数让。众莫敢为，乃立季为沛公。祠黄帝，祭蚩尤于沛庭，而衅鼓旗，帜皆赤。由所杀蛇白帝子，杀者赤帝子，故上赤。于是少年豪吏如萧、曹、樊哙等皆为收沛子弟二三千人，攻胡陵、方与，还守丰。"

陈胜、吴广起义后，天下闻风而起，不仅各地原来的六国贵族纷纷举起了反秦大旗，各郡县也一个接一个杀死郡守县令反秦。在这种形势下，沛县的县令为了自保也有了响应陈胜的想法，这时以前和刘邦早有交情的县吏萧何、曹参便乘机让沛县县令请刘邦下山助阵。可是当刘邦的连襟樊哙将山中的刘邦及100多人的队伍带到沛县城下时，沛县县令却看出了萧何、曹参与刘邦里应外合的苗头，便拒绝刘邦入城。在刘邦的煽动和这之前神化刘邦的种种传言的激励下，沛县的父老子弟杀了沛县县令，拥立了他们心中认为面相贵不可言的刘邦做了沛公。刘邦不但有了自己的地盘，还拉起了两三千人的队伍。

但是，起事初期的刘邦并不顺利，领兵攻打丰邑时受挫失败。此时陈胜被害，另一路重要的反秦大军的首领项梁听到楚王陈胜的死讯便发函各路起义的将领到薛县共商反秦大计，于是刘邦便带着自己的队伍到薛县投奔了项梁、项羽叔侄。

项梁、项羽的队伍在陈胜义军失败后成为当时反抗暴秦的最强大力量。项梁是项羽的叔父，在项梁战死后，项羽便成为推翻秦王朝联军的实际主宰，因此在这里将他的情况进行简要介绍。

《史记·项羽本纪》载："项籍者，下相（今江苏宿迁西南）人也，字羽。初起时，年二十四。其季父项梁，梁父即楚将项燕，为秦将王翦所戮者也。项氏世世为楚将，封于项，故姓项氏。

"项籍少时，学书不成，去学剑，又不成。项梁怒之，籍曰：'书足以记名姓而已。剑一人敌，不足学，学万人敌。'于是项梁乃教籍兵法，籍大喜，略知其意，又不肯竟学……秦始皇帝游会稽，渡浙江，梁与籍俱观。籍曰：'彼可取而代也。'梁掩其口，曰：'毋妄言，族矣！'梁以此奇籍。籍长八尺余，力能扛鼎，才气过人，虽吴中子弟皆已惮籍矣。"

项家几代人都是战国时楚国的名将，项羽的祖父便是被秦国大将王翦杀死的项燕，所以项羽与秦国既有亡国之恨，又有杀祖父之仇。项羽力大无比且性格强悍，在观看秦始皇巡游天下时，一句"彼可取而代也"便可看出其豪气过人的性格，这与刘邦"大丈当如此也"的羡慕眼馋的无赖性格形成极其鲜明的对比。

对于项羽与他叔父项梁起兵反秦的过程，《史记·项羽本纪》中有如下记载：

秦二世元年七月，陈涉等起大泽中。九月，会稽守通谓梁曰："江西皆反，此亦天亡秦之时也。吾闻先即制人，后则为人所制。吾欲发兵，使公及桓楚将。"是时桓楚亡在泽中。梁曰："桓楚亡，人莫知其处，独籍知之耳。"梁乃出，诫籍持剑居外待。梁复入，与守坐，曰："请召籍，使受命召桓楚。"守曰："诺。"梁召籍入。须臾，梁眴籍曰："可行矣！"于是籍遂拔剑斩守头。项梁持守头，佩其印绶。门下大惊，扰乱，籍所击杀数十百人。一府中皆慑伏，莫敢起。梁乃召故所知豪吏，

谕以所为起大事，遂举吴中兵。使人收下县，得精兵八千人……于是梁
为会稽守，籍为裨将，徇下县。

项梁、项羽在会稽杀郡守起兵是项羽在历史舞台上的精彩亮相，其一人
一剑在郡守府中击杀数十人，一出台便显示了他绝世的武功和神勇。

在薛县各路反秦义军将领的会议上，70余岁的范增向项梁献计说："今
陈胜首事，不立楚后而自立，其势不长。今君起江东，楚篷午之将皆争附君
者，以君世世为楚将，为能复立楚之后也。"于是项梁便多方寻找，找到流
落在民间为人牧羊的当年楚怀王的一个叫心的孙子，拥立他做了楚王，仍称
为楚怀王，项梁自封为武信君。

刘邦投奔项梁后，受命与项羽攻下了城阳，并在濮阳东大败秦军，随后
在攻打定陶未果后，与项羽合力进攻到雍丘城下，大败秦军，斩了三川郡守
秦丞相李斯的大儿子李由。在这些大大小小的作战中，刘邦的队伍得以逐渐
扩大，成了楚军中有较强势力的队伍。

项梁在定陶大败秦军后，又接到项羽、刘邦斩杀李由的捷报，产生了骄
傲情绪，他不听大将宋义的劝告轻敌松懈，结果被秦将章邯夜袭战败，战死
在定陶。项羽和刘邦听到噩耗，只得引兵东撤至彭城（今江苏徐州），大将
吕臣驻军彭城东，项羽驻军彭城西，沛公刘邦驻军砀郡（今河南永城）。楚
怀王接到项梁战死的消息后，便将都城迁至彭城，封项羽为长安侯，号为鲁
公，任刘邦为砀郡长，封为武安侯。

章邯在定陶大败楚军，杀死了项梁后，便命大将王离带兵进攻赵军，赵
王歇被围在巨鹿城（今河北平乡）中，此时情况万分危急，一旦巨鹿城被攻
破，秦军便可长驱向南，进攻楚地。

在赵王歇多次紧急求救下，楚怀王心任命宋义为上将军、项羽为次将、
范增为末将，率领各路大军北上救赵后从东路进攻秦都咸阳；命令刘邦带兵
从西路进攻咸阳。并且和诸将约定，谁先进入关中攻下咸阳，灭了秦国，谁
就将被封为秦王。

在这里我们先来看看东路军的情况，《资治通鉴》对其有较详细的记载：

宋义行至安阳，留四十六日不进。项羽曰："秦围赵急，宜疾引兵

渡河，楚击其外，赵应其内，破秦军必矣！"宋义曰："不然，夫搏牛之虻，不可以破虮虱。今秦攻赵，战胜则兵疲，我承其敝；不胜则我引兵鼓行而西，必举秦矣。故不如先斗秦、赵。夫被坚执锐，义不如公；坐运筹策，公不如义。"因下令军中曰："有猛如虎，狠如羊，贪如狼，强不可使者，皆斩之！"

乃遣其子宋襄相齐，身送之至无盐，饮酒高会。天寒，大雨，士卒冻饥。项羽曰："将戮力而攻秦，久留不行。今岁饥民贫，士卒食半菽，军无见粮，乃饮酒高会。不引兵渡河，因赵食，与赵并力攻秦，乃曰'承其敝'。夫以秦之强，攻新造之赵，其势必举。赵举秦强，何敝之承？且国兵新破，王坐不安席，扫境内而专属于军，国家安危，在此一举。今不恤士卒而徇其私，非社稷之臣也！"

十一月，项羽晨朝上将军宋义，即其帐中斩宋义头。出令军中曰："宋义与齐谋反楚，楚王阴令籍诛之！"当是时，诸将皆慑服，莫敢枝梧，皆曰："首立楚者，将军家也，今将军诛乱。"乃相与共立羽为假上将军。使人追宋义子，及之齐，杀之。使桓楚报命于怀王。怀王因使羽为上将军。

宋义率领各路诸侯军到达安阳后却长期驻军不进，项羽劝他尽快渡河救赵，却遭到了宋义的拒绝，结果性格直爽骄躁的项羽又像起事时杀会稽郡守一样，独自一人在宋义上将军的大帐之中斩了宋义，并假传接到楚王密令诛杀同齐国共同谋反的宋义。项羽的勇武震服了各路将领，被推举为代上将军，接到报告的楚怀王只得接受事实，封项羽为上将军统领东路诸军。

公元前207年底，项羽统军开始了歼灭秦军主力的大战，即我国历史上著名的"巨鹿之战"。《资治通鉴》的记载如下：

项羽乃悉引兵渡河，皆沉船，破釜、甑，烧庐舍，持三日粮，以示士卒必死，无一还心。于是至则围王离，与秦军遇，九战，大破之，章邯引兵却。诸侯兵乃敢进击秦军，遂杀苏角，虏王离，涉闲不降，自烧杀。当是时，楚兵冠诸侯，军救巨鹿者十余壁，莫敢纵兵。乃楚击秦，诸侯将从壁上观。楚战士无不一当十，呼声动天地，诸侯军无不人人惴恐。于是已破秦军，项羽召见诸侯将，诸侯将入辕门，无不膝行而前，莫敢仰视。项羽由是始为诸侯上将军，诸侯皆属焉。

"巨鹿之战"是我国历史上著名的战役，项羽在此一战及其后与秦将章邯的对峙战中消灭和降服了秦军近30万主力，彻底消除了维持秦王朝的根基。项羽在这一战中表现出的绝地求生、血性拼搏和一往无前的勇气让世人赞叹至今。蒲松龄曾有副自勉联，其下联"有志者，事竟成，破斧沉舟，百二秦关终属楚"，便可看出历代人们对项羽精神的感叹。项羽这一战打出了威风，不仅一举扫灭秦军主力，而且降服了反秦联盟军的各路诸侯，从此项羽便从楚军中的一员战将跃升为各路诸侯军实际执牛耳的统帅，成为威震天下、名噪一时的西楚霸王。

"巨鹿之战"后，项羽和秦将章邯有段持续数月的对峙战，最后章邯在进退不得的情况下率军投降了项羽。这时，项羽又给世人显示了他性格中极其暴虐的一面：他只留下了几位降服的秦将，而将军心有些不稳的20万降卒全部坑杀在新安城南面的山坳里。

就在项羽和秦军主力大战相持之时，率领西路部队攻秦的刘邦却没有遇到秦军的野战主力，一路上和秦王朝地方留守部队作战而过关斩将，进展顺利。大军从盱眙（今江苏盱眙）出发，自昌邑到开封、中牟、新郑、广武、洛阳、南阳、武关，最后"沛公兵遂先诸侯至霸上"。刘邦大军兵临咸阳城下，已取消了秦王朝皇帝名号，即位秦王的秦始皇的孙子子婴无力抵抗，只得打开都城咸阳的大门，跪伏在路旁投降了刘邦。

刘邦能够轻骑突进，一路顺风，破武关，下咸阳，逼迫子婴投降而建立了灭秦的头功，人们皆认为是他命好所至，其实这里却有着诸多的原因。

从客观方面来看，刘邦的确有他时运好、遇人相助多的因素。一是沛公刘邦大军出发攻秦不久便遇到了聚众抗秦的彭越"彭越以其兵从沛公……遂助沛公攻昌邑"。二是在高阳遇郦食其献计袭陈留。《史记·高祖本纪》载道："西过高阳。郦食其为监门，曰：'诸将过此者多，吾视沛公大人长者。'乃求见说沛公。沛公方踞床，使两女子洗足。郦生不拜，长揖，曰：'足下必欲诛无道秦不宜踞见长者。'于是沛公起，摄衣谢之延上坐。食其说沛公袭陈留，得秦积粟。"刘邦以极端傲慢的姿态见郦食其，受到指责后，能立即改变态度认错道歉，使得郦食其献上袭击陈留、夺取秦军粮草的建议，为大军北进获得足够的粮草，消除了后顾之忧。三是一路上得到了张良的出谋划策。在刘邦大军进攻南阳、久攻宛城不下时，刘邦便带着部队绕城西进。张良谏曰："沛公虽欲急入关，秦兵尚众，距险。今不下宛，宛从后击，强秦在前，此危道也。"听了张良的分析后，刘邦大吃一惊，认识到了自己这样西进将会陷入秦军前后夹击的危险境地，"于是沛公乃夜引兵从他道还，更旗帜，黎明，围宛城三币"。

但是，我认为刘邦自身主观方面的因素才是主要的。在楚怀王准备组织力量北上伐秦的当时，秦军章邯主力还在，反秦联盟各路将领都有畏难情绪，"独项羽怨秦破项梁军，奋愿与沛公西入关"。项羽因为他的叔父被秦军所杀，一心想报仇雪恨便自告奋勇愿带兵北上，并提出和沛公刘邦率军攻秦。但是怀王身边的许多人却不同意项羽的要求，他们暗地里对楚怀王说："项羽为人僄悍猾贼。项羽尝攻襄城，襄城无遗类，皆坑之，诸所过无不残灭。且楚数进取，前陈王、项梁皆败。不如更遣长者扶义而西，告谕秦父兄。秦父兄苦其主久矣，今诚得长者往，毋侵暴，宜可下。今项羽僄悍，今不可遣。独沛公素宽大长者，可遣。"结果，楚怀王听取了建议，最终安排项羽先救赵，再攻咸阳，而且只让他做了次将。东路军北上救赵，对手是秦军主力，所以楚怀王虽然约定"先入定关中者王之"，但他心中想让谁做秦王是非常清楚的，这种安排至少是不让"僄悍猾贼"、难以驾御控制的项羽当上秦王的。刘邦北上攻秦的西路军不但没有强大的秦军主力阻挡，而且一路之上还残存着大量之前陈胜和项梁的零散部队可供收留，所以楚王这样的安排自然是想他心中"素宽大长者"的刘邦"先入定关中"而做秦王了。

因为刘邦与项羽比起来，性格宽容仁厚，所以不仅楚怀王有意安排，而且前面我们提到的彭越、郦食其、张良也是因其"长者"的名声而前来为他效力。我们常说"性格决定命运"，这句话确实有其道理，因为刘邦和项羽比起来，他的性格确有"仁而爱人，喜施，意豁如也"的一面，所以刘邦"宽仁"的名声在这次先入关破秦的首功建立中产生了很大的作用，特别是降服南阳郡守的宛城之战，为其神速兵临咸阳发挥了作要作用。《史记·高祖本纪》有下面的记载：

> 南阳守欲自刭。其舍人陈恢曰："死未晚也。"乃逾城见沛公，曰："臣闻足下约，先入咸阳者王之。今足下留守宛。宛，大郡之都也，连城数十，人民众，积蓄多，吏人自以为降必死，故皆坚守乘城。今足下尽日止攻，死伤者必多；引兵去宛，宛必随足下后。足下前则失咸阳之约，后又有强宛之患。为足下计，莫若约降，封其守，因使止守，引其甲卒与之西。诸城未下者，闻声争开门而待，足下通行无所累。"沛公曰："善。"乃以宛守为殷侯，封陈恢为千户。引兵西，无不下者。

当时作战，攻下城池后往往是屠城，特别是敌方守将更是格杀无论，但刘邦听从陈恢的建议接受了南阳郡守的投降，不仅没有屠城，而且封郡守为侯。因为有了南阳郡守的投降部队在前面开路做榜样，于是一路之上兵不血刃，秦朝守将纷纷献城投降，刘邦的大军才如神兵天降咸阳，子婴猝不及防，来不及调军防守都城，只得开城投降。

2. 惊心鸿门宴

子婴投降，刘邦建立了灭秦首功，进入咸阳的刘邦立刻被秦宫内无数的珍宝美女迷住了，便欲占据秦宫，长久居住。在樊哙和张良的苦劝下，心有帝王之志的刘邦最终还是撤出了秦宫，封存了秦宫的财物府库，还军于霸上，并且贴出告示，约法三章："杀人者死，伤人及盗抵罪。余悉除去秦法。诸吏人皆案堵如故。"刘邦这种维护社会秩序、废除秦王朝苛刻的刑法及安定秦地官民人心的做法获得了关中民众的极力拥护，赢得了民心。

但是刘邦在采取了这些明智之举后，有人向他建议说："秦富十倍天下，地形强。今闻章邯降项羽，项羽乃号为雍王，王关中。今则来，沛公恐不得有此。可急使兵守函谷关，无内诸侯军，稍征关中兵以自益，距之。"于是刘邦便派军驻守函谷关，关闭了关门，阻止东路攻秦的项羽及各路诸侯军进入关中之地。结果，这项措施险些给他带来灭顶之灾，引出了我国历史上一幕有名的惊险剧——鸿门宴。

在"巨鹿之战"中歼灭了秦军主力的项羽听说刘邦已先入关中占领了咸阳，便带着各路诸侯军急急赶来，想不到刘邦已封闭了函谷关，并派兵驻守。

项羽大怒，立即下令当阳君英布攻下函谷关，杀进关中，驻军在距离霸上仅40里的新丰鸿门。当时项羽的人马有40万众，刘邦的人马仅有10万众，项羽的谋士亚父范增劝项羽趁此机会灭掉刘邦。他说："沛公居山东时，贪于财货，好美姬。今入关，财物无所取，妇女无所幸，此其志不在小。吾令人望其气，皆为龙虎，成五采，此天子气也，急击勿失。"更要命的是，沛公的左司马曹无伤因违反军纪受到了处罚，便使人向项羽告密说："沛公欲王关中，使子婴为相，珍宝尽有之。"项羽一听便勃然大怒地下令："旦日飨士卒，为击破沛公军！"

但是，历史的发展常常因一些看起来不起眼的人的出现而发生变化。沛公的手下出了一个怀恨在心而挑拨是非的曹无伤，而项羽的阵营却也出了个泄密者，这个人便是项羽的叔父项伯。项伯以前杀了人，但却被张良出手相救而保下了性命，听到项羽要带兵攻打霸上的沛公军，担心自己的救命恩人张良性命不保，便连夜骑马跑到霸上想叫上张良逃离险地。《史记·项羽本纪》对项伯到了刘邦军营的情况有极详细的记述：

> 项伯乃夜驰之沛公军，私见张良，具告以事，欲呼张良与俱去。曰："毋从俱死也。"张良曰："臣为韩王送沛公，沛公今事有急，亡去不义，不可不语。"良乃入，具告沛公。沛公大惊，曰："为之奈何？"张良曰："谁为大王为此计者？"曰："鲰生说我曰：'距关，毋内诸侯，秦地可尽王也。'故听之。"良曰："料大王士卒足以当项王乎？"沛公默然，曰："固不如也，且为之奈何？"张良曰："请往谓项伯，言沛公不敢背项王也。"沛公曰："君安与项伯有故？"张良曰："秦时与臣游，项伯杀人，臣活之。今事有急，故来告良。"沛公曰："孰与君少长？"良曰："长于臣。"沛公曰："君为我呼入，吾得兄事之。"张良出要项伯。项伯即入见沛公。沛公奉卮酒为寿，约为婚姻，曰："吾入关，秋毫不敢有所近，籍吏民，封府库，而待将军。所以遣将守关者，备他盗之出入与非常也。日夜望将军至，岂敢反乎！愿伯具言臣之不敢倍德也。"项伯许诺，谓沛公曰："旦日不可不蚤自来谢项王。"沛公曰："诺。"于是项伯复夜去，到军中，具以沛公言报项王。因言曰："沛公不先破

关中，公岂敢入乎？今人有大功而击之，不义也，不如因善遇之。"项王许诺。

在这里，刘邦充分表现出了他机智善变的能力，在闻讯大惊的紧急关头，他虽然非常担忧自己的命运，但却立即抓住自救的机会，又是将项伯称兄，又是与他结为儿女亲家，极力拉拢后便表白自己对项王的忠心，花言巧语地解释防守函谷关不是阻挡项王，而是防止盗贼和其他不测事故。他的亲热拉拢和尽力表白感动了项伯，于是项伯便忘了自己夜驰霸上的目的，返回鸿门劝说项羽打消进攻刘邦的念头。

但是，仅靠项伯的劝说只能一时稳住项羽，为了化解自己面临的危机，刘邦只得第二天按照项伯的叮嘱，一大早起身到项羽军营亲自认错道歉，于是便上演了让人惊心的鸿门宴。《史记·项羽本纪》对此有非常精彩的记述：

> 沛公旦日从百余骑来见项王，至鸿门，谢曰："臣与将军勠力而攻秦，将军战河北，臣战河南，然不自意能先入关破秦，得复见将军于此。今者有小人之言，令将军与臣有郤。"项王曰："此沛公左司马曹无伤言之，不然，籍何以于此。"项王即日因留沛公与饮。

> 项王、项伯东向坐，亚父南向坐，亚父者，范增也。沛公北向坐，张良西向侍。范增数目项王，举所佩玉玦以示之者三，项王默然不应。范增起，出召项庄，谓曰："君王为人不忍，若入前为寿，寿毕，请以剑舞，因击沛公于坐，杀之。不者，若属皆且为所虏。"庄则入为寿。寿毕，曰："君王与沛公饮，军中无以为乐，请以剑舞。"项王曰："诺。"项庄拔剑起舞，项伯亦拔剑起舞，常以身翼蔽沛公，庄不得击。于是张良至军门，见樊哙。樊哙曰："今日之事何如？"良曰："甚急。今者项庄拔剑舞，其意常在沛公也。"哙曰："此迫矣，臣请入，与之同命。"哙即带剑拥盾入军门。交戟之卫士欲止不内，樊哙侧其盾以撞，卫士仆地，哙遂入，披帷西向立，瞋目视项王，头发上指，目眦尽裂。项王按剑而跽曰："客何为者？"张良曰："沛公之参乘樊哙者也。"项王曰："壮士，赐之卮酒。"则与斗卮酒。哙拜谢，起，立而饮之。项王曰："赐之彘肩。"则与一生彘肩。樊哙覆其盾于地，加彘肩上，拔剑切而啖之。

项王曰："壮士，能复饮乎？"樊哙曰："臣死且不避，卮酒安足辞！夫秦王有虎狼之心，杀人如不能举，刑人如不恐胜，天下皆叛之。怀王与诸将约曰：'先破秦入咸阳者王之。'今沛公先破秦入咸阳，毫毛不敢有所近，封闭宫室，还军霸上，以待大王来。故遣将守关者，备他盗出入与非常也。劳苦而功高如此，未有封侯之赏，而听细说，欲诛有功之人。此亡秦之续耳，窃为大王不取也。"项王未有以应，曰："坐。"樊哙从良坐。坐须臾，沛公起如厕，因招樊哙出。

沛公已出，项王使都尉陈平召沛公。沛公曰："今者出，未辞为，为之奈何？"樊哙曰："大行不顾细谨，大礼不辞小让。如今人为刀俎，我为鱼肉，何辞为？"于是遂去。

鸿门宴上项羽的言行真可以说是让人啼笑皆非。他听了曹无伤说的刘邦"欲王关中""珍宝尽有之"后，马上勃然大怒，下令让士卒明天早上饱餐一顿，给我击杀沛公，可经项伯几句劝说后便答应不再进击沛公军，这样的喜怒无常、率性而为的朝令夕改正是军事主帅的大忌。而当刘邦来到鸿门与他见面几句花言巧语后，便让他觉得好像自己做错了事，端出了曹无伤来推脱自己。他这样毫无城府、有口无心、单纯得可笑的性格一下子便置本来可以利用的曹无伤于死地了。他的亚父，谋士范增多次举自己所佩的玉玦示意他下决心除掉刘邦，他却默然不应，只顾喝酒，而当樊哙极其鲁莽地带剑拥盾闯入军帐时，他却惺惺相惜其是和自己一样的壮士而赐予酒肉，因此当樊哙指责他"欲诛有功之人"，是"亡秦之续耳"时，他便觉得自己理亏而无言以对。

如果项羽是个普通人，那么他在鸿门宴上的表现还会让人觉得他是一个为人直率、富有同情心、性格单纯的青年人，但他却是一位在当时政治军事激烈搏杀中手握重兵的主帅，那么他这里表现出的喜怒无常、朝令夕攻、毫无谋略、做事优柔寡断的妇人之仁和毫无主见易受迷惑的性格便是他的致命弱点，预示着他事业的必然失败。

与项羽完全相反的是刘邦在鸿门宴上表现出的善变机智及能屈能伸的性格。他与项羽一见面先叙自己与项羽"勠力而攻秦"的友情与合作，后又极低调地说自己先入关破秦只是"不意"来投项羽好胜的心理，并且自称"臣"来满足项羽的虚荣和表示自己的诚心归顺。这样一种卑躬屈膝的姿态和语言使得吃软不吃硬的"呆霸王"项羽不仅收回了杀心，反而产生了怜悯和懊悔之情，最终保住了刘邦的性命，为其以后战胜对方带来了机会。

但是，樊哙"人为刀俎，我为鱼肉"的话确实说出了鸿门宴上刘邦所处的危险境地。范增"数目项王""举所佩玉玦以示之者三""项庄拔剑舞，其意常在沛公"，让刘邦如坐针毡，心惊肉跳，这样危机重重、杀机四伏的场面使"鸿门宴"后来成为设局害人及危险境地的代名词。这样死亡的高压一再上演终于让刘邦难以承受，于是只得借故溜走。

刘邦离开了鸿门，张良便代替他入帐向项羽致歉说："沛公不胜杯杓，不能辞。谨使臣奉白璧一双，再拜献大王足下，玉斗一双，再拜大将军足下。"结果是"项王则受璧，置坐上"。范增将玉斗掷在地上，拔剑将玉斗击得粉碎后说："唉！竖子不足与谋。夺项王天下者，必沛公也，吾属今为之虏矣。"

范增眼睁睁地看着刘邦活命而逃，白白地放走了除掉与项羽争天下的主要对手，怎能不痛心疾首、懊恨万分呢？然而我们的"呆霸王"项羽却仍然欣然接受礼物，一副毫不在意的样子。鸿门宴这场惊险剧就这样结束了，项羽坐失送上门来除掉对手的良机，成为他人生中的最大恨事，楚汉相争的历史就像我们今天所知道的那样上演了。如果鸿门宴上项羽按范增所言除掉刘邦呢？其后的历史会是怎样，自当是另一种情形了。所以历史的发展变化常常是在历史人物念头的发生变化中发展变化的。

鸿门宴最后还有点尾声，那就是"沛公至军，立诛杀曹无伤"，这与项羽做事优柔寡断的妇人之仁形成了极鲜明的对比。刘邦这种行事作风虽然显得有些残忍，但这正是搞你死我活的政治斗争的野心家所必需具备的性格和手段，这也就是刘邦能最终战胜项羽的性格因素之一。

鸿门宴后没几天，项羽便进了咸阳城，进了咸阳城的项羽又做了几件影响极其恶劣的事情。据载："居数日，项羽引兵西屠咸阳，杀秦降王子婴，烧秦宫室，火三月不灭，收其货宝妇女而东。"进了咸阳城的项羽大肆屠杀，将包括秦王子婴在内的秦始皇宗室子孙杀了个一干二净。又放火焚烧包括阿房宫在内的秦朝宫室，大火一直延烧了三个月，将抢掠来的财物及美女通通押运到了彭城。

当时有人劝他不要大肆烧杀破坏，说："关中阻山河四塞，地肥饶，可都以霸。"但项王回答说："富贵不归故乡，如衣绣夜行，谁知之者？"项羽这种极其狭隘的价值观让劝他的人非常失望，便说："人言楚人沐猴而冠耳，果然。"项羽听到后非常生气，便把那人抓起来，丢到锅中煮死了。

项羽派使者向楚怀王报告了破关灭秦的情况，怀王回答按以前约定的那样办，表明了立沛公刘邦为秦王的旨意。项羽对此很是生气，于是便废了怀王的称号，尊其为义帝，不久又派人暗杀了义帝。

废了楚王后，项羽便自封为西楚霸王，直接统辖了9个郡，并将王都定在彭城。自封为西楚霸王的项羽还废除了秦朝实行的郡县制，分封各路诸侯，将刘邦封为汉王，辖地定为偏远的西南之地的巴蜀和汉中郡。为了防备和堵塞汉王刘邦，特地将秦朝的三个降将章邯封为咸阳西的雍王、司马欣封为咸阳东的塞王、董翳封为上郡的翟王，用他们来阻断汉王刘邦东出北上之路。

面对霸王项羽如日中天的强盛势力，刘邦只得接受项羽的安排，在领军向南进入蜀地之时，他听从了张良的建议，一路上烧掉了关中通向巴蜀的峡谷绝壁上的栈道，向项羽及三秦之王表示出自己从此蜗居蜀中、没有东进争天下的心意。刘邦这种在强敌面前极尽谦恭退让的姿态，表现出了他为人能屈能伸的性格和政治上韬晦内敛的策略。

3. 屡败且屡战

年轻时看到秦始皇巡游，极其羡慕皇帝的威势，发出了"嗟呼？大丈夫当如此也"感叹的刘邦是不会满足于蹲在蜀地做个汉王的。时隔不久，公元前206年，刘邦便按照韩信的策略，明修栈道，暗度陈仓（今陕西宝鸡西），派一些老弱慢慢地修复被他烧毁的通蜀栈道，却派韩信率大军从陈仓小道袭击三秦，很快便平定三秦，夺取了关中之地。受到汉军胜利鼓舞的齐国、赵国诸王又起兵造反，投向了汉王刘邦，接到报告的项羽非常生气，即刻亲率大军攻打齐国，想平定齐国后转头西进再收拾刘邦。早有准备的刘邦看到项羽的王都彭城空虚，便乘机率领56万大军东进攻楚，这年4月便攻破了彭城"收其货宝美人，日置酒高会"。

项羽接到彭城被刘邦占领的消息后，亲自率领3万铁骑日夜兼程赶回彭城。结果是"大破汉军，汉军皆走，相随入谷，泗水，杀汉卒十余万人。汉卒皆南走山，楚又追击至灵壁东睢水上。汉军却，为楚所挤，多杀，汉卒10余万人皆入睢水，睢水为之不流。围汉王三匝"。

彭城之战又是项羽作战的经典之作，3万铁骑马不停蹄奔袭千里直冲彭城，一下子使汉军50多万部众溃不成军，这样一往无前横扫敌军的光辉战绩古今中外绝无仅有。然而，历史的发展似乎也有天意，正当汉王刘邦被楚军包围得水泄不通、眼看性命不保之时，"于是大风从西北起，折木发屋，扬沙石，窈冥昼晦，逢迎楚军。楚军大乱，坏散，而汉王得与数十骑循去"。

被大风暴救了性命的刘邦一路狂逃，路上遇见了也在逃命的他的一对儿女，即未来的孝惠帝刘盈和鲁元公主，于是便将这对儿女抱上车子一起逃命。这时楚国的骑兵又追了上来，眼看情况紧急，急红了眼的刘邦便将车上的儿女推下车子，好让马车跑得更快些，但是刘邦的随身护卫夏侯婴却跳下车子将这对小孩抱上了车。这样刘邦往下推，夏侯婴又抱回，反复了多次后，夏侯婴发急说："虽急，不可以驱，奈何弃之？"刘邦才住了手。最后，刘邦终于逃出了楚军的视野，但派人到沛县打听他家人情况时，却发现他的父亲刘太公、妻子吕雉和负责照看家人的郦食其全被楚军抓走了。

就这样，彭城一战汉王刘邦几乎全军覆灭，自己的父亲和妻子也被项羽抓去，押在楚军整整两年。刘邦彭城败退到了荥阳（今属河南），才收集败逃的各路败兵，萧何也急急地从关中征召一些兵力到达了荥阳。刘邦下令修筑了两边有驻兵墙的甬道于河岸，以取粮草，准备死守荥阳，等待援兵。荥阳通往河道的通道多次被楚军截断，汉军缺乏供给，极端困难，于是刘邦请求讲和，提出划取荥阳以西为汉，以东为楚。项羽听从范增的意见，不同意讲和，并加大了对荥阳的攻势。期间，刘邦听从陈平的建议到处散布谣言说范增正在和刘邦单独讲和，并且在项羽的使者到汉军军营时，故意误认为是范增的使者而热情接待，这让粗心的项王心生疑虑而指责范增，于是范增辞老而去，死在了回彭城的路上。

最后，楚军完全阻断了汉军粮道，荥阳城中绝食，再也无法坚守，于是刘邦让城中妇女穿上铠甲，装扮成汉兵，让将军纪信换上他的衣帽，坐上汉王的车驾，打开东门投降。围城的楚军听到汉王出城投降，纷纷拥到东门来观看受降，结果，刘邦带着数十骑随从打开西门逃跑了。项羽见到假冒刘邦的纪信，问他"汉王安在"。纪信回答说："汉王已出矣。"气急败坏的项羽下令烧死了纪信。

正当项羽准备乘胜追击，务必追上刘邦，置其于死地时，刘邦听从张良策划安排在楚地打游击战的彭越在下邳主动出击大败楚军，威胁到了彭城。项羽闻报，只得率军东击彭越。汉王见项羽撤军，便又卷土重来，收拾残部占领了成皋（今河南荥阳汜水镇，古称虎牢关）。项羽大军很快击退了彭越，于是又带兵西回，重新夺回了荥阳，包围了成皋。

在这多次交锋中，项羽是东征西战，虽然所向披靡，但也是疲惫已极，刘邦更是一败再败，现在又被围在成皋，城中尽是老弱残兵，眼看难以自保。一天夜里，刘邦带着夏侯婴摸出成皋北门，渡过黄河，连夜跑到了修武（今属河南），天刚亮时赶到了张耳和韩信的军营，夺取了二人的指挥权。让张耳自己招兵进攻反叛归楚的赵国，让韩信自己募兵进攻又倒向楚的齐国。刘邦掌握了韩信大军的指挥权，力量顿时大增，于是他便听从郎中郑忠的建议，采取两种策略对付项羽：一是在成皋一带加深壕沟，增高壁垒，坚守不战；二是指派卢绾与刘贾率兵绕到楚军后方，跟彭越呼应配合不断袭扰楚国各地，特别是断绝楚军的粮道。

楚汉长期对峙，项羽一再挑战，刘邦只是坚壁不出。楚军后方粮道多次被袭扰阻断，这更让项羽焦躁，于是他在再一次挑战时高声对汉王刘邦喊道："天下匈匈数岁者，徒以吾两人耳，愿与汉王挑战决雌雄，毋徒苦天下之民父子为也！"刘邦听完笑着说："吾宁斗智，不能斗力。"无可奈何的项羽便下令让将士上前挑战叫骂。汉军中有一个善于射箭的将士楼烦将多个出马挑战的楚将射死在阵前。项羽大怒，亲自披甲持戟纵马阵前挑战，楼烦刚想拈弓搭箭，只见项羽瞪圆双眼大喝一声，吓得楼烦再也不敢放箭了。这下更让刘邦害怕了，深壕壁垒，坚守不出。

这一天，无计可施的项羽想了一个自以为可逼迫刘邦投降的法子。《史记·项羽本纪》记载如下：

> 项王患之，为高俎，置太公其上，告汉王曰："今不急下，吾烹太公。"汉王曰："吾与项羽俱北面受命怀王，曰'约为兄弟'，吾翁即若翁，必欲烹而翁，则幸分我一杯羹。"项王怒，欲杀之。项伯曰："天下事未可知，且为天下者不顾家，虽杀之无益，只益祸耳。"项王从之。

性格直率急躁的项羽以己心度刘邦之心，心想我要杀你的父亲，你该认软了吧？没想到霸王遇上了流氓，英雄遇上了无赖，刘邦非但不气不急，还说"我的父亲就是你的父亲，你真的想煮杀你的父亲，那希望分给我一杯肉汁喝"。刘邦的这种无赖行为和前面彭城之战时，为了逃命将自己的亲生儿女推下车子的极端自私残忍的做法，在刘邦本人的传记《史记·高祖本纪》中都没有出现，太史公马迁作为本朝史官自然要给本朝的开国皇帝留下脸面，但却将这两处细节记载在了《史记·项羽本纪》中，显示出司马迁秉笔直书、不逢迎阿谀的刚直性格。

有一次，两军隔着广武涧深壕对骂时，刘邦高声指责项羽有十大罪状，这让项羽极其愤怒，下令弓箭手齐射，结果一箭射中了刘邦胸部，但刘邦却急中生智，赶快俯下身子用手捂住自己的脚说"虏中吾指"后便急返成皋城中。刘邦的箭伤很重，但为了稳定军心，张良便劝他挣扎着在军营巡视了一番，安定了军心。

楚汉两军对峙达两年之久，双方均消耗很大，此时汉王刘邦又受重伤，项羽也因彭越等部在后方袭扰不断，粮草接济困难，于是接受了汉王讲和的提议。双方约定以鸿沟（连接黄河和淮河的古运河）为界，中分天下，鸿沟西为汉地，鸿沟东为楚地。公元前204年，项羽放还了刘邦的父亲和妻子，率军东归。

汉王刘邦与项羽划界讲和后，也打算西回关中，但是他的重要谋士张良劝他说："汉有天下太半，而诸侯皆附；楚兵疲食尽，此天亡之时也。今释弗击，此所谓'养虎自遗患'也。"

　　张良认为，此时的天下，汉王已占有大半，而且山东诸侯各国已经被韩信等将领完全拿下，而楚王项羽的部队东西征战已是疲惫之师，而且缺乏粮草供给，正是老天要灭亡楚王项羽的最好时机。此时若不追杀楚军，就会养虎成患，遗害无穷。于是汉王刘邦听从了张良的建议，多方调动兵力，开始了与西楚霸王项羽的大决战。

三、善于将将得天下

　　汉高祖刘邦和韩信有一段很有名的对话，颇能说明"善于将将"是刘邦的长处：

　　　　上常从容与信言诸将能不。各有差。上问曰："如我能将几何？"信曰："陛下不过能将十万。"上曰："于君何如？"曰："臣多多益善耳。"上笑曰："多多益善，何为为我禽？"信曰："陛下不能将兵，而善将将，此乃信之所以为陛下禽也。"

　　对于楚汉相争，刘邦能战胜项羽，夺取天下的原因，刘邦自己也有过很著名的总结：

　　　　高祖置酒洛阳南宫。高祖曰："列侯诸将无敢隐朕，皆言其情。吾所以有天下者何？项氏之所以失天下者何？"高起、王陵对曰："陛下慢而侮人，项羽仁而爱人。然陛下使人攻城掠地，所降者因以予之，与天下同利也。项羽妒贤嫉能，有功者害之，贤者疑之，战胜而不予人功，得地而不予人利，此所以失天下也。"

　　　　高祖曰："公知其一，未知其二。夫运筹策帷帐之中，决胜于千里之外，吾不如子房。镇国家，抚百姓，给馈饷，不绝粮道，吾不如萧何。连百万之军，战必胜，攻必取，吾不如韩信。此三者，皆人杰也，吾能用之，此吾所以取天下也。项羽有一范增而不能用，此其所以为我擒也。"

　　刘邦的分析，一语中的，指出了战争的胜负，最终是人才的竞争，是很有道理的，下面我们就分别来说说"汉初三杰"及其他人物是如何为刘邦战胜项羽，夺取天下的。

1. 多谋张子房

张良（？—前189年），字子房，其祖父、父亲均是战国时韩国宰相，公元前230年，韩亡于秦，张良失去了继承父业的机会，丧失了显赫的地位，他胸怀亡国之恨，一心反秦复韩。

公元前218年，张良雇人在阳武博浪沙（今河南原阳县）官道上，手持120斤的铁椎刺杀秦始皇，却误中副车。在暴力复仇的目的难以实现的情况下，长相如女子的文弱书生张良又以自己的智慧和才能实现了灭秦的愿望。

行刺秦王的张良被悬榜通缉，不得不逃往下邳（今江苏邳县）。

> 良尝闲从容步下邳圯上，有一老父，衣褐，至良所，直堕其履圯下，顾谓良曰："孺子，下取履！"良鄂然，欲殴之。为其老，强忍，下取履。父曰："履我！"良业为取履，因长跪履之。父以足受，笑而去。良殊大惊，随目之。父去里所复还，曰："孺子可教矣。后五日平明，与我会此。"良因怪之，跪曰："诺。"五日平明，良往。父已先在，怒曰："与老人期，后，何也？"去，曰："后五日早会。"五日鸡鸣，良往，父又先在，复怒曰："后，何也？"去，曰："后五日复早来。"五日，良夜未半往，有顷，父亦来，喜曰："当如是。"出一编书，曰："读此则为王者师矣。后十年兴。十三年孺子见我济北，欲城山下黄石即我矣。"遂去，无他言，不复见。旦日视其书，乃《太公兵法》也。良因异之，常习诵读之。

很显然，这是后人虚构的神话故事，但又反映出人们对张良如"神授"般的超人智慧才能的敬畏。

张良在下邳一住就是10年，他行侠仗义，结交广泛。楚国的项伯杀了人逃到下邳，张良把他藏匿起来，遂成为莫逆之交。

公元前209年，陈胜起兵反秦，张良悉散家财，聚集了100多人前往，第二年陈胜被杀，张良偶遇刘邦，在伐秦路上，张良向刘邦谈论《太公兵法》的六韬之略，深受刘邦赞赏。但张良向别人讲此兵法，却没有人能够领悟，因此，张良说："沛公殆天授。"因此张良认定了刘邦为其主，竭忠尽智扶助刘邦完成大业。下面我们简单梳理一下张良多谋善断扶助汉王刘邦的历史功绩。

（1）鸿门回生

鸿门宴是刘邦一生当中最难渡过的险关，可以说如果没有张良的尽力相救，刘邦必死无疑。首先是张良与项伯的相交才给刘邦带来了生的希望。其次是鸿门宴上，授意项伯"翼蔽沛公"，指使樊哙挽救危局，才最终化解了范增在宴席上杀死刘邦的阴谋。最后是独自一人留在楚营，巧言掩饰刘邦经受不住死亡威胁的压力而溜走的过失，化解了危机。

（2）明烧栈道

张良、刘邦从陕入川，进入褒谷古栈道，奏请刘邦在大军过后立即烧掉古栈道，在刘邦疑虑的情况下，他陈述了烧毁栈道的理由：一是汉王从关中带至蜀地的10万关东士卒无道可回，断绝了他们的归路，可使他们一心跟从汉王；二是断绝了奸细的往来，汉军在蜀地积极备战，养兵屯粮，北上东进的反攻准备不会泄密；三是麻痹项羽，放松对汉军的戒备，使汉军养足锐气后出其不意地发动攻击。

后来韩信即采取了明修栈道，暗度陈仓之计，奇兵突袭，迅速平定了三秦，夺取了关中之地。

（3）下邑之谋

彭城之战，刘邦主力损失殆尽，单枪匹马受困于下邑，发话说愿把关东之地封给能解救他的人。张良深谋远虑地向刘邦举荐了可以扶助其打败项羽，夺取天下的三股力量：一是九江王英布，英布受项羽支使，坑杀了秦降卒20万，弄得声名狼藉，因而对项羽有所忌恨，可策动他反楚归汉；二是在楚地独掌万余兵马、游击而战的彭越，可委之重任，袭击项羽后方；三是对扫平魏国、大破赵军的韩信，更要笼络重用，稳定其心。后来，刘邦就是靠这三股力量，打败项羽，夺取了天下。

（4）借箸划策

刘邦受困荥阳无计可施时接受谋士郦食其的建议，准备"分封六国后裔以削楚"。

在郦食其正准备带着六国国王大印到各地行封之时，张良外归，立即面见正在吃饭的刘邦，张良拿过筷子列出不能分封六国的八条道理。前七条道理都是讲历史上商汤伐夏桀、周武伐商纣分封诸侯均是置桀、纣于死地的举动，彼时罢兵以仁义可笼络人心，稳固天下，而此时敌强我困，岂能停止武力，施行文治？

张良最后指出："天下各路英才，离开自己的故土和亲人，跟随你走南闯北浴血战斗，只是希望将来夺取天下后功成名就，得到你的分封。而你今天把土地分封给了六国的后代，这些英才没有分封的希望，就只能各归其国、各投其主，谁再跟着你打败项羽，夺取天下呢？更何况，如今楚强汉弱，六国即使受封立国，他们也会受到项羽的压力而屈从楚国，这不更加削弱自己，增强了项羽的力量吗？"

一番话说得刘邦"辍食吐哺，骂曰：'竖儒，几败而公事！'令趣销印"。

（5）安抚诸王，合围垓下（今安徽灵璧）

公元前203年11月，韩信攻破齐国后，派人送信给刘邦说："齐伪诈多变，反覆之国也。南边楚，不为假王以镇之，其势不定，愿为假王便。""当是时，楚方急围汉王于荥阳，韩信使者至，发书，汉王大怒，骂曰：'吾困于此，旦暮望若来佐我，乃欲自立为王！'张良、陈平蹑汉王足，因附耳语曰：'汉方不利，宁能禁信之王乎？不如因而立，善遇之，使自为守，不然，变生。'汉王亦悟，因复骂曰：'大丈夫定诸侯，即为真王耳，何以假为！'乃遣张良往立信为齐王，征其兵击楚。"

此时，项羽派遣武涉劝说韩信："当今二王之事，权在足下，足下右投则汉王胜，左投则项王胜。项王今日亡，则次取足下。足下与项王有故，何不反汉与楚连和，参分天下王之？"

齐国人蒯通也以相面术劝说韩信："相君之面，不过封侯，又危不安。相君之背，贵乃不可言。"所以此时张良劝汉王刘邦封韩信为齐王，及时地稳住了韩信，避免了不利于汉王的乱局发生。

公元前202年9月，刘项签"鸿沟和约"。张良力阻刘邦西撤，认为此时正是消灭项羽的大好时机，否则给项羽以喘息机会就会养虎为患，祸害无穷。

10月，刘邦追击项羽来到固陵（今河南太康），并和韩信、彭越约定，会师固陵，共击项羽，可韩信、彭越迟迟不发兵。楚军趁刘邦孤军深入，又把汉军杀得大败而逃，刘邦只得掘堑坚守。

张良在刘邦六神无主之时又建议加封韩信陈州以东直到海边的土地（今安徽、江苏两省的淮北地区），把睢阳以北的谷城地区（今河南东部及山东西部）划给彭越。张良断言："如是而行，韩、彭二人必来会师。"韩信、彭越受封后果然麾军直扑固陵。12月，汉军各路人马把项羽围困垓下。汉军十面合围，项羽已成瓮中之鳖。

从以上可看出，在刘邦危困之时，总是张良出奇谋使得刘邦转危为安。正是张良的运筹帷幄，对形势正确的把握，对人才的掌控与任用，使得刘邦一步步由弱到强，战胜了项羽。但是事物总是相辅相成的，如果没有刘邦的充分信任，遇大事总是言必听、计必从，并果断迅速地按张良的建议行事，也很难成就张良在中国历史上与诸葛亮、刘伯温齐名的智慧化身的英名。

所以刘邦善于发现人才、充分信任人才，使得张良士为知己者用，这正是刘邦作为一代雄主的过人之处。

2. 敬业萧丞相

如果说刘邦与张良的相交是知己相遇、英雄相惜的话，那刘邦遇上萧何则是刘邦的造化。这是因为萧何既是刘邦人生中难得一遇的忠诚朋友，又是他夺取天下大业卓有成效的后勤部长。

> 萧相国何者，沛丰人也，以文无害为沛主吏掾。高祖为布衣时，何数以吏事护高祖。高祖为亭长，常左右之。高祖以吏繇咸阳，吏皆送奉钱三，何独以五。

萧何通晓文书法度，办事干练，常在官吏考核中列全郡第一，秦御史多次想征调萧何，萧何一再辞谢不去。

> 沛公至咸阳，诸将皆争走金帛财物之府分之，何独先入收秦丞相御史律令图书藏之。沛公为汉王，以何为丞相。汉王所以具知天下厄塞，户口多少，

强弱之处，民所疾苦者，以何具得秦图书也。

> 汉王引兵东定三秦，何以丞相留收巴蜀，镇抚渝告，使给军食……汉二年，汉王与诸侯击楚，何守关中……关中事计户口转漕给军，汉王数失军遁去，何常兴关中卒，辄补缺。

萧何竭忠尽智治理后方，人马粮草源源不断支援前方，但刘邦因其管理的地域广大、人口众多、物产丰饶，仍"上使使数劳苦丞相"。

> 鲍生谓丞相曰："王暴衣露盖，数使使劳苦君者，有疑君心也。为君计，莫若遣君子孙昆弟能胜兵者悉诣军所，上必益信君。"于是何从其计，汉王大悦。

萧何镇守蜀汉关中，精心治理后方，竭力支援前方，有了萧何的支撑，刘邦才在东进攻楚时一败再败的战况下转危为安，并积蓄力量，形成反攻之势。但因萧何管理的地域广大，容易形成强势，所以刘邦才假借派使慰劳而行监视之实。一心为国的萧何明白了汉王的用心，将自己的宗室子弟大大小小都派往前方刘邦的军营，才打消了汉王的疑虑。

萧何的功劳远不止其是兢兢业业治理后方、尽心竭力支援前方的后勤部部长，他还发现并追回逃亡的韩信，并强力举荐给刘邦，让刘邦拜其为大将，也是他慧眼识人，一心为国的一大功劳。《史记·淮阴侯列传》对此事有详细的记载：

> 信数与萧何语，何奇之。至南郑，诸将行道亡者数十人，信度何等已数言上，上不用我，即亡。何闻信亡，不及以闻，自追之。人有言上曰："丞相何亡。"上大怒，如失左右手。居一二日，何来谒上，上且怒且喜，骂何曰："若亡，何也？"何曰："臣不敢亡也，臣追亡者。"上曰："若所追者谁何？"曰："韩信也。"上复骂曰："诸将亡者以十数，公无所追；追信，诈也。"何曰："诸将易得耳。至如信者，国士无双。王必欲长王汉中，无所事信；必欲争天下，非信无所与计事者。顾王策安所决耳。"王曰："吾亦欲东耳，安能郁郁久居此乎？"何曰："王计必欲东，能用信，信即留；不能用，信终亡耳。"王曰："吾为公以为将。"何曰："虽为将，信必不留。"王曰："以为大将。"何曰："幸

甚。"于是王欲召信拜之。何曰："王素慢无礼，今拜大将如呼小儿耳，此乃信所以去也。王必欲拜之，择良日，斋戒。设坛场，具礼，乃可耳。"王许之。诸将皆喜，人人各自以为得大将。至拜大将，乃韩信也，一军皆惊。

这便是历史上有名的"萧何月下追韩信"的故事，不仅表现出萧何的慧眼识人，更表现出他一心为汉王的苦心。对于萧何的劳苦功高，刘邦心知肚明，下面的材料清楚地表明了这一点：

汉五年，既杀项羽，定天下，论功行封。群臣争功，岁余功不决。高祖以萧何功最盛，封为酂侯，所食邑多。功臣皆曰："臣等身被坚执锐，多者百余战，少者数十合，攻城略地，大小各有差。今萧何未尝有汗马之劳，徒持文墨议论，不战顾反居臣等上，何也？"高帝曰："诸君知猎乎？"曰："知之。""知猎狗乎？"曰："知之。"高帝曰："夫猎、追杀兽兔者狗也，而发踪指示兽处者人也。今诸君徒能得走兽耳，功狗也。至如萧何，发踪指示，功人也。且诸君独以身随我，多者两三人。今萧何举宗数十人皆随我，功不可忘也。"群臣莫敢言。

我们说刘邦能遇到萧何这样以诚待人的朋友，兢兢业业的贤相，确实是他的幸运。但是，反过来刘邦能知人善任，特别是放手让萧何坐镇巴蜀关中富饶辽阔之地，委以重任，使自己有稳固的后方和源源不断的兵力粮草供给，也使得萧何治理天下的才能和忠心耿耿的品格得以表现与发挥，这也表现出刘邦善于用才、大胆用人的过人之处。至于他派使者多次以慰劳名义观察萧何，了解后方情况，也不失为政治人物驾驭下属的一种权术和手段。而他关于"行猎"一段的比喻论述，充分表现出了他开国雄主战略家的眼光和气魄。

3. 战神淮阴侯

大将韩信，是中国历史上有名的军事天才，他的人生充满传奇和悲剧色彩。既有从一名逃兵成为统领百万大军的汉军统帅，战必胜，攻必取，横扫诸侯，大败项羽，造就西汉的辉煌功绩；也有血溅未央，被屠三族的悲惨下场。

韩信，生年不详，死于公元前196年，江苏淮阴人。从小父母双亡，寄人篱下，困苦度日。从《史记·淮阴侯列传》中的记载便可看出青年时期韩信的困苦生活：

> 淮阴侯韩信者，淮阴人也。始为布衣时，贫无行，不得推择为吏，又不能治生商贾，常从人寄食饮，人多厌之者。常数从其下乡南昌亭长寄食，数月，亭长妻患之，乃晨炊蓐食。食时信往，不为具食。信亦知其意，怒竟绝去。

> 信钓于城下，诸母漂，有一母见信饥，饭信，竟漂数十日。信喜，谓漂母曰："吾必有以重报母。"母怒曰："大丈夫不能自食，吾哀王孙而进食，岂望报乎？"

> 淮阴屠中少年有侮信者，曰："若虽长大，好带刀剑，中情怯耳。"众辱之曰："信能死，刺我；不能死，出我袴下。"于是信孰视之，俛出袴下，蒲伏。一市人皆笑信，以为怯。

但这却恰恰表现出韩信大丈夫能屈能伸，不同小人争强，不与垃圾人辩理的过人理智，以及以免误己发展的高远胸怀。

秦末，诸侯纷纷起事，韩信也投奔了项羽，得到了一个执戟郎中的小官，他多次给项羽提出建议，均未被采纳。所以，韩信觉得项羽此人难成气候，跟着他也没有多大出息，于是千里迢迢到汉中投奔了刘邦。因为没有什么名声，刘邦只安排他做了个接待宾客的小官（连敖），半年过去了，韩信见提拔无望，大志难伸，又同十几个人逃亡，准备去投靠长沙王吴芮。

很快逃亡的十几个人全被抓回，按军律，全部斩首，一会儿工夫其他十几个人全掉了脑袋。"次至信，信乃仰视，适见滕公（夏侯婴）。曰：'上不欲就天下乎？何为斩壮士？'滕公奇其言，壮其貌，释而不斩。与语，大说之。言于上，上拜以为治粟都尉，上未知奇也。"

韩信做了管粮草的小官，有机会与萧何见面，萧何在与其交往过程中得知韩信是位奇才。但韩信在耐心等待了一段时间后，"度何等已数言上，上不用我，即亡"。于是就有了"萧何月下追韩信"这样与"三顾茅庐"齐名的历史佳话。在萧何的力荐下，韩信终于被拜为大将，成为汉军的军事统帅。

韩信的拜将自然是同萧何的慧眼识人、为国荐才分不开的，但是刘邦的善纳谏言，敢于大胆起用人才的举措也是别人无法企及的。特别是韩信对自己坚不可摧的自信，抱负高远，壮志不酬时决不屈居人下、苟且度日的决心和追求，在主观上为他的拔地而起、大展雄才做到了自强不息的努力。所以一个人的成功需要客观机遇，但主观的努力才是最不可缺少的。

拜将仪式结束，韩信侃侃而谈，纵论天下形势，分析刘项的强弱变化及出兵巴蜀、平定关中、统一天下的运兵策略。刘邦闻言，心中大喜，深有相见恨晚之感，立即传令三军，一切听从大将军的部署安排，并授予韩信先斩后奏之权，树立韩信在军中的威信。

在其后近五年的楚汉战争中，韩信东征南进，横扫天下，其军事才华得以充分展现，其主要战绩如下。

（1）明修栈道，暗度陈仓

刘邦退到汉中后，接受张良建议，烧掉了咸阳至汉中的 500 里栈道，以此来迷惑项羽，表示自己安守汉中无东出之意。韩信拜为大将后，立即命令将军周勃率 500 人去修栈道。周勃埋怨人太少，韩信却命令周勃只管修，别的不要问。章邯接到探报，大笑韩信确实只是一个胯下之夫，子午谷 500 里栈道，几百人不知要修到何年何月，何况你修、我烧，这样永无忧虑。

正当章邯暗自得意，放松警惕之时，公元前 204 年 8 月，韩信率大军绕过子午谷，暗度陈仓道，突然出现在章邯的儿子章平防守的郿城。韩信采取攻一、观一、挟一，各个击破的战术，先封闭司马欣的东出之路，又派人威胁董翳不要和汉军作对，然后全力攻打章邯父子。章邯一灭，其他二王只好投降，只用了三个月的时间，关中全为刘邦所有，为汉军东进南下打下了进可攻、退可守的稳固基地。

（2）智渡黄河，生擒魏豹

刘邦主力在彭城大败之后，各路诸侯纷纷倒戈归楚，魏王豹借探视母亲疾病为名渡河归国后，即刻将黄河渡口临晋关的交通要道切断，反汉归楚。魏国占据着陕西东部、山西西北部，是汉军出关伐楚的第一个战略要地。汉王派人游说魏豹归汉，但没有成功。

当韩信到达陕西与山西交界的临晋渡口时，对岸魏军早已严阵以待，刀枪林立，军营整齐，连绵十几里。韩信见状，不动声色，派遣灌婴在渡口多扎营帐，并广收船只陈列于渡口河上，夜间灯火齐明，大声喧哗，以吸引对方的注意力，自己却率主力偃旗息鼓，逆流而上300余里，从夏阳利用木盆、门板和瓦缸渡河，迅速偷袭安邑。汉军的神兵天降震动魏军后方，魏豹只得从渡口撤兵救援，而对岸的灌婴见魏军后撤，立即挥军渡河，汉军南北夹击，合围魏军，韩信很快就俘虏了魏豹，平定了魏地，改为河东郡。

（3）背水一战，歼灭赵军

公元前205年9月，韩信很快打垮了代国军队，生擒了代王夏说。此时刘邦兵困荥阳，下令调韩信精锐部队防守荥阳，只给韩信、张耳3万临时招募的新兵去征伐赵国。

赵王歇见韩信来攻，派遣主将成安君陈馀在井陉口屯兵20万防守。广武君李左车献计说："闻汉将韩信涉西河，虏魏王，擒夏说……此乘胜而去国远斗，其锋不可当。臣闻千里馈粮，士有饥色，樵苏后爨，师不宿饱。今井陉之道，车不得方轨，骑不得成列，行数百里，其势粮食必在后。愿足下假奇兵三万人，从间道绝其辎重；足下深沟高垒，坚营勿与战。彼前不得斗，退不得还，吾奇兵绝其后，使野无所掠，不至十日，而两将之头可至于戏下。愿君留意臣之计，否，必为二子所禽矣。""成安君，儒者也。常称义兵不用诈谋奇计，曰：'吾闻兵法，十则围之，倍则战。今韩信兵号数万，其实不过数千。能千里而袭我，亦已罢极。今如此避而不击，后有大者，何以加之！则诸侯谓吾怯，而轻来伐我。'不听广武君策。"

听到广武君的计谋未被采纳，韩信非常高兴，半夜时分，韩信派将军傅苍率2000人抄小路到赵营傍山上埋伏，让他们每人都拿一面汉军的红旗，并传令他们："赵见我走，必空壁逐我。若疾入赵壁，拔赵帜，立汉赤帜。"又让灌婴、周勃各带2000人埋伏在赵军营处两侧，等主力败退时从两翼夹击赵军。然后又让副将传令："今日破赵会食！"将领们都不相信，假意回答说好。

天刚蒙蒙亮，韩信带着主力竖起大将的旗帜和仪仗，大吹大擂渡过泜水，背靠河水摆开阵势向赵军营壁进攻。赵军看到韩信背水列阵，不由得开怀大笑，即刻打开营门，倾巢出动，要把汉军赶下河去。韩信佯作败退，丢下旗鼓，尽力吸引赵军出营抢夺。到了泜水边，兵无退路，韩信又鼓动大家转身杀敌以求生路，这时灌婴、周勃两侧伏兵杀出，赵军大乱回撤，却发现营垒已全部是汉军红旗，以为汉军已俘虏了赵王及主将，军心大乱，人人四散逃亡，将领们尽力砍杀也无法阻止。汉军前后左右四面夹击，赵军20万大军倾刻覆灭，主将陈馀被斩杀在泜水边上，赵王歇成为俘虏。

> 诸将效首虏，毕贺，因问信曰："兵法右倍（背）山陵，前左水泽，今者将军令臣等反背水陈，日破赵会食，臣等不服（信）。然竟以胜，此何术也？"信曰："此在兵法，顾诸君不察耳。兵法不曰'陷之死地而后生，置之亡地而后存'，且信非得抵循士大夫也，此所谓'驱市人而战之'其势非置之死地，使人人自为战，今予之生地，皆走，宁尚可得而用之乎？"诸将皆服曰："善非臣所及也。"

韩信的背水列阵和项羽的破釜沉舟有相同之处，也有所不同。项羽是拼死一战，摆出拼命的架式，靠勇气战胜对方，而韩信只有没经过训练的士兵，无奈之下置之死地而后生，且经过周密的策划，兵力虽少，但布置周全，可说是极其精明独到的战术安排。

（4）威降燕国，横扫齐地

韩信深知广武君李左车是个智谋超群的人才，于是在背水列阵大败赵军的战斗中下令一定要生擒李左车，以便向他讨教下步进攻燕国和齐国的策略。

> 信乃令军中毋杀广武君，有能生得者购千金。于是有缚广武君而致戏下者，信乃解其缚东乡坐，西乡对，师事之。

> 于是信问广武君曰："仆欲北攻燕，东伐齐，何若而有功？"广武君辞谢曰："臣闻败军之将不可以言勇，亡国之大夫不可以图存。今臣败亡之虏，何足以权大事乎？"信曰："仆闻之，百里奚居虞而虞亡，在秦而秦霸，非愚于虞而智于秦也，用与不用，听与不听也。诚令成安君听足下计，若信吾亦已为禽矣。以不用足下，故信得侍耳。"因固问曰："仆委心归计，愿足下勿辞。"

> 广武君曰："……今将军涉西河，虏魏王，禽夏说阏与，一举而

下井陉，不终朝破赵军二十万众，诛成安君。名闻海内，威震天下。……若此，将军之所长也。然而众劳卒罢，其实难用。今将军欲举倦弊之兵，顿之燕坚城之下，欲战恐久力不能拔。情见势屈，旷日粮竭……若此者，将军所短也。……故善用兵者不以短击长，而以长击短。……方今为将军计，莫如案甲休兵，镇赵扶其孤。百里之内，牛酒日至，以飨士大夫醳兵。北首燕路，而后遣辩士奉咫尺之书，暴其所长于燕，燕必不敢不听从……如是，则天下事皆可图也。'"

韩信按照广武君李左车的建议，派遣使者到燕国陈说利害，燕国果然因害怕而投降，这样汉军兵不血刃就得到了燕国 72 城，北方基本上归入汉军。

此时汉王刘邦兵困成皋，渡过黄河，轻骑到达韩信驻地，晚上住在驿馆里，天还没亮他自称是汉王的使臣来传令，迅速进入军营。在韩信、张耳还未起床之际，在卧室内拿走了他的印符，进入大帐召集诸位将领。韩信被唤醒后，才知汉王已夺取了他的军权。刘邦即调遣韩信军的主力增援成皋，让韩信自己收集赵国剩余的部队去攻打齐国，暗地里却派遣郦食其为使者，前往齐国劝降。

韩信收集了几万人马准备从平源津渡过黄河攻打齐国，却得到郦食其已说服齐王投降归汉的消息。韩信想停止进攻，范阳人蒯通进言韩信说："将军受诏击齐，而汉独发间使下齐，宁有诏止将军乎？何以得毋行也！且郦生一士，伏轼掉三寸之舌，下齐七十城。将军将数万众岁余乃下赵五十余城。为将数岁，反不如一竖儒之功乎？"于是韩信听从了蒯通的劝告，发兵渡河，攻打齐国。

齐王田广已决定投降，撤掉了各个关隘防守的军队，天天和郦食其饮酒，韩信乘机突袭，很快就打到齐国都城临淄。齐王大怒，煮死了认为欺骗了他的郦食其，逃往高密，并派出使者赶往楚国求救。楚王项羽急派龙且率领 20 万大军前来救援。

龙且和田广的军队合在一处隔着潍水和韩信的军队摆阵对垒。韩信下令连夜赶做一万条口袋，派军队赶往潍水上游，堵塞河道。清晨自己率领部队涉河攻击楚军，部队只有一半渡过河，韩信就发起攻击，一遇到龙且出击便转身渡河逃跑。龙且大喜说：“固知信怯也。”于是指挥全军奋力涉河追赶韩信。此时韩信派往上游的人马已掘开河水，大水汹涌而下，龙且军被冲走无数，等洪水一过，韩信军一路追杀，杀掉了龙且，楚军四散逃亡，齐王田广也逃跑了。

齐地平定后，韩信上书说齐国人反复无常，不设王无法震慑，请求封他为齐王，刘邦在张良劝说下派张良亲自到临淄封韩信为齐王。

（5）仁义重恩，不背汉王

被封为齐王之后，手握重兵、雄踞一方的韩信成了能决定项王和汉王孰胜孰败的重要力量，他自己要与他们鼎足而立，三分天下也有称霸的可能。但是性格仁厚、知恩报恩的韩信多次拒绝项羽的游说和亲信的劝告，一心一意忠于汉王，不叛汉自立。《史记·淮阴侯列传》有下面详细的记载：

> 楚已亡龙且，项王恐，使盱眙人武涉往说齐王信曰：“天下共苦秦久矣，相与勠力攻秦。秦已破，计功割地，分土而王之，以休士卒。今汉王复兴兵而东，侵人之分，夺人之地，已破三秦，引兵出关，收诸侯之兵以东击楚，其意非尽吞天上下者不休，其不知厌足如是甚也！且汉王不可必（信），身居项王掌握中数矣，项王怜而活之，然得脱，辄背约，复击项王，其不可亲信如此。今足下虽自以与汉王为厚交，为之尽力用兵，终为之所禽矣。足下所以得须臾至今者，以项王尚存也。当今二王之事，权在足下，足下右投则汉王胜，左投则项王胜。项王今日之亡，则次取足下。足下与项王有故，何不反汉与楚连和，参分天下王之？今释此时，而自必于汉以击楚，且为智者固若此乎！”韩信谢曰：“臣事项王，官不过郎中，位不过执戟，言不听、画不用，故倍楚而归汉。汉王授我上将军印，予我数万众，解衣衣我，推食食我，言听计用，故吾得以至于此。夫人深亲信我，我倍之不详，虽死不易，幸为信谢项王！”
>
> 武涉已去，齐人蒯通知天下权在韩信，欲为奇策而感动之，以相人说韩信曰：“仆尝受相人之术。”韩信曰：“先生相人何如？”对曰：“贵贱在于骨法，忧喜在于容色，成败在于决断，以此参之，万不失一。”

韩信曰："善，先生相寡人何如？"……通曰："相君之面，不过封侯，又危不安。相君之背，贵乃不可言。"韩信曰："何谓也？"蒯通曰："天下初发难也，俊雄豪杰建号壹呼，天下之士云合雾集，鱼鳞襍䶃，熛至风起。当此之时，忧在亡秦而已。今楚汉分争，使天下无罪之人肝胆涂地，父子暴骸骨于中野，不可胜数。楚人起彭城，转斗逐北，至于荥阳，乘利席卷，威震天下。然兵困于京、索之间，迫西山不能进者，三年于此矣。汉王将数十万之众，距巩雒，阻山河之险，一日数战，无尺寸之功，折北不救，败荥阳，伤成皋，遂走宛、叶之间，此所谓智通勇俱困者也。夫锐气挫于险塞，而粮食竭于内府，百姓罢极怨望，容容无所倚。以臣料之，其势非天下之贤圣固不能息天下之祸。当今两主之命县于足下。足下为汉则汉胜。为楚则楚胜，臣愿披腹心，输肝胆，效愚计，恐足下不能用也。诚能听臣之计，莫若两利而俱存之，参分天下，鼎足而居，其势莫敢先动。夫以足下之贤圣，有甲兵之众，据强齐，从燕赵，出空虚之地而制其后，因民之欲，西乡为百姓请命，则天下风走而响应矣，孰敢不听！割大弱强，以立诸侯。诸侯已立，天下服听而归德于齐。案齐之故，有胶、泗之地，怀诸侯以德，深拱揖让，则天下之君王相率而朝于齐矣。盖闻'天与弗取，反受其咎；时至不行，反受其殃。'愿足下孰虑之。"

韩信曰："汉王遇我甚厚，载我以其车，衣我以其衣，食我以其食。吾闻之，乘人之车者载人之患，衣人之衣者怀人之忧，食人之食者死人之事，吾岂可以乡利倍义乎！"蒯生曰："足下自以为善汉王，欲建万世之业，臣窃以为误矣。……大夫种、范蠡存亡越，霸勾践，立功成名而身死亡。野兽已尽而猎狗烹。……此二人者，足以观矣，愿足下深虑之。且臣闻勇略震主者身危，而功盖天下者不赏。臣请言大王功略：足下涉西河，虏魏王，禽夏说，引兵下井陉，诛成安君，徇赵，胁燕，定齐，南摧楚人之兵二十万，东杀龙且，西乡以报，此所谓功无二于天下，而略不世出者也。今足以戴震主之威，挟不赏之功，归楚，楚人不信；归汉，汉人震恐，足下欲持是安归乎？夫势在人臣之位而有震主之威，名高天下，窃为足下危之。"韩信谢曰："先生且休矣，吾将念之。"

过了几天，蒯通又劝韩信说："夫功者难成而易败，时者难得而易失也。时乎时，不再来，愿足下详察之。"但韩信还是不忍心背叛汉王，还认为自己功多，汉王不会忍心废掉自己的齐王之位，便又一次拒绝了蒯通的苦劝。蒯通见无法说服韩信，料定韩信以后必有大难，便装作有疯狂病而离开了韩信，隐匿在民间了。

韩信是个知恩必报的人，他不仅对刘邦这样，对其他有恩于他的人都是这样。《史记·淮阴侯列传》有如下的记载：

> 信至国，召所从食漂母，赐千金。及下乡南昌亭长，赐百钱，曰："公，小人也，为德不卒。"召辱己之少年令出胯下者以为楚中尉。告诸将曰："此壮士也。方辱我时，我宁不能杀之邪？杀之无名，故忍而就于此。"

韩信为人仁厚良善，循规蹈矩。年轻时挨饿受冻也不像刘邦那样坑蒙赖欠，受胯下之辱而退让受屈，也不像刘邦那样逃亡造反。特别是他受人馈食的经历，使他生成的感恩之心和"滴水之恩必当涌泉相报"的情怀，使他不忘汉王刘邦对他赏识重用的大恩。这种善良仁慈的性格为人是可爱可敬的，为政却是极其危险的，特别是遇上刘邦这样极端自私，为己而不顾一切的流氓无赖性格的顶头上司。他的这种感恩情怀使他尽心竭力为汉王刘邦打天下，建立了奇功，但也使他在刘邦多次诈夺其兵权、削减其职权的情况下仍一味地感念其恩德，而看不到危险步步逼近的情势，错过了摆脱险境、改写历史的良机。

4. 垓下灭项羽

公元前202年12月，汉军各路大军会师垓下，围困楚军。此时韩信将兵30万，彭越、英布各数万，项羽不足10万人马。

"项王军壁垓下（安徽灵璧），兵少食尽，汉军及诸将兵围之数重。夜闻汉军四面皆楚歌，项王乃大惊曰：'汉皆已得楚乎？是何楚人之多也！'项王则夜起，饮帐中。有美人名虞，常幸从；骏马名骓，常骑之。于是项王乃悲歌慷慨，自为诗曰：'力拔山兮气盖世，时不利兮骓不逝。骓不逝兮可奈何。虞兮虞兮奈若何！'歌数阕，美人和之。项王泣数行下，左右皆泣，莫能仰视。"据传虞姬也与项羽唱道："汉兵已略地，四方楚歌声，大王意气尽，贱妾何聊生。"吟毕便拔剑自刎而死了。

一番饮酒浇愁和悲叹之后，项羽带着 800 骑兵，向南潜行突围，到天亮汉军才发现，灌婴带着 5000 骑兵急追而来，混战中，项王渡过淮河，跟随他的人只剩下 100 余骑。到了阴陵，项王又迷了路，问一个农夫，农夫骗他说"向左面走"，却陷进了泥潭之中。汉军追兵又至，项王又引兵向东杀到了东城，身边只剩 28 骑。汉军层层包围上来，项羽知道自己无法逃脱，对部下说："吾起兵至今八岁矣，身七十余战，所当者破，所击者服，未尝败北，遂霸有天下。然今卒困于此，此天之亡我，非战之罪也。今日固决死，愿为诸君快战，必三胜之，为诸君溃围，斩将、刈旗，令诸君知天之亡我，非战之罪也。"于是将部下分为四路，从四面冲向汉军，成千上万的汉军拥上前来，项羽对部下说："吾为公取彼一将。"项羽一声大喝冲下山坡，汉军纷纷避让，项羽手起刀落斩杀一员汉将。这时汉将赤泉侯杨喜追了上来，项羽一声大喝，吓得杨喜人马俱惊，退避了好几里。汉军又四面包围了上来。项羽又冲入敌阵，斩杀一员都尉，杀死了 100 多个汉兵。和他的部下会合时，只损失了两个人。项羽对他的 26 个部下说："何如？"大家都齐声说："如大王言！"

于是项王乃欲东渡乌江（地名，在今安徽和县东北长江边上）。乌江亭长杖船待，谓项王曰："江东虽小，地方千里，众数十万人，亦足王也。愿大王急渡。今独臣有船，汉军至，无以渡。"项王笑曰："天之亡我，我何渡为？且籍与江东子弟八千人渡江而西，今无一人还，纵江东父老怜而王我，我何面目见之？纵彼不言，籍独不愧于心乎？"乃谓亭长曰："吾知公长者。吾骑此马五岁，所当无敌，尝一日行千里，不忍杀之，以赐公。"乃令骑皆下马步行，持短兵接战。

项羽在重兵追击下，一时慌乱突围到江边欲渡江，但亭长一番话反而使他冷静地考虑到了现实：8000 子弟无一生还，身为统帅的他，有何面目见江东父老？拒绝渡江，一死谢天下，才是血性男儿项羽的本色。人的成败常取决于自己的性格，以刘邦不顾儿女逃命的性格定当渡江，卷土重来，而项羽的血性则赢得了血性男儿有羞耻之心的美誉，却断送了自己的性命和可能改写的历史。

> 独籍所杀汉军数百人。项王身亦被十余创。顾见汉骑司马吕马童，曰："若非吾故人乎？"马童面之，指王翳曰："此项王也。"项王乃曰："吾闻汉购我头千金，邑万户，吾为若功德。"乃自刎而死。王翳取其头，余骑相蹂践争项王，相杀者数十人。最其后，郎中骑杨喜、骑司马吕马童、郎中吕胜、杨武各得其一体。五人共会其体，皆是。故分其地为五：封吕马童为中水侯，封王翳为杜衍侯，封杨喜为赤泉侯，封杨武为吴防侯，封吕胜为涅阳侯。

杨喜家族遂成为汉代四世三公的杨震一族，其后代即有隋文帝杨坚。杨喜的第五代孙杨敞是汉昭帝时的丞相，司马迁的女婿，《史记》即由其女儿在杨家保存得以流传。项羽之死的章节写得极为具体生动，其细节就是其婿讲给司马迁的。

司马迁的《项羽本纪》成功地叙述了项羽的性格特征和一生的成功始末。特别是"巨鹿之战""鸿门宴""彭城之战""垓下之围"，这四大事件，成功地刻画了项羽这位失败的盖世英雄形象。

巨鹿大战中项羽义无反顾，勇冠三军，一举摧垮秦军主力，慑服诸侯，天下瞩目，成为"政由羽出，号为霸王"的天下实际领袖。特别是彭城一战，项羽以3万铁骑，半天的工夫，打垮刘邦五六十万军队，被称为世界战争史上"空前绝后"的战例。

鸿门宴中，项羽却轻敌寡谋、刚愎自用，且率真糊涂，致使轻纵敌手，为自己的走向失败留下了祸根，遗患无穷。

垓下之围中既有项羽勇猛突围、所向披靡的勇猛，也有四面楚歌时真情流露的慷慨悲歌，更有英雄末路却不肯东渡，成全敌人从容自刎的豪壮气度；但却也有一味迷信武力、逞匹夫之勇、临死仍执迷不悟的呆霸王项羽"天亡我，非用兵之罪也"的悲叹。垓下之围的项羽既有所向披靡的神勇，也有难舍美人爱骓的柔情，特别是愧对江东父老，不愿一人生还的英雄气概，给我们塑造出有血有肉栩栩如生的一个失败的英雄形象，千百年来受到人们的推崇。南宋女词人李清照的《夏日绝句》："生当做人杰，死亦为鬼雄。至今思项羽，不肯过江东。"便表达了世人对项羽乌江自刎的赞颂。

四、兔死狗烹诛功臣

汉高祖刘邦垓下合围，消灭项羽，主要依靠韩信、彭越、英布等猛将的会师，所以汉朝建立后不得不分封了一批异姓王。出于刘邦本性的无赖和狡诈及维护国家长治久安、政权稳固的需要，几年之间，刘邦和吕后密切配合，采用各种方式消灭了这批战胜项羽建立大功的功臣。

1. 吕后诛韩信

战败项羽，韩信功最大，势力也最强，所以他自然而然成为刘邦剪除的第一个目标。

汉王之困固陵，用张良计，召齐王信，遂将兵会垓下。项羽已破，高祖袭夺齐王军。汉五年正月，徙齐王信为楚王，都下邳。

汉六年，人有上书告楚王信反。高帝以陈平计，天子巡狩会诸侯，南方有云梦，发使告诸侯会陈："吾将游云梦。"实欲袭信，信弗知。

项王亡将钟离昧家在伊庐，素与信善，项王死后，亡归信。高祖且至楚，信欲发兵反，自度无罪；欲谒上，恐见禽。人或曰："斩昧谒上，上必喜，无患。"信见昧计事。昧曰："汉所以不击楚，以昧在公所，若欲捕我以自媚于汉，吾今日死，公亦随手亡矣。"乃骂信曰："公非长者！"卒自刭。信持其首，谒高祖于陈。上令武士缚信，载后车。信曰："果若人言：狡兔死，良狗烹；高鸟尽，良弓藏；敌国破，谋臣亡。天下已定，我固当烹！"上曰："人告公反。"遂械系信。至洛阳，赦信罪，以为淮阴侯。

公元前196年，巨鹿郡守陈稀谋反，刘邦亲率大军平叛，临行前交代吕后，京城要出问题，定是韩信，要她有事找萧何。

刘邦离京不久，吕后即以汉军已平叛胜利、斩了陈豨为名，要群臣入宫庆贺。她担心韩信托病不来，就和萧何谋划。萧何对韩信说："虽疾，强入贺。"见是萧何相请，韩信坦然不疑，就随萧何入宫。韩信一进入未央宫就被四面埋伏的刀斧手抓了起来，押入四周布满帷幔的密闭钟室。武士们剥掉韩信的衣服，用锋利的竹签杀死了韩信。因为按迷信的说法，杀韩信这样的大功之人，上不能见天，下不能着地，不能用兵器，否则要遭天谴。随后，吕后下令灭了韩信三族。

史书记载，韩信在陈豨任郡守临行前就约定要和陈豨谋反，吕后得到韩信家人密报，说韩信欲发动家奴袭击吕后及太子以应陈豨。此种说法疑点颇多：一是以韩信的性格为人，很难有此打算，背恩谋反不是他愿做的事。二是在他位高势重反刘邦易如反掌之时，刘邦多次诈夺其兵权，他都未反，在他封侯名就，没有一兵一卒之时，他为何要反，靠什么来反？三是既与陈豨谋反，就该在陈豨初反之时，里应外和，一举成功，却为何在陈豨被平定之时，他带着几个家奴造反？这不是有超人军事天才的韩信能鲁莽所为的。四是在吕萧密谋的情况下，他坦然入宫，就说明他心无鬼胎，自信无罪。五是韩信临刑之时说："吾悔不用蒯通之计，乃为儿女子所诈，岂非天哉！"更说明了其一直未有反叛之心，临遇害才悔不当初。

韩信之所以成为刘邦、吕后诛杀的第一位功臣，是有其必然原因的。

一是刘邦虽拜韩信为大将，却对他高超的军事才能心有忌惮，每当韩信兵权鼎盛之时，刘邦就设计袭夺其兵权，这和言必听计必从的张良，放手让其镇守后方，只派人随时探问的萧何完全不同。

二是张良、萧何对楚汉战争的贡献虽大，却是在幕后，功绩在暗处；韩信横空出世，平定三秦，横扫北方诸侯，30万大军合围垓下是在前台，功勋显赫，实实在在达到了功高震主的地步，这让刘邦思之难寝，不得不防。

三是韩信有他自己的性格缺陷和致命过失。

韩信性格良善，一味地信任给自己恩惠的人，刘邦几次三番夺其兵权，他却看不到刘邦对他的不信任态度和防备之心，萧何和吕后串通诱骗他进宫，他却坦然前行。有人给韩信一副对联总结其一生："生死一知己，存亡两妇人，"说的是丞相萧何是韩信拜大将的恩人，最后请君入瓮杀害他的也是萧何，真所谓"成也萧何，败也萧何"。韩信得到漂母的馈食，得以存活，却又死于吕后这个女人之手。所以说，决定他生死的是"两妇人"。韩信作战多奇谋，但为人却极端轻信，韩信之名的"信"成为"一味地信"，成为他性格中的致命缺陷。

更要命的是，韩信确却有功高自傲、盛气凌人的性格。樊哙是刘邦的连襟，仰慕韩信的武功，见到韩信则跪拜送迎，自称臣子，称韩信为大王，韩信却说："生乃与哙等同伍！"这使其他功臣对他既怕又恨，敬而远之。特别是他与刘邦论兵，直言不讳地说刘邦不过只能带10万兵，而自己是"多多益善"，这使刘邦看到了他的狂傲不羁，产生了不除掉韩信，自己的儿子刘盈孱弱，肯定难以掌控韩信，杀机由此而生，韩信的死也就为期不远了。

所以，像韩信这样的军事天才，处在功高震主的危局之中，却有着不忘恩不背汉的良善心愿，功高自傲的自信和盲目良善地信人使他无法功成谦让，无法自善终身。

司马迁评论说："吾如淮阴，淮阴人为余言，韩信虽为布衣时，其志与众异。其母死，贫无以葬，然乃行营高敞地，令其旁可置万家。余视其母冢，良然。假令韩信学道谦让，不伐己功，不矜其能，则庶几哉。于是汗家勋可以比周、召、太公之徒，后世血食矣。"但是韩信却没有这样做，这正应了蒯通之言："相君之面，不过封侯，又危不安。相君之背，贵乃不可言。"

2. 醢刑屠彭越

诛杀了韩信，曾和韩信一样在汉王固陵受困时调兵迟迟不至，增封土地后才带兵合围垓下的彭越就是刘邦第二个要剿灭的目标。

彭越者，昌邑人也，字仲。常渔巨野泽中，为群盗。陈胜、项梁之起，少年或谓越曰："诸豪杰相立畔秦，仲可以来，亦效之。"彭越曰："两龙且斗，且待之。"

居岁余，泽间少年相聚百余人，往从彭越，曰："请仲为长。"越谢曰："臣不愿与诸君。"少年强请，乃许。与期旦日日出会，后期者斩。旦日日出，十余人后，后者至日中，于是越谢曰："臣老，请君强以为长。今期而多后，不可尽诛，诛最后一人。"令校长斩之。皆笑曰："何至是，请后不敢。"于是越乃引一人斩之，设坛祭，乃令徒属。徒属皆大惊，畏越，莫敢仰视。乃行略地，收诸侯散卒，得千余人。

汉王三年，彭越常往来为汉游兵，击楚，绝其后粮于梁地。汉四年冬，项王与汉王相距荥阳，彭越攻下睢阳、外黄十七城。项王闻之，乃使曹咎守成皋，自东收彭越所下城邑，皆复为楚。越将其兵北走谷城。汉五年秋，项王之南走阳夏，彭越复下昌邑旁二十余城，得谷十余万斛，以给汉王食。

汉王败，使使召彭越并力击楚。越曰："魏地初定，尚畏楚，未可去。"汉王追楚，为项籍所败固陵。乃谓留侯曰："诸侯兵不从，为之奈何？"留侯曰："齐王信之立，非君之意，信亦不自坚。彭越本定梁地，功多，始君王以魏豹故，拜彭越为魏相国。今豹死毋后，且越亦欲王，而君不早定。与此两国约：即胜楚，睢阳以北至谷城，皆以王彭相国；从陈以东傅海，与齐王信。齐王信家在楚，此其意欲复得故邑。君王能捐此地许二人，二人今可致；即不能，事未可知也。"于是汉王乃发使使彭越，如留侯策。使者至，彭越乃悉引兵会垓下，遂破楚。项籍已死，春，立彭越为梁王，都定陶。

十年秋，陈稀反代地，高帝自往击，至邯郸，征兵梁王。梁王称病，使将将兵诣邯郸。高帝怒，使人让梁王。梁王恐，欲自往谢。其将扈辄曰："王始不往，见让而往，往则为禽矣。不如遂发兵反。"梁王不听，称病。梁王怒其太仆，欲斩之。太仆亡走汉，告梁王与扈辄谋反。于是上使使掩梁王，梁王不觉，捕梁王，囚之洛阳。有司治反形已具，请论如法。上赦以为庶人，传处蜀青衣。西至郑，逢吕后从长安来，欲之洛阳，道见彭王。彭王为吕后泣涕，自言无罪，愿处故昌邑。吕后许诺，与俱东至洛阳。吕后白上曰："彭王壮士，今徙之蜀，此自遗患，不如诛杀之。妾谨与俱来。"于是吕后乃令其舍人告彭越谋反。廷尉王恬开奏请族之。上乃可，遂夷越宗族。十一年夏，诛杀彭越后将其尸体剁为肉酱，分赐给各路诸侯，以儆效尤。

彭越起事时，极其精明，"两龙且斗，且待之"，等形势有利才动手；在南方游击，袭扰项羽，敌退我进，敌进我退，弄得项羽首尾不顾。但在自己性命攸关之时，还认为已诛杀韩信的吕后是妇道人家，心肠软好说话，将身家性命托付给心肠歹毒、手段毒辣的吕后，这实在是病急乱投医，糊涂至极！

3. 促反灭英布

诛杀了韩信、彭越，特别是将彭越剁为肉酱，传布天下警告诸王，这让与韩信、彭越一样的功臣英布实在难以自安，再加上自己后院起义，逼得他只得造反，于是刘邦便顺势剿灭了他。

黥布者，六（今安徽六安）人也，姓英氏。秦时为布衣。少年，有客相之曰："当刑而王。"及壮，坐法黥。欣然笑曰："人相我当刑而王，几是乎？"人有闻者，共俳笑之。布已论输丽山，丽山之徒数十万人，布皆与其徒长豪杰交通，乃率其曹偶，亡之江中为群盗。

陈胜之起也，布乃见番君，与其众叛秦，聚兵数千人。番君以其女妻之。……闻项梁定江东会稽，涉江而西……以兵属项梁。

及项籍杀宋义于河上，怀王因立籍为上将军，诸将皆属项籍。项籍使布先渡河击秦，布数有利，籍乃悉引兵涉河从之，遂破秦军，降章邯等。楚兵常胜，功冠诸侯。诸侯兵皆以服属楚者，以布数以少败众也。

项籍之引兵西至新安，又使布等夜击坑章邯秦卒二十余万人。至关，不得入，又使布等先从间道破关下军，遂得入，至咸阳。布常为军锋。项王封诸将，立布为九江王，都六。

汉元年四月，诸侯皆罢戏下，各就国。项氏立怀王为义帝，徙都长沙，乃阴令九江王布等行击之。其八月，布使将击义帝，追杀之郴县。

汉二年，齐王田荣畔楚，项王往击齐，征兵九江，九江王布称病不往，遣将将数千人行。汉之败楚彭城，布又称病不佐楚。项王由此怨布，数使使诮让召布，布愈恐，不敢往。

汉王曰："孰能为我使淮南，令之发兵倍楚，留项王于齐数月，我之取天下可以百全。"随何曰："臣请使之。"乃与二十人俱，使淮南……

随何曰："汉王使臣敬进书大王御者，窃怪大王与楚何亲也？"淮南王曰："寡人北向而臣事之。"随何曰："大王与项王俱列为诸侯，北向而臣事之，必以楚为强，可以托国也。项王伐齐，身负板筑，以为士卒先，大王宜悉淮南之众，身自将之，为楚军前锋，今乃发四千人以助楚。夫北面而臣事人者，固若是乎？夫汉王战于彭城，项王未出齐也，大王宜扫淮南之兵渡淮，日夜会战彭城下，大王抚万人之众，无一人渡淮者，垂拱而观其孰胜。夫托国于人者，固若是乎？大王提空名以向楚，而欲厚自托，臣窃为大王不取也。然而大王不背楚者，以汉为弱也。夫楚兵虽强，天下负之以不义之名，以其背盟约而杀义帝也。然而楚王恃战胜自强，汉王收诸侯，还守成皋、荥阳，下蜀汉之粟，深沟壁垒，分卒守徼乘塞。楚人还兵，间以梁地，深入敌国八九百里，欲战则不得，攻城则力不能，老弱转粮千里之处；楚兵至荥阳、成皋，汉坚守不动，进则不得攻，退则不得解。故曰楚兵不足恃也。使楚胜汉，则诸侯自危惧而相救。夫楚之强，适足以致天下之兵耳。故楚不如汉，其势易见也。今大王不与万全之汉而自托于危亡之楚，臣窃为大王惑之。臣非以淮南之兵足以亡楚也。夫大王发兵，而倍楚，项王必留；留数月，汉之取天下可以万全。臣请与大王提剑而归汉，汉王必裂地而封大王，又况淮南，淮南必大王有也。故汉王敬使使臣进愚计，愿大王之留意也。"淮南王曰："请奉命。"阴许畔楚与汉，未敢泄也。

楚使者在，方急责英布发兵，舍传舍。随何直入，坐楚使者上坐，曰："九江王已归汉，楚何以得发兵？"布愕然。楚使者起。何因说布曰："事已构，可遂杀楚使者，无使归，而疾走汉并力。"布曰："如使者教，因起兵而击之耳。"于是杀使者，因起兵而攻楚。楚使项声、龙且攻淮南，项王留而攻下邑。数月，龙且击淮南，破布军。布欲引兵走汉，恐楚王杀之，故间行与何俱归汉。

淮南王至，上方踞床洗，召布入见，布大怒，悔来，欲自杀。出就舍，帐御饮食从官如汉王居，布又大喜过望。于是乃使人入九江。楚已使项伯收九江兵，尽杀布妻子。布使者颇得故人幸臣，将众数千人归汉。

汉益分布兵而与俱北，收兵到成皋。四年七月，立布为淮南王，与击项籍。

十一年，吕后诛淮阴侯，布因心恐。夏，汉诛梁王彭越，醢之，盛其醢遍赐诸侯。至淮南，淮南王方猎，见醢，因大恐，阴令人部聚兵，候伺旁郡警急。

布所幸姬疾，请就医，医家与中大夫贲赫对门。姬数如医家，贲赫自以为待中，乃厚馈遗，从姬饮医家。姬侍王，从容语之，誉赫长者也。王怒曰："汝安从知之？"具说状。王疑其与乱，赫恐，称病。王愈怒，欲捕赫。赫言变事，乘传诣长安。布使人追，不及。赫至，上变，言布谋反有端，可先未发诛也。上读其书，语萧相国。相国曰："布不宜有此，恐仇怨妄诬之。请系赫，使人微验淮南王。"淮南王布见赫以罪亡，上变，因已疑其言国阴事；汉使又来，颇有所验，遂族赫家，发兵反。反书闻，上乃赦贲赫，以为将军。

上召诸将问曰："布反，为之奈何？"皆曰："发兵击之，坑竖子耳，何能为乎！"汝阴侯滕公召故楚令尹问之。令尹曰："是故当反。"滕公曰："上裂地而王之，疏爵而贵之，南面而立万乘之主，其反何也？"令尹曰："往年杀彭越，前年杀韩信，此三人者，同功一体之人也。自疑祸及身，故反耳。"滕公言之上曰："臣客故楚令薛公者，其人有筹策之计，可问。"上乃召见问薛公。薛公对曰："布反不足怪也。使布出于上计，山东非汉之有也；出于中计，胜败之数未可知也；出于下计，陛下安枕而卧矣。"上曰："何谓上计？"令尹对曰："东取吴，西取楚，并齐取鲁，传檄燕、赵，固守其所，山东非汉之有也。""何谓中计？""东取吴，西取楚，并韩取魏，据敖庾之粟，塞成皋之口，胜败之数未可知也。""何谓下计？""东取吴，西取下蔡，归重于越，身归长沙，陛下安枕而卧，汉无事矣。"上曰："是计将安出？"令尹对曰："出下计。"上曰："何谓废上中计而出下计？"令尹曰："布故丽山之徒也，自致万乘之主，此皆为身，不顾后为百姓万世虑者也。故曰出下计。"上曰："善。"封薛公千户。乃立皇子长为淮南王。上遂发兵自将东击布。

布之初反，谓其将曰："上老矣，厌兵，必不能来，使诸将，诸将独患淮阴、彭越，今皆已死，余不足畏也。"故遂反。果如薛公筹之，东击荆，荆王刘贾走死富陵。尽劫其兵，渡淮击楚。

遂西，与上兵遇蕲西会甀（今安徽宿县）。布兵精甚，上乃壁庸城，望布军置陈如项籍军，上恶之。与布相望见，遥谓布曰："何苦而反？"布曰："欲为帝耳。"上怒骂之，遂大战。布军败走，渡淮，数止战，不利，与百余人走江南。布故与番君婚，以故长沙哀王使人绐布，伪与亡，诱走越，故信而随之番阳。番阳人杀布兹乡民田舍，遂灭黥布。

英布在固陵之围时，没有像韩信、彭越那样求得封地才出兵合围项羽。因此刘邦并没有急于诛灭他。但是正如薛公所言，他与韩信、彭越"同功一体"，诛杀了韩、彭，自然使英布感到兔死狐悲，惴惴不安，特别是刘邦醢刑彭越并传赐英布，以示震骇，更让其心惊肉跳，萌发反心。而为幸姬无端生妒，至使祸患速至，仓促生乱，实在是一介武夫的英布毫无谋略的愚蠢之举。起兵之后，正如薛公所料没有迅速北上西进，夺取中原重地，而妄图偏安一隅，更是无战略眼光的短见苟安行为。

但是，英布作战勇猛，性格反复多变，刘邦对其确实难以放心，诛灭他是早晚的事。他以醢刑彭越来敲山震虎，达到了促使英布早反的目的，从而名正言顺地诛灭了让他难以安寝的这只凶猛的华南虎。

4. 敲打萧丞相

刘邦诛杀的功臣主要是像韩信这样功勋卓著的武将，与此同时对权高位重的文臣也不掉以轻心，即使是像萧何这样忠心敬业的权臣都少不了警告和敲打。

对萧何的功绩，刘邦还是清楚并肯定的。

汉五年，既杀项羽，定天下，论功行封。群臣争功，岁余功不决。高祖以何功最盛，封为酂侯，所食邑多……

列侯毕已受封，及奏位次，皆曰："平阳侯曹参身被七十创，攻城略地，功最多，宜第一。"……关内侯鄂君进曰："群臣议皆误。夫曹参虽有野战略地之功，此特一时之事，夫上与楚相距五岁，常失军亡众，逃身遁者数矣。然萧何常从关中遣军补其处，非上所诏令召，而数万众会上之乏绝者数矣。夫汉与楚相守荥阳数年，军无见粮，萧何转漕关中，给食不乏。陛下虽数亡山东，萧何常全关中以待陛下，此万世之功也。今虽亡曹参等百数，何缺于汉？汉得之不必待以全。奈何欲以一旦之功而加万世之功哉！萧何第一，曹参次之。"高祖曰："善。"于是乃令萧何第一，赐带剑履上殿，入朝不趋。

在位高权重的情况下，萧何也是时时处处谨慎从事，极力自保的："上己闻淮阴侯诛，使使拜丞相何为相国，益封五千户，令卒百五人一都尉为相国卫。诸君皆贺，召平独吊。召平者，故秦东陵侯。秦破，为布衣，贫，种瓜，种瓜于长安城东，瓜美，故世俗谓之'东陵瓜'，从召平以为名也。召平谓相国曰：'祸自此始矣。上暴露于外而君守于中，非被矢石之事而益君封置卫者，以今者淮阴侯新反于中，疑君心矣。夫置卫卫君，非以宠君也。愿君让封勿受，悉以家私财佐军，则上心悦。'相国从其计，高帝乃大喜。"

汉十二年秋，黥布反，上自将击之。数使使问相国何为。相国为上在军，乃拊循勉力百姓，悉以所有佐军，如陈豨时。客有说相国曰："君灭族不久矣。夫君位为相国，功第一，可复加哉？然君初入关中，得百姓心，十余年矣，皆附君，常复孳孳得民和。上所为数问君者，畏君倾动关中。今君胡不多买田地，贱赊贷以自污？上心乃安。"于是相国从其计，上乃大悦。

但是，刘邦还是以萧何拥有民心为忌，给以打击警告："上罢布军归，民道遮行上书，言相国贱强买民田宅数千万。上至，相国谒。上笑曰：'夫相国乃利民！'民所上书皆以与相国，曰：'君自谢民。'相国因为民请曰：'长安地狭，上林中多空地，弃，愿令民得入田，毋收稿为禽兽食。'上大怒曰：'相国多受贾人财物，乃为请吾苑！'乃下相国廷尉，械系之。"

前面听到萧何贪财侵民则"笑"，后面看到萧何为民请命则"怒"，便可看出刘邦最不愿看到萧何得民心。

数日，王卫尉侍，前问曰："相国何大罪，陛下系之暴也？"上曰："吾闻李斯相秦皇帝，有善归主，有恶自与。今相国多受贾竖金而为民请吾苑，以自媚于民，故系治之。"王卫尉曰："夫职事苟有便于民而请之，真宰相事，陛下奈何乃疑相国受贾人钱乎？且陛卜距楚数岁，陈豨、黥布反，陛下自将而往，当是时，相国守关中，摇足则关以西非陛下有也。相国不以此时为利，今乃利贾人之金乎？且秦以不闻其过亡天下，李斯之分过，又何足法哉？陛下何疑宰相之浅也！"高帝不怿。是日，使使持节赦出相国。相国年老，素恭谨，入，徒跣谢。高帝曰：'相国休矣！相国为民请苑，吾不许，我不过为桀纣主，而相国为贤相。吾故系相国，欲令百姓闻吾过也。'"

经过这次牢狱之灾后，萧何为人更加低调，处处小心谨慎，即使是临死之时也顺着皇帝说话，这样才得以善终。"何素不与曹参相能，及何病，孝惠自临视相国病，因问曰：'君即百岁后，谁可代君者？'对曰：'知臣莫如主。'孝惠曰：'曹参何如？'何顿首曰：'帝得之矣！臣死不恨矣！'"

"何置田宅必居穷处，为家不治垣屋。曰：'后世贤，师吾俭；不贤，毋为势家所夺也。'

"孝惠二年，相国何卒，谥为文终侯。"

对忠诚谨慎的萧何的敲打，是刘邦对萧何名望日重的狐疑忌恨的自然流露，而且借此给所有权臣发出了明白无误的警告，表现出刘邦专制独裁皇帝的铁腕和心机。

5. 功退智张良

"汉初三杰"中韩信惨死，萧何也不免牢狱之灾，唯独张良安保晚年。一是张良在楚汉相争中运筹帷幄，决胜千里建立了奇功，而且在汉朝初建之时推荐萧何做相，主张建都关中，给吕后出谋保全太子，深得刘邦、吕后的信任；二是张良功成身退，谦让自保，从而得以善终。

刘敬说高帝曰："都关中。"上疑之。左右大臣皆山东人，多劝上都洛阳："洛阳东有成皋，西有殽黾，倍河，向伊洛，其固亦足恃。"留侯曰："洛阳虽有此固，其中小，不过数百里，田地薄，四面受敌，此非用武之国也。夫关中左殽函，右陇蜀，沃野千里，南有巴蜀之饶，北有胡苑之利，阻三面而守，独以一面东制诸侯。诸侯安定，河渭漕挽天下，西给京师；诸侯有变，顺流而下，足以委输。此所谓'金城千里，天府之国'也，刘敬说是也。"于是高帝即日驾，西都关中。

上欲废太子，立戚夫人子赵王如意。大臣多谏争，未能得坚决者也。吕后恐，不知所为。人或谓吕后曰："留侯善划计策，上信用之。"吕后乃使建成侯吕泽劫留侯，曰："君常为上谋臣，今上欲易太子，君安得高枕而卧乎？"留侯曰："始上数在困急之中，幸用臣策。今天下安定，以爱欲易太子，骨肉之间，虽臣等百余人何益。"吕泽强要曰："为我划计。"留侯曰："此难以口舌争也。顾上有不能致者，天下有四人。四人者年老矣，皆以为上慢侮人，故逃匿山中，义不为汉臣。然上高此四人。今公诚能无爱金玉璧帛，令太子为书，卑辞安车，因使辩士固请，宜来。来，以为客，时时从入朝，令上见之，则必异而问之。问之，上知此四人贤，则一助也。"于是吕后令吕泽使人奉太子书，卑辞厚礼，迎此四人。四人至，客建成侯所。

汉十二年，上从击破布军归，疾益甚，愈欲易太子。留侯谏，不听，因疾不视事。叔孙太傅称说引古今，以死争太子。上佯许之，犹欲易之。及燕，置酒，太子侍。四人从太子，年皆八十有余，须眉皓白，衣冠甚伟。上怪之，问曰："彼何为者？"四人前对，各言名姓，曰东园公、甪里先生、绮里季、夏黄公。上乃大惊，曰："吾求公数岁，公辟逃我，今公何自从吾儿游乎？"四人皆曰："陛下轻士善骂，臣等义不受辱，故恐而亡匿。窃闻太子为人仁孝，恭敬爱士，天下莫不延颈欲为太子死者，故臣等来耳。"上曰："烦公幸卒调护太子。"

四人为寿已毕，趋去。上目送之，召戚夫人指示四人者曰："我欲易之，彼四人辅之，羽翼已成，难动矣。吕后真之主矣。"戚夫人泣，上曰："为我楚舞，吾为若楚歌。"歌曰："鸿鹄高飞，一举千里。羽翮已就，横绝四海。横绝四海，当可奈何！虽有矰缴，尚安所施！"歌数阕，戚夫人嘘唏流涕，上起去，罢酒。竟不易太子者，留侯本招此四人之力也。太子地位稳定，使得刘邦死后，戚夫人被刑为"人彘"，赵王如意被杀，开始了吕后专权的时代。张良出谋划策稳住了太子的地位，应该说有利于刘邦死后权力的平稳过渡。

汉六年正月，封功臣。良未尝有战斗功，高帝曰："运筹策帷帐中，决胜千里外，子房功也。自择齐三万户。"良曰："始臣起下邳，与上会留。此天以臣授陛下。陛下用臣计，幸而时中，臣愿封留足矣，不敢当三万户。"乃封张良为留侯。

留侯从入关。留侯性多病，即道引不食谷，杜门不出岁余。

留侯曰："家世相韩，及韩灭，不爱万金之资，为韩报仇强秦，天下振动。今以三寸舌为帝者师，封万户，位列侯，此布衣之极，于良足矣。愿弃人间事，欲从赤松子游耳。"乃学辟谷，道引轻身。会高帝崩，吕后德留侯，乃强食之曰："人生一世间，如白驹过隙，何至自苦如此乎！"留侯不得已，强听而食。

后八年卒，谥为文成侯。子不疑代侯。

张良的超人智慧不仅表现在军事上对战争全局的准确把握，战略大计的规划及战术上的随机应变，转危为安；而且在政治上推荐贤相，确定国都，稳固太子，为国家的长治久安出谋划策，而且在做人上功成身退，谦让不争，这种建立功勋后却远离险恶的政治斗争的明哲保身之道，是一般人难以企及的。

刘邦立国之后诛杀功臣，和他多疑狡诈、极端自私无赖的性格有关，但主要是封建专制的皇权制度的家天下本质使然，为了使皇权稳固，代代传递，不落入他人之手，铲除任何能威胁到自己皇权统治的势力，是独裁者的必然选择。从刘邦成为开国皇帝后诛杀功臣始作俑开始，诛杀功臣成为中国历代开国皇帝的普遍做法，也成为中国专制独裁王朝的一大特色。

五、威加海内兴大汉

公元前202年，在消灭了项羽，平定了楚地之后，诸侯及将相便共推汉王刘邦做皇帝。刘邦说："吾闻帝贤者有也，空言虚语，非所守也，吾不敢当帝位。"群臣皆曰:"大王起微细,诛暴逆,平定田海,有功者辄裂地而封为王侯,大王不尊号,皆疑不信。臣等以死守之。"汉王三让,不得已,曰:"诸君必以为便,便国家。"甲午,乃即皇帝位氾水之阳(今山东曹县氾水北岸),定国号为"汉",初都洛阳,不久移至长安。

项羽兵败自杀后,鲁县人还为项羽坚守城池,不肯投降,因为当年楚怀王封项羽为鲁公。刘邦率诸侯军北上,把项羽的头拿给鲁县父老看,鲁人这才投降归汉。于是刘邦按照鲁公封号的礼仪安葬了项羽。

除此之外,还发生了齐王田横不肯投降归汉,与其部下500余人自杀身亡的事。《史记·田儋列传》对此有详细的记载:"田横惧诛,而与其徒属五百余人入海,居岛中,高帝闻之,以为田横兄弟本定齐,齐人贤者多附焉,今在海中不收,后恐为乱,乃使使赦田横罪而召之。田横因谢曰:'臣烹陛下之使郦生,今闻其弟郦商为汉将而贤,臣恐惧,不敢奉诏,请为庶人,守海岛中。'使还报,高皇帝乃诏卫尉郦商曰:'齐王田横即至,人马从者敢动摇者致族夷!'乃复使使持节具告以诏商状,曰:'田横来,大者王,小者乃侯耳;不来,且举兵加诛焉。'田横乃与其客二人乘传诣洛阳。

"未至三十里,至尸乡厩置,横谢使者曰:'人臣见天子当洗沐。'止留。谓其客曰:'横始与汉王俱南面称孤,今汉王为天子,而横乃为之虏而北面事之,其耻固已甚矣。且吾烹人之兄,与其弟并肩而事其主,纵彼畏天子之诏,不敢动我,我独不愧于心乎?且陛下所以欲见我者,不过欲一见吾面貌耳。今陛下在洛阳,今斩吾头,驰三十里间,形容尚未能败,犹可观也。'遂自刭,令客奉其头,从使者驰奏之高帝。高帝曰:'嗟乎,有以也夫!起自布衣,吕弟三人更王,岂不贤乎哉!'为之流涕,而拜其二客为都尉,发卒二千人,以王者礼葬田横。

"即葬,二客穿其冢旁孔,皆自刭,下从之。高帝闻之,乃大惊,以田横之客皆贤。'吾闻其余尚五百人在海中',使使召之。至则闻田横死,亦皆自杀。于是乃知田横兄弟能得士也。"

这两件事使刘邦对各诸侯国旧贵族极不放心,于是下令把各国旧贵族

10万多人强制迁徙关中，加强管制，以稳定天下。

汉朝建立后，萧何定律令，韩信定军法，张苍定历法及度量衡程式，叔孙通定礼仪，汉朝各项制度很快建立起来。

萧何提倡俭朴，严格按律令行政，民间称颂他"萧何为法，较（明）若画一"，施政依法，社会秩序得以稳定，百姓得以安定平安。

汉初封功臣，奖励军功，督促流民归乡耕田，实行田租十五税一，减轻徭役。下令恢复因战争中破产贫困卖身为奴的庶人身份，抑制商贾重利盘剥。这些措施使各个阶层，特别是社会底层得以医治战争创伤，休养生息，民生经济得以恢复发展。

汉朝建立后，因各路诸侯功高势强，刘邦不得不分封了一批异姓王。异姓王有的是功臣，有的是六国贵族，有的是处在边远地区实际的割据统治者。当时的异姓王有：楚王韩信、梁王彭越、淮南王英布、韩王信、长沙王吴芮、赵王张敖、燕王藏荼、闽赵王无诸、南粤王赵佗。然而时间不长，刘邦便用各种手法消灭了各个异姓诸侯王，实现了国家统一的局面。

刘邦一面消灭异姓王，一面却又陆续分封刘氏子弟为王，目的是以同姓王代替异姓王，维护中央统治。当时分封的有：儿子刘肥为齐王、刘长为淮南王、刘建为燕王、刘如意为赵王、刘恢为梁王、刘恒为代王、刘友为淮阳王，又封弟刘交为楚王，侄刘濞为吴王。这在当时为消灭异姓王、稳定一方起了一定作用，却为以后形成大的地方割据威胁中央统治留下了祸患。

公元前200年，匈奴大举入侵汉地，刘邦亲率32万大军到平城（今山西大同）抵御匈奴，匈奴冒顿指挥骑兵40万围困平城，7天后才得以解围脱逃。这以后汉朝只得用和亲政策换取安宁。公元前199年，刘邦听从刘敬的建议要把长公主嫁给匈奴单于，可吕后哭闹着坚决不同意，刘邦只好用一个宫女冒充长公主嫁到匈奴，并派刘敬出使匈奴和亲。这种和亲的方式在汉初沿用很久，给汉初社会经济的恢复带来了一段相对和平的时期。

六、荣归故里唱大风

刘邦从一介布衣起兵反秦，经过多年的奋斗终于战胜项羽，夺得天下，成为西汉开国皇帝，自然少不了衣锦还乡，荣归故里。

十二年（前195年）十月，高祖已击布军会甀，布走，令别将追之。

高祖还归，过沛，留。置酒沛宫，悉召故人父老子弟纵酒，发沛中儿得百二十人，教之歌。酒酣，高祖击筑，自为歌诗曰："大风起兮云飞扬，威加海内兮归故乡，安得猛士兮守四方！"令儿皆习和之。高祖乃起舞，慷慨伤怀，泣数行下。谓沛父兄曰："游子悲故乡，吾虽都关中，万岁后吾魂魄犹乐思沛。且朕自沛公以诛暴逆，遂有天下，其以沛为朕汤沐邑，复其民，世世无有所与。"沛父兄诸母故人日乐饮极欢，道旧故为笑乐。十余日，高祖欲去，沛父兄固请留高祖。高祖曰："吾人众多，父兄不能给。"乃去。沛中空县皆之邑西献。高祖复留止，张饮三日。

但是，汉高祖刘邦在故乡与家乡父老的欢愉成了他人生最后的欢乐时光，在他离开沛县返回长安的途中箭伤发作，最终夺取了他的性命。

高祖击布时，为流矢所中，行道病。病甚，吕后迎良医。医入见，高祖问医。医曰："病可治。"于是高祖嫚骂之曰："吾以布提三尺剑取天下，此非天命乎？命乃在天，虽扁鹊何益"遂不使治病，赐金五十斤罢之。已而吕后问："陛下百岁后，萧相国即死，令谁代之？"上曰："曹参可。"问其次，上曰："王陵可。然陵少憨，陈平可以助之。陈平智有余，然难以独任。周勃重厚少文，然安刘氏者必勃也，可令为太尉。"吕后复问其次，上曰："此后亦非而所知也。"

四月甲辰，高祖崩长乐宫……丙寅，葬，己巳，立太子，至太上皇庙。群臣皆曰："高祖起微细，拨乱世反之正，平定天下，为汉太祖，功最高。"上尊号为高皇帝，太子袭号为皇帝，孝惠帝也。

刘邦为人多疑狡诈、自私无赖，但通过他九死一生的奋斗，终于结束了秦朝灭亡后的战乱，建立了统一的大汉王朝，为以后大汉经过其儿孙辈的"文景之治"，到汉武帝时代文治武功创立了中国历史上少有的辉煌时期打下了基础。

汉武帝刘彻

汉武帝刘彻在位 53 年（公元前 140—前 87 年），在位时间占了整个西汉的四分之一。他凭借"文景之治"造成的民富国强的安定局面，对内加强皇权巩固国家统一，对外开拓疆土宣扬国威，是完成封建专制主义中央集权大帝国的重要历史人物。

汉高祖死后，经过吕后专权，到"周勃安刘"而进入"文景之治"。文景，指汉文帝刘恒和汉景帝刘启，"文景之治"是指汉文帝和汉景帝统治时期。即公元前 179 年至 141 年，先后 40 年。这个时期，是西汉社会快速发展时期，史称"文景之治"。

这个时期，汉文帝和汉景帝采取了许多有利于社会发展的良好措施。例如：①奖励耕田，朝廷告诫百官要尽力劝课农桑，文帝亲耕籍田，对农耕成绩突出者，免除徭役。②轻徭薄赋，对原规定 15 岁至 56 岁男子每年服役一个月，改为"三年一事"，即三年一个月，赋税也由每年 120 钱减为每年 40 钱。③改"抑商"为"宽商""惠商"，促进手工业、商业的流通与发展。④鼓励养马，加强武备，防备匈奴入侵之用。⑤"入粟拜爵"，人们可用粮食换爵位，也可用粮食赎罪，使国家粮食库存大增。⑥废除肉刑。文帝十三年（公元前 167 年），因缇萦救父，陈述肉刑（黥、劓、刖等）的不合理："死了的人不复生，受肉刑的人，肢体伤残不能重新再长，即使想改过自新也无法使他补救，这样会使人感到无路可走。"文帝为缇萦上书的勇气所动，更佩服她代父服罪为官奴的孝心，于是下诏废除了肉刑。这是中国刑法的一大进步，史称"刑法大省"。

通过以上措施，社会经济获得大发展，百姓生活有了大的改善。史书所载"非遇水旱之灾，民则家给人足"。国家也富强了，"都鄙方廪庚皆满，而府库余货财，京师之钱累巨万，贯朽而不可校；大仓之粟，陈陈相因，充溢露积于外，至腐败而不可食"。人民和国家都出现了前所未有的富庶景象，为汉武帝开拓疆土、建功立业打下了坚实的基础。

一、母姑联姻谋大位

刘彻是汉景帝的儿子，生于公元前156年，卒于公元前87年。汉景帝死后由太子刘彻即位，为汉武帝。然而刘彻是如何当上太子的，却还有一段曲折的经历。

1. 初封胶东王

刘彻是景帝的爱妾王美人（后称王夫人）王娡所生。王娡的母亲叫臧儿，其祖父为燕王臧荼。臧儿嫁给了槐里（今陕西兴平县）人王仲，生了一个儿子和两个女儿，其中大女儿就是王娡。后来王仲死了，臧儿又嫁给了长陵（今陕西咸阳市东北）姓田的人家，又生了两个儿子，分别叫作田蚡、田胜。王娡成人后嫁给了金王孙为妻。

> 臧儿卜筮之，曰："两女皆当贵。"臧儿乃夺金氏妇，金氏怒，不肯于决。内之太子宫，生男彻。彻方在身时，王夫人梦日入其怀。

由此可以看出刘彻的外祖母就是一位很有政治头脑、很有心计的人物，也可以看出秦汉时期，妇女地位较高，并没有宋明时期妇女"一夫从终"的习俗。妇女不仅可以夫死改嫁，而且可以弃夫改嫁他人。

王娡被其母送于太子刘启（后来的汉景帝）宫中后，深得宠爱，于公元前156年生下刘彻，刘彻4岁时即被封为胶东王。景帝还有一个爱妃栗姬，是一位齐国美女，也深得景帝宠爱。栗姬年轻漂亮，性格温柔，又善于缠绵，因此景帝更为爱恋，当栗姬生下第一个儿子刘荣时，景帝便私底下答应栗姬立其子为太子。但是，当刘彻出生时，史载有许多吉兆，景帝也就有了立刘彻为太子的念头，但经不住栗姬的软缠硬磨，景帝也不好自食前言，便于公元前153年4月，立刘荣为太子，同时也封了刘彻为胶东王。

2. 金屋藏阿娇

刘荣被立为太子，和其母一样工于心计的王美人很不甘心。这时景帝的姐姐，人称长公主的刘嫖见到刘荣被立为太子，就想把自己的女儿阿娇婚配给太子刘荣。长公主托人向栗姬说媒，本料一说便成，谁知道栗姬因为非常憎恨长公主刘嫖多次往他的弟弟汉景帝后宫引荐美女，便坚决不答应这门婚事。这样使得长公主刘嫖感到大失颜面，转而恼羞成怒，与栗姬结下了不解冤仇。王美人知道后，觉得有了机会，便有意亲近长公主，并多次在长公主面前为栗姬拒绝婚事而打抱不平，而且表示自己没有能讨得公主女儿为儿媳的好福气。长公主刘嫖一听便不加考虑地提出把阿娇许配给刘彻，并发狠话说让她栗姬别高兴，他儿子刘荣的太子当不当得长还不一定。王美人一听，心中暗喜，第二天便将长公主为阿娇刘彻求婚的事告诉了景帝。但是景帝并不同意这门婚事，他认为刘彻只有五六岁，而阿娇已是十二三岁，两个娃娃年龄相差悬殊，似不相配，但长公主刘嫖却认定了这门婚事。有一天，她带着女儿阿娇进宫，见到刘彻站在王美人身旁，便顺手抱在自己膝上开玩笑地问道："我给你娶个媳妇好吗？"年幼的刘彻笑而不答。刘嫖说："这就是你愿意了。"然后顺手指着一个宫女说："让她给你做媳妇好吗？"刘彻笑着摇了摇头，公主指另一个宫女，刘彻又笑着摇头。连指了几个宫女，刘彻都是摇头不说话。最后长公主把自己女儿阿娇拉到身边笑着说："让阿娇给你做媳妇怎么样？"刘彻一听便拍手笑道："好好！"长公主见此情形，心中大喜，便又问道："阿娇给你做媳妇，你怎样对她好呢？"刘彻回答说："要造一个金屋子把阿娇藏在里边。"这就是"金屋藏娇"的典故："胶东王数岁，（长）公主抱置膝上，问曰：'儿欲得妇否？'长主指左右长御百余人，皆云不用。指其女：'阿娇好否？'笑对曰：'好，若得阿娇作妇，当作金屋贮之。'长公主大悦，乃苦要上，遂成婚焉。"

大喜过望的刘嫖和王美人立即带着刘彻与阿娇去见景帝，把刚才的事向其陈述了一遍，景帝心中也暗暗称奇，认为彻儿小小年纪不喜他人，独喜阿娇，真是天意，遂答应了他们的婚配。

3. 合谋废太子

长公主刘嫖和王美人联姻之后，一心想废掉太子刘荣给扫了她面子的栗姬以厉害，并让自己未来的女婿刘彻成为太子。在听说景帝准备要立栗姬为皇后时，十分着急的长公主找到景帝说："栗姬这个人心胸十分狭窄，容不得人，她和后宫其他嫔妃都搞不好关系，常说别人的坏话，而且暗中用巫术诅咒他人。如果你立她为皇后，只怕又要出现'人彘'的祸患了。"所谓"人彘"是指吕后残害戚夫人一事。戚夫人是汉高祖刘邦的爱妃，吕后十分嫉妒。刘邦死后，吕后便命人断其手足挖掉其双眼，又以药熏戚夫人的耳朵，并灌以哑药，将其丢在厕所里，取名为"人彘"。这种极其狠毒的手段，多年后都使人毛骨悚然，长公主提到这个往事，自然令景帝担心。这一天景帝进入栗姬宫内，试探栗姬说："待我百年之后，后宫诸妃，你要看重她们，对我所有儿女也要好好照顾。"

稍有脑筋的人，从景帝的话中都可以听出来，景帝此番言语里明显带有把栗姬立为皇后，主管后宫一切的意思，栗姬稍聪明一点，就应当听出景帝对其的用心和厚望，而乖巧地感谢皇帝的恩典，并表示不负皇帝的嘱托。但栗姬听了景帝的嘱托，却十分反感，不仅一句话不说，而且脸色十分难看。景帝看在眼里，心中十分不悦，便拂袖而出。谁知景帝刚一出门，便听见栗姬在里面又哭又骂说："不知又是哪个该死的说了我的坏话，让老家伙又来教训我！"景帝一听这话，心中更是恼怒，立其为后的事，自然就放在一边了。这以后，长公主又多次在景帝面前称赞王美人如何贤惠谦和、知书达理，她的儿子胶东王刘彻如何聪明伶俐、孝敬父母等，景帝听了自然很是顺心。而王美人这时也看出景帝对栗姬已生反感，故对景帝格外温柔体贴，两人一唱一和，里应外合，天长日久，景帝便产生了废黜太子刘荣之心，常伴景帝的王美人自然是所有察觉的了。

> 王夫人知帝望栗姬，因怒未解，阴使人趣大臣立栗姬为皇后。帝怒曰："是而所宜言邪！"遂案诛大行。

冬（前 150 年），十一月，己酉，废太子荣为临江王。太子太傅窦
婴力争不能得，乃谢病免。栗姬恚恨而死。

夏，四月，乙巳，立皇后王氏。丁巳，立胶东王彻为皇太子。

刘荣太子位被废，刘彻取而代之，与其说是长公主刘嫖与刘彻生母王美
人合谋进谗、巧施离间计谋的结果，倒不如说是栗姬盲目自信、孤傲愚笨，
把太子之位拱手相让的结果。栗姬一味自信凭自身年轻美貌就可以永久征服
景帝之心，无防人之心而有树敌之行，拒绝长公主主动联姻增强自身实力及
太子势力的绝好机会，陷自身于孤立无援、众矢之的之境地，焉有不败之理？

二、文治武功强汉威

自公元前 140 年至前 87 年，汉武帝在位 53 年。汉武帝时代，对外开疆
拓土宣扬国威，对内削除割据，集权中央，使大汉朝这个以汉族为主体的统
一的多民族国家得到空前的巩固。自古至今，历史学家均给汉武帝以极高评
价。班固称颂汉武帝"雄才大略"，曹植赞扬其"功越百王"，明代思想家
李贽称汉武帝为"千古大圣"，以为"不可轻议"。毛泽东也作诗称"秦皇
汉武，略输文采"。

1. 强化中央集权

"推恩令"是汉武帝为削弱诸侯势力而采取的一项重要策略。

汉高祖刘邦为防止他人夺取其天下，诛杀了大批功臣，又将他的叔伯兄
弟及子侄分封为王，以为这样可借助"同姓王"的辅佐拱卫，便可使其刘家
天下万世相传。但刘邦死后，这些势力庞大的"同姓王"便蠢蠢欲动，直接
威胁了中央政权的安全。文景时期为削弱势力迅速膨胀而为所欲为的诸侯采
取了一些措施，便遭到割据势力的强烈反弹，以吴王刘濞为首发动了以"请
君侧，诛晁错"为名的"七国之乱"。叛乱被平定后，经过 20 多年的养精蓄锐，
这些同姓王势力又逐渐大增，并且割据一方，朝廷面临被架空的危局。

（1）公元前127年，中大夫主父偃向汉武帝建议说："古者诸侯不过百里，疆弱之形易制。今诸侯或连城数十，地方千里；缓则骄奢，易为淫乱，急则阻其疆，而合从以逆京师。今以法割削之，则逆节萌起。然诸侯子弟或数十，而嫡嗣代立，余虽骨肉无尺寸之封，则仁孝之道不宣。愿陛下令诸侯得推恩，分子弟，以地侯之，彼人人喜得所愿；上以德施，实分其国，不削而弱矣。"此话正合汉武帝心意，当即下推恩令。

推恩令下达后，每一个诸侯国，多则被分封为几个甚至几十个侯国，凡得到分封的诸侯子弟都很高兴。推恩令又规定这些侯国只能在其范围内征收衣食租税，不得跨界，不得参与政事，从而达到了削弱大诸侯王权势的目的。

公元前112年，武帝又下令规定，每年8月皇帝在高祖庙摆酒会见诸侯，各路诸侯必须出酬金助祭。对所出酬金，武帝派人检查验收，对成色不纯、数量不足者，以削爵惩罚。据记载，仅在当年因酬金不合要求而被削爵的就有106人。通过上述办法，汉初以来同姓王对中央集权所造成的威胁被大大减弱。

（2）为了加强中央集权，更有效地管理广大国土，武帝把天下划分为13个州部，州部作为监察单位派遣刺史代表中央监察所辖区域内各个郡、国。而刺史非行政长官，不处理行政事务，专职检察各地长官司、郡、守、国、相等官员的贪污暴虐、营私舞弊行为和地方豪强的违法乱纪活动，以维护中央政令的贯彻执行。

（3）在财政经济方面，武帝也创行了一系列新政策以增加国家收入，打击地方割剧势力，维护统一皇权。

公元前113年，朝廷宣布禁止民间及各地方诸侯铸钱，统一由中央铸造精美的五铢钱。只准这种五铢钱作为货币流通，原有各种货币一律销毁为铜交中央政府重铸。

汉初货币政策极为混乱，历年所造货币时轻时重，而且一时容许民间自由铸钱，一时又以死刑加以严禁。政策多变，货币杂乱，严重影响物价和正常商品交换，给奸商和权势人物投机牟利造成方便。如吴王刘濞铸造的钱币大量流通天下，从而使他积聚起巨额财富，储备了叛乱的资金。

统一了货币铸造和标准，不仅克服了混乱现象，有利于商品流通和稳定经济，对于加强中央集权也大有作用。由于当时所铸五铢钱坚持统一标准，轻重适当一致，所以在我国历史上流通达 700 多年，到了唐初才被取代。

煮盐和冶铁是汉代工商业中利润最高的行业。公元前 118 年，武帝下令禁止民间从事盐铁业，由政府设盐官和铁官垄断经营，控制生产，包办运售。盐铁由政府专卖为政府增添了巨大的财政收入，对加强皇权统治作用巨大，但在执行过程中，由于是官府垄断，质量得不到保证，价格由官府定夺，从而增加了民众负担，出现了农民买不起官家盐铁，只好吃淡食，用木制农具耕作的现象。

为了打击投机商人囤积居奇的活动，同时增加政府收入，武帝还推行了一系列经济政策，如"均输""平准"新法和向工商业者征收"算缗钱"财产税。这些新政起到了打击巧取豪夺奸商、增加官府收入的作用，但又给官员盘剥民众造成了便利，使大量工商业者破产，民众负担增加。

2. 开边伐匈奴

匈奴是中国北部善骑射、喜掠夺的游牧民族，春秋时期以来，一直是中原政权的最大边患。战国时期北边的秦国、赵国、燕国纷纷修起长城阻止匈奴兵的侵犯。后来秦始皇把各国的旧长城连接、加修，筑成了著名的万里长城，以加强对匈奴的抵御，但也没能拦住匈奴的滚滚铁蹄。到了西汉时期，匈奴的势力已跨过阴山，打到了河北、山西一带。汉高祖刘邦亲率 32 万大军讨伐匈奴，却被围困在平城白登山上七天七夜，在陈平用计贿赂匈奴王后以后才解围逃脱。

面对强势的匈奴，刘邦只得接受大臣刘敬的建议，以和亲来改善和匈奴的关系，甚至准备把已为人妇的长女鲁元公主远嫁匈奴单于，只是在吕后强力阻上下才得以作罢。

《史记·匈奴列传》记载："于是汉患之，高帝乃使刘敬奉宗室女公主为单于阏氏，岁奉匈奴絮缯酒米食物各有数，约为昆弟以和亲，冒顿乃少止。……高祖崩，孝惠、吕太后时，汉初定，故匈奴以骄。冒顿乃为书遗高后，妄言。高后欲击之，诸将曰：'以高帝贤武，然尚困于平城。'于是高后乃止，复与匈奴和亲。"从此以后，一直到文帝、景帝，汉王朝都是采取这种耻辱的妥协方式以求安宁。

经过"文景之治"近70年的休养生息，汉朝生产力得到恢复，国力增强，军事力量也逐渐壮大，这时解除匈奴对西汉的侵扰和威胁不仅十分需要，而且成为可能。汉武帝说每当念及平城之围，吕后之辱，就寝食不安，现在正是雪耻的时候了。

公元前133年，汉武帝用王恢之计，私下派出聂翁壹做间谍，假装逃亡到匈奴，引诱匈奴单于进攻马邑（今山西朔州）。命令韩安国、李广、公孙贺、王恢、李息率30万大军埋伏在马邑两旁山谷中伺机伏击。单于率10万骑兵在聂翁壹的带领下偷袭马邑，行至距马邑百余里处，发现山野中到处是牲畜，却没有放牧人，就感到有些不对，又抓获了一个雁门尉史，得知了汉军的谋划，便引兵而退。汉军追之不及，只得罢兵而去。此战虽无成果，但拉开了长达近20年大规模反击匈奴的战争序幕。

公元前129年，汉武帝命公孙贺为轻骑将军，出云中（今内蒙古托克托），太中大夫公孙敖出代郡（今河北蔚县），李广为骁骑将军出雁门（今山西右玉），卫青为车骑将军出上谷（今河北怀来），各率精骑万人，分路出击匈奴。这次出征，只有卫青一路斩敌数百，其余几路均无功而返。

公元前128年秋，匈奴驱兵犯境，杀死辽西太守，卫青领命出击，斩虏匈奴数千，得胜而回。

公元前127年，匈奴再犯上谷、渔阳（今北京密云西南），卫青率4万精锐骑兵直扑大漠深处，与匈奴右贤王大战于高阙（今内蒙古阴山西南长城口一带）后，西进陇西，俘获白羊、楼烦二王及部卒5000人，夺牛羊100多万头，收复河套地区。

公元前124年，卫青率兵3万深入塞外700里突袭匈奴右贤王，慌乱中右贤王只率几百人逃脱，汉军俘获包括匈奴大小王10余人在内的15000人，牛羊数百万。

公元前119年，汉武帝下总动员令，征集10万精锐骑兵和数十万后勤部队，由大将军卫青和骠骑将军霍去病率领，对匈奴实施大规模反击。卫青率部深入漠北 1000 多里，大败匈奴主力，穷追 200 多里至寘颜山（今内蒙古戈壁省）大胜而还，斩获匈奴 19000 人。霍去病北上 2000 多里，大败匈奴左贤王，斩获 7 万人，取得了空前的胜利。当时匈奴民歌唱道："夺我祁连山，使我六畜不得息，夺我胭脂山，使我妇女无颜色。"

汉武帝克服各种困难对匈奴发动的反侵略战争，维持了北疆及中原农耕生产秩序的安定，开拓了帝国疆土，河西地区的收复和开发，为丝绸之路的畅通创造了条件。但是连年用兵，国力消耗巨大，给民众造成了沉重负担，所以也有人评论其："汉武好大喜功，黩武嗜杀。"

但是，反击匈奴的战争，其性质应为反侵略战争，匈奴游牧军事力量长期以来侵扰中国北疆，使中原农耕社会受到了严重威胁，汉武帝征伐匈奴的武功维护了国家安定，实现了汉帝国疆域的扩张，打通了与西域各国联系的通道，其积极的作用是应该认可的。

公元前 139 年，张骞奉命出使西域。汉朝所说的西域，指现在新疆和中亚细亚一带（包括今阿富汗、伊朗、乌兹别克斯坦至地中海沿岸一带）。这一地区和今天甘肃省的大部及宁夏等地，当时都在匈奴的控制之下。西域和汉朝，当时分别在匈奴的西边和东边，不能直接来往，汉武帝想联合西域大月氏夹击匈奴，便遣张骞出使西域。

张骞第一次出使西域，历时 13 年，第二次出使西域，历时 4 年。

张骞第一次出使西域，虽然没有达到联合大月氏一起夹击匈奴的目的，但对于密切汉朝与西域的关系，进一步发展中西交通起了重要作用。张骞在大夏国见到了邛竹杖及蜀布，了解了经身毒（印度）抵达中亚通向西域的道路，为武帝下令开发西南地区，沟通南亚做了准备。

张骞第二次出使西域是一次大规模的外交行动，派遣了许多通使分别到乌孙、大宛、康居、大月氏、大夏、安息、身毒等国去访问。各国纷纷派使者出使汉朝，使中原和西域经济文化的交流迅速发展的同时，也使汉王朝的声威和汉文化的影响传播到了当时中原人心中的西方世界。

3. 文化大繁荣

汉武帝的时代是英才荟萃的时代。文学、史学、哲学、政治学、经济学、军事学等，在这一时期都有繁盛丰实的创造性成果。

淮南王刘安及其门客编撰的《淮南子》一书，是西汉前期哲学思想的总结。

司马迁的《史记》是西汉时期最伟大的文化创造之一，是汉武帝时期史学成就的顶峰，在中国文化史上占有重要地位。

汉赋和乐府诗的成就，在中国文学史上具有重要地位，汉武帝时期，赋的创作走向全盛阶段，其中较为著名的有司马相如的《子虚赋》和《上林赋》。

汉武帝时代文化大发展的景象当然不能完全归功于其个人，但他以"畴咨海内，举其峻茂，与之立功"的宽广胸怀，广聚人才，鼓励他们发挥自己的才干，给他们以施展才华的舞台，使之建功立业。于是，"群士慕向，异人并出"，形成了历史上引人注目的群星璀璨的文化景观，使得卫青、霍去病、李广这样杰出的军事人才和司马迁、董仲舒、桑弘羊、张骞、司马相如、李延年等文化大家在千百年后，依然声名响亮。

三、人才辈出群星灿

1. 大将军卫青

卫青，字仲卿，原姓郑，河东平阳（今山西临汾）人，生年不详，卒于汉武帝元封五年（公元前106年）。

卫青的父亲叫郑季，在平阳侯曹寿家当差，平阳侯有个女仆叫卫媪，丈夫去世后就与郑季私通，生下了卫青。卫青出生时，郑季怕人耻笑，原本想把他扔掉，但接生婆说这个孩子面目红润、声音响亮、胞衣绿紫，将来大有出息，郑季就把他留了下来。

几年之后，郑季离开了平阳侯家回河东，把卫青也带回了老家。卫青以一个私生子的身份在老家度过了七八年的苦难岁月。"少时归其父，其父使牧羊。先母之子皆奴畜之，不以为兄弟数。"但据史书记载："有一钳徒相青曰：'贵人也，官至封侯。'青笑曰：'人奴之生，得毋笞骂即足矣，安得封侯事乎！'"

按说，一个放猪羊的下人，又是私生子，正如卫青自己所说能有口饭吃，少挨些打骂就不错了，哪能指望出人头地，建功封侯的事？但是在卫青长至十五六岁时，命运发生了巨大改变。

卫青的母亲卫媪在未与郑季私通前，已有三个女儿，长女君孺，次女少儿，三女子夫。其中三女儿卫子夫长大后，体态多姿，色艺倾城，是出色的美人。因卫媪一直在平阳侯家做女仆，卫子夫长大后也留在了平阳侯家，侍奉平阳侯之妻平阳公主，并深得平阳公主喜欢。

平阳公主的胞弟就是汉武帝刘彻，一次，生性好色又风度翩翩的青年天子刘彻到其姐姐家玩，一眼就看中了卫子夫，一番亲热之后便把她带入宫中，极为宠爱。身价倍增的卫子夫得知自己同母异父的弟弟卫青在民间受苦，就派人把卫青接来长安，安排在平阳公主身旁当跟班，并改名卫青。而卫青为人忠厚，办事干练稳重，很讨人喜欢，平阳公主就向武帝推荐做了宫廷的侍中，成了皇帝的警卫人员。

此时的皇后陈阿娇因卫子夫被武帝宠爱，自己备受冷落而非常嫉妒卫子夫，她得知卫青是卫子夫的弟弟后，便暗中派人把卫青抓起来，准备处死。卫青的好友公孙敖得到消息，急忙组织营救，又火速上报汉武帝，这样卫青才捡回了一条命。

公元前129年，汉武帝命令卫青为车骑将军，同公孙贺、公孙敖、李广，各率精骑万人，分路出击匈奴。在这次出击中，李广恃勇轻进，全军尽失，公孙敖作战失利，损失7000余人，公孙贺无功而返，唯有卫青出上谷（今河北怀来），斩敌数百。

从用兵上分析，这次汉武帝的部署极为失策，几路大军同时进发，不相连属，无战场总指挥，你我各不相顾，无法组合作战，各路部队遇强敌时都显得势单力薄。但是这次出击却给了初出茅庐的卫青单独指挥作战的锻炼机会，而且时运较好，初战获胜，因此在其他几个将军都被贬为庶人的情况下，卫青被封为关内侯，成为对匈奴作战的主要军事将领。

公元前 128 年秋，匈奴乘草肥马壮之时驱兵犯边，杀了辽西太守，劫掠吏民 2000 多人。卫青奉命迅速出击，斩虏数千，得胜而回。

公元前 127 年，匈奴再犯上谷渔阳，卫青奉命率 4 万骑兵出击。他甩掉后方，以迅雷不及掩耳之势直扑大漠深处，与匈奴右贤王主力大战于高阙（今内蒙古、山西南长城口一带）。然后乘胜急转西进，追杀至陇西进击匈奴，获白羊、楼烦二王，俘虏 5000 余人，夺得牛羊 100 多万头，收复了河套地区。捷报传到长安，汉武帝十分兴奋，诏封卫青为长平侯，食邑 3800 户。

公元前 124 年，卫青率兵 3 万从朔方、高阙出关反击匈奴。匈奴右贤王自知实力不敌，退出塞外后，以为汉军不敢深入匈奴腹地，而卫青率军长驱直入 700 余里，突袭右贤王大营，混战中右贤王只率几百人突围而逃，汉军俘获包括匈奴 10 余名王爷在内的 15000 余人，牛羊数百万头。汉武帝闻报，拜卫青为大将军，加食邑至 8000 户，而且还把卫青尚小的三个小儿也要封为列侯，在卫青坚决请辞下才收回成命。

为彻底消除边患，消灭匈奴主力，公元前 119 年，汉武帝征集了 10 万精锐骑兵和几十万后勤部队，由大将军卫青和卫青的外甥、骠骑将军霍去病率领，对匈奴实施大规模的反击。

卫青和霍去病各率 5 万骑兵，采取分进合击的战略，越过浩瀚的大沙漠，寻找匈奴主力。卫青一路深入漠北 1000 多里与匈奴主力会战，两军恶战了一整天，到了黄昏风沙大起之时，卫青指挥 2 万预备部队投入战场，分两路从两翼夹击匈奴，匈奴全线败溃，卫青大军紧追不舍 200 余里，追至寘颜山（今内蒙古戈壁省）大胜而还。这一仗，卫青大败匈奴主力，斩获匈奴兵将 19000 余人。而霍去病北上行军 2000 里，大败匈奴左贤王部，斩获 7 万余人，取得了空前辉煌的胜利。

因为取得了汉王朝建国以来反击匈奴空前的胜利，卫青和霍去病同拜为大司马，共同统帅全国军队。这时的卫青，姐姐是当今皇后，自己是威震天下的大将军。在中国皇权时代，武将擅权和后戚干政是造成王朝动摇解体的两个基本因素，而此时的卫青集两个优势于一身，很容易使人忘乎所以，不可一世，但卫青却时刻保持着清醒的头脑，始终保持着谦恭仁厚的品行和护国尊主的臣节。在"伴君如伴虎"的险恶专制王朝中，却始终能得到生性多疑的汉武帝的佩服和依赖，以自己仁厚的德行获得了荣华富贵，荫及子孙的一生。

从下面几件事就可以看出卫青的人品和为人。

公元前 124 年，卫青率军反击匈奴，大胜而还。汉武帝不仅封卫青为大将军，加食邑 8000 户，还"而封青子伉为宜春侯，青子不疑为阴安侯，青子登为发干侯。青固谢曰：'臣幸得待罪行间，赖陛下神灵，军大捷，皆诸校尉力战之功也。陛下幸已益封臣青。臣青子在襁褓中，未有勤劳，上幸列地封为三侯，非臣待罪行间所以劝士力战之意也。伉等三人何敢受封！'天子曰：'我非忘诸校尉之功也，今固且图之。'"于是汉武帝下令将卫青部下诸将皆封为侯，此举一出，全军大悦，皆颂卫青之德。

公元前 123 年，卫青手下苏建与赵信领军 3000 出战，被匈奴主力所围，激战一日，死伤过半。赵信原本是胡人，见事危，乃引残军投降，苏建势单被俘，最后只身逃归汉营请罪。按军法和职权，卫青均可以处斩苏建，军中长史和议郎均主张立斩苏建以树大将军之威。但是卫青却说："青幸得以肺腑待罪行间，不患无威，而霸（议郎）说我以明威，甚失臣意。且使臣职虽当斩将，以臣之尊宠而不敢自擅专诛于境外，而具归天子，天子自裁之，于是以见人臣不敢专权，不亦可乎？"于是卫青派人把苏建押于京城，交由汉武帝处置。汉武帝对卫子夫说："汝弟乃忠厚之人，令朕叹服。"于是就赦免了苏建死罪，贬为庶人。

公元前 118 年，平阳公主的丈夫平阳侯曹寿病故。汉武帝见年轻的姐姐孀居守寡，就劝他再找一个，并允许她在文武百官里挑选，选中谁，就由汉武帝亲自做媒。而平阳公主说当今朝廷中谁最尊贵，自己就嫁给谁。汉武帝排列下来，当今朝廷中最尊贵者，只有卫青，因为卫青的姐姐是皇后，自己又是大司马大将军，而且又是列侯。但卫青曾当过平阳公主的家奴，现在女主人要下嫁给以前的奴仆，又似乎有所不当。但平阳公主心中早已看中卫青，她理直气壮地说，他当奴仆是他的过去，现在是天下人人仰慕的英雄、大将军，有何不可？于是汉武帝亲自当媒人，把自己的小舅子介绍给了自己的姐姐做夫婿，人称"姐夫当媒人找姐夫"。

在自己地位更加贵宠无比之时，卫青更加谦恭守臣节。有一次他的一个家奴仗势违法，卫青得知后，立即把家奴抓起来送给廷尉按法处斩。太子刘据是卫青的亲外甥，屡有过失，卫青常对太子痛加训斥，并对汉武帝说太子喜与群小为伍，愿陛下严加管束。汉武帝笑答他是自己儿子，也是卫青的外甥，卫青也有责任管束。

公元前106年，卫青病死家中，汉武帝闻报，伤心痛哭不已，诏令罢朝5天，以示哀悼，同时让卫青下葬在自己的茂陵旁边，让卫青永远陪伴在自己身旁。又追封卫青为烈侯，让卫青的儿子卫伉代为长平侯。

2. 英才霍去病

霍去病是卫青的姐姐卫少儿的儿子，卫青的亲外甥。霍去病的父亲是平阳县吏霍仲孺。霍仲孺年轻时在平阳侯家做事，与卫青的二姐卫少儿相好私通，生下霍去病。因为其姨卫子夫的人缘，霍去病18岁时就做了汉武帝宫中的侍中。

霍去病善于骑射，武艺精良，多次跟着大将军卫青讨伐匈奴，被任命为骠姚校尉。有一次进击匈奴途中，霍去病带着他手下800名骑兵，离开大军几百里寻找战机。霍去病初生牛犊不畏虎，领着他的800铁骑冲进了驻扎着几万人的匈奴大营，杀死匈奴官兵无数，自己仅伤亡了几个人。临撤退时，霍去病还顺手抓了两个俘虏。在汉军大营里，卫青正为霍去病一去没有消息而着急，忽然看到霍去病安然无恙而回，自然非常高兴。一审问那两个俘虏，才知道一个是匈奴的丞相，一个是单于的叔叔，而且还得到消息，霍去病在乱军之中还斩杀了单于的爷爷。这事一下子使霍去病声名大振，汉武帝夸赞他勇冠三军而封他做了冠军侯。汉武帝看中了卫青稳重、有威望，而霍去病勇猛、有魄力，就多次派两人共同带兵进击匈奴。

公元前121年，霍去病被任命为骠骑将军，率领一万精骑从陇西出兵，一路上急速行军，势如破竹攻下了匈奴五个附属国，只用了6天时间，就杀到了焉支山下。这次千里出击，汉军杀死了两个匈奴王爷，活捉了单于王子和大批匈奴官吏，斩首8900多人。这场胜利使汉朝控制了河西地区，打开了通往西域的道路。

这年夏天，霍去病又带兵越过居延海，经过小月氏，到达祁连山，攻克了这一带的匈奴属国，收降了 2500 多人，杀匈奴 3 万多人，抓回匈奴大小王 70 多人。汉武帝非常高兴，加封霍去病 5000 户。

这时候，汉军各路将军的部队都跟不上骠骑将军霍去病的人马，他的人马都是经过精心挑选和严格训练的，每次作战都冲在大军的前面，常常取得卓越的战功，成了名副其实的三军之冠。

公元前 119 年，霍去病带兵从化郡（今河北蔚县）右北平出发越过大沙漠，深入 2000 多里和匈奴左贤王主力相遇，俘获匈奴屯头王、韩王及相国将军 83 人，斩获匈奴 70443 人，将匈奴残部赶到了大漠以北。霍去病在这次空前大捷之后，登上狼居胥山封禅而归。汉武帝加封霍去病 5800 户，又加设大司马的职位，把卫青和霍去病都加封为大司马，并且颁布命令，让霍去病和卫青的官位俸禄相等，使霍去病的地位日益显贵。

霍去病为人不喜欢多说话，但敢作敢为，有胆气，说起话来直来直去。有一次汉武帝让他多学孙子兵法，他说："顾方略何如耳，不至学古兵法。"（作战只看如何对付敌人罢了，不必学古人的兵法。）还有一次，汉武帝在长安给霍去病建造了一所豪华的住宅，让霍去病去看一看，霍去病却说："匈奴未灭，无以家为也！"（匈奴还没有完全消灭，我无心考虑家业。）这样的一心为国扫边，使汉武帝更加敬重宠爱他。

但是，和他舅舅卫青不一样，霍去病从小就地位尊贵，过着养尊处优的生活，所以行军打仗不懂得顾惜士卒，特别注重个人享受。霍去病每次出战，汉武帝都派给他专门掌管膳食的官员，配备有几十车食物跟随其专用，到班师回朝时随行车队肉食剩余很多，也不分发给受饥挨饿的部下士卒。在塞外打仗之余，士卒缺乏供给，十分艰难，他却还要开辟踢鞠的场地娱乐。郎中令李敢，是李广的儿子，他心中怨恨卫青使他父亲含恨自杀，当面质问冲撞，伤了大将军卫青。李敢是霍去病手下最得力的将军，卫青虽然受了攻击，却把这事压下没有上报。但霍去病却怀恨在心，公元前 119 年 4 月，在一次陪伴汉武帝到甘泉宫打猎时，霍去病暗中在行猎时将李敢射死了，汉武帝明知此事，但却替霍去病遮掩，说是李敢被鹿角触击而死。

公元前 117 年 9 月，霍去病暴疾而死，时年 23 岁。汉武帝非常难过，下令厚葬，并将他的坟墓造成祁连山的形状，以表彰他的战功。

卫青和霍去病同为汉武帝时代战功卓著的大将，但因不同的人生经历，造就了不同的性格人品。最终卫青以他仁厚的人品厚德载福，功德圆满，福寿荣归，而霍去病却因其一直养尊处优的人生而为人无德，虽然武功卓著、英才逼人，却如一颗耀眼的流星，英年早逝，令人叹息。

而霍氏家族后来的命运也是大起大落，让人感叹。当初，霍去病的父亲霍仲孺在平阳侯家服役期满后，返回了河东老家，又娶了媳妇，生了儿子霍光。而霍去病在他成年后才知道自己的生父是霍仲孺。在带兵经过河东时，霍去病派人把其父接到营地见了面，给他父亲购买了很多的田宅和奴婢。后来又把他的弟弟霍光带到了长安，提升做了奉车都尉、光禄大夫。武帝临终时封霍光为大司马、大将军，并将少子弗陵托孤给霍光，嘱咐他做周公摄政辅佐，使霍光成为辅佐汉昭帝的一代名臣。

但是在霍氏家族远近亲属都身居显位，霍光幼女在毒死许皇后以后被立为皇后，其家族成为威慑朝廷的庞大的政治集团之时，到公元前 66 年即汉宣帝地节四年，霍氏家族谋反事败，被诛灭了全族，权倾一时的霍氏家族得以彻底覆灭。

3. 飞将军李广

李广，陇西成纪（今甘肃秦安）人，生于公元前 186 年，死于公元前 119 年。李广一生经历了文、景、武三朝，从军 40 余年，经历大小战争上百次，匈奴畏之如虎，称其为"飞将军"。但他一生时运不佳，职不过将军、太守，禄不过 2000 石，至死未封侯。在 60 多岁时，因迷路延误了军机要被追责时愤懑自杀，为中国军事史留下一段悲壮的史话。王勃《滕王阁序》中"时运不齐，命途多舛，冯唐易老（至 90 岁尚为郎），李广难封"，成为自古以来人们感叹时运不好，不能有所作为的名句。

李广的曾祖父是秦朝著名的大将军李信，身为将门之后的李广从小就习武，练就了一身惊人的骑射武功。20 岁时他以将门之后和超群的武功入选为吏，因善骑射，杀首虏多，做了汉中郎。汉文帝曾说："惜乎，子不遇时，如令子当高帝时，万户侯岂足道哉！"到汉景帝时李广跟着太尉周亚夫平定七国之乱，战功显赫，30岁出头就任陇西太守，后又分别任上谷、上郡、代郡、云中几个地方太守，为防守匈奴南侵做出了突出贡献。

李广为人仁厚廉洁。"广廉，得赏赐辄分其麾下，饮食与士共之。终广之身，为二千石四十年，家无余财，终不言家产事。广为人长，猿臂，其善射亦天性也，虽其子孙他人学者，莫能及广。广讷口少言，与人居则画地为军陈，射阔狭以为饮。专以射为戏，竟死。广之将兵，乏绝之处，见水，士卒不尽饮，广不近水，士卒不尽食，广不尝食，宽缓不苛，士以此爱乐为用。"

有一次，李广率军与匈奴作战，回撤时，发现少了一个士兵，李广立命副将率队等候，自己骑马回返寻找失踪的士兵。最后发现这个士兵受了伤躺在一条水沟里呻吟，李广连忙下马扶士兵上马，自己持刀步行赶上了大部队。

还有一次，李广在南山行猎，时值黄昏，误把草中一巨石当成虎，一箭射去，箭头射入石中，部下个个惊其神勇，称他为神将。后有成语"射虎南山"专为赞人勇猛过人。

李广一生为国戍边，身经百战，威震边关，但一直没有取得大的战绩，而且常常受挫，所以被人称为时运不济。

在李广为上郡太守时，有一次被派往李广军中督军的一位宦官带着几十个士兵在外巡视，途中碰到了三个匈奴骑兵，三个匈奴骑兵箭法高超，一下子冲过来射倒了十几个汉兵。吓得魂不附体的宦官在士兵保护下逃回营帐向李广诉说了匈奴人的厉害。李广说："有这样的身手，一定是匈奴的射雕人。"于是李广立即飞身上马，率领100多人去追赶这三个匈奴兵。

匈奴兵得胜后得意扬扬放马缓行，很快被李广追上。李广一马当先，大吼一声："匈奴慢走，瞧本将军箭法！"话到弦响，一个匈奴兵应声倒地，另两个匈奴兵见状，立即催马快逃。李广又一声："哪里跑！"又是一个匈奴兵被射倒在地，另一个匈奴兵见不是对手，只好下马投降。

经审问，这三人果然是匈奴有名的射雕能手，在前面做侦探，匈奴大军随后就到。不久，几千匈奴兵蜂拥而至，敌众我寡，李广的部下见了都十分害怕。李广对大家说："敌有数千，我们只100多人，双方相距这样近，跑是跑不掉的，只要我们镇定自若，以气势压倒他们，或许还能有生路。"说完命令部队径直向前，距敌很近了才停下来，接着他又让士兵下马，解下马鞍，放开马让其悠闲地吃草，而士兵们则躺在地上，一副漫不经心的样子。

匈奴兵见状，认为李广等人是诱敌部队，立即占领高处布置阵地。于是李广立即上马在阵前奔跑。这时天空碰巧有一只大雁飞过，李广一边大喊："瞧本将军箭法！"一边在马上开弓，大雁应声而落。匈奴兵一见，个个惊惧。一个匈奴将官见此情景，便想骑马上前探个究竟，李广眼疾手快，一箭射去，把匈奴将领射倒在地。李广飞马上前，砍下匈奴将官人头，返回自己阵地。

双方这样一直僵持到深夜，匈奴害怕中了汉军埋伏，引兵退去。从此，匈奴人给李广取了个非常响亮的称号，称其"飞将军"。

公元前129年，汉武帝大规模反击匈奴，派遣卫青、李广等4人带万名精骑，分路出击匈奴。李广带军出雁门，正碰上匈奴主力左贤王的部队。两军稍一接触，匈奴军就引兵后退，李广立功心切，以为匈奴胆怯，立即带队猛追，结果陷入左贤王部重围，李广率队血战，终因寡不敌众，全军覆没，李广也受了重伤而被俘。

匈奴兵见捉了李广，非常高兴，把受重伤的他抬在一张网子上，拴在前后两匹马上往回押。半路上，李广忍痛一跃而起，跳上后面的战马，把匈奴兵摔在地上，拿起马上拴着的弓箭射杀了好几个追赶的匈奴兵后，逃归汉营。

这一战，李广因丧师之罪，法当必斩，后经人说情，出钱赎罪，被贬为庶人。

公元前123年，汉武帝为彻底击溃匈奴，派遣卫青、霍去病各带一路大军分进合击匈奴。李广在家闲居数年觉得自己年事已高，这是最后一次为国立功的机会，于是向皇帝请缨，要求上阵杀敌。于是汉武帝命他率军随卫青大军出征，并担任前将军。

但是这次出征，李广依然运气不济。大军出发前，卫青交代了各路部队的行动路线，并强调按时到达指定位置。但是李广在行军中迷了路，没有按时到达指定位置与卫青会合。

卫青得知后，非常恼火，派人去李广军营调查，按军律，贻误战机者要斩首问罪。于是卫青下令让李广军中幕僚到大将军长史处接受审讯。李广说："诸校尉无罪，乃我自失道。吾今自上簿。"

到了大将军幕府，李广百感交集，想想自己从军几十年，身经百战，今天却要接受审讯。于是他对身边的人说："广结发与匈奴大小七十余战，今幸从大将军出接单于兵，而大将军又徙广部行回远，而又迷失道，岂非天哉！且广年六十余岁矣，终不能复对刀笔之吏。"说完，拔出剑来，挥刀自刎而死。威震敌胆的"飞将军"李广就这样了却了自己的生命。

李广迷失道路，不能按时到达指定位置，有其主观的因素，但又有其人为的原因。出征前，汉武帝私下交代卫青，虽然他敬李广的老当益壮、为国效力的雄心，但他认为李广命运不好，交代卫青不可让李广正面挡敌，以免影响这次出征。所以，卫青给李广安排的行军路线是一个迂回之路，李广路途生疏，又没有向导，才出现了这次失误。

古人说，"谋事在人，成事在天。"李广一生坐镇边关，威名远扬，但却没有辉煌的战绩，一生没有封侯，而他手下许多的年轻将领却都封了侯，所以就有了后人"李广难封"的慨叹。但是李广一生忠勇为国，爱兵如子，李广死后，听到消息的人无不为之痛苦，不仅他的部下个个号啕大哭，其他各路部队士兵也为之落泪，大家都为他抱不平，鸣冤叫屈。所以司马迁在《李将军列传》后评论说："'其身正，不令而行；其身不正，虽令不从。'李将军之谓也！余睹李将军悛悛如鄙人，口不能道辞。及死之日，天下知与不知，皆尽为哀。彼其忠实心诚信于士大夫也！谚曰：'桃李不言，下自成蹊。'此言虽小，可以谕大也。"

4. 张骞和苏武

张骞，汉中城固（今陕西城固县）人，约生于公元前 166 年，卒于公元前 114 年。张骞出使西域为汉朝开拓疆土，增强内地与西域及西亚经济、文化的交流，建立了不朽的功勋。

西域，指现在的新疆和中亚细亚一带。汉时这一地区和甘肃省的大部及宁夏等地都在匈奴的控制之下。西域有个叫大月氏的国家，原来在今天的敦煌、祁连山一带，后来被匈奴攻破，大月氏王被杀，其头颅还被做成尿器使用。大月氏被迫迁移到大夏（今阿富汗北部一带）。汉武帝想联合与匈奴有杀父之仇的大月氏夹击匈奴，但大月氏与中国相距万里，中间又隔着匈奴地带，若非大智大勇之人是难以完成此项出使大月氏使命的。

公元前139年，不足30岁，在朝中只是殿廷侍卫，担任"郎"的官职的张骞被任命为专使，出使大月氏。张骞带领着他100多人的出使队伍，手持汉节，渡过黄河进入河西，不料在河西西部沙漠中迷路，遭遇匈奴大队骑兵而被俘。

张骞所带汉武帝给大月氏王的玺书和汉节已被搜出，便直言自己是汉朝出使大月氏的使者。匈奴单于对他说："月氏在吾北，汉何以使？吾欲使越（指今广东一带），汉肯听我乎？"为软化张骞，使之投降为匈奴南侵服务，单于还选了一名胡女嫁给张骞。张骞每日手持汉节，被软禁了10年，随行壮士几乎死散殆尽，只剩下二三十人，但张骞忠心耿耿，不忘使命，一日乘守护的匈奴人员不备，张骞率剩余的属员向西而逃。在茫茫的沙漠中，忍着饥渴，靠其善射的助手甘父猎飞禽走兽充饥，终于到达了西域国大宛（今吉尔吉斯斯坦一带）。

大宛国王早就听说东方有一个地大物博的中国，见到汉朝使臣，便敬若上宾，并派人护送他们到达康居国（今土库曼斯坦），并由康居转送至大月氏。

此时的大月氏王已征服了大夏，土地肥沃，生活富裕，已无意报仇复国，虽经张骞费尽口舌劝说，也不愿与汉朝结盟夹击匈奴。张骞在大月氏住了一年有余，也无法说动大月氏结盟，只得失望而返。

回返时，张骞又被匈奴游骑所俘关押了一年多。公元前126年，匈奴老单于病故，太子和他的弟弟为争王位发生了内斗，张骞乘机携妻出逃回国。这次出使历时13年，同去壮士100多人，回来时只剩下张骞和甘父两人。张骞把他手持了13年，旄毛脱尽的汉节献给汉武帝，汉武帝大为感动，拜张骞为太中大夫，封甘父为奉使君。

这以后，汉武帝又多次召见张骞，由张骞汇报出使西域的情况，张骞一一陈述了自己历经大宛、康居、大夏、大月氏的见闻，并讲述了他在大夏时见到当地人使用邛（今四川）的竹杖和蜀布，并听说这些东西是大夏人从身毒（印度）买来。他由此推测，从蜀地经身毒到达大夏，可绕过匈奴同西域各国联系。由此使汉武帝产生了打通西南边境的想法。汉武帝对张骞汇报的情况非常满意，又封张骞为博望侯。

公元前119年，张骞再次奉命出使西域，这次他带了300随从、600匹马、万头牛羊和大批的金银珠宝，浩浩荡荡出使西域另一个大国乌孙（今新疆伊犁一带），同其结盟，形成东西夹击匈奴之势。

因霍去病已打通了河西走廊，张骞一路上未遇风险，顺利到达乌孙国。但是张骞到达乌孙时，乌孙王已年老，国内诸子争王位，国土已分裂为三，自顾不暇的老王没有心思结盟攻打匈奴。张骞见联合乌孙抑制匈奴的策略难以达到，便派遣许多副使分别出使大宛、康居、大月氏、大夏、安息、身毒等国。张骞这次出使，财力雄厚，人才众多，这番大规模的外交访问，很有成效，各国纷纷派使者齐集乌孙，随后张骞率领乌孙和各国答谢的使者，浩浩荡荡到中国观光。

各国使者早已听闻中原大国汉朝的鼎盛，今天一见长安宫城之宏伟，帝王之尊严，兵马之雄壮，民众之富强，无不惊心仰慕。从此西域各国纷纷出使汉朝，使汉朝和西域各国的关系更加紧密，各方面交往得到了加强。

公元前115年，张骞第二次出使回到长安，被拜为大行令（大行即大使之意），位列九卿，专门管理外交联络事宜。公元前116年，因劳累过度，张骞回国一年多就去世了。

苏武，字子卿，生年不详，卒于公元前60年，汉代杜陵（今陕西西安东南）人。

经过几次大战，匈奴被赶到了大漠以北，他们表面上与汉朝和好，但依然不甘心停止侵掠中原，还多次扣留汉朝的使臣，汉武帝也就扣下匈奴来使，这样相持了好多年。公元前100年，匈奴新单于即位，派来使者求和，还把以前扣留的汉使全送了回来。

对此，汉武帝很高兴，也把扣留在汉的匈奴使者放回，并派中郎将苏武持节出访匈奴。苏武带着副手张胜和常惠同几十个随从见了匈奴单于，送上祝贺的礼物，完成了任务，就等着回国了，但这时却发生了意外事件。

原来这以前有个叫卫律的汉朝使者投降了匈奴，被封为丁灵王，可他手下许多人并不想待在匈奴，想找个机会立个功返回汉朝。卫律的副手叫虞常，他联络了一个想投奔汉朝的匈奴亲王叫作缑王，想趁单于打猎时把单于的母亲绑架了投奔汉朝。虞常和苏武的副手张胜是好朋友，于是他就把自己的计划告诉了张胜，希望张胜能帮助自己，杀死卫律，绑架单于的母亲，投奔汉朝后在皇帝面前多说好话。张胜没跟苏武商量，贸然答应了虞常。没想到，虞常手下有个人非常胆小，还没动手就立坐不安，担心事情不能成功，自己性命不保，思来想去向匈奴单于告了密，结果虞常被活捉，缑王等人都战死了。

此时，得到噩耗的张胜才把事情报告给苏武，苏武一听，气得直跺脚，他说要是虞常供出你是同谋，咱们都得被审问，堂堂大汉使臣让人审问，这不是丢咱大汉朝的脸吗，咱们宁死也不能受这个侮辱！说完拔出刀来要自杀，张胜和常惠眼疾手快把苏武拉住了。

虞常果然经不住卫律的严刑逼供，招出了张胜。单于非常恼怒，命人把苏武等人全抓起来，并派卫律去召降苏武。苏武面对卫律的劝降，大声说："我污辱了使命，对不起皇上，更不能丧失气节投降。"一边说一边抓起刀往脖子上一抹，卫律慌忙来拉，可苏武已受了重伤。

过了一段时间，苏武的伤好了，卫律当着他和张胜的面杀了虞常，提着带血的刀威逼苏武等人投降，结果张胜被吓得双腿一软，跪地而降。卫律回头对苏武说副手有罪，你不降也得死！苏武直视着卫律大声说："本无谋，又非亲属，何谓相坐？""（卫律）复举剑拟之，武不动。律曰：'苏君，律前负汉归匈奴，幸蒙大恩赐号称王，拥众数万，马畜弥山，富贵若此！苏君今日降，明日复然；空以身膏草野，谁复知之！'武不应。律曰：'君因我降，与君为兄弟，今不听吾计，后虽欲复见我，尚可得乎？'武骂律曰：'汝为人臣子，不顾恩义，叛主背亲，为降虏于蛮夷，何以汝见为？且单于信汝，使决人死生，不平心持正，反欲斗两主，观祸败。南越杀汉使者，屠为九郡；宛王杀汉使者，头悬北阙；朝鲜杀汉使者，即时诛灭；独匈奴未耳，若知我不降明，欲令两国相攻，匈奴之祸从我始矣。'"

卫律碰了一鼻子灰，只得悻悻而回。单于听了卫律的回报非常钦佩苏武，更想让苏武投降为自己做事，他想着让苏武吃苦受折磨，终归要让他投降。于是，苏武被关进了地窖，苏武在饥寒交迫的地窖里，渴了吃大风刮进地窖的雪，饿得实在受不住了就吃破毡片的旧皮子。过了好多天，匈奴人见他还未死，以为他是神，又把他放逐到北海（今俄罗斯贝尔加湖）牧羊，还放话说不投降就让他永远待在这里，什么时候公羊下了羊羔，就放他回汉朝！苏武的副手常惠等人也被押往其他地方做苦工，不让他们见面。

苏武在北海孤苦伶仃，受尽折磨，他挖野菜、捉老鼠、拣草籽艰难度日，但总是手持自己大汉使臣的节杖，以总有一天自己要手持节杖回朝复命来激励自己。

一年又一年过去了，这一天，单于又派苏武在汉朝的好朋友李陵来劝降苏武。原来，在苏武出使匈奴的第二年，李广的孙子李陵奉命带5000步卒进击入侵河西的匈奴，结果陷入3万匈奴兵重围，在李陵奋勇迎战，杀了几千匈奴兵冲出重围后，匈奴单于又调遣左右贤王8万士兵追赶合围李陵。李陵身陷芦苇丛生的大泽之中，遭遇匈奴四面火攻，仍然一马当先杀出重围，激战数日，杀敌近万，但终因降卒说出李陵部是孤军，且箭已用尽，粮草无着的军情，使得匈奴兵再度大胆合围，最终李陵身负重伤被擒，投降了匈奴。李陵虽然投降了匈奴，但深感愧对朝廷，更觉无脸见他的好友苏武，但受单于一再相托，只得来见苏武。

面对着李陵带来的丰盛酒饭，苏武端坐着，一句话也不说。李陵只好小心翼翼地说："'单于闻陵与子卿素厚，故使来说足下，虚心以相待。终不得归汉，空自苦；亡（无）人之地，信义安所见乎！足下兄弟二人，前者皆坐事自杀；来时，太夫人已不幸，子卿妇年少，闻已更嫁矣；独有女弟二人，两女一男，今复十余年，存亡不可知。人生如朝露，何久自苦如此！陵始降时，忽忽如狂，自痛负汉，加以老母系保宫。子卿不欲降，何以过陵？且陛下春秋高，法令无常，大臣无罪夷灭者数十家，安危不可知，子卿尚复谁为乎？'武曰：'武父子无功德，皆为陛下所成就，位列将，爵通侯，兄弟亲近，常愿肝脑涂地。今得杀身自效，虽斧钺，汤镬，诚甘乐之！臣事君，犹子事父也，子为父死，无所恨。愿勿复再言！'陵与武饮数日，复曰：'子卿壹听陵言！'武曰：'自分已死久矣，王必欲降武，请毕今日之欢，效死于前！'陵见其诚，喟然叹曰：'嗟乎，义士！陵与卫律之罪上通于天！'因泣下沾襟，与武决去，赐武牛羊数十头。"

后来，汉武帝死了，李陵又来到北海，告诉了苏武。苏武一听，面向南方长安方向，放声大哭，从早到晚，哭得吐出了血，一直哭了一个多月。这时，匈奴单于也死了，匈奴发生了内乱，新单于感到自己无力对抗汉朝，便主动派使者去见汉昭帝讲和。汉朝回访的使者到了匈奴奉汉昭帝之命只提出一个条件，把苏武他们放还。匈奴单于骗使者说，苏武、常惠等人已全都死了。

后来又有汉使出使匈奴，做苦工的常惠听到消息，想法溜到汉使住的地方面见汉使，常惠向汉使报告了苏武的情况，并和汉使商量好了要回苏武等人的办法。

汉使立即面见单于说："天子射上林中，得雁，足有系帛书，言武等在荒泽中。"单于一听此言，大惊失色，左右大臣也个个面面相觑，说不出话来。不得已，匈奴只得把苏武、常惠等九个幸存者放还汉朝。

苏武要回国了，李陵前来送别，此时李陵虽然和单于女儿成婚，可整日郁闷不乐。酒过数巡，李陵拔剑起舞唱起了歌："径万里兮度沙幕，为君将兮奋匈奴。路穷绝兮矢刃摧，士众灭兮名已聩。老母已死，虽欲报恩将安归！"

苏武终于回到了朝思暮想的故土。他出使匈奴时刚刚 40 岁壮年，在匈奴流放受苦 19 年，回来时头发、胡子全白了，手持的节杖已脱光了旄毛，成了一支光杆子。苏武到汉武帝的庙中进行了祭拜，郑重地把节杖供放在汉武帝的灵位前，报告自己完成了老皇帝交给自己的使命。

张骞、苏武不惧艰难险阻出使西域匈奴，为大汉开拓疆土，加强汉朝和这些边远地区政治、经济、文化的交流做出了卓越贡献。特别是他们对国家、民族至死不渝的忠心，一心向汉、忠君爱国的精神，成为千百年来人们仰慕传颂的楷模。

5. 大儒董仲舒

董仲舒，生于公元前 179 年，卒于公元前 104 年，广川（今河北枣强）人，是西汉著名的儒学大家。

董仲舒从年轻时就潜心钻研孔子学说，景帝时被推为博士，但他埋头治学，创立了"三纲五常"体系来确立封建社会主要的道德关系和人们的行为准则。"三纲"：君为臣纲，父为子纲，夫为妻纲。"五常"：仁、义、礼、智、信。董仲舒《举贤良对策一》："夫仁、谊（义）、礼、知（智）、信、五常之道，王者所当修饬也。"唐《孔颖达疏》："五常即五典，谓父义、母慈、兄友、弟恭、子孝；五者，人之常行。"并提出了"人副天数""天人感应"的学说，把自然现象和治国为人之道联系起来。

武帝时期，诏举贤良文学之士对策，董仲舒有三次对策，要求朝廷罢黜百家，独尊儒术，以求统一全国民众的思想，巩固汉王朝的统治，这一主张得到了汉武帝的赞赏。根据董仲舒等人的建议，朝廷设置了太学，选拔精通儒家经典的博士授业讲学，通过每年定期考试，选拔合格的学子授予官职。又下令全国各郡普遍建立学校，讲授儒家经书，并从中选拔优秀者担任地方各级官吏。从此以后，全国学习儒家学说的人越来越多，太学生陆续增至数千人，各地郡国和著名儒学大师私家办学的弟子更是不计其数。儒学逐步发展成我国封建社会的主要学说和思想理论，对中华民族文化的形成和社会习俗、伦理道德、民族传统的形成产生了深远的影响。

6. 才子司马相如

司马相如，字长卿，西汉蜀郡成都人。生于公元前 179 年，卒于公元前 117 年。

司马相如是西汉著名的辞赋大家，景帝时担任过武骑常侍，后因病免。后客游梁地，做梁孝王的门客，与当时许多辞赋家，如枚乘（《七发》的作者）等人交游。他此时所作《子虚赋》《上林赋》轰动一时，深得汉武帝喜爱，被诏为郎，曾奉命出使西南各地而有功，被任为孝文园令。

他的作品被编为《司马文园集》，代表作品有《子虚赋》《上林赋》《长门赋》等。

《子虚赋》和《上林赋》两赋内容承接。《子虚赋》虚设子虚先生出使齐国，向齐国乌有先生夸耀楚王在云梦游猎的盛况非齐王所及，而乌有先生不服，向子虚先生提出了诘难。《上林赋》写亡是公先生详述汉朝天子在上林苑围猎的壮观景象，非齐楚诸侯国君所能比，而在最后提出修明政治，倡导节俭治国。两篇大赋极尽铺张陈述之能事，描写细腻，场面宏大，是汉代大赋的代表名作，对后来的辞赋创作影响很大。《长门赋》相传是受被幽禁在长门宫中的陈阿娇陈皇后所托而写给汉武帝的，其中写尽了痴情女子缠绵哀婉的深情。据说汉武帝看后是泪流满面，曾传旨诏见陈阿娇，但此时的阿娇已面色憔悴，毫无生机，武帝只是对其安慰了一番，嘱咐宫女太监好好照料阿娇而已。

司马相如除了他的大赋使其名声大噪外，他和西汉才女卓文君的爱情故事也受到了广泛流传。

传说司马相如因病辞去景帝朝的武骑常侍一职之后，便孤身一人浪迹天涯，他有一个好友王吉在蜀郡临邛当县令，于是司马相如便来到了临邛。司马相如本是蜀郡名士，又是县令的好友，于是，临邛巨富卓王孙在家摆酒为其接风洗尘。宴席之上，酒酣之时，作陪的县令王吉提出让司马相如弹奏一曲，司马相如乘着酒兴，弹奏了一曲《凤求凰》。

没想到，司马相如的一曲《凤求凰》打动了在屏风后偷听的卓王孙的女儿卓文君。卓文君是一位能诗能文，擅长韵律，国色天香，才貌双全的大才女。她15岁出嫁给临邛的一个富商程姓人家，婚后夫妇和谐，幸福美满，不料，新婚两年后丈夫就病逝了。此时的卓文君寡居在娘家，听说父亲在厅堂招待大名士司马相如，便来到屏风后想看看这位名士的风采。当她偷看到司马相如眉清目秀，风流倜傥，已心生爱慕，又听到这曲情意切切的《凤求凰》，不由得叫好声脱口而出。这一声叫好虽夹杂在厅堂内人们的喝彩声中，可细心的司马相如却听在了耳中，他循声望去，看见了屏风后卓文君的身影。司马相如早就听闻卓文君大才女的声名，他弹奏《凤求凰》实际上就是想表白自己对卓文君的心意。

听到卓文君的叫好声，司马相如暗自欢喜，当晚他便买通卓文君的侍女，向卓文君表达了自己的爱慕之意。卓文君早已心属司马相如，乘着夜深人静，二人私奔到司马相如的成都故居。

司马相如多年在外游荡，此时家徒四壁，只得靠变卖卓文君随身携带的首饰珠宝度日，天长日久，日子窘困起来。颇有心计的卓文君出主意变卖了手头剩余的首饰回到临邛开了一家小酒店，四川巨富卓王孙的女儿当垆卖酒的消息轰动了整个临邛城，人们一为吃酒，二为一睹大才子和大才女的真容纷纷登门沽酒，一时间顾客盈门，生意异常火爆。

卓王孙自从女儿私奔后，自认为是卓府的奇耻大辱，一气之下便断绝了与女儿的关系，现在女儿又到临邛来开酒店，更让他觉得无脸见人，干脆闭门不出。然而女儿就在门前给自己丢脸，长此以往闷在家中也不是办法，在亲朋好友的劝说下，卓王孙只得派人赠送给司马相如家童百人、钱百万作为嫁妆，承认了他们的婚事。卓文君立即同司马相如登门拜谢父亲，然后关了酒店，带着仆人和钱财，风光无限地回到了成都。

成了大富豪的司马相如，衣食无忧，又有贤惠美丽的妻子操持家务，便一心一意读书写赋，其大作《子虚赋》和《上林赋》更让他声名满天下。喜好辞赋的汉武帝读过他的作品后，非常赞赏，立即下诏任司马相如为侍郎，常陪伴其左右。

俗话说"饱暖思淫欲"，司马相如功成名就后，生活优裕，不免在外眠花宿柳，后来竟想纳茂陵的一位妙龄少女为妾。卓文君一时悲愤难忍，作了一首《白头吟》的诗作，表达自己以往的纯情、今日的悲情，表示要和负心的司马相如决心绝别。诗中回顾自己的爱情纯洁忠贞，"皑如山上雪，皎若云间月"，如今却受到负心汉的玷污，所以"闻君有两意，故来相决绝"。卓文君的钟情和绝断，使司马相如惭愧不已，终于良心发现，断了纳妾的念头。从此，夫妇二人相爱如初。公元前117年，司马相如病死家中。

7. 太史公司马迁

司马迁，字子长，夏阳（今陕西韩城）人。生于公元前145年，卒年不详。西汉著名的史学家、文学家，其代表作是我国第一部纪传体通史《史记》。

《史记》记载了上自传说中的黄帝，下至汉武帝时代3000多年的历史，共52万多字，130篇。有"本纪"12篇，按帝王世序和年代记述政治上的重大事件与帝王本人的事迹；"表"10篇，用表格谱列历史事实；"书"8篇，分别记载礼乐、经济、天文、地理各方面情况；"世家"30篇，主要记载诸侯、王的史事；"列传"70篇，主要记载官吏、名人及一些下层社会的历史人物。

《史记》既是一部"通古今之变"的伟大的历史著作，又因其语言丰富生动、人物形象鲜明而成为一部伟大的传记文学作品。鲁迅称其为"史家之绝唱，无韵之离骚"。

司马迁年少时即好学，20岁以后到全国各地游学。"年十岁则诵古文。二十而南游江、淮，上会稽，探禹穴，窥九疑，浮于沅、湘；北涉汶、泗，讲业齐、鲁之都，观孔子遗风，乡射邹、峄；厄困鄱、薛、彭城，过梁、楚以归。于是迁仕为郎中，奉使西征巴、蜀以南，南略邛、筰、昆明，还报命。"

司马迁的祖上从周代就担任太史，司马迁的父亲司马谈为西汉太史，在其病危之时拉着司马迁的手流着眼泪说："余死，汝必为太史；为太史，无忘吾所欲论著矣。且夫孝始于事亲，中于事君，终于立身。扬名于后世，以显父母，此孝之大者……今汉兴，海内一统，明主贤君忠臣死义之士，余为太史而弗论载，废天下之史文，余甚惧焉，汝其念哉！""迁俯首流涕曰：'小子不敏，请悉论先人所次旧闻，弗敢阙。'"

司马迁还回忆到，他父亲曾一再对他讲："自周公卒五百岁而有孔子。孔子卒后至于今五百岁，有能绍明世，正《易传》，继《春秋》，本《诗》《书》《礼》《乐》之际！"对父亲的重托，司马迁一直铭记于心，时常告诫自己："意在斯乎！意在斯乎！小子何敢让焉！"

司马谈去世3年后，38岁的司马迁被任命为太史令，他潜心钻研各种历史典籍，经心整理父亲留下的资料，并多方收集各种史料，决心编写出一部前所未有的历史典籍，完成父亲的遗愿。

然而天有不测风云，正当司马迁一心一意从事他的写作之时，他的人生遭受到了重大灾祸，遇到了一次非常人能做出明智选择的重大抉择。

公元前98年，47岁的司马迁因李陵降匈奴的事件被牵连下狱，已持续多年的《史记》撰写工作面临绝境。当时，李陵被匈奴举全国军力围困近半月，弹尽粮绝，兵败被俘而投降了匈奴。当李陵与匈奴作战斩杀无数匈奴士兵的消息报到长安，大臣们纷纷向汉武帝祝贺，而当李陵兵败投降匈奴的消息传来时，人们又纷纷责骂李陵，汉武帝也为此悲伤痛心，茶饭不思。司马迁为了安慰皇上，也出于他为人正直的本性，在汉武帝询问他对此事的看法时，他陈述了李陵在"转斗千里，矢尽道穷，救兵不至，士卒死伤如积"的情况下依然"仰亿万之师，与单于连战十余日，所杀过当，虏救死扶伤不给，旃裘之君长咸震怖，廼悉徵左右贤王，举引弓之民，一国共而围之"。从他平时对李陵的了解来看，他认为："李陵素与士大夫绝甘分少，能得人之死力，虽古名将不过也，身虽陷彼，观其意，且欲得其当而报汉；事已无可奈何，其所败，功亦足以暴于天下。"

司马迁认为李陵投降，也只是权宜之计，说不定在有机会时还会返回汉朝，报答皇帝。事实也确是如此，李陵重伤被俘，无奈降匈奴，心想的就是以后找机会立功回返，但震怒的汉武帝却诛杀了李陵的母亲和妻小，断了李陵的归路，李陵只得死心留在了匈奴。

没想到正直坦诚的司马迁一番客观陈述和劝慰之言却激怒了汉武帝，认为他为叛将说情，立即下令把司马迁下入大狱。

司马迁身陷冤狱在"家贫，财赂不足以自赎。交游莫救，左右亲近不为壹言"的情况下，按照当时的刑法，他只有两种选择：要么杀头，要么接受宫刑。

在满怀悲愤的艰难选择中，司马迁首先想到了"死"，他心想："假令仆伏法受诛，若九牛一毛，与蝼蚁何异？而世又不与能死节者比，特以为智穷罪极，不能自免，卒就死耳。"

但是，他又想到"人固有一死，死，有重于泰山，或轻于鸿毛，用之所趋异也"。

然而，如果接受宫刑，那是最大的耻辱啊！杀头而死，是最好的选择，这样可以不给先人祖宗带来耻辱，也让自身不感到羞耻；而选择接受宫刑，那是极大的耻辱，会使自己今后无法见人，死后无面目见祖宗。但是，他又转念一想："今交手足，受木索，暴肌肤，受榜箠，幽于环墙之中……及以至，言不辱者，所谓强颜耳，曷足贵乎！"

在无比沉痛艰难的思考中，他的思绪又转到了他非常熟悉的历史："古者富贵而名摩灭，不可胜记，唯倜傥非常之人称焉。"而这些历史名人是怎样做到使他们的大名传于天下后世的呢？一个一个历史名人从司马迁头脑中闪过："盖文王拘，而演《周易》，仲尼厄，而作《春秋》，屈原放逐，乃赋《离骚》，左丘失明，厥有《国语》，孙子膑脚，《兵法》修列，不韦迁蜀，世传《吕览》，韩非囚秦，《说难》《孤愤》。《诗》三百篇，此皆圣贤发愤之所为作也。"所以自己也要向先贤一样"思垂空文以自见"。自己一定要活下去以完成父亲临死的嘱托和自己创作《史记》的宏图大愿。"仆诚以著此书，藏之名山，传之其人，通邑大都。则仆偿前辱之责，虽万被戮，岂有悔哉？然此可为智者道，难为俗人言也。"

因此，司马迁不顾时人的讥笑和羞辱，毅然选择了接受宫刑。受刑之后，司马迁被改任为中书令，这个职务一般都是宦官担任的，这更让司马迁感到如山的耻辱。他有一段给朋友的文字悲愤地描述了当时自己的处境和心情："仆以口语遇遭此祸，重为乡党所笑，以污辱先人，亦何面目复上父母丘墓乎？虽累百世，垢弥甚耳！是以肠一日而九回，居则忽忽若有所亡，出则不知所往。每念斯耻，汗未尝不发背沾衣也。"

但是，忍辱负重、坚韧不拔的司马迁，在世人的不解和讥笑中，在无边的内心煎熬和孤苦无诉的绝境中，以无与伦比的毅力，完成了他的《史记》，把中华民族5000年历史中的3000年历史呈现给世界，成就了他世界文化长河中伟大的史学家、文学家的崇高地位，获得了后人的高度景仰和尊敬。

四、结局凄惨汉宫女

汉武帝一生特别宠幸的嫔妃众多，但是，她们虽然都有着令当时人非常惊羡的经历，但都免不了非常凄惨的结局。司马迁对此在《外戚世家》篇末有一段评论："故诸为武帝生子者，无男女，其母无不谴死，岂可谓非贤圣哉！

昭然远见，为后世计虑，固非浅闻愚儒之所及也。谥为'武'岂虚哉！"

把这种极端冷酷，漠视他人生命，特别是残忍对待与自己朝夕相处的爱妃的做法，视作为国家长治久安考虑的政治远见，实在让人对这种政治手腕和所谓远见而心寒。无论武帝本人及后世多少眼中只有帝王将相的兴衰而无社会人文的发展进步的人为其多方辩解，笔者认为这都是汉武帝荒淫好色、始乱终弃、生性多疑、冷酷残暴的性格使然，更是封建皇帝专制独裁制度使然。

1. 金屋变长门

"初，上为太子时，娶长公主女为妃，立为帝，妃立为皇后，姓陈氏，无子。上之得为嗣，大长公主有力焉。以故陈皇后骄贵。"

在汉武帝的母亲王夫人和他的姑姑长公主刘嫖为他们的儿子刘彻、女儿陈阿娇定娃娃亲时，刘彻竟面带笑容许诺，要造一个金屋子，把阿娇藏在里头。而王夫人和长公主的联姻本质是为了废掉栗姬的儿子太子刘荣，好让刘彻取而代之，所以这种婚姻是一种政治联姻。

陈阿娇的母亲是汉武帝刘彻的亲姑姑，又是汉武帝刘彻成为太子当上皇帝的大功臣，阿娇的地位自然无比骄贵。虽然这对年轻的帝后自小青梅竹马，现在又十分恩爱，但十分遗憾的是，结婚好多年了，陈阿娇却没有一男半女，虽然陈皇后阿娇多方延请名医调理，却依然难以如愿。这时候风流的汉武帝遇到了更为年轻漂亮、歌喉美妙的卫子夫，就把往日金屋藏娇的誓言忘在了脑后，日日宠幸卫子夫，再不到中宫皇后处来。对此，陈皇后"闻卫子夫大幸，恚，几死者数矣"。虽然陈皇后多次寻死觅活，依然不能让汉武帝刘彻回心转意。

于是陈阿娇和母亲长公主商量派人赶到上林苑抓了卫子夫的弟弟卫青，想杀卫青给卫子夫一个威吓，让其在和皇后争宠中有所收敛。谁知卫青被其好友公孙敖救下，并连夜报告给了汉武帝，武帝进封卫青为建章宫总管，官拜侍中，而且由于公孙敖认出了抓卫青的人都是长公主宫中的卫士，汉武帝便亲自到其姑姑长公主府上揭穿了她的隐私，弄得长公主也不便再多为女儿出谋划策了。

原来，长公主刘嫖曾收养了一个干儿子董偃，这个董偃生得眉清目秀，深得长公主喜爱。长公主50多岁时，他的丈夫堂邑侯陈午不幸病故。长公主耐不住寂寞，居然和董偃同居了。这一天，武帝驾临长公主府上，坐下后笑着对他姑姑说请主人翁出来谒见！长公主一听羞得满脸通红，又不敢违抗皇上，只得厚着脸皮带了董偃双双跪下请罪。武帝戳破了他姑母的隐私，长公主以后也不好当面为自己女儿责备汉武帝了。

这以后，汉武帝越发宠爱卫子夫，对陈皇后则更加疏远了。陈皇后为此对卫子夫由嫉生恨，可拿不出置其于死地的办法来。

有一天早上，汉武帝正欲出殿，忽然一阵狂风卷来，竟把殿前一棵小树连根拔起。汉武帝本来就迷信鬼神，见此情景，非常惊恐，于是下令内侍在宫中里外彻底搜查。两个时辰后，只见卫士押着一个女巫来到殿前，说是在陈皇后的宫中搜捕到的。汉武帝大怒，认为是陈皇后指使女巫施妖法来暗害自己，便亲自严加审问。

原来，陈皇后受冷落后极不甘心，便想方设法要害死卫子夫，使武帝回心转意。此时，有一名叫楚服的女巫，通过宫中内线得知这一消息，于是进宫求见陈皇后，说自己能设坛祈祷，促使皇帝重念旧情。陈皇后病急乱投药，立即赏给楚服重金，让她在宫中设坛作法。此后，楚服便带着一帮女徒，每天悄悄入宫，喃喃念动咒语，作法祈祷。

事有凑巧，这天正当楚服等人作法之时，偏偏刮起了一陈狂风，引起武帝疑心。武帝亲自审讯，威逼之下，楚服只得招供。于是武帝下令将楚服及所有女徒一一斩首示众，将陈皇后宫中300多名太监、宫女也按包庇罪杀头。没过几天，武帝下诏，收去了陈阿娇的皇后册书和玉册，把她从中宫赶了出去，幽禁在长门宫。

陈皇后的母亲长公主闻变，赶到给武帝引荐卫子夫的武帝姐姐平阳公主家中发怒说："帝非我不得立，已而弃捐吾女，壹何不自喜而倍本乎！"平阳公主冷冷地回道："用无子故废耳。"

长门宫是武帝的一座离宫，在长安城东，因年久失修，早已破败无人居住。陈皇后本是金枝玉叶，享尽了荣华富贵，今日住进阴暗潮湿的长门宫，吃的是粗食，穿的是旧衣，还要受人的监视，不得外出，终于悲愤成疾，不几年便病死在长门宫。

2. 皇后卫子夫

"子夫为平阳主讴者，武帝初即位，数岁无子。平阳主求诸良家子女十余人，饰置家。武帝祓霸上还，因过平阳主。主见所侍美人，上弗说。既饮，讴者进，上望见，独说卫子夫。是日，武帝起更衣，子夫侍尚衣轩中，得幸。上还坐，欢甚，赐平阳主金千斤。主因奏子夫奉送入宫。子夫上车，平阳主拊其背曰：'行矣，强饭，勉之！即贵，无相忘。'入宫岁余，竟不复幸。"

卫子夫满怀希望进宫，总以为能陪伴皇帝受到宠幸，谁知道入宫一年多见不到武帝一面，内心很是凄凉。这一天，忽然得到传令，皇帝要重新挑选宫中美女，将不中用的放出宫中，于是遭受一年冷遇的卫子夫只得和众宫女一样在便殿前听候发落。

武帝当时亲临便殿，按着宫女命册一一点验，当看到美色依旧，只是面容清瘦了许多的卫子夫拜倒座前时，一年多前的回忆浮现在他的脑中，他对卫子夫又怜又爱，又惊又愧，立即下谕留子夫入宫。从此以后，武帝便百般推托，很少去陈皇后的中宫了。

卫子夫重新受到武帝宠幸后，不久便有了身孕，多年盼子心切的汉武帝更加宠爱卫子夫了。公元前128年，卫子夫在接连给汉武帝生下三个女儿后，终于生了一个儿子，取名刘据。时年已到30岁的汉武帝得了儿子，高兴得心花怒放，传令在宫中大摆酒宴，庆贺三天，还仿照古礼，立祠作文以志纪念。这时陈皇后阿娇已被废掉皇后三年，于是武帝又册立卫子夫为中宫皇后，立刘据为太子。

卫子夫立为皇后，后弟卫青字仲卿，以大将军封为长平侯。四子，长子伉为侯世子，侯世子常侍中，贵幸。其三弟皆封为侯，各千三百户，一曰阴安侯，二曰发干侯，三曰宜春侯，贵震天下。天下歌之曰："生男无喜，生女无怒，独不见卫子夫霸天下！"

卫子夫以她的年轻美貌博得了汉武帝的欢心，等到她年事稍长、容颜稍减时，武帝自然移心别处，这以后又接连宠幸王夫人、李夫人（李夫人曾被汉武帝宠幸有似卫子夫，其兄李延年为武帝宫廷乐师，长兄李广利被封贰师将军，但在李夫人病死后，其兄李延年被诛，李广利受猜忌降匈奴，后被杀）、尹婕好以及其后的钩弋夫人。

卫子夫虽然贵为皇后依然谨守规矩，为人十分谨慎，小心翼翼，如履薄冰地对待汉武帝的猜疑，但仍然免不了悲惨的结局。卫青、霍去病死后，卫子夫母子更为势单力孤，在卫子夫当了38年皇后之时，汉廷发生了"巫蛊之祸"的大惨案，太子刘据被杀，汉武帝还派人宣诏，收回了卫皇后的册书和玺绶，将卫子夫皇后名号废去。这以前，汉武帝已经听信诬告杀死了卫青的儿子卫伉，而且不顾卫皇后的苦苦哀求，命令自己的两个亲生女儿阳石公主和诸邑公主自杀。现在，女儿死了，儿子又被杀，自己的皇后身份又被废去，熟悉宫廷残酷争斗的卫皇后自知更加可怕的遭遇即将来到，就在宫中大哭一场，以三尺白绫上吊自缢而死。

可怜卫子夫出身低微，却一下子凭自己的姿色平步青云，红极一时，虽然兢兢业业，谨慎行事，却依然逃不掉子女被杀，满门抄斩，自己也不得善终的悲惨结局。

3. 凄惨赵婕好

汉武帝晚年宠幸的最后一个美人是赵婕好，赵婕好是河间府（今河北献县）人。据说，一次武帝巡狩路过河间，随行方士说，这里紫气缭绕，必有奇女子。武帝立即派太监寻访，果然有一赵家女子美艳无比，但是此女子却有怪病，双手紧握，不能伸直。感到惊奇的武帝亲自审看，果然如此，但赵女的美貌使他忍不住上前握住其双手，谁知赵女的双手竟然全伸直了。武帝大喜，便把她带往长安，封为婕好，地位仅次于皇后。

赵婕好专宠后宫一年多，为武帝生下一个儿子，取名刘弗陵。刘弗陵出生时，汉武帝已经60多岁了，老年得子的汉武帝很疼爱这个小儿子。这位小皇子怀胎14个月才生下来，汉武帝认为上古时帝尧也是14个月才降生的，所以他的这个小皇子定是奇人，何况小皇子聪明，容貌也很像他，所以心中便有了废长立幼的想法。于是汉武帝把赵婕好住的宫殿大门命名为"尧母门"称赵婕好为钩弋夫人。这些做法使那些有心机的大臣看到了当时已30岁的太子刘据的地位岌岌可危，为投武帝的心意，于是产生了对刘据一波又一波的诬告。

太子刘据被废后，汉武帝命画工画了周公背着周成王的图挂在甘泉宫，左右大臣更加明白武帝欲立小皇子为太子的意图。过了不几天，汉武帝无端地训斥起钩弋夫人，钩弋夫人见状惊恐万分，拔下头上的簪子，脱下佩戴的首饰匍匐在地，叩头求饶，可汉武帝却大声说："引持去，送掖庭狱！"钩弋夫人被侍卫左右挟持着拉了下去，还不住地回头可怜巴巴地看着汉武帝，幻想着武帝能念旧情改变主意，可是武帝却大声吼道："趣行，女不得活！"钩弋夫人当时便被杀死在云阳宫。史书记载，当时是狂风骤起，飞沙走石，百姓们个个伤感落泪。汉武帝命人连夜安葬了钩弋夫人的棺木，并派人封闭了她的下葬处，不让人知道她葬身何处。

钩弋夫人死后不几天，汉武帝闲坐无事，突然地问左右侍候他的人说人们对此事有什么说法？"左右对曰：'人言且立其子，何去其母乎？'帝曰：'然，是非儿曹愚人所知也。往古国家所以乱也，由主少母壮。女主独居骄蹇，淫乱自恣，莫能禁也。女不闻吕后邪！'"

钩弋夫人死后，她的儿子刘弗陵在 8 岁时，被立为太子。

五、晚年昏聩变乱生

1. 求仙拜神

汉武帝在文治武功方面，很有些雄才大略，但他和历史上许多帝王一样，迷信鬼神，追求长生不老之术，屡屡上当受骗，愚蠢得让人啼笑皆非。

汉武帝 16 岁即位，便非常相信鬼神，有一位方士李少君听到武帝很迷信鬼神，便设法接近他。有一次他在武安侯家喝酒，看到有一耳聋眼花的高龄老头在座，便凑上前去对老头说："我曾和你大父（祖父）一起游猎过。"这老头什么也没听清，只得笑着点头应允。旁边的武安侯却深感惊奇，心想这老头少说也八九十岁了，李少君能和他祖父游猎过，到今天少说也有一百四五十岁了。武安侯便领他去见一心想长生不老的汉武帝。

武帝一听世上还有这等长生不老的神仙，便高兴地接见李少君，恰巧武帝身边有一铜器，便请少君鉴别。这李少君瞧了瞧铜器，闭起双眼，一边喃喃有词，一边掐指细算，忽然大声说："这是一大神器，春秋时期齐桓公将它陈于柏寝台，我面见桓公时还见过它呢。"武帝细看铜器铭文，真是齐桓公时期的器物，这一算，李少君已是几百岁的人了。于是，汉武帝把李少君留在宫中，不惜挥金如土，让他兴师动众炼制丹药。谁知丹药还没炼成，这位自称长生不死的方士李少君却一命呜呼了。

后来，汉武帝又认识了一位面貌很年轻，却自称已活了 200 多岁的叫作"少翁"的方士。汉武帝听信少翁的话，把自己住的宫殿里里外外都画上祥云、仙梯的图案；衣服和被子上也都绣上这些图案，但却一直见不到神仙降临，实现不了拜神为师的愿望。有一天，这位少翁指着一头牛说此牛腹中有天书。武帝命人把牛剖腹一看，果然有一卷布帛，并写有文字。这些古怪的文字内容很费解，但笔迹却似曾见过，仔细一对照才发现是李少翁的笔迹。经重刑审问，得知是少翁预先写好后让牛吃下肚中的，自知上当的汉武帝恼羞成怒，便杀了少翁。

少翁被诛后，他的徒弟们又设法骗取武帝。他们乘夜挖出少翁尸体毁掉后，派人向武帝报告说在关东碰到了少翁。汉武帝满腹疑惑，令人打开坟墓一看，果然没有尸体。这样，武帝不仅相信少翁未死，还很后悔自己误杀了神仙。后来武帝又相信这些方士的话，建造了一座"柏梁台"，在台上竖起一根 30 丈高的铜柱，铜柱顶上铸造了一个手掌平伸的铜仙人，手中放着玉石做的承露盘，让武帝常喝盘中接的仙露水拌的玉石粉末，说是能长生不老。武帝照此办理，长期喝这种"仙露"，身体越来越差。

后来，武帝又非常相信自称是少翁师兄的方士栾大。栾大吹嘘他"不死之药可得，仙人可致"。武帝十分高兴，马上封他为"五利将军"，接着又封他为"天上将军""地上将军""大通将军"，乐通侯，食邑 2000 户，还把他招为女婿，把卫子夫生的大公主嫁给了他，陪嫁黄金 10 万两。栾大磨磨蹭蹭过了好久才在武帝多次催促下到海上迎接神仙。武帝对其不放心，暗中派几个心腹跟随盯梢。栾大不知有人监视，在海边玩了一段时间便回长安交差。因为密探已提前返回宫中，密报了栾大的作为，所以武帝一见栾大，还没等他开口胡编，便让人把栾大拉出去杀掉了。

为使自己长生不死，永坐皇帝宝座，汉武帝虽然一再受骗，但一直执迷不悟，不断求仙问药，终至精神恍惚，迷乱昏聩，到了晚年更是疑神疑鬼，糊涂行事，以至酿成了重臣受诛、太子被杀、皇后自杀的"巫蛊之祸"。

2. 巫蛊之祸

巫蛊，是古代一种用邪术害人的迷信活动。据说，只要根据仇人的模样刻一个木人，用针锥刺心钉眼后埋在地下，或到祠堂、神庙中去向鬼神祷告，祈求灾祸降临到仇人身上，就可达到置仇人于死地的目的。

公元前92年冬，汉武帝正在上林苑建章宫中闭目养神，恍惚之间看到一个男人手持长剑杀气腾腾朝自己冲来。武帝大声惊呼，宫中侍卫应声赶来，四面包抄，却不见任何踪影。汉武帝认为明明是自己亲眼所见，于是下令斩杀了守卫宫门的官员和卫士，一面命人调集部队在上林苑大肆搜索，仍旧什么也没搜到。武帝仍不死心，又命令关闭长安城门，挨家挨户搜查，搞得鸡飞狗跳，人人不得安宁地折腾了半个月，还是一无所获，这才勉强收兵。

事情虽然过去了，但这一直成为武帝的心病，认为有妖魔作祟。

此时，卫皇后的姐夫、丞相公孙贺派人抓到了朝廷下诏缉拿的侠士朱安世。朱安世知道是丞相公孙贺亲自安排人捉拿他后，便在狱中拟好状文，告公孙贺的儿子公孙敬声串通卫青的儿子卫伉和卫子夫的两个女儿阳石公主、诸邑公主一直在通往武帝养病的甘泉宫的御道上埋下木人，用巫术诅咒汉武帝。

汉武帝接到状纸，不由得联系到自己身体近来越来越差和看到有人要杀自己的幻影，再加上又挖出了朱安世早已指使手下埋在御道中的木人，越发相信有人在暗害自己。于是下令诛灭了公孙一族，杀死了卫青的儿子卫伉，又不顾卫皇后的苦求，逼死了自己的两个女儿，而且还牵连出许多朝中大臣。

第二年夏天，心神不宁的汉武帝精力一天天衰弱，养病住在甘泉宫。一天中午，武帝正靠在床上休息，忽然之间发现许多木偶人向他拥来，这些木偶人个个手握棍棒、口中喊打，把他围得水泄不通。奋力挣扎的武帝一下子惊醒，环顾四周，静静地，毫无声息，但噩梦让他心惊胆战，浑身直冒冷汗。这时他的宠臣江充进宫问安，武帝便告诉了江充刚才所做的噩梦。这个江充是个阴险毒辣，为个人名利无所不用其极的小人。当年他为求富贵，将自己能歌善舞的妹妹献给了赵国太子丹，后来又因得罪了太子丹便逃到长安恶人先告状，告发太子丹淫乱，使太子丹被废。因为他善于察言观色，言语行为很得汉武帝欢心，被汉武帝封为"直指绣衣使者"，成了执行皇帝特殊使命，专门监察朝中贵戚大臣的近臣。

江充平步青云，小人得志，更加妄为，他心中明白，要想保住自己的地位，更加高升，唯一的途径就是按皇帝的意图办事，博得皇帝更加信任。从去年处置的公孙丞相案中，江充自然看出了卫皇后及太子刘据的地位已不稳定，所以他一心一意充当汉武帝废长立幼的马前卒。

听了武帝所说的噩梦，江充立即禀报说宫中有蛊气隐伏，如不早除，陛下的病很难治愈。武帝听后立即下诏书给江充，命他带人在宫中搜查，任何人不得阻拦。

于是，江充手持诏书，气势汹汹率众入宫，他先是在宫中其他地方搜查了一番，然后直奔目的地，在太子宫中掘地三尺，大肆搜查，不一会儿，他们就挖出了许多小木人，还搜出了许多写有攻击当今皇上文字的帛书。

太子刘据原本就没有弄过这些东西，看见江充等人拿出这些罪证，一时又惊又怕，赶快请宫中自己的老师石德拿主意。石德看到眼前的情景，明显感到太子和自己已在劫难逃，他便对太子说数月前丞相一家死于巫蛊，现在面对江充拿出的这些罪证，你怕是浑身长满嘴也说不清了。我看现在应该事不宜迟，先把江充等人抓起来再说。

太子听了此言，呆立一旁，还是拿不定主意。石德见状，急急地对太子说现在皇上病在甘泉宫，他的身体究竟怎样了，外界一点都不知道，皇后和家人想去请安也得不到通报，现在奸人阻隔消息，假传圣旨，已经像秦始皇病死，赵高等人假传皇命害死公子扶苏一样，太子应该拿定主意。

太子沉思片刻说自己是君主的儿子，没有君王的旨意，怎么能擅自杀了江充，应该现在就赶到父皇那里去谢罪，或许能幸免于事。于是太子决定亲自赶往甘泉宫向武帝说明原委，但此时江充已调集人马把太子东宫团团围住，不许太子离开。无奈的太子刘据又赶往皇后卫子夫处，找自己母亲商量对策，可温柔善良的卫子夫皇后能拿出什么主意来呢？面对这种突如其来的变故，她只有六神无主、伤心落泪。

太子见事情已无可挽回，便决定铤而走险，按照老师石德的建议行事。太子调集了皇后宫中及太子宫中的卫士，打开长乐宫武库，把皇宫中的人马武装起来，抓住了江充和他的手下。太子手指江充怒斥道："你这个卑劣的小人，当年把赵国搅得鸡犬不宁，今天又来挑唆我们父子关系！"然后下令斩了江充等人。

可是江充的一名同伙黄门郎苏文却逃出了皇宫，连夜赶到甘泉宫向汉武帝报了信。武帝听到太子造反杀了江充，将信将疑，于是派一名宦官去诏命太子到甘泉宫。可这名宦官又是苏文的同党，他只是在外睡了一觉便赶回甘泉宫向武帝谎报道："太子真的造反了，我宣读了诏书宣他来甘泉宫，他却不奉诏而来。"

汉武帝听后信以为真，大为震怒，立即调兵遣将，镇压太子部众。长安城中，双方一番恶斗激战了5天，太子终于兵败，只得带着两个儿子出逃，长安城守将见他们父子凄惨的样子，很是同情，就悄悄打开北门，让他们逃命。太子一路逃到湖县，藏在一户农人家中，但走漏了风声，当夜遭到地方军队的围捕，太子刘据眼见难以逃脱，只得上吊自尽，他的两个儿子及这户主人家也同归于尽。

回到未央宫的汉武帝除下令追杀太子外，还立即废掉了皇后卫子夫，卫子夫只得上吊自尽。

当时的满朝文武大臣，凡是知道内情的，都很为卫皇后及太子鸣不平，但没有人敢直接向皇帝进谏。然而有一个地方小吏狐茂却斗胆上书，为太子鸣冤，他说："江充依仗武帝给他的权势陷害皇太子，太子进不得见皇上，退则为奸臣所困，又无法向皇上讲明实情，才不得不杀死江充。儿子滥用父皇军库人马，不过是为了自救，并非出于不端邪念。"武帝读后既没有下令停止追杀太子，却也没有治狐茂的罪。

几个月以后，守卫高祖寝陵的官员田千秋又上书为太子申冤。他说："作为儿子擅自调集了父皇的军队，接照法律，也不过是受点笞杖而已，太子刘据出于自保而杀了江充，这又有什么罪呢？我梦中见到一个白头老翁叫我一定要向您这样说。"

武帝看过田千秋的上书，心中痛悔莫及，他立即召田千秋上殿，对他说："父子之间，人所难言，你能直言陈情，这是高皇帝显灵命你来教辅我啊！"于是立即拜田千秋做大鸿胪。不久，又越级提升为丞相。

之后，武帝下令族灭了江充一族，把苏文活活烧死。又在刘据自尽而死的地方修了一座思子宫，表达自己的悲伤和思念，还把太子自杀时踹开房门和上前抱住已上吊自杀的太子的土兵与官员都封了侯。

和中国历史上历代王朝发生危亡和祸乱时人们总是以"红颜祸水"和"奸臣当道"来作为说辞，把国家动乱的责任归咎于"女人"和"小人"一样，武帝晚年发生的这场血腥的动乱在许多人眼中是江充等奸人作恶。但实质上，武帝极端自私冷酷的性格和由此产生的多疑多忌、嗜杀无度才是发生祸乱的原因。江充等人充其量只不过是武帝的一帮鹰犬，只要汉武帝心中觉得谁会对自己至高无上的权力有潜在威胁，没有江充，也会有张充、李充这样的打手为其奔走效命。

"巫蛊之祸"之前，汉武帝仅凭一个关在大狱囚犯的一纸诬告，便能诛杀丞相公孙贺父子，杀死声名显赫为他建立大功的卫青的儿子卫伉，甚至毫无人性地逼自己的两个亲生女儿自杀，而且在诏书中直截了当地说："朕已忍之矣！"这无疑给满朝臣仆明确无疑表明了他对卫皇后家庭由宠爱到嫌弃进而发展到仇恨而必欲除之的地步。而江充这样政治嗅觉特别灵敏的走狗，当然会秉承主人的旨意行事。所以巫蛊之祸，乱在江充，罪在武帝。而这种封建王朝宫廷内部血腥杀戮的惨剧在我国历史上连绵不断却是由这种封建专制体制的本质造成的。

至于太子刘据死后，武帝又追悔莫及，甚至在太子殉难处建立思子宫，向天下人表明自己的痛悔哀思，又是作为人的汉武帝良心发现的自然流露。在残酷的政治斗争中，站在权力顶峰并极力维护自己宝座的汉武帝不过是一个冷血的政治动物，在妻死子亡的人间悲剧面前，他又是一个血肉长成的刘彻。

3. 罪己托孤

"巫蛊之祸"的发生、太子刘据之死对汉武帝刺激非常之大，来日不多的汉武帝仿佛一下子清醒过来了。公元前89年汉武帝发布罪己诏，反省自己的过错。他对大臣们说："我自从即位以来，所作所为都十分狂放而且违背事理，使天下人都陷在愁苦之中，实在让我后悔莫及。从今以后，凡是有会伤害到百姓、耗费天下财物的事情，都要撤销停办。"他下诏禁止苛暴之政和不合规的赋税，反省滥用武力的征伐政策，要求在军事方面，只需奖励养马，保持必要的守备力量就可以了。他还接受田千秋的建议斥退了宫廷中多年蓄养的方士，痛悔地说："向时愚惑，为方士所欺。天下岂有仙人，尽妖妄耳！"他还封丞相田千秋为富民侯，明示自己与民休息，要让天下百姓富足安康的心愿。又任命发明轮作耕种和改善了农具的赵过为搜粟都尉，让他管理农业，指导天下人努力耕耘。

对此，司马光评论说："天下实在不缺少人才啊！当汉武帝喜好攻伐四夷，图谋拓展边界，建立功业的时候，那些勇敢不怕死的人就充满了朝廷，从而向四方开拓领地，增扩国土，事事都很如意。到后来，要安息人民，重视农业了，就有像赵过这样的人来教导人民耕作，人民也就获得好处。这都是由于国君的喜好不同，士民就会做不同的反应，以迎合时势的缘故啊！"

公元前87年，汉武帝终于重病不起，迁到五柞宫养病。在一边陪侍的霍光流着眼泪问道："陛下若有不测，谁可继立？"武帝说："你还没理解以前给你看的那张图的意思吗？要立小儿子，你要像周公一样来辅佐他。"霍光一听，马上伏地叩头说："我比不上金日磾啊！"金日磾一听此言也立即叩头说："我是一个匈奴人，不如霍光，况且这样做会让匈奴人轻视汉朝的。"武帝听了他们的话，再没有说什么。

这年2月12日，武帝下诏立时年8岁的小儿子刘弗陵为太子，同时任命霍光为大司马、大将军，金日磾为车骑将军，上官桀为左将军。让他们拜受遗命，辅佐少主，三人在武帝病床前接受了遗命。

霍光被霍去病接到长安后，一直在宫中侍奉汉武帝，他为人稳重谦虚，行止有度，20多年随侍在皇帝左右，兢兢业业，小心谨慎，未有丝毫差错，深得武帝信任。霍光在其后的摄政中奉行武帝晚年"与民休息"的政策，对外不事战争，积极与匈奴谋和求好，对内改革武帝时期苛严之政，维护社会的发展和稳定。

金日磾本是匈奴休屠王的太子，因匈奴内乱逃归汉朝，长期任侍中在汉武帝身旁。几十年来小心尽职，眼睛从来不敢正视皇上，皇上见他如此忠心，便赐给他几个宫女，他都恭敬奉养，不敢亲近。汉武帝想把他女儿接到宫中，他也一再推辞，不敢高攀。金日磾的大儿子弄儿深得武帝喜爱，常在宫中陪伴武帝。一次，他和几个宫女在殿外嬉戏，正好被金日磾看到了，就立即把他杀掉了。汉武帝知道了非常生气，金日磾立即上殿叩头谢罪，陈述了自己要杀死弄儿的理由，认为与皇上的人嬉戏是做臣子的大逆不道的行为。武帝听了，流下了眼泪，心中更加信任金日磾。

侍中仆射马何罗原为江充同党，他的弟弟马通因打败太子有功封了重合侯。到后来武帝又诛灭江充家族，追查迫害过太子刘据的人，马何罗兄弟担心最终要被查出，难保性命，于是决定谋害汉武帝。公元前88年6月一天，马何罗让其弟马通、马安成在外做外应，自己利用侍中的身份，袖藏白刃潜入武帝宫室行刺，却不巧撞落了挂在宫墙上的琴瑟。琴瑟落地的响声惊起了在外室因小疾卧床的金日磾，他快步上前拦腰抱住了刺客马何罗，救了武帝，立了大功。

上官桀是个大力士，深得武帝喜爱，任命他为未央厩令，有一段时期，汉武帝得了病，病愈后，发现了厩里的马个个都很瘦弱，便很生气地责向上官桀："未央厩令以为我再也看不到马了吗？"要把他下狱治罪。但是上官桀一边叩头一边流着眼泪说："臣闻圣体不安，日夜忧惧，意诚不在马。"武帝一听觉得上官桀非常关心爱护自己，因此更加亲近信任上官桀，让他做了侍中，不久又升任为太仆，公元前 87 年 2 月 14 日，汉武帝在五柞宫逝世，享年 69 岁，在位 53 年。

对于汉武帝的评价，《汉书》的作者班固和《资治通鉴》的作者司马光有很大的不同。

班固说："孝武初立，卓然罢黜百家，表章《六经》，遂畴咨海内，举其俊茂，与之立功；兴太学，修效祀，改正朔，定历数，协音律，作诗乐，建封禅，礼百神，绍周后，号令文章，焕然可述，后嗣得遵洪业而有三代之风。"

司马光说："孝武穷奢极欲，繁刑重敛，内侈宫室，外事四夷，信惑神怪，巡游无度，使百姓疲敝，起为盗贼，其所以异于秦始皇者无几矣。然秦以之亡，汉以之兴者，孝武能尊先王之道，知所统守，受忠直之言，恶人欺蔽，好贤不倦，诛赏严明，晚而改过，顾托得人，此其所以有亡秦之失而免亡秦祸之乎！"

我们将二者的评论结合起来，可以得出较为完整的评价。

唐太宗李世民

唐太宗李世民为唐高祖李渊次子，唐朝建立后被封为秦王，公元626年发动"玄武门之变"，迫使李渊传让皇位。在位23年出现了历史上"贞观之治"的盛世，成为中国历史上受人推崇的明君。

一、乱世称雄功勋著

1. 群雄并起

隋朝开国皇帝杨坚在公元581年迫使北周静帝禅让即皇帝位，改国号为隋。隋文帝杨坚建国后在不到10年的时间里，先后灭掉了后梁和南陈，统一了中国，结束了自西晋末年以来近300年南北朝分治的分裂局面的历史。隋朝建立后，隋文帝实行了一系列加强中央集权、巩固国家统一的措施，并躬行节俭，奖励良吏，惩治贪腐，宽缓刑罚，注意民间疾苦，发展农业生产，使社会开始呈现复苏的景象，隋文帝也因之成为中国历史上较开明的开国皇帝。

但是，同历史上许多帝王在继承人确立上往往昏聩失误一样，隋文帝杨坚在废黜太子杨勇，新立太子杨广上造成大错，最终葬送了他所开创的大隋帝业。

杨广是杨坚的次子。少年时的杨广身姿帅美，聪明好学，深得杨坚及其母独孤皇后的喜爱。杨坚称帝后，杨广被封为晋王，他的哥哥杨勇被立为太子。杨广被封为晋王后担任并州（太原）总管，镇守北方重镇并州，在公元588 年的南渡伐陈战争中，20 岁的杨广担任大元帅，率军攻入陈都建康，俘虏了陈后主，灭了陈朝，结束了中国历史上长期南北分裂的南北朝时代。班师回朝后又官拜太尉，统领全国兵马，公元 590 年又被任命为扬州总管，镇守刚刚统一的南方。

战功与荣耀使杨广志得意满，自感才能不凡，开始对哥哥杨勇心怀不服，图谋夺取太子大位。

他先是在提倡节俭的父亲杨坚面前伪装清苦不近声色来博得父皇喜爱。有一次，隋文帝与独孤皇后巡幸杨广的府第，杨广事先从他安排的宫内亲信处得到消息，便将自己平时宠爱的美女都藏到别处，住宅中只留下一两个又老又丑的女人，自己又穿着粗布衣服出来迎见父皇和母后，还以便饭素食来招待。隋文帝和独孤皇后见此情形，大为高兴，从此更加喜爱杨广，而对太子杨勇因其太子妃元氏得不到宠幸郁闷病死而大加指责。同时，杨广又极力结交杨坚最宠幸的为他定天下的重臣越国公杨素，杨素多次在文帝面前夸赞杨广，并诋毁太子杨勇无才无德，并在皇帝命他去探察太子时，故意激怒太子，回来编造了太子有图谋不轨、诅咒皇上早死的言行。

公元 600 年 10 月隋文帝下诏废黜太子杨勇，并将杨勇及他的众妃及儿子一一废去封号，贬为庶人，幽禁于内史省。两个月后，杨广被立为太子。

公元 604 年，杨坚病重，迫不及待想登皇位的杨广便秘密地给在病榻前侍疾的杨素去信，探问父亲病情并请教如何即位的策略。杨素即把文帝病势情况详细写信报告给杨广，并写了即位前应该做好的各项准备工作，但此信却被代转的宫人误送（也可能是有意）到文帝之处。文帝见信大怒之时，又见一旁的宠妃宣华夫人面有泪痕，且衣衫不整，追问之下才知宣华夫人早上出宫如厕时被守候在外的杨广拦住纠缠，夫人拼命反抗才得挣脱。杨坚听后更加愤怒，于是立即让宫中值守的大臣兵部尚书柳述、黄门侍郎元岩叫太子前来。柳述等人正准备去叫太子杨广，杨坚却大声说："我是要你们将太子杨勇叫来。"柳述等人明白了皇帝的心意，准备起草诏书，废掉杨广，重新立杨勇为太子。

杨素立即将此情况报给杨广，二人见情势紧急，立即策划一不做、二不休杀死文帝，夺取君位。

主持政事的太子杨广立即伪造文帝诏令抓捕了柳述和元岩，并支走了侍疾的文华、宣华夫人，派亲信换守了文帝养病的仁寿宫的守卫，并让亲信右庶子张衡顶替柳述和元岩的值守位置来"侍疾"。张衡进仁寿宫侍疾不久，这年 8 月 13 日，隋文帝便死在了他的病榻上。

对于隋文帝的死因，有两种说法：一说是杨素、张衡毒死文帝，一说是杨素指使张衡将文帝打死的。杨广即位后下令处死了张衡，张衡在临刑时大呼："我为人做何事务，而望久活？"因此可以推断，张衡是害死隋文帝的直接凶手，而杨广为掩盖自己指使的真相杀凶灭口。

杨广害死了自己的父亲隋文帝，便顺利登上皇位，改元大业，开始了中国历史上一个著名暴君的生涯，世称"隋炀帝"。

杨广在文帝死后立即假传遗嘱让原太子杨勇自尽，在杨勇还没表态之时，传令人便杀死了杨勇。

宣华夫人听到文帝驾崩、杨广继位的消息后，非常不安，自料难以活命，但杨广却派人给她送来一个密封的小金盒，宣华夫人以为是毒药，要她自尽，打开一看原来盒中放着一只同心结。夫人非常愤怒，不愿接受，但禁不住使者和宫女一再逼迫，只得勉强拜受。当晚杨广便在宣华夫人宫中奸淫了她的庶母。

隋炀帝即位后，客观上也做了一些有益于国家长远利益的事情。如修筑西起榆林、东至紫河（今内蒙古呼和浩特市西）的长城，来防御突厥袭扰。公元 601 年派人巡航琉球群岛（今日本冲绳），加强了琉球和内地的联系；公元 607 年派使臣出使日本，促进了中日的文化经济交流；修通了长达 5000 余里沟通南北的大运河，发展了南北经济和交通等。

但是，隋炀帝以个人享乐为目的，大兴土木，滥用民力，为显耀武力多次征伐高丽，弄得国力耗尽，民怨沸腾。

公元 605 年至 606 年两年时间，隋炀帝征发丁男 200 多万营建东都洛阳，其工程之浩大，人力物力耗费之巨，为历史所罕见。接着又用6年时间，调集全国几百万男女民工开通了通济渠、邗沟、江南河、永济渠等水道，建成了长达5000余里的大运河。在国库空虚、民生凋敝之时，他又以高丽王不朝贡为名，三次发兵攻伐高丽，耗费了无数的生命和财力。

在北修驰道，南通大运河，从长安到江都（今江苏扬州）建造离宫40多所后，隋炀帝便北巡南游、三下江都游玩，给沿途各地特别是全国百姓造成了无法承受的负担。

隋炀帝巡游所乘龙舟共有四层，上层为内殿，正殿和朝堂齐备，中层的房间就达到120多间，全用金玉装饰。后面跟着嫔妃、王子公主、百官及道士和尚尼姑以及各少数民族地域来的宾客的大船1000多艘，其后又是几千艘卫兵所乘的船只。这些游船绵延长达200多里，穿锦袍的纤夫就达8万多人。运河两岸全栽上炀帝喜爱的柳树，并赐姓柳树为杨姓，称为杨柳。沿途骑兵护卫巡逻，所经500里内的各州县都要奉献所用之物，每次巡游耗费的财力人力都无法用数字计算。

隋炀帝不顾百姓生死，暴殄天物，姿意游乐，使全国百姓陷入了绝境，终于民怨沸腾，全国各地的官员叛乱和农民起义出现了大爆发的局面。

公元611年，齐郡邹平（今山东邹县）人王薄率领农民起义，反对伐攻高丽，揭开了隋末农民起义的序幕。

公元613年，济阴（今山东曹县）人孟海公，北海（今山东益都）人郭方预，河间（属河北）人格谦，渤海（今山东阳信）人孙宣雅，齐郡（今山东济南）人裴长才，济北（今山东聊城）人韩进洛、灵武（今宁夏灵武）白瑜娑等又接连起义。每支义军少则几百人，多达10余万人。同年9月，隋朝礼部尚书杨玄感在黎阳（今河南浚县）举兵反叛，围攻东都洛阳。

到了大业十三年（公元617年）前后，全国范围内最终形成了三支强有力的起义部队，这就是：翟让、李密领导的瓦岗军，窦建德、刘黑闼领导的河北义军和杜伏威、辅公祐领导的江淮义军。到这时全国成了一锅沸粥，隋炀帝的统治已摇摇欲坠。

公元618年3月，巡游江都的隋炀帝因北方尽失，无法返都，但江都粮尽，又难以支撑，随驾卫兵又多是关中人。在卫兵思乡心切人心浮动之时，率领禁卫军的武贲郎将司马德戡与直阁将军裴虔通便密谋推右屯卫将军宇文化及为首，准备杀死炀帝率军西归长安。

面对全国一片反叛起义，杨广自感死期不远，这一天他早起拿镜自照叹道："好头颅，谁来斩我？"当有宫女听到卫兵欲反前来报信时，他竟下令斩了这个宫女。这天深夜，宫中火起，司马德戡和裴虔通带人提刀直闯杨广寝宫。杨广被搜出后不愿被士兵用刀杀死，要求喝鸩酒自杀，遭到了拒绝，便解下自己的腰带让叛乱的卫兵绞杀了自己。

隋炀帝死后，隋朝的统治已完全淹没在农民起义的汪洋大海中，一个群雄并起、逐鹿中原的乱世正呼唤着一个强有力的历史人物来扭转乾坤。

2. 贵族英才

李世民祖籍陇西成纪（今甘肃秦安）。其八世祖李暠，在西晋末年占据敦煌、酒泉为王，建立西凉国，自称凉公，为凉武昭王。在其七世祖李歆时，西凉被北凉吞灭。其六世祖李重耳曾任北魏弘农太守。五世祖李熙曾任北魏金门镇将。四世祖李天赐为北魏幢主。曾祖李虎系北周的开国功臣，封为唐国公（唐朝始避讳"虎"，古时称老虎为"大虫"，即从唐开始，李渊称帝，定国号为"唐"，也是由此而来）。祖父李昞，曾任北魏安州总管、柱国大将军。可见自西晋末年到隋统一中国的 200 多年中，李氏家族一直是关陇的贵族世家。

李世民的父亲李渊，7 岁时，他的父亲李昞英年早逝，李渊便继承了唐国公的爵位。

隋朝建立后，隋文帝杨坚的独孤皇后是李渊的姨妈，所以李渊深得他的姨父隋文帝的信任。李渊曾做过隋文帝的贴身侍卫，先后出任过谯州（今安徽亳县）、陇州（今陕西陇县）、岐州（今陕西凤翔县）的刺史。他的表兄隋炀帝即位后，李渊又出任过荥阳（今河南荥阳市）、楼烦（今山西静乐县）二郡的太守，后来又调任京城殿内少监、卫尉少卿。大业十一年（公元 615 年）四月，李渊又被调任为山西、河东慰抚大使，受命镇压山西的农民起义、抵御突厥的南下进攻。大业十三年（公元 617 年）因李渊镇压农民起义和抵御突厥有功，被隋炀帝任命为太原留守。

李世民的母亲窦氏，出身于鲜卑贵族，京兆平陵（今咸阳市）人，其父亲窦毅为北周时上柱国，继母是北周武帝宇文邕的姐姐襄阳公主。据《新唐书·后妃传》记载，窦氏出生时，头发下垂过颈，3 岁时头发与身体等长。她不仅聪颖异常，读书过目不忘，而且很有志向见识。当时周武帝出于政治需要，与突厥联姻，娶了一个突厥女子做了皇后，却很少宠幸。年幼的窦氏居然告诫她的舅父周武帝说："四方还没有平定，突厥还很强大，舅舅应该为天下百姓着想，虽然你不喜欢这个舅母，但也不能老让人家独守空房，因为您和她关系融洽，才能够得到强大的突厥做靠山。有了突厥的帮助，平定江南、关东都不是什么大问题了。"周武帝万万没料到这样关乎国家大计的长远谋略竟出自一个年幼的姑娘之口，惊喜地采纳了她的建议。

在杨坚代周自立为隋朝皇帝时，窦氏女竟自投床下，恨恨地说道："我自恨不是个男儿，不能救舅家的祸难。"吓得其父窦毅捂住她的口说："不要乱说，说此话会灭掉全族的！"

窦毅见自己的女儿长相出奇，又见识不凡，便不肯随意许配他人。为给女儿择婚，在门屏上画了两只孔雀，要求求婚者射两箭均要中孔雀的眼睛。前后求婚的几十个人都没有两箭中目的，可李渊最后射箭却"中各一目"，窦毅于是把女儿许配给了李渊。

婚后，窦氏为李渊生了四男一女，长子李建成、次子李世民，还有李元霸和李元吉。李元霸早夭。

公元 599 年 1 月 23 日，李世民出生在陕西武功李宅。有记载说李世民出生时"有二龙戏于馆门之外，三日而去"。也有民间传说李世民出生在当地的一个地洞里，即今天作为文物保护的陕西武功的"唐王洞"。

传说在李世民 4 岁时，家中来一个相面先生，说李世民有龙凤之姿，天日之表，20 多岁必能登基座殿，济世安民。李渊害怕这话传出去后株连全家，赶忙出门去追杀这个相面人，可这个先生却不见了踪影。李渊认为这可能是天机神授，便给儿子取名叫"世民"。

李世民的父亲李渊长期在外做官，教育儿女的重任自然落在母亲窦氏身上，而窦氏良好的文化修养、非凡的政治见识对李世民产生了很好的影响，而其军事贵族的家庭又使他从小便接受了军事知识和骑射训练。所以李世民不仅喜好文史，胸怀大志，有以天下为己任的远见卓识，更有精湛的骑射武艺和谈兵论策的军事才能。

大业十年（公元614年）秋天，隋炀帝巡视北部边塞，东突厥始毕可汗探到消息，率几十万骑兵偷袭，将闻讯撤退到雁门郡城（今山西代县）的隋炀帝层层包围起来。雁门郡有41座城池，突厥的军队很快便攻占了39座，而炀帝退至的城池粮食仅够城内15万军民食用20天左右。危急之中隋炀帝只得将征调四方军队救援勤王的诏书系在木棍上，"投汾水而下，募兵赴援"。

年轻的李世民听到皇帝被困发诏求援的消息后毅然投在将军云定兴的麾下，大胆提出多设旗鼓为疑兵，使敌不击而去，解救皇帝危难的策略。他说："虏敢围吾天子者，以为无援故也。今宜先后吾军为数十里，使其昼见旌旗，夜闻征鼓，以为大至，则可不击而走。不然，知我虚实，则胜败未可知也。"

云定兴采纳了李世民的建议，率部大张旗鼓、虚张声势向前移动。突厥的侦察骑兵见隋军往来不绝数十里，急急向其可汗报告说："救兵大至矣！"于是始毕可汗下令从雁门撤围，率兵离去，隋炀帝因此得以脱难。首次上战场的李世民初出茅庐便锋芒初露，展示出他杰出的军事才华。

大业十二年（公元616年），领命镇压农民起义军的李渊被起义军甄翟儿的2万余众包围在西河郡雀鼠谷（今山东介休县和霍县之间），当时，李渊的部队只有五六千人，情况十分危急。紧急时刻"太宗以轻骑突围而进，射之，所向皆披靡，拔高祖于万众之中。适会就兵至，高祖与太宗又奋击，大破之"。

3. 劝父起兵

到了大业十三年（公元617年），反隋的烽火已呈燎原之势，隋王朝已是命在旦夕，在这种大势之下，李渊起兵反隋心志早已形成。

在官修的新、旧《唐书》及其他史书中，都有晋阳起兵本不是李渊本意的说法，认为晋阳起兵"皆秦王世民之谋""皆太宗之功"，主要是李世民劝父起兵反隋的结果。但是，我们细细辨析历史记载，便可以得出较为客观的看法。

大业十二年（公元616年），李渊任太原留守时对李世民说："唐固吾国，太原即其地焉，今我来斯，是为天与，与而不取，祸将斯及。"从这话语中我们便可看出李渊刚到太原上任便有了起兵反隋的心意。

而这样的打算在经过被隋炀帝抓捕问罪的危机后更有了一定的行为。

这年的12月，突厥入侵，隋炀帝命令李渊和马邑太守王仁恭并力抵抗，因战事不利，隋炀帝便派使者执李渊和王仁恭送江都问罪。李渊知道此去难有生路，便托辞不赴江都，同时他对李世民说："隋历将尽，吾家继膺符命，不早起兵者，顾尔兄弟未集耳。今遭羑里之厄，尔昆季须会盟津之师，不得同受孥戮，家破身亡，为英雄所笑。"

过了几天，隋炀帝又派使者下诏赦免了李渊，但这场虚惊对李渊起兵反隋无疑起了催化的作用。于是李渊在这时安排李建成、李元吉"河东潜结英俊"，安排李世民"于晋阳密招豪友"。不久，李建成、李元吉以及李渊的女婿柴绍都从长安来到了太原。

但是，谨慎行事的李渊却依旧迟迟没有起事，在此阶段做事果断、勇于有为的李世民和他密结的好友刘文静、裴寂的敦促劝说、面陈谋略确实起到了重要作用。

《旧唐书·刘文静传》记载刘文静："伟姿仪，有器干，倜傥多权略。隋末，为晋阳令，遇裴寂为晋阳宫监，因而结友。"刘文静通过自己的观察，认为李世民是一个能成就大事的人才，他曾对裴寂说李世民"非常人也，大度类于汉高，神武同于魏祖，其年虽少，乃天纵矣"。后来，刘文静因与瓦岗起义军首领李密结为姻亲，被隋炀帝下令投入太原狱中。

李世民深知刘文静是一位可以共谋大事的人才，便私下到狱中探望。刘文静见李世民到狱中来看望自己，心中便明白了李世民的心意，于是说："天下之乱，非有汤、武、高、光之才，不能定也。"李世民见刘文静直接挑明了自己的想法，便直截了当地说："卿安知其无？但恐常人不能别耳。今入禁所相看，非儿女之情相忧而已。时事如此，故来与君图举大计，请善筹其事。"

刘文静见李世民如此坦诚相告，便和盘托出了自己对天下形势的分析，提出了反隋的方略。他说："今李密长围洛邑，主上流播淮南，大贼连州郡，小盗阻山泽者万数矣，但须真主驱驾取之，诚能应天顺人，举旗大呼，则四海不足定也。今太原百姓避盗贼者，皆入此城。文静为令数年，知其豪杰，一朝啸聚，可得十万人。尊公所领之兵复且数万，君言出口，谁敢不从？乘虚入关，号令天下，不盈半岁，帝业可成。"

李世民听罢刘文静这番早已胸有成竹的高论不由得赞许道："君言正合人意。"于是他便和刘文静相商，决定利用刘文静的密友裴寂来劝说李渊不失时机地及早起兵反隋。

裴寂此时任隋炀帝离宫晋阳宫副监，李渊因"与寂有旧，时加亲礼，每延之宴语，间以博弈，至于通宵连日，情忘厌倦"。李世民见到父亲与裴寂关系如此亲密，于是与裴寂结成密切的关系，让裴寂设法敦促父亲及早起兵。

一日，裴寂安排晋阳离宫中的两名美女在家中侍奉李渊饮酒。饭至半酣之时，裴寂便向李渊说："二郎（李世民）密缵兵马，欲举义旗，正因寂以宫人奉公，恐事发及诛（用皇帝离宫的美女侍宴，是杀头之罪），急为此耳。今天下大乱，城门之外皆是盗贼。若守小节，旦夕死亡；若举义兵，必得天位。众情已协，公意如何？"李渊被逼得没有了退路，只好对裴寂说："我儿诚有此计，既已定矣，可从之。"这样，李渊亲口对裴寂表明了起兵的态度，起兵反隋进入了实际行动的阶段。

这之前，在隋炀帝因李渊防御突厥不力而要将他押至江都问罪时，李世民就直接说："乘间屏人说渊曰：'今主上无道，百姓困穷，晋阳城外皆为战场。大人若守小节，下有寇盗，上有严刑，危亡无日。不若顺民心，兴义兵，转祸为福。此天授之时也。'"

但李渊听后竟然说："汝安得为此言？吾今执汝以告县官！"说着，李渊还取过纸笔，做出一副要写状子告发李世民的样子。但李世民依然平静地劝告父亲："世民观天时人事如此，故敢发言，必欲执告，不敢辞死！"

李渊见儿子如此诚恳地劝告，便说："吾岂忍告汝，汝慎勿出口。"第二天，他便对李世民说："吾一夕思汝言，亦大有理。今日破家亡躯亦由汝，化家为国亦由汝矣。"

到了裴寂以宫女陪酒陷李渊于死地而相劝告，李渊便命令李世民、刘文静等人四处招募士兵，开始了起事的准备。

李渊父子大量募兵的情况引起了副留守高君雅和王威的警觉，他们从种种迹象感到了形势的危机，于是便与晋阳乡长刘文龙谋划，要利用在晋祠求雨的机会，将李渊父子及其同伙全部处死，以防叛乱。刘文龙虽然平素和高君雅、王威友好，但又通过裴寂的关系和李渊相识，李渊平时对他以礼相待，让他很是感动，当他得知李渊父子面临危险时，便把高君雅和王威的密谋全部告诉了李渊。

在这紧急情况下，李渊决定先发制人，在大业十三年（公元617年）五月的一天，他在留守府安排好了精心挑选的壮士后，约高君雅、王威于留守府大厅议事，乘机让人诬告高、王二人暗中结交突厥进攻晋阳。高、王二人面对突如其来的诬告才明白，李渊要杀他们起事，但为时已晚，只得被缚受诛。

处死了副留守高君雅、王威，标志着李渊父子正式举起了晋阳起兵反隋的大旗。

从以上史料可以看出，李世民在晋阳起兵中起到了积极推动的重要作用，但起兵的主持人无论怎么说都是李渊。正史中所谓晋阳起兵"皆世民之谋"的说法与历史实际是不相符的，这种说法说到底也是为了能给以后在"玄武门之变"中杀死兄弟、逼父让位的李世民的登基寻找一种正当的理由而已。

4. 西战东征

公元618年5月，李渊在长安称帝建国，国号"唐"，成为唐王朝开国皇帝，史称唐高祖。李渊即位后，立世子建成为皇太子、世民为秦王、元吉为齐王。

唐朝虽然建国，但当时的天下各地称王称帝的军事集团数不胜数，从公元618年李渊长安称帝到公元624年大唐帝国扫除群雄，统一天下，整整经历了7年的统一全国的战争。建国后，唐高祖李渊便身居京城处理军国大事，太子建成也基本上是在长安协助父亲处理军政事务，所以在建国后横扫天下、并吞群雄的军事斗争中，李世民建立了统一天下的卓越功勋。

（1）剪灭薛举父子

唐朝在关中立国，各路群雄在关东中原、江南地区争霸，因此巩固关中，再东向争雄，便成了唐王朝统一天下的总体战略。在巩固关中、消除关中威胁的战略步骤中，实力最强经常侵犯关中的薛举、薛仁杲父子便成了唐王朝统一天下的第一个目标。

薛举曾任隋金城府（今甘肃兰州市）校尉，在隋末大乱时也乘机起兵，屡败隋军的讨伐，兵势越来越盛。公元617年，薛举在金城称帝，定国号为"秦"，攻克秦州（今甘肃天水）后，又迁都于此，多次袭扰关中，实力迅速扩张，"军号三十万，将图京师"。

在李渊攻取长安的公元618年5月，薛举率军进攻扶风，李世民即率军征讨，大败薛举，一直追至陇山而还。到了这年的7月，薛举又纵兵攻掠高墌（今甘肃宁县西南）、豳州（今甘肃宁县）等地，李世民又率军抵御，驻扎在高墌城。当时，李世民料定薛举粮少，意在速战速决，便下令"深沟坚壁"，拒不出战来拖延时间，疲惫敌军。但此时李世民却患了疟疾，只得委托行军长史刘文静、殷开山主持军务。而刘、殷自恃兵强，出城在西南布阵，李世民在后方得知后即以书信责问，但信还未到，唐军便遭到薛举部从阵后的袭击，唐军大败，部队损失过半，大将慕容罗睺、李安远、刘弘基皆被俘，李世民只得带残兵退回长安。

薛举攻克了高墌等地后气势更盛，听取了谋士郝瑗"今唐兵新破、将帅并擒、京师骚动，可乘胜直取长安"的建议，准备大举进攻时，薛举却暴病身亡了。

薛举死后，他的儿子薛仁杲继为秦帝。薛仁杲是薛举的长子，其人"多力善骑射，军中号为万人敌，然所到多杀人，纳其妻妾"。此人极为残暴，史载对于俘虏"怒其不降，磔于猛火之上，渐割以啖军士"。攻克秦州时，"悉召富人倒悬之，以醋灌身鼻，或杙其下窍，以求金宝"。薛仁杲继位后，残暴顽劣不改，使众将领无不猜忌畏惧，兵势自此日衰。

高墌之战失败后不久，李世民又率大军西征薛仁杲。他吸取教训，驻军高墌，坚壁不出，部将多次请战，李世民对大家说："我士卒新败，锐气犹少。

贼以胜自骄，必轻敌好斗，故且闭壁以折之。待其气衰而后击，可一战而破，此万全计也。"因此李世民下令"敢言战者斩"。这样，两军相持了两个多月，秦军内粮草耗尽，军心浮动。不久薛仁杲的内史令翟长孙率众来降，薛仁杲的妹夫左仆射钟俱仇也前来归顺。

这时候，李世民认为出击的时机已经成熟，他利用敌军求战心切的心理，派出一支小部队前往浅水原（今陕西长武县）扎营布阵，吸引秦军倾巢出动。双方激战正酣，李世民亲率主力从浅水原北面突然袭击，"唐军表里奋击，呼声动地"。秦军溃不成军，在大将宗罗睺的带领下向折墌溃逃。李世民指挥大军奋力追赶，他的舅父、大将窦轨拦住马头劝道："仁杲犹据坚城，虽破罗睺，未可轻进，请按兵以观之。"李世民回答说："吾虑之久矣，破竹之势不可失也。舅勿复言！"到了晚上，唐军渡过泾水，团团包围了折墌城。

由于唐军进军神速，切断了宗罗睺败兵的归路，使其不能与薛仁杲守城的军队会合，所以纷纷投降了唐军，唐军势力大增。薛仁杲势单力薄，在大军压境前走投无路，只得出城投降。

李世民接受了薛仁杲的投降，将投降的部队全部交由薛仁杲的弟弟及大将宗罗睺、翟长孙等统领，与唐军一视同仁，使之深受感动。

李渊对薛氏父子多次大败唐军并虐杀士卒非常痛恨，便派使臣要求李世民尽诛薛仁杲的党羽，以慰死亡将士的冤魂。当时因与王世充等大战而伤元气投靠了唐朝的瓦岗军首领李密便劝谏李渊，说薛仁杲虐杀无辜才使他今日灭亡，陛下不可如此怨恨前来归附的降将。于是李渊听从了李密劝谏，同意李世民的做法，在长安市中将薛仁杲斩首示众，其余的人赦免照用。

薛氏父子势力被消灭，唐王朝终于消除了来自背面的严重威胁，终于可以出兵关东，一统天下了。于是盘踞在山西的刘武周便成为第二个征伐的目标。

（2）击败刘武周

刘武周祖籍河间景城（今河北交河县），他的父亲刘匡全家迁至马邑（今山西朔县）。刘武周年轻时"骁勇善射，交通豪侠"。他的哥哥刘山伯常常告诫他"汝不择交游，终当灭吾族也"。可刘武周不听教诲，反而离家出走，应征前往辽东征讨高丽，因建军功而授建节校尉。

征高丽还师后，刘武周任鹰扬府校尉，马邑太守王仁恭很赏识他，常让他驻守在府中，因而与王仁恭的侍儿私通。时间长了，刘武周担心奸情败露，又见眼下天下动乱，便意图造反。

于是他暗中交结张万岁等人在太守王仁恭处理公务时，以登堂拜见的名义带着张万岁等人将王仁恭斩杀于郡府大厅之中。然后刘武周提着太守首级在郡中巡行示众，开仓赈济贫民，发文让郡内所属各城归附，占据了马邑郡全境。

刘武周占据马邑自称太守后，即刻派使臣依附突厥，求得其支持后与突厥围攻前来讨伐的隋军，夺取了雁门（今山西代县），攻破了楼烦郡（今山西静乐县），占领了汾阳宫（隋炀帝的离宫），将俘获的宫女送与突厥，得到突厥可汗回赠的大量马匹。于是刘武周兵威更振，又攻陷了定襄郡（今内蒙古和林格尔）后带兵回归马邑。突厥便立刘武周为定扬可汗，但刘武周暗中自称皇帝，改元"天兴"。

这时，河北的一支地方武装宋金刚被窦建德击败，便率自己残存的4000余人投奔了刘武周。刘武周深知宋金刚善于用兵，委任他为宋王，授以军事重任。宋金刚"亦深自结纳，遂出其妻，请聘武周之妹"。

公元619年，刘武周任命宋金刚为西南道大行台，率两万人进攻并州（晋阳），驻军黄蛇岭。黄蛇岭已与太原近在咫尺，李元吉慌忙派大将张达率兵抵御，结果全军覆没。宋金刚乘胜攻陷榆次（今山西榆次县），又攻占了平遥（今山西平遥县），太原城此时便处于刘武周军队的包围之中。

到了这年6月，宋金刚率3万大军进攻太原，攻陷了介州（今山西介休县）。唐高祖急忙派左武卫大将军姜宝谊、太常少卿李仲文带兵迎战，结果又是全军覆没。唐高祖李渊极为忧虑，又派右仆射裴寂前往讨伐，但宋金刚占据坚固的介州城固守并切断了唐军水源，乘唐军慌乱之际发动突然袭击，唐军大败，一直退守到晋阳（今山西临汾市）。

此时太原已是四面楚歌，但防守太原的李元吉却骄奢淫逸，饮酒取乐，残害百姓，当刘武周大军进攻太原时，他便弃城逃到张安。刘武周占据太原后，又派宋金刚攻取了浍州（今山西翼城县）、占据了绛州（今山西新绛县）、攻陷了龙门，到达了黄河岸边，虎视关中，致使"关中大骇"。在这种不利的形势下，李渊只得下令："贼势如此，难与争锋，宜弃大河以东，谨守关山而已。"

在这危难时刻，刚从陇右前线平定薛氏父子胜利返京的秦王李世民毅然向唐高祖上表请命。他说："太原，王业所基，国之根本；河东富实，京邑所资，若举而弃之，臣窃愤恨。愿假臣精兵 3 万，必冀平殄武周，克复汾、晋。"

于是，唐高祖李渊征调关中全部兵力，全部交李世民统领东征刘武周。

公元 619 年 11 月，李世民带兵东渡已结冰的黄河，驻扎在柏壁（今山西新绛西南），与宋金刚的大军对峙。当时，黄河以东的州县大都被刘武周的军队劫掠一空，民心慌乱，仓无余粮。在这种不利的情况下，李世民下令"休兵秣马，唯令偏裨乘间抄掠，大军坚壁不战"。

在坚壁不战期间，李世民经常亲自带队外出侦察敌势地形。一次李世民带着人侦察，在大家分散侦察时，李世民身边只留下一名卫士和他在一处山丘后休息，不料两人都因困乏而睡着了。突然一队敌人骑兵发现了他们二人，从四面围抄上来，在这危急时刻，一条追逐田鼠的蛇爬过了卫士的面颊，卫士被惊醒后，才发现险情。他立即喊醒了李世民，二人一边后退，一边张弓搭箭，只见李世民一箭将敌军将领射下马来。敌兵见头领被射杀，急忙后退，李世民凭自身临危不乱和高超的射技得以转危为安。

12 月，李渊又派永安王孝基、陕州总管于筠、工部尚书独孤怀恩、内史侍郎唐俭攻取夏县。刘武周的守将崇茂向宋金刚救援，宋金刚派他手下的骁将尉迟敬德和寻相率兵增援，结果唐军受到夹击而大败，孝基、于筠、独孤怀恩、唐俭和行军总管刘世让五位大将全被俘虏。

然而，李世民却在这险恶形势下，乘尉迟敬德、寻相得胜回军的机会，派出部队出其不意地阻截伏击，大破敌军，斩首 2000 多人。不久，李世民又亲率 3000 骑兵抄近道奔袭安邑（今山西安邑县），大破敌军，只有尉迟敬德和寻相逃脱，其部下全被俘虏。

这时，唐军将领纷纷请求乘胜与宋金刚决战，但李世民却说："金刚悬军深入，精兵猛将咸聚于是。武周据太原，倚金刚为撇蔽，军无蓄积，以虏掠为资，利在速战。我闭营养锐以挫其锋，分兵纷、隰，冲其心腹，彼粮尽计穷，自当遁走。当待此机，未宜速战。"

李世民在连续两次获胜之时，依然冷静地坚持"闭营养锐以挫其锋"的战略，足见这位才20岁出头的青年将领成熟的军事才能。

到了第二年4月，刘武周多次进攻浩州，被唐将李仲文击败。而宋金刚军中粮食已完全耗尽，不得已开始向北撤退。李世民认为反击时机已到，率大军北上追击。在吕州（今山西霍邑），唐军追上寻相的部队，大破敌军，紧接着"一昼夜行军二百余里，战数十合"。刘弘基执辔劝谏李世民说："大王破贼，逐北致此，功亦足矣。深入不已，不爱身乎！且士卒饥疲，宜留壁于此，俟兵粮毕集，然后复进未晚也。"李世民回答说："金刚计穷而走，众心离沮。功难成而易败，机难得而易失，必乘此势取之。若更淹留，使之计立备成，不可复攻矣。吾竭忠徇国，岂顾身乎？"

于是，李世民身先士卒率部队策马直追，一直追到雀鼠谷（今山西介休西南），终于追上了狂逃的宋金刚部队，"一日八战，皆破之，俘斩数万人"。至此，"世民不食二日，不解甲三矣，军中只有一羊，世民与将士分而食之"。

被一路追击而无路可逃的宋金刚只得率领残存的2万多人出介休城布阵决战。李世民安排李世勣与宋金刚正面交战，在敌军占上风进攻之时，自己率精锐骑兵从敌阵后面出击，大败敌军，斩首3000余人。宋金刚无奈，只好与手下突围而出的100余骑逃往突厥。不久他又想带兵逃往上谷（今河北易县）另立门户，被突厥抓获，腰斩而死。

李世民取得介休大胜后，派人劝说据守孤城的尉迟敬德，结果，尉迟敬德与寻相一起率介休、永安两城的守军投降了李世民，从此，李世民麾下便增添了尉迟敬德这样一员猛将。

刘武周闻知宋金刚军败，大为恐惧，放弃并州逃往突厥，后也被突厥所杀。

李世民率军进攻晋阳，刘武周的左仆射杨伏念只得举城投降，至此，刘武周所攻占的山西失地全部被唐军收复。

秦王李世民在同刘武周的军事斗争中，面对更加强大的对手，采取了"深壁高垒以挫其锋"的正确的战略战术，在捕捉到有利战机后，又当机立断，一鼓作气、穷追猛打，最终取得完胜，充分显示了李世民杰出的军事统帅才能。

这年5月，李世民从山西回到了京城长安，然而休息时间不长，一项更重大的使命又落在了他的肩上，这就是南征河南，讨伐当时占据中原地区最强大的王世充军事集团。

（3）大战王世充

在李世民平定关中之时，关东中原地区有李密、王世充、宇文化及与窦建德四支强大的军事集团。此时，在多年征伐火并中，李密、宇文化及均已失败，只剩下王世充、窦建德两大集团，王世充占据河南，窦建德据有河北。

在占据关东的两支强敌中，王世充据守洛阳，成为唐王朝出兵关东、统一天下首当其冲的战略目标。

王世充，字行满，本姓支，是西域胡人，其父幼年时随改嫁的母亲到了霸城的王家，改姓了王。据《旧唐书·王世充传》记载："世充颇涉经史，尤好兵法及龟策，推步之术。开皇中以军功拜仪同，累转兵部员外郎。""大业中，累迁江都丞，兼领江都宫监。"因为他善于阿谀奉承，深得隋炀帝喜爱，后又受令守卫东都洛阳。东都洛阳曾遭到李密瓦岗军的重创，在北上的宇文化及帮助下，王世充击败了李密的瓦岗军，人员和地盘得以迅速增强。隋炀帝死后，东都洛阳发生了内讧，王世充又挫败了反对势力，于公元619年4月在洛阳自立为帝，国号"郑"。

公元620年7月，唐高祖诏令李世民统率各路兵马，出关攻击王世充。

王世充在探知唐军东征的消息后，便立即调兵遣将，做好防守准备，"选诸州镇骁勇皆集洛阳，置四镇将军，募人分守四城"。

王世充的军队长期担任守卫东都洛阳的任务，李密的瓦岗军多次攻城都未能攻下，他们守城的经验非常丰富。李世民驻军新安后，派他的部将罗士信率领先头部队围攻慈涧（今河南新安县东），王世充立即指挥3万士兵前来救援。李世民率轻骑到前线侦察敌情，意外与敌军相遇，被层层包围。李世民在寡不敌众的危急关头，沉着应战，奔驰骑射，敌兵应弦而倒，在突围路上还俘获了王世充的左建威将军燕琪，失去指挥的敌军乱了阵脚，只得退走。绝境突围、尘埃满面的李世民回到军营，守营门的士兵认不出其是本军的主帅而拒不开营门，李世民只得免胄拂尘自我表白，才始得入营。第二天清晨，李世民统帅主力 5 万步骑兵大举进攻慈涧，王世充见唐军来势凶猛，下令放弃慈涧，退守洛阳城。

王世充退守洛阳后，李世民派行军总管史万宝攻占龙门（今河南洛阳市南），将军刘德威围攻河内（今河南泌阳县），上谷公王君廓据守洛口（今河南巩县东北），断绝王世充军的粮道，怀州总管黄君汉攻取回洛城（今河南孟津东）。李世民亲率大军驻扎邙山（今洛阳市北），完成了对洛阳的战略包围。

洛阳被围后，王世充所属的一些地方官员纷纷降唐，到这年（公元 620 年）年底，洛阳周围大部分州县均落入唐军之手，洛阳成了被唐军包围的孤城。一次，王世充隔阵列对李世民喊话说："隋室倾覆，唐帝关中，郑帝河南，世充未尝西侵，王忽举兵东来，何也？"

李世民让宇文士及回答说："四海皆仰皇风，唯公独阻声数，为此而来！"

王世充闻听此言只好求和说："相与息兵讲好，不亦善乎！"但宇文士及回答说："奉诏取东都，不令讲好也。"拒绝了王世充的请求。

在围攻洛阳城期间，李世民又遭遇一次险情。有一天，李世民率 500 骑兵登上高地观察地形，王世充手下大将单雄信率军万人突然掩杀过来，幸而尉迟敬德跃马大呼一声直刺单雄信，使其坠马于地，吓得王世充军队稍有退却，李世民才得以化险为夷。

自唐军围困洛阳以来，城中粮草渐渐耗尽，王世充的太子王玄应亲率几千人从虎牢关（河南荥阳汜水镇）向洛阳运送粮食，李世民派将军李君羡阻击，大破敌军，仅王玄应只身脱逃而回。至此"城中乏食……民食草根木叶皆尽，相与澄取浮泥，投米屑作饼食之，皆病，身肿脚弱，死者相枕倚于道"。

围城到了第二年（公元 621 年）2 月，李世民移军青城宫，王世充亲率两万多人乘势出击，此时唐军营垒尚未建立，诸将甚为恐惧。李世民对左右将领说："贼势窭矣，悉众而出，侥幸一战，今日破之，后不敢复出矣！"于是，李世民令将军屈突通率 5000 人渡水出击，嘱咐他两军交战后施放烟火。当两军相接，烟火高起时，李世民带领主力与王世充军展开大战。混战中，李世民所带精锐骑兵冲入敌阵，被敌军分隔包围，王世充闻讯而至指挥部下迅速围攻，李世民的坐骑被乱箭射死。危机之中，将军丘行恭赶来射杀了几个冲在前面的追兵后，下马请李世民乘坐，自己在马前执长刀步行，斩杀了许多围上来的敌兵，杀开一条血路，与唐军主力部队会合。这场大战一直从清晨战到午后，斩首敌军7000多人，王世充终于感到不支而退兵。

几天后，李世民下令向洛阳城发起总攻，可城中石炮、弓弩齐发，防守非常严密。唐军四面攻城，昼夜不息，一连十多天也没有效果。唐军损失惨重，极为疲惫，总管刘弘基代表诸将向李世民请求撤兵而归。李世民回答说："今大举而来，当一劳永逸。东方诸州已望风款服，唯洛阳孤城，势不能久，功在垂成，奈何弃之而去？"

于是李世民下令："洛阳未破，师必不还，敢言撤师者斩！"

唐高祖李渊闻报洛阳城久攻不下，也密令李世民班师回朝。李世民即派封德彝回朝向李渊回报说："世充得地虽多，率皆羁属，号令所行，唯洛阳一城而已，智尽力穷，克在朝夕。今若旋师，贼势复振，更相联结，后必难图。"唐高祖听了，同意李世民继续围攻洛阳。

但是，洛阳城仍然久攻不下，到了公元621年3月，唐朝的另一军事对手窦建德得知洛阳城岌岌可危，王世充行将不保的情况后，深知自己将处在孤军作战的不利形势下，成为唐军下一个征伐目标，便调发大军西救洛阳。此时的窦建德接连取得了对罗艺、徐圆朗、孟海公等各路军马的胜利，将士士气高涨，粮草供给丰盈，一路上攻城夺地，气势汹汹。李世民在久攻洛阳、军力耗减的情况下，又增添了更加强大的敌人，一场更加凶险的中原大战无可避免地迫近了他的面前。

（4）生擒窦建德

窦建德是当时河北、山东地区势力最强的一支起义军的领袖，农民出身，于公元618年称帝，国号"夏"。《旧唐书·窦建德传》记载："建德每平城破阵，所得资财，并散赏诸将，一无所取。又不啖肉，常食唯有菜蔬、脱粟之饭。其妻曹氏不衣纨绮，所使婢妾才十数人。"所以，窦建德起事以来很受百姓和将士的拥戴，势力发展迅速。但是他却又缺少长远的政治眼光，军事上缺乏战略上的谋略。他与王世充是唐王朝东征统一天下的两大强敌，在李世民出关东征王世充时，王世充即派人向他求救。他的中书舍人刘斌向他建议说："今唐有关内，郑有河南，夏居河北，此鼎足相持之势也。闻唐兵悉众攻郑，首尾二年，郑势日蹙而唐兵不解。唐强郑弱，其势必破郑，郑破则夏有齿寒之忧。为大王计者，莫若救郑，郑拒其内，夏攻其外，破之必矣。若却唐保郑，此常保三分之势也，若唐军破后而郑不图，则因而灭之，总二国这众，乘唐军大败，长驱而入京师可得而有，此太平之基也。"

刘斌的建议确实是一举两得、可退可进的良策，此时出兵救郑，对窦建德极为有利，但是短视的窦建德因忙于攻击孟海公夺取地盘而没有出兵救郑，失去了改变历史的绝好机会。

公元 621 年 3 月，窦建德攻克周桥，俘虏了孟海公，才亲率大军西救洛阳，但此时困守洛阳的王世充军力大减，已无力配合他外攻内应，无法实现刘斌计谋中的三足鼎立之势了。

但是，此时的窦建德军乘胜而来，士气高涨，一路西进，攻下了元州、梁州、管州，接着攻下荥阳和阳翟后，和王世充的弟弟徐州行台王世辩的部队会合，号称 30 万大军，气势更为强大。

面对这险峻的形势，李世民军中出现了迎敌和退守的不同意见。针对不同的意见，李世民分析说："世充兵摧食尽，上下离心，不烦力攻，可以坐克。建德新破海公，将骄卒惰，吾据虎牢，扼其咽喉。彼若冒险争锋，吾取之甚易。若孤疑不战，旬月之间，世充自溃。城破兵强，气势百倍，一举两克，在此行矣。若不速进，贼入虎牢，诸城新附，必不能守，两贼并力，其势必强，何弊之承，吾计决矣！"

于是，李世民兵分两部，令一部由屈突通带领协助齐王李元吉继续围困洛阳王世充，自己亲率大军直取虎牢（成皋，今河南汜水镇）。抢占虎牢，便隔断了王世充与窦建德的联系，李世民抢占虎牢积极迎战的方针，分割了王世充和窦建德两支力量的联合作战为以后施行各个击破的战略打下了基础。

窦建德深知李世民的军事才能，在李世民抢占虎牢后，他便小心谨慎，不肯轻易出战；双方在虎牢相持了一个多月。窦建德的大军不能越虎牢西行，他的谋士凌敬向他提出了渡河进攻山西的作战方案。凌敬说："大王悉兵济河，攻取怀州、河阳，使重将守之，更鸣鼓建旗，逾太行，入上党，徇汾、晋、趣蒲津。如此有三利：一则蹈无人之境，取胜可以万全；二则拓地收众，形势益强；三则关中震骇，郑围自解。为今之策，无以易此。"

凌敬围魏救赵的策略无疑是十分高明的，如果付诸实施，不但李世民抢占虎牢而获得的优势立即化为乌有，而且，窦建德大军进入山西，必然震动关中的唐王朝，使李世民不得不回师西救，洛阳之围便自动解除。这样李世民面临窦建德和王世充的两面夹击，形势将极端不利。

然而，在窦建德也认为凌敬的方案可行，准备听从实行之时，王世充却没有认识到这个方案能自动解除洛阳之围，他像快淹死的人抓住了一根稻草也不放手一样，认为窦建德迂回作战放弃进攻虎牢后，自己的洛阳将很快被攻破。因此，他接连派使者请求窦建德，不要放弃直接救援洛阳的方案，还暗中派人用重金贿赂窦建德的亲信，阻挠凌敬方案的实施。接受了贿赂的亲信向窦建德说："凌敬书生，安知战事，其言岂可用也？"于是窦建德又改变了主意，他对凌敬说："今众心甚锐，天赞我也。因之决战，必将大捷，不得从公言。"凌敬在窦建德面前仍然据理力争，但窦还是不听，命人将凌敬扶出大帐之外。

窦建德的妻子曹氏非常赞同凌敬的策略，便劝丈夫说："祭酒（凌敬官职）之言不可违也。今大王自滏口乘唐国之虚，连营渐进以取山北，又因突厥西抄关中，唐必还师自救，郑围何忧不解？若囤兵于此，劳师费财，欲求成功，在于何日？"

但窦建德却听不进妻子的良言，他斥责曹氏说："此非女子所知！吾来救郑，郑今倒悬，亡在朝夕，吾乃舍之而去，是畏敌而弃信也，不可！"

在与李世民生死决战的关键时刻，凌敬的献策可以说是给王世充、窦建德带来了改变战争胜负，把握自身命运的一线生机。但是王世充却以自己病急低能的眼光用行贿的方式使窦建德拒绝了凌敬的方案。王、窦二人在隋末战争中，一个以勇敢善战著称，一个能以自身的不贪获得将士及百姓的人心，二人都因此拥有强大的军事力量和广阔的地盘，曾经雄踞一方，但却均缺乏远大的政治眼光和长远的战略才能，在决定自身命运的关头却表现出了自己的愚蠢和短见。两军相争勇者胜，但两军相争更是智者赢，低能的王、窦二人遇到了文韬武略兼具，有着远大战略眼光、善于驾驭战争全局的李世民，便注定了他们的灭亡。

在两军对峙时，窦建德料定唐军远道奔袭虎牢，粮草接济困难，于是制订了"伺唐军刍尽，牧马于河北，将袭虎牢"的作战计划，然而，此方案却被唐军的谍报人员获得。于是李世民决定将计就计，引诱窦建德主力出营，聚而歼之。

公元 621 年 5 月，唐军特意将千余匹战马赶往黄河北岸放牧，诱使敌军出营进攻，至黄昏时分又返回虎牢。第二天，窦建德军倾巢出动，由此至南绵延 20 里，击鼓呐喊直扑过来。唐军众将见窦建德军气势浩大，兵马漫山遍野，都感到有些恐慌。李世民率几名亲随登高观望后鼓舞大家说："贼起山东，未尝见大敌，今度险而嚣，是无纪律，逼城而阵，有轻我心；我按甲不出，彼勇气自衰，阵久卒饥，势将自退，追而击之，无不克者。与公等约，甫过日中，必破之矣！"

面对来势汹汹的敌军，李世民采取"按甲不出，彼勇气自衰"的策略，不出关迎敌。窦建德多次派部将出阵挑战，大将王琬乘坐着隋炀帝生前乘坐的战马，在阵前来往奔驰，炫耀挑战。李世民望见后不由得赞叹道："彼所乘真良马也！"尉迟敬德在旁听到主师夸赞对方的战马，便请求出阵夺马，李世民阻止说："怎可因一马而丧我猛士？"李世民的话反而激将了性急勇猛的尉迟敬德，他立即带着两个部将飞驰出阵，一下子生擒了王琬，夺得了良马而回。尉迟敬德的神勇吓呆了敌军将士，没有人敢上前追击。

窦建德一大早开始出军布阵，直到中午忙活了大半天，唐军仍不出阵交战，士兵们都已疲倦，大家开始急食抢水，军阵队形也混乱起来。李世民观察到这种情况，立即下令准备好的宇文士及率军从敌阵西侧出击，等到敌阵被宇文士及吸引出动迎敌之时，李世民率主力东渡汜水直逼敌阵中心，并派出史大奈、程知节、秦叔室等将领直出敌军阵后，张设唐军旗帜。

这场大战，双方主力都投入了战斗，绵延 20 多里的战场上杀声震天，尘埃蔽日，是隋末战乱中最大的一场战役。

由于窦建德军士卒已经疲惫饥饿，且多方受到进攻，阵脚出现混乱，到后来又望见自己军阵后面已满是唐军的旗帜，顿时出现了溃散。唐军见敌军溃退，更是勇气倍增，穷追猛打 30 余里。混战中，窦建德也身受枪伤，忍痛逃到了汜水入黄河的牛口渚，惶恐之际，突然想到以前曾听过的一首童谣："豆入牛口，势不得久"，更加心惊胆战。这时唐军又掩杀过来，惊惧不安的窦建德一下子栽下马来，唐军的车骑将军白士让不认识窦建德，正要举枪刺杀，倒在地上的窦建德仰面喊道："不要杀我，我是夏王！"

白士让俘获了窦建德，押至李世民面前献功，李世民斥责窦建德说："我自讨王世充，何预汝事，而来越境，犯我兵锋！"做了俘虏的窦建德只得腆着脸皮说："今不自来，恐烦远取。"

虎牢关大战，李世民取得了击败当时最大军事集团窦建德部的决定性胜利，俘获包括窦建德在内的 5 万多人。窦建德全军覆没，关东之外再无强敌，洛阳城中的王世充便成了瓮中之鳖。

虎牢战役结束后，李世民将窦建德押解至洛阳城下，让王世充在城上观看，王世充在城上，窦建德在城下，两个人你看着我，我看着你，大哭不止。最后，无可奈何的王世充只得"素服率其太子群臣，二千余人诣军门降"。

李世民从出兵关东到攻克洛阳，用了 10 个月，前 8 个月同王世充作战，后两个月同窦建德作战，在窦建德西救洛阳时，李世民更是敢于同王、窦二人两面同时作战，并且在虎牢之战中毕其功于一役，抓获了窦建德，逼降了王世充。

公元 621 年 6 月，25 岁的唐军统帅李世民带领东征胜利之师回到京师长安，向唐高祖献上俘虏窦建德和王世充。

窦建德被斩杀于市，王世充被赦免死罪，贬为庶人。

李世民凯旋而归，唐高祖于当年 10 月加号秦王李世民为天策上将，领司徒、陕东道大行台，位在王公之上。又增食邑 2 万户，通前 3 万户，赐金辂一乘、衮冕之服、玉璧一双、黄金 60 斤，前后部鼓吹及九部之乐，班列

40 人。

这年年底，李世民又奉命东征窦建德旧将刘黑闼的举兵造反，于公元622 年 3 月，大败刘黑闼。

7 月，李世民又率大军讨伐造反自立的徐圆朗。公元 624 年，唐军又镇压了江淮辅公祏的反唐起兵，至此，唐王朝统一中国的大业完成。

在唐王朝统一中国的战争中，李世民展现了他中国历史上杰出的青年统帅的军事才能，发挥了无人能匹敌的重要作用。

二、玄武门之变

玄武门之变是中国历史上很有名的一次宫廷政变，这次政变使一代英主李世民得以掌握李唐政权，成为历史上有名的唐太宗，从而开创了"贞观之治"的一代盛世。但这次兄弟相残的血腥政变也使得文治武功均出类拔萃的唐太宗李世民背负了弑兄杀弟的恶名，显露出他阴冷凶残的一面，为后人所诟病。

1. 兄弟阋于墙

窦皇后为唐高祖李渊生了李建成、李世民、李元霸、李元吉四个儿子，其中李元霸早夭。李渊晋阳起兵时，建成 29 岁，世民 21 岁，元吉只有 15 岁。在晋阳起兵、西取长安的进军中，李建成与李世民分统左、右两支大军，都为攻取长安立下了功劳。李渊称帝后，建成以长子身份被立为太子，留在京师协助唐高祖处理军国大事，而统帅东征部队平定天下的重任便落在了秦王李世民身上。

李世民在统一天下的战争中屡屡立下赫赫战功为他带来了一系列的荣誉、头衔和权力。李世民俘获窦建德、王世充凯旋回朝后，唐高祖认为现有的官职都不能与自己的二儿子李世民的功勋相称，特地设置天策上将一职授李世民，位在王公之上。后又授李世民以天策上将领司徒，陕东道大行台尚书令，开天策府，置官属，品秩皆与京师同，只是员数为少。在李世民统军击败刘黑闼、徐圆朗后，唐高祖又在京师宫城的西面营造大安宫，令秦王李世民居住。此时，李世民在唐帝国的政治地位和军事实力及日益增长的声望对太子李建成的地位构成了严重威胁。

东宫府中的太子中丞王珪和太子洗马魏徵看到这一危险的势头，向李建成建议说："秦王功盖天下，中外归矣，殿下但以年长位居东宫，无大功以镇服海内。今刘黑闼散亡之余，众不满万，资粮匮乏，以大军临之，势如拉朽，殿下宜自击之而取功名，因结纳山东豪杰，庶可自安。"

李建成接受了这一建议，向高祖请求率兵东征，高祖即命太子建成为陕东道大行台及山东道行军元帅，率军讨平了刘黑闼、徐圆朗残部，这是李建成在统一天下的战争中所立的唯一重大战功，有利于巩固自己的太子地位。

而李世民在自己声望、权势日增的情况下，也产生了谋取国家最高地位、代兄为储的意图。他此时在京师"锐意经籍，开文学馆以待四方之士。行台司勋郎中杜如晦等18人为学士，每更直阁下，降以温颜，与之讨论经义，或夜分而罢"。在天下即将平定，自己的武功达到鼎盛之时，秦王李世民开始"锐意经籍""讨论经义""开文学馆以待四方之士"，表明了他由军事向政治的战略转移，他此时注重招揽人才、培植私党的行为，明显地反映出他窥伺太子之位的意图。

李世民的这种意图从他听取房玄龄的建议，设法留住杜如晦在自己身边的事情上得到了充分的展示。杜如晦归唐之后，唐高祖李渊任杜如晦为陕州总管府长史，房玄龄得知这一任命后即向李世民建议说："府僚去者虽多，盖不足惜。杜如晦聪明识达，王佐才也。若大王守藩端拱，无所用之；必欲经营四方，非此人莫可。"李世民闻听此言，立即大惊道："尔不言，几失此人矣！"

作为秦王李世民的心腹谋士，房玄龄的话明白无误地表露出了李世民的心机，他清楚地表现出李世民不是甘于"守藩端拱"的平庸之辈，而是有"经营四方"的雄才大略。经房玄龄提醒，李世民果然设法将杜如晦留在了自己府中，并一直随从自己征讨薛举、刘武周、王世充和窦建德，成为他又一位重要的心腹谋士。

　　对于李世民极力网络人才、势力日盛的形势，李建成也不甘示弱，他的亲信王珪、魏徵、韦挺等人，都是很有才干的人才，除此之外，李建成还有一支重要的依靠力量，这就是他的小弟李元吉。李元吉虽则也是李世民的亲弟弟，但一直和李世民格格不入，而大哥李建成贵为太子，是未来的皇帝，因此他和太子李建成结伙来除掉对太子地位有威胁的李世民，便是自然而然的事了。

　　李渊晋阳起兵后，把军国大权交给了他的这三个嫡亲儿子来执掌，但等到这三人均形成自己的势力，而秦王李世民的势力又威胁到太子李建成时，他们的明争暗斗便不可避免了。

　　李建成、李元吉与李世民之间的争斗最终要通过暴力的方式来解决，双方对此都在暗中积极筹备。太子李建成的东宫、李元吉的齐王府和李世民的秦王府都有自己的卫兵，他们却又私募大批的勇士为自己效力。李世民在外蓄养勇士800人，而李建成则擅自招募2000多人增补为东宫卫士，号称"长林兵"，分别驻守东宫的左、右长林门。同时，李建成还派心腹可达志，从燕王李艺处调发"幽州突骑300人，置东宫诸坊"。但此事被人告发，李建成遭到高祖的严厉谴责，可达志则被流放到隽州（今四川西昌），但是李建成并未就此收手，他又派亲信杨文干私自招募壮士。当时高祖李渊拟住宜君（今陕西宜君）仁智宫，命李建成留守京师，李世民、李元吉随行。李建成便暗中嘱咐李元吉在途中对李世民下手，并说："安危之计，决在今岁。"在杨文干积极积蓄力量之时，李建成又派郎将尔朱焕、校尉桥公山向庆州（今甘肃庆阳）杨文干处运送铠甲兵器，而尔、桥二人感到事关重大，惶恐之中为求自保向高祖李渊密报了此事。李渊闻报勃然大怒，托言他事手诏李建成速来仁智宫，李建成接诏后心怀鬼胎，不敢应诏前往，他的主簿赵弘智却劝他轻车简从，前往面君认罪。李建成听从赵弘智的主意赶到仁智宫向高祖叩头认罪，高祖则令人将李建成看守起来，等待发落。又派遣司农卿宇文颖前往庆州急召杨文干来仁智宫，谁知宇文颖到了庆州后即以实情相告杨文干，杨文干只得仓促起兵造反。

　　唐高祖派李世民带兵征讨杨文干，并说："文干事连建成，恐应之者众，汝宜自行，还，立汝为太子。吾不能效隋文帝自诛其子，当封建成为蜀王。蜀兵脆弱，他日苟能事汝，汝宜全之；不能事汝，汝取之易耳！"

然而当李世民带兵讨伐杨文干反兵时，和太子李建成关系好的宠妃张婕好、尹德妃及一些大臣纷纷为太子说情，致使高祖又改变了主意。最后，他责怪了一番李建成不该"兄弟不睦"后，只是把太子中丞王珪、左卫率韦挺、天策兵曹参军杜淹等人流放了事。

当时，突厥多次入侵关中，有人建议焚烧长安而迁都，"则胡寇自息矣"。在唐高祖李渊接受此建议准备选择新都迁移之时，李世民面谏高祖说："戎狄为患，自古有之。陛下以圣武龙兴，光宅中夏，精兵百万，所征无敌，奈何以胡寇扰边，遽迁都以避之，贻四海之羞，为百世之笑乎？彼霍去病汉廷一将，犹志灭匈奴；况臣忝备藩维，愿假数年之期，请系颉利之颈，致之阙下。若其不效，迁都未晚。"一番话说得高祖心动，迁都一事因此停止下来，但太子建成又贿赂高祖妃嫔，多次在高祖面前说李世民的坏话："突厥虽屡为边患，得赂即还。秦王外托御寇之名，内欲总兵权，成其篡夺之谋耳。"一次秦王随高祖城南行猎时从马上坠落，事后建成便让妃嫔们对高祖说秦王坠马时说："我有天命，方为天下主，岂有浪死！"高祖即召李世民查问，还立案调查，但找不出任何证据。这样三番五次谗言不断，致使高祖李渊对秦王李世民"猜嫌益甚"。

太子李建成见多次诬陷都未能奏效，便设宴召李世民入东宫夜饮。几杯酒下肚后，李世民便感到心痛，让手下扶回西宫后吐血数升。高祖在看视过李世民的病情后，只是责怪建成："秦王素不能饮，自今无得复夜饮。"

玄武门之变后，李世民代李建成而成为太子并即了皇帝大位，所以以后的史书记载两兄弟之前的明争暗斗，多为建成暗中滋生事端，而李世民只是被迫防备。正史常是胜利者书写的，所以这种种记载确实有许多让人生疑而不可信之处，特别是这件"东宫夜饮"事件，疑点和漏洞更多。一是李建成明目张胆在自己宫中设宴毒害自己兄弟，实在是愚蠢至极的行为，稍有头脑的人都不会行此害人害己之事。因为害死李世民，李建成自己便是真凶，毒害兄弟，自己的太子之位还能保住吗？二是既要毒害李世民，却怎能不置其于死地，即使毒药不能要其性命，也决不能让"心痛""吐血"的谋害对象安然回返后再来对付自己。三是高祖李渊面对兄弟相残的血腥事件，只是叮嘱"自今无得复夜饮"，实在是冷血得荒唐，愚笨得可笑，只有毫无智力的痴呆傻人才会这样漠然置之。所以这次"夜饮"事件实在大有杜撰之嫌，如果不是史书造假，便极有可能是颇有心机的李世民自己上演的一出苦肉计。

李渊眼见自己的两个儿子明争暗斗，矛盾日深，迟早要酿出大祸，便对李世民说："首建大谋，削平海内，皆汝之功。吾欲立汝为嗣汝固辞；且建成年长，为嗣已久，吾不忍夺也。观汝兄弟似不兼容，同处京师，必有纷争。当遣汝还行台，居洛阳，自陕以东皆主之，仍命汝建天子旌旗，如汉梁孝王故事。"李世民听罢大哭，说不愿远离父亲身边，李渊说："天下一家，东西两都，道路甚迩，吾思汝即往，毋须悲也。"

李世民听从了父亲的劝告，准备遵从父亲的安排前往东都洛阳。李建成、李元吉得知后在一起商量说："秦王若至洛阳，有土地甲兵，不可复制；不如留之长安，则一匹夫耳，取之易矣。"于是他们秘密上书高祖说："秦王左右闻往洛阳，无不喜悦，视其志趣，恐不复来。"李建成又让近臣向高祖上奏陈说事情的利害，使得唐高祖又改变了主意。

李建成、李元吉和高祖宠幸的妃嫔的谗言多了，使唐高祖不由不信，产生了降罪黜罚李世民的心思。大臣陈叔达劝谏高祖说："秦王有大功于天下，不可黜也，且性刚烈，若加挫抑，恐不胜忧愤，或有不测之疾，陛下悔之何及！"听了陈叔达的劝谏，高祖便没有罪责李世民，但这时李元吉又出面秘密请求唐高祖诛杀秦王李世民。唐高祖李渊虽然没有答应李元吉的请求，却对他说："彼有定天下之功，罪状未着，何以为辞？"从此话可以明确看出，唐高祖李渊虽然没有同意李元吉立即诛杀李世民的请求，但心底已有了除掉李世民的打算。李元吉听出了父亲的心意，便急急地给李渊出主意说："秦王初平东都，顾望不还，散钱帛以树私恩；又违敕命，非反而何？但愿速杀，何患无辞！"

就在唐高祖李渊摇摆不定，决心难下之时，李建成、李元吉和李世民之间的争斗已到了剑拔弩张之时，一场兄弟相残的血腥政变便不可避免地发生了。

2. 血溅玄武门

李元吉请求杀秦王李世民，唐高祖李渊只是以李世民功高而罪状未着没有同意，却没有对李元吉提出的这个凶残要求进行责处，这等于向李元吉表明了在太子李建成与秦王李世民的争斗之间，他是站在李建成这一边的。李建成、李元吉探知了这一情况，更加快了除掉李世民的行动步伐。

于是，李元吉便贿赂拉拢李世民的心腹猛将尉迟敬德，遭到了敬德的拒绝，便又诬告尉迟敬德，将他下狱审讯，在李世民一再请求下，尉迟敬德才得以释放，免了一死。李元吉又想收买秦王府的程知节和段志宏，但程知节、段志宏也和尉迟一样，拒不接受钱帛收买。在收买秦王下属不能奏效的情况下，李建成、李元吉指使人多次诬陷李世民的另一心腹猛将程知节和两位主要谋士房玄龄与杜如晦，使得程知节被从秦王府中调出，任康州（今甘肃成县）刺史，房玄龄和杜如晦被驱逐出秦王府，令其"归第"，不准再和秦王李世民见面。

这时，突厥骑兵大举进军河套地区袭扰黄河南岸，为李建成除掉李世民创造了很有利的时机。于是李建成推荐李元吉统军北上征伐突厥，出发前，李元吉请求唐高祖调秦王府的尉迟敬德、程知节、段志宏、秦叔宝随军北征突厥，并从秦王府中挑选出精锐士卒来补充自己的部队。这样便达到了从秦王府中调出精兵猛将，削弱秦王李世民武力的目的。李建成对即将统军北上的李元吉说："既得秦王精兵，统数万之众，吾与秦王至昆明池，于彼宴别，令壮士拉之幕下，因云暴卒，主上谅无不信。吾当使人进说，令付吾国务。正位之后，以汝为太弟。敬德等既入汝手，一时抗之，孰敢不服？"

但是，李建成和李元吉的密谋却被东宫的太子率更丞王晊听到了，而掌东宫机要的王晊和掌管东宫宿卫的常何两人早已被秦王李世民收买，成了秦王李世民在东宫的密探，所以李建成和李元吉的密谋很快便被王晊报告给了李世民。

李世民得到王晊的告密，立即和长孙无忌、尉迟敬德商量对策。二人均劝李世民立即抢先动手，而李世民却感叹说："骨肉相残，古今大恶，吾诚知祸在朝夕，欲俟其发，然后以义讨之，不亦可乎？”尉迟敬德闻言后慷慨陈词说："人情虽不爱其死，今众人以死奉王，乃天授也。祸机垂发，而王犹晏然不以为忧。大王纵自轻，如宗庙社稷何？大王不用敬德之言，敬德将窜身草泽，不能留居大王左右，交手受戮也！"长孙无忌也紧接着说："不从敬德之言，事今败矣。敬德等必不为王有，无忌亦当相随而去，不能复事大王矣！"

李世民听罢敬德和无忌的话后，依然犹豫不决地说："吾所言亦未可全弃，公更图之。"然而直言不讳的尉迟敬德急急地说："王今处事有疑，非智也；临难不决，非勇也。且大王素所蓄养勇士八百余人，在外者今已入宫，擐甲执兵，事势已成，大王安得已乎？"

然而李世民还是有所犹豫，让左右的人就此事占卜吉凶。此时幕僚张公瑾赶到，见此情景，愤然上前将龟卜夺来掷于地上说："卜以决疑，今事在不疑，尚何卜乎？卜而不吉，庸得已乎？"

张公瑾的果断行动和言辞，终于打动了李世民，使他终于下决心和心腹谋士谋划动手的策略。于是，李世民立即让人召被唐高祖李渊逐出秦王府的房玄龄、杜如晦来府中商议举事，但房玄龄等人担心此时李世民尚未下定决心除掉李建成，便故意托词自己私下进入秦王府，会被依法诛杀，没有答应进秦王府面见秦王李世民。李世民听到回报，立即勃然大怒说："玄龄、如晦岂叛我邪？"说完便取下自身的佩刀授予尉迟敬德说："公往观之，若无来心，可断其首来。"尉迟敬德据此看出了李世民决心已下，便同长孙无忌一起赶往房玄龄、杜如晦处，对二人说："王已决计，公宜速入共谋之。吾属四人，不可群行道中。"

尉迟敬德让房玄龄、杜如晦二人换上道士的衣服，与长孙无忌一起进入了秦王府，而他自己却从另一条路绕道进入了秦王府。当天晚上（公元626年6月2日），李世民和他的一班心腹谋士终于商定了行动计划。

第二天早上，太史令傅奕向唐高祖密奏说太白星再一次出现在秦地的分野，预示"秦王当有天下"。高祖立即召李世民进宫，借问其他事来观察自己二儿子的表现。李世民却借机密报李建成、李元吉与父亲的妃嫔张婕妤、尹德妃通奸淫乱，并且说："臣于兄弟无丝毫负，今欲杀臣，似为世充、建德报仇。臣今枉死，永违君亲，魂归地下，实耻见诸贼！"李世民的密报和表白，让高祖一时难以决断，便对李世民说："明当鞫问，汝宜早参。"唐高祖李渊第二天早上要召自己的三个儿子当庭对质，明辨是非，表明这场争斗已到了水火不容的决斗时刻，也给早已下定决心举事的李世民提供了先下手为强的机会。

公元 626 年 6 月 4 日，天还未亮，尉迟敬德、长孙无忌等人便按照李世民的布置乘夜色率兵埋伏在了玄武门内。玄武门是宫城北门，是进入内宫的必经之路，而这一天正是被李世民早已收买的东宫宿卫常何值班守卫宫门，他便悄悄地将李世民及其属下引入玄武门内埋伏起来。

清晨，唐高祖李渊上朝，诸大臣也均已入朝，只等太子李建成兄弟三人的到来。李建成、李元吉二人骑马进入玄武门，便感到气氛有些异常，立即掉转马头准备回返。这时李世民突然骑马而出，一边呼喊二人停下，一边急急从后面赶来。李建成二人哪敢停留，李元吉一边拍马狂奔，一边张弓搭箭射李世民，可因为心中慌乱，连射三箭都没有射中。李世民带着众人一边急追，一边张弓搭箭，一箭便将太子李建成射死落马。这时后边的尉迟敬德率领的 70 名骑兵也纷纷放箭，李元吉中箭落马后仓皇逃入树林，李世民一马当先冲入林中，却被树枝挂住了衣服，一下子掉下马来，前面奔逃的李元吉见状，立即返身将李世民压在地上，李元吉力气很大，从李世民手中夺取了弓箭，将弓弦压在李世民的脖子上，要扼杀李世民。危急时刻，尉迟敬德跃马而至，大声怒喝，李元吉只得放弃李世民，拔腿逃跑，被尉迟敬德一箭射死。

太子东宫的翊卫车骑将军冯立，闻知玄武门事变，激昂地对部下说："岂有生受其恩，而死逃其难乎？"便与副护军薛万彻等人带领东宫和齐王府的 2000 多精兵直奔玄武门。东宫和齐王府的人马人多势众，一边攻打玄武门，一边鼓噪着要分兵攻打秦王府，捉拿李世民，秦王的将士都感到大为恐慌。这时，尉迟敬德手持李建成和李元吉的人头向攻城的士兵示众，东宫和齐王府的士兵看到太子与齐王已死，一下子失去了斗志，立即四散溃逃，冯立和薛万彻无法收拢人心，只得带着几十骑逃出了长安城。

玄武门防守稳固后，李世民立即派尉迟敬德带兵入宫，尉迟敬德手持盾牌和长矛，径直到达唐高祖李渊的宫中。李渊看见尉迟敬德全副武装，杀气腾腾而来，大为吃惊地说："今日乱者谁邪？卿来此何为？"尉迟敬德大声回答说："秦王以太子、齐王作乱、举兵诛之，恐惊动陛下，遣臣宿卫。"

李渊听到自己的儿子李建成、李元吉已被李世民杀掉，又眼见尉迟敬德带兵前来宿卫，深知自己已被控制，不能有所行动，便对宰相裴寂等大臣们说："不图今日乃见此事，当之如何？"裴寂平素支持太子李建成，此时深感处境不妙，心中极为忧虑，只得默不作声。而倾向于秦王李世民的大臣萧瑀、陈叔达等人眼见事已至此，便上前进言说："建成、元吉本不预义谋，又无功于天下，疾秦王功高望重，共为奸谋，今秦王已讨而诛之。秦王功盖宇宙，率土归心，陛下若处以元良，委之国事，无复事矣！"

李渊听了众人的言辞，明白只有"委之国事"，把皇位让给自己的二儿子李世民，才能"无复事矣"，不再有不堪设想的后果。于是只得回嗔作喜地说："善！此吾之夙心也。"听了唐高祖李渊的表态后，尉迟敬德立即请求高祖下达亲笔敕令，诏令各路军马一律听从秦王李世民的指挥，高祖无奈，只得派遣天策府司马宇文士及出宫宣读敕令，东宫及齐王府尚在抵抗的士兵听令后便纷纷放下武器，罢兵而散。

长安城平定之后，唐高祖李渊召见儿子李世民，手抚其背说："近日以来，几有投杼之惑。"李世民"跪而吮上乳，号恸久之"。当天李世民即下令处死了李建成的四个儿子和李元吉的五个儿子，部将们还想把东宫和齐王府的太子与齐王的心腹下属100多人杀掉，尉迟敬德极力劝谏说："罪在二凶，既伏其诛，若及支党，非所以求安也！"于是李世民便下了停杀令。

6月4日，唐高祖李渊下诏书大赦天下，诏令凶逆之罪止于建成、元吉，自余一律不予追问，而且明确宣布"国家庶事，皆取秦王处分"。

过了三天，又下诏书立李世民为太子，晓喻天下说："自今军国庶事，无大小悉委太子处决，然后闻奏。"这表明唐高祖李渊已把国家的所有权力交给了李世民。到了这年8月，唐高祖李渊下诏传位于李世民，李世民在东宫显德殿即皇帝位，正式登上了大唐皇帝的宝座。

在李世民和他的哥哥太子李建成为皇位继承的明争暗斗及最后的李世民弑兄杀弟的玄武门政变中，虽然以后的史书记载多为李建成步步紧逼，李世民只是无奈防备，且玄武门事发也是因为李建成与李元吉密谋设宴杀害李世民后，李世民为自救而先下手为强。但从史书的字里行间，我们仍能看出李世民为谋求太子之位而先发制人的手段和预谋。如在李建成、李元吉收买他的心腹谋臣与武将之前，李世民却早已收买了李建成最紧要职位的掌管东宫机要的王晊和掌管东宫宿卫的常何。太子李建成在自己宫中宴请李世民而投毒杀人的事件，更大的可能则为李世民为抹黑李建成而上演的一出苦肉计。而在最终发动的玄武门政变中，李世民竟然亲手杀掉李建成，并残忍地杀光李建成和李元吉的儿子。而且由王晊密报的李建成、李元吉要动手设宴杀害李世民的情报，也难说不是李世民为先下手为强而制造出的借口。

但是，政治从来是不择手段的，中国几千年的政权更迭，无不是一场接一场的血腥争斗的历史。李世民在为夺取皇位的继承权而残杀自己的亲兄弟，并在其后逼父亲让位的玄武门事件中表现出了自己人性阴冷凶残的一面，一直为后来的人所诟病，但他在创建大唐基业时的武功和即位以后开创的"贞观之治"的盛世在中国历史上也是屈指可数、极其辉煌的。玄武门政变为一代明君唐太宗留下了人生的一大污点，但却为他展示自己的文治武功，开创中国历史上少有的辉煌盛世创造了机会，奠定了基础。没有血腥的玄武门政变，或许中国历史上便缺少了文治武功极其辉煌的一代明君。

3. 即位稳天下

太子李建成和齐王李元吉在玄武门政变中虽然被决然杀掉，但他们以自己太子和齐王的身份经营多年，在朝廷内外及地方和军队中均有相当的势力。对此，李世民采取了超于他人的宽大安抚政策，迅速地清除了逃散在民间的李建成和李元吉余党，平定了各地发生的零散兵变，并为自己增添了一大批能力出众的文臣武将。

玄武门政变发生的当天，李世民就借唐高祖李渊的名义发布诏书，大赦天下，宣告"凶逆之罪，止于建成、元吉，自余一律不予追问"。第二天，曾率领东宫和齐王府的卫兵进攻玄武门的冯立、谢叔方便来自首。逃入终南山的薛万彻，在带兵进攻玄武门时杀死了李世民的属将敬君弘，但李世民仍然多次派使者诏谕其出山自首，并任命为左卫中郎将。称他们"此皆忠于所事，义士也"。除了对这些为太子李建成、齐王李元吉效过死力的武将给以宽大外，对原东宫和齐王府的一些文臣谋士更是给予信任与重用。如原东宫太子丞王珪，左卫率韦挺都被召回，任命为谏议大夫，特别是原东宫太子洗马魏徵，在玄武门政变之前，多次劝谏太子建成及早除掉秦王李世民，在李建成被杀掉之后，李世民召他当面责问道："汝何为离间我兄弟！"两边的文臣武将闻言，各个都替魏徵捏了一把汗，可魏徵依然举止自若，淡淡地回答道："先太子早从征言，必无今日之祸。"李世民其实很早就看上了魏徵的才能，所以立即转怒为喜，非常庄重地向魏徵施礼，请他担任了詹事主簿，后又被任命为谏议大夫。这种宽大为怀、敢于任用为对手忠心效命的人才的做法，不仅使李建成、李元吉在朝廷和地方上的余党及势力迅速瓦解，对稳定局势起了很大的作用，而且化敌为友，为李世民开辟新政治理国家网罗了一大批很有才干的文臣武将。

虽然李世民颁发大赦令，但朝廷内外许多官员仍然争相抓捕逃散在民间的建成和元吉的旧部来邀功请赏。已被任命为谏议大夫的王珪立即向李世民报告了这种情况，李世民立即下达命令，要求对6月4日以前为东宫太子及齐王做事的人员，"不得相告言，违者反坐"。

魏徵被任命为谏议大夫后，被派往宣慰山东，李世民授予他"便宜行事"的权力。他到达磁州（今河北滋县），正好碰到州县官押解着前太子千牛李志安、齐王护军李思行前往京城请功，魏徵当即将李志安和李思行释放，李世民听到报告后很是高兴。

为消除自己杀死亲兄弟而夺太子位的不良影响，李世民还追封李建成为息王，自己痛苦流涕地为其送葬，并把自己的儿子赵王李福立为李建成的后嗣，还让魏徵、王珪等原东宫和齐王府的下属为李建成送葬。

6月15日，唐高祖李渊自上太上皇尊号，事变两个月后，即公元626年8月8日，唐高祖颁发诏书把帝位让给了李世民，这年8月9日李世民正式登基做了大唐皇帝。第二年改年号为贞观，史称唐太宗。

唐太宗即位后大封功臣，原秦王府自己的谋士武将通过新的任命担任了朝廷的主要文武官职，唐高祖武德年间的朝廷大臣逐渐被从重要职位上撤换下来，又起用了原东宫及齐王府中一些能干之才如魏徵、王绪、韦挺等人。唐太宗还听从建议对魏晋以来的三省制度进行了适当改革，对三省的职权及相互制约关系做出了明确的规定，创立了崭新的宰相制度，既完善了国家权力机关的职能，又使君权得到了进一步的加强。

唐代的三省有中书省、门下省和尚书省。中书省是奉旨制定政策的机要部门，最高长官是中书令，下属中书舍人若干，负责进奉章表、草拟诏敕策命，即所谓的"中书出诏令"。门下省主管封驳审议，最高长官是侍中，其属官为给事中，负责对中书省所拟定的诏敕策命提出不同意见，即所谓的"门下掌封驳"。尚书省是执行政令的最高行政机关，下属吏、户、礼、兵、刑、工六部，最高长官是尚书令以及左右仆射，属官为左右丞。

公元 627 年 12 月，唐太宗曾对黄门侍郎王绪说："国家本置中书，门下以相检察，中书诏敕或有差失，则门下当行驳正。人心所见，互有不同，苟论难往来，务求至当，舍己从人，亦复何伤！比来或护己之短，遂成怨隙，或苟避私怨，知非不正，顺一人之颜情，为兆民之深患，此乃亡国之政也。"李世民这种注重不同意见，防止个人专断来减少决策上的失误的做法是非常明智的。

中书、门下、尚书三省的长官均为朝廷宰相，后来又不断扩大议政人员以集思广益，像御史大夫杜淹、秘书监魏徵均"参与朝政"，太子詹事李世勣"同知政事"。贞观年间，凡取得"参与朝政""同知政事""参知政事""参知机务""参议得失"等资衔的官员，即使不是三省的长官，也都可以到政事堂议政，都是宰相。

这种新的宰相制度，实行了三省的讨论、封驳、执行相结合的原则，相互协作，相互制衡，注重发挥集体智慧，既可减少决策上的失误，又比较理想地解决了君权与相权的矛盾，是唐太宗在中央官制改革上的一大贡献。

到了贞观三四年间，唐太宗对中央官制的改革基本完成，一大批经过实践锻炼和考验，精心选拔的治国人才组成了唐太宗执政治国的班子，这种具有卓越治国理政才干的英才济济一堂，实为中国历代所罕见。

贞观四年（公元630年）十二月的一次朝中宴会上，唐太宗的众位宰相分坐于他的身旁，看着跟着自己打天下和经过自己精心选拔的英才，唐太宗非常高兴，便对身旁的侍中王珪说道："卿识鉴精通，复善谈论，玄龄以下，卿宜悉加品藻，且自谓与数子如何？"王珪即席对答说："孜孜奉国，知无不为，臣不如玄龄；出将入相，臣不如李靖；敷奏详明，出纳唯允，臣不如温彦博；处繁治剧，众物毕举，臣不如戴胄；耻君不及尧、舜，以谏争为己任，臣不如魏徵。至于激浊扬清，嫉恶好善，臣于数子，亦有微长。"

王珪对房玄龄、李靖、温彦博、戴胄、魏徵以及他本人各自长处的品论非常精当，唐太宗听了"深以为然，众亦服其确论"。

唐太宗的文臣武将大都是在激烈的反隋起兵、统一全国的战争中涌现出来的英雄豪杰，再加上唐太宗自己大度的胸怀和慧眼识才而接纳了各有专长的英才，使得他的周围人才荟萃，为唐朝初年开创著名的"贞观之治"，使自己成为被后世普遍尊崇的一代明君奠定了极为可贵的人才基础。

三、"贞观之治"开盛世

唐太宗即位后吸取隋炀帝暴政速亡的教训，实行以文治国、偃武修文的政治路线和"任贤能、受谏净的贤人政治"，在扶民以静的指导思想下，修定唐律、健全法制、恢复社会秩序、轻徭薄赋、大力恢复和发展经济的同时，在国力强盛之时相机用兵，开拓疆土，建立起繁荣昌盛统一的多民族的大唐帝国，开创了中国历史上有名的"贞观之治"盛世，从而使唐太宗李世民成为我国历史上文治武功极为辉煌的一代明君。

1. 任用贤才

李世民在他青年时代便特别注重笼络人才。晋阳起兵前便结识刘文静、裴寂等人，共谋起兵反隋。攻取长安，李渊称帝后，又依靠房玄龄、杜如晦、长孙无忌、尉迟敬德、秦叔宝、程知节、段志宏等一大批文武贤才西征东战、统一天下，并发动玄武门政变，登上皇帝宝座。而早在自己被授予天策上将之时，便开文学馆，置十八学士，广招天下人才，以选贤任能、以文治国为大任。

李世民深知自己是得助于秦王府的智囊谋士的出谋划策和武将尽忠效力才统一天下并铲除建成、元吉而即位登基的，更由于他博览群书，通晓古今，善于从历史中总结经验教训，明白创业不易而守成更难的道理，所以在即位后如何治理天下的问题上，他理所当然地把网罗天下人才作为安定天下，治理国家的基础。李世民在公元626年8月即皇帝位，9月便设置弘文馆，广收天下英才，表明他对于为政得人是何等的重视。

贞观元年（公元627年），唐太宗对房玄龄等人说："政理之本，惟在于审，量才授职，务省官员。故《书》称'任官惟贤才'。"

贞观二年（公元628年），唐太宗对房玄龄、杜如晦说："公为仆射，当助朕忧劳，广开耳目，求贤访哲。"他又说："朕居深宫之中，视听不能及远，所委者惟都督、刺史，此辈实理乱所系，尤须得人。"这里唐太宗把"得人"，视为关系国家"理乱"的关键所在。

唐太宗把"得人"视为"致安之本"，其目的在于安定天下，有益于百姓民生。贞观元年（公元627年），他对兵部员外郎杜正伦说："朕今令举行能之人，非朕独私于行能者，以其能益于百姓也。朕于宗亲及勋旧无行能者，终不任之。以卿忠直，朕今举卿，卿宜勉称所举。"

唐太宗一直对选任贤才问题十分重视，直到贞观十三年（公元639年），他还对侍臣说："能安天下者，惟在得用贤才，公等既不知贤，朕不可偏识，日复一日，无得人之理。"他在位期间他曾五次下达求贤诏书。他多次说道："黄金累千，岂如多士之隆，一贤之重。""夫国之匡辅，必待忠良；任使得人，天下自治。"

唐太宗不仅求贤若渴，把"得人"作为治理国家的根本，而且在选人用人之时，坚持"唯求其才，才行俱兼"的原则。贞观六年（公元632年），唐太宗和魏徵谈到用人时说："为官择人，不可造次即用。"又说："用人弥须慎择。"魏徵回答说："乱代帷求其才，不顾其行；太平之时，必须才行俱兼，始可任用。"唐太宗和魏徵的对话反映出贞观年间用人的谨慎态度和标准。

魏晋以来，任用官员特别看重出身门阀，而唐太宗用人不论人才的出身，他的人才班子中除有出身于世族地主的长孙无忌、高士廉、杜如晦外，更有出身于一般庶民的房玄龄、魏徵、王珪、侯君集、韦挺、马周、张亮等人。

贞观三年（公元 629 年）他下诏说："白屋之内 闾阎之人，但有文武才能，灼然可取；或言行忠谨，堪理时务……亦录名状与官人同申。"如马周"少孤贫好学，尤精《诗》《传》，落拓不为州里所敬"。"至京师，舍于中郎将常何之家"做了一名门客。贞观三年，唐太宗令百官皆上书言朝政得失，而常何从小目不识丁，当官后才勉强认识了几个字，于是他只好请马周给他写了一篇奏折，"陈便宜二十余事"。上奏后，唐太宗感到奏折分析时政非常得当，奇怪常何一介武夫为何竟能写出如此见识不凡的奏章，便亲自询问常何，常何只好扭扭捏捏地说："此非臣所能，家客马周具草也。每与臣言，未尝不以忠孝为意。"唐太宗即刻召见了马周："与诏甚悦，令直门下省。六年，授监察御史，奉使称旨。"

唐太宗用人坚持任人唯才的原则，不局限于心腹故旧，而是新故并用，"弃怨用才"。魏徵原为李建成东宫太子洗马，为李建成的贴身心腹，但玄武门政变后却受到唐太宗重用。贞观初年，房玄龄便上奏说，原秦王府中的许多故旧未被委任官职，而东宫和齐王府中却有许多人被任用，因此现在故旧之人颇有怨言。唐太宗看过之后当朝晓喻众臣说："今所以择贤才者，盖为求百姓安也。用人但问堪否，岂以新故异情？……才若不堪，亦岂以旧人而先用？今不论其能不能，而直言其嗟怨，岂是至公之道耶？"

唐太宗选人也确实做到了古人所说的"内举不避亲，外举不避仇"。长孙无忌是长孙皇后的哥哥，他"该博文史、性通悟，有筹略"，跟着李世民南征北战，在玄门武政变中也有大功。贞观七年（公元 633 年），唐太宗拜长孙无忌为司空，无忌再三辞谢说："臣忝预外戚，恐天下谓陛下私。"但唐太宗却说："吾为官择人，惟才是与，苟或不才，虽亲不用，襄邑王神符是也。如其有才，虽仇不弃，魏徵等是也。今日所举，非私亲也。"

在夺取天下的战争中，唐太宗用人的原则是唯求其才，而平定天下后，他坚持强调"才行俱兼"。贞观三年（公元629年），唐太宗指示吏部尚书杜如晦说："比见吏部择人，惟取其言词刀笔，不悉其景行。数年之后，恶迹始彰，虽加刑戮，而百姓已受其弊，如何可获善人？"贞观六年（公元632年），唐太宗对魏徵说："为官择人，不可造次。用一君子，则君子皆至；用一小人，则小人竞进矣。"贞观二十一年（公元647年），唐太宗下了提拔司农卿李纬为户部尚书的任命，当时有宰相府来人面见皇帝，唐太宗便随意问来人宰相房玄龄对任命李纬为户部尚书有什么看法。来人回答说："玄龄闻李纬拜尚书，但云李纬美髭鬓。"唐太宗从房玄龄的话中听出了李纬的"才行"不足以担任尚书一职，立即撤销了任命。贞观十一年（公元637年），唐太宗令有关部门制定了"考课之法"来考核官员，用"四善""二十七最"来作为官员升降、任免的依据。而"二十七最"列举了朝中27个机构的官员办事的准则，"四善"则指"德义有闻""清慎明著""公平可称""恪勤匪懈"四项品德操行。

唐太宗在用人上不仅知人善任，而且珍惜人才，做到了用人不疑，保全功臣。他对侍臣曾说过："君臣义均一体，宜协力同心，事有不安，可极言无隐。傥君臣相疑，不能备尽肝膈，实为国之大害也。"早在李世民与刘武周大战之时，刘武周的大将尉迟敬德在兵败后投降了李世民，但不久尉迟敬德的许多部将却纷纷叛逃了，李世民的部下"疑敬德必叛，囚于军中"。大将屈突通、殷开山极力劝李世民杀掉敬德，以绝后患，可李世民却下令释放了尉迟敬德，"引入卧内，赐以金宝"，并安慰敬德说："寡人终不听谗言以害忠良。"后来，尉迟敬德为李世民屡立奇功，功盖诸将。

贞观年间，有人告魏徵"谋反"，唐太宗以他对魏徵为人的了解，不予相信，说："魏徵昔吾之仇，祇以忠于所事，吾遂拔而用之，何乃妄生谗构！"于是他便按照诬告反坐的法律，将诬告者处以死刑。

珍惜人才、保全功臣更使唐太宗成为中国历代开国皇帝中最富有人情味、最宽容大度的典范。开国功臣，特别是其中的一大批武将，在天下平定、偃武修文的新的历史时期，已很少有机会像打天下时那样驰骋战场，建功立业了。而以文治国，对他们中的大多数人来说，又不是其所擅长的，很难给他们委以要职，所以也就有些难免居功自傲，时有怨言。唐太宗李世民作为中国历史上的一代明君，既坚持他"任人唯才，才行兼备"的用人原则，又尽力保全功臣，体现出既以国计民生为重的公心，又极富人情味的仁心。

开国功臣尉迟敬德于贞观六年（公元 632 年）即赐爵吴国公，拜右武侯大将军。他以功高自负，经常与长孙无忌、房玄龄、杜如晦等"面折廷辩，由是与执政不平"。一次，唐太宗在宫中设宴，有人坐在了敬德上首，敬德即发怒说："汝有何功，合坐我上？"坐在敬德下边的任城王李道宗上前劝解，敬德反而勃然大怒，大打出手，把李道宗的眼睛也打伤了，酒宴也被搞得不欢而散。大家都走开之后，唐太宗留下尉迟敬德说："朕览汉史，见高祖功臣获全者少，意常尤之。及居大位以来，常欲保全功臣，令子孙无绝。然卿居官辄犯宪法，方知韩、彭夷戮，非汉祖之愆。国家大事，惟赏与罚，非分之恩，不可数行，勉自修饰，无贻后悔也。"

尉迟敬德不仅是开国功臣，而且对唐太宗李世民多有救命保驾之功，对于他的居功自傲、胡搅蛮缠，唐太宗给以了既开诚布公、语重心长的劝喻，同时也当面指出国法的无情，任何人不可触犯造次。唐太宗对功臣尽力保全而又不迁就姑息的态度使尉迟敬德大为感动，从此不再居功自傲、举止放肆了。

贞观十七年（公元 643 年），唐太宗特意修建凌烟阁，命画师将评定的24 位功臣贤相画像悬挂于阁中，供臣民及后人瞻仰。这种知人善任、彰显贤臣功勋的做法，与中国历史上许多帝王嫉贤妒能、残害忠良，特别是许多开国皇帝从维护一家基业的私欲出发，将同自己打江山而立下汗马功劳的功臣良将斩尽杀绝的做法形成了鲜明的对比，彰显出唐太宗以天下为公、为天下百姓谋福利的胸怀和志向。

正是唐太宗这种博大的胸怀和"唯才是举""才行兼俱"的用人政策，给自己周围聚集了一大批文武英才和一批批治国有方的贤相，为贞观之治的开创准备了最为可贵、不可或缺的人才资源，使贞观之治的实现有了成功的可能。

为使天下英才尽可能为己所用，成为绵绵不绝的治国人才队伍，唐太宗继承和发展了隋朝建立后首创的科举制度，使科举选官成为除各级官府推荐选拔和恩荫以外最主要的选官途径。据载，唐太宗在看见举子们列队步入试场时曾高兴地说："天下英才皆入吾彀中矣。"

2. 善纳谏言

唐太宗李世民之所以被称为中国历史上明君的典范，很重要的一点便是他广开言路，善于纳谏，鼓励臣下"正词直谏"，甚至"犯颜忤旨"劝谏自己。在这个问题上，中国历史上任何一个皇帝都无法同他相比。

贞观初年，唐太宗便多次对臣下说："人欲自照，必须明镜；主欲知过，必籍忠臣。"并鼓励臣下们"冀凭直言鲠议，致天下太平"。

贞观二年（公元 628 年），唐太宗对朝臣们说："人君必须忠良辅弼，乃得身安国宁。隋炀帝岂不以下无忠臣？身不闻过，恶积祸盈，灭亡斯及。若人主所行不当，臣下又无匡谏，苟在阿顺，事皆称美，则君为暗主，臣为谀臣。君暗臣谀，危亡不远。朕今志在君臣上下各尽至公，共相切磋，以成理道。公等各宜务尽忠谠，匡救朕恶，终不以直言忤意辄相责怒。"唐太宗李世民"苟在阿顺，事皆称美，则君为暗主，臣为谀臣，危亡不远"的认识在历史上的教训是很多的。直到今天我们还是追求"一致拥护""全体通过"的局面，而这样的情况实际上否定了会议及讨论的必要性，高度统一、众口一词实际上是不正常的，其结果常常会酿成大错，埋下危机。

贞观六年（公元 632 年），御史大夫韦挺等人上奏进谏，李世民设宴招待他们。宴会中他对韦挺等人说："朕历观自古人臣立忠之事，若值明主便宜尽诚规谏。至如龙逄比干，不免孥戮。为君不易，为臣极难。朕又闻，龙可扰而驯，然喉下有逆鳞。卿等不避犯触，各进封事，常能如此，岂虑社稷之倾败？每思卿等此意，不能暂忘，故设宴为乐。"

贞观八年（公元 634 年），唐太宗又对臣下们说："朕每闲居静坐，则自内省，恒恐上不称天心，下为百姓所怨，但思正人匡谏，令耳目外通，下无怨滞。又比见人来奏事者，多有怖慑，言语致失次第。寻常奏事，情犹如此，况欲谏诤必当犯逆鳞，所以每有谏者，纵不合朕心，朕亦不以为忤；若即嗔责，深恐人怀战惧，岂肯更言？"

战国时的韩非子在他的《说难》篇中曾说过："谏说谈论之士，不可不察爱憎之主，而后说焉。夫龙之为虫也，柔可狎而骑也，然其喉下有逆鳞径尺，若人有婴之者，则必杀之。人主亦有逆鳞，说者能无婴人主之逆鳞，则几矣。"韩非子的话，并非危言耸听，自古以来，以言犯逆造成杀身之祸的人数不胜数。而唐太宗李世民多次提到"逆鳞"，却是为了消除人们对自己的顾虑，鼓励臣下对自己犯颜直谏。

李世民能够从谏如流，鼓励臣下提出不同意见，是因为他深知兼听则明，偏听则暗的道理。贞观二年（公元 628 年），唐太宗李世民问魏徵："人主何为而明，何为而暗？"魏徵回答说："兼听则明，偏听则暗……是故人君兼听广纳，则贵臣不得拥蔽，而下情得以上通也。"唐太宗对此极为赞赏，他对房玄龄等人恳切地说："人君须得臣谏之臣，举其愆过。一日万机，一人听断，虽复忧劳，安能尽善？"

正是唐太宗这样虚怀纳谏、从善如流，所以贞观年间君明臣忠、犯颜直谏的事例不胜枚举，特别是魏徵的直谏对李世民治国理政影响最大。我们在以后讲述唐太宗的贤臣名将时再重点讲述，在这里仅举其他人进谏的事例，来看看唐太宗善纳谏言之一斑。

贞观初年，李世民和黄门侍郎王珪言谈间有一美人在旁侍奉，此女本是庐江王李瑗之姬，李瑗谋反被处死后没入官府为宫女。李世民指着此女对王珪说："庐江王不道，（庐江王）贼杀其夫而纳其室，暴虐之甚，何有不亡者乎？"

王珪听了太宗的话，离开座位拱手问道："陛下以庐江取之为是邪？为非邪？"

"安有杀人而取其妻，卿乃问朕是非何也？"唐太宗感到王珪是别有用意而故意装糊涂，便反问王珪这样的事为什么还分不清是与非。

听了太宗的责问，王珪立即回答说："臣闻管子曰，齐桓公之郭国，问其父老曰：'郭何故亡？'父老曰：'以其善善而恶恶也。'桓公曰：'若子之言，乃贤君也，何至于亡？'父老曰：'不然。郭君善善而不能用，恶恶而不能去，所以亡也。'今此妇人尚在左右，臣窃以为圣心是之；陛下若以为非，所谓知恶而不去也。"

唐太宗听了王珪此番谈古论今、婉转劝谏的言辞，心中已知道自己的不对，立即高兴地称赞王珪讲得很有道理，并即刻把这个美人送还给了她的亲族。

作为人主的唐太宗也有他的私心，许多时候也从自身的私情和利益出发来考虑、解决问题，但他有着较高的人格和追求，所以最终还是能接受正直臣子的劝谏，以国事为准来处理问题。

贞观元年（公元 627 年），吏部尚书长孙无忌，被唐太宗传旨召见时，未解佩刀便进入了东上阁面见太宗。对此朝中给以处罚时，尚书右仆射封德彝认为监门校尉没有发觉长孙无忌带着佩刀，罪当处死；长孙无忌误将佩刀带入宫中，罚铜 20 斤。太宗听从了宰相封德彝的建议，但大理寺少卿戴胄却立即反驳说："校尉不觉与无忌带入，同为误耳。臣子之于尊极，不得称误，准律云：'供御汤药，饮食，舟船，误不如法者，皆死。'陛下若录其功，非宪司所决；若当据法，罚铜未为得衷。"

太宗听了戴胄的意见后立即表态："法者，非朕一人之法，乃天下之法也，何得以无忌国之亲戚，便欲阿之？"并要求重新议定二人之罪。封德彝等人还是坚持自己开始的意见，太宗听了又准备按宰相等人的意见论处，但戴胄还是坚持反对意见说："校尉缘无忌、以致罪，于法当轻。若论其误，则为情一也，而生死顿殊，敢以固请！"

戴胄依据法律在宰相和皇帝面前一再力争，最终受到了唐太宗的嘉赏，监门校尉终于被免去了死罪。

贞观元年（公元 627 年），张大亮出任凉川都督，清廉勤政，名声非常好。有一个朝廷使者来到凉川，看到这里出产一种名鹰，便暗示张大亮将鹰献给皇上。为此，张大亮向唐太宗送上密奏请示说："陛下久绝畋猎，而使者求鹰。若是陛下之意，深乖昔旨；如其自擅，便是使非其人。"

唐太宗接到张大亮的密奏，心中很是欣慰，立即手书诏书表达自己对张大亮的赞赏之情。诏书说："以卿兼资文武，志怀贞确，故委藩牧，当兹重寄。比在州镇，声绩远彰，念此忠勤，无忘寤寐。使遣献鹰，遂不曲顺，论今引古，远献直言。披露腹心，非常恳到，览用嘉叹，不能已已。有臣若此，朕复何忧！宜守此诚，终始若一。古人称一言之重，侔于千金，卿之此言，深足贵矣。今赐胡瓶一枚，虽无千镒之重，是朕自用之物。"

从唐太宗给张大亮的诏书，我们可以看出唐太宗对能向他直言进谏的贤臣是何等敬佩、何等深爱。

贞观四年（公元630年），唐太宗下诏调发士卒修建洛阳宫干阳殿，以备皇帝巡幸之用。对此，给事中张玄素上书劝谏，在上书中引用了秦始皇、隋炀帝大修宫室的事例作为鉴戒。唐太宗看过张玄素的上书后心中甚为不快，他召来张玄素说："卿谓我不如炀帝，何如桀纣？"

张玄素从唐太宗的问话中感到了皇帝心中的不快，但他依然不慌不忙地回答说："若此殿卒兴，所谓同归于乱。且陛下初平东都，太上皇敕大殿高门并宜焚毁，陛下以瓦木可用，不宜焚灼，请赐予贫人。事虽不行，然天下翕然，讴歌至德。今若尊旧制，即是隋役复兴，五六年间，趋舍顿弃，何以昭子孙，光敷四海？"

唐太宗闻言，立即感叹道："我不思量，遂至于此。"认识到了自己的错误和由此将要产生的危险。事后他专门对宰相房玄龄安排说："今玄素上表，实亦可依，后必事理须行，露坐亦复何苦？所有作役，宜即停之。然以卑干尊，古来不易，非其忠直，安能若此。可赐彩二百匹。"魏徵听到了这件事，大为感叹地说："张公论事，遂有回天之力，可谓仁人之言，其利博哉！"

早在唐太宗刚即位之时，他便因官吏腐败收受贿赂而担忧，于是接受建议，暗中派心腹装扮成有事相求的行贿人上门给当事官员行贿。不久果然有一个司门令接受了一匹绢的贿赂，于是太宗下令处死这个收受贿赂的司门令，用以警戒其他官员。尚书裴矩立即劝谏说："为吏受贿，罪诚当死，但陛下使人遗之而受，及陷人于法，恐非所谓'道之以德，齐之以礼。'"太宗非常高兴地接受了裴矩的劝谏，并即刻召集朝中五品以上的官员集会，表彰裴矩说："裴矩能当官力争，不为面从，傥每事皆然，何忧不治！"

贞观初年，唐太宗在说到自己的臣下时，往往说某某是山东人，某某是关中人，言下之意是自己老根据地出身的老部下和山东以外后来归顺朝廷的臣下有所不同。有一次，太宗和大臣聚会宴饮时又在这样说，当时殿中侍御史张行成正在侍宴，听到了太宗这种说法，认为这不利于朝中大臣的团结，对朝廷上下齐心协力共同尽职尽责治理国家不利，便当场下跪进谏说："臣闻天子以四海为家，不当以东西为限，若如是，则示以隘。"唐太宗立即意识到自己的出言不慎，不但当面检讨了自己的不对，还赐给张行成名马一匹、钱 10 万、衣一袭。从此以后，常常征求张行成对朝中大事的意见，提升张行成做了给事中。

因为唐太宗能容忍接受臣子的据理力争，所以当皇亲国戚有违国法的事，臣下都能检举揭发。有个叫柳范的侍御史上奏检举安州都督、皇子吴王李格外出打猎经常毁坏百姓的庄稼，还把猎场周围的民房拆除，扩大猎场。唐太宗闻奏非常生气，立即把李格免了职，还削减了他 300 户的封邑。这样处理后，唐太宗还觉得不够，想到"教不严，师之惰"，所以恨恨地说："长史权万纪事吾儿，不能匡正，罪当死。"柳范知道吴王的老师权万纪平素为人正直，而吴王李格生性顽劣，难以教诲，便立即反驳说："房玄龄事陛下，犹不能止畋猎，岂能独罪万纪？"唐太宗听到柳范竟敢如此大胆地反驳自己的决定，还把皇帝和皇帝的老师都扯了进来，即刻被顶得一句话也说不出来，恼火了半天，一甩袖子走出了大殿，留下柳范直直地站在那里，一动也不敢动。过了好一会儿，唐太宗怒气消解了，走回了大殿，把柳范单独叫到身边说："何面折我？"柳范不动声色地回答说："陛下仁明，臣不敢不尽愚直。"唐太宗听了柳范巧妙的回答，不禁笑了起来。

当时不仅朝中大臣敢于坚持真理，直言上谏，地方中的许多下级官员也能看到不对的事，直接上书给皇帝，提出批评意见。有个叫作皇甫德参的八品官员，只是中牟县的县丞，他直接给唐太宗上书，批评朝廷大兴土木，修建洛阳宫，抽调了大批民夫而影响了农时。他还顺便对全国上下妇女们流行的喜好梳蓬松高大的发髻提出了意见，认为这正是受了皇宫里的女人的影响，才致使百姓上行下效刮起了奢靡之风。

面对皇甫德参直言不讳地批评朝廷和皇宫的奏折，唐太宗不免生起气来，拍着龙案气呼呼地说："德参欲国家不役一人，不收斗租，宫人皆无发，乃可其意邪？"想治皇甫德参的诽谤之罪。魏徵一听，马上劝谏唐太宗说："自古上书不激切，不能动人主之心，所谓狂夫之言，圣人择焉，唯陛下裁察！"听了魏徵的劝导，唐太宗一下子冷静了下来，他懊悔地说："朕罪斯人，则谁敢复言！"于是下令赏赐皇甫德参 20 匹上等的丝绸。看到唐太宗态度的前后转变，魏徵还想再说几句，但唐太宗忙着处理其他事务，魏徵也就再没有说什么。

第二天，魏徵一上早朝便接着昨天的话说："陛下近日不好直言，虽勉强含容，非曩时之豁如。"唐太宗听了心中很是惭愧，他非常高兴地接受了魏徵的批评，还下令又给了皇甫德参一大笔优厚的赏赐，并把他调入京城，提升做了监察御史。

唐太宗不仅能纳谏，还采取了评多措施监督朝政。例如，他让谏官和史官列席宰相们定期举行的政事堂会议。谏官介入最高层的施政会议，发现虚假政绩和不合法律的言行，有权指责改正。史官则可直接把皇帝和宰相决策时的言行如实记载，更能起到规范最高决策者的言行的作用。同时他还采取了许多形式使自己了解真实的情况，制定正确的政策法令和施政措施。一是定期让文臣武将书写书面材料，反映下情，提出意见；二是自己主动提出问题，当面征求大家的意见；三是经常组织大臣进行当廷辩论，自己再择善而从。直到太宗晚年，他仍然非常注重倾听臣子的谏言。贞观十七年（公元643 年），唐太宗问褚遂良说："舜造漆器，禹雕其俎，当时谏舜禹者十余人。食器之间，苦谏何也？"褚遂良回答说："雕琢害农事，纂组伤女工，首创奢淫，危之亡渐。漆器不已，必金为之，金器不已，必玉为之。所以铮臣必谏其渐，及其满盈，无所复谏。"太宗听了，甚觉有理。

唐太宗善纳谏言是他成为中国历史上公认的明君典范的重要方面，也是他的那个时代能开创"贞观之治"盛世的重要原因。他的"人以铜为镜，可以正衣冠、以古为镜，可以见兴替；以人为镜，可以知得失"的千古名言及虚心纳谏的行为，不仅是人们反省修身所应遵循的典范，更给为官执政者树立了很好的榜样。

然而，纵观我国历史，像唐太宗这样虚心纳谏善于接受批评意见的君主实在是少之又少，更多的是历朝历代最高统治者听不得不同意见，听不得真实情况的反映，因而不断地上演敢于直言的忠贞之士遭受迫害，诛连亲故的惨剧，致使忠言蔽塞，假话横行，朝政昏暗，祸国殃民。这更显示出唐太宗李世民以有益于百姓民生为重，虚心纳谏胸怀的难能可贵。

3. 以法治国

隋炀帝繁法酷刑的暴政，也是导致隋朝短命而亡的重要原因。唐太宗即位后总结历史经验教训，多次组织讨论以法治国和天下大治的关系以及立法的基本原则，着手制定体系完备的唐律——《贞观律》。通过多次论辩，首先明确了立法的基本原则：一是宽仁慎刑，二是礼法合一，三是划一简约，四是"法令不可数变"，修改要"详慎而行"。

在朝廷讨论立法的基本原则时，尚书右仆射封伦主张"以威行肃天下"，而魏徵却本着"王政本于仁恩"的理论，不同意封伦的主张。唐太宗欣然采纳了魏徵的意见，强调"以宽仁治天下，而于刑法尤慎"。

中国古代统治者均不同程度地把"礼"作为规范人们言行、调整人际关系的行为准则，所以秦汉以来，引用儒家经典来断案决狱成为一种风气。唐太宗认为"引经决狱"不便于决狱的统一适用性，便提出将儒家经典礼法中的具体要求法典化，制定出统一的法律条文，以立法的形式使礼的原则法律化，体现礼本刑辅、明刑助礼的治国理念。

唐太宗在制定唐律之初，便一再强调"死者不可再生，用法务在宽简"，后来又对侍臣说："国家法令，惟须简约，不可一罪作数种条。格、式既多，官人不能尽记，更生奸诈，若欲轻罪，即引轻条；若欲入罪，即引重条……宜令审细，毋使互文。"他强调了制定法律必须明确划一，这是保证量刑准确的重要前提。这不仅使法官能够尽记、百姓易知，更使得奸官无法用"一罪作数种条"来循私舞弊，贪脏枉法。

在《贞观律》公布之前，唐太宗对臣下说："法令不可数变，数变则烦，官长不能尽记，又前后差违，吏得以为奸。自今变法，皆宜详慎而行之。"唐太宗的这番话，清楚地表明了立法的一条基本原则，即保持法律条文的相对稳定性。保持了法律的稳定性，才能避免因律文多变，使人心生疑惑，无所适从，不法官吏从中为奸的弊端。《新唐书·刑法志》记载："自房玄龄等更定律、令、格、式，讫太宗世，用之无所变改。"可见"法令不可数变"的立法原则，在贞观时期确实是被严格施行的。但是，在客观实际发生变化时，唐太宗还是主张对已有的法律条文做出适当修改，但心须"自今变法，皆宜详慎而行之"，不可轻易更改。《唐行》对此便有如下一条法律规定："诸称律、令、式不便于事者，皆须尚书省议定，奏闻；若不申议，辄奏改行者，徒二年。"可见，修改法律条文需要集体讨论议定上奏，经皇帝批准后，方能生效。如果不经讨论而上奏批准，将给予流放两年的处罚。

贞观元年（公元627年）四月，唐太宗命长孙无忌、房玄龄等人按照上述立法原则，参照隋朝的《开皇律》和唐高祖长安称帝后制定的《武德律》制定新的唐律——《贞观律》。此部法律的制定历时整整10年，于贞观十一年（公元637年）正月在全国颁发执行。《贞观律》是我国历史上一部体系完备的法典，共有12篇502条，此外还编定了《贞观令》30卷、《贞观式》20卷、《贞观格》18卷。

律、令、格、式是唐朝法规的四种基本形式。《唐六典》对此解释说："律以正形定罪，令以设范立制，格以禁违止邪，式以轨物程序。"从大体上说，律是刑事法规，相当于近代的刑事法律；令是关于国家体制和基本制度的法规；格是国家各部门机关处理公务的行政法规；式是国家机关行文办事必须遵循的程序。

我国从夏商以来是君主制国家政体的国家。到了秦汉时期，发展成君主专制的国家，在这种专制制度下，国君皇族有着超越法律、凌驾于法律之上的权力。而唐太宗作为我国历史上卓越的开明君主，在贞观元年（公元627年）便对大臣说："法者，非朕一人之法，乃天下之法。"明确自己虽是皇帝，也在法律条文规范之下行事，不能随个人的意志来干预司法部门依法办案。

唐太宗不仅有超越他那个时代的这样一种以法治国维护法律至高无上的地位和尊严的认识,而且在保证司法公平、公正、防止冤案错案发生上更有许多值得今天借鉴的具体措施。下面我们便列举几条具体的措施。

(1)"死刑五覆奏"

唐太宗在贞观元年(公元627年)便说过:"死者不可再生,用法务在宽简。"这种"宽仁慎刑"的思想,使他对死刑案件尤为审慎,但是作为手握生杀大权的君主,难免一时性起,造成大错。

贞观五年(公元631年),大理丞张蕴古的同乡李好德因"言涉妖妄",被逮捕入狱。经过立案审理,张蕴古上奏太宗,说李好德患有疯癫病,一发起病来就胡言乱语,依法不应当治罪。唐太宗听了张蕴古的上奏,同意了对李好德免于治罪的意见。但当对李好德宽免的行文还没下发时张蕴古便把唐太宗免于治罪的旨意悄悄告知了李好德,还在狱室中与李好德"引与博戏"。侍御史权万纪得知了张蕴古的这种行为后,立即上奏弹劾。唐太宗闻奏,勃然大怒,认为身为大理丞的张蕴古知法犯法,罪行极其恶劣,下令即刻将张蕴古斩首于长安东市。

但是当张蕴古被斩首,唐太宗冷静下来之后,才觉得张蕴古虽然犯法,但按法典他的罪不应判死刑。唐太宗对自己一怒之下杀了张蕴古很是后悔,便对自己身边的宰相房玄龄说:"公等食人之禄,须忧人之忧,事无巨细,咸当留意。今不问则不言,见事都不谏诤,何所辅弼?如蕴古,身为法官,与囚博戏,漏泄朕言,此亦罪状甚重,若据常律,未至极刑。朕当时盛怒,即令处置,公等竟无一言,所司又不覆奏,遂即决之,岂是道理?"

唐太宗从怒杀张蕴古事件中总结出了"人死不可复生"的教训,因此下发诏书说:"凡有死刑,虽令即决,皆须五覆奏。"从此,死囚五覆奏成为唐朝法律上的规定。他在诏书中还特别提出:"守文定罪,或恐有冤,自今以后,门下省覆,有具法令合死而情可矜者,宜录奏闻。"

为认真落实死囚五覆奏的法律规定,唐太宗多次告诫臣下要严格执行。贞观五年(公元631年),他又下发诏书说:"在京诸司,比来奏决死囚,虽云五覆，一日即了。都未暇审，五奏何益？纵有追悔，又无所及。及自今后，在京诸司奏决死囚，宜三日中五覆奏，天下诸州三覆奏。"从这里可以看出，唐太宗对司法部门的官员将五覆奏流于形式的做法很是不满，提出了指责，并做出了"三日中五覆奏"的法律规定，杜绝了"虽云五覆，一日即了"的草率行事现象的发生。这让我们更加感受到作为仁君的唐太宗"宽仁慎行"，怜惜生命的仁者情怀。

（2）"拷满不承，取保放之"

我国历朝历代，严刑拷打，轻信口供现象严重，办案官员常常以拷讯逼供作为破案的唯一手段，往往造成大量的冤假错案。而唐太宗吸取历史以来严刑逼供、屈打成招、冤狱泛滥的教训，对健全刑讯制度做出了很可贵的努力。

贞观四年（公元 630 年），唐太宗读《明堂鍼灸书》，看到书中写道："人五藏之系，咸附于背。"即考虑笞背的刑法过于残忍，容易致人伤残，于是下令："自今毋得笞囚背。"废除了鞭背的酷刑。唐律禁止任意刑讯，对刑讯有如下的规定："诸应讯者，必先以情审察辞理，反复参验，犹未能决，事须讯问者，立案同判，然后拷讯。"这项规定把刑讯限制在"反复参验，犹未能决，事须讯问者"的范围之内，作为审讯的一种辅助手断。同时唐律《断狱》篇还对刑讯做了拷讯不得超过 3 次、笞打不得超过 200 下的规定。如果违犯规定拷打罪犯而致其死亡，对办案官员要处以杖刑或徒刑。还特别强调"杖罪以下，不得过所犯之数，拷满不承，取保放之"。

唐律的这些规定虽然允许刑讯，但对刑讯的范围、对象，刑讯的程度方式做了严格的规定，特别是对按刑讯规定要求仍得不到口供，拿不出犯罪证据的人员，"取保放之"，这种疑罪从无的审案方式，我们前几年才定为办案的原则，所以在今天仍有其借鉴意义。这些规定对禁止滥刑逼供、防止屈打成招制造冤假错案，产生了积极的作用。

（3）"诬告谋反及大逆者斩"

"诬告反坐"虽然在秦汉的刑律上就有了规定，但均没有划定诬告反坐罪的量刑范围，而且，由于历代统治者均把维护自己的统治放在首要地位，对"谋反""大逆"这种行为常常是杯弓蛇影、草木皆兵，一有风吹草动，便宁可错杀一千，也不放过一个，因此，诬告与自己有隙之人为"谋反""大逆"往往成为奸佞小人泄愤害人甚至谋取名利的便利手段。有史以来，我国历朝历代这种诬告造成的冤案惨案数不胜数。

但是，唐律对此却有着让人耳目一新的规定，明确列出了"诸诬告谋反及大逆者斩"的法律条文。这项法律条文，不只是一般地谈诬告反坐，而是明确地规定了诬告反坐的量刑，更让人感到可贵的是对"谋反""大逆"这种统治者最担心、最希望把它掐灭在萌芽状态的行为的诬告，规定"斩首"的刑罚。我国历代王朝的刑律对"谋反""大逆"罪都给以极刑的处罚，唐律也不例外，所以唐律对诬告他人"谋反""大逆"，便规定了"反坐"，即你诬告他人是何罪名，便以何罪名处罚你。从这项规定中，我们不仅可以看到唐太宗李世民自信坦荡的正人君子胸怀，更能看出他对谗言小人、奸邪之徒诬陷忠良贤才，残害国家栋梁行为的憎恶和愤慨。

贞观三年（公元 629 年），发生了霍行斌诬告魏徵的事件，长安县人霍行斌，为了达到自己谋取名利、高升显达的目的，诬告魏徵参与"谋反"。唐太宗对为国家利益敢于犯颜谏诤的魏徵非常信任，经过调查，魏徵根本没有这样的行为，于是唐太宗把霍行斌"附所司定罪"，按照"诬告谋反及大逆者斩"的法律条文，霍行斌被处以死刑。

贞观九年（公元 635 年），又发生了岷州都督高甑生诬告尚书右仆射西道行军大总管李靖的事件。当时，李靖带领大军征讨吐谷浑，高甑生因没有按时带兵到达大军会合地点，受到李靖的严厉指责，因而对李靖怀恨在心。战事结束后，高甑生与广州都督府长史唐奉义联名诬告李靖"谋反"。唐太宗按司法程序，责成法官立案调查，结果却是查无实据。按照唐律，高甑生诬告应反坐判处死刑，唐太宗念其是开国功臣，特别减刑给予了"减死徙边"的处罚。但还有人为高甑生求情，希望能对其免以处罚，他们向唐太宗上书说："甑生旧秦府功臣，请宽其过。"

对此，唐太宗回答说："旧是藩邸勋劳，诚不可忘。然理国守法，事须划一，今若赦之，使开侥幸之路。且国家建义太原，元从及征战有功者甚众，若甑生获免，谁不觊觎？有功之人，皆须守法，我所以必不赦者，正为此也。"唐太宗的这番话表明了他坚决维护诬告反坐法及法律尊严的鲜明立场。

从唐太宗坚决执行诬告反坐来惩治小人、保护忠良、维护社会公平正义的做法，不由得想到我们这代人所经历的一次又一次的政治运动，无不是自上而下公开号召人们大鸣大放、大义灭亲、相互检举揭发搞窝里斗。

唐太宗不仅制定了这样一些令今人也心生感佩的法律措施，他自身带头守法护法的事例也让人赞叹。

据《新唐书·刑法志》记载，广州都督党仁弘收受贿赂，勾结豪强，擅自敛赋的行为被告发，按照唐律应当处死。但是唐太宗考虑到党仁弘是自己的旧臣，劳苦功高，况且年事已高，便传旨从宽，只是"贬为庶人"。事后，唐太宗心中深感不安，认为自己这样没有按法律办事是"弄法以负天"，于是他传旨准备"请罪于天"，虽然以宰相房玄龄带头的众位大臣再三劝阻，唐太宗还是举办了庄重的向天请罪的仪式，下罪己诏书，引咎自责。

贞观十七年（公元643年），唐太宗的姐姐长广公主的儿子，洋州刺史赵节，因参与太子李承乾的谋反事件，被依法判处死刑。为此，唐太宗亲自到公主府第抚慰自己的姐姐。长广公主见到唐太宗"以首击地"，哭泣着为自己的儿子请罪，请求免去儿子的死罪。唐太宗"拜泣"于地说："赏不避仇雠，罚不阿亲戚，此天下至公之道，不敢违也，以是负姊。"最后，赵节等人还是被依法处死。

天下的至公之道不在均贫富，而在于公正执法，法律面前人人平等。唐太宗君臣制定健全的法律体系，落实各项严格的法律措施，带头守法护法，以法治国，迅速取得了天下大治的良好局面。几年时间，社会秩序稳定，人民安居乐业。《资治通鉴》记载贞观四年（公元630年）"是岁、天下大稔，流散者咸归乡里，米斗不过三、四钱，终岁断死刑才二十九人。东至于海，南极五岭，皆外户不闭"。

"斗米不过三、四钱""终岁断死刑才二十九人"说明了以农业为主的社会经济已恢复和初步发展，社会治安已根本好转，以法治国达到天下大治的目标已初步形成，唐太宗君臣的守成治国方针已有了初步成就，"贞观之治"的盛世局面已初露曙光。

4. 静民务农

唐太宗即位之初，整个国家经过隋末以来多年战乱，经济凋敝，人口锐减，隋王朝兴盛时的富庶与兴旺，在全国大乱中化为乌有。当时，全国的户口仅有300余万，直到贞观十一年（公元637年），侍御史马周在上疏中还说："今之户口不及隋之什一。"据史载，当时黄河以北"千里无烟"，江淮之间"鞠为茂草"全国一片荒凉景象，加之连年灾荒不断，百姓流离失所，困苦不堪。

唐太宗和他的大臣清醒地认识到建国之初这种百废待兴的困难局面，实行偃武修文、以文治国的方针，而静民务农、恢复与发展经济是其重要内容。唐太宗在刚即位之时，便对大臣说："我新即位，为国要在安静。"又说："国家未安，百姓未抚，且当静以抚之。"所谓"静以抚之"就是止息战乱，不折腾百姓，减少加在百姓身上的兵役、徭役，使人民能休养生息。魏徵总结隋朝灭亡的历史经验，得出了"静之则安，动之则乱"的结论。他多次对唐太宗进言说："隋氏富强而丧败，动之也；我虽贫穷而安宁，静之也。静之则安，动之则乱，人皆知之……（隋）甲兵屡动，徭役不息，至于将受戮辱，竟未悟灭亡之所由也，可不哀哉。"

唐太宗接受隋灭亡的历史教训，推行抚民以静的治国方针，其核心内容便是在"国以人为本，人以食为本"的理念指导下，把存农桑，恢复和发展农业生产，视为安定和治理国家的基础。贞观二年（公元628年），唐太宗对侍臣们说："凡事皆需务本。国以人为本，人以衣食为本。凡营衣食，以不失时为本。夫不失时者，在人君简静乃可致耳。若兵革屡动，土木不息，而欲不夺农时，其可行乎？"又说："夫安人宁国，惟在于君。君无为则人乐，君多欲则人苦。"

唐太宗把静民务农视为"安人宁国"的中心内容，他主张君王要做到"无为"杜绝"多欲"，君"无为"，便可避免"兵革屡动""土木不息"，做到"不夺农时"，使农业生产得到恢复发展，人民的温饱得以解决，从而实观"安人宁国"的目标。

唐太宗李世民更可贵的是深知天下百姓的疾苦，把存活百姓作为天下安定的根本。贞观初年，他对侍臣说："为君之道，必须先存百姓。若损百姓以奉其身，犹割股以啖腹，腹饱而身毙。"贞观二年（公元 628 年），关中大旱，发生严重饥荒，唐太宗为此而深深自责说："水旱不调，皆为人君失德。朕德之不修，天当责朕，百姓何罪，而多遭困穷。闻有鬻男女者，朕甚愍焉。"并派遣御史大夫杜淹专程巡视检查，探访到卖儿卖女以度饥荒的人家，便由州县出钱赎回儿女，交还给其父母。

唐太宗这种体恤百姓，把百姓之忧作为己忧的事例最典型的就是吞食蝗虫来移灾于自身的做法。

据《贞观政要·务农》记载，贞观二年（公元 628 年），京师长安一带不仅旱象严重，而且蝗灾大起，到处的农田都是蝗虫遮天蔽日，庄稼倾刻间便被吃得荡然无存。有一天，忧心如焚的唐太宗出城视察灾情，随手捉住几只正在吞食禾苗的蝗虫说："人以谷为命，而汝食之，是害予百姓。百姓有过，在予一人。尔其有灵，但当食我心，无害百姓。"说着他就吞食手中的蝗虫，左右大臣急忙劝谏说："圣上不可如此，恐成疾病！"唐太宗回答说："朕所期者，移灾于朕身，何谈免疾！"说完便把手中的几只蝗虫吞入了腹中。

唐太宗的这一举动，当然不可能收到史书所记载的"自是蝗虫不复为灾"的神奇效果，但我们却可以看到唐太宗李世民体恤百姓疾苦，把百姓的存活看作国家安定的根本的思想。这种以民为本的观念在他和太子李治的一段对话中表现得更为清楚。

有一次，唐太宗看成见太子李治乘舟游玩，便问他说："汝知舟乎？""不知。"太子回答说。听了自己儿子的回答，唐太宗马上语重心长地对太子说："舟所以比人君，水所以比黎庶，水能载舟，亦能覆舟。尔方为人主，可不畏惧？"

身为封建帝王的唐太宗能从水能载舟，亦能覆舟的道理，看出统治者和被统治者之间共存及转化的关系，使我们更能体会他以人为本，体恤百姓之苦的高人之处，即要尽可能地减少对百姓的滋扰，使百姓休养生息，安居乐业，这才是保持国家长治久安的富强之道。

为恢复和发展农业生产，唐太宗恢复了古代的"藉田"之礼，来劝课农桑，鼓励全国人民致力于农业生产。古代的"藉田"之礼，始见于西周，即由国君在一年之初带头到田间进行耕田作业，体现国家"民之大事在农"的农本思想。到了春秋战国时期，诸侯征战不断，藉田之礼便被废止。两汉初年的文帝、景帝重视农业发展，曾恢复藉田之礼，但到了汉朝末年以来，国家分裂战乱，藉田之礼便又废弃了几百年。

贞观三年（公元 629 年）正月，唐太宗李世民祭祀太庙，耕藉田于东郊。这一天，唐太宗带着朝廷大臣，按照周天子行藉田之礼的仪式"躬耕耒耜，藉于千亩之间"。由于藉田之礼废弃已久，官员和百姓都对这种仪式感到十分惊奇，"观者莫不骇跃"。

唐太宗还经常派遣一批批的使臣至各地巡行视察督促地方官员劝课农桑。他还特别要求所有使臣到各州县巡视时，"遣官人就田陇间劝励，不得令有送迎。若迎送往还，多废农业，若此劝农，不如不去"。唐太宗这种反对官僚主义、形式主义，讲求实效，不为农民及地方增加额外负担的亲民务实作风，今天依然难能可贵。

唐太宗特别注重"不违农时"，认为"农时甚要，不可暂失"。据《贞观政要·务农》记载，有关官员上书说："皇太子将行冠礼，宜用二月为吉。"但唐太宗认为二月正直春耕开始之时，担心此时为太子举行加冠之典礼"恐妨农事，今改用十月"。太子少保萧瑀上奏说按照阴阳学的理论，太子的加冠典礼"用二月为胜"，但唐太宗驳斥道："阴阳拘忌，朕所不行。若动静必依阴阳，不顾理义，欲求福祐，其可得乎？若所行皆遵正道，自然常与吉会。且吉凶在人，岂假阴阳拘忌？农时甚要，不可暂失"。

太子的加冠典礼，不能不说是朝廷的大事，选择在二月阳气初升之时的吉时举行，也是理所当然的。但是，当典礼和农时发生冲突时，唐太宗以"恐伤农时"为由，将冠礼"改用十月"，足见他以"不违农时"为重，把发展农业生产作为头等大事。

唐朝初期，由于隋末长期战乱，人口锐减，致使大片土地荒芜，对此，唐太宗积极推行均田法令，特别鼓励到人少地多的地方占田恳荒。据《唐律疏义》卷13规定："若占于宽闲之处不坐；谓计口受足外，仍有剩田，务从恳辟，庶尽地力，故所占虽多，律不与罪。"除对于人少地多的宽乡，鼓励人们在规定受田亩数以外自行垦荒，法律不予追究以外，还对由地少人多的狭乡迁往宽乡的农户给予免赋的优惠，即"去本居千里外，复三年，五百里外，复二年；三百里外，复一年"。为使此项法令能够落实，唐太宗还特别规定，如果地方官员没有执行上述法令，没有对该免赋的农户免赋，则给予官员"徒二年"的处罚。

均田法令的推行对唐代初期扩大耕地面积，增加粮食产量，使全国农业得以恢复发展，起到了良好的作用。

隋末战乱的严重后果之一，便是全国人口户数的锐减，对此，唐太宗采取了三项尽快增殖人口的政策：一是尽力招回流入境外的汉人；二是奖励婚嫁生育；三是大量释放宫女。

在隋末战乱时期，大量的汉人为避战乱而逃入相对安宁的境外的少数民族地区，而少数民族部落乘战乱袭扰边境不仅掠夺财物，更是大量虏掠人口，所以"隋末，中国人多没于突厥"。

唐太宗刚即位时，突厥颉利可汗为表示和好，"献马三千匹，羊万口，上不受，但诏所掠中国户口"。这以后，唐王朝采用各种措施，积极招回外流人口，贞观三年（公元629年），"户部奏言，中国人自塞外来归及突厥前后内附，开四夷为州县者，男女一百二十余万口"。贞观五年（公元631年）四月"以金帛购中国人因隋乱没突厥者男女八万人，尽还其家属"。同时，这一年"党项羌前后内属者30万口"。

几年时间，唐太宗招回、赎回及解救流入境外汉人近200万，使中原地区人口稀少、劳动力严重匮乏的状况有所缓解。唐太宗增殖人口的另一重要措施是奖励婚嫁及生育。贞观元年（公元627年）二月，唐太宗颁发《令有司劝勉民间嫁娶诏》，诏书中说："其庶人男女无室家者，并仰州县官人以礼聘娶，皆任其同类相求，不得抑取。男年二十，女年十五以上，及妻丧达制之后，孀居服纪已除，并须申以婚媾，令其好合。若穷窭之徒，将迎匮乏，仰于亲近乡里富有之家，哀多益寡，使得资送……刺史，县令以下官人，若能使婚姻及时，鳏寡数少，量准户口增多，以进考第。"

这篇诏令，对男女的婚嫁年龄做了明确规定，并要求丧失配偶的成年男女及时再婚。对家中贫困无力婚嫁的人要求乡里富人及亲戚应予以"资送"，而且把落实鼓励婚嫁诏书，使人口增殖的情况列为考核地方官吏政绩的重要内容，这无疑对鼓励婚嫁生育，实现人口增殖起到了积极的作用。为鼓励人口尽快增殖，多生男丁，改变战乱造成的男丁人数锐减的状况，贞观三年（公元629年），唐太宗下诏书说："妇女正月以来生男，赐粟一石。"

为体现自己对增殖人口的迫切心情，唐太宗在自己即皇帝位的当日便"放宫女三千人"。到了第二年，唐太宗又派尚书左丞戴胄，给事中杜正伦于掖庭两门简出宫女，"前后所出三千余人"。

对于唐太宗第二批释放宫女是出于何种动机，《资治通鉴》记载是由于："天少雨，中书舍人李百药上言：'往年虽出宫人，窃闻太上皇宫及掖庭宫人，无用者尚多，岂惟虚费衣食，且阴气郁积，亦足致旱。'上曰：'妇人幽闭深宫，诚为可愍。洒扫之余，亦何所用，宜皆出之，任求伉丽。'"

上述记载表明，虽然李百药上书认为宫妇太多，至使旱灾的发生，但唐太宗却并未考虑是为求雨免除旱灾，而是这些宫女常年幽闭宫中，实在可怜，而且宫中人太多也没有什么用处，特别放出之后，可"任求伉丽"。而所谓"任求伉丽"，即是释放宫女后让她们嫁人成婚。这些宫女嫁人成家，生儿育女，自然使人口增加，这与唐太宗鼓励婚娶、奖励人口生育的政策显然是一致的。这以后唐太宗又多次遣放宫女达万人。

唐朝初年，唐太宗采取了一系列诸如劝课农桑、均田垦荒、轻徭薄赋、增殖人口、兴修水利及义仓备荒筹体恤百姓、静民务农的政策，使农业生产和经济迅速得以恢复与发展。史书记载，到了贞观四年（公元630年），关中地区农业获得丰收，流散人口相继返乡务农，米斗不过三四钱。到了贞观五年、六年、七年，关外山东广大地区，风调雨顺，"又频至丰稔，米斗三四钱，行旅自京师至于岭表，自山东至于沧海，皆不赍粮，取给于路。入山东村落，行客经过者，必厚加供侍，或发时有赠遗，此亦古者未有也"《贞观政要·政体》。到了贞观八年、九年，以及十三年至十六年，全国广大地区又是连年丰收，杜佑《通典·卷七》记载说："自贞观以后，太宗励精为理。至八年、九年，频至丰稔，米每斗四五钱，马牛布野，外户动则数月不闭，至十五年，米每斗值二钱。"《新唐书·食货志》也有这样的记载："至四年，米斗四五钱，外户不闭者数月，马牛被野，人行数千里不赍粮，民物蕃息。"

这些记载反映出经过唐太宗君臣静民务农、发展经济的努力，国家经济得以迅速恢复和发展，一个民富国强的王朝盛世已经来临。

5. 繁荣文化

李世民在身为秦王东征凯旋之时，便敏锐地认识到"以海外浸平"，宜由崇尚军事武力转向以文治国，于是在秦王府"开文学馆，召名儒十八人为学士，与议天下事"。到了他即位成为唐朝君主，自然接受了魏徵等人的主张，治定了偃武修文、以文治国的正确路线，通过崇尚儒经、兴办学校、完善科举、大兴礼乐、抑崇佛道、设馆修史等措施使唐初的文化教育等事业得以迅速繁荣。

（1）崇尚儒学

公元 626 年 8 月，李世民即皇帝位，9 月即在弘文殿左侧设置弘文馆，贞观三年（公元 629 年）又扩大馆址，移至纳义门西。弘文馆设置之初，唐太宗便将国家藏书经、史、子、集 28 万卷纳入馆中，同时，精选天下文学之士，"以本官兼学士"的身份在馆内"更日宿值"，唐太宗在听朝、处理公务之余，常和弘文馆学士讲论"前言往行，商榷政事"。

元代史学家胡三省对唐太宗设置弘文馆一事曾评论说："唐太宗以武定祸乱，出入行间，与之俱者，皆西北骁武之士。至天下既定，精选弘文馆学士，日夕与之议论商榷者，皆东南儒生也。然欲守成者，舍儒何以哉！"

唐太宗于即位后立即设置弘文馆，招揽天下文学精英，与之"商榷政事"，明确地表现出对发挥文学之士在治理国家中作用的重视程度。

自汉武帝罢黜百家，独尊儒术以来，儒家学说一直被历朝奉为治国安民的指导思想。唐太宗即位后，对儒学和儒家创建人孔子尤为尊崇。贞观二年（公元 628 年）六月，唐太宗说："朕所好者，惟尧、舜、周、孔之道，以为如鸟有翼，如鱼有水，失之则死，不可暂无耳。"

唐太宗认为孔子的学说对他来说"失之则死，不可暂无"，认为如同"鸟有翼""鱼有水"，充分说明他是把儒学奉为自己的治国指导思想的。这以后，他又采纳房玄龄等人的建议，"乃罢周公，升孔子为先圣"，专门设置了孔子庙堂，以孔子为先圣，以颜回为先师。

弘文馆设置后，其重要工作便是整理校定征集上来的各类书籍典章，特别是对儒家经典书籍的整理校刊。孔子整理编定的《六经》，因《乐》早已失传，所以，贞观初年，唐太宗便指定中书侍郎颜师古主持校刊编写以儒学经典《诗》《书》《易》《礼》《春秋》为内容的《五经定本》。据《旧唐书·颜师古传》记载："太宗以经籍去圣久远，文字讹谬，令师古于秘书省考订《五经》，师古多所厘正，既成，奏之。太宗复遣诸儒重加详议，于时诸儒传习已久，皆共非之。师古辄引晋、宋以来古今本，随言晓答，援据详明，皆出其意表，诸儒莫不叹服。于是兼通直郎，散骑常侍，颁其所定之书于天下，令学者习焉。"

颜师古是南北朝时期名儒颜之推的孙子，他秉承优良的家教，在经学上有很高的修养，是贞观初年的儒学大师。他于贞观四年（公元 630 年）受命校刊统一的《五经定本》，历时两年有余，完成了对《周易》《尚书》《诗经》《礼记》《春秋》五部儒学经典的校订。完稿后，唐太宗召集诸儒讨论，大家提出了很多不同意见，颜师古都引经据典予以回答，使大家都很叹服。唐太宗对颜师古出色地完成这一重大任务大为赞赏，"称善者久之"，并于贞观七年（公元 633 年），诏令将《五经定本》颁行天下，"令学者习焉"。

《五经定本》颁行天下后，唐太宗又命国子祭酒孔颖达主持《五经正义》的编撰，对《五经定本》进行统一的注释解说。

在孔颖达的主持下，颜师古、司马樟、王琰、王琰等名儒 20 余人参加注释工作，历时两年有余，于贞观十四年（公元 640 年）二月终于完成了180 卷的《五经正义》巨著。对此，唐太宗下诏表彰说："卿等博综古今，义理该洽，考前儒之异说，符圣人之幽旨，实为不朽。"并令将《五经正义》"付国子监施行"，并"赐颖达物三百段"。

《五经定本》和《五经正义》的编撰颁行，是中国儒学和文学史上的一件大事，是自两汉以来经学研究上的一大重要成就。从此，《五经正义》作为由国家统一编写的儒家经典教科书，直至宋朝，一直被奉为科举考试及取士的标准，对后世有很大的影响。

（2）兴办学校

唐高祖李渊在长安称帝后便重视办学，武德元年（公元618年）五月即诏令设置国子太学，武德七年（公元624年），又诏令州、县、乡皆设置学校。唐太宗李世民即位后，对学校教育更加重视，学校教育制度日趋完备，中央、州、县三级学校均已具备相当的规模。

中央的学校是国子监，也叫国学，是全国最高学府，下属国子学、太学、四门学、书学、算学及律学六种学校。据《通典·卷五三》记载："贞观五年，太宗数幸国学，遂增筑学舍千二百间。国学、太学、四门亦增生员，其书、算各置博士……无何，高丽、百济、新罗、高昌吐蕃诸国酋长，亦遣子弟请入国学之内八千余人，国学之盛，近古未有。"

在中央除了国家的六种学校：国子学、太学、四门学、书学、算学、律学的中央官学系统外，贞观元年（公元627年）设置的弘文馆、贞观十三年（公元639年）在东宫中设置的崇贤馆，也都教授生徒，从而形成了以"六学二馆"为代表的中央官学体系。此外，在屯营飞骑等军事训练建置中，也设置博士教育训练学生。当时，不仅"于是国学之内鼓箧升讲筵者几至万人"，而且高昌、吐蕃、高丽、百济、新罗及日本等国也派遣子弟来长安求学，长安城成为当时名副其实的国际文化学术交流中心。

各州、县所设立的官办学校分为三等，上郡学生60员，中下郡各为50员；上县学生40员，中县30员，下县20员。在州县学校中学习成绩优良者，可由地方官员保送参加常举考试，考试合格后送中央参加常举考试，合格者可获得做官的候补资格。贞观六年（公元633年），唐太宗还下诏令"诸州置医学"，设医药学博士一人，教授学生，这对全国医学教育事业的发展起到了积极作用。

国子监作为总管国家教育事业的最高行政机构，它在隋唐时期的建立和完善，标志着中国历史上中央政府首次设立了专门的教育行政部门，体现了国家对教育事业的重视和教育事业的地位，是中国教育史上的一件大事。

（3）大兴礼乐

自西周初年，周公"制作礼乐"以来，历代王朝的统治者在建国以后皆重修礼乐，唐王朝也不例外。

公元 627 年，唐太宗正式改纪元为"贞观"，这年的正月设宴宴请群臣庆贺。当时《大唐雅乐》尚在制定之中，宴会上便演奏《秦王破阵乐》。该乐曲歌颂秦王李世民平定天下的武功，但毕竟是一曲"武乐"，此种举国欢庆的场合应当奏"文乐"，于是唐太宗便向群臣解释说："朕昔受委征，民间遂有此曲，虽非文德之雍容，然功业由兹而成，不敢忘本。"

右仆射封德彝马上接过话头奉承唐太宗说："陛下神武平海内，岂文德之足比。"但是，封德彝的奉承并没有讨得唐太宗的欢心，因为这违背了偃武修文、以文治国的方针，唐太宗立即纠正说："戡乱以武，守成以文，文武之用，各随其时。卿所谓文不及武，斯言过矣！"

唐高祖李渊在武德九年（公元 626 年）便令当时著名的音乐大师太常少卿祖孝孙制定《大唐雅乐》，唐太宗即位后又命协律郎张文收与祖孝孙共同修定《大唐雅乐》，并于贞观二年（公元 628 年）六月修定完成。

看到祖孝孙等人上奏的《大唐雅乐》，唐太宗不由得感叹说："礼乐者，盖圣人缘情以设教耳，治之隆替，岂由于此？"

御史大夫杜淹听了唐太宗的发话，即刻提出了不同意见，他说："齐之将亡，作《伴吕典》；陈之将亡，作《玉树后庭花》，其声哀思，行路闻之皆悲泣，何得言治之隆替不在乐也？"

对杜淹的议论，唐太宗立即进行了反驳，他说："不然。夫乐能感人，故乐者闻之则喜，忧者闻之则悲。悲喜在人心，非由乐也。将亡之政，民必愁苦，故闻乐而悲耳。今二曲具存，朕为公奏之，公岂悲乎？"

唐太宗"缘情以设教""悲喜在人心，非由乐也"等观点，反映出他对乐的本质、音乐欣赏及其社会功用有着自己深刻独到的认识。

贞观六年（公元 632 年），唐太宗重游自己的出生地——陕西武功旧宅的庆善宫，触景生情，感怀颇多，便赋诗 10 首，命音乐大师起居郎吕才为诗谱曲，曲成后命名为《功成庆善乐》（简称《庆善乐》），与《秦王破阵乐》（简称《破阵乐》）成为唐王朝重要典礼"偕奏于庭"的两部大型乐舞。

颁行《贞观新礼》又是唐太宗为巩固唐王朝而施行的一项重要措施。贞观三年（公元 629 年），唐太宗诏令中书令房玄龄兼任礼部尚书，让他召集礼官学士对隋朝的 130 篇《王礼》进行重行修订。第二年，魏徵被任命为秘书监，也参与了这项工作。至贞观七年（公元 633 年），修订工作完成。《贞观新礼》成书后，唐太宗很是高兴，给孔颖达"进爵为子，赐物三百段"。

唐太宗很看重《贞观新礼》的修订和颁行，认为这是他有功于当代，堪为后世效法的一件大事，可与周公的制定礼乐相提并论。他说："昔周公相成王，制礼作乐，久之乃成。逮朕即位，数年之间成此二乐王礼，又复刊定，未知堪为后代法否？"魏徵听后立即郑重肯定说："拨乱反正，功高百王，自开辟以来，未有如陛下者也。更创新乐，兼修大礼，自我作古，万代取法，岂止子孙而已。"

魏徵的这番话很容易被认为是阿谀之词，但实际上是强调了礼乐对治国的重要作用。用雅正之乐教化人民，以礼规范人际关系和言行，是施行偃武修文，实现国家长治久安的重要措施。毛泽东《沁园春·雪》中认为"唐宗宋祖，稍逊风骚"，但是唐太宗在位期间实行偃武修文的治国路线，尊孔崇儒、修注经书、兴办学校、大兴礼乐，并设馆修史，《五经定本》的颁行、《五经正义》的编写和《贞观新礼》的修订，均是我国文化史上的重大事件，这足以成就唐太宗超越前人的文治业绩。

据《贞观政要·礼乐》记载：礼部尚书王珪之子敬直娶唐太宗女儿南平公主为妻，王珪"遂与妻就位而坐，令公主亲执巾行盥馈之道，礼成而退。太宗闻而称善。是后公主下降有舅姑者，皆遣备行此礼"。又载：礼部尚书王珪奏言："准令三品已上遇亲王于路，不合下马。今皆违法申敬，有乖朝典。"唐太宗却认为这是"卿辈欲自崇贵，卑我儿子耶？"经过魏徵谏诤，"太宗遂可王珪之奏"。

又如，唐太宗的爱女长乐公主，为长孙皇后所生，出嫁时"敕有司资送倍于永嘉长公主"。永嘉长公主是唐高祖李渊的女儿，而唐太宗下令主管官员，使长乐公主的嫁妆是永嘉长公主的两倍。魏徵认为这样不合礼法，便劝谏唐太宗，长孙皇后闻知后又赞赏魏徵是"真社稷之臣"，于是唐太宗终于收回成命。

此外，唐太宗还经常对民间不合礼法的行为予以适时的纠正。《贞观政要·礼乐》记载："贞观五年，太宗谓侍臣曰：'佛道设教，本行善事，岂遣僧尼道士等妄自尊崇，坐受父母之拜，损害风俗，悖礼乱经，宜即禁断，仍令致拜于父母。'"

唐太宗注重发挥礼乐国家治理、教化民风的作用，把礼乐视为偃武修义的重要内容，不仅促进了贞观之治的社会和谐的局面，还促进了当时礼乐文化研究的大繁荣。

唐太宗除在编修儒学经典、大兴礼乐、兴办学校等繁荣文化中均有建树外，在宗教文化发展上也值得一提，特别是他对玄奘西行取经的支持更是千百年来的美谈。玄奘俗姓陈，名祎，是唐朝初年著名高僧。唐太宗即位后，下诏集天下800余名高僧举办水陆大会，超度多年来沙场丧命的鬼魂，唐玄奘便是这场七七四十九天水陆大会的主持。水陆大会后，玄奘为"求如来之秘藏，寻释迦之遗旨"，上书唐太宗，请求西行到西天取经。唐太宗本来就对玄奘的人品、学识和风度很赏识，现在更对他不畏艰险而西行取经的精神大为赞赏，不仅下诏同意其西行取经，还认玄奘为弟，称他为"御弟"，并赐给他必要的资财和随行人员及紫金钵盂一个、白马一匹。临行之日，唐太宗亲率朝中文武大臣出城相送，在执壶看酒道别之时，还赐号玄奘为"唐三藏"，一则让玄奘不忘唐朝故土，二则勉励他定取回西天佛地的三藏真经。

玄奘离开长安经西域、越葱岭，历经千辛万苦，终于到达印度北部和中部各地。他遍访印度高僧，广求佛法，潜心研究梵文和佛经，成为印度高僧戒贤大师的首座弟子，"承至言于先圣，受真教于上贤"。由于他别人无法达到的悟性和刻苦精神，几年后便成为誉满印度的高僧大师。他曾在曲女城设法会担当论主，讲经18日，来自印度各地高僧大师的诘难，均被他一一折服，使作为西天佛教诞生地的佛国人人膺服。

贞观十七年（公元643年）年初，玄奘由印度启程回国，次年春到达于阗，即派人上表唐太宗，汇报自己去印度取经的经过。贞观十九年（公元645年）正月，玄奘回到长安，长安城僧俗各界，万人空巷，倾城出城迎接，人们顶礼膜拜，盛况空前。玄奘去印度取经，行程5万余里，整整19年，带回经论657部及佛像、舍利及许多西方的花果种子。

唐太宗在东都洛阳专门召见了返回东土的玄奘，称赞玄奘"朕今观法师词论典雅，风节贞峻，非惟不愧古人，亦乃出之更远"。并下诏安排玄奘在长安东弘福寺禅院翻译带回的佛教经典。玄奘不负唐太宗厚望，在他逝世之前译出佛经75部，共1335卷。这些经书的传播有助于统一大乘诸宗佛教学派，对佛教文化在中国的传播产生了深远的影响。应玄奘的请求，唐太宗还为玄奘翻译的佛经写了序言，即《大唐三藏圣教序》，在序言中唐太宗对佛教、佛经表达了他的赞颂，对玄奘的人品和学识表达了他的钦佩与赞扬。

6. 以古为镜

贞观十七年（公元643年），魏徵逝世，唐太宗亲自为魏徵撰写碑文，并对侍臣说："人以铜为镜，可以正衣冠；以古为镜，可以见兴替；以人为镜，可以知得失。魏徵没，朕亡一镜矣！"他所说的"以古为镜，可以见兴替"，正是他对自己以史为鉴，通过总结历史经验教训来制定治国方针政策，治理国家这一亲身实践的总结。这也就是他在《帝范序》中所说的："所以披镜前踪，博彩史籍，聚其要言，以为近诫云耳。"

唐太宗李世民酷爱史书，读史成癖，这在史书中多所记载。中书侍郎岑文本在其上书中曾说："伏惟陛下鉴古今之事，察安危之机，上以社稷为重，下以亿兆为念。"正是对唐太宗以史为鉴，以史辅治的概括。唐太宗曾总结他即位以来以史为鉴，以史辅治的心得说："朕以万机暇日，游心前史。仰六代之高风，观百王之遗迹，兴亡之远，可得言矣。每至轩昊之无为，唐虞之至治，未尝不留连赞咏，不能已已。及于夏殷末世，秦汉暴君，使人凛凛然，兢俱如履朽薄然。"这些表白说明，唐太宗酷爱读书，目的就是以史为鉴，从前代兴亡史中总结经验教训，以之为鉴来治理好自己统治的国家。贞观年间，以史为鉴不只是唐太宗的个人意志，而且成了唐初最高统治集团的重要共识，君臣在对国家正事发表自己的看法或进行讨论时，常通过历史事例作为自己立论的根据，这成为当时政治生涯的一大特色。

唐太宗的"以古为镜"，首先是以隋亡为前车之鉴的。贞观初年，唐太宗便对大家说："隋炀帝广造宫室，以肆行幸。自西京至东都，离宫别馆，相望道次，乃至并州，涿郡，无不悉然。驰道皆广数百步，种树以饰其旁，人力不堪，相聚为贼。逮至末年，尺土一人，非复己有。以此观之，广宫室，好行幸，竟有何益？此亦朕耳所闻、目所见，深以自戒，故不敢轻用人力，惟令百姓安静，不有怨叛而已。"贞观二年（公元 628 年），唐太宗又曾深有感触地说："卿等不见隋主为君，不恤民事，君臣失道，民叛国亡。公卿贵臣，暴骸原野，毒流百姓，祸及其身？朕每念及于斯，未尝不忘寝辍食。所以师古作法，不敢任情。"可见，唐太宗对隋王朝短命而亡的感受是何等深刻。

除了以隋亡为鉴外，唐太宗还常以秦王朝二世而亡作为借鉴。秦隋两大帝国一时极其强盛，但均短命而亡，唐太宗常以其兴衰比较借鉴，探求历史教训。他说："秦始皇初平六国，据有四海，及末年不能善守，实为可戒。"又说："秦之胡亥，始皇所爱，赵高所傅，教以刑法。及其篡也，诛功臣，杀亲戚，酷烈不已，旋踵亦亡。"

唐太宗正是从秦隋二世即短命而亡中总结历史教训从反面警戒自己，从而避免自己施政的失误，而他对汉文帝等帝王施政方针的称赞则可以看出他也善于总结历史正面经验，来指导自己的言行。

贞观二年（公元 628 年）八月，大臣们纷纷以"宫中卑湿"为由，奏"请营一阁以居之"。唐太宗却说："昔汉文帝将起露台，而惜十家之产。朕德不逮于汉帝，而所费过之，岂谓为民父母之道也。"终于没有允许为他营建新的楼阁。

唐太宗深知他和他的开国功臣历经战乱，能够做到"以古为镜"，艰苦创业，但以后的继君和功臣的后代，没有苦难的经历，生长于温柔富贵之乡，缺少对民间疾苦的体察，很容易走上秦二世和隋炀帝骄奢淫逸，自取灭亡的道路。因此对后代进行以史为鉴的教育，是关系到唐王朝能否实现长治久安的大问题。他有鉴于"历观前代拨乱创业之主，生长人间，皆识达情伪，罕至于败亡。逮乎继世守文之君，生而富贵，不知疾苦，动至夷灭"，而"功臣子弟，多无才行，藉祖、父资荫，遂处大官，德义不修，奢侈是好。主既幼弱，臣又不才，颠而不扶，岂能无乱？"因此，他在贞观七年（公元 633 年）安排魏徵"录古来帝王子弟成败事"，编撰《自古诸侯王善恶录》，赐给诸王阅读，并明确对魏徵交代了他编写本书的目的，他说："自古侯王能自保全者甚少，皆由生长富贵，好尚骄逸，多不解亲君子、远小人故尔。朕所有子弟，欲使见前言往行，冀其以为规范。"书成后，魏徵据此撰写的序言中说："子孙继体，多属隆平。生自深宫之中，长居妇人之手，不以高危为忧惧，岂知稼穑之艰难。昵近小人，疏远君子……垂为炯戒，可不惜乎？"唐太宗对《自古诸侯王善恶录》大为称赞，令诸王"置于座右，用为立身之本"。

唐太宗希望自己的后代和功臣的后代，都能做到以古为镜，并为此采取措施教育和约束后代以史为鉴，居安思危，这种深谋远虑在中国帝王中很是少见。

唐太宗酷爱学史、注重以史为鉴，所以更是注重整理史籍，编修史书，使贞观时期出现了空前绝后的修史盛况，成果蔚为大观。在中国历代 25 部"正史"中，有 8 部成于贞观年间，而且除《南史》《北史》是由时人李延寿父子私家修撰外，其余 6 部（《北齐书》《周书》《梁书》《陈书》《隋书》《晋书》）都是由唐太宗诏令史馆修撰而成。

贞观三年（公元 629 年），唐太宗下诏修撰六代史，又将史馆移至宫禁之中，在门下省北面，并由宰相亲自监修。从此，这种由国家设馆修史，由宰相监修国史在我国便成为一种定制，历代相袭，直至清朝。

唐太宗除重视编纂前代史书外，又十分重视当朝历史的编写。贞观年间的当代史主要有国史、实录、起居注三种体裁。当时史馆的首任监修官是宰相房玄龄。房玄龄为人正直，史官李延寿、邓世隆、顾胤在当时都有很好的名望和声誉，因此他们撰写的史料都能做到秉笔直书。

为保障史书秉笔直书、不虚妄的原则，我国自古以来就有帝王本人不得观看当朝国史的传统。而唐太宗特别注重以史为鉴，很想看一看当朝国史，对帝王不得观看国史的传统很不理解，因此他对国史监修房玄龄说："前世史官所记，皆不令人主见之，何也？"

房玄龄回答说："史官不虚美，不隐恶，若人主见之必怒，故不敢献也。"

听了房玄龄的回答，唐太宗依然坚持要看国史，他说："朕之为心，异于前世。帝王欲自观国史，知前日之恶，为后来之戒，公可撰次以闻。"

听到唐太宗一再要求索看国史，谏议大夫朱子奢特地上书劝谏说："陛下圣德在躬，举事无过，史官所述，义归尽善。陛下独览《起居》，于世无失；若以此法传示子孙，窃恐曾、玄之后或非上智，饰非护短，史官必不免刑诛。如此则莫不希旨，全身远害，悠悠千载，何所信乎！所以前代不观，盖为此也。"

朱子奢的劝谏把历代帝王不观本朝国史的理由及一旦开此先例将会带来的危害讲得非常清楚，但是特别注重自己身后名声的唐太宗还是坚持要看国史。贞观十六年（公元642年）四月，唐太宗又对谏议大夫褚遂良说："卿犹知起居注，所书可得观乎？"褚遂良当即回答说："史官书人君言动，备记善恶，庶几人君不敢为非，未闻自取而观之也！"

听了褚遂良的回答，唐太宗又进一步追问说："朕有不善，卿亦记之耶？"褚遂良非常坚定地回答说："臣职当载笔，不敢不记。"褚遂良话音刚落，站在旁边的黄门侍郎刘洎立即接言道："即使遂良不记，天下亦记之。"

听了两位臣子掷地有声的回答，唐太宗只好表示赞许说："诚然。"

这则史料一则表现出了唐太宗身为一代明君的胸怀和气度，二则表明了中国古代史官刚直不阿、秉笔直书的优良传统。

虽然臣子一再不同意唐太宗观看国史的要求，但由于唐太宗坚持自己的要求，最终他还是违背先例观看了本朝实录。虽然唐太宗有"知前日之恶，为后来之戒"的动机，但这种做法破坏了史官制度中历朝坚守的帝王不观本朝国史的良好传统，给后世史官秉笔直书当朝史蒙上了一层可怕的阴影，这不能不说是他的一大失误。

但是，唐太宗又不愧是一位胸襟坦荡的贤明君主。当他看到实录记载的玄武门政变过程时，"语多微隐"，便认为不妥。于是他对房玄龄说："周公诛管蔡以安周，季友鸩叔牙以存鲁。朕之所为，亦类是耳，史官何讳焉？"

最终，史官按照唐太宗"削去浮词，直书其事"的诏令，比较真实地记载了玄武门政变，使我们今天能真实地了解到政变发生的过程。这虽然有唐太宗亲手杀死其兄的记载，而为后来所诟病，但又让人不得不对唐太宗李世民能不隐己恶来维护史学直书的传统做法感到由衷佩服。

7. 统边开士

唐太宗即位以来，在经济恢复发展、国力增强的基础上，适时向四方相机用兵，不仅解决了多年的边患，统一了边疆，开拓了疆土，而且采取了开明的民族政策，促进中华民族的融和相处，为建立统一的多民族的大唐帝国奠定了基础。

（1）征服东突厥

突厥是我国北方一支强大的民族。公元584年，因其老可汗死后，突厥上层为争夺可汗的继承，发生战乱，分裂成东西突厥两个汗国。西突厥占有阿尔泰山以西的地区，东突厥占有阿尔泰山以东的广大地区。中原隋末的战乱给东突厥扩充势力提供了良好机会，在连续征服契丹、室韦、吐谷浑、高昌等国，并大肆招揽从内地避战乱逃来的百姓后，东突厥国力迅速增强，强大的骑兵部队达到百万之众。

公元624年8月，突厥颉利可汗、突利可汗分统两支大军"举国入寇"，进攻到了唐朝的原州（今宁夏固原）。唐高祖派秦王李世民与齐王李元吉率兵抵御，与突厥军队相遇于豳州（今陕西彬县一带）。当时关中久雨不停，粮运道路阻绝，士卒长期疲于征战，士气十分低落。

这一天，颉利可汗率万余骑兵逼近城西，面对来势汹汹的突厥军，唐军将士深为恐惧。李世民却对李元吉说："今虏骑凭陵，不可示之以怯，当与之一战，汝能与我俱乎？"被突厥气势吓得不敢出战的李元吉回答说："虏形势如此，奈何轻出？万一失利，悔可及乎？"看到李元吉如此的惧怕，李世民坚定地说："汝不敢出，吾当独往，汝留此观之。"

说完，李世民便只带着100余骑急驰突厥军阵前，高声喊道："国家与可汗和亲，何为负约，深入我地！我秦王也，可汗能斗，独出与我斗；若以众来，我直以此百骑相当耳！"颉利可汗见李世民率领百余骑兵来阵前，毫无畏惧之色，一时弄不清虚实，担心有伏兵合击，只好"笑而就应"。见此情形，李世民又高声呼道："尔往与我盟，有急相救；今乃引兵相攻，何无香火之情也！"说着便指挥部下渡过面前溪水挑战。

李世民故意提到香火盟誓，以引起颉利可汗对突利可汗的疑心，而突利可汗闻言也担心颉利有所怀疑，更不敢答言，这使得颉利怀疑突利与李世民有谋，所以他马上派人上前高喊着说："王不须渡，我无他意，更欲与王申固盟约耳。"

颉利可汗说完便指挥部队后退扎营，并派突利和他的叔父来见李世民。李世民乘机对突利可汗晓以利害，突利可汗非常同意李世民讲的道理，并提出和亲的要求，李世民同意了突利的请求，突利可汗因此"请结于兄弟，世民以恩意抚之，与盟而去"。

唐军的兵力远远比不上突厥，但由于李世民临敌沉稳不惧，并制造敌军之间的相互猜疑，终于避免了一次严重的危机，这充分显示出李世民卓越的胆略和军事才能。

公元626年8月，李世民刚刚即天子位，颉利可汗便乘玄武门政变后唐王朝政局不稳的时机，亲率20万骑兵长驱直入，奔袭长安，进至距长安70里的高陵。虽然尉迟敬德首战告捷，斩首千余敌军，但突厥人多势众，颉利率军攻至渭水桥北，到了长安郊外，并派心腹执失思力为使威逼唐太宗说："颉利与突利二可汗将兵百万，今至矣。"

唐太宗立即谴责他说："吾与汝可汗面结和亲，赠遗金帛，前后无算，汝可汗自负盟约，引兵深入，于我无愧？汝虽戎狄，亦有人心，何得全忘大恩，自夸强盛？我今先斩汝矣！"执失思力吓得请求免死饶命，左右仆射萧瑀、封德彝也请求以礼送还执失思力。唐太宗说："我今遣还，虏谓我畏之，愈肆凭陵。"于是下令将执失思力关了起来。

第二天，唐太宗更是以其惊人的胆略，只带着高士廉、房玄龄等六骑出玄武门，径直到达渭水边上，与颉利可汗隔着渭水对话，指责颉利违背盟约的不义行为。颉利看到唐太宗竟然只带着宰相一行六人到阵前，大为惊讶，一下子被镇住了，"皆下马罗拜"。不一会儿，唐朝大军出城而至，"旌甲蔽野""军容甚盛"。唐太宗让大军退后布阵,独一人留下与颉利可汗对话。萧瑀见皇帝如此轻敌,便"叩马固谏",但唐太宗悄悄对他说:"吾筹之已熟,非卿所知。突厥所以敢倾国而来,直抵郊甸者,以我国有难,朕新即位,谓我不能抗御故也。我若示之以弱,闭门拒守,虏必放兵大掠,不可复制。故朕轻骑独出,示若轻之;又震曜军容,使知必战。出虏不意,使之失图。虏入我地既深,必有惧心,故与战则克,与和则固矣。制服突厥,在此一举,卿第观之!"

唐太宗李世民的胆魄又一次镇服了颉利可汗,颉利可汗又提出请和,太宗同意了他的请求后顺利回宫。第二天,唐太宗与颉利可汗斩白马盟誓于渭水桥上,盟毕,颉利即带兵回撤,一场危机终于又转危为安。

当颉利带兵退还时,萧瑀等人又暗中建议唐军乘机进攻。唐太宗却说:"覆之如反掌,所以不战者,吾即位日浅,国家未安,百姓未富,且当静以抚之。一与虏战,所损甚多,虏结怨既深,惧而修备,则吾未可以得志矣。"

这以后,唐太宗把发展经济、增强国力放在首位,虽然有多次攻击突厥的机会都没有用兵。

贞观三年(公元629年)十一月,唐太宗认为平定突厥的时机已经成熟,下诏以并州都督李世勣为通汉道行军总管,兵部尚书李靖为定襄道行军总管,华州刺史柴绍为金河道行军总管,灵州大都督薛万彻为畅武道行军总管,四路大军共十几万人皆受李世勣统领节度,分道攻击突厥。

唐军十一月出兵便首战告捷,于灵州大败突厥,十二月一直想与唐朝结好的突利可汗便入朝归服。

第二年正月,李靖率3000精锐骑兵夜袭定襄(今山西祁县南),大破敌军,颉利可汗想不到唐军如此迅速而至,大惊失色地说:"唐不倾国而来,靖何敢孤军至此!"李世勣出兵云中(今山西大同),与突厥战于白道(今内蒙古呼和浩特市北),也大破敌军。颉利接连失利后带领余众数万人逃到阴山以北,派执失思力赶到长安请罪,提出"请举国内附,身自入朝"。唐太宗即派鸿胪卿唐俭前往招抚,诏令李靖带兵送颉利入朝。这时,李靖与李世勣在北道会合,两人商量说:"颉利虽败,其众犹盛,若走度碛北,保依九姓,道阻且远，追之难及。今诏使至彼，虏必自宽，若选精骑一万，给 20 日粮往袭之，不战可擒矣。"于是李靖带兵连夜进军，李世勣随后接应。颉利可汗不知道李靖的行动，见到唐剑前来招抚，心中感到十分放心。但是李靖的前锋苏定方这时已率 200 余骑乘大雾迷漫奔袭而来，离颉利大帐几里路时才被突厥兵发现。被从天而降的唐军吓坏了的颉利赶快骑马逃窜，其部众四散溃逃，唐俭也乘乱脱身回归。

这一仗，李靖的部队斩首敌军万余，俘获突厥男女十余万，获牲畜数 10 万头。颉利可汗想要过碛口北逃，但李世勣大军已堵住道路，被突厥众多大酋长胁迫率众投降。李世勣俘虏突厥降众 5 万余，阴山以北至大漠完全被唐军控制。

这年 3 月，众大酋长朝拜唐太宗，请求上唐太宗"天可汗"的尊号，此后，唐太宗发往西北各族首领的公文信件，皆以"天可汗"为名号。

随后，唐太宗采纳了温彦博的建议，"全其部落，顺其土俗"，"分立酋长，领其部落"，在西起灵州，东至幽州的广大地域设置了许多个都督府，全部置于唐王朝的直接管辖之下，北方及西北边境地区得以平定。

（2）平定薛延陀

薛延陀是回纥族中最为强悍的部落，其祖即是汉代时的匈奴。隋末唐初，薛延陀曾依附于东、西突厥，后来，薛延陀的势力逐渐强大起来，并乘东突厥衰落时叛变自立为汗国。起初，薛延陀与唐王朝并无冲突，贞观三年（公元 629 年），薛延陀首领夷男还接受了唐太宗所封的真球毗加可汗的封号，双方建立了友好关系。但从东突厥汗国灭亡之后大漠以北空虚，夷男可汗便乘机进入原东突厥的土地，势力日益强大，拥有精骑 20 余万，开始南下骚扰唐朝北部边境。

唐太宗看到薛延陀日渐强大，担心以后难以控制，便采取了两个策略来对付。一是于贞观十二年（公元 638 年）九月拜薛延陀可汗的"二子皆为小可汗"，"各赐鼓纛，外示优崇，实分其势"。二是贞观十二年（公元 638 年）七月，唐太宗诏令突厥贵族阿史那思摩（李思摩）为俟利苾可汗，并要求其带领在诸州安置的突厥人渡过黄河，回归原来的故土居住。唐太宗此举是想以李思摩的突厥汗国作为屏障，来抵御薛延陀汗国的袭扰。但是突厥各部都惧怕薛延陀，"不肯出塞"，不敢回归故地。为此，唐太宗派司农卿郭嗣本赐送薛延陀可汗玺书。唐太宗在玺书中说："颉利既败，其部落咸来归化，我略其旧过，嘉其后善，待其达官皆如吾寮？部落皆如吾百姓。中国贵尚礼义，不灭人国。前破突厥，止为颉利一人为百姓害。实不贪其土地，利其人畜。恒欲更立可汗，故置所部落于河南，任其畜牧。今户口藩滋，吾心甚喜，既许立之，不可失信。秋中将遣突厥渡河，复其故国。尔薛延陀受册在前，突厥受册在后，后者为小，前者为大。尔在碛北，突厥在碛南，各守土疆，镇抚部落。其逾分故相抄掠，我则发兵，各问其罪。"

薛延陀奉诏后退至碛北，于是唐太宗让李思摩率领突厥部落渡过黄河，建牙帐于碛南，并在齐政殿为其设宴践行。李思摩流着眼泪给唐太宗敬酒，发哲说："愿万世子孙恒事陛下！"贞观十五年（公元 641 年）正月，突厥俟利苾李思摩可汗渡过黄河，在定襄城建立牙帐。他在给唐太宗的奏章中说："臣非分蒙恩，为部落之长，原子子孙孙为国家一犬，守吠北门。若薛延陀侵道，请徙家属入长城。"

但是，这一年 11 月，薛延陀的真珠可汗打探到唐太宗要去泰山行封禅祭礼，认为有机可乘，便对部下说："天子封泰山，士马皆从，边境必虚，我以此时取思摩，如拉朽耳。"于是，命令他的大儿子大度设征发 20 万兵马，进攻突厥。俟利苾可汗李思摩只得败退，进入长城，驻守朔州（今山西朔县），并派使者向朝廷告急。唐太宗立即调动军马，增援李思摩，合击薛延陀部。

这年 12 月，李世勣率领的精锐骑兵在诺真水大败薛延陀的部队，斩首 3000 余级，俘虏 5 万余人，大度设率领着残部急急逃往漠北，一路上气温骤降，风雪交加，人畜冻死者十有八九。在薛延陀元气大伤的情况下，真珠可汗只好打发使者赶往长安向唐太宗求和。唐太宗同意了真珠可汗的求和要求，并让使者转告他对真珠可汗的警告说："吾约汝与突厥以大漠为界，有相侵者，我则讨之。汝自恃其强，逾漠攻突厥。李世勣所将才数千骑耳，汝已狼狈如此！归语可汗：凡举措利害，可善择其宜。"

贞观十六年（公元 642 年）、十七年（公元 643 年），薛延陀真珠可汗派使者献上大量的马匹、牛羊、貂皮，向唐皇室请求和亲，唐太宗开始答应了和亲的要求，后来又以真珠可汗"失期不至"为由，"下诏绝其婚姻"。当时很多大臣认为"国家既许其婚，受其聘币，不可失信戎狄，更生边患"。为此唐太宗做了下面的解释："卿曹皆知古而不知今。昔汉初匈奴强，中国弱，故饰子女，捐金絮以饵之，得事之宜。今中国强，戎狄弱，以我徒兵一千，可击胡骑数万。薛延陀所以匍匐稽颡，唯我所欲，不敢骄慢者，以新为君长，杂姓非其种族，欲假中国之势以威服之耳。彼同罗、仆骨、回纥等十余部，兵各数万，并力攻之，立可破灭，所以不敢发者，畏中国所立故也。今以女妻之，彼自恃大国之婿，杂姓谁敢不服？戎狄人面兽心，一旦微不得意，必反噬为害。今吾绝其婚，杀其礼，杂姓知我弃之，不日将瓜剖之矣，卿曹第志之！"

唐太宗不以表面上的失信于人为虑，而从是否有利于遏止薛延陀势力的扩张，分化瓦解对手的长远战略来考虑，这种不图虚名、放小抓大的高瞻远瞩，出自他对形势的准确把握分析及常人难以企及的远大胸怀。

薛延陀虽然多次受挫，但为其贪欲所驱的本性难改。贞观十九年（公元 643 年），其真珠可汗死，多弥可汗继位后，便乘唐太宗东征高丽未还之机，率兵渡河，进至朔方（今陕西靖边县）。太宗即刻诏令左武侯中郎将田仁会与突厥将领执失思力合兵迎击。执失思力诱敌深入，大败薛延陀，一直穷追600 余里，不久多弥可汗又卷土南侵，但看到唐境内防备森严，只得悄悄退兵。

贞观二十年（公元 646 年），唐太宗开始对反复多变的薛延陀用兵征讨。执失思力、契苾何力、薛万彻、张俭等将领各按诏令率本部兵马，分道齐头并进。大军到处，薛延陀军队纷纷溃败投降，西逃的余众又另立真珠可汗哥哥的儿子咄摩支为伊特勿失可汗。新可汗派遣使者上表唐太宗，表示愿意去掉自己可汗称号，只要允许自己的部落居住在郁都军山（今杭爱山）以北的故地。唐太宗即派李世勣统率敕勒九姓酋长攻击咄摩支，并手诏说："薛延陀破灭，其敕勒诸部，或来降附，或未归服，今不乘机，恐贻后悔。"

李世勣即统军到达郁都军山，咄摩支南逃荒谷，只得受招投降。其残余部队被李世勣纵兵追击，斩首 5000 余级，俘虏 3 万余人。这年秋天，投降归附的咄摩支到达长安，被授予右武卫大将军。其余回纥、拔野古、同罗、仆骨等 11 姓贵族一齐遣使入贡，请求内附，唐太宗皆赐其酋长玺书。贞观二十一年（公元 647 年）正月，唐太宗下诏，以回纥部为瀚海府，仆骨为金微府，多滥葛为燕然府，拔野古为幽陵府，同罗为龟林府，思结为庐山府，浑为皋兰州，斛薛为高阙州，奚结为鸡鹿州，阿跌为鸡田州，契苾为榆溪州，思洁别为蹛林州，白霫为寘颜州。各以其酋长为都督和刺史。同时在回纥以南，突厥以北开辟了一条驿道，称"参天可汗道"，共设置了 68 个驿站。唐王朝北部边疆 6 个都督府，7 个州的设立，使大唐帝国的势力扩大到广大的漠北地区。

（3）降服吐谷浑

吐谷浑是鲜卑族的一支，西迁至青海一带后，建都于伏俟城（今青海湖西岸布哈河河口），地方数千里，势力发展很快。

贞观初年，吐谷浑可汗伏允一方面派使臣入贡，一方面又"大掠鄯州"（今青海乐都），唐太宗派使臣谴责伏允，征召伏允入朝，他又"称疾不至"。这以后伏允又为儿子尊王求婚，唐太宗同意了他的请求，"令其迎亲"，但尊王不仅到期不来迎亲，还拒绝了婚事。不久伏允又纵兵入侵寇兰（今兰州）和廓二州。吐谷浑可汗当时年老昏庸，一味听信大臣天柱王之谋侵犯唐境，还拘押唐朝使者赵德楷。对此，唐太宗多次派使者向他"谕以祸福"，但"伏允终无悛心"。

贞观八年（公元 634 年）六月，唐太宗任命左骁卫大将军段志宏为西海道行军总管，左骁卫将军樊兴为赤水道行军总管，各统率西部边境军队及契苾、党项族部队进击吐谷浑。七月，段志宏的部队大败吐谷浑的军队，"追奔八百余里，去青海（青海湖）三十余里，吐谷浑驱牧马而遁"。

十一月，吐谷浑又大举入侵凉州（今甘肃永昌以东）。唐太宗即刻下诏大举讨伐吐谷浑。这时李靖年事以高，唐太宗本想另派他人带兵，李靖闻知后，坚决请战，唐太宗非常赞赏老将的勇气，即任命李靖为西海道行军大总管，"节度诸军"。又以兵部尚书侯君集为积石道行军总管，刑部尚书李道宗为鄯善道行军总管，凉州都督李大亮为且末道行军总管，岷州都督李道彦为赤水道行军总管，利州刺史高甑生为盐泽道行军总管，连同李靖所部六路大军以及突厥、契苾族士兵，分兵合击吐谷浑。

贞观九年（公元635年）四月，李道宗大败吐谷浑军队于库山，吐谷浑可汗伏允为逃命一路上狂烧野草，逃窜碛北。唐军诸将认为"马无草，疲瘦，未可深入"，但兵部尚书侯君集认为应乘机消灭伏允的残存部队，否则"后必悔之"。李靖认为侯君集的意见有理，安排兵分二路，分道穷追吐谷浑残部。李靖一路追击，前后在曼头山、牛心堆、赤水源大败吐谷浑。侯君集、李道宗引兵进入无人之境2000余里，其地盛夏降雪，人吃冰，马啖雪，在乌海追上伏允，大败敌军。薛万均、薛万彻在赤海大败吐谷浑天柱王，但在战斗中，二人均负重伤，马死步战，幸被契苾何力率部救出。李大亮和执失思力分别在蜀浑山、居茹川追上吐谷浑军队，均获大胜。唐军在长途奔袭中打探到伏允将逃往于阗，薛万彻鉴于自己此前长途奔袭遇险的教训，提出停止追击的建议，但契苾何力说："虏非有城郭，随水草迁徙，若不因其聚居袭取之，一朝云散，岂得复倾其巢穴邪？"于是契苾何力自选骁骑千余，直奔突伦川，薛万彻也引兵前往接应。一路上没有接济，将士们杀马饮血食肉，最终打到伏允牙帐，斩首数千人，俘虏牲畜20余万头，伏允只身逃跑，他的妻子也做了俘虏。

吐谷浑被唐军追得无路可逃，大家纷纷怨恨伏允信任的天柱王，于是伏允可汗的儿子慕容顺应民心，斩杀了天柱王，向朝廷请求归顺投降。这以后伏允在逃跑途中也被左右随从杀死，吐谷浑贵族于是拥立慕容顺为可汗。唐太宗即下诏令，封慕容顺为西平郡王。

（4）平定西域各国

隋末唐初，西域诸国处于西突厥势力控制之下，这些国家经常掠夺西亚各国来唐朝经商的商队，"丝绸之路"严重受阻。对此，唐太宗采取了远交进攻、逐步推进的战略，不断开拓疆土，逐渐打通了唐王朝通往西亚的交通，促进了统一的多民族的大唐帝国的繁荣。

高昌是西域诸国中最为强盛的国家，拥兵数万，占据21城，都城在高昌（今新疆吐鲁番）。高昌国王麴文泰是汉族人，他于贞观四年（公元630年）曾到长安朝见唐太宗，李世民对他"赐遗甚厚"并赐其妻宇文氏姓李，封为常乐公主。贞观六年（公元632年），焉耆王龙骑支派使臣朝贡，请求开辟大碛路，以便行旅。这条商路的开辟，使原来经过高昌商路上的过境贸易大受影响。麴文泰为此大怒，发兵掠夺焉耆，并大肆抢劫西亚和唐朝往来的商人和使者，"凡西域朝贡道其国，咸见雍掠"。唐太宗派遣使臣前往谴责，麴文泰反唇相讥，不予理睬。

贞观十三年（公元639年），唐太宗仍然希望麴文泰能够有所收敛，"复下玺书，示以祸福，征之入朝，文泰竟称疾不至"。于是这年年底，唐太宗诏令侯君集和薛万彻等率兵进击高昌。

麴文泰闻知唐朝发兵征讨，满不在乎地对属下说："唐去我七千里，沙碛居其二千里，地无水草，寒风如刀，热风如烧，安能致大军乎？往吾入朝，见秦陇之北，城邑萧条，非复有隋之比。今来伐我，发兵多则粮运不给；三万以下，吾力能制之。当以逸待劳，坐收其弊。若屯兵城下，不过二十日，食尽必走，然后从而虏之，何足忧也！"

然而贞观十四年（公元640年）五月，唐朝大军突然逼进，"兵临碛口"，麴文泰接报大惊失色，"忧惧不知所为，发疾卒，子智盛立"。

这年8月，唐朝大军到达柳谷，谍报人员探知麴文泰即将下葬，国人全部集中在高昌参加葬礼，诸位将领纷纷请求乘机突袭高昌。行军大总管侯君集说："不可，天子以高昌无礼，故使吾讨之，今袭人于墟墓之间，非问罪之师也。"于是唐军进至田城（今新疆鄯善西南），发书招降，但高昌在田城的守军拒不投降。第二天清晨，唐军大举攻城，撞车和抛车齐发，田城在中午即被攻破，俘虏7000余人，唐军乘胜进军，直达高昌城下。

高昌新王智盛仍然拒不投降，侯君集下令"填堑攻之，飞石雨下，城中人皆室处。又为巢车，高10丈，俯瞰城中，有行人及飞石所中，皆唱言之"，高昌城中皆惊恐万分。这以前麴文泰曾与西突厥可汗约定"有急相助"，西突厥可汗接到求助便派大将叶护驻扎浮图城，以为声援。但当侯君集大军到达后，"可汗惧而西走千余里"，叶护见此情景，便带着浮图城守军投降了唐军。高昌失去了心理依赖，智盛只得开门纳降。占据高昌后，侯君集分派大军四处攻打高昌诸城，高昌 21 城所占东西 800 里，南北 500 里土城皆被归于唐朝控制之下。贞观十四年（公元 640 年）九月，唐太宗下令以高昌为西州，以浮图城为庭州，各置属县，并置安西都护府于交河城（今乌鲁木齐市东北）留兵镇守，高昌王国被完全吞灭。

高昌灭亡后，西突厥乙毗咄陆可汗击败了亲唐朝的咥利失可汗，占有其地，势力大增，便"拘留唐使者，侵暴西域，遣兵寇伊州"，并胁迫焉耆与唐朝交恶。贞观十六年（公元 642 年），唐太宗命安西都护郭孝恪出兵进攻西突厥，然后遣使臣封乙毗射匮可汗在西突厥建立了亲唐政权。贞观十八年（公元 644 年），又诏令郭孝恪为西州道行军总管，率 3000 步骑攻克焉耆王城，建立了亲唐政权。

唐太宗灭亡了高昌，击败了焉耆后，龟兹（今新疆库车）成了下一个用兵目标。龟兹是通往中亚的重要商城，占有龟兹，便可彻底控制新疆。贞观二十一年（公元 647 年），唐太宗委任右武卫大将军，自己的妹妹衡阳公主的丈夫，西突厥处罗可汗的儿子阿史那社尔为昆丘道行军大总管，右骁卫大将军契苾何力为副总管，与安西都护郭孝恪率 10 万大军进攻龟兹。

阿史那社尔与契苾何力熟悉西域情况，均能谋善战，他们分兵来击，并获得西突厥内亲唐的乙毗射匮可汗的配合，击败了西突厥叶护贺鲁等来救援龟兹的部队后，以归降的叶护贺鲁为向导大举进攻龟兹，很快便攻占了龟兹王城。

龟兹平定后，安西都护府迁至龟兹王城，统领于阗、碎叶、疏勒（今新疆喀什），同龟兹在内，称为"安西四镇"。安西都护府除都护为唐王朝委派外，都督府以下的官吏大多由少数民族首领担任。至此，葱岭以东各国纷纷摆脱了西突厥的控制，唐王朝稳固控制了西域广大地区，大唐帝国同西域及西亚的交通和经济文化交流得到了保障。

（5）与吐蕃和亲

吐蕃是藏族在西藏高原所建立的王朝，在唐初已建立了奴隶制国家。松赞干布赞普作为藏族历史上的杰出人物，统一了整个西藏高原定都于逻些（今西藏拉萨市），为藏族的社会历史发展做出了重大的贡献。

史载："吐蕃在吐谷浑的西南，近世浸强，蚕食他国，土宇广大，胜兵数十万，然未尝通中国。其王称赞普，俗不言姓，王族皆曰论，官族皆曰尚。"贞观八年（公元634年），松赞干布派使者入贡唐朝，求与唐宗室女结为婚姻。唐太宗为争取在征讨吐谷浑时能得到吐蕃的支持，或至少让吐蕃保持中立，不救援吐谷浑，所以当吐蕃的使者来到长安后，便给以热情而隆重的接待，并派使者冯德遐带着国书与礼物，随同吐蕃的来使一同前往吐蕃会聘。

松赞干布也隆重而热情地接待了唐使冯德遐，言谈中极力表达自己对大唐的称赞和向往，而且第二次派使者带着礼物同冯德遐一道来长安，正式向唐太宗"奉表求婚"。当时向唐皇室求婚的还有吐谷浑王诺曷钵、突厥王子阿史那社尔。唐太宗准许了以衡阳公主嫁给阿史那社尔，以弘化公主嫁给诺曷钵，但对松赞干布的求婚却婉言拒绝了。使者没有完成自己求婚的使命，回国后便对松赞干布说："臣初至唐，唐待我甚厚，许尚公主。会吐谷浑王入朝，相离间，唐礼遂衰，亦不许婚。"

贞观十二年（公元638年），松赞干布便调大军进攻吐谷浑，诺曷钵大败而逃，松赞干布又亲率20余万大军进驻松州（今四川松潘）西境，并又派出使者到长安贡献金帛，声称前来迎娶公主，但又以武力威胁，加紧进攻松州。唐朝松州都督韩威引兵抵挡吐蕃军的进攻，被打得大败。

唐太宗闻报，即派侯君集为弥道行军大总管，执失思力为白兰道行军总管，左武卫将军牛进达为阔水道行军总管，左领军将军刘兰为洮河道行军总管，共5万步骑兵进击吐蕃。

松赞干布指挥部卒进攻松州城半月，未能攻克，唐朝的援军牛进达的部队已到达松州并乘夜色袭击吐蕃军，斩首吐蕃军上千人。松赞干布这才惊恐地退兵，并派使者向唐太宗谢罪。

贞观十四年（公元640年），吐蕃使者到达长安，朝贡黄金5000两及其他珍宝，并再次向唐太宗提出和亲，唐太宗这才答应将文成公主嫁给松赞干布。

贞观十五年（公元641年）正月，唐太宗命礼部尚书江夏王李道宗（唐太宗族弟）持节护送文成公主进入吐蕃与松赞干布完婚。唐太宗为安排文成公主入藏在吐谷浑边境专门修建了行馆，让公主及随行人员休整了一段时间，以适应西藏高原的气候环境及生活习惯。文成公主进藏时带了极为丰盛的嫁妆，除了金银、绸帛和珍宝外，还带了蔬菜种子、蚕种、农业技术及手工业制品，并带了大量的药物和书籍，又带去了大批的工匠和乐队。因此，随着文成公主的入藏成婚，中原地区汉民族的农耕、纺织、酿酒、制陶、冶金、建筑、造纸制笔、制墨等各种先进的技术传入了西藏，对西藏地区经济文化的发展起了很大的带动作用。

松赞干布非常隆重地到河源（今青海兴海东南）迎接文成公主。"见道宗，尽子婿礼，慕中国衣服仪卫之美，为公主筑城郭宫室而处之，自服纨绮以见公主。其国人皆以赭涂面，公主恶之，赞普下令禁之。以渐革其猜暴之性，遣子弟入国学，受《诗》《书》。"文成公主入藏成婚，对促进藏汉经济文化的交流，促进藏汉民族之间的友好关系，促进西藏融入祖国版图起到了重大作用。今日拉萨大昭寺里仍然供奉着当年文成公主的金身塑像。

（6）开明的民族政策

贞观二十一年（公元647年），唐太宗回顾他即位以来的文治武功，在翠微宫正殿问众位大臣说："自古帝王要平定中夏，不能服夷狄。朕才不逮古人而成功过之，自不谕其故，诸公各率意以实言之。"

群臣纷纷回答说："陛下功德如天地，万物不得而名言。"唐太宗对大臣们的谀词很不以为然，他说："朕所能及此者，止有五事耳。"而最后一条是："自古皆贵中华，贱夷狄，朕独爱之如一，故其部落皆依朕如父母。"

唐太宗认为自古以来都是贵中华而贱夷狄，这是对中国历史以来历代统治者的民族政策和正统观念非常实际的概括与否定。而他却"朕独爱如一"，表明了他的民族观念和民族政策是各民族一律平等，一视同仁。他对他的这种民族观念多次谈到，并认为这是君主治国的根本。他说："非威德无以致远，非慈厚无以怀人。"抚九族以仁……此乃君之体也。"又说："《传》云：'己所不欲，勿施于人。'朕今每事缘己，诚能自节，岂独百姓不欲而必顺其情，但四夷不欲亦能从其意耳。"

贞观年间的大量历史记载表明，唐太宗对华夏百姓与四夷种族部落，大体上做到了"爱之如一"。他这种各民族一视同仁的观念，包含着超越他那个年代的各民族一律平等的民族政策的因素。

在对待四夷关系上，无论是东突厥、薛延陀、吐蕃及四域各部落，凡属被征服或主动归属的少数民族部落，唐太宗一律尊重他们的风俗习惯和生活方式，大多以原来的酋长担任各级官职，同各民族建立友好的政治经济和文化关系，其中包括将皇室的女儿嫁给其他民族的首领。

贞观四年（公元630年）东突厥战败，颉利被俘，在如何安置突厥民族的问题上，朝廷大臣看法不一，多数人主张"宜徙之河南兖，豫之间，分其种落，散居州县，教之耕织，可以化胡虏为农民，永空塞北之地"。认为这样可以分其土地，析其部落，使其权弱势分，易为羁制。而温彦博主张："请准汉武帝故事，置降匈奴于塞下，全其部落，顺其土俗，以实空虚之地。"唐太宗采纳了温彦博的意见，在西起灵州东至幽州的广大区域，设置了6个都督府，"以统其众"。原突厥的贵族首领，很多人不仅被任命为都督，还被任命为唐朝军队的高级将领，在长安任职。如颉利被赐予右卫大将军的头衔，阿史那思摩（李思摩）被封为右卫大将军，阿史那社尔为左骁卫大将军，契苾何力为右骁卫大将军，阿史那忠为左屯卫将军，阿史那泥熟为右武卫将军等。东突厥的首领被任命为将军、中郎将而留任京师的有500多人，史载在一定时期，朝中少数民族官员人数"殆与朝士相半"。

唐太宗不仅对这些人委以官职，而且更给以充分信任，许多人还在皇宫中担任禁军、宿卫职务，实实在在做到了唐太宗自己所说的"待其达官，皆如吾百寮"的一视同仁的态度。而这些少数民族官员许多人都成为忠于朝廷，并建立了辉煌战功的杰出将师。如阿史那社尔、契苾何力在平定龟兹的征战中，被任命为行军大总管和副总管，统率10万大军迅速平定了龟兹王国。

唐太宗逝世时，阿史那社尔、契苾何力悲痛万分，一再要"杀身以殉"，足见唐太宗任用和信任少数民族首领的政策，获得了少数民族上层的人心，从而有助于汉民族和少数民族的团结。

唐太宗死后，根据他的遗嘱，将颉利等少数民族各部落酋长14人"皆琢石像刻名列于北司马门内"。这14位石刻像中有突厥族四尊，其他还有吐蕃赞普、高昌王智勇、焉耆王龙突骑支、薛延陀可汗珠真珠毗伽、吐谷浑河源郡王慕容诺曷钵、于阗王尉迟信、新罗王金真德、林邑王范头黎、婆罗门王阿那顺等。昭陵的14座少数民族首领的石刻像可以说是唐太宗开明民族政策的纪念碑，标志着贞观时期一视同仁的民族政策所取得的丰硕成果。史载唐太宗驾崩时，"四夷之人入仕于朝及来朝贡者数百人，闻丧皆恸哭、剪发、齧面、割耳，流血洒地"。以此可看出唐太宗的民族政策是深得少数民族人心的。

唐太宗在征服或归服的少数民族地区所设置的在中央政权管辖下的"羁縻"府州，在贞观年间多达856个，其管辖办法大多以各少数民族"首领为都督刺史，皆得世袭。虽贡赋版籍多不上户部"。这种带有民族高度自治色彩的政策既有利于少数民族地区的稳定和发展，又保证了各民族区域正式地纳入唐王朝版图，有助于统一多民族国家的形成。

唐太宗开明的民族政策不仅加强了中原与边疆少数民族的政治、经济、文化联系，也有助于加强同邻国及欧亚各国的友好往来和经济文化的交流。当时，周边许多国家如波斯（伊朗）、大食（阿拉伯）、尼婆罗（尼泊尔）、天竺（印度）、吐火罗（阿富汗）、真腊（柬埔寨）、林吧（越南）、高丽、百济、新罗及日本等大量的商人、学者、僧侣云集长安等地。这些友好往来，促进了中国及欧亚国家的共同进步和发展，为人类文明的发展做出了极大的贡献。唐王朝因此在当时的国际社会上具有极高的地位和声誉，直到今天，西方国家还有以"唐人"称呼中国人的习惯。

唐太宗一视同仁的民族观念和开明的民族政策做到了他那个时代所能做到的一切，甚至超越了他那个时代，同近代多有民族歧视和种族屠杀，甚至今天世界上依然由于民族歧视引发冲突不断的情况比较，更让人感到1400年前的唐太宗宽仁博大情怀的难能可贵。

四、君明臣贤传佳话

常言道，伴君如伴虎，特别是中国，自古以来就有着"君叫臣死，臣不得不死"的古训。封建帝制是一种家天下的独裁专政体制，维持自己及自己子孙的稳固统治是任何一个帝王无时无刻不考虑的第一要务。治理天下，他离不开臣子，但对于位高权重与自己地位接近的臣子，封建帝王无不疑心重重，小心提防，稍有风吹草动，便大加杀戮，以绝后患。中国历史上的开国皇帝，更是对跟着自己打天下的功臣良将的杰出才干心存忌惮，所以"狡兔死，猎狗烹"的杀戮功臣现象，更成为一种规律。每当功臣才华显露，功高震主之时，便是他作为"功狗"的灭亡之日。

然而，唐太宗却是中国历史上的一个特例，他不仅识才、用才，更是惜才，贞观年间，君臣一心，和睦相处，肝胆相照、惺惺相惜的史实，无不让每一个读史的人感慨不已，唏嘘叹服。

1. 君明臣贤

贞观年间，唐太宗身边人才荟萃，贤臣云集。下面我们列举其中一些人的生平及唐太宗和他们交往的史实，从中略感唐太宗一代明君宽仁博大的胸怀和贤臣良将忠心耿耿，一心为国的事迹。

（1）房玄龄，齐州临淄人。"幼聪敏，博览经史，工草隶，善属文"。在李世民跟随父亲李渊太原起兵，进攻长安，打到函谷关时，"玄龄杖策谒于军门，温彦博又荐焉"。李世民与房玄龄一见如故，从此便跟着李世民东征西战，平定天下，又成为玄武门事变的主谋功臣。

贞观元年（公元627年），唐太宗论功行赏，房玄龄、长孙无忌、杜如晦、尉迟敬德、侯君集5人为一等功臣，房玄龄被封为邢国公。贞观三年（公元629年），摄太子事，兼礼部尚书。第二年代长孙无忌为尚书左仆射，改封魏国公，监修国史。《旧唐书·房玄龄传》称他："既往总百司，虔恭夙夜，尽心竭节……明达吏事，饰以文学，审定法令，意在宽平……论者称为良相焉。"后又兼任太子少师，太子太傅。

唐太宗亲征辽东时，命房玄龄为京城留守，手诏叮嘱他："公当萧何之任，朕无西河之忧矣"。贞观二十二年（公元648年），房玄龄病重期间仍多次上表进谏国事，唐太宗极为感动地说："其人危惙如此，尚能忧我国家。"为了能随时方便探视房玄龄的病情，唐太宗命人"凿苑墙开门，累遣中使候问"，到房玄龄弥留之际，"上又亲临，握手叙别，悲不自胜，皇太子亦就之与之决"。

房玄龄去世后，唐太宗宣布废朝三日，悼念并册封房玄龄为太尉，并州都督。

（2）杜如晦，京兆少陵人，少聪悟，好谈文史。李世民带军攻入长安，杜如晦就开始担任秦王府兵曹参军。他随同李世民平定天下，也是玄武门政变的主谋之一。当时秦王幕府中以房玄龄善谋，杜如晦能断著称，太子李建成曾对齐王李元吉说："秦王府中所惮者，惟杜如晦与房玄龄耳。"

贞观二年（公元628年），杜如晦以本官检校侍中，摄吏部尚书，仍总监东宫兵马事。贞观三年（公元629年），"代长孙无忌为尚书右仆射，仍知选事，与房玄龄共掌朝攻。至于台阁规模及典章文物，皆二人所定，甚获当代之誉，谈良相者，至今称房杜焉"。

贞观四年（公元630年），杜如晦病重，"上亲幸其宅，抚之流涕"，死年46岁，"太宗哭之甚恸，废朝三日，赠司空"。杜如晦死后，唐太宗时常怀念他，一想到他便"怆然悼之""泫然流涕""言之歔欷"。

（3）李靖，雍州三原人，为隋军长安守将，唐高祖李渊攻克长安后"执李靖将斩之，靖大呼：'公起义兵，本为天下除暴乱，不欲就大事，而以私怨斩壮士乎？'高祖壮其言，太宗又固请，遂舍之。太宗遂召入幕府"。

在唐初统一天下的战争中，李靖平定萧铣，兵下岭南，又统兵北上，抵御突厥，战功卓著，唐太宗即位后，拜李靖为刑部尚书。贞观二年（公元628年），又以本官兼检校中书令。贞观三年（公元629年），转任兵部尚书。

贞观四年（公元630年）二月，李靖率大军于阴山大败东突厥颉利可汗，三月俘获颉利，凯旋回朝后，李靖被拜为尚书右仆射。由于其武功卓著，死后民间传其为仙，被封为"托塔李天王"。史载李靖"性沉厚，每与时宰参议，恂恂然似不能言"。贞观八年（公元634年），李靖统军西征吐谷浑，大破其国。唐太宗准备征伐辽东时，召请李靖入宫，向李靖征求意见说："公南平吴会，北清沙漠，西定慕容，惟东有高丽未服，公意如何？"李靖当时年事已高，但仍然慨然请命说："惟拟此行，陛下若不弃，老臣病期瘳矣。"但是，唐太宗怜惜李靖已经年老，需要休养身体，便没有同意他请战出征的要求。

贞观二十三年（公元649年），李靖病逝家中，享年79岁。唐太宗册封他为司徒。

（4）长孙无忌，字辅机，河南洛阳人。长孙无忌是长孙皇后的哥哥，他"少与太宗友善""常从太宗征讨"，是玄武门政变的主谋之一。贞观元年（公元627年），长孙无忌任吏部尚书，拜尚书右仆射，但这时却有人密奏称"无忌权宠过盛"。于是无忌认为盈满是人生的大戒，立即恳求辞去过重的要职，他的妹妹长孙皇后也极力劝说唐太宗免去哥哥的要职，唐太宗最终同意了他们的请求，免去了长孙无忌尚书右仆射的职务。贞观七年（公元633年），唐太宗又册封长孙无忌为司空，长孙无忌一再坚辞不受，但唐太宗还是坚持成命，还写了一篇回忆创业艰难、赞扬他辅佐有力的《威风赋》赐给长孙无忌。唐太宗还下诏"令与诸功臣世袭刺史"，长孙无忌一再坚持不受分封，还和房玄龄一起上表极力谏诤，唐太宗的分封之举才得以停止。贞观十六年（公元642年）唐太宗又册拜长孙无忌为司徒。

贞观二十三年（公元649年），唐太宗病危，临终之时让长孙无忌和中书令褚遂良二人受遗命辅政。唐太宗还叮嘱褚遂良说："无忌尽忠于我，我有天下，多是此人力。尔辅政后，勿令谗毁之徒损害无忌。若如此者，尔则非人臣。"但唐高宗时，武后专权，长孙无忌受到诬陷，被流放到黔州后，逼令自缢而死。

（5）高士廉，勃海蓨（今河北景县）人，"少有器局，颇涉文史"，是长孙无忌的舅父。贞观元年（公元627年）高士廉被任命为侍中后出任益州大都督府长史，兴修水利，政绩斐然。史载"士廉明辩善容止，凡有献纳，搢绅之士莫不属目"。贞观五年（公元631年）高士廉调入京城，任吏部尚书。贞观十二年（公元638年），拜尚书右仆射。贞观十九年（公元645年），唐太宗征高丽，高士廉摄太子太傅，辅佐朝政。

贞观二十年（公元646年），高士廉"遇疾，太宗幸其第问之，因叙说生平，流涕歔欷而诀"。贞观二十一年（公元647年）正月，高士廉病死于京城长安，享年72岁。唐太宗闻报，即刻下令驾临悼念，房玄龄认为唐太宗身体不适，正在服药，"不宜临丧"，极力劝阻，但唐太宗认为"故旧情深，姻戚义重"，不听劝谏，带着几百随从出兴安门。长孙无忌听到消息急急地骑马赶到唐太宗马前，跪地劝阻，"其言甚切，太宗犹不许。无忌乃伏于马前流涕，帝乃还宫"。等到高士廉发丧安葬之日，太宗登故城西北楼望而恸。

（6）温彦博，太原祁人，"幼聪悟，有口辩，涉猎书记"。唐太宗即位后，温彦博任中书侍郎，兼太子右庶子，贞观二年（公元628年），升任御史大夫。史载"彦博善于宣吐，每奉使入朝，诏向四方风俗，承受论言，有若成诵，声韵高朗，响溢殿庭，进步雍容，观者拭目。四年，迁中书令"。贞观十年（公元636年），温彦博又任尚书右仆射，次年病死，享年64岁。

史载温彦博"自掌知机务，即杜绝宾客，国之利害，知无不言，太宗以是嘉之"。温彦博死后，唐太宗说："彦博以忧国之故，劳精竭神，我见其不逮，已二年矣。恨不纵其闲逸，致夭性灵。"温彦博死时，家中没有正庭，只得在别室办丧事，唐太宗对此深为感动，即命令有关部门为温彦博家修建庭堂。

（7）李勣，曹州离狐人，本姓徐，名世勣，因避唐太宗李世民的名讳，改单名勣。李勣原为李密部下，归附唐朝后，随李世民东征王世充、窦建德、刘黑闼、徐圆朗，均战功卓著，被赐姓"李"，改名"李勣"。唐太宗即位后，任并州都督，与李靖合兵大败突厥颉利可汗。唐太宗曾说："朕今任李世勣于并州，遂使突厥畏威遁走，塞垣安静，岂不远胜筑长城耶？"

贞观十五年（公元641年），李勣被任命为兵部尚书，赴京就任前，时逢薛延陀大举入侵，李勣即被任命为朔州行军总管，带军大败薛延陀。这以后李勣突然身患急病，有人说"须灰可以疗之"，唐太宗"乃自剪须，为其和药"。当李勣病愈面谢君恩时，唐太宗却说："吾为社稷计耳，不烦深谢。"

贞观十七年（公元643年），立李治为皇太子，李勣被任命为太子詹事兼左卫率，加位特进，同中书门下三品。贞观十八年（公元644年）征伐高丽，战功卓著。贞观二十年（公元646年），李勣率大军平定薛延陀。唐高宗即位后，遵照唐太宗的遗嘱，重用李勣拜尚书左仆射，带军征讨高丽，攻克其都城平壤。唐高宗总章二年（公元669年），李勣病死，享年76岁。朝迁内外，"闻者莫不凄怆"。

（8）马周，清河茌平人，"少孤贫好学，尤精《诗》《传》，落拓不为州里所敬"。因代笔为中郎将常何起草上书，得到唐太宗赏识，授监察御史，贞观十二年（公元638年）转中书舍人。史称马周"有机辩，能敷奏，深识事端，动无不中"。唐太宗曾说："我于马周，暂不见则便思之。"贞观十五年（公元641年），升为治书侍御史兼知谏大夫，太子右庶子。贞观十八年（公元644年）又升任中书令，还仍兼太子右庶子。马周"既职兼两宫，处事精密，甚获当时之誉"。贞观二十一年（公元647年），唐太宗亲手给马周题词："鸾凤凌云，必资羽翼，股肱之寄，诚在忠良"。

马周患有糖尿病，长期不愈，唐太宗特地让有关部门给他家修造府宅，并时常派遣名医。中使"相望不绝，每令尚食以膳供之。太宗躬为调药，皇太子亲临问疾"。马周临终前将自己上书劝谏皇帝的草稿全部收集起来，亲手焚烧，并对身边的人说："管晏彰君之过，求身后名，吾弗为他。"贞观二十二年（公元648年），马周病死，享年48岁。唐太宗亲自为他举哀，并追赠幽州都督。

（9）刘洎，荆州江陵人。贞观七年（公元633年）任给事中，贞观十五年（公元641年）任治书侍御史。刘洎"性疏峻而敢言"，多次进谏，被唐太宗采纳。贞观十八年（公元644年）任侍中，唐太宗东征时，让他和高士廉、马周一起留下辅佐皇太子监国。唐太宗临行前嘱咐刘洎说："我今远征，使卿辅翼太子，社稷安危之机所寄尤重，卿宜深识我意。"刘洎听完，便张口答道："愿陛下无忧，大臣有愆失者，臣谨即行诛。"

刘泊的回答，实在是狂妄，当时国家并不是危急时刻，皇帝也并没有赐予他诛杀大臣的特权。因此，唐太宗对他的轻狂甚为担心，但仍然语重心长地告诫他说："君不密则失臣，臣不密则失身。卿性疏而太健，恐以此取败，深宜诚慎以保终吉。"

但是，刘泊却没把唐太宗的坦诚告诫放在心上。贞观十九年（公元645年），唐太宗东征归还，途中患病。刘泊与马周面见探视出来后，褚遂良询问唐太宗病况，刘泊即随口应道："圣体患痈，极可忧虑。"褚遂良对刘泊口无遮拦的轻率之言极为不满，于是上奏唐太宗说刘泊对他说："国家之事不足虑，正当傅少主行伊霍故事，大臣有异志者诛之，自然定矣。"

唐太宗病愈后审查此事，刘泊只得以实答对，并说同行的马周可以做证。唐太宗询问马周，马周的回答和刘泊是相同的，但褚遂良却一再坚持自己的说法。联系到此前刘泊的妄言，唐太宗不得不处理刘泊，于是令其自尽。刘泊临死前请求给自己纸笔，要给唐太宗上奏申冤，但宪司没有同意。事后，唐太宗听到了刘泊死前索纸笔上奏的情况后，非常生气，但为时已晚。

（10）侯君集，豳州三水人，跟着李世民统一天下战功卓著，又是玄武门政变中的功臣。唐太宗即位后，任左卫将军，不久又拜为左卫大将军。贞观四年（公元630年）任兵部尚书，参议朝政。讨伐吐谷浑凯旋后又被任命为吏部尚书。史载侯君集"出自行伍，素无学术，及被任遇，方始读书。典选举，定考课，出为将领，入参朝政，并有时誉"。

在后来率领大军平定高昌国时，却因"私取宝物"，被"有司请推其罪，诏下狱"。中书侍郎岑文本上疏劝谏唐太宗赦免侯君集，希望能对他"录其微劳，忘其大过"，侯君集获得释放。但是，这以后侯君集"志殊怏怏"，贞观十七年（公元643年），张亮出任洛州都督，侯君集便怂恿张亮和自己起事谋反。张亮随即把侯君集的密谋报告给了唐太宗，唐太宗为保全侯君集性命，一直"寝其事，待君集如初"。但是，后来侯君集又参与了太子李承乾谋反的事情。事发后，大臣们一致要求对侯君集"请诛之以明大法"。于是唐太宗诏见侯君集，流着眼泪对他说："与公长诀矣，而今而后，但见公遗像耳！""遂斩于四达之衢，籍没其家。"但却特例赦免了侯君集的妻子和一个儿子，流放到岭南。

唐太宗对待自己的臣子宽厚仁义，即使是对待犯了错误，甚至是谋反的功臣也能手下留情，宽容待人，这和历史上对臣子们动辄灭门、诛连九族的众多皇帝相比，唐太宗不愧为中国历史上难得的贤君明君。但是，更能成就唐太宗明君美名，并使得自己成为我国历史上著名的直谏诤臣的魏徵和唐太宗的历史记载，更让人深为叹服。

2. 千古谏臣

魏徵，字玄城，巨鹿曲城人。"少孤贫，落拓有大志，不事生业，出家为道士，好读书，多所通涉，见天下渐乱，尤属意纵横之说。"

魏徵早年便参加了李密的瓦岗军，又曾任窦建德的起居舍人。窦建德被李世民打败后，归附唐朝担任了太子洗马。玄武门政变后，唐太宗当众怒斥魏徵多次给太子李建成出谋划策除掉自己，但魏徵却以"先太子早从征言，必无今日之祸"直言相告。魏徵过人的胆略和坦荡胸怀深受唐太宗的喜爱，便任命魏徵为谏议大夫，后又担任尚书左丞、秘书监、侍中等要职。

魏徵任职后，先后向唐太宗进谏数百条，劝谏唐太宗以隋亡为借鉴，偃武修文，居安思危，兼听广纳，明德省刑，轻徭薄赋，躬行节俭。他的进谏，对唐太宗治国的方针政策及为君之道影响很大，被唐太宗称为自己治国修身的一面镜子。

唐太宗即位后，非常赏识魏徵，经常诏魏徵到自己卧室，征求自己治国的得失。史载："征雅有经国之才，性又抗直，无所屈挠，太宗与之言，未尝不欣然纳爱。征亦喜逢知己之主，思竭其用，知无不言。太宗尝劳之曰：'卿所陈谏，前后二百余事，非卿至诚奉国，何能若是？'其年，迁尚书左丞。"

贞观二年（公元 628 年），魏徵迁秘书监，参与朝政。太宗幸九成宫，有些陪侍的宫女要返回宫中，路上便住宿在漳川县官舍。但这天恰巧右仆射李靖和侍中王珪相继来到漳川，漳川县的官员便让住在官舍的宫女住了另外的地方，让李靖、王珪住在了官舍。后来唐太宗听到了此事，非常生气地说："威福之柄，岂由靖等？何为礼靖而轻我宫人。"还下令立案审查漳川县官员和李靖等人。

魏徵听说后立即进谏说："靖等，陛下心膂大臣；宫人，皇后扫除之隶。论其委付，事理不同。又，靖等出外，官吏访朝法式，归来，陛下问人间疾苦，靖等自当与官吏相见，官吏亦不可不谒也。至于宫人，供食之外，不合参承。若以此罪责县吏，恐不宜德音，徒骇天下耳目。"听完魏徵的话唐太宗的怒气一扫而光，立即"释官吏之罪，李靖等亦寝而不问"。

隋朝时的通事舍人郑仁基有一个十六七岁的女儿，容貌非常出众，长孙皇后打听到了这样一个女子，便让唐太宗聘娶为嫔妃，唐太宗便将此女聘为九嫔之一的充华。当时诏书已经发出，正准备派使臣前往郑府宣读封册，聘娶郑女。魏徵听说了此事并且知道郑女已许婚给了陆姓人家，便急忙面见唐太宗进谏说："陛下为民父母，抚爱百姓，当忧其所忧，乐其所乐……今郑氏之女已许人，陛下取之不疑，无所顾问，播之四海，岂为民父母之道乎？臣传闻或未的，然恐亏圣德，情不敢隐，君举必书，所愿特留神虑。"

唐太宗听魏徵说郑女已许配陆氏人家，非常吃惊，立即"深自克责"，并且下令封册使臣停止行动，让郑女归嫁未婚夫。但是，左仆射房玄龄、中书令温彦博、礼部尚书王珪、御史大夫韦挺等人却感到这样收回诏命很不妥当，他们说："女适陆氏无显然之状，大礼即行，不可中止。"太宗听后也犹豫起来，但魏徵却坚持自己的意见。于是唐太宗又发出诏书说："今闻郑氏之女先已受人礼聘，前出文书之日，事不详审，此乃朕之不是，亦为有司之过，授充华者宜停。"

唐太宗听从了魏徵的进谏，收回了已发出的诏命，朝廷内外莫不为之赞叹。

贞观五年（公元631年），侍御权万纪和李仁发两人，都因为经常密奏告发他人很受唐太宗的宠幸，许多大臣都因为他们的诬告而多次遭到唐太宗的谴责。对于这种情况，魏徵看在眼里，急在心中，便对唐太宗说："万纪等小人，不识大体，以讦为直，以谗为忠。陛下非不知其无堪，盖取其无所避忌，欲以警策群臣耳。而万纪等挟恩依势，逞其奸谋，凡所弹射，皆非有罪。陛下纵未能举善以厉俗，奈何昵奸以自损乎？"唐太宗听了魏徵的直言劝谏，默无一言，但却赏赐给魏徵 500 匹绢帛。

贞观六年（公元 632 年），朝中文武官员纷纷上书，再次请求唐太宗到泰山封禅，但唯独魏徵不同意。唐太宗便问魏徵："公不欲朕封禅者，以功未高邪？"魏徵回答说："高矣！"又问："德未厚邪？"答："厚矣。"问："中国未安邪？"答："安矣。"问："四夷未服邪？"答："服矣。"问："五谷未丰矣？"答："丰矣。"问："符瑞未至邪？"答："至矣。""于是唐太宗接着问道："然则何为不可封禅？"

魏徵回答说："陛下虽有此六者，然承隋末大乱之后，户口未复，仓廪尚虚，而车驾东巡，千乘万骑，其供顿劳费，未易任也。且陛下封禅，则万国咸集，远夷君长，皆当扈从；今自伊洛以东至于海岱，烟火尚稀，灌莽极目，此乃引戎狄入腹中，示以虚弱也。况赏赉不赀，未厌远人之望；给复连年，不偿百姓之劳；崇虚名而受灾害，陛下将焉用之！"

唐太宗听了魏徵的回答，连声叫好，泰山封禅之事的议论便中止下来。

贞观十年（公元 636 年），魏徵也多次以"目疾"为由，请求辞职，最终唐太宗不得已同意了魏徵的请求，但是仍然以魏徵为特进，知门下事，参与朝政大事。而魏徵虽然因病辞去了侍中等重要职务，但仍然经常向唐太宗进谏。

贞观十一年（公元 637 年），唐太宗诏令修建洛阳飞山宫，魏徵立即上书劝谏："炀帝恃其富强，不虞后患，穷奢极欲，使百姓困穷，以至身死人手，社稷为墟。陛下拨乱反正，宜思隋之所以失，我之所以得。撤其峻宇，安于卑宫。若因其而增广，袭旧而加饰，此则以乱易乱，殃咎必至，难得易失，可不念哉？"这以后，唐太宗临幸隋炀帝时建造的显仁宫，发现当地官员为他住宿显仁宫而准备的物品不够完备，于是他便很生气地谴责了当地官员。魏徵听说了这件事，便特地求见唐太宗劝谏他说："陛下以储待谴官吏，臣恐承风相扇，异日民不聊生，殆非行幸之本意也。昔炀帝讽郡县献食，视其丰俭以为赏罚，故海内叛之。此陛下所亲见，奈何欲效之乎？"唐太宗听后立即惊觉地说："非公不闻此言。"他又对身边的长孙无忌等人说："朕昔过此，买饭而食，傥舍而宿，今供顿如此，岂得嫌不足乎？"

但是，身为地位至高无上的封建帝王为维护自己的权威和尊严，大都很难做到从谏如流，闻过即止，唐太宗也不例外，有时也很难对自己错误的言行一下子听从劝谏，转过弯来。贞观元年（公元 627 年），唐太宗发现在朝廷选拔官员和科举考试中有人"诈伪资荫"，于是唐太宗下令让混过审查的诈伪者自首，对不自首者，一经查出便处以死刑。但是，后来真的查出了没有自首的"诈伪者"，负责查处的大理寺少卿戴胄依据法律判为流放，并按规定报奏唐太宗。唐太宗看过上奏，非常生气，认为自己已经专门下令不自首者处死，大理寺却仍然判为流放，这是让自己"示天下以不信"，他立即责备戴胄说："卿自守法，而令我失言邪？"但戴胄据理进谏说："法者，国家所以布大信于天下；言者，当时喜怒之所发耳。陛下发一朝之急而许杀之，既知不可而置之于法，此乃忍小急而存大信也。"唐太宗在明知自己一时激愤的敕令不合国家法律时，还要拿"令我失信"为借口来维护自己的面子，但戴胄的回答理正词严，言辞恳切，使他不得不采纳。

魏徵的劝谏，也经常受到唐太宗的拒绝和指责。唐太宗即位不久，国家外忧内患，兵力不足，朝廷派人多方征兵。按规定男子满 18 岁才可征兵，但尚书右仆射封德彝上奏说："中男尚未十八，其躯干壮大者，亦可并点。"唐太宗认为这个意见很好，即刻令起草敕令。敕令拟就后，谏议大夫魏徵认为不能这样做，不肯在敕令上署名，唐太宗多次派人催促，魏徵依然坚持不署名。唐太宗非常恼怒，即刻召见魏徵并当面指责他说："中男壮大者，乃奸民诈妄以避征役，取之何害？而卿固执至此！"魏徵还是一再坚持自己的意见，多方陈述这样随意变更国家有关规定，是失信于民的做法，会失去百姓对朝廷的信任，长此以往危害很大。最终唐太宗还是同意了魏徵的意见，称赞魏徵"论国家大体，诚尽其精要"。

魏徵的直言进谏不仅受到君王当面谴责，有时还面临危险的境地。有一次，魏徵在朝堂上劝谏唐太宗的过失，使唐太宗大为恼火，拂袖退入后堂，仍然怒气不止，恨恨地说："会须杀此田舍翁！"长孙皇后了解了事情原委后，立即好言相劝，才使唐太宗转怒为喜，意识到了自己的过失。

魏徵虽以犯颜直谏而著称，但有时也讲求进言的艺术，采取委婉的方式劝谏。长孙皇后病逝后，唐太宗非常思念自己的患难妻子，便在宫苑中筑起高层观台，经常登上高台遥望长孙皇后的昭陵。有一次，唐太宗带着魏徵登上观台，让魏徵和他一起遥望昭陵。魏徵早就担心君王这样多年思虑过重影响身体，影响朝政，便故意说自己老眼昏花，没有望见什么。唐太宗没有明白魏徵的意思，还一手拉着魏徵，一手给他指着远处昭陵的方向，让魏徵遥望。这时，魏徵才慢慢地说道："臣以为陛下望献陵（唐高祖李渊墓），若昭陵，则臣固见之矣。"唐太宗这才明白魏徵是在责备他不望父亲陵墓是不以国家基业为重，而整日思念已故皇后的做法，于是流着眼泪下令拆毁了自己遥望长孙皇后的观台。

魏徵敢于犯颜进谏，又据理直谏，而且还善于劝谏。所以，在魏徵面前，唐太宗非常注意自己的言行举止，有时甚至像一个非常怕见严父的孩子。

史载魏徵："尝谒先上冢，还，言于上曰：'人言陛下欲幸南山，外皆严装已毕，而竟不行，何也？'上笑曰：'初实有此心，畏卿谯，故中辍耳。'"

又载："上尝得佳鹞，自臂之，望见征来，匿怀中，征奏事固久不已，鹞竟死怀中。"

这两则事例生动地反映出了魏徵在唐太宗心中的地位，也反映出魏徵的直言进谏对成就唐太宗一代明君的作用，但也反映出唐太宗虚怀纳谏、从善如流，以国家长治久安为重的胸怀。正是有了唐太宗这样的一代明君，才成就了魏徵这样的千古谏臣，也正是有了这样的谏臣，也才成就了这样的明君。唐太宗和魏徵的千古佳话，是他两人博大的胸怀与忠贞的品行相互成就、相得益彰的结果。

唐太宗对魏徵曾给以极高的评价，他对侍臣们说："贞观以前，从我平定天下，周旋艰险，玄龄之功，无所与让。贞观以后，尽心于我，献纳忠说，安国利民，犯颜正谏，匡朕之违者，惟魏徵而已。古之名臣何以加也！"说完，他解下自己的佩刀赐给了房玄龄和魏徵二人。

贞观十七年（公元643年），魏徵病卒。唐太宗"登苑西楼，望哭尽哀。上自制碑文，并为书石。上思征不已，谓侍臣曰：'人以铜为镜，可以正衣冠，以古为镜，可以见兴替；以人为镜，可以知得失。魏徵没，朕亡一镜矣！'"

唐太宗"魏徵没，朕亡一镜"的话，表达了他对魏徵深切的怀念，更表达了他对魏徵一生功绩的中肯评价。

魏徵除了面谏唐太宗外，还经常上书进谏，为唐太宗进言献策，留下了许多千古佳作，下面我们看一看他的名篇《谏太宗十思疏》，从中领略他的竭忠尽智和远见卓识。

·谏太宗十思疏·

臣闻求木之长者，必固其根本，欲流之远者，必浚其泉源；思国之安者，必积其德义。源不深而望流之远，根不固而求木之长，德不厚而思国之安，臣虽下愚，知其不可，而况于明哲乎！人君当神器之重，居域中之大，不念居安思危，戒奢以俭，斯亦伐根以求木茂，塞源而欲流长也。

凡百元首，承天景命，善始者实繁，克终者盖寡，岂取之易，守之难乎？盖在殷忧，必竭诚以待下；既得志，则纵情以傲物。竭诚，则吴越一体；傲物，则骨肉为行路。虽董之以严刑，震之以威怒，终苟免而不怀仁，貌恭而不心服。怨不在大，可畏惟人；载舟复舟，所宜深慎。

诚能见可欲，则思知足以自戒；将有作，则思知止以安人；念高危，则思谦冲而自牧；惧满盈，则思江海下百川；乐盘游，则思三驱以为度；忧懈怠，则思慎始而敬终；虑壅蔽，则思虚心以纳下；惧谗邪，则思正身以黜恶；恩所加，则思无因喜以谬赏；罚所及，则思无以怒而滥刑。

总此十思，宏兹九德。简能而任之，择善而从之，则智者尽其谋，勇者竭其力，仁者播其惠，信者效其忠。文武并用，垂拱而治，何必劳神苦思，代百司之职役哉！

五、唐太宗身后的女人

唐太宗身为一代明君，开创了为后世所称道的"贞观之治"的政绩，除了他自身的因素和辅佐他的一大批贤臣良将之外，他唯一的皇后，以贤德著称后世的长孙皇后也功不可没。但是，身为封建皇帝，唐太宗也少不了许多后宫宠幸的美人。

1. 贤德称世的长孙皇后

长孙皇后是长安人，父亲长孙晟是隋朝的右骁卫将军，母亲高氏是隋朝扬州刺史高敬德的女儿。长孙氏原姓拓跋，后来改姓为长孙氏。

长孙皇后的父亲长孙晟壮年病故，当时长孙皇后与哥哥长孙无忌年幼，他们的异母兄长孙安业是个嗜酒好赌、不务正业的人，他认为他的继母与异母弟妹是家中的累赘，便经常虐待他们，一心想赶走他们。长孙皇后的舅舅高士廉知道情况后，便把妹妹和一对处甥儿女接到自己家中，尽心抚育这对兄妹长大成人。隋炀帝大业九年（公元 613 年），高士廉任职礼部，见同朝为官的殿内少监李渊的次子李世民才识不凡，便将 13 岁的外甥女许配给 16 岁的李世民。

晋阳起兵后，李世民常年在外征战，长孙氏在家操持家务，养育儿女。李渊在长安称帝后，长孙氏被立为秦王妃，此时因李世民功业显赫，威望很高，引起太子李建成的猜忌，与齐王李元吉联合谋害李世民，兄弟间矛盾日益尖锐。长孙氏不仅竭力孝事高祖李渊及其妃嫔，而且热情周到地同李建成、李元吉的妻妾友好相处，尽力化解兄弟妯娌间的感情裂痕。但是，在玄武门政变发生时，长孙氏亲自动员秦王府的男丁壮士拿起武器跟随秦王李世民发动兵变，可见温顺善良的长孙氏，其实是外柔内刚，是很有政治见识的。

李世民登基后，长孙氏被立为皇后，作为后宫之主的长孙皇后依然节俭谦和，行事非常低调，深得宫中及唐太宗的敬重。唐太宗多次在她面前谈论朝政，征求她的看法，她总是辞谢说："牝鸡之晨，惟家之索。""姜妇人，安敢预闻政事！"但是，对唐太宗的失误和提拔任用自己家人，长孙皇后却多次劝谏，起到了贤内助的作用。

长孙无忌不仅是唐朝开国功臣，而且在玄武门之变中功勋卓著，唐太宗即位后"欲用为宰相数矣"。但是长孙皇后却因为长孙无忌是自己的哥哥，一再劝阻唐太宗不可安排长孙无忌做宰相。她对唐太宗说："姜备位椒房，家之贵宠极矣，诚不愿兄弟复执国政，吕、霍、上官，可为切肤之戒，幸陛下矜察！"但是唐太宗认为长孙无忌不仅功勋卓著，而且品德高尚，长于谋略，自己看重的是他的声望和德才，并不是从任用内戚的私心出发，于是坚持任命长孙无忌为尚书右仆射。但是长孙皇后即召哥哥进宫，把自己的想法告诉了他，长孙无忌很明白妹妹的苦心，多次坚持辞去尚书右仆射的职位。在长孙无忌"固求逊位，皇后劝为之请"的情况下，唐太宗只得同意长孙无忌的辞职请求，任命无忌为开府仪同三司。

对于从小对她刻薄寡情，在父亲病死后将她母亲兄妹赶出家门的异母哥哥长孙安业，长孙皇后却不计怨恨，对他"恩礼甚厚"，一再为他在唐太宗面前说好话，使他做了监门将军，但是不知好歹的长孙安业竟然利令智昏，参与了李孝常的谋反事件，事情败露后，依法应当处死。长孙皇后为此哭泣着向唐太宗求情说："安业罪臣当万死，然不慈于姜，天下知之，今置以极刑，人必谓姜所为，恐亦为圣朝之累。"于是唐太宗听从了皇后的请求，赦免了长孙安业的死罪，将其流放到嶲州。

长孙皇后要求对长孙安业法外施恩并不是为了坦护自己的亲人，而是担心对唐太宗的名声不利。长孙皇后天性仁厚，对其他嫔妃所生的庶子，都视为亲生，呵护有加，而对自己生的三个儿子太子李承乾、魏王李泰和晋王李治却训诫甚严，教育他们谦俭为先。太子的乳母遂安夫人见东宫器物不足，便要求皇后添置一些，长孙皇后不但不允许增加东宫器物，还斥责道："为太子，患在德不立，名不扬，何患无器用邪？"

豫章公主早年丧母，长孙皇后便收养了她，对她"慈爱逾于所生"。宫中的妃嫔及其他宫人患病，长孙皇后总是亲自探视，并且"辍己之药膳以资之"，因此，后宫的人都很爱戴皇后。唐室规定，皇帝的姑母为大长公主，皇帝的姐妹为长公主，皇帝的女儿为公主。唐太宗共有九个女儿，其中只有长乐公主是长孙皇后亲生的，所以太宗皇帝特别喜爱她。长乐公主成年后，嫁给长孙无忌的长子长孙冲，唐太宗给她准备的嫁妆特别丰富，比自己的妹妹永嘉长公主成婚时的嫁妆多出一倍。魏徵知道了这件事，立即在朝堂上劝谏陛下此举很不妥当，以前汉明帝分封皇子时说"我子怎能与先帝子比"，因此给自己的儿子们的封地只有先帝儿子们的一半。可现在陛下给长乐公主的嫁妆却比太上皇的女儿永嘉长公主多一倍，这就很不合礼法了，长公主既加了一个"长"字封号，便自然比公主地位高，而陛下的考虑虽有疼爱自己女儿的父爱之情，但朝廷的礼法却是不能超越的啊！

唐太宗听了魏徵的进谏，认为很有道理，只得接受下来，但心中很不舒服，回到宫中便把此事告诉给了长孙皇后，谁知长孙皇后听后极为感叹地说："妾亟闻陛下称重魏徵，不知其故，今观其引议以抑人主之情，乃知真社稷之臣也！妾与陛下结发为夫妇，曲承恩礼，每言必先颜色，不敢轻犯威严；况人臣之疏远，及能抗言如是，陛下不可不从。"说完，她还请求唐太宗赐给魏徵钱400缗，绢400匹以示嘉奖，还托人转告魏徵说："闻公正直，乃今见之，故以相贺。"

长孙皇后不仅深赞魏徵的直言劝谏，还多次保护魏徵，使他免受伤害。有一次，太宗皇帝罢朝回宫后怒气冲天地说："会须杀此田舍翁！"长孙皇后听后非常吃惊，连忙问是谁让你这样生气，唐太宗说："魏徵每廷辱我。"原来魏徵出身贫苦，种过庄稼，当过道士，朝中许多权贵很看不起他，大家背地里都称他"田舍翁"，即庄稼佬。谁知长孙皇后听了太宗皇帝的话后，再没有答话，立即退回内室，换上了朝廷要举行隆重大典时皇后才穿的正式朝服，径直走到唐太宗面前行礼拜贺。唐太宗惊奇地问她这样做的原因，长孙皇后回答说："臣闻主明臣直，今魏徵直，由陛下之明故也，妾敢不贺？"唐太宗明白了长孙皇后的良苦用心，即刻转怒为喜，并且在第二天早朝时向魏徵道歉认错，并对其给予当众嘉奖。

长孙皇后为人仁厚良善，不仅极力保护像魏徵这样正直的大臣，对一般的臣仆宫人也以仁义待之。唐太宗特别喜爱骏马，但有一匹他最心爱的骏马暴病而亡。唐太宗大怒，下令处死养马人。长孙皇后闻讯后即刻面见皇帝，以古时名相晏婴进谏齐景公不要因为马病死来惩处养马人的故事劝谏唐太宗，最终使得唐太宗消除了怒气，宽免了养马人。为此，唐太宗对宰相房玄龄说："皇后庶事，相启沃极，有利益尔。"

唐太宗在宫中常因自己一时的心烦气恼而"迁怒宫人"，遇到这种情况，长孙皇后也为了顾全丈夫的面子装作生气，请求把宫人交给自己严加处置而囚禁保护起来，等到太宗皇帝怒气消解后，皇后便为之"徐为申理"，这样使得宫中"刑无枉滥"。

长孙皇后不仅仁厚谦恭，而且通晓外戚专权、皇后干政的历史教训。唐太宗曾患重病，经年不愈，长孙皇后侍奉在病榻旁边，昼夜不离，在太宗皇帝病势最重之时，她便将毒药藏在衣带之中，贴身宫女问她，她回答说："若有不讳，义不独生。"等到唐太宗病愈后，她才从衣带中取出毒药对唐太宗说："妾于陛下不豫之日，誓以死从乘舆，不能当吕后之地耳。"

但是，这样一位深明大义、贤德美丽的长孙皇后却寿命不长，贞观十年（公元636年）夏天，时年36岁的长孙皇后早年的哮喘病复发，病势极为沉重。母后病重，急得六神无主的太子李承乾对母亲说："医药备尽而疾不瘳，请奏赦罪人及度人入道，庶获冥福。"但长孙皇后却回答说："死生有命，非人力所支。若修福可延，吾不为恶；使善无效，我尚何求？赦令，国之大事，佛、老异方教耳，皆上所不为，岂宜以吾乱天下法？"太子听完只得垂泪而退，不敢在父皇面前提大赦之事。宰相房玄龄把皇后的话告诉给了唐太宗，众大臣也齐声要求太宗皇帝下诏大赦天下来救皇后，但长孙皇后却一再挣扎着在病床上叩头劝阻，唐太宗只好答应她不发大赦诏书。

最后，长孙皇后在弥留之际拉着太宗皇帝的手，与之诀别，这时，正逢宰相房玄龄因小过而被谴责回家。长孙皇后说的第一句话是："玄龄事陛下久，小心慎密，奇谋密计，未尝宣泄，苟无大故，愿勿弃之。"唐太宗眼看皇后在生命的最后时刻依然牵挂忠直大臣的命运，深受感动，流着泪水点头答应了她的请求。这时皇后又喘息地说道："妾之本宗，因缘葭荦以致禄位，但以非德举，易致颠危，欲使其子孙保全，慎勿处之权要，但以外戚奉朝请足矣。妾生无益于人，不可以死害人，愿勿以丘垄劳费天下，但因为坟山，器用瓦木而已。仍愿陛下亲君子，远小人，纳忠谏，屏谗言，省作役，止游畋，妾虽没于九泉，诚无所恨。儿女辈不必令来，见其悲哀，徒乱人意。"唐太宗听着自己妻子的诀别之言，泪如雨下悲痛万分，不住地点头应允。就这样，公元636年6月21日，长孙皇后终于松开了握着唐太宗的手，离开了人世。

长孙皇后生前曾经收集古代妇女为人做事得失为诫的故事，撰写了《女则》30卷。在皇后离世后，唐太宗多次阅读她的作品，常常悲伤流泪，他对众臣说："皇后此书，足以垂百世。朕非不知天命而为无益之悲，但入宫不复闻规谏之言，失一良佑，故不能忘怀耳！"

不久，唐太宗便召房玄龄入朝，恢复了他的官职。

对长孙皇后的丧事，唐太宗也按照皇后的遗嘱给以薄葬，"因九峻山为陵，凿石之工才百余人，数十日而毕，不藏金主，人马器皿，皆用土木，形具而已"。唐太宗还亲自为皇后撰写了碑文，寄托哀思。

长孙皇后死后，谥号为文德皇后。长孙皇后36年的生命很短暂，但却在中国历史上留下了德才兼备一代贤后的美名。

2. 江南才女徐妃

和中国历史上封建王朝的皇帝一样，李世民自然有众多的后宫嫔妃，在李世民众多的嫔妃中，江南才女徐妃算是比较有知名度的一位。

徐妃的名字叫作徐惠，浙江湖州人，史书记载她从小就特别聪明，传说她五个月大就开口说话，四岁便能读《诗经》《论语》，八九岁便会写诗作文。因为她才女的名声和美丽的容貌，徐惠被选入皇宫，封为才人。徐氏初进宫便因她的才思敏捷、见解精到而得到唐太宗的赏识，但因为皇宫美女如云，她很快便被淹没在三千佳丽之中。徐氏在后宫虽然锦衣玉食但毕竟整日清冷寂寞，于是便写了一首《长门怨》来抒发自己的闺中怨情：旧爱柏梁台，新宠昭阳殿。守分辞芳辇，含情泣团扇。一朝歌舞荣，夙昔诗书贱。颓恩诚已矣，覆水难重荐。

这首诗传到了李世民的耳中，一下子打动了他的心扉，使唐太宗记起了他以前很赏识的那个才女，于是他将徐惠从宫中最低的"才人"提到了妃嫔级的"充容"，徐妃一下子成了唐太宗最宠爱的女人。

徐妃和长孙皇后一样，多次对唐太宗晚年逐渐沉湎游乐的行为进行劝谏，她告诫李世民"有道之君，以逸逸人；无道之君，以乐乐人"，还以商纣王迷恋玉器珍宝，导致国家灭亡的历史劝谏，受到朝廷内外的赞扬。

晚年的唐太宗和徐妃相知相敬，很是恩爱。一次，李世民让人去请徐妃，但徐妃却迟迟未来，一心想见到徐妃的唐太宗大为生气，但姗姗来迟的徐妃看到皇帝一脸怒气后，只是嫣然一笑，即刻挥笔写了一首《进太宗》诗：朝来临镜台，妆罢暂徘徊。千金始一笑，一召讵能来？李世民一看这首诗，怒气全消，更加佩服徐妃的才华。

李世民去世后，年轻的才女徐妃忧思成疾，一病不起，而且拒绝太医治视开药，第二年，她便香消玉殒，跟着李世民而去，终年只有 24 岁。

3. 大杨妃和小杨妃

同李世民发动玄武门政变，杀死兄长和弟弟即位称帝落下历史诟病一样，唐太宗李世民在与女人的关系问题上，也同样落下了历史诟病，这就是玄武门政变后直接将他的亲弟弟李元吉的王妃杨珪媚接纳为自己的妃子。

杨珪媚原本是长安的一名歌舞伎，她不仅容貌妩媚、身姿妖娆，而且通晓诗文，能歌善舞。李元吉本来就是一个极其好色的纨绔子弟，经常光顾花街柳巷，当他发现了杨珪媚后，便把她弄到齐王府做了自己的王妃。在唐初所有的宫嫔王妃中，杨珪媚最为风流美艳，李元吉在世时，对她是爱之如命。但是玄武门之变后，李元吉丢了性命，宫中王子被斩尽杀绝，女人们也被籍入宫府为奴，家中财物府第也被赏给了事变中功勋最大的尉迟敬德。只有杨妃因为以前就和长孙皇后要好，仁慈贤惠的皇后见她无家可归，孤苦无依，便请她住进了东宫以姐妹之礼待她。

李世民本来就垂涎于自己这个弟媳的美貌，善良的长孙皇后只知道照顾自己孤苦的姒娌妹妹，而让她住在家里，怎料却让自己的丈夫与之发生暧昧关系有了可乘之机。李世民登基不久便册立自己的王妃长孙氏为皇后，但让皇后没想到的是，唐太宗在立她为皇后的同时，又公然封杨氏为皇妃。这不仅让满朝大臣个个惊诧，更让长孙皇后大感意外，但是长孙皇后有着超于常人的胸襟，她不仅接纳了杨妃，而且依然和她亲热如初。长孙皇后能够这样宽容大度，确实是出于她熟读经史、深明大义、处处以朝廷大局为重的心地。而在唐代，妇女的地位是比较高的，著名的惧内宰相夫人喝醋的风波就发生在这个时期：房玄龄身为宰相却非常惧内，朝中人人皆知。一次宫中宴会上，大家喝得有了兴致，纷纷拿这事取笑房玄龄，已经微醉的房玄龄当然觉得不能当众承认自己惧内，便拍着胸脯大吹自己在家中威风十足，说一不二。知道自己宰相底细的唐太宗听他这样胡吹，不免来了兴致，便大声宣布说："你一个堂堂的宰相，身边连个小妾也没有，我现在便赏给你两个美女带回家去做小妾。"听到皇帝这样安排，房玄龄被吓得酒醒了大半，赶忙跪地请求皇帝收回成命。但是唐太宗却拍着桌子喝斥他说刚才你还说你在家中说一不二，现在我赐给你美人，你却推辞，难道你要抗旨不成？万般无奈的房玄龄只得带着两个美女回到了家门口。谁知宰相夫人早就得到消息，手拿鸡毛掸子堵在了家门口，宰相一看这个阵势，只得让手下将两个美女送到别处安顿，自己陪夫人进屋说了一晚上的好话。

　　唐太宗知道了这个情况，决定好好教训一下这个妒妇，第二天便宣旨让宰相夫人进宫。夫人进宫后，唐太宗沉着脸大声指责她说："你竟敢违抗我的旨令，不让我赐给宰相的美女进门。现在我给你两个选择：一是乖乖地带着我赐给宰相的美女回家；二是接受我对你违抗皇命的处罚，喝下这杯毒酒自尽。"谁知宰相夫人听了皇上的话后，二话没说便直接上前端起桌上的酒杯一饮而尽。跪在一旁的房玄龄抢酒杯却没有抢到，看着自己的结发妻子就要死了，便抱住她号啕大哭。这时，唐太宗和其他大臣却哈哈大笑起来，原来唐太宗准备的并不是毒酒，只是一杯醋。唐太宗眼看这个女人，宁死也不愿和别的女人分享自己的丈夫，便笑着说："你的忌妒心也太厉害了，我只能把赐给宰相的美女收回来了，只是希望你不要怨恨我用醋代毒酒来逼你吧。"从此"吃醋"一词便成了因男女之情而忌妒的代名词了

　　这则真实的历史故事反映出唐代妇女并不像宋代以后的妇女受封建礼教

的压抑而地位低微的现象，而在这种情况下，长孙皇后能接纳并友好地对待杨妃，确实表现出她的深明大义和见识不凡。

唐太宗封杨珪媚做了自己的妃子后，一直对她很好，但毕竟她原来是齐王李元吉的王妃，后宫中除了长孙皇后再没有什么人能与她贴心交往，长孙皇后去世后，除了唐太宗李世民偶尔想起有所宠幸外，大多是孤寡度日。李世民去世后，她便被放出后宫，出家为尼了。

有大杨妃，自然就会有小杨妃，而这个小杨妃的知名度高却是因为她出身的高贵，她是前朝皇帝隋炀帝的女儿。唐军打下长安时，她的年纪还很小，但容色清美，心存仁厚的长孙皇后看到这个和丈夫有着表兄妹关系的小女孩后，对她这么小便遭受国破家亡的苦难很是同情，便把她收留在家中，自己扮演起了亦姐亦母的角色，极力安抚她内心的创伤。然而等她长大成人，出落成一个有着自然天成的贵族公主仪态的美少女时，李世民便把她纳为了自己的皇妃。

小杨妃被纳为妃子后，唐太宗对她是恩宠有加，因此她先后给唐太宗生了两个儿子，一个是老三吴王李恪，一个是老六蜀王李愔。但是小杨妃的命运注定是不幸的，这个不幸便来源于她是前朝皇帝的女儿。

吴王李恪是一个十分优秀的皇子，他的身上有着隋朝皇帝和唐朝皇帝优秀素质的遗传，李世民在这个儿子的身上总是能看到自己当年叱咤中原、横扫群雄的影子，所以在确立太子的争斗中，他的心中总是想到他的这个三儿子李恪。但是，以长孙无忌为首的众大臣极力拥戴性格极为懦弱的李治，李治不仅是长孙皇后所生，是嫡亲的皇子，更让他们放心，因为不能让一个有着前朝皇帝血统的人成为当今皇帝的继位者，否则这便有了隋朝顺理成章复辟的阴影。李治最终被立为太子，便给杨妃母子后来的命运罩上了阴云，在李世民去世，李治即位后，吴王李恪便被以谋反的罪名赐死，而他的弟弟蜀王李愔也被贬为庶人，并迁徙到巴州。而将他们生到这个世界，并带给他们称王的尊荣，同时也带给他们悲惨命运的母亲小杨妃，史书再无只言片语的记载，但可以推想得到，她最后的命运肯定是非常凄惨的。

4. 不能不说的武才人

武则天，名武曌，晚年自上尊号"则天大圣皇帝"，因此又称武则天。武则天在唐太宗在世时只不过是唐太宗皇宫二十七等级世妇中最末一级的才人。但唐太宗李世民去世后，继位的唐高宗却册封其为昭仪，后又立为皇后，到了公元 690 年，更是自立皇帝，改国号为周，成为我国历史上唯一的女皇帝。所以说，她在唐太宗时只是地位低微的一个才人，是唐太宗时知名度并不高的唐太宗的女人，但又因后来的名声显赫，却又不能不说是唐太宗众多女人中名声最大的一位。

武则天祖籍山西文水县，生于公元 624 年。公元 637 年，年仅 14 岁的武则天便因其美貌而入选宫中，入宫后因其年轻乖巧颇得唐太宗宠幸，被封为才人，唐太宗亲自给她改名叫媚娘。但是，此时朝廷内外却盛传着"唐三代后，有女主武王灭唐"的谣言，唐太宗召太史令李淳风，李淳风占卜后说近日太白星常在白天出现，预示着女主将兴，唐太宗听了此言便下令在朝廷内外秘查有可能当女王的姓武的人。虽然查出了许多可疑的人，并将她们一个个都杀了头，但当唐太宗问李淳风是否还有女主将兴的迹象时，李淳风却说此人仍在宫中，30 年后此人将为天下之主，并要将唐室子孙几乎杀光。

公元 649 年 4 月，唐太宗病重，弥留之际他又想到了李淳风的卜辞，便将武媚娘叫到病榻前说我现在患病，医治无效，不久于人世了，你侍奉我多年，我实在不忍心撇下你，你想想我死了之后，你应该如何自处？武媚娘听了这话，一下子就明白了唐太宗让她自尽的心机，当即跪在地下，泪落如雨地说："妾蒙圣上隆恩，本该一死报德，然圣躬未必不愈，妾也不敢遂死。愿削发为尼，长斋信佛，为圣上祈祷长生。"唐太宗本想将其赐死，了却自己的一块心病，但看到她哭成泪人的可怜相，生了恻隐之心，又听她主动提出削发为尼，心想出了家也就不可能再在宫中做皇帝了，便同意了她的请求，令她尽快离宫去感业寺为尼。

几天后，唐太宗李世民去世，武媚娘便和几个宫人一起按照唐太宗生前旨意被送往长安感业寺落发为尼，此时的武媚娘 26 岁。

英明一世的唐太宗临终的一时不忍,留下了武才人媚娘的性命,但却给他亲手开创的唐朝基业留下了让其毁于一旦的隐患,并让他的后世子孙几乎被赶尽杀绝,这让人不能不感到历史瞬息万变的诡谲和莫测。

至于武媚娘为尼后是如何返俗回宫,如何成为唐太宗的儿子唐高宗的皇后,并一步步把持朝政,最后废唐立周,成为中国历史上唯一的女皇——则天大圣皇帝的,我们以后的篇章将专门讲述。

六、渐不克终的晚年

唐太宗即位以来,君臣励精图治,国家迅速走上了富强之路,开创了中国历史上著名的贞观之治。对此他自己也甚为欣喜。有一次他面对群臣非常得意地发表了下面一大段议论:"朕观古先拨乱之主,皆年逾四十,惟光武年三十三。但朕年十八便举兵,年二十四定天下,年二十九升为天子,此则武胜于古也。少从戎旅,不暇读书,贞观以来,手不释卷,知风化之本,见政理之源,行之数年,天下大治,而移俗变,子孝臣忠,此又文过于古也。昔周秦以降,戎狄内侵,今戎狄稽颡,皆为臣妾,此又怀远胜古也。此三者,朕何德以堪之,既有此功业,何得不善始慎终耶!"

在这里,唐太宗不无自夸地回顾了自己的文治武功后,很有信心地提出自己定能走出"善始者实繁,鲜克有终"的历史定律,成为"善始慎终"的千古明君。但是,我们从他关于自己"武胜于古""文过于古""怀远胜于古"的夸耀中,已经看出他早已陶醉于自己所建立的功绩之中了,正是这种志得意满的骄傲情绪的渐渐滋长,英明有为的唐太宗也走上了渐不克终的历史老路。

1. 渐不克终疏

在这里,我们摘录魏徵在贞观十三年(公元639年)给唐太宗上的《渐不克终疏》的部分内容,便可看出唐太宗在执政十多年后出现的变化。

这篇上疏一开始指出了中国古代帝王初俭终奢鲜克有终的一般规律，极力称赞唐太宗"论功则汤武不足方，语德则尧、舜未为远"后，笔锋一转，一条条地以唐太宗作风前后变化为对比，提出了中肯而又尖锐的批评。

而顷年以来，稍乖曩志，敦朴之理，渐不克终，谨以所闻，列之如左：

陛下贞观之初，无为无欲，清静之化，远被遐荒，考之于今，其风渐坠。听言则远超于上圣，论事则未逾于中主。何以言之？汉文（汉文帝）晋武（晋武帝），俱非上哲，汉文辞千里之马，晋武焚雉头之裘。今则求骏马于万里，市珍奇于域外，取怪于道路，见轻于戎狄，此其渐不克终一也。

陛下贞观之始，视人如伤，恤其勤劳，爱民犹子，每存简约，无所营为。顷年以来，意在奢纵，勿忘卑俭，轻用人力，乃云："百姓无事则骄逸，劳役则易使。"自古以来，未有由百姓逸乐而致倾败者也，何有逆畏其骄逸而故欲劳役者哉？恐非兴邦之至言，岂安人之长算？此其渐不克终二也。

陛下贞观之初，损己以利物，至于今日，纵欲以劳人，卑俭之迹岁改，骄侈之情日异，虽忧人之言不绝于口，而乐身之事实切于心。或时欲有所营，虑人致谏，乃云若不为此，不便我身，人臣之情，何可复争？此直意在杜谏者之口，岂曰择善行者乎？此其渐不克终三也。

立身成败，在于所染，兰芷、鲍鱼，与之俱化，慎乎所习，不可不思。陛下贞观之初，砥砺名节，不私于物，唯善是与，亲爱君子，疏斥小人。今则不然，轻褒小人，礼重君子。重君子也敬而远之，轻小人也狎而近之。近之则不见其非，远之则莫知其是。莫知其是，则不间自疏，不见其非，则有时而自昵。昵近小人，非致理之道；疏远君子，岂兴邦之义。此渐不克终四也。

《书》曰："不作无益害有益，功乃成，不贵异物贱用物，人乃足。犬马非其土性不畜，珍禽奇兽弗育于国。"陛下贞观之初，动遵尧舜，捐金抵璧，反朴还淳。顷年以来，好尚奇异难得之货，无远不臻，珍玩之作，无时能止。上好奢靡而望下敦朴，未之有也。末作滋兴而求富，其不可得亦已明矣，此其渐不克终五也。

贞观之初，求贤如渴。善人所举，信而任之，取其所长，恒恐不及。近岁以来，由心好恶，或众善举而用之，或一人毁而弃之；或积年任而用之，或一朝疑而远之。夫行有素履，事有成迹，所毁之人未必可信于所举，积年之行，不可顿失于一朝。君子之怀，蹈仁义而弘大德；小人之性，好谗佞以为身谋。陛下不审察其根源而轻为之臧否，是使守道者日疏，干求者日进，所以人思苟免，莫能尽力。此其渐不克终者六也。

陛下初登大位，高居深视，事唯清静，心无嗜欲，内除毕弋之物，外绝畋猎之源。数载之后，不能固志，虽无十旬之逸，或过三驱之礼，遂使盘游之娱，见讥于百姓，鹰犬之贡，远及于四夷，或时教习之处，道路遥远，侵晨而出，入夜方还，以驰骋为欢，莫虑不虞之变。事之不测，其可救乎？此其渐不克终七也。

孔子曰："君使臣以礼，臣事君以忠。"然则君之待臣，义不可薄。陛下初践大位，敬以接下，君恩下流，臣情上达，咸思竭力，心无所隐。顷年以来，多所忽略。或外官充使，奏事入朝，思睹阙庭，将陈所见。欲言则颜色不接，欲请又恩礼不加，间因所短，诘其细过，虽有聪辩之略，莫能申其忠款。望上下同心，君臣交泰，不亦难乎？此其渐不克终八也。

古云："傲不可长，欲不可纵，乐不可极，志不可满。"四者，前王所以致福，通贤以为深戒。陛下贞观之初，孜孜不怠，屈己从人，恒若不足。顷年以来，微有矜放，恃功业之大，意蔑前王，负圣智之明，心轻当代，此傲之长也；欲有所为，皆取遂意，纵或抑情从谏，终是不能忘怀，此欲之纵也；志在嬉游，情无厌倦，虽未全妨政事，不复专心治道，此乐将极也；率土安，四夷款服，仍远劳士马，问罪遐裔，此志将满也。亲狎者阿旨而不肯言，疏远者畏威而莫敢谏，积而不已，将亏圣德。此其渐不克终九也。

昔陶唐、成汤之时，非无灾患，而称其圣德者，以其有始有终，无为无欲，遇灾则极其忧勤，时安则不骄不逸故也。贞观之初，频年霜旱，畿内户口，并就关外，携扶老幼，来往数千，曾无一户逃亡，一人怨苦，此诚由陛下矜育之怀，所以至死无携贰。顷年以来，疲于徭役，关中之人，劳弊尤甚。杂匠之徒，下日悉留和雇；正兵之辈，上番多别驱使；和市之物，不绝于乡闾；递送之夫，相继于道路。既有所弊，易为惊扰，脱因水旱谷麦不收，恐百姓之心不如前日之宁帖。此其渐不克终十也。

社稷安危，国家治乱，在于一人而已。当今太平之基，既崇极天之峻；九仞之积，犹亏一篑之功。千载休期，时难再得，明主可为而不为，微臣所以郁结而长叹者也。臣诚愚鄙，不达事机，略举所见十条，辄以上闻圣听。伏愿陛下采臣狂瞽之言，参以刍荛之议，冀千虑一得，裨职有补，则死日生年，甘从斧钺。

魏徵的《渐不克终疏》所列举的 10 个方面问题，既充分肯定了贞观初年唐太宗励精图治、奋发进取所取得的辉煌政绩，又重点指出了唐太宗在取得成绩后近年的志满意骄、纵欲奢移、营作不断、徭役不止、亲昵小人、疏远君子、畋猎游乐、纳谏有难、轻用民力、人民怨苦、百姓不宁等诸多问题。整篇疏文，谈古论今，剖析事理，所举实事求是，所论令人震惊，其一片忠君忧国之情怀跃然纸上，感人肺腑。

唐太宗不愧是中国历史上亘古未有的明君，他在读过魏徵的这篇上疏后，被魏徵忠君忧国的赤诚深深感动，他召见魏徵说："人臣事主，顺旨甚易，忤情尤难。公作朕耳目股肱，常论思献纳。朕今闻过能改，庶几克终善事。若违此言，更何颜与公相见，复欲何方以理天下。自得公疏，反复研寻，深觉词强理直，遂列为屏障，朝夕瞻仰。又寻付史司，冀千载之下，识君臣之义。"并为此赏赐魏徵黄金 10 斤，厩马两匹。事后，唐太宗真正兑现了他的承诺，让史官将这篇上疏记载在《贞观政要·慎终》篇，使我们今天在"千载之下"看到明君唐太宗和谏臣魏徵的"君臣之义"。

唐太宗不仅诚心诚意接受了魏徵的直言进谏，而且"列为屏障，朝夕瞻仰，又寻付史司"，表明唐太宗此时决心用疏文所规劝的意见来规范自己的言行，做到善始慎终。但是，他还是没有扭转自己渐不克终的趋势，还是像历史上许多有所作为的帝王一样，陷入"不克终"的泥潭，不仅沉湎于享乐，营建宫室，炼丹延寿，而且不顾大臣们的反对东征高丽。到了晚年又像许多帝王一样，在立储问题上波折频生后，只能做出无奈的选择，给他开创的大唐基业留下了危机。

2. 亲征高丽

高丽是公元前 1 世纪至公元 7 世纪时，存在于我国辽东地区和朝鲜半岛西北的一个民族政权，与朝鲜半岛的新罗、百济一起，成为朝鲜半岛的三国时期。其中，新罗较为亲唐，而高丽常拉着百济来对抗新罗。

贞观十六年（公元 642 年），高丽权臣泉盖苏文发动政变杀死了高丽王高建武，将高丽王高建武的弟弟高藏立为王，他自任高丽的莫离支（相当于吏部尚书兼兵部尚书）。对此时任亳州刺史的裴行庄请求征伐高丽，惩罚无道的泉盖苏文，唐太宗说："高丽王武职贡不绝，为贼臣所弑，朕哀之甚深，固不忘也。但因丧乘乱而取之，虽得之不贵。且山东凋敝，吾未忍言用兵也。"唐太宗认为乘乱袭击别国不是像自己这样的大国做的事，实际上也反映出他对高丽实力的轻视，为自己以后征伐高丽不利埋下了隐患。于是唐太宗派遣使者拿着自己的诏命出使高丽，册封高藏为上柱国、辽东郡王和高丽国王。

但是，唐太宗的正式任命反而助长了泉盖苏文的扩张野心。贞观十七年（公元 643 年），他便联合百济大举进攻新罗，不久便攻占了新罗大小 40 余座城池。唐太宗闻报，即刻派人持玺书正告高丽说："新罗委质国家，朝贡不乏，尔与百济各宜戢兵；若更攻之，明年发兵击尔国矣！"没想到，从战场赶回王宫的泉盖苏文听了使者宣读的诏书后竟然说："昔隋人入寇，新罗乘衅侵我地五百里，自非归我侵地，恐兵未能已。"

唐太宗闻报非常生气，决定亲征高丽。当时，君臣纷纷劝谏，认为唐太宗不宜亲征高丽。褚遂良上书说："天下譬犹一身：两京，心腹地；州县，四支也；四夷，身外物也。高丽罪大，诚当致讨，但命二、三猛将将四五万众，仗陛下威灵，取之如反掌耳。今太子新立，年尚幼稚，自余藩屏，陛下所知。一旦弃金汤之全，逾辽海之险，以天下之君，轻行远举，皆愚臣之所甚忧也。"

但是唐太宗对群臣说："夫天有其时，人有其功。盖苏文陵上虐下，民延颈待救，此正高丽可亡之时也，议者纷纷，但不见此耳。"唐太宗听说已退休的前宜州刺史郑元寿曾随从隋炀帝征伐高丽，便将其召来询问情况。郑元寿说："辽东道远，粮运艰阻，东夷善守城，攻之不可猝下。"但唐太宗却没有听取郑元寿的经验之谈，自信地说："今日非隋之比，公但听之。"

贞观十九年（公元 645 年）正月，唐太宗亲自统率 10 万大军从洛阳出发征讨高丽，出发前唐太宗亲自起草讨伐高丽的檄文说："今略言必胜之道五：一曰以大击小，二曰以顺讨逆，三曰以治乘乱，四曰以逸待劳，五曰以悦当怨，何忧不克！布告元元，勿必疑惧！"

贞观十九年（公元 645 年）四月，李世勣与李道宗带兵攻克盖牟城（今辽宁盖平县），张亮率水军渡海袭占卑沙城（今辽宁海城县）后，乘胜逆鸭绿江北上。五月，李世勣率大军进攻辽东（今辽宁辽阳市），泉盖苏文派 4 万步骑兵前来增援辽东，唐太宗亲自上阵督战。双方苦战十余日，唐军攻克辽东城，杀敌数万。六月，唐军攻克白岩城（今辽阳市东太子河北岸），在这场恶战中，唐军右卫大将军李思摩中箭，唐太宗"亲为之吮血"，将军契苾何力身中枪伤，"上自为敷药"。

唐军攻下白岩城后，唐太宗率大军进攻安市城（今盖平东北），高丽联合北部的靺鞨兵 15 万人来救安市城。双方进行了长期的恶战。交战中，唐太宗发现薛仁贵"著奇服，大呼陷阵，所向无敌"，立即召拜他为游击将军。

但是，唐太宗率大军围攻安市城，最终"六旬不能克"，此时已是秋末冬初，唐太宗"以辽左早寒，草枯水冻，士马难久留，且粮食将尽"不得已下令撤兵回朝。唐太宗这次亲征高丽，历时多半年，虽然攻克了高丽近十座城池，斩首敌军 4 万多人，但唐军死伤也极其惨重，战马因粮草不足损失十之七八，特别在撤军途中，遭遇暴雨暴雪，"士卒沾湿多死者"。

对于这场没有实现目标的战争，唐太宗虽然"以不能成功，深悔之"，但却并没有认真地总结教训，还把自己不听群臣劝谏、一意孤行的失误推给别人说："若魏徵在，不使我有是行也。"

贞观二十二年（公元 648 年）六月，唐太宗认为高丽自然灾害频生，国内困顿，决定第二年调 30 万大军征伐高丽，决心一举灭亡高丽，并下令修造大型船舰，运送粮草。但是，第二年唐太宗病逝，唐太宗再征高丽的愿望最终没有实现。

唐太宗第二次东征高丽虽然没有成行，但他在第一次东征失利后，一直采取派部队不时袭扰高丽，使其疲于应付，耽误农时，使高丽因粮荒陷于瓦解之势的军事策略。唐太宗去世近20年后，公元668年9月，高丽被唐军平定。唐军平定高丽后，将其境划分成9个都督府，42个州，100个县，在平壤设安东都护府，任命右威卫大将军薛仁贵为检校安东都护，领兵两万镇守。

3. 立储有难

中国封建帝制延续了几千年，不仅是靠着生灵涂炭的战乱来改朝换代，即使是本朝内皇帝的传位和继承也避免不了阴谋与血腥。唐太宗虽然是中国历史上少有的一位明君，但他的立储传位也陷入了宫廷明争暗斗的怪圈。

唐太宗共有14个儿子，长子李承乾、四子魏王李泰、九子晋王李治是长孙皇后所生的嫡子。唐太宗即位后，便立长子李承乾为皇太子。当时李承乾刚8岁，"性聪敏，太宗甚爱之"。

但是太子李承乾年龄稍大，便喜好声色享乐，而且很有心计，善于伪装，在父亲面前言必称忠孝之道，背地里便与群小亵狎为乐，老师批评他，虽总是"危坐敛容，引咎自责"，但是时间长了，他的这种荒淫的名声还是传到了唐太宗的耳中。李承乾非常宠爱一个十多岁的美童，这个美童非常善于歌舞，李承乾给他取名叫"称心"，唐太宗听到了这事勃然大怒，处死了称心。李承乾对称心的死痛心不已，暗中在宫中为称心"起冢而葬之，赠官竖碑"。

太子如此不争气，唐太宗心中难免有了另立太子的念头。太子李承乾从小患有脚疾，行走艰难，而比李承乾只小一岁的魏王李泰却不仅相貌英俊，而且有善文辞的美誉。因此"太宗渐爱重之"。对此，太子李承乾担心自己被废，心中十分忌恨李泰，而李泰又"负其才能，潜怀夺嫡之计"，于是两兄弟为争继帝位"各树朋党，遂成衅隙"。而在兄弟二人的明争暗斗中，唐太宗的偏爱也日益显示出来，唐太宗不仅把原来齐王住的武德殿赐给魏王李泰居住，还将每月拨付给李泰的"料物"数超过了皇太子李承乾。对此，褚遂良专门进谏说："有国家必有嫡庶，然庶子虽爱，不得超越，嫡子正礼，特须尊崇，如不能明立定分，遂使当亲者疏，当尊者卑，则佞巧之徒，承机而动，私恩害公，或至乱国。"贞观十六年（公元 642 年），唐太宗问群臣说："当今国家何事最急？"褚遂良即刻朗声答道："即日四方仰德，不敢为非，但太子诸王须有定分，陛下宜为万代法，以遗子孙，此最当今日之急！"

唐太宗虽然表示接受大臣进谏，直到贞观十七年（公元 643 年）正月还一再表示不会废黜太子，但其心中依然有着以魏王李泰取代太子李承乾的想法，对魏王李泰宠爱依然有加，并一直将李泰留在京城。

唐太宗的这些做法自然让太子李承乾感到了危机，于是，他暗地里加紧了广结私党、培植自己势力的活动。唐太宗的异母弟汉王李元昌多有不当行为，多次受到唐太宗的谴责，他对此心有所怨，便和太子李承乾勾结起来。侯君集在平定四夷的战争中功勋卓著，但却因在平定高昌国后有私取战利品的行为而被囚禁下狱，后虽被释放，但常心怀不满。李承乾便多次约侯君集入东宫密谈，而侯君集"因劝之反，举手谓太子曰：'此好手，当为殿下用之。'"。汉王李元昌也极力劝太子赶快行动，并且说："比见上侧有美人，善弹琵琶，事成，愿以垂赐。"于是，李承乾和他的同党们"凡同谋者皆割臂，以帛拭血，烧灰和酒饮之，誓同生死，潜谋引兵入西宫（唐太宗的居所）"。太子李承乾的同党附马都尉杜何还出主意说："天文有变，当速发以应之，殿下但称暴疾危笃，主上必亲临视，因兹可以得志。"

但是，太子李承乾等人的密谋很快便有人密报给了唐太宗。贞观十七年（公元 643 年）四月，太子及其同党全被抓了起来，唐太宗下令长孙无忌、房玄龄、萧瑀、李世勣与大理、中书门下共同审理此案，得出了"反形已具"的结论。于是唐太宗问众人："将何处承乾？"群臣莫敢应对，最后通事舍人来济说："陛下不失为慈父，太子得尽天年，则善矣！"唐太宗听从了来济的话，废太子李承乾为庶人，幽禁于右领军府。下令赐汉王李元昌自尽，但赦免了他的母亲、妻子和儿女。对参与谋反的侯君集、李安俨、赵节、杜何等人，一律处死。

太子李承乾被贬为庶人，魏王李泰便自以为太子之位非已莫属了，天天入宫侍奉唐太宗左右，唐太宗也当面答应立他为太子，而许多大臣如岑文本、刘洎也上奏请立魏王为太子，但长孙无忌、褚遂良等却坚持请立晋王李治为太子。

有一天，唐太宗对诸位大臣说："昨青雀（魏王李泰的小名叫青鸟）投我怀云：'臣今日始得为陛下子，乃更生之日也。臣有一子，臣死之日，当为陛下杀之，传位晋王。'人谁不爱其子？朕见其如此，甚怜之。"谏议大夫褚遂良闻言立即直言谏道："陛下言大失。愿审思，勿误也！安有陛下万岁后，魏王据天下，肯杀其爱子，传位晋王者乎？陛下日者既立承乾为太子，复宠魏王，礼秩过于承乾，以成今日之祸。前事不远，足以为鉴，陛下今立魏王，愿先措置晋王，始得安全耳。"

褚遂良据理直谏，理正词严，让陷于两难境地的唐太宗一时没了主意，他流着泪说了一句："我不能尔！"便踉踉跄跄地走入内宫。

魏王李泰知道了这种情况，担心晋王李治成为他的竞争对手，便私下恐吓性格懦弱的李治说："汝与元昌善，元昌今败，得无忧乎？"晋王李治被他的哥哥这样一吓，便整日"忧形于色"。唐太宗看到李治多日来一直愁眉苦脸，忧心忡忡的样子，很是奇怪，便多次询问缘故，最后李治说出了魏王李泰吓唬他的话。唐太宗从中感到了李泰的心机和为人，对其产生了失望和警觉，心中开始对许愿立魏王李泰为太子的行为有所后悔了。

有一次，唐太宗召见被幽禁的前太子李承乾，当面责问他何以谋反。李承乾申辩说："臣为太子，复何所求！但为泰所图，时与朝臣谋自安之术，不逞之人教臣为不轨耳。今若泰为太子，所为落其度内。"

褚遂良的直谏句句在理，李治被惊吓表现出李泰的急不可待，李承乾的辩解更让唐太宗感到李泰为人的心机，但晋王李治性格的懦弱也让他担心其日后为权臣所挟持，左右的为难，艰难的选择让唐太宗心力交瘁，无所适从。这一天罢朝之后，唐太宗留下了长孙无忌、房玄龄、李世勣、褚遂良，又将晋王李治召来后，唐太宗非常伤感地说："我三子（齐王李祐、太子李承乾、魏王李泰）一弟（汉王李元昌）所为如是，我心诚无聊赖！"说完便软瘫在床上，当长孙无忌等大臣急上前扶持时，唐太宗一下子抽出佩刀便要自杀，褚遂良急步上前夺下刀交给了晋王李治。众大臣一边安慰唐太宗，一边问唐太宗内心的考虑，唐太宗只得低声说："我欲立晋王。"

唐太宗话一出口，长孙无忌即刻跪倒在地大声说："谨奉诏。有异议者，臣请斩之！"看到眼前这一幕，唐太宗转头对李治说："汝舅许汝矣，宜拜谢。"等晋王李治拜谢过长孙无忌，唐太宗又对众人说："公等已同我意，未知外议何如？"

"晋王仁孝，天下属心久矣，乞陛下试召问百官，有不同者，臣负陛下万死。"长孙无忌坚定地表明了自己的态度。

立晋王李治为太子的大事，就这样非常戏剧性地定了下来。贞观十七年（公元 643 年）四月十五日，唐太宗在太极殿召集六品以上文武官员，向大家宣布说："承乾悖逆，泰亦凶险，皆不可立。朕欲选诸子为嗣，谁可者，卿辈明言之。"大臣早已听到了之前唐太宗对长孙无忌等人的亲口许诺，便异口同声欢呼说："晋王仁孝，当为嗣。"于是唐太宗诏立晋王李治为皇太子，下令将魏王李泰幽禁于北苑，并向臣下说明自己立李治为皇太子的缘由："我若立泰，则是太子之位可经营而得。自今太子失道，藩王窥视者，皆两弃之，传诸子孙，永为后法。且泰立，承乾与治皆不全；治立，则承乾与泰皆无恙矣。"

这段话表露了唐太宗当时的心迹，也透露出李治并非是唐太宗心目中的理想人选。李治当时 16 岁，性格懦弱，唐太宗很担心他的守业能力，而他的第三个儿子吴王李恪（小杨妃所生）当时已 24 岁，而且文才武功皆很出众，唐太宗多次夸赞他"类己"。所以这年 11 月，唐太宗私下里对长孙无忌说："公劝我立雉奴（李治小名），雉奴懦，恐不能守社稷，奈何？吴王恪英果类我，我欲立之，何如？"长孙无忌一听便极力否定，唐太宗便说："公以恪非己之甥邪？"

但是，长孙无忌非常坚定地说："太子仁厚，真守文良主；储副至重，岂可数易！愿陛下熟思之。"长孙无忌提出的"岂可数易"，点出了要害，唐太宗只好强压住自己心底的想法，再没有提改换太子的主张，然而，洞察世事的唐太宗非常清楚自己最为钟爱的儿子吴王李恪面临的危机，便告诫李恪说："父子虽至亲，及其有罪，则天下之法不可私也。汉已立昭帝，燕王且不服，阴图不轨，霍光折简诛之。为人臣子，不可不戒！"唐太宗的担心确实有他的先见之明，后来，吴王李恪果然被长孙无忌杀掉了。但是，历史的发展谁都难以预料，长孙无忌尽力扶持的李治即位后，却被其强势的皇后武则天所控制，在一山难容二虎的情势下，长孙无忌又被比他更有手腕的武皇后除掉了。长孙无忌在扶持懦弱无能的李治即位称帝的同时，也给自己掘下了坟墓。

4. 临终遗言

早年之前，唐太宗就曾患病而"累年不愈"，贞观以来为治理国家而劳心竭力，加之长孙皇后去世的忧伤，特别是在废立太子问题上的为难和烦恼，使得唐太宗的身体状况日益恶化，气疾缠身，虽然还不到50岁的年纪，却已深感暮年的临近。

贞观十九年（公元645年）十二月，唐太宗49岁，在东征高丽的归途中身患毒痈，几乎丧命。贞观二十一年（公元647年）四月，又患风疾，瘫痪在床。贞观二十二年（公元648年），唐朝借助吐蕃的部队击败了中天竺，俘虏了一万多中天竺人，俘虏中有一个名叫那逻迩娑婆的方士，自称能配制延年益寿的金石秘剂。曾经多次讥笑秦始皇、汉武帝寻仙求药的唐太宗，此时却请这个方士来给自己炼丹配药，大量服用"金石"之药的结果，更使他的身体雪上加霜。从贞观二十一年正月到二十三年（公元649年）五月，两年多的时间内，唐太宗较为倚重的大臣高士廉、房玄龄、马周、李靖等纷纷去世，更给他精神以极大的打击。

晚年的唐太宗最关心的还是他亲手开创的大唐帝国的未来。贞观二十二年（公元648年）正月，重病在身的唐太宗亲自撰写了《帝范》12篇赐给太子李治。《帝范》12篇的篇目分别是"君体""建亲""求贤""审官""纳谏""去谗""戒盈""崇俭""赏罚""务农""阅武""崇文"。《帝范》对自己作为大唐君主修身治国的经验教训进行了总结，提出了做一个贤明有为君主的准则规范，实际上是唐太宗留给太子李治的政治遗嘱。我们从中摘录一段来体会一下唐太宗的苦心：

汝当更求古之哲王以为师。如吾，不足法也。夫取法于上，仅得其中；取法于中，不免为下。吾居位以来，不善多矣。锦绣珠玉，不绝于前，宫室台榭，屡有兴作，犬马鹰隼无远不致，行游四方供顿烦劳比皆吾之深过，勿以为是而法之。顾我弘济苍生，其益多；肇造区夏，其功大，益多损少，故人不怨；功大于过，故业不坠。然比之尽善尽美，固多愧矣。汝无我之功勤而承我之富贵，竭力为善，则国家仅安；骄惰奢纵，则一身不保。且成迟败速者，国也；易失得难者，位也。可不惜哉！可不惜哉！

唐太宗的这段文字，能够实事求是、不掩己过地总结自己一生的成败得失，在中国封建帝王中，基本上无人能做到这一点。著名历史学家胡三省对此评价说："太宗自疏其所行之过差以戒太子，可谓至矣。"

贞观二十三年（公元 649 年）五月，在翠微宫中休养的唐太宗病危，召长孙无忌进入翠微宫含风殿。卧在病榻上的唐太宗看见长孙无忌，泪水长流无法说话，伸出手臂抚摸长孙无忌的面颊，长孙无忌号啕大哭，悲痛不能自已。过了一天，自知大限已至的唐太宗召长孙无忌与褚遂良进入卧室内，对他两个人说："朕今悉以后事付公辈。太子仁孝，公辈所知，善辅导之。"然后转头对太子说："无忌、遂良在，汝勿忧天下！"最后他又拉着褚遂良的手说："无忌尽忠于我，我有天下，多其力也。我死，勿令谗人间之。"

随后，唐太宗便溘然长逝，时年 53 岁。

太子李治看到父亲气绝，抱着舅父长孙无忌的颈项痛哭，几次悲痛气绝。长孙无忌怀中揽着自己的外甥，擦着满脸的泪水吩咐众人安排内外后事。看到太子仍哀号不已，长孙无忌大声对他说："主上以宗庙社稷付殿下，岂得效匹夫惟哭泣乎？"于是太子李治才勉强止住哭泣，传令秘不发丧。

第二天，长孙无忌安排太子带领轻骑卫兵从骊山翠微宫赶回京城。第三天太子进入长安京城，住进两仪殿。到了第五天，才在太极殿发丧，宣布了唐太宗传位于太子李治的遗诏，6 月李治即大唐皇帝位，是为唐高宗。

女皇武则天

武则天，原名武媚，后改名武曌。晚年尊号"则天大圣皇帝"，故史称武则天。武则天出生于公元624年，14岁时初召入宫为唐太宗李世民的才人，唐高宗时成为昭仪，后又封为皇后。公元690年，她接连废除了他的两个儿子的帝位，改唐朝国号为大周，自己称帝。在中国历史上，虽然有慈禧太后这样的女人实际把持朝政几十年的情况，但公开改国号登位称帝仅武则天一人，是中国历史上唯一的女皇。公元705年年初，唐中宗李显复位，逼其母武则天退位，当年年末，武则天病卒，时年82岁。

一、女皇出生

武则天原籍并州文水县（今山西文水县），她的父亲武士彟原是个木材商人，因为他的善于经营，家境逐渐富足起来。史书记载其"家富于财，颇好交结"，他的妻子相里氏是位退职武官的女儿，受其岳父的推荐，不甘一直为商的武士彟当了个鹰扬府队正的小武官。李渊任太原留守后，武士彟尽力接近奉迎，颇得其好感，因此被提升为行军司铠。

当时，隋朝已处于风雨飘摇之际，各地农民起义军和军阀纷纷起兵反隋，李渊也暗中招兵买马，准备起事。李渊的副将高君雅、王威对此心中生疑，便私下里和武士彟相商说："当今突厥未退，寇警又急，唐公此举暧昧不明，恐非朝廷之福。我等叨食隋禄，应尽忠朝廷，岂可对此袖手不问？公以之如何？"对此，武士彠经过一番巧言搪塞后便密报给了李渊。于是李渊在太原起事前便先发制人，借府中议事之机杀掉了高君雅和王威。李渊建唐称帝后，武士彠便以开国二等功臣的身份被授为光禄大夫，封太原郡公。武士彠的原配夫人相里氏病故后，唐高祖李渊还亲自做主，让武士彠娶了隋炀帝杨广的堂弟、已故的遂宁公杨达的女儿杨氏为妻。杨氏虽然出身于前朝君王家族，家境衰落萧条，但她出身于和当今皇帝有姻亲关系的名门，相貌美丽，又是"明诗习礼"的才女，因此深得武士彠的宠爱。杨氏为武士彠生了三个女儿，第二个女儿便是后来的女皇武则天。

和许多中国皇帝的出生都被蒙上了一层层神秘色彩，以证明君权神授的执政在位的合法性一样，武则天的出生也有许多神话传说。

一是江潭感孕说，说是杨氏在利州治所绵谷（今四川广元市）附近的黑龙潭里荡舟时，突然感到有一条龙来到了她的身旁，她回家后就有了身孕，生下了武则天。这和今天四川广元人所说的，武则天出生时凤凰飞临城边的山上鸣叫一样，都是荒诞不经的传说。其实武则天出生在京城长安，到她4岁多时才随接任利州都督的父亲全家到利州居住，到了武则天8岁时，又随改任荆州都督的父亲到了荆州（今湖北江陵）。所以，武则天原籍山西文水，出生地在西安，只是在利州（广元）住过四年，今天所说的广元是"女皇故里"及许多神话传说都是无稽之谈。

二是袁天纲相面说，说的是当时有名的术士袁天纲给武则天相面的事。武士彠在利州任上时，袁天纲奉召入京途经利州，武士彠特地请袁天纲给自己家人相面。袁天纲先看了看原配夫人相里氏所生的武元庆和武元爽两兄弟的面相，也没问其生辰八字便淡淡地说："二位公子官位可至刺史，然结局大不妙。"接着又看了杨氏所生的长女后说道："令爱嫁得地位高贵的丈夫，然日后却不甚理想。"最后便给次女武则天相面。因为武士彠在杨氏接连生了女儿后一心想要再生个儿子，便一直给武则天身着男孩的服装，袁天纲面对女扮男装的武则天，又是点头又是摇头，一直踌躇不言。他询问了武则天的生辰八字后，又要求武则天在内堂走了两圈，瞠目结舌了半天的相面大师才说道："小郎君龙睛凤颈，日角星瞳，真乃贵人之相也；生辰八字，一派是火，五行之气，无所相平。五火相拥，想必以后要锻炼天下。只可惜是个男孩，倘若是个女孩，将来必定君临天下。"

袁天纲的一番话说得武士彟脸色煞白，目瞪口呆了好半天后才一把抓住大师的手说："今日之言，万万不可外传。"

袁天纲给武则天相面的传说流传甚广，但最早记载袁天纲事迹的专著《袁天纲外传》和《定命录》中都没有提说到其给武则天相面的事情，所以这个传说的产生应该与武则天以后废唐立周，自己登临帝位制造舆论而大有关系。

公元 635 年，时年 59 岁的武士彟病逝，出生在官宦之家，从小养尊处优的武则天便从十一二岁时开始了含辛忍辱的生活，经受了她人生道路上第一段艰难的日子。武士彟死于任上后，杨氏带着她所生的三个女儿回到了武士彟的家乡，然而武士彟的前妻相里氏所生的两个儿子武元庆、武元爽在其父死后自然执掌了家门，他们对继母杨氏和三个未成年的妹妹冷眼相看，极尽欺负侮辱之能事。再加上武士彟大哥的两个儿子，武则天的堂兄武惟良和武怀运也以武家嫡出子弟自居，兄弟几个狼狈为奸，助纣为虐，一直对杨氏母女白眼相向，恶言相加，一心想将其逐出家门。饱受欺凌的幼女武则天过早地遭受了人情的冷暖和人心的险恶，促成了她性格的早熟和不同于常人的生活应变能力。

父亲的去世，让幼年武则天的生活发生了突变，受人欺凌的弱女子武则天的命运又会有怎样的改变。

二、皇后之路

1. 初封才人

人生的命运常常是变幻无常的，年少无依、受尽异母兄长欺凌的武则天在她 14 岁时命运发生了陡转。《新唐书·则天武皇后传》记载："文德皇后崩，久之，太宗闻士彟女美，召为才人，方十四。即见帝，赐号武媚。"

唐太宗李世民的长孙皇后去世两年后，朝廷下征美令，广召天下美女入宫，不甘逆来顺受的武则天央求母亲杨氏自愿接受选美入宫。经过层层筛选，年轻的武则天以她的天生丽姿和开国功臣女儿的出身成功入选后宫。但是，唐太宗的后宫美女如云，少女武则天的入宫只不过像一滴水落进了水潭，立刻被湮没其中。她和众多刚选入宫的美少女一起，每天吃饭睡觉，梳洗打扮后在由老宫女们担任教习老师的皇宫书院学礼乐，两个多月过去了，日子千篇一律，枯燥乏味，别说能见到皇上李世民，就连一个真正的男人都不能见到。

然而在当年冬至日李世民亲自进入书院挑选美人时，武则天的人生有了发生重大改变的机遇。李世民在新选宫女的名册中发现有功臣武士彟的女儿，便点名召见，出列拜见皇帝的武则天一下子获得了李世民的欢心，即刻被封为才人。

武则天被封为才人后，很得李世民的宠幸，当时武则天和天下许多女子一样没有姓名，只有一个"二囡"的小名，于是唐太宗便给她取名"武媚"，有时还加一个"娘"字，称为"武媚娘"。"媚"字便是"美好、可爱、很有吸引力"的意思，从唐太宗李世民给武则天的赐名便可以看出他对自己这个新选才人的喜爱。

年轻的武则天长得楚楚动人，很让人怜爱，但其内心深处却有着一般女子少有的果敢狠毒的刚韧性格。据记载，有一次特别嗜好名马的李世民得到一匹名叫"狮子骢"的好马，这匹马紫红色的皮毛，胸宽臀翘，马尾像一束瀑布，四蹄稳健如钢铸，特别是鬃毛又密又长，犹如狮鬃一般。但是这匹马的脾性却相当暴躁，桀骜不驯，正当李世民靠近，准备抚摸它时，狮子骢忽然长嘶一声，扬蹄向李世民踢来，左右卫士急忙拉回险些被踢倒在地的李世民。被吓得脸色煞白的马夫立即举鞭喝斥，但狮子骢不但没有被镇住，反而暴跳如雷，连咬带踢，差一点挣脱笼头。这时李世民转头问大家谁能制住狮子骢，但在场的人个个不敢搭言。然而他身后的武媚娘却款步上前说："我能制服它。"李世民看着小小年纪的武媚，惊奇地问她用什么办法制服这匹烈马时，武媚娘回答说："我用三样东西来制服它，一开始用铁鞭猛抽，如果不驯服，就用铁锤砸，如还不驯服，我便用匕首断其喉。"

这个外表柔弱的小女子的一番话，让在场的人个个目瞪口呆，武则天内心深处的这股狠劲在其日后风卷残云般地一个个扫除政敌，君临天下的女皇铁腕治国中得到了淋漓尽致地发挥。

正当武则天深受李世民宠爱，命运看来一帆风顺之时，突然平地里卷起了风波，一场足以吞灭她的风暴从天而降，年轻的武则天的命运面临着一场严重的危机。

贞观二十二年（公元 648 年）七月甲申日，太白星白昼现于蓝天，这在今天的人们看来是一种并不常见的自然天象，在当时却被人们认为是改朝换代的上天征兆。就在唐朝初建的武德九年（公元 626 年）六月四日，史载"太白经天"，当月秦王李世民即发动了"玄武门之变"，"斩杀了太子李建成和齐王李元吉。当年 7 月，太白星又屡次昼见，唐高祖李渊惴惴不安地问计于近臣，傅奕说："太白见秦分，秦王当有天下。"慌恐不安的李渊只好在 8 月初便让位于已被立为太子的李世民。

这时，在位 20 多年的李世民已患病多日，看到这一危险天象自然和朝野上下一样惊恐不安，便急召太史占卜解释。太史一番念念有词后就开始卜卦，但卦辞出来后却不敢明告，在李世民一再催促下才战战兢兢地说："此星相有女主昌的征兆。"李世民听完一惊，立即要求太史测算出"女主"是谁，现在何处，但太史说自己无法测出女主是谁，身处何地，精于星相学的太史令李淳风或许能算出其中的玄机，李世民当即下令速召告假到巴蜀会友的太史令李淳风回京。正当李世民急切地盼望李淳风回京解开自己心病的时候，褚遂良又拿来一本街市上买来的《秘记》面见皇帝，他指出《秘记》上的一句话"唐三世后，女主武王代有天下"，对唐太宗说这句话让人触目惊心，听说民间早已传开了，对此我们一定要追查。

看了《秘记》上这句话的唐太宗李世民更惶恐不安，他心想女人是不可能君临天下的，说不定"女主武王"是哪个手握重兵、有能力发动政变废黜君王的男人的别称或小名之类的称呼。于是，李世民便传旨当晚在太极殿设宴，款待所有在京城守握重兵的武将。晚宴上，李世民微笑着发出酒令，让各位自报自己的别称和小名，并以之作为题目作诗一首，作不出则罚酒。

古人常为了使娃娃好养活、平安康健或表达做父母的心疼喜爱而给孩子取些丑俗和稀奇的乳名。宴席上将领们自报的很少为人所知却很让人好笑的乳名不断地惹得大家阵阵哄堂大笑。李世民一边随着大家发笑，一边细细地品味着这些乳名的含义，看看哪一个的乳名与"女""武"这些字义有联系。

轮到左武卫将军、玄武门宿卫官李君羡时，他自报小名为"五娘"，并解释说"五"是三四五六的"五"，"娘"是女人、姑娘的"娘"。接着他做诗说："我有一头驴，送与女人骑，五指紫扣辔，娘子风习习。"李世民听完李君羡自报的小名和诗作，也和大家一起笑了起来，但心中却不断地嘀咕："五娘，五和武同音，娘的意思是女人，五娘的意思，莫不是有武力的女人？"

宴会结束后，李世民立即调来李君羡的有关材料，更发现李君羡是洛州武安人，在跟随自己征伐王世充、攻打刘武周时常常单人匹马冲锋在先，武力超群，武功卓著。所以唐初便被封为武连县公。李君羡出生在洛州武安，封号又为武连县公，连占了两个"武"字不说，小名还叫"五娘"，又和"女主"扯上了关系，这让李世民认定他便是《秘记》中所说的"女主武王"，而且李君羡现在手握禁军重权，负责防守玄武门，发动宫廷政变自然不是难事。但是，现在立即除掉此人，却拿不出罪名来，无法服众，于是李世民第二天便下令免除了李君羡左武卫将军的禁卫军职，改调为华州刺史，并暗中派遣密探监视他的行为举止。

可怜李君羡这个大字不识一个的莽夫，对唐太宗李世民将自己调为地方官的做法丝毫没有察觉出有什么危险，到了华州任上后，为了自己健康长寿，结交了一个当地据说法力无边，能不食而生的民间异人。李世民接到密报后，即刻下令调李君羡回京，糊里糊涂的李君羡刚进入长安，便被捕获，以"交通妖人"、图谋不轨的罪名被杀了头。

不久，太史令李淳风应急诏到了京城，李世民便立即召见李淳风，拿出《秘记》让李淳风解开"唐三世后，女主武王代有天下"的玄机。李淳风一路上早已听到天下人纷纷传扬的《秘记》箴言，便对李世民说："臣仰观天象，俯察历数，得知此人现仍在宫中，且为陛下身边近者。从今往后不出三十年，此人将为天下之主，并将唐室子孙几乎杀尽。"听了此话的李世民感到阵阵的心寒胆战，不由得狠狠地说道："你给我算算此人都有什么征兆，我要将所有嫌疑的人都杀掉。"但李淳风却摇着头说："陛下，天之所命，不可违也。杀得再多，也杀不到她的头上，只能是徒伤无辜。但愿三十年后，这个人也已经老了，到时能生出一点仁慈之心，为祸还不算太深，给大唐能留下一点根脉。倘若现在真的能杀了她，上天说不定会生出更怨毒凶狠的人来，那样，陛下的子孙恐怕真的会被杀得一个不剩啊！"

"此人现仍在宫中，且为陛下亲近者"，这样毫无隐瞒，明确指向的话，自然使唐太宗心中不得不怀疑自己心爱的才人武媚娘，但是武媚只不过是个二十出头的弱女子，他怎能有倾覆唐室、君临天下的能耐？内心深处怜香惜玉的李世民一直没有痛下决心除掉武则天。

公元 649 年 4 月，唐太宗的病势沉重起来，觉得自己可能不久于人世的李世民又想起了太史令及《秘记》中的话语，他觉得自己心病未除，终难撒手西归，便将武才人叫到自己病榻前问道："朕自患病以来，医治无效，看看不久于人世。你侍朕有年，朕不忍撇你，你可想想，朕死之后，你该如何自处？""朕不忍撇你，朕死之后，你该如何自处"，这样的话语让无比聪明，最能察言观色的武则天一下子觉察出了自己面临的危险处境。她心中思忖自己再留在宫中，太宗死后必赐自尽陪葬，出于死里求生的本能和自己的灵心，武则天突然灵机一动，立即跪于榻前哭泣道："妾蒙圣上隆恩，本该一死报德，但圣躬未必不愈，妾也不敢遂死，情愿削发为尼，长斋拜佛，为圣上祈祷长生。"

唐太宗李世民本想在自己临死之前解决自己心底的担忧，当即将武才人赐死，但现在看到自己心爱的小美人哭得泪人一般，心中便又老大不忍起来；听到她主动提出出宫为尼姑，便想她既然削发为尼了，就根本不可能有再入宫改变自身地位的机会，一个小尼姑怎能有灭唐代立做皇帝的可能呢？于是他便当即同意了武则天的请求，嘱咐其尽快离宫去感业寺为尼。

今天我们看到的许多材料，对唐太宗李世民最终为何没有下决心杀掉武则天有着不同的评述。有的认为是李世民非常疼爱武才人，不忍心杀她；有的认为李世民根本就没有想到"女主武王代有天下"会和武则天有什么联系；有的则认为是李淳风"天之所命，不可违也"的话语使得李世民只得顺应天命。这些说法，虽然各有一定的道理，但都没有说出最根本的原因。

李世民后宫美女如云，他怜爱武才人，但他更宠爱的妃嫔美人，大有人在，更何况当听到武则天制服"狮子骢"的狠话而感到心惊的李世民便逐渐对其冷落起来。在这种情况下，唐太宗绝对不会为爱美人而不顾及自己历尽艰辛才打下的大唐江山将会一朝断送的危局的。说李世民根本就没有怀疑武则天和"女主武王"的联系，也明显是站不住脚的，"朕不忍撇你"，"朕死之后，你该如何自处"？明明白白地表明了李世民心中的杀机，更何况武则天明摆着是一个"姓武的女人"，而且"现仍在宫中"，又是"为陛下身边近者"，英明盖世的唐太宗李世民对这些能没有想到？至于李世民只得顺应天命的说法更是难以自圆其说，一是史书记载李世民直至他逝世，一直在追查和《秘记》所说的"女主武王"有嫌疑的人，为此杀戮的人不计其数。二是李世民的一生一直是敢于和天时、地利处于优势者挑战，无论是统一天下时大战王世充、征伐刘武周的南征北战，还是拼死一搏发动的"玄武门政变"。这种敢于拼搏、敢于奋争的性格不会在自己的王朝面临危机时突然改变的。

那么，李世民最终放武则天一马的最主要原因究竟是什么呢？笔者认为是李世民的内心深处始终认为"女主武王"不一定是个女人，而是一个男人。他认为一个女人的能力地位是不可能"代有天下"的，这个人应该是和"女"的字义是有一定联系的男人，而且是一个处于一定地位，掌握一定武装力量的军事将领的男人。杀掉对自己忠心不贰，又功勋卓著的李君羡就是最明确的例证。但是，我们以此为主因的同时，还是不能否定其他因素的作用，特别是武则天临危不惧，随机应变的哭求出宫为尼的应对。武则天聪明的应对，不仅触动了李世民的怜香惜玉之情，更是消除了李世民对宫内的"女主武王"的担心，从而保全了自己的性命。所以正是李世民这种内心的主观因素和武则天聪明至极的客观作用使历史的发展在那一刻没有转向别的方向，而使我们看到了武则天以后代唐而立的女皇天下的历史。

公元 649 年 4 月 26 日，唐太宗去世，武媚娘便很快按照李世民在世时的安排被送往京城长安的感业寺落发为尼了，当年她年仅 26 岁。武则天的命运在她入宫受宠而有所希望之时，一下子又发生突变跌入谷底了，她的人生还会发生怎样的变化？在她的人生机遇又一次来临之时，年轻的武则天又是如何把握和改变自己的命运的？我们下节再讲。

2. 二进宫门

历史的发展常常让人感到很是诡异，按理，已经出宫落发为尼的武则天只能以诵经拈香为业，青灯木鱼为伴而了结一生，但是让世人难以预料的是仅仅过了三年，到接任唐太宗李世民为帝的唐高宗李治为自己的父亲守孝刚满三年的公元 652 年 5 月，唐廷便大张旗鼓地接回了在感业寺落发为尼的武则天。

对于武则天能够蓄发返俗，二进宫门的原因史载很多，许多文章更是对李世民尚在世时，身为唐太宗才人的武则天与时为太子的李治之间男女苟合、母子乱伦的情节描绘得淋漓尽致。有的野史甚至有唐太宗李世民离世时呼唤不到太子，直到唐太宗气绝身冷后，在侧殿男贪女爱、难分难解的太子李治和武才人媚娘才衣衫不整地慌乱赶来。这种描写把性格懦弱的唐高宗李治完全写成了像隋炀帝杨广一样胆大妄为，在父亲在世时便淫乱后宫的暴君，更把武则天描写成了一个不顾人伦礼教、以色迷惑幼主的淫妇祸水。这样的记述描绘和唐高宗李治为人胆小懦弱，做事犹豫徘徊的性格极不相符，是当时及后世为反对和指责武则天女人专权君临天下有意抹黑的臆测。

然而，要是时为太子的唐高宗李治与时为自己父亲才人的武媚没有一点感情纠葛，武则天能够以一个出家的小尼姑的身份重新回到唐廷内宫便根本上失去了发生的基础，对此，严肃的正史材料有着较为可信的记述。据《新唐书·则天武皇后传》记载，武则天在做唐太宗李世民才人时，"高宗为太子时，入侍，悦之"。这极简洁的一句话，分寸感很强地表明了时任太子李治与时任唐太宗才人的武则天当时的感情联系，这种感情联系只是进宫服侍父亲的太子李治看到了父亲的才人武媚娘后，便从内心里喜欢上了她，但绝没有话语上，更没有行为上的表示。这样的记载更符合李治懦弱的性格和他一生的作为，也是武则天能够重返内宫的主要原因。

唐太宗李世民在其晚年的立储纷争中虽然最终选择了李治，但知子莫若父的他还是很担心李治缺乏治理大唐帝国的能力。有一次他便明确向长孙无忌表明了自己的内心担忧："公劝朕立雉奴（李治小名），然雉奴仁懦，朕岂不为社稷忧乎？如之奈何？"作为李治亲舅父的长孙无忌立即回答说："李治仁厚，为守文之良主。举棋不定尚且取败，况立储乎？望陛下勿疑！"唐太宗听了长孙无忌的话，虽然不再有废黜太子的念头，但内心一直不放心李治的懦弱无能，便极力想方设法地教导培养李治。到了晚年，他下诏让太子李治时时陪侍在自己身边，每日上朝都让太子观察朝仪，学习处理各种政务，遇事便煞费苦心地训导太子。吃饭时他就对太子说要知稼穑的艰难，乘马时他便讲须知马之劳苦，不得竭尽其力的道理。太子乘船，他便借机告诫："水能载舟，亦能覆舟，民犹水，君犹舟，不可不慎"，太子在树下休息，他又大讲"木从绳则正，君王从谏则圣"的箴言。

和中国几千年封建专制君王一样，英明一世的唐太宗依然跳不出在指定接班人上痛苦煎熬的怪圈，最终传位给了他内心深知其柔弱无能的太子李治，而正是李治性格的弱点和无能给以后的武则天女人参政、后宫专权乃至女主君临天下创设了机会。所以，正是李世民自己在太子选择上便为"唐三代后，女主武王代有天下，并杀尽唐室子孙"奠定了基础。李世民因明知其子懦弱无能而想通过整日把他带在身边向自己学习，来培养他的能力的做法，却恰恰给李治和武媚娘的见面日多产生感情制造了条件。

李世民晚年身体一日不如一日，年轻的武才人自然陪侍较多，这样整日被李世民带在身边的太子李治便和武媚娘有了相处的机会。李治年少便失去了母亲，性格内向，恋母情结很重，自然对被比自己年长，人生经验丰富又风韵多情的武媚娘深深吸引，虽然受伦理辈分礼数规矩的约束而不敢逾越底线，但越是受到压抑，心底的渴求便越加强烈。善解人意的武媚娘怎能不从这位年轻太子焦渴的眼神中看出他心底的欲望呢？而这位年轻的太子不久便要接替病势沉重的老皇帝的权位，工于心计的武才人自然要把自己的未来寄于其身而对其百般温柔呵护。所以李世民在世时，太子李治虽然不至于和从辈分上来说是自己庶母的武则天逾越底线，达到乱伦的地步，但他正如史书所记载的，心底已燃起对其"悦之"的火种，而这正是武则天在感业寺为尼三年后还能被大张旗鼓接回皇宫，由先皇帝的才人成为新皇帝的昭仪的主要原因。这又可以说是武则天能够把握自己命运，用自己的温柔多情取悦了未来的皇帝，从而改变自己厄运的主观努力的结果。

但是，历史以来自身主观努力的人很多，但能成为功成名就的历史名人的却极其少见。因为所谓的功成名就不仅靠人自身的主观努力，更要有使其功成名就的客观机遇。历史上功成名就的人往往有着自身的拼搏努力，但更有着一般人难以幸运际会的客观机遇。武则天便是这样的一位历史以来很难见到的幸运者。

武则天从一个小尼姑能够重回唐宫，是她人生中最大的机遇，而想到把她接回宫中并付诸行动的却是唐高宗李治的王皇后。按理，最不可能接纳武则天入宫的应该就是王皇后，但女皇君临天下的历史却这样真实地开启了它的大幕。对此，《则天武皇后传》有着实实在在的记载："王皇后久无子，萧淑妃方幸，后阴不悦。它日，帝过佛庐，才人见且泣，帝感动。后廉知状，引内后宫，以挠妃宠。"

唐高宗李治的皇后出身于太原王氏高门，而且她的从祖母是唐高祖李渊的妹妹同安长公主，所以王氏和李治有着表兄妹的关系。长公主"以后有美色，言于太宗，遂纳为晋王妃"，晋王李治被立为太子，王氏便被册封为太子妃，等到永徽元年（公元 650 年）正月李治继皇位，王氏则立为皇后。萧淑妃出身于南朝后梁帝室的后裔兰陵萧氏，隋朝时家族中出了隋炀帝的萧皇后。王氏虽然贵为皇后，但一直没有生育，而萧淑妃却在李治为太子时就为其生了一子二女。为人妇而无子是封建宗法中的"七出"之首，萧淑妃却因母以子贵而为李治所宠幸，因此王皇后"阴不悦"，担心萧淑妃最终会威胁到自己的皇后尊位，一直寻找着能除掉和自己争宠威胁自身地位的萧淑妃的办法与机会。

终于，王皇后自认为有了能击败萧淑妃的办法和机会，因为她得到了特意安排在高宗李治身边宫女的密报，说李治在到作为皇寺的感业寺进香时遇到了当年的武才人，已是尼姑的武才人看见新皇帝便哭泣了好长时间。病急乱投药的王皇后一下子便觉得有了击败萧淑妃的办法和机会，于是她便向唐高宗建议由自己下懿旨接武则天回后宫。

男女情爱是最自私的。一般地，二人世界是很难容第三个人存在的，王皇后由于萧淑妃的受宠满怀妒嫉正是基于此。然而正是这种妒火中烧冲昏了她的头脑，于是她便抓住了自认的这个机会，想通过接这个与唐高宗有私情的先皇才人回宫来借力打力，借钟馗打鬼，削弱唐高宗对萧淑妃的宠爱，实现自己稳固独掌后宫的目的。

唐高宗李治虽然对成熟温柔的武则天相恋日久，但公开接其回宫，接纳武则天为自己的女人，按当时的法律也是犯了"和奸父祖妾"及"和奸女冠尼"的大罪，所以他只能偷偷摸摸地与武则天在寺庙相会。现在王皇后出面放话接武则天回宫，他自然是正中下怀而就坡下驴了，于是在大张旗鼓接回武则天的当天便下诏封其为昭仪。

王皇后出面要求接武则天回宫，使得武则天进入了大唐王朝的权力中心，为武则天日后步步为营接近最高权力的巅峰，最终君临天下奠定了最重要的基础。但是这对于王皇后来说却是她自掘坟墓的开始，她接武则天回宫的目的是疏离李治对萧淑妃的宠爱，但这无疑是人们常说的"前门拒狼，后门引虎"的愚蠢至极的做法。皇帝宠爱萧淑妃只是使其不能独享皇帝的宠幸，自己还是主持后宫的皇后，但武则天的回宫不仅要夺取皇帝对萧淑妃的宠爱，更要夺取后宫的最高权力，而且夺取这一切的同时要将她的一切对手都置于死地。

那么，重返后宫的武则天是如何凭她的心机和手腕获得李治的独宠并夺得后位的，我们下节再讲。

3. 后宫斗法

武则天被王皇后接入后宫立即表现出了她过人的权术和机变，在与王皇后、萧淑妃等人的争宠中迅速占据了上风。史书记载："才人有权数，诡变不穷。始，下辞降体事后，后喜，数誉于帝，故进为昭仪。一旦顾幸在萧右，浸与后不协。"初被接入后宫时，武则天总是彬彬有礼，对人和蔼可亲的样子，对于王皇后更是卑辞屈体，恭敬有加，礼数周详。王皇后看到武则天这样殷勤地侍候自己，心中很是高兴，以为自己选准了人，用对了办法，便一再地在高宗面前说武则天的好话，所以武则天便很快被封为昭仪。

唐高宗本来就喜欢武则天，武则天举止得体，王皇后多次夸赞，更让她觉得武昭仪十分可爱，这样，他对萧淑妃的宠爱自然减弱了许多。王皇后对此自然十分欣慰，认为自己的计划有了预期的效果。但是让她始料不及的是，高宗皇帝虽然冷落了萧淑妃，但却发展到一门心思地专宠起武则天来，对她依然是一副不冷不热的态度。于是王皇后才慢慢觉悟到自己前门拒狼，后门引虎的做法是多么愚蠢，心中自然悔恨不已，但是此时令王皇后还没有想到的是，她给自己身边引进的这只虎不仅要皇帝对自己的独宠，更看上的是妃子、皇后尊贵的名号和权位。不久，在与萧淑妃、王皇后争宠争斗中占尽上风的武则天便使出她非凡的心机，一步步将她的对手置于死地，一步步向后宫最高的权位拼争。

一开始武则天便深知笼络人心的重要。史载："后性简重，不曲事上下，而母柳奭见内人尚宫无浮礼。故昭仪伺后所薄，必款结之，得赐予，尽以分遗。由是后及妃所为必得，得辄以闻，然未有以中也。"武则天看准了王皇后不善待下人的弱点，在发挥自己深受皇帝宠爱，更加体贴入微地照顾唐高宗的同时，积极在后宫拉拢人心，培植自己的势力，特别是被王皇后冷落不用的人，武则天更是"伺后所不敬者，必倾心与相结"。这样通过这些眼线掌控住了王皇后、萧淑妃的一言一行，之后便加油添醋地报告给唐高宗，达到抹黑王皇后、萧淑妃，使皇帝对她们生厌的目的。这样终于达到史书记载的"帝终不纳后言，而昭仪宠遇日厚"。

但是，"宠遇日厚"的武昭仪并不只是一个满足于受皇帝宠爱的女流，从小的忍辱受欺及进宫的艰险挫折让她深深感到了地位和权力的重大作用，所以自己必须击败对手并取而代之。然而自己面对的王皇后，不仅地位高贵，而且出身名门，朝廷内外势力相当庞大，"未有以中"的要害罪名是很难动摇她尊贵的皇后地位的。于是为攫取权力不惜一切手段的武则天便用了一个让古往今来人们都很难相信是一个做母亲的人能使出的手段，这个举动虽然以其惊世骇俗而让许多人难以相信，但《新唐书·则天武皇后传》却给以了明确的记载："昭仪生女，后就顾弄，去。昭仪潜毙儿衾下，伺帝至，阳为欢言，发衾视儿，死矣。又惊问左右，皆曰：'后适来。'昭仪即悲涕，帝不能察，怒曰：'后杀吾女，往与妃相谗媚，今又尔邪！'由是昭仪得入其訾，后无以自解，而帝愈信爱，始有废后意。"

这则史料从一般情理上看很难使人相信其真实性，但仔细推敲，却是很符合武则天此时的心理的，特别是从武则天后来为争宠争权及维护自身权位的需要而不惜杀死自己的亲姐姐、亲外甥及亲孙女的作为来看，是很符合她个性的。武则天被接回宫不久便生下了她的第一个儿子，当年年末又生下这个女儿。她要想把王皇后从皇后位置上拉下来，一般的争风吃醋及表达不满的流言蜚语是很难办到的，必须有十恶不赦的大罪行才能使高宗李治及朝中大臣对皇后产生厌恶感而废掉她。王皇后没有生育，所以给她栽赃因争宠忌妒杀人的罪名既合情理，又能置其于死地。但是如果王皇后真要杀死武则天的儿女，从王皇后的角度着想肯定要杀死武则天的儿子李弘，因为受宠日深的武则天的大儿子李弘日后肯定有被立为太子的可能。帝王的后宫从来是母以子贵的，武则天的这个女儿对其母以后地位的尊贵根本不可能产生丝毫作用。但是在这场后宫血腥的争斗中，无辜而死的却是武则天的女儿，这只能说明武则天在杀死自己骨肉来给王皇后栽赃的行动中，选择了对自己以后地位提升没有多少作用的女儿。这不仅让人清楚地看到了武则天狠毒凶残、冷酷无情的性格，更感到她让人心惊的心机。这种凶狠至极的冷静选择让我们深感人性之恶，这是武则天在攫取权位的强烈欲念支配下人性极度扭曲变异的结果。

政治斗争、权力争夺是人类社会运行中最能让人们人性丧失殆尽，扭曲变形的恶流，中国历代以来宫廷争斗中的父子相残、兄弟争斗无不是在政治斗争的血风腥雨中人性恶之花盛开的表现。中国人历来把做官封侯掌握权力从而使自己扬名显贵、光宗耀祖作为人生最大的报负。古诗"朝为田舍郎，幕登天子堂；将相皆无种，男儿当自强"正是鲜明的写照。升官掌权确实可以凭借其权力有更大的作为，提高自己的人生价值，但为追求权力地位不惜一切手段丧失做人的底线，则只能使自己丧心病狂，人性扭曲。当年亲手扼死自己亲生女儿的武则天还是一个30岁不到的年轻母亲，如果她不入宫门，不卷入这样一场你死我活的宫廷争斗，她断然不会如此凶残。所以远离血腥的权力争斗，不要让对权力追求的无尽欲望完全控制自己，应该是人们保持自己真诚善良人性的明智选择。

武则天自编自导自演的这场苦肉计使得高宗李治"始有废后意"，这以后工于心计，深知宫廷斗争一定要坚持"痛打落水狗"，不能给对手丝毫喘息之机的武则天在"帝愈信爱"的基础上，又给了王皇后和萧淑妃致命的一击："昭仪乃诬后与母厌胜"，这样终于使得"帝挟前憾，实其言，将遂废之"。但是这场争斗不仅是后宫女人们的争宠斗争，更是一场唐王朝的宫廷权力之争。出身名门，地位高贵的王皇后、萧淑妃还有一大批支持她们的朝廷大臣，唐高宗提出了废后动议，自然把这场斗争引向了朝廷，而在朝堂之上支持王皇后的长孙无忌、褚遂良、韩瑗及来济均是唐太宗李世民逝世时指定给其太子李治的顾命大臣。此时只是唐高宗李治后宫昭仪的武则天在这场废后的朝堂争斗中能不能取得成功？她又会遇到怎样的机缘？我们下节再讲。

4. 登临后位

武则天在栽赃王皇后杀死自己的女儿，使高宗对王皇后极度不满后，乘势追击诬告王皇后在其母柳氏唆使下联合萧淑妃搞厌胜巫术诅咒自己，终于使得李治在震怒中下令废除了王皇后、萧淑妃的封号，将她们在冷宫软禁起来。武则天心里非常清楚，废掉她们固然是自己初步的胜利，但自己取而代之，最终登临后位才是自己的目的，要做到这一点对武则天来说也是很不容易的，因为这和她与皇后妃子只是在后宫争宠的斗争有很大的不同，她一个尽人皆知的先帝才人要做当今皇帝、先帝亲生儿子的皇后，自然便和掌握朝中重权、心中正统观念极深的顾命大臣发生了对抗，遭到了以长孙无忌为首的朝中重臣的坚决反对。

心机很深的武则天非常懂得步步为营的策略，早在王皇后、萧淑妃被废之前她便要李治封她为皇妃，来试探一下朝中众臣的反应。深宠武则天的高宗李治自然很乐意给自己深爱的女人晋升地位，但他却担心根据定制皇妃只能有四个，分别是贵妃、淑妃、德妃、贤妃，现在后宫名额满满的，无法给武则天册封皇妃的名号。但聪明至极的武则天早就有了打算，她立即提出在四个皇妃之前再设个"宸妃"的名号。"宸"字的意思是帝王居住的地方，引申为王位和帝王的代称，这样高贵的名号自然使自己成为皇妃之首，成为皇后一旦被废后便能顺理成章地登上后位的人。

但是，当高宗皇帝在朝堂上提出要立武则天为宸妃时，顾命大臣长孙无忌和褚遂良却不吭一声，而侍中韩瑗和中书令来济则高声说："妃嫔有数，今别立号，不可。"面对众大臣的反对，武则天明白，长孙无忌和褚遂良在唐高宗提出立自己为宸妃时一声不吭，便表明了他们反对的态度。他们是顾命大臣，朝中群臣都是看他们的眼色行事，特别是长孙无忌，是唐高宗的亲舅舅，自己的晋升之愿有这样的一座大山挡道便很难实现。于是颇有心计的武则天想到了打感情牌，劝说唐高宗和自己双双拜访长孙无忌府第，想以此来拉拢软化长孙无忌。据《资治通鉴》载："上由是有废立之志。又畏大臣不从，乃与昭仪幸太尉长孙无忌第，酣饮极欢，席上拜无忌宠姬子三人皆为朝散大夫，仍载金宝缯锦十车以赐无忌。上因从容言皇后无子以讽无忌，无忌对以他语，竟不顺旨，上及昭仪皆不悦而罢。昭仪又令母杨氏诣无忌第，屡有祈请，无忌终不许。礼部尚书许敬宗亦数劝无忌，无忌厉声折之。"

高宗皇帝和其心爱的武昭仪双双拜访，对臣子来说真是天大的荣宠，无上的光彩，但是长孙无忌明白，这肯定是野心勃勃的武则天想拉拢自己，使自己同意废除王皇后，使武则天取而代之的鬼主意。他心底非常了解自己的这个皇帝外甥软弱无能的性格，深知武则天一旦成为皇后，皇帝必定任武则天摆布，大唐江山真有被其代立的危险。所以虽然高宗和武昭仪自降身份拜访臣下的府第，又赐了大量的金银锦缎，而且还当席分封自己的三个儿子为朝散大夫，但在高宗亲自说起废后话语时，长孙无忌都装聋作哑，不愿顺从旨意。对此，急于一鼓作气登临后位的武则天虽然极为恼怒，但她还是压下自己的心头怒火，又让自己的母亲上门恳求长孙无忌，还指使善于见风使舵投靠自己的礼部尚书许敬宗面劝无忌。在武则天用尽心思用这些软办法拉拢都没有成效的情况下，孤注一掷的武则天更是加快了谋取后位的步伐。她一是采取了迂回战术，在朝中拉拢提拔愿意投靠自己的大臣，培植势力替自己发声；二是诬告王皇后、萧淑妃搞厌胜之术，置其于死地。

在后位之争愈演愈烈的情势下，朝中有些善于观测风向的人便自然看到了有利于自己的时机。中国历史从来不缺乏这样的人物，这些人物在历史发展中常常起到推波助澜的作用，而此时给一心登临后位却遇到重臣挡道的武则天带来一丝希望的李义府便是这样的一个历史人物。据载："中书舍人饶阳李义府为长孙无忌所恶，左迁壁州司马（壁州，今四川通江县）。敕未至门下，义府密知之，问计于中书舍人幽州王德俭，德俭曰：'上欲立武昭仪为后，犹豫未决者，直恐宰臣异议耳。君能建策立之，则转祸为福矣。'义府然之，是日，代德俭直宿，叩阁上表，请废皇后王氏，立武昭仪，以厌兆庶之心。上悦，召见，与语，赐珠一斗，昭仪又密遣使劳勉之，寻超拜中书侍郎。于是卫尉卿许敬宗、御史大夫崔义玄、中丞袁公瑜皆潜布腹心于武昭仪矣。"

"九月，戊辰，以许敬宗为礼部尚书。"

李义府出身低微，但21岁时赴京应试便一举及第，任监察御史，后又任太子舍人，他虽然仕途一路顺风，升迁也不算太慢，可他功名利禄心极重，为人阴险，以谋人害人为能事，被人称为"李猫"。长孙无忌非常鄙视他逢人便笑里藏刀、四处拍马钻营的人品，所以抓住他一个把柄后便要将他贬官逐出朝廷。他受到王德俭的点拨帮助上表请求废王皇后立武则天为后，给受重臣制约一时无法施展废后新立武皇后的高宗皇帝和武则天带来了一线生机，这样皇帝在有臣子上表请求的情势下，更有了底气。于是他们立即提拔重用了一批这样善辨风头、能揣测最高决策者心意的人物，终于武则天有了一批心腹朝臣而使她在朝堂上形成了自己的政治势力。

在网罗培植自己心腹势力的同时，武则天又不失时机地果断处罚那些敢于非议自己的官员，以达到杀鸡儆猴的目的，警告反对立自己为后的长孙无忌、褚遂良等重臣。史载："长安令裴行俭闻将立武昭仪为后，以国家之祸必自此始，与长孙无忌、褚遂良私议其事。袁公瑜闻之，以告昭仪母杨氏，行俭左迁西州都督府长史。行俭，仁基之子也。"

　　唐高宗突然宣诏将裴行俭贬为原属高昌国荒蛮之地的边防官员，让长孙无忌等人始料不及，因为按大唐制度规定，七品以上官员的升迁调动均需中书省提议，门下省核准后才由皇帝定夺下旨。而现在无论是对李义府、许敬宗的提拔，对裴行俭的谪贬均是皇帝直接下旨，这种做法既不符合朝廷定制，更不符合唐高宗李治做事柔弱的性格。更让他们想不到的是，当长孙无忌在朝堂上对唐高宗不经中书省提议，门下省审核便下诏贬谪裴行俭的做法提出质疑后，已升为礼部尚书的许敬宗即当面驳斥他说大唐高祖、太宗两朝都有不经部门提议即由皇帝直接签发诏令的"墨敕"变通之法。

　　唐高宗突然行事强硬，许敬宗敢于当朝辩驳，让长孙无忌、褚遂良等重臣大出意外的同时，更让他们感到了高宗皇帝和许敬宗等人身后策划重立皇后的武昭仪手腕的不同寻常，让他们感到了山雨欲来风满楼的严峻形势。

　　果然在裴行俭离京第三天退朝后，高宗皇帝便召长孙无忌、李勣、于志宁、褚遂良四位元老重臣入内殿议事。皇帝召四位重臣内殿议事，明摆着要向他们摊牌，这让这四个人顿感压力的巨大，在通往内殿的路上，褚遂良便对其他三人说："今日之召，多为中宫，上意既决，逆之必死。太尉元舅，司空功臣，不可使上有杀元舅及功臣之名。遂良起于草茅，无汗马之劳，致位至此，且受顾托，不以死争之，何以下见先帝！"听了褚遂良的话后，司空李勣突然"称疾不入"，长孙无忌等三人只好进了内殿。他们一进入内殿，唐高宗李治便直接说道："皇后无子，武昭仪有子，今欲立昭仪为后，何如？"

　　皇帝直言不讳地表明了自己的想法，把长孙无忌等人逼到了无可避让、必须表态的境地，中国历史上虽然总是少不了见风使舵、左右逢源的政治老手，却依然有不计个人身家性命，敢于直言抗争，铁骨铮铮的脊梁。对这段围绕立武则天为后的君臣争斗，《资治通鉴》有着明确的记载："无忌等至内殿，上顾谓无忌曰：'皇后无子，武昭仪有子，今欲立昭仪为后，何如？'遂良对曰：'皇后名家，先帝为陛下所娶，先帝临崩，执陛下手谓臣曰："朕佳儿佳妇，今以付卿。"此陛下所闻，言犹在耳。皇后未闻有过，岂可轻废！臣不敢曲从陛下，上违先帝之命！'上不悦而罢。明日又言之，遂良曰：'陛下必欲易皇后，伏请妙择天下令族，何必武氏。武氏经事先帝，众所具知，天下耳目，安可蔽也？万代之后，谓陛下为如何？愿留三思！臣今忤陛下，罪当死。'因置笏于殿阶，解巾叩头流血曰：'还陛下笏，乞放归田里。'上大怒，命引出。昭仪在帘中大言曰：'何不扑杀此獠！'无忌曰：'遂良受先朝顾命，有罪不可加刑！'于志宁不敢言。"

在皇帝两次召重臣内殿提出废立皇后都无果而终后，敢于对抗皇帝旨意的大臣也纷纷直接面谏或上书劝谏唐高宗不能立武则天为皇后。史载："韩瑗因间奏事，涕泣极谏，上不纳。明日又谏，悲不自胜，上命引出。瑗又上疏谏曰：'匹夫匹妇，犹相选择，况天子乎！皇后母仪万国，善恶由之，故媖母辅佐黄帝，妲己倾覆殷王。诗云"赫赫宗周，褒姒灭之"。每览前古，常兴叹息，不谓今日尘黩圣代。作而不法，后嗣何观！愿陛下详之，无为后人所笑！使臣有以益国，菹醢之戮，臣之分也！昔吴王不用子胥之言而麋鹿游于姑苏，臣恐海内失望，棘荆生于阙庭，宗庙不血食，期有日矣！'来济上表谏曰：'王者立后，上法乾坤，必择礼教名家，幽闲令淑，副四海之望，称神祇之意。是故周文造舟以迎大姒，而兴《关雎》之化，百姓蒙祚；孝成（汉孝成帝）纵欲，以婢为后，使皇统亡绝，社稷倾沦。有周之隆既如彼，大汉之祸又如此，惟陛下详察！'上皆不纳。"

顾命老臣褚遂良以死抗争，当朝宰相韩瑗和来济据理力争，使得高宗皇帝左右为难，举棋不定。但是，武则天深知此时已形成相持不下的情势，千万不可拖延，否则高宗皇帝一旦气馁便会前功尽弃。怎样才能让皇帝重新鼓起勇气，不顾大臣们的反对而立自己为后呢？思虑再三，聪明的武则天终于想到了一个人，这个人就是在这场争斗中连日称病不上朝的司空李勣。李勣是前朝的功臣，当朝的大司空，他的话和长孙无忌、褚遂良同样举足轻重，对高宗皇帝影响也肯定很大。在这场皇帝和重臣围绕立后的争斗中，李勣称病不朝，不发一言，不站队表态，看起来是居中自保，实则更可以看出他深知这场争斗的最终决定权在于皇帝，并深知与皇帝争斗的利害得失。

在武则天极力建议下，高宗皇帝在内殿单独召见了多日称病不朝的李勣。对于这次召见，《资治通鉴》做了如下记载："他日，李勣入见，上问之曰：'朕欲立武昭仪为后，遂良固执以为不可。遂良既顾命大臣，事当且已乎？'

对曰：'此陛下家事，何必更问外人！'上意遂决。"

李勣的回答，表面看起来不但没有表示自己的态度，而且还认为皇帝就不该征询自己的意见，但却是旗帜鲜明、毫不含糊地表明了自己的态度。这只有 11 个字的回答，看似简简单单，实则大有深意，它不仅表明了废后立后是应由皇帝自己决定的事，鼓励高宗皇帝你想怎样做就该样做，而且还指出了长孙无忌、褚遂良等人干涉此事是多管闲事，节外生枝。

中国历史上把政治权术玩得如此老到地步的人也是很多的，政治风浪的颠簸历练，成就了他们的处世之道和驾轻就熟的韬略权谋。李勣当年随着唐太宗南征北战，九死一生，唐朝建立后统率大军征战四夷，功勋卓著，这却造成了功高盖主的嫌疑。唐太宗担心自己的太子，现在的唐高宗辖制不住李勣，就在他病危之时一纸诏书便将其贬到边远之地，又由即位后的唐高宗下旨召回朝廷委以重任来达到怀柔笼络他为新皇帝效命的目的。君王的权谋诡计教会了他，人生不测的悲喜历练了他，使他成了洞悉专制皇权政治的人精。

李勣的回答一下子打消了高宗皇帝心中多日的顾虑和烦恼，我想立谁为皇后，如同百姓想娶谁为正妻一样是我的家事，我何必听取别人的意见？而那些朝中重臣又凭什么对我横加干涉？于是，听了李勣只有 11 个字的回答后，"上意遂决"。李勣的妙答使武则天的心腹们更是一下子被打足了气，许敬宗更是在朝堂之上大声言道："田舍翁多收十斛麦，尚欲易妇；况天子欲立后，何豫诸人事而妄生异议乎？"许敬宗大胆粗俗的话语让武则天笑了个前仰后合，她立即安排自己左右随从到处传布李勣和许敬宗的话语，多方制造舆论。

武则天知道光凭制造舆论，正面引导还是不够的，必须给反对派以颜色，让大臣们看到反对自己为后的人的下场才能使他们倒向自己。永徽六年（公元 654 年）九月初三，一道震动朝野的诏书发出：贬褚遂良为潭州都督，即日离京。在萧瑟秋风的凄惶与悲凉中，年愈花甲的三朝元老，以铮铮铁骨蜚声天下的一代书圣褚遂良只得步履沉重地踏上了他多彩人生的不归之路。一月之后，又一道令国人惊叹的诏书从皇宫发出："王皇后、萧淑妃以'厌胜'邪术害人，罪不容赦，着即废为庶人。"

王皇后被废，皇后宝座空缺，褚遂良被黜，朝臣们噤若寒蝉。许敬宗、李义府等武昭仪的心腹在弹冠相庆之余，便积极行动起来，四处游说，八方笼络，鼓动朝中文武官员，集体上演了一出"百官拥立武后"的闹剧。永徽六年（公元 654 年）十月十九日，王皇后刚被废立的第六天，拥立活动达到了高潮，朝中百官联名上书请愿，请求唐高宗立武昭仪为皇后。看到自己和武昭仪导演的这场大戏已到了高潮，高宗皇帝即下达册封诏书，宣告朝臣，布达全国。诏书中说："武氏门著勋庸，地华缨黻，往以才行选入后庭，誉重椒闱，德光兰掖。朕昔在储贰，特荷先慈，常得侍从，弗离朝夕。宫壶之内，恒自饬躬；嫔嫱之间，未尝迕目。圣情鉴悉，每垂赏叹，遂以武氏赐朕，事同政君，可立为皇后。"

这封诏书针对褚遂良等人的反对意见，特别强调了两点：一是武氏家门显贵，功勋显赫，出身良好高贵，以才德美行被选入内宫后常常自我反省，与宫中上下友好相处，因此上是誉满宫闱，德怪后庭。二是先皇唐太宗对武氏的为人常常赞叹不已，于是把武氏赐给了身为太子的李治。而且这种做法在历史上就有先例，就像汉宣帝把王政君封成太子妃一样，所以武氏按其出身、德行及先皇的意愿都应该立为皇后。

人们常说历史是胜利者书写的，这句话不仅说明胜利者改变了历史，胜利者在历史进程中发挥了很重要的作用，更是说明了我们今天能看到的历史资料很多都是胜利者在事后按自己需要或解释重新书写的。唐高宗的这篇诏书就是这样，木材商人的女儿成了"门著勋庸""地华缨黻"的名门闺秀；心狠手辣的先皇小才人成了"誉重椒闱""德光兰掖"的宫壶典范；而难以尽掩天下人耳目的宫廷乱伦更成了先皇亲赐太子妃的历史佳话。但是历史又不完全是由胜利者书写的，所以唐高宗的这篇诏书今天读起来给人更多的是感觉一篇掩耳盗铃、欲盖弥彰的难以遮羞的遮羞布。

永徽六年（公元 654 年）十一月一日，在太极殿举行了册立武昭仪为新皇后的盛大庆典，高宗皇帝"诏李勣、于志宁奉玺绶进昭仪为皇后，命群臣及四夷酋长朝后肃义门，内外命妇入谒。朝皇后自此始"。武则天 14 岁入宫，32 岁时终于登上了皇后宝座。从入宫到登上后位，她在皇宫整整拼搏争斗了 18 年。

对于一个一千多年前的女性来说，登临后位，成为人们艳羡至极的，所谓母仪天下的皇后，可以说是人生中的最高心愿。但是，对于天生便不同一般女人的武则天来说，她是不满足于只能在皇帝后宫有一个皇后空洞名分的虚荣的。这个中国历史上绝无仅有的女人，不仅只是满足于她同时代女人的最高愿望，她还要以自己的女儿身来实现天下所有男人的最高愿望，登临后位只是她谋取帝位而能够号令天下，施展自己才能抱负的开始。做了皇后的武则天又会遇到怎样的危机？她能否化解这些危机而实现自己的志向抱负？

三、铁腕皇后

1. 独专后宫

武则天依靠她超人的权术机变操纵唐高宗废后立己，指使许敬宗、李义府等趋炎附势小人遥相呼应，制造舆论，窥侧出李勣等人心机后，借力造势，终于击败了以长孙无忌、褚遂良为首的重臣的反对声浪，如愿以偿登上了皇后宝座。但是作为后宫的女人，靠的是以色事君，面对后宫无数争宠的佳丽和色欲极强的皇帝，如何能够独宠后宫，把唐高宗牢牢地控制在自己手中，成了皇后武则天必须时时提防，丝毫不敢放松的难题。

唐高宗李治在武则天的蛊惑下不顾扶自己上台的亲舅父长孙无忌等顾命大臣的极力死谏，用尽心力废除了父皇亲自挑选给自己的太子妃、以后的王皇后和自己曾宠爱有加的萧淑妃。在废除王皇后和萧淑妃的争斗中，他受武则天掐死女儿的栽赃和"厌胜"诬告的激怒，昏头昏脑，不顾一切地与众臣争斗，达到了目的，获得了成功，但胜利之后的平静却让他的头脑冷静起来，不由得对曾是自己结发妻子的王皇后和极力宠爱的萧淑妃旧情难忘，思念重生。史载："故后王氏、故淑妃萧氏并因于别院，上尝念之，间行至其所，见其室封闭极密，惟窍壁以通食器，恻然伤之，呼曰：'皇后、淑妃安在？'

王氏泣对曰：'妾等得罪为宫婢，何得更有尊称？'又曰：'至尊若念畴昔，使妾等再见日月，乞名此院为回心院。'上曰：'朕即有处置。'"

唐高宗旧情复发，亲自到囚室看望被黜的王皇后、萧淑妃，而且还答应她们"朕即有处置"，这无疑是个十分危险的信号，严重威胁到武则天刚刚到手的后位。然而心机周密的武则天对此早有防备，宫中布满了她的心腹，时刻监视着李治的一举一动，李治虽然是"间行"到囚室，自以为无人知晓，但此事很快便传到了武则天耳中。史载："武后闻之，大怒，遣人杖王氏及萧氏各一百，断去手足，捉酒瓮中，曰：'令二妪骨醉！'数日而死，又斩之。王氏初闻宣敕，再拜曰：'愿大家万岁！昭仪承恩，死自吾分。'淑妃骂曰：'阿武妖猾，乃至于此！愿他生我为猫，阿武为鼠，生生扼其喉！'由是宫中不畜猫。寻又改王氏姓为蟒氏，萧氏为枭氏。武后数见王、萧为崇，被发沥血如死时状，后徙居蓬莱宫，复见之。故多在洛阳，终身不归长安。"

王皇后、萧淑妃不仅是武则天的情敌，更是她谋取更高权位而必须除掉的政敌，唐高宗李治一时的旧情复生激发了武则天心底高度警觉的神经，她接近疯狂地残杀王皇后、萧淑妃，再一次展现出了她美丽外表下极其凶残的性格，而她这种极其凶残的本性在以后对待同高宗皇帝有染的自己至亲时更加阴冷狠毒。

后宫一波接一波风浪的历练使武则天深知"高处不胜寒"的道理，她非常清楚自己虽然已经贵为皇后，但如果不死死掌控住皇帝，任由他在后宫无数佳丽中浪蝶嬉戏，他们之间的感情就会被新人代替，而自己也就会同历史上无数皇后那样，随着人老珠黄、爱弛宠衰而被打入冷宫，寂寞而亡，甚至于被赐死毒杀，沉冤深宫。所以她一当上皇后，便利用统治六宫的权力，对后宫的妃嫔制度进行了大刀阔斧的改革。

她将原有的皇后之下以贵妃为首的四妃、昭仪为首的九嫔，以及美人、才人、宝林、御女、采女等名称全部废除，设置了赞德正一品二人，宣仪正二品四人，承闺正四品五人，承发正五品五人，卫仙正六品六人，供奉正七品七人，侍栉正八品二十人，侍中正九品三十人。将为皇上侍寝的妃嫔一下子变成了后宫中各司其职的女官，稳固地保持了自己一人为皇帝专宠的地位。

但是，百密一疏的武则天哪里想到自己前门防盗的时候，却忽略了后院失火。

武则天在后宫多年，很难和家人见面，如今自己已是皇后，便自然想到了自己的亲人，于是便安排将她居住在长安的母亲杨氏和她的大姐一家接到了洛阳后宫。武则天的这位大姐早年嫁给了贺兰越石，可贺兰越石去世得早，十几年来寡居在家的她拉扯着一儿一女，日子过得寂寞清苦。武则天在感业寺为尼时，多亏她的这位大姐给当了皇帝的李治通风报信，才激起李治对她的旧情，现在自己贵为皇后，自然忘不了让自己的大姐享受一下荣华富贵。武则天的母亲杨氏和大姐贺兰武氏带着两个孩子贺兰敏之、贺兰敏若刚一进宫，唐高宗李治便以武家有大功于社稷，家人早该敕封为由，封杨氏为代国夫人、贺兰武氏为韩国夫人、贺兰敏之为郡公、贺兰敏若为魏国夫人。一人得道，鸡犬升天，武则天的家人从60多岁的老人到只有十来岁的小姑娘个个获得显爵高位，她自然是觉得光彩万分，满心欢喜，便安排他们住在了宫中。

唐高宗一直患有头风目眩病，事多心烦时更容易犯病，而武则天却天生喜欢参与政事，所以他常常让皇后帮助自己披阅奏章，处理烦杂的政务，自己落得个清闲自在。谁知武则天整天忙于帮助皇帝处理政事，宫中闲游度日的高宗李治竟和武则天的大姐韩国夫人苟合在了一起。武则天的心腹耳目遍布宫中，唐高宗和韩国夫人的偷情自然很快就传到了她的耳中，妒火中烧的武则天赶到她大姐的房中，将两人堵在了床头。唐高宗吓得抓起衣服一溜烟跑了，吓破了胆的韩国夫人只得光着身子跪在床头，求皇后妹妹饶命。韩国夫人虽然赌咒发誓向武则天保证，再也不做这样的事了，但多年守寡的寂寞和皇帝权势的诱惑还是让她忍不住要做皇帝的女人。武则天再一次将他们捉奸在床后，没有像上次那样大声责骂她的姐姐，只是冷冷地看了他们一眼，便转身走开了，但第二天早上人们便发现韩国夫人吊死在了她卧室的窗棂上。

韩国夫人死了，看着面无表情安排其姐后事的武则天，唐高宗背上感到阵阵发凉；他不敢追问韩国夫人的死因，只是吩咐按国夫人的规制以礼厚葬。

韩国夫人死后，留下了她只有 16 岁的女儿贺兰敏若。贺兰敏若和她的母亲同住宫中，对她的母亲和自己姨父皇帝的偷情早就心知肚明，所以对母亲暴死的原因，她更是比谁都清楚，于是怀着得到皇上的宠爱，占有皇上来报复杀母仇人姨妈的小女子贺兰敏若又和她的姨父皇帝搅和到了一起。

对于自己的外甥女和自己丈夫皇帝的偷情，武则天很快便有了察觉，但她却一直隐忍不发，她在心底里盘算着如何不像上次对待大姐一样做得那样鲁莽，她等待着既要除掉这个大胆挑战自己的外甥女，又要不露一点痕迹，而且还要一石三鸟栽赃给自己所厌恶的人的好时机。在这样的等待中，皇后武则天非但没有责怪自己的外甥女魏国夫人，而且给她增加了俸银和膳食标准，并拨给她 4 名侍女使用，其中一名竟然是一直跟随自己的贴身侍女蕙娘。

机会终于来了，这一年的端午节是武则天的母亲，贺兰敏若的外婆，前不久由代国夫人改封为荣国夫人的杨氏的生日。一个多月以前，武后便开始张罗起了母亲的庆寿典礼。

消息传开后，文武百官都开始打点礼品，准备祝寿。寿礼庆典十多天前，荣国夫人府邸前便已是车水马龙，贺客如蚁了。

将要举办的寿礼庆典自然传到了武皇后的两个堂兄武怀远和武惟良的耳中，他们是武则天大伯的儿子，一个现任始州刺史，一个现任瀛州刺史。

武则天的父亲武士彟去世后，他的前妻所生的两个儿子武元庆、武元爽对继母杨氏和她三个未成年的女儿极尽欺辱，一心想将其赶出家门，而作为堂兄的武怀远、武惟良更是助纣为虐，对杨氏孤儿寡母常常是白眼相向，恶言相加。这让年幼的武则天从小便受到极大伤害，更让她过早地尝到了人情的冷暖和人心的险恶。杨氏也对丈夫前妻所生的两个儿子和两个侄子怀恨在心。

武则天成为权倾朝野、中外瞩目的皇后之后，对他们秋后算账自然是举手之劳的事了，但宗族观念极深的武皇后为了武家光耀门庭，也为了壮大自己在朝中的势力，决定以德报怨。不久，武元庆由右卫郎将升任宗正少卿，武元爽由安州户曹升为少府少监，武惟良由始州长史升任司卫少卿，武怀运由瀛州长史升为淄州刺史，武家弟兄都因为有了武后这样一个妹妹而平步青云。为此荣国夫人杨氏为了显示自己不念旧日仇恨，更为了让这兄弟四人能知道自己女儿对他们的大恩，在自己府中设宴庆祝他们的高升。

席间，几杯酒下肚的杨氏自然记起了当年旧事，便问道："颇忆畴昔之事乎？今日之荣贵复何如？"杨氏本想他们几个该是跪地磕头谢罪，表达对自己和武皇后的感激之情，但万万没想到这几个半吊子弟兄却毫不领情。宴席冷场了好长时间，武惟良突然开口说道："惟良等幸以功臣子弟早登宦籍、揣分量才、不求贵达。岂意以皇后之故，曲荷朝恩，夙夜忧惧，不为荣也。"

话不投机，宴会不欢而散，怒气冲冲的荣国夫人当晚便进了宫。

第二天早朝，武则天便给高宗皇帝上书说武惟良兄弟皆是外戚，为防止外戚势大，干扰朝政，请求将他们贬出京城到边远之地。高宗皇帝自然为皇后抑制自己亲人的大公无私之举感叹不已，当即将武惟良贬为始州刺史、武元庆贬为龙州刺史、武元爽贬为亳州刺史、武怀运从淄州刺史调至边远的瀛州刺史。

武元庆到龙州后心情抑郁，不久便病死，武元爽到任不久又因罪流放到振州而死了。兄弟四人只剩下武惟良和武怀运在各自任所上忐忑度日，这时他们便深为自己当年的言行后悔不已，整日里冥思苦想着能有机会向自己的叔母荣国夫人和堂妹武皇后表达自己诚心与感恩之情。

武惟良、武怀运得知了武皇后要为其母荣国夫人举办寿礼的消息后，觉得自己向皇后和叔母表诚心的机会来了，二人赶快倾其所有准备贺礼，除了铸造一尊半尺多高的黄金寿星像外，还专门请人写了寿联，绣了贺幛。兄弟二人一心等着祝寿之时，府中却来了一位便装而行的太监，他看了兄弟二人准备的寿礼后说道："你们上京给荣国夫人祝寿，难道就没有想到应为皇上和皇后送点什么？"一句话顿时让兄弟二人惶恐起来，一个劲地责怪自己忘了大事。想不到来人微微一笑说给皇上皇后送礼，就应该送点特别的，他们不缺金银珠宝，给他们送点稀奇的东西，表表心意就行了。兄弟二人立刻不约而同地说公公久居宫中，定知皇上皇后的喜好，还望能略加指教。来人看着兄弟二人的着急样慢慢说道："始州所产的娃娃鱼，天下少有，你们准备上三两条带到洛阳，到时让京城名厨烹蒸好献给皇上皇后享用，这不是最适合的吗？"二人一听满心欢喜，心想这肯定是堂妹皇后特意让人来关照指点自己的，到时皇上吃了娃娃鱼，心里一高兴，再有皇后妹妹在旁边说好话，自己的前程更无比辉煌了。于是千恩万谢地送走了指点迷津的太监，即刻安排人捕捞上好的娃娃鱼，小心翼翼地养将起来，只等寿宴之时奉献给寿星老人和皇帝皇后尝鲜。

盛大的贺寿庆典结束后，老寿星荣国夫人便和皇上皇后与她的两个外孙贺兰敏之、贺兰敏若以及专程前来祝寿的两个堂侄武惟良、武怀远这些内亲坐在一桌享用寿宴。宴席开始不久，魏国夫人贺兰敏若的贴身侍女蕙娘便端着飘着异香热气腾腾的清蒸娃娃鱼呈上了席桌。坐在下首的武惟良即刻站起来介绍这是咱们兄弟二人从始州带来的特产娃娃鱼，敬请皇上品尝。皇上在宫外用膳，照例要陪侍的人品尝才能用，这时的席桌上，武皇后陪着老寿星荣国夫人坐在上首，皇帝唐高宗由他最亲近的魏国夫人贺兰敏若陪侍居北而坐，武皇后见上了新菜便自然使眼色给魏国夫人，让她替皇上尝菜，自恃深受皇帝宠爱而又好奇嘴馋的十几岁的小姑娘贺兰敏若即刻夹起一块娃娃鱼肉放在了自己的小嘴里。然而，还没等她咽下鱼肉发出赞叹时，却突然脸色一变发出了一声惨叫，手捂肚子蹲在了地上，随后便四肢抽搐，满地打滚，凄厉地叫了两声"皇上救我"后便嘴角流血而死了。

看着贺兰敏若倒地而死，武皇后即刻拍案而起大声喝斥是武惟良、武怀运二人呈上毒娃娃鱼，想毒害贬黜他们到外地的皇上和自己。唐高宗眼见心爱的小美人一下子惨死在自己眼前，心中早乱了方寸，听到武后的喝斥便怒吼一声："将武惟良、武怀运抓起来打入死牢！"门外的武士闻声而入，一下子把大呼冤枉的武氏兄弟捆了个结结实实，拉了出去。

三天以后，武惟良、武怀运便被押赴刑场斩首示众了，事后心中满是疑惑而又懦弱无能的唐高宗风眩病发作得更厉害了，只得按照武皇后的提仪，将魏国夫人贺兰敏若以贵妃的身份和仪制隆重下葬了事。

对此，《资治通鉴》卷201作了简单的记载："后密置毒醢中，使魏国食之，暴卒，因归罪于惟良、怀运，丁未，诛之，改其姓为蝮氏。"

武家兄弟死后，武则天又对当年欺辱自己和母亲的最后剩下的人下了手。史载："怀运兄怀亮早卒，其妻善氏尤不礼于荣国，坐惟良等没入掖庭，荣国令后以他事束棘鞭之，肉尽见骨而死。"

敢于和皇帝偷情的韩国夫人和自恃年轻貌美有皇帝护宠的魏国夫人就这样被武则天除掉了，为了掩盖自己的恶行，也是因为对方的作恶多端，武则天又最终杀死了韩国夫人的儿子、魏国夫人的哥哥、自己的亲外甥贺兰敏之。史书对此有如下的记载："初，武元庆等既死，皇后奏以其姊子贺兰敏之为士彟之嗣，袭爵周公，改姓武氏，累迁弘文馆学士，左散骑常侍。魏国夫人之死也，上见敏之悲泣曰：'曩（从前的意思，指武元庆死时）吾出视朝犹无恙，退朝已不救，何苍猝如此！'敏之号哭不对。后闻之，曰：'此儿疑我。'由是恶之。敏之貌美，蒸于太原王妃，及居妃丧，释衰绖，奏妓。司卫少卿杨思俭女。有殊色，上及后自选以为太子妃，婚有日矣，敏之逼而淫之。后于是表言敏之前后罪恶，请加窜逐。六月丙子，敕流雷州，复其本姓。至韶州，以马缰绞死。"

武皇后至亲的姐姐和外甥女与皇帝偷情都是这样的下场，后宫中的三千佳丽个个看在眼里，怕在心里，没有哪个人敢于向唐高宗献媚而自寻死路，就这样独宠后宫的武则天把高宗皇帝牢牢地控制在自己的手中。

2. 扫除政敌

除掉了自己的情敌，稳固了自己独专后宫的地位后，武则天自然忘不了昔日反对立自己为皇后的朝中政敌。然而心机很深的武则天在自己目的达到后，不但没有即刻对这些人下手，在高宗皇帝下诏立她为皇后的第三天上表说道："陛下前以妾为宸妃，韩瑗、来济面折庭争，此既事之难，岂非深情为国？乞加褒赏。"高宗皇帝接到皇后的这份上表后即刻拿给韩瑗、来济等人过目，让韩瑗等人看到武则天宽容大度的胸怀。但韩瑗等人看过武则天的上表后心中极端忧惧，他们多次请求辞职回家，但却一再遭到皇帝的拒绝。

但是，像韩缓、来济这样的人都是有担当意识、使命感和正义精神的大臣，他们虽然清楚地意识到武则天不会放过他们，危险正在向他们迫近，但在自己多次辞职以求自保而不准的情况下，依然敢于直言上谏，并且冒险为被贬谪到荒远之地的褚遂良喊冤。

公元656年4月，也就是武则天刚立为皇后半年时，唐高宗在朝堂上对大家说："朕思养人之道，未得其要，公等为朕陈之。"来济对曰："昔齐桓公出游，见老而饥寒者，命赐之食，老人曰：'原赐一国之饥者。'赐之衣，曰：'愿赐一国之寒者。'公曰：'寡人之廪府安足以周一国之饥寒？'老人曰：'君不夺农时，则国人皆有余食矣；不夺蚕要，则国人皆有余衣矣！'故人君之养人，在省其征役而已。今山东役丁，岁别数万，役之则人大劳，取庸则人大费。臣原陛下量公家所须外，余悉免之。'上从之。"

这年的年末，韩瑗不顾个人的安危上书给褚遂良申冤，他在表疏中说："遂良体国忘家，捐身徇物，风霜其操，铁石其心，社稷之旧臣，陛下之贤佐。无闻罪状，斥去朝廷，内外甿黎，咸嗟举措。臣闻晋武弘裕，不贻刘毅之诛；汉祖深仁，无恚周昌之直。而遂良被迁，已经寒暑，违忤陛下，其罚塞焉。伏愿缅鉴无辜，稍宽非罪，俯矜微款，以顺人情。"

韩瑗的上书说褚遂良是一位忠于朝廷国家而忘记自己的人，他勇于抛弃自己的性命和所有来为国效力，他有着风霜一样凛然的节操和铁石一般坚强的忠心，是朝廷的老臣，也是陛下您贤良的辅佐大臣。没有听说他有什么罪过，就被斥责离开了朝廷，使得朝廷内外的臣民百姓，都对这事感到叹息和惋惜。在赞扬了褚遂良的为人品行，表达了对处理褚遂良的不满和不良影响后，韩瑗又引用历史前例来劝说唐高宗能体谅诸遂良对朝廷和君王的一片忠心，宽免他的直言上谏。他继续写道："我听说晋武帝心胸宽容，不杀直言的刘毅；汉高祖有深厚的仁义，不对周昌的耿直抗上而怀恨在心。而现在褚遂良被贬黜离京已经一年多了，他违背陛下的旨意，而所受的惩罚也已经够了。我请求陛下体察他的无辜，能够稍稍地宽恕他而不要再责罚，体恤和可怜他对您的一片忠心，来符合朝廷内外的人心和民情。"

看了韩瑗情恳辞切的上书，高宗皇帝内心或有所触动，他对韩瑗说："遂良之情，朕亦知之，然其悖戾好犯上，故以此责之，卿何言之深也！"对此，韩瑗回答说："遂良社稷忠臣，为谗谀所毁。昔微子去而殷国以亡，张华存而纲纪不乱。陛下无故弃逐旧臣，恐非国家之福！"听了唐高宗似乎心有所动的回答，韩瑗为褚遂良鸣不平的心情更加被激发出来，他直接说褚遂良这样的忠贞老臣是因小人的谗言诋毁而被黜贬的。并且以微子被贬殷商灭亡，张华在朝而晋国纲纪有序的事例来说明忠贞正直的大臣的去留对国家兴亡的利害关系，最后直言指出皇帝无故而贬黜褚遂良这样的老臣，会给国家朝廷带来大的祸患。

然而，此时的朝廷已然不是唐高宗能完全做主的时候了，既使皇帝内心有所触动，他也只能是拒绝了韩瑗的请求。自己的请求得不到皇帝采纳，韩瑗再一次辞官"乞归田里"，但依然是"上不许"。

韩瑗、来济这样的正直大臣明知危险临近却仍然以国事为重而敢于直言上谏之时，危险已经降临在他们的头上了。第二年3月，朝迁下文将潭州都督褚遂良调任为桂州都督，这看起来极平常的官员任所的变动，却给武则天报复整治朝中的政敌找到了借口。史载："许敬宗、李义府希皇后旨，诬奏侍中韩瑗、中书令来济与褚遂良潜谋不轨，以桂州用武之地，授遂良桂州都督，欲以为外援。8月，丁卯，瑗坐贬振州刺史，济贬台州刺史，终身不听朝觐见。又贬褚遂良为爱州刺史，荣州刺史柳奭为象州刺史。"

褚遂良到了更加荒蛮偏远的爱州后，自感年老体衰，担心自己不久于人世而不能回归故里，便上书道："往者濮王、承乾交争之际，臣不顾死亡，归心陛下。时岑文本、刘洎奏称'承乾恶状已彰，身在别所，其于东宫不可少时虚旷，请且遣濮王往居东宫'。臣对抗言固争，皆陛下所见。卒与无忌等四人共定大策。及先朝大渐，独臣与无忌同受遗诏。陛下在草土之辰，不胜衰恸，臣以社稷宽譬，陛下手抱臣颈。臣与无忌区处众事，咸无废阙，数日之间，内外宁谧。力小任重，动罹愆过，蝼蚁余齿，乞陛下哀怜。"褚遂良上书以回顾自己在立李治为太子及即位之时自己的作用来打动皇帝念往日旧情，他说："以前濮王和承乾相争的时候，我不顾死亡的危险诚心归附您。那时岑文本和刘洎上奏说承乾作恶的情况已很清楚了，现被幽禁在别的地方，但东宫是不能够有短暂空缺的，要求让濮王住东宫。这时我又极力抗争，这些都是陛下您当时亲眼所见的。最后还是我和长孙无忌等四人定下了国家大计。后来先皇将死之时，只有我和长孙无忌共同接受了先皇的遗命。那时陛下您在居丧之际，内心非常哀痛，我又极力劝勉陛下以社稷为重，使陛下宽心，陛下当时双手抱着我的脖子哭泣着感谢我。我和长孙无忌在那危难的时机处理朝廷内外各种繁杂的政事，使得朝政没有一点废缺荒弃之处，仅仅几天时间，就使得朝廷内外处处安宁平静。我的力量虽然小但担负的职责很重，所以一有行动也就容易产生过失。现在我的蝼蚁之躯已到了残暮之年，所以请求陛下能够怜悯我。"

褚遂良和长孙无忌在唐太宗诸王争立太子中为晋王李治立为太子建立了首功，并且在李治即位之时作为顾命大臣稳定朝政，为政权的顺利过渡发挥了重大作用。但是，在他们非常清楚晋王李治性格懦弱能力平庸的情况下，却极力拥立其为太子，到了此时不仅给国家的改朝换代造成了变数，也给自己埋下了他们难以预料的祸根。现在无论褚遂良提到当年的功劳，还是自己和皇帝的情谊，都起不了任何作用了，因为皇后武则天忘不了他曾非常激烈地反对立自己为后的言行和自己"扑杀此獠"的决心，所以褚遂良的上书自然是得不到朝廷的回答。第二年的冬天得不到朝廷回答的褚遂良在失望中愤懑而死。

在褚遂良等人还在幻想着唐高宗有朝一日能顾念旧情而宽免他们时，皇后武则天抱复他们的大网已悄悄撒开，对往日的政敌一锅端的行动开始了。

史载："武后以太尉赵公长孙无忌受重赐而不助己，深怨之。及议废王后，燕公于志宁中立不言，武后亦怨。许敬宗屡以利害说无忌，无忌每面折之，敬宗亦怨。武后既立，无忌内不自安，后令敬宗伺其隙而陷之。"

武皇后亲自授意，与主子不谋而合的许敬宗自然费尽心机寻找陷害长孙无忌等人的机会。常言道，欲加之罪何患无辞，公元659年，也就是唐高宗显庆四年四月，许敬宗之流终于从一个案件中无中生有地牵扯上了长孙无忌，制造了一场涉及朝中众多重臣元老的大冤案，将曾在立武则天为后时持不同意见的政敌及其亲朋全部网罗其中，消灭殆尽。

《资治通鉴》对这场清理政敌的冤案始末给以了详细的记载：

"会洛阳人李奉节告太子洗马韦季方、监察御史李巢朋党事，敕敬宗辛茂将鞫之。敬宗按之急，季方自刺，不死，敬案因诬奏季方欲与无忌构陷忠臣近戚，使权归无忌，伺隙谋反，今事觉，故自杀。上惊曰：'岂有此邪？舅为小人所间，小生疑阻则有之，何至于反！'敬宗曰：'臣始末推究，反状已露，陛下犹以为疑，恐非社稷之福。'上泣曰：'我家不幸，亲戚间屡有异志。往年高阳公主与房遗爱谋反，今元舅复然，使朕惭见天下之人。兹事若实，如之何？'对曰：'遗爱乳臭儿，与一女子谋反，势何所成？无忌与先帝谋取天下，天下服其智；为宰相三十年，天下畏其威。若一旦窃发，陛下遣谁当之！今赖宗庙之灵，皇天疾恶，因按小事，乃得大奸，实天下之庆也。臣窃恐无忌知季方自刺，窘急发谋，攘袂一呼，同恶云集，必为宗庙之忧。臣昔见宇文化及父述为炀帝所亲任，结以婚姻，委以朝政；述卒，化及复典禁兵，一夕于江都作乱，先杀不附己者，臣家亦豫其祸，于是大臣苏威、裴矩之徒皆舞蹈马首，唯恐不及，黎明遂倾隋室。前事不远，愿陛下速决之！'上命敬宗更加审察。明日，敬宗复奏曰：'昨夜季方已承与无忌同反，臣又问季方："无忌与国至亲，累朝宠任，何恨而反？"方答云："韩瑗尝语无忌云：'柳奭、褚遂良劝公立梁王为太子，今梁王既废，上亦疑公，故出高履行于外。'自此无忌忧恐，渐为自安之计，后见长孙祥又出，韩瑗得罪，日夜与季方等谋反。"臣参验辞状，咸相符合，请收捕准法。'上又泣曰：'舅若果尔，朕决不忍杀之，天下将谓朕何，后世将谓朕何！'敬宗对曰：'薄昭，汉文帝之舅也，文帝从代来，昭亦有功，所坐止于杀人，文帝使百官素服哭而杀之，至今天下以文帝为明主。今无忌忘两朝之大恩，谋移社稷，其罪与薄昭不可同年而语也。幸而奸状自发，逆徒引服，陛下何疑？犹不早决！古人有言："当断不断，反受其乱。"安危之机，间不容发。无忌之奸雄，王莽、司马懿之流也；陛下少更迁延，臣恐变生肘腋，悔无及矣！'上以为然，竟不引问无忌。

"戊辰，下诏削无忌太尉及封邑，以为杨州都督，至黔州安置，准一品供给。祥，无忌之从父兄子也，前此自工部尚书出为荆州长史，故敬宗以此诬之。

"敬宗又奏:'无忌谋逆,由褚遂良、柳奭、韩瑗构扇而成,奭潜通宫掖,谋行鸩毒,于志宁亦党附无忌。'于是诏追削遂良官爵,除奭、瑗名,免志宁官。遣使发道次兵援送无忌诣黔州。无忌子秘书监附马都尉冲等皆除名,流岭表。遂良子彦甫、彦冲流爱州,于道杀之。益州长史高履行累贬洪州都督。

"凉州刺史赵持满,多力善射,喜任侠,其从母为韩瑗妻,其舅附马都尉长孙铨,无忌之族弟也,铨坐无忌,流篙州。许敬宗恐持满作难,诬云无忌同反,驿召至京师,下狱,讯掠备至,终无异辞,曰:'身可杀也,辞不可更!'吏无如之何,乃代为狱辞结奏。

"戊戌诛之,尸于城西,亲戚莫敢视。友人王方翼叹曰:'栾布哭彭越,义也;文王葬枯骨,仁也。下不失义,上不失仁,不亦可乎!'乃收而葬之。上闻之,不罪也。方翼,废后之从祖兄也。长孙铨至流所,县令希旨杖杀之。〔王方翼是裴仁基之后威镇西北边境。大破突厥的军事将领。他在热海(在今吉尔吉期坦)战役中将西突厥联军全歼,生擒其酋长就达300多人,但因与废后王皇后是祖兄妹而没有得到褒赏。〕

"秋,七月,命御史往高州追长孙恩,象州追柳奭,振州追韩瑗,并枷锁诣京师,仍命州县簿录其家。恩,无忌之族弟也。

"壬寅,命李勣、许敬宗、辛茂将与任雅相、卢承庆更共覆按无忌事。许敬宗又遣中书舍人袁公瑜等诣黔州,再鞫无忌反状,至则逼无忌令自缢。诏柳奭、韩瑗所至斩决。使者杀柳奭于象州。韩瑗已死,发验而还。籍没三家,近亲皆流岭南为奴婢。常州刺史长孙祥坐与无忌通书,处绞。长孙恩流檀州。

"乙卯,长孙氏、柳氏缘无忌、奭贬降者十三人。高履行贬永州刺史。于志宁贬荣州刺史,于氏贬者九人。自是政归中宫矣。"

为了对这场冤案的始末了解得更加清楚,我们将上面摘录的史料译录如下:

在武皇后命令许敬宗找机会陷害长孙无忌时,正好有个洛阳人李奉节上奏告发太子洗马韦季方和监察御史李巢结朋党的事件,皇上便委派许敬宗和辛茂将查办这个案件。许敬宗查办得很是急迫，韦季方被逼得自杀未遂，于是许敬宗便上报皇上，诬告韦季方和长孙无忌陷害忠臣与皇亲国威，要使大权完全掌握在长孙无忌手中后找机会谋反。现在事情被揭发，因此他就畏罪自杀。皇上一听便吃惊地说：“怎么会有这样的事呢？我的舅父被小人所离间，同我稍微产生些猜疑和间隔这是会有的，但他怎么会谋反呢？”许敬宗回答说：“我对他们反叛的原因还没有去推究，但他们反叛的情况已经完全彰显出来了，陛下却还对此怀疑，恐怕这不是国家的福分啊。”唐高宗哭着说：“我家真是太不幸了，亲戚间总是出现反叛的人，前几年高阳公主和房遗爱图谋反叛，现在我的舅舅又要反叛了，这些事让我无颜见天下人，假如这些事是真的，我该怎么办呢？”许敬宗回答说：“房遗爱只不过是一个乳臭未干的孩子，同一个女子一起图谋反叛，一定不可能成事。长孙无忌和先帝同力谋划而夺取了天下，天下人都敬服他的才智；他又做了30年的宰相，天下人都畏惧他的权势。我担心他一旦发动反叛，陛下能派谁去抵挡他！现在我们靠着宗庙里祖先神灵的护佑和上天对他们所作所为的痛恨厌恶，才借着查办小案的机会发觉了谋反的大奸人，实在是天下的大吉庆。现在我很担心长孙无忌一旦知道韦季方自杀未遂的事情，因担心反情败露而急速地发动叛乱，他一旦挥起衣袖登高一呼，他的同党聚集响应，势必会造成国家灭亡的祸患。前朝宇文化及的父亲宇文述被隋炀帝所亲近信任，而且和他结了婚姻关系，把朝廷政事都托付给了他。宇文述死后，宇文化及掌管宫廷禁军，而他只用一个夜晚在江都作乱，先把所有不归附自己的人杀掉，我的家也遭到了祸害（许敬宗的父亲许善心当时被杀），大臣苏威、裴矩等人便高兴地在宇文化及的马前手舞足蹈，唯恐他们的图谋不能实现，到天亮时便杀掉了隋炀帝，灭亡了隋朝。这些事情刚过去不太久远，希望陛下以此为鉴赶快下决心。”听了许敬宗的话，高宗皇帝还是下令让许敬宗更加仔细地查办。

隔了一天，许敬宗向皇上禀告说：“昨天晚上韦季方已经承认了和长孙无忌共同谋反的事。我又问韦季方说，长孙无忌和国君是至亲，他家几代人都受朝廷的尊宠信任，有什么怨恨而要谋反呢？韦季方说韩瑗曾经对长孙无忌说柳奭、褚遂良劝过长孙无忌拥立梁王为太子，现在梁王李忠被废了，皇上对长孙无忌便有了疑心，于是把高履行（长孙无忌舅舅的儿子）贬出了京城（外放益州刺史）。自此长孙无忌便担忧起来，开始做些自我保全的计划。后来他又看到长孙祥被外放，韩瑗也得罪了朝廷，就开始紧张地昼夜不停地和韦季方等人图谋造反了。我查验了他们供词中的情状，彼此的供述完全一致，因此我请求皇上下令抓捕，将他们依法查办。"

皇上一听又哭了起来，他说："舅舅果真这样做了，我也决不忍心杀他，如果杀了他，天下人会说我是个怎样的人，后世人会说我是个怎样的人啊！"许敬宗说："薄昭是汉文帝的舅亲，汉文帝能由代王做了汉朝的皇帝，薄昭也是有大功的，薄昭后来犯的罪不过是杀了人，汉文帝就让朝中百官穿着丧服到他门前痛哭，逼迫他自杀，到如今天下人还都认为汉文帝是贤明的君主。长孙无忌他忘记了自己身受两朝皇帝的深厚恩典，图谋改变社稷，他的罪行和薄昭是不能同日而语的。幸而他的谋反罪行已完全败露，他的同伙也都认罪服法了，陛下还在犹豫什么呢？还不痛下决心！古人说过当决断时不决断，就会反受祸害，现在国家的安危已到了丝毫不能犹豫的危险关头，长孙无忌是当今的奸雄，是和历史上的王莽、司马懿一样的篡国奸臣，陛下如果再稍稍延迟，我担心变乱会即刻发生，那时后悔就来不及了！"皇上听了许敬宗的话，竟然没有当面质对长孙无忌。戊辰日下诏罢免了长孙无忌太尉的官衔和封邑，改做扬州都督，安置在黔州，按一品官供给俸禄。

许敬宗又上奏说："长孙无忌图谋叛逆，是由褚遂良、柳奭、韩瑗勾结煽动造成的，柳奭和宫内同党相通勾结，图谋下毒，于志宁也结党附合长孙无忌。"于是朝廷下诏令削夺了褚遂良的官爵，免除了柳奭、韩瑗的官职，又罢免了于志宁。同时派遣使者调动沿途的军队押送长孙无忌到黔州。长孙无忌的儿子秘书监驸马都尉长孙冲等人都被免去官职，流放到岭南。褚遂良的儿子褚彦甫、褚彦仲流放到爱州，在途中被杀。益州长史高履行接连被贬到洪州。

凉州刺史赵持满，力大无比勇猛善射，为人豪爽侠义，他的姨母是韩瑗的夫人，舅父驸马都尉长孙铨是长孙无忌的堂弟，长孙铨由于无忌连坐而被流放到巂州。许敬宗害怕赵持满发难反抗，就诬告他和长孙无忌一同谋反，将他召送到京城，严刑逼供，却始终没有得到他谋反的口供。他说："杀头可以，可口供不能改变！"执法的官员们拿他没有办法，就替他编造了口供来坐实他的罪名而向皇上奏报。戊戌日，赵持满被杀，暴尸在城西，亲朋们没有敢去探视一下的人。他的一个朋友王方翼感慨地说："栾布痛哭彭越是义的表现，周文王安葬枯骨是仁的行为。身处下位的臣子能不失义，身居上位的国君不失仁，这不是很好的现象吗？"于是他收取了赵持满的尸体安葬了。皇上听到了这个消息，也没有责怪王方翼。王方翼是被废的王皇后的同曾祖兄。长孙铨来到了被流放的地方，当地县令按许敬宗的授意，把他鞭打死了。

到了这年的秋天，诏令御史前去高州追捕长孙恩（长孙无忌的堂弟），去象州追捕柳奭，去振州追捕韩瑗，把他们套上枷锁送到京城，又下令让所在州县按簿籍收录他们的家人。

壬寅日（二十七日），诏令李勣、许敬宗、辛茂将、任雅相和卢承庆等一同再审查长孙无忌谋反的案件。许敬宗命中书舍人袁公瑜等人前去黔州，再次查问长孙无忌，袁公瑜一到黔州就逼令长孙无忌自杀。下令将柳奭和韩瑗在任所斩首。朝廷的使者在象州杀了柳奭，韩瑗已被杀死，使者开棺验尸后回京做了报告。长孙无忌、柳奭、韩瑗三家都被抄没，家人和近亲全被流放到岭南做奴婢。常州刺史长孙祥由于犯了和长孙无忌通书信的罪，被判处绞刑，长孙恩被流放到檀州。

到了八月乙卯日（十一日），长孙氏、柳氏家族中由于受长孙无忌、柳奭的牵连而被降职的又有13人。高履行贬做了永州刺史，于志宁贬做荣州刺史，于家有9人被贬。自此，朝中一切政事都归到了武皇后的手上。

《资治通鉴》对长孙无忌谋反这场大冤案的始末记载得非常详细，特别是对这场冤案的制造者许敬宗的言行进行了详细的记述。从无中生有地制造冤案到在皇帝面前的巧如舌簧，直到穷凶极恶的斩草除根，活脱脱地给我们展示了一个残害忠良的"奸臣"形象。但是，正如中国历史上数不清的奸臣害忠臣的事例一样，所谓奸臣许敬宗的背后没有最高权力执掌者的指使和依仗，他是没有这个胆量和能力做到将既是开国功臣又是当朝顾命大臣和为相

30年的国舅大人及当朝宰相一个个整得死于非命的。《资治通鉴》的记载虽然很详细地显示了许敬宗在这场冤案中的言行和作用，但起初点明的"武后以太尉赵公长孙无忌受重赐而不助己，深怨之"和"后令敬宗伺其隙而陷之"的案件起因，以及最后大冤案后的结果——"自是政归中宫矣"都给我们清楚地指明了这场大冤案幕后的制造者和指挥者便是皇后武则天。武则天在这场清除政敌的斗争中，先是欲擒故纵，麻痹对手，紧接着便是出其不意，无中生有地罗织罪名，然后是顺藤摸瓜，一网打尽，最后是赶尽杀绝，豪不留情，表现出了她这样的政治达人先天具有的手腕和心机。

但是，在这满篇都是阴谋和血腥的材料中，司马光也给我们展示了一丝人性的闪光，这便是对王方翼义葬赵持满尸体的记载。王方翼在那样血腥和高压的恐怖气氛中，坚守自己仁义做人的原则，不顾自己极有可能给人以口实的身份和丢掉自己性命的危险，收取被冤杀的赵持满的尸体而安葬，不仅让我们感到他为人的难能可贵，更让我们在黑暗中看到了人性的光辉。而在中国历史进程的黑暗时期，总有这样的闪光出现，这不仅展示了黑暗恐怖时期依然有真善美的存在，更给人们展示了希望和光明的存在。

扫除了曾经阻拦自己走上皇后高位的所有政敌后，武皇后不仅是深深地出了一口憋在心中的恶气，更是让所有的朝臣看到了与自己为敌将是怎样的下场，这自然为"政归中宫"铺平了道路。但是，武则天依然放不下心来，她还有一块很大的心病未除，这便是当朝太子李忠不是他的儿子。在武则天被立为皇后，而且"政归中宫"以后，太子李忠的命运将会怎样呢？

3. 废黜太子

早在除掉王皇后、萧淑妃这两个后宫对手之后，太子李忠便成了武则天必须去掉的心腹大患。

按照中国封建皇权体制的约定俗成，立太子都应遵循有嫡立嫡、无嫡立长的规矩，王皇后没有生育，于是便把地位卑微的宫女刘氏给唐高宗生的长子李忠收为"义子"。因此唐高宗即位后，李忠便以王皇后的义子、唐高宗长子的身份被立为了太子。王皇后被害，刚刚13岁的李忠吓得整日心惊胆战，于是他和生母刘氏商量后，便悄悄地向父皇提出了退位的请求。

对于太子李忠的请求，高宗感到左右为难，他心里清楚太子李忠只是一个十多岁的孩子，本来应该过着无忧无虑的生活，却出生在帝王之家被宫廷的血腥争斗吓成了这个样子。现在的武皇后已经有了两个嫡生的儿子，明显地对太子李忠的地位构成了巨大的威胁，太子现在早早地提出退位，或许是保全自己的上策。但是，太子是当初以皇帝长子的身份名正言顺地被立为太子的，现在刚刚13岁，从来就没有什么过失，况且立储是国家的大事，废黜太子常会引起朝廷内外的震动。所以思来想去，唐高宗心里总是感到犹豫不决，难以定夺。

唐高宗犹豫不决之时，武皇后却早已等不急了。因为太子李忠是废后王氏的过继儿子，现在他在太子之位，将来一旦继位要为自己的义母报仇，武则天便会死无葬身之地了。武皇后已有两个嫡生的儿子，以嫡长子李弘取代李忠，不仅符合有嫡立嫡的规矩，更免除了自己的后顾之忧。

于是，在武则天被封为皇后的第三天，许敬宗便在武皇后的指使下奏报唐高宗："永徽爱始，国本未生，权引彗星，越升明两。近者元妃载诞，正胤降神，重光日融，爝辉宜息。安可反植枝干，久易位于天庭；倒袭裳衣使违方于震位？又，父子之际，人所难言，事或犯鳞，必婴严宪，煎膏染鼎，臣亦甘心。"

许敬宗的奏报意思是说："永徽初年，国家的根本还没有树立（喻当时太子未立），便暂时用了彗星，让它越升为日、月（喻永徽三年立李忠为太子）。而现在皇后就任，正统的儿子便应当临位，这样便可使日月更加光明，而一点点的小火光就应该熄灭。怎么能让大树的枝干位置相反，让天庭的日月彗星地位易换，让上衣和下衣相互颠倒，而使正统的嫡长子不得其位呢？况且父子之间的事情，别人是不应该说三道四的，我这样上奏有可能冒犯了天威，定会遭受严法酷刑的惩罚，但即使把我油煎鼎煮，我死了也甘心。"

看了许敬宗的上书，唐高宗心里非常清楚他上书的背后定有武皇后的影子。王皇后惨死后必然会有李忠太子之位的不保，于是第二天早朝后，高宗皇帝便单独召见许敬宗，直接问他关于废黜太子的看法。许敬宗虽然是在武后的指使下上书请求废黜太子的，但毕竟事关重大，非常担心自己的大胆上书会惹皇帝动怒而招来祸患，所以上奏的末尾便极力表白自己敢于冒死为国的忠心。现在看到皇帝召他内廷面议此事，便看出了皇帝并无动怒的意思，于是便放开胆子，明明白白地表达了他的意见。《资治通鉴》对他们的这段对话做了清楚的记载："上召见，问之，对曰：'皇太子，国之本也，本犹未正，万国无所系心。且在东宫者，所出本微，今知国家已有正嫡，必不自安。窃位而怀自疑，恐非宗庙之福，原陛下熟计之。'上曰：'忠已自让。'对曰：'能为太伯，愿速从之。'"

许敬宗面对皇帝单独询问，便回答说："太子是国家的根本，根本不端正，天下的人心便很难稳定。现在的东宫太子出身卑微，他知道国家现在已经有了正统的嫡长子，心里一定会惶恐不安。他窃据了太子之位而内心又满怀猜疑，便很可能做出对国家宗庙不利的事情，希望陛下千万要仔细考虑。"唐高宗听了许敬宗的话便说，李忠已经提出辞职让位了。许敬宗立即说他能效法周太伯让位的做法，皇上就应该赶快同意接受他的让位请求。

于是第二年正月初六便废了太子李忠，任命他为梁王兼梁州刺史。册立武则天刚刚4岁的儿子代王李弘为皇太子。

李忠被废改封梁王后即刻被新任的王府官员像解押犯人一样押着离开京城到梁州，京城和原东宫的官员只有原东宫右庶子李安仁出城洒泪送行。

李忠虽然被废，但他的在世仍然让武皇后难以心安，于是还未成年的李忠便被一贬再贬，最后被任命为边远的房州刺史。这时已是19岁青年的李忠更是天天心惊胆战，常常穿着女人的衣服来防备刺客，每天都不停地占卜吉凶来求得内心的安宁。结果左右监视他的人又把他的表现报告给朝廷，最后李忠又被贬为庶人，流放到更加边远的黔州，囚禁在前朝废太子李承乾住过的房宅里。公元664年，发生了唐高宗因不满处处受制于武皇后而与上官仪谋划废后的事件，于是武皇后便指使许敬宗诬告上官仪等人和废太子李忠谋反。朝廷立即派御史赶赴黔州赐死废太子李忠，李忠只得跳井而亡。

李忠死了，武则天除掉了自己的另一块心病。至此，武则天残杀了自己后宫的对手王皇后和萧淑妃，扫除了曾和自己作对的长孙无忌、褚遂良等众多的政敌，除掉了将来有可能给自己带来威胁的废太子李忠，成为稳居唐王朝皇后宝座的女人，这是封建皇朝时期一个女人所能达到的最高权位。但中国历史上绝无仅有的奇女子武则天并不满足于自己已经据有的令天下女人个个向往的皇后之位，她的心中还有更大的欲望和追求，她还要做出和实现让有史以来的史学家都目瞪口呆的大事与人生目标。那么，武则天心中更大的欲望和追求是什么？她为实现自己的人生目标会做出怎样惊世骇俗的举动和施展自己怎样的手腕才能？

四、二圣同朝

1. 政归中宫

武则天是我国历史上当之无愧的巾帼奇人，但实事求是地说，她并不是一生下来就有了远大的人生目标和当时的女人不可能有的当皇帝的政治野心的。一般地，人都是登上了眼前的高山才有下一个更高的攀登目标的，武则天也是这样，当她登上了皇后宝座这个当时的女人心中最高的目标时，近在咫尺而又遥不可及的另一个更高目标——做君临天下的皇帝便让她怦然心动。让她心底隐隐产生这个欲望的不仅仅是她的皇后这个能接近帝位的身份，更是她在适当的时机遇到了适当的人，这个人便是她的皇帝丈夫唐高宗李治。说唐高宗是武则天实现更高目标的适当的人，是因为他是当时的大唐皇帝，而且是一个爱武则天，爱得离不开的皇帝，更是一个昏庸无能、性格懦弱的皇帝，而且还是一个体弱多病，常犯头疼病的皇帝。这些特点集于唐高宗一身，便使武则天这个大唐皇后产生登临帝位的欲望有了不可或缺的、难得一求的主要客观因素。

唐高宗虽然力排众议、一意孤行地把自己心爱的武则天立为皇后，但不断的内宫争斗，朝中他赖以为重的顾命大臣舅舅长孙无忌及褚遂良等人接连不断地被铲除引起的动荡，废黜太子的内心煎熬和失去韩国夫人、贺兰敏若等心爱女人的痛苦接踵而来，更让他病弱的身体难以承受。因此他接二连三地犯病，难以处理朝中大臣递来的急需处理的各种奏折，无奈之下，武则天便成了在唐高宗病榻旁处理这些奏章的帮手。谁知道武则天不仅天生就非常喜爱处理这些棘手的军国大事，而且更是处理政务的高手，她对各种军政要务的批签不仅非常稳妥得体，而且轻重缓急、章法分明、井然有序，让朝中大臣个个惊叹不已。

有这样能力高强的皇后帮自己办理政务，病弱而懒于朝政的唐高宗刚开始非常高兴，但时间一长，他发现多年来自己这个皇帝的权力已经被强势的皇后一点一点地夺了过去，形成了皇后武则天在朝中强揽独断，几乎是一手遮天的局面。唐高宗虽然昏庸，但自己的皇权被人侵夺自然让他心里难受，自己心爱的女人王皇后、萧淑妃、韩国夫人和贺兰敏若一个个惨死在武则天手中，更让他心中产生了愤恨，于是废皇后的念头慢慢在唐高宗心中滋生起来。

但是废掉武皇后，夺回自己的权力，必须有朝臣的支持，可眼下的朝堂之上，武则天铲除长孙无忌等元老势力后，不断培植提拔自己的同党，致使皇后的亲信遍布朝廷。于是唐高宗急忙亡羊补牢，将名闻天下的大才子、大诗人上官仪提升进入了朝中宰相的班列。唐高宗没有和武后商议便提升上官仪，虽然让武则天吃惊，但上官仪在朝野上下的名声也使她难以提出异议。唐高宗多年来第一次尝试独立运用自己的皇权而取得成功更是增加了他废除武后、重新夺回自己权力的信心，他暗中布置耳目，寻找能废除武皇后的机会。

机会总是降临给有心人的。这一天唐高宗的心腹太监王伏胜向他报告，皇后武则天请人在宫中搞"厌胜"之术。

原来，自从王皇后、萧淑妃死后，武则天经常噩梦缠身，梦见王皇后、萧淑妃化成厉鬼来向她索命。被折磨得整日惴惴不安的武则天只得让心腹给她请来了一位叫郭行真的法师在自己的寝宫作法。郭行真在宫中连做了三天法事，将两个写着王皇后、萧淑妃姓名的纸人火化后，称已镇住了两个索命的鬼魂。做纸人、木人写上被诅咒人的姓名的做法，就是当时人称的"厌胜"之术，是唐朝宫中严厉禁止的。武则天虽然做得非常机密，但还是被王伏胜发觉了。

唐高宗得知武皇后在宫中搞"厌胜"之术，认为终于抓住了武则天的把柄，废武则天皇后的时机已到，于是有一天散朝之后，唐高宗在百官散去后把上官仪留在偏殿商议废武皇后。唐高宗把武则天在宫中搞"厌胜"之术的事告诉了上官仪后问满朝文武唯你是朕之股肱，朕只能与你相商，你看该如何处置。对于这样重大的事，上官仪一时弄不清皇帝的心思，只问高宗心中有怎样的打算和决心。高宗见上官仪不肯表态，便责备上官仪模棱两可的态度。受到责怪的上官仪仍然不敢表态，小心翼翼地说："事体重大，臣不知您的心意，实在是不敢妄言。若皇上觉得武后摄理国政，统驭六宫并无大错，皇上也离不开皇后的辅佐，此事便可以大事化小。俗话说家丑不可外扬，武后搞'厌胜'之术，只有几个人知道，封锁了消息便会烟消云散，事情也就过去了。"上官仪平日里对武后专权就很看不惯，他说这番话还是想探探皇帝的真正意图。

唐高宗听了上官仪的话更加气恼和着急，大声说："若是如此，祖宗成法，皇室禁忌，朝廷的律令，都将因一人而废。此后若有人效仿，今日厌胜，明日蛊术，将后宫弄得乌烟瘴气，将如何处置？而且她一个妇道人家，每日高居朝堂，颐指气使，渐成尾大不掉之势。长此下去，如何得了？"

看着皇帝这样激愤和决断的样子，听了他这样明白无误的表态，上官仪也就大胆直白地说："皇后专恣，海内所不与，请废之。"高宗皇帝听了上官仪的表态非常高兴，便下旨让上官仪即刻草拟诏书废除武皇后。

君臣二人在偏殿密拟废后诏书，第二天早朝一宣布，当时的历史进程便不会是我们今天看到的样子，中国历史上也就不会产生武则天这样一个唯一的女皇帝了，但是，历史的发展不只是由大人物的行为而发生变化的，一些看起来微不足道的小人物的言行也会产生作用、改变历史。唐高宗和上官仪在偏殿字斟句酌地商量拟写诏书，却不知他们的对话早已被唐高宗的一位贴身宫女听到了，而这个宫女正是武皇后在唐高宗身边安置的眼线，她听到了这样重大的变故，自然急急地赶去给武则天报告。

对于接下来发生的令人可笑又可悲的历史事实，《资治通鉴》有很清楚的记载："左右奔告于后，后遽诣上自诉。诏草犹在上所，上羞缩不忍，复待之如初。犹恐后怨怒，因绐之曰：'我初无此心，皆上官仪教我。'"

武则天接到报告，即刻上气不接下气地赶到高宗皇帝和上官仪密拟废后诏书的偏殿，既一把鼻涕一把泪地哭诉自己的清白无辜，又申诉自己多年操持朝政、侍奉多病的皇帝丈夫的辛劳，更是声色俱厉地斥责高宗皇帝的无情无义。在武则天一阵急风暴雨的哭闹之下，刚才还是气壮如牛的高宗皇帝李治一下子便成了胆小如鼠的泄气皮球，即刻恢复了往日在武则天面前窝囊丈夫的本来面目。他非常害怕武则天从此以后怨恨责备自己，便畏畏缩缩地哄骗武则天说："我原本就没有废除你皇后之位的心愿，都是上官仪教我这样做的。"

面对眼前这样一个无能善变到如此可笑地步的皇帝，身为一介书生的上官仪只能是无奈地闭上眼睛，一言不发地等待必死无疑的厄运。

由于上官仪和王伏胜都曾在太子李忠府中做事，武则天便据此指使许敬宗诬告废太子李忠和上官仪、王伏胜图谋反叛。于是上官仪和他的儿子上官庭芝及王伏胜都被杀了头，全家被抄没，并下旨让流放在黔州的废太子李忠自尽而死。朝中凡是与上官仪有过交往的大臣均被撤职或流放。

唐高宗李治一场想废除武则天后位的闹剧就这样很快烟消云散了，自此以后，唐高宗的朝堂上便出现了历史上难以见到的皇帝、皇后"二圣同朝"的一幕。对此，《资治通鉴》也有很清楚的记载："自是上每视事，则后垂帘于后，政无大小，皆与闻之。天下大权，悉归中宫，黜陟、杀生，决于其口，天子拱手而已，中外谓之'二圣'。"

上官仪事件后，武则天的人生又向前跨出了一大步，由在后宫协助唐高宗处理政事直接走上了朝堂，改变了历史以来"天无二日，国无二君"的常规。

2. 东宫难安

武则天二次进宫后，她扫除后宫情敌，清理朝廷政敌，平定谋反叛乱，消除废后图谋,凭借其超人的政治手腕一路势如破竹,直到被封为"天后",似乎一切天机人缘都时时钟情于她,使之无往而不胜。但是,在这一路风光的后面,直到她的晚年,总有件事让她难以心安,这便是太子废黜,东宫难安。

武则天初登后位便废了王皇后的养子李忠的太子之位,册立了自己的大儿子李弘为太子。太子李弘善良仁厚,很像他的父亲唐高宗李治,18岁那年他第一次过问政事,为在战争中逃亡的士兵及其妻子儿女求情,要求免除对他们的严厉惩处,便深得李治喜爱,多次产生早日禅位给太子的念头。但是,老天不是事事都遂顺风得意之人的,太子李弘自小体弱多病,虽经太医多方调治,但总无大的起色。于是武后便和高宗皇帝相商,选定了司卫少卿杨思俭贤淑美貌的女儿为太子妃,准备即刻成婚为太子冲喜。但武后的外甥韩国夫人的儿子贺兰敏之听说准太子妃杨氏貌美,竟然青天白日闯进杨府将杨氏"逼而淫之",致使准太子妃羞愤自缢而死。

婚期临近,未婚妻却受辱而死,给太子李弘本来羸弱的病体很大的刺激,一个多月卧床不起。为了医治太子的心理创伤,武后又和高宗皇帝选定了禁军大将裴居道的女儿为太子妃,并择定吉日为太子完婚冲喜。太子妃裴氏不仅天生丽姿,而且知书达礼,高宗皇帝十分满意地对武后说:"东宫内政,吾无忧矣。"孰料事与愿违,成婚后的太子李弘身体更是越来越虚弱,对此,武则天十分忧虑,特别叮嘱太子内侍一再提醒太子节制房事,注重保养,嘱咐太子的师傅对太子的学业不要督促太严,让他多散心活动,增强体质。

太子李弘有了游玩闲散的时间,意外发现了幽闭萧淑妃的两个女儿的冷宫。看到自己同父异母的姐姐义阳公主、宣城公主已经30多岁了还在幽禁中苦熬度日,天性仁厚的李弘极度惊骇,忍不住冲入宫中向父皇李治哭诉,请求放出已被囚禁了19年的两个无辜的姐姐,但李治只是无奈地答应和武后相商。年轻的李弘气恨难消,连夜写了一道措辞强硬的奏章,第二天一早便上奏给父皇和母后。于是,武则天只得表示同意,即刻下令开释义阳、宣城两位公主,并当即指婚,令二人分别下嫁给了皇宫的两个卫士权毅和王遂古为妻。

义阳、宣城两位公主终于获得自由,太子李弘自然很是欣慰。这一天又逢朝廷举行荡平突厥余党、扫除边患的庆功宴会，一时高兴的太子李弘便多喝了几杯，谁知当天半夜便口吐鲜血，病势沉重起来。不久，在上元二年（公元675年）五月病死宫中。太子李弘确实是体弱多病，不治而亡，但在其病死后，朝廷内外便出现了许多非议。对此，《资治通鉴》也有如下的记载；"太子弘仁孝谦谨，上甚爱之；礼接士大夫，中外属心。天后方逞其志，太子奏请，数忤旨，由是失爱于天后。义阳、宣城二公主，萧淑妃之女也，坐母得罪，幽于掖廷，年逾三十不嫁。太子见之惊恻，遽奏请出降，上许之。天后怒，即日以公主配当上翊卫权毅、王遂古。己亥，太子薨于合璧宫，时人以为天后鸩之也"。

武则天虽然因长子李弘"天性仁厚"并多次上奏忤逆其心使自己心中不快，但决不会对自己费尽心机扳倒前太子李忠而扶上位的亲生儿子下毒手的。但是，有了她以前为陷害王皇后而亲手掐死自己女儿的恶行，更是因为朝廷内外对后宫干政极端不满的保守思想的根深蒂固，所以在武则天的权势如日中天之时，反对和攻击她的浪潮依然是暗流涌动，从来都没有停止过，这在武则天的第二个儿子李贤身上表现得尤为突出。

太子李弘病死，唐高宗李治非常伤心，下诏说："朕方欲禅位皇太子，而疾遽不起，宜申往命，加以尊名，可谥为孝敬皇帝。"到了6月，夫妇二人商议后便又立武则天的第二个儿子雍王李贤为皇太子。

在武则天生的四个儿子中，李贤的天分最高，8岁时便熟读《尚书》《礼记》《论语》等经典，被称为神童，而且武功娴熟，是个文武全才，颇有他祖父唐太宗李世民的遗风。特别是当年才22岁，便已有了三个儿子，更让唐高宗、武则天觉得帝业有承。年轻有为的李贤入主东宫，并以太子身份在长安监国，他勤理政务、精明强干，不到半年时间，朝廷内外对他便交口称赞，颂誉迭起。唐高宗对此十分高兴，立即手敕褒奖令颁发全国："皇太子贤自顷监国，留心政要。抚字之道，既尽于哀矜；刑纲所施，务存于审察。加以听览余暇，专精坟典，往圣遗编，咸窥壶奥，先王策府，备讨菁华。好善载彰，作贞斯在，家国之寄，深副所怀！"一时之间，太子李贤深孚众望，朝野上下都对其寄予厚望。

　　但是，正当李贤雄心勃勃、踌躇满志之时，一则传言像幽灵一样向他袭来："太子贤闻宫中窃议，以贤为天后姐韩国夫人所生。"这则传言不仅把唐高宗和韩国夫人在宫中偷情之事说得活灵活现，而且还说韩国夫人怀了龙种后，武则天便把她幽禁起来，自己把腰腹逐渐缠粗，装作怀孕，并在韩国夫人生下李贤后，让人缢死了夫人，抱走了孩子，自己装着生下了李贤。这个传言让李贤"内自疑惧"，深感惊恐，联想到以前就听到的武后毒死太子李弘的传言，更让他惊惧不安。这个权欲极重的母后连自己的亲生儿子都能亲手毒害，自己这个她的情敌的私生子，她怎能放过？从此，这两个传言的阴影始终笼罩在李贤心头，昔日勤于政事和武则天母子情深的太子李贤一下子不仅对政事冷漠萎靡，而且对武则天更是一副敬而远之的态度。

　　细心的武则天自然看出了太子的变化，她不仅组织人编撰《少阳正范》和《孝子传》送给太子阅读，想用儒家的伦理道德传统思想来教育他，还亲自给太子写了一封充溢着深厚母爱的长信来感化他。但是，武则天的一切努力都无济于事，深陷在两个传言折磨之中的李贤更是把武则天的这些劝勉看成不信任他、防范他进而迷惑他的举动。

　　人有时确实是不能过于聪明，李贤的过于聪明让他深陷在当局者迷的泥潭之中。这个聪明的太子李贤为啥不能换个角度考虑问题呢？从我们旁观者的眼光来看，你如果真是武则天的情敌韩国夫人的儿子，她武则天能杀死自己的亲姐姐，为什么却要留下你这样一个仇敌的儿子？还要让你养尊处优活到20多岁？如果武则天没有自己的亲生儿子，这个传言还有一点可信之处，而武则天却还有好几个儿子？她这样一个颇有心计处事周密的女人，怎么能够把一个别人的儿子培养得文才武备，并且推上东宫太子、国之储君的大位呢？

　　然而，聪明的李贤却不是这样想，他利用太子的地位，即以后的国君地位笼络了他的母后身边的一些人，编织了一张严密的情报网来监视武则天的一举一动。

　　太子李贤对自己冷漠的态度越来越引起武则天的不安，她很担心将自己的后半生和治国大任托付给这样的李贤是否靠得住，于是她想到了一个人，想从他那里了解到李贤是否能堪当大任，这个人便是"以厌胜之术为天后所信"的所谓大师明崇俨。据传这个明崇俨是唐代继袁天纲之后又一位能预知未来测吉凶生死，而且能呼风唤雨、遣鬼差神的大师高人。他曾经调来王皇后、萧淑妃的鬼魂向武则天叩首谢罪，还曾在寒冬腊月作法让洛阳宫上苑的牡丹花昂首怒放。因此武则天不仅聘他做了自己和皇帝的贴身御医，赐给宅院让其在京城长住，还封他为四品正谏议大夫，每遇疑难问题，都要向他解疑请教。

这天，武则天又将明崇俨召至上苑暖阁内密谈，她开口便直接说："我有四子一女，长子李弘命薄，已先我而去，剩下的这三个儿子，依先生看来，他们各自的面相如何？"按理，此时老二李贤已被立为太子，而且能力超群，英气勃发，老三英王李显、老四相王李旦皆才能平庸，难以与太子李贤相比，一般的人明眼看去说些顺水推舟恭维太子的话自在情理之中。谁知明崇俨在推托迟疑了一番后却直接说了三句最为要命的话：第一句是"英王貌类太宗"，第二句是"相王相最贵"，第三句更为关键，是"太子不堪承继"。

明崇俨的这几句话，从我们今天知道的历史事实来看确实是预知了历史未来，算出了这几个人的生死吉凶，但就像他调遣鬼魂认错、喝令牡丹冬天开花都是用的幻术蒙人一样，他对武则天三个儿子的面相推测实际上也是揣摩出了武则天的心理后，为求自己以后更能飞黄腾达、荣华富贵而胡言乱语的。因为在李贤已然被立为太子后，武则天还在关切自己的三个儿子中谁的命运远大，明显地透露出了对现任太子的疑虑和担忧，再加上自己在宫内早已了解到太子李贤对武后的怨忌，使明崇俨这个社会上早已混得娴熟圆滑的世故老手嗅出了太子地位不稳的政治气味。现在武则天给了他一个建功立业的大好机会，如果自己的话能使英王或相王被立为太子，自己便有了废旧立新，为以后的大唐皇帝建立首功使自己平步青云的功绩，于是明崇俨便以这三句话给自己的未来下了让人心惊的政治赌注。

按理武则天和明崇俨的对话是在极其隐密的环境下说的，但很快，这样天大的机密还是被早有一手的太子李贤知道了。听到了武后和明崇俨关乎自己身家性命的对话，李贤顿时成了惊弓之鸟，太子一旦被废会是怎样的下场，他的同父异母哥哥前太子李忠便是样子。于是在极度忧心和惊恐中，他不由得写下了一首情辞极为哀伤动人的《黄台瓜辞》："种瓜黄台下，瓜熟子离离。一摘使瓜好，再摘使瓜稀。三摘犹自可，四摘抱蔓归。"这首情意恳切、哀婉凄恻的歌词一下子被人传唱开来，从东宫传到了后宫，很快便传到了武则天的耳中。对于一般的母子之间来说，这样的歌咏或许还能唤起母子之间的舐犊深情和怜悯顾惜之心，但是对于帝王之家来说，权力之争常是凌驾于骨肉亲情之上的，李贤的悲哀就在这里，他幻想自己悲切的咏叹能唤起武则天的怜悯顾惜，却没想到这更激起了武则天的激愤和决绝。因为武则天不是一般的母亲，更不是一般的女人，为追求权力，她有杀死自己女儿的经历，有除掉自己的亲姐姐、亲处甥的经历，社会上还有毒死自己亲儿子太子李弘的传闻，这样算来武则天这个"摘瓜人"早已不是"三摘""四摘"了。这样的歌词在武则天听来根本不是哀切的咏叹，而是恶毒的讥讽和攻击，传达的是太子李贤对自己极度的愤恨之情，这自然让武则天对李贤的态度发生了根本的改变。

看到母后对自己态度的转变，李贤开始由怕生恨，对在武后面前胡言乱语说自己坏话的明崇俨的怒火升腾起来，决心除掉他来解心中之恨。这天深夜，在宫中为高宗皇帝发功治病后，带着几个随从骑马回家的明崇俨被黑暗中窜出的十几个蒙面人刺杀而死，几个随从也被当场杀死。号称能掐会算、预知人世未来的大师明崇俨却不能算出自己的死期，为追求名利而不惜以身家性命为赌注的他，糊里糊涂地赔上了自己的性命。

皇帝和皇后最宠爱的大师竟然在皇宫附近被人暗杀，高宗皇帝极为震怒，大理寺、御史台、金吾卫各个部门倾巢出动严加搜捕，整个洛阳城被闹得鸡飞狗跳，却一直毫无所获。

明崇俨被杀，武则天一直未发一言，因为她的内心清楚地知道谁是凶手。自己和明崇俨的对话能被太子李贤很快知道，可见自己的这个儿子的确不是等闲之辈，自己对他严加防范的同时，更要尽快设法解决问题。

武后对自己深藏不露的态度更让李贤感到心惊，于是他又想出了两条办法来作为应对之策：一是韬光养晦，二是阴蓄武士。

一直以来以韬光养晦而避祸的人总是用追求感官刺激和物质享受表明自

己没有与人争锋的野心，于是李贤也以纵情酒色以示自己无意和武则天争权夺利。他每日都喝得烂醉如泥，青天白日里与妃子宫女群宿群奸，东宫的侍臣和师傅实在看不下去赶来劝谏，李贤非但不收敛，还鞭笞东宫上司议郎韦承庆。

在整日沉缅声色的同时，李贤又暗中招募了大量的武士蓄养在洛阳西郊的寺院中。这帮武士虽然剃了光头，假扮和尚，但却耐不住寂寞，到了夜晚常有人溜进洛阳城中打家劫舍，入户行奸，一时间闹得整个洛阳城人心惶惶。洛阳令加紧巡查后终于抓住了一名乘夜入室强奸良女的采花大盗，在严刑拷打下终于招认了自己是太子李贤招募的武士。案情重大，洛阳令不敢隐瞒，连夜上报，惊动了唐高宗和武皇后。武则天早已对李贤的种种劣行感到心冷，案情重大，唐高宗也不好袒护，只好下令搜查抓捕，没想到在东宫太子府的马厩里居然搜出了500副铠甲和武器。

蓄养武士、私藏铠甲武器明摆着是图谋不轨的造反大罪，再加上抓捕来的众多武士中又有人招认了奉太子李贤之命杀死明崇俨的罪行。人证、物证俱在，太子李贤谋逆之罪依律应诛灭全家。难题摆在了唐高宗和武皇后面前，史书记载道："上素爱太子，迟回欲宥之。天后曰：'为人子怀逆谋，天地所不容；大义灭亲何赦也？'甲子，废太子贤为庶人，遣右监门中郎将令狐智通等送贤诣京师，幽于别所，党与皆伏诛，仍焚其甲于天津桥南以示士民。"

太子李贤的谋逆案又牵连了许多东宫府中和朝中与太子相好的官员，致使许多和太子李贤以前关系较好的官员甚至宰相都惶惶不可终日，直到发生了一件让人惊心的血腥事件后，武后才有所警觉下令不再追究牵连其他官员。对于这件事，史书有详细记载："左卫将军高真行之子政为太子典善丞，事与贤连，上以付其父，使自训责。政入门，真行以佩刀刺其喉，真行兄户部侍郎审行又刺其腹，真行兄子璇断其首，弃之道中。上闻之，不悦，贬真行为睦州刺史，审行为渝州刺史。真行，士廉之子也。"

李贤的太子之位被废之后，按照顺序，武则天所生的第三个儿子英王李显便当上了太子。

李显既没有他大哥李弘的仁厚性格，更没有他二哥李贤的文武才华，在武则天的四个儿子中是最无能的一个，但封建专制的帝王指定继承者，只是为了自己的家天下得以传承，治理国家造福百姓只是表面的文饰，因此历朝历代，庸碌无能之辈常常被指定为接班人，而且能稳掌国柄，福寿双全。但是，武则天时代的东宫一直是政治斗争的焦点，太子一直处在政治斗争台风的中心，李显太子能否在风雨飘摇的东宫稳坐其太子之位？能否顺利登基称帝？称帝后又能否坐稳帝位？我们在以后的章节中再讲。

3. 天后新政

除掉了长孙无忌、褚遂良等反对自己的元老大臣，平息了上官仪拟诏废后事件，朝中再没有人敢于挑战武则天了，她的威权达到了至高无上的地步。《新唐书·则天武皇后传》记载道："初，元舅大臣怫旨，不阅岁屠覆，道路目语，及仪见诛，则政归房帏，天子拱手矣。群臣朝，四方奏章，皆曰'二圣'。每视朝，殿中垂帘，帝与后偶坐，生杀赏罚惟所命。当其忍断，虽甚爱，不少隐也。帝晚益病风不支，天下事一付后。"

但是，不同常人的武则天并不满足于自己实际掌控朝政的现状，咸亨四年（公元673年）八月十五日，朝廷下诏，自即日起，皇帝改称天皇，皇后改称天后，这又是中国历史上前无古人、后无来者的新鲜事。

诏书发出后，群臣一片愕然，中国从第一个皇帝秦始皇开始，皇帝、皇后的称号已延续了上千年，谁也没有想到要改换这个人类世界上最高级别的尊号。但是武则天想到了，她给大臣们解释说这是为了避先帝、先后的讳，先帝、先后称皇帝、皇后，作为儿子、儿媳，仍称自己是皇帝、皇后便是犯了大忌。这个解释对稍有点头脑的人来说，都看得出来它的荒唐和牵强，一千多年来，历朝历代都称皇帝、皇后，难道他们个个都犯了祖辈的大忌？

这可不是武则天对自己的称呼仅仅改一个字的文字游戏，这里掩藏着武则天进一步抬高自己身份、强化自己权威、刷新天下人心的良苦用心。"皇后"从字面上一看便明白无误地表明了自己只是"皇帝之后"，而"天后"则显示出了自己是"上天之后"，在中国人的心中，不管什么事只要与"天"有了联系，便具有了不可抗拒的神秘、庄严和至高无上的权威。而且"天皇"是"天之皇"，"天后"是"天之后"，一字之改便撇掉了"后"只是皇帝附庸的关系，"天后"便和"天皇"一起成了只对上天负责而并驾齐驱君临天下的人物。

为了显示天后治下的新气象，武则天又下令改变朝中所有官员的官服：三品以上官员着紫袍，配金玉带；四品官员着深绯色袍，配金带；五品官员服浅绯色袍，配金带；六品官员服深绿色袍，配银带；七品官员服浅绿色袍，配银带；八品官员着深青色袍，配纹石带；九品官员服浅青色袍，配纹石带；庶人一律着黄袍，配铜铁带。几个月之内，上下大小官员全部改换了服饰，朝野上下充分显示了天后治下的气象一新。

武则天不仅在衣着服饰的改变上体现她的天后新政，更在治国理政、兴利除弊上施展出她的施政才能。她让自己的心腹许敬宗、崔义玄等人从全国各地不拘一格选拔出一批优秀人才，组成了她施政治国的一个被称为"北门学士"的幕僚班子，时隔不久在这些智囊逐条陈述的基础上，归纳出武天后革除时弊、推行新政的"建言十二事"在天下推行实施。

这"建言十二事"第一条为"劝农桑，薄赋徭"。就是减轻农民百姓的徭役和赋税，以鼓励农桑种植，发展生产。

第二条是"给复三辅地"。"三辅"指京城长安周边地区，这些地方因皇室土木工程繁多，百姓历来负担过重。所以调运粮米赈灾这一带的灾民，免除他们的徭役，让这一带地区生产自救，发展经济。

第三条是"息兵，以道德化天下"。即停止过度的用兵，不轻易发动战争，偃武修文，以道德教化天下。

第四条是"南北中尚禁浮巧"。在全国各地禁止制造那些华而不实、精雕细刻的豪华奢侈用品，杜绝奢侈靡费之风。

第五条是"省功费力役"。即减少各种土木工程，节省经费开支，这样从源头上减轻百姓的劳役和赋税。

第六条是"广言路"。各级官员都要广开言路，听取下属和士民的建言献策。

第七条是"杜谗口"。小人的谗言不仅伤害忠良，更是为害朝政，所以朝廷要做到杜绝谗言，听取逆耳忠言。

第八条是"王公以降皆习《老子》"。王公以下的大臣们都要研习《老子》（《道德经》）。相传道家的创始人李聃，是李唐的先祖。唐高祖李渊时便把《老子》列为科考内容。

第九条是"父在为母服齐衰三年"。以前是父在便不服母丧，现在规定父亲虽健在，母亲去世子女要穿三年孝服，自然有提高妇女地位的作用。

第十条是"上元前勋官已给告身者无追核"。上元元年（公元674年）以前已颁发给勋官凭证的，朝廷不再追查核实。

第十一条是"京官八品以上益禀入"。给八品以上的京城官员增加薪俸。

第十二条是"百官任事久，材高位下者得进阶申滞"。在现行职位上任职已久而才高位下，因种种原因沉滞多年没有升迁的官员，必须立即提升。

新政颁发后，全国上下即刻颂声四起，不仅满朝文武个个交口称赞，极力赞颂天后的英才大略，尤其是长安周围三辅一带的百姓更是感恩戴德，奔走相告，人们敲锣打鼓、鸣放鞭炮庆贺天后的新政，许多地方甚至捐款为天后修起了生祠，立起长生牌位，四时供奉。

看到自己的新政获得了人心，天后更进一步建言下诏说："今群臣纳半俸，百姓计口钱以赡边兵，恐四方妄商虚实，请一罢之。"此诏颁发实施，朝野上下更是欢声雷动，一时之下，天后成了人们心中救苦救难、慈悲为怀的活菩萨。

新政笼络了人心，武则天的威望得到空前的提高，于是她多次指使群臣上奏要求高宗皇帝上泰山举行封禅大典。

自古以来，泰山封禅是最隆重的国家盛典。"封"是在泰山顶上筑坛祭天，报告帝王自己的丰功伟绩，感谢上天的护佑；"禅"是在泰山下辟场祭地，感谢大地的恩泽，报告国家政肃国泰、物阜民安的繁荣盛世。所以，自古以来只有国家空前强盛，人民安居乐业，文治武功灿烂辉煌的君王才有资格去泰山封禅。历史以来中国只有秦始皇、汉武帝和汉光武帝举行过封禅大典。唐太宗李世民在位时，真正是国泰民安、四夷宾服，但他虽有封禅的打算，但都没有成行。贞观六年（公元632年），群臣皆请求泰山封禅，但李世民认为自己还不够资格而没有同意。贞观十五年（公元641年），朝野上下都认为唐太宗的功业已达到了前无古人的境地，所以纷纷上表请愿要求太宗到泰山封禅，但正当唐太宗准备从东都洛阳起程封禅时，天上出现了彗星，太宗便认为天象不利而停止了这项行动。

现在，平庸无能的高宗皇帝李治的功业自然是无法同他的父亲唐太宗李世民相比的，但越是庸碌无能之辈，越是好大喜功，越是无自知之明，于是他便和武则天相商同意举行泰山封禅大典。武后热衷于泰山封禅，不仅是她自己也为自己具有的治国理政的雄才大略感到满足和欣慰，更是为了向全天下的人显示自己的威严和尊贵，所以她向皇帝提出自古以来封禅将女性排斥在外是不合理的，这次封禅，她不仅要率内外命妇参加，而且改变过去在祭祀地神时由皇帝初献，太尉亚献，公卿终献的规矩，由皇帝初献，皇后亚献，越国太妃终献（越国太妃是唐太宗唯一尚在世的妃子，按辈分则是高宗皇帝和武后的长辈）。

武则天的做法真正是前无古人，惊世骇俗，她不仅让朝廷内外几百位命妇参加了封禅大典，而且在祭祀时把朝廷中的王公大臣这些大男人抛在了一边，自己和越国太妃两个女人与皇帝一个男人主持了祭祀仪式。武则天不仅又一次创造了历史，而且公然向自古以来男尊女卑的观念发出了挑战，她以自己主持封禅祭祀的行动向世人宣示了自己前无古人的身份和地位。

看到武皇后高超的治国才能和一天比一天高涨的声望与地位，自感不如的唐高宗李治多次提出想下诏将帝位禅让给皇后武则天，在宰相郝处俊等大臣的极力劝阻下，唐高宗才最终没有这样做。但是他病弱的身体终于走到了尽头，弘道元年（公元 683 年）十二月二十七日夜晚，时年 56 岁的高宗皇帝李治离开了人世，临终前留下了"皇太子可于枢前即皇帝位。园陵制度，务从节俭。军国大事有不决者，取天后处分"的遗命。

七天之后，太子李显在唐高宗的灵枢前即位，世称唐中宗，尊自己的母亲武则天为皇太后。

自己的皇帝丈夫去世了，自己的儿子皇太子李显接替了皇位，自己也顺理成章地成了皇太后，从儿子继位接任皇帝，走上前台开始，武则天自然应是退居后宫，过颐养天年的悠闲生活了。但是，中国历史上第一位巾帼奇人武则天却并没有从此淡出历史舞台，敢于挑战历史、创造历史的她在今后的人生中更是创造出了让时人目瞪口呆，让后人无法超越的历史，那么她还会有什么举动和作为呢？

五、女皇天下

1. 临朝称制

唐中宗李显继位后，从公元684年开始改元嗣圣，大赦天下，立太子妃韦氏为皇后。

李显在他大哥李弘病死，二哥李贤被废后，按顺序做了皇太子，但他却是一个"智昏近司，心无远图"的昏庸无能之辈，唐高宗去世后他顺利当上了皇帝，一下子便觉得自己大权在握，可以为所欲为了。当时，黄河泛滥，百姓流离失所，边境线上西突厥乘机反叛，边关告急，唐中宗李显却全然不顾这样急迫的内忧外患，只是忙着提拔自己的亲信，将他的岳父韦玄贞由一个七品的普州参军破格提拔为豫州刺史，将只是与皇后韦氏同宗的左散骑常侍韦弘敏提拔为太府卿，同中书门下三品的宰相。这还没过几天，便又在朝堂上突然下旨，要将他的岳父韦玄贞调来朝廷任侍中，直接进入宰相班子，并授给他乳母的儿子以五品的官职。

对于这样大为离谱的行为，朝中大臣个个感到惊愕，中书令裴炎作为辅政大臣立即挺身而出极力劝阻。一朝权在手便把令来行的唐中宗看到竟敢有人不同意自己的旨意，即刻满脸涨红发怒道："我以天下与韦玄贞何不可！而惜侍中邪！"

自古以来，君无戏言，唐中宗虽然是在与裴炎的争辩中一时情急说出了这样的话，可自以为皇权在握便可胡作非为，甚至说出将天下送人的混账话，足见其愚蠢至极。朝中大臣闻听此言，个个被惊得目瞪口呆，裴炎更没想到这皇位上的当朝君王是这样的昏庸，也心知与这样的人争辩是毫无意义的，于是他不再吭声，退朝之后径直"白太后，密谋废立"。

2 月 28 日早朝，"太后集百官乾元殿，裴炎与中书侍郎刘祎之，羽林将军程务挺、张虔勖勒兵入宫，宣太后令，废中宗为庐陵王，扶下殿。中宗曰：'我何罪？'太后曰：'汝欲以天下与韦玄贞，何得无罪？'乃幽于别所。"

这个昏庸无能却又不知天高地厚的唐中宗只当了 44 天皇帝便下了台，想当宰相的国丈大人韦玄贞也丢了他的刺史官职，被流放到了钦州海边。

国不可一日无君，中宗被废的第二天，武太后所生的第四个儿子相王李旦便被立为皇帝，史称唐睿宗。李旦被立为皇帝，但史书却清楚地记载道："旦为皇帝，政事决于太后，居睿宗于别殿，不得有所预。"这几句话很清楚地表明李旦虽然当了皇帝，但国家政务完全由武太后决定，而且把唐睿宗安置在了另外的偏殿居住，不得干预国家事务。从此以后武则天不仅走出了后宫，直接上朝处理政务，而且不再是唐高宗时的"二圣同朝"，而是独自一人每日临朝处置军国大事。上朝时，在御座前挡一个浅紫色的幔子，武太后能看清百官，百官却无法看清太后。这样，武则天虽然没有登位称帝，但实质上已堂而皇之成为唐朝的最高统治者。唐睿宗被晾在了一边，成了一个傀儡皇帝，甚至连个傀儡都不如，因为历史上的傀儡皇帝还需要上朝听政，幕后自有垂帘听政之人发话决断，而唐睿宗李旦虽为皇帝，但从不过问朝政，甚至从不去正殿，即位时已 23 岁的他似乎受到了高人指点，心中早已接受了他的前面几位皇兄的教训，只是谨小慎微地做他安分守己的傀儡皇帝。

这段时期被称为武则天"临朝称制"时期。所谓的临朝称制便是武则天以皇太后的名义直接执掌国家最高权力，总摄百官，处置朝政。为了让武太后临朝称制更加名正言顺，在睿宗被立为皇帝八天之后，武则天又让她的侄子，时任礼部尚书的武承嗣奉旨前往皇帝睿宗住的宫殿，册封唐睿宗为"嗣皇帝"。"嗣皇帝"从字面上讲只能是等待接位的皇帝或候补皇帝的意思，这样临朝称制的武太后在没有正式皇帝的情况下发号施令当然更为顺当。同时，武太后又下诏改嗣圣元年（公元 684 年）为文明元年，唐代历史正式进入了武则天实际君临天下的时代。

对于武则天在中宗被废后没有像高宗去世后退居后宫，而是直接走上前台临朝称制，做了只是名义上没有亮出皇帝称号的皇帝，人们有不同的说法。有人认为此时的武则天并无心皇位，只是她深知自己儿子的能力，担心他们不争气，无力治国而误国误民，自己不得已走上朝堂担起治国的重担，她没有直接登位称帝，便说明了她对皇帝名分并不看得很重。

也有人认为武则天一生权欲极重，从她十几岁进宫开始便把攫取更大更高的权力地位作为自己的人生目标，从谋得后位，到"二圣同朝"，再到现在的临朝称制，都显示出她极高的权欲和老到的手腕。所以，在高宗的遗嘱中特地有了"军国大事有不决者，取天后处分"，为以后的废中宗，临朝称制铺就了道路，退居后宫甘当太后只是等待废立皇帝、重掌国政的时机。

其实，武则天也和常人一样，心中的欲望和追求是随着她权位的变化而不断发生变化的，说她一开始就有谋取天下最高权位的欲望，这在几千年以来形成的以男子为中心的封建皇权社会是很难想象的。但是，随着机遇的不断累积，以致发展到跟自己的皇帝丈夫"二圣同朝"的局面，最高权位已成为她触手可及的目标时，这样的欲望和追求自然会让她怦然心动。改称"天后"，率领命妇参加泰山封禅和亚献祭祀无不显示出她心中已有的"男人可以做的事，女人照样可以做"的躁动。但是，皇权承继的成规、男权社会的传统观念沉重地压抑着她，使她在高宗去世后不敢贸然跨越雷池，然而权欲和指挥欲是每个人心底的最高欲望，武则天在宫中已经营几十年，特别是登临皇后位后，逐步形成"二圣同朝"，实际上执掌了国家的最高权力，左右着朝野上下各色人等的生死荣辱，几十年操持国柄，军政要务烂熟于心，用人谋事游刃有余，执掌权力挥斥臣民已如饮食和空气一样，成为她生命中不可须臾分离的东西。所以，被尊为太后闲居后宫的 40 天对于像她这样久居高位而已嗜权成性的人来说真正是度日如年，极端难熬的。唐中宗即位后任命自己的亲信在家天下的皇权制度下其实是司空见惯的，但在大臣的反对声中头脑发昏的混话自然成了武太后废他的借口，这无疑又给武则天重新执掌国政制造了机会。儿子发昏，做母亲的本可以训斥一番令其改正来了事的，但尝到了权位旁落的落寞和无奈的武则天却趁势重返政治舞台，以临朝称制的前奏开始了女皇天下的历史大剧。

2. 荡平反叛

临朝称制的武则天此时虽然还没有公开给自己冠上皇帝的名号，但中国历史实际上已进入了史无前例的女皇时代，这自然会引起当时男权观念深重的封建皇权体制社会的强烈抵制和反对。不久，时任左仆射，同中书门下三品，并镇守西城长安，担任西京留守的刘仁轨便直接给武则天上书辞职，公开反对武则天以太后身份临朝称制。

刘仁轨当年在唐军征伐灭除百济和高丽的战争中功勋卓著，他不仅文武兼备，而且为人刚直，对大唐忠心耿耿，是德高望重的三朝元老。当时的西京长安西有吐蕃的威胁，北有突厥的窥伺，镇守唐朝的龙兴之地西京长安是关乎大唐安危的头等大事，所以武则天特地挑选刘仁轨独当一面担任西京留守，并勉励他"昔汉以关中事委萧何，今托公亦犹是矣"，把他比作自己的萧何。但是，刘仁轨对武则天的临朝称制感到甚为不解，以辞职信的形式直接表达了自己的不满。他在信中以自己年老体衰为由，请求免去他的西京留守之职的同时，直言不讳地以当年吕后垂帘听政，祸乱汉廷，最终招致诸吕被诛的历史，规劝武则天还政于皇帝。

刘仁轨虽然毫不避讳地对武则天临朝称制提出了反对意见，但阅人无数、善于识人的武则天却看出这位敢于说出内心看法的老将军只是出于对李姓皇朝的一片忠心。她深知对她临朝称制内心深感不满的朝臣人数不少，他们只是不敢像刘仁轨一样，说出反对意见而已，对此自己一定要稳住刘仁轨，以免引起连锁反应。于是她针对老将军耿直刚正、吃软不吃硬的性格，让受自己重用的侄儿太常卿武承嗣带着她的亲笔信赶赴西京安抚感化刘仁轨。

武则天的亲笔信，对刘仁轨"远劳劝诫，复辞衰疾"的辞职不但丝毫没有指责的言辞，而且指出刘仁轨信中"吕氏见嗤于后代，禄、产祸乱于汉朝"的规劝"引喻良深"，使自己"愧慰交集"，同时还恳切地指出刘仁轨直言不讳的行为是"公忠贞之操，始终不渝，劲直之风，古今罕比"，说自己"初闻此语，能不惘然；静而思之，是为龟镜"。同时，武则天又以"今日皇帝谅闇不言，眇身且代亲政"来解释自己临朝称制只是出于无奈，最后恳切地期望刘老将军"愿以匡救为怀,无以暮年致靖"。

武则天的好言相劝使刘仁轨深为感动,老太后在皇帝昏庸的情况下,都能"以匡救为怀",亲政为民,自己怎能在国家危难之时贸然辞职呢?于是刘仁轨将武则天的亲笔玺书供奉在案,一心一意地为朝廷镇守西京长安。

刘仁轨被武则天劝服感化稳住了朝廷人心,从此文武百官中即使还有人内心难以接受,但大都默认遵从了武则天临朝称制的事实。但是,在朝廷表面稳定平静之际,远在千里之外的扬州却传来了李敬业打着匡扶庐陵王李显复位旗号起兵造反的消息。

李敬业是大唐开国功臣、司空英国公李勣的孙子,李勣本性徐,因功勋卓著,被唐太宗赐姓为李。李勣死后,李敬业便以长房长孙的身份袭封了英国公的爵位,任眉州刺史,后贬为柳州司马。李敬业身体矫健,走马如飞,年轻时便跟着爷爷李勣征战,勇冠三军,但是,据说李勣一直认为自己的这个孙子桀骜不驯,脑后似有反骨,非常担心他以后行为不轨而毁了自己家族的英名。于是在一次狩猎时,当李敬业策马驰入树林中追赶猎物时,李勣便下令家丁四面举火,想早日除掉这个有可能给朝廷和家门带来祸害的孽根。但是,李敬业在四面大火冲天、已经无法脱身之时,竟急中生智,杀死自己的战马,取出五脏后,钻进马腹中藏身。大火燃过后,马尸被烧焦,但李敬业却安然无恙,李勣见状后只得长叹一声:"此乃天意,非人谋所能为也!"

李敬业在扬州聚众造反,号称拥兵 10 万,同时让当时名震天下的大诗人骆宾王写了一篇堪称中国历史上檄文典范的《讨武曌檄》分送全国各地。

骆宾王 7 岁时便做出了传诵至今的《咏鹅》诗,被誉为神童,他的这篇声势逼人的《讨武曌檄》一时之间像旋风一样传遍了大江南北,震动了朝野。传说武则天在读过这篇檄文后指责身边大臣为何没有举荐这样出色的人才为朝廷所用,并且下令待叛乱平息后,若能生俘骆宾王,切记不能杀害,一定要带来见她。

《讨武曌檄》被收入后世的《古文观止》文集而流传至今,现摘录如下:

伪临朝武氏者,性非和顺,地实寒微。昔充太宗下陈,曾以更衣入侍。洎乎晚节,秽乱春宫。潜隐先帝之私,阴图后房之嬖。入门见疾,峨眉不肯让人；掩袖工谗，狐媚偏能惑主。践元后于翚翟，陷吾君于聚麀。加以虺蜴为心，豺狼成性。近狎邪僻，残害忠良；杀姊屠兄，弑君鸩母。人神之所同嫉，天地之所不容。犹复包藏祸心，窥窃神器。君之爱子，幽之于别宫；贼之宗盟，委之以重任。呜呼！霍子孟之不作，朱虚侯之已亡。燕啄皇孙，知汉祚之将尽；龙漦帝后，识夏庭之遽衰。

敬业皇唐旧臣，公侯冢子。奉先君之成业，荷本朝之厚恩。宋微子之兴悲，良有以也；袁君山之流涕，岂徒然哉！是用气愤风云，志安社稷。因天下之失望，顺宇内之推心，爰举义旗，以清妖孽。南连百越，北尽三河，铁骑成群，玉轴相接。海陵江粟，仓储之积靡穷；江浦黄旗，匡复之功何远？班声动而北风起，剑气冲而南斗平。喑呜则山岳崩颓，叱咤则风云变色。以此制敌，何敌不摧？以此图功，何功不克？

公等或传汉爵，或地协周亲，或膺重寄于爪牙，或受顾命于宣室。言犹在耳，忠岂忘心？一抔之土未干，六尺之孤何托？倘能转祸为福，送往事君，共立勤王之勋，无废旧君之命，凡诸爵赏，同指山河。若其眷恋穷城，徘徊歧路，坐昧先几之兆，必贻后至之诛。请看今日之域中，竟是谁家之天下。

武则天能够成就她的大业，成为中国历史上唯一的一位女皇，除了她遇到了许多难得的历史机遇外，更是因为她在每次危机关头展现出的过人胆识和能力。面对《讨武曌檄》对她言辞尖刻的声讨，她能发出骆宾王这样的人才为何不能为朝廷所用的感叹，面对李敬业气势汹汹的举兵造反，更表现出她实际执政几十年历练出的居高临下、胸有全局、沉稳冷静处理危机的魄力。她审时度势，掌控全盘，以三条对策攘外安内，防患未然，不仅迅速荡平了李敬业的反叛，而且一举除掉了朝中眷恋李唐、不满自己临朝称制的势力，还顺手牵羊除掉了深怨自己的废太子李贤，不仅消除了反叛者拥立李唐、号令天下的旗号，还为自己以后代唐而立，公开称帝排除了隐忧。这三条对策分别是：一是任命左玉钤卫大将军李孝逸为扬州道大总管，带兵30万征讨李敬业；二是将反对自己临朝称制，指责自己迟迟不还政于太子的宰相裴炎下狱问斩；三是派遣左金吾将军丘神勣到巴州除掉废太子李贤。

李敬业在扬州举兵反叛开始不但打出了拥立庐陵王李显复位的旗号，还找到了一个相貌长得和废太子李贤一样的人，装成李贤，并且给他的部下说李贤已逃到扬州，下令让我们带兵造反征讨武则天。接到密报的武则天深感事态危急，废太子李贤和废皇帝李显虽然都是自己的亲生儿子，但却是时刻威胁自己临朝称制的最危险对手，而且在正统的皇权体制之下，他们的影响力和号召力更让武则天时时对其高度警觉。于是表面看起来不动声色的武则天立即密召右卫将军武三思和左金吾将军丘神勣，命二人即刻分赴房州和巴州监管李显与李贤。

李显虽然被自己废掉了皇帝位，但武则天深知其性格懦弱，现在只求自保，不可能产生谋逆之心，更不会有通敌的胆略，于是她命令武三思带兵到房州亲自监管李显，不准他接触外界的任何信息，更不准与任何外人接触。而对于废太子李贤，武则天也深知其桀骜不训而又自命不凡的性格，一旦被他逃脱到扬州，便是她致命的威胁，于是丘神勣便带着武则天的密令率领2000御林军星夜赶到了巴州。

李贤被囚禁于京城时便因常常大声报怨其母被移送囚禁到了偏远荒凉的巴州，丘神勣赶到巴州后更是把他囚禁在一个只能容一人进出的阴暗潮湿的山洞中，时间不长，丘神勣便借口抓住了一个李敬业派来联络李贤的人，立即逼迫李贤自缢而死了。

丘神勣是不是得到了武则天命其处死李贤的密令，史书没有明确的记载，但《资治通鉴》对此事的记载却可以让我们猜出其中的隐秘："丘神勣到巴州，幽故太子李贤于别室，逼令自杀。太后乃归罪于神勣，戊戌，举哀于显福门，贬神勣为叠州刺史。己亥，追封贤为雍王。神勣寻复入为左金吾将军。"

自己的儿子被杀，对凶手丘神勣只是给了一个象征性的贬职处置，而且不久后便官复原职，其幕后真凶人们自然不难猜出。

李贤被处死，李显被严加监管，去除了心腹大患的武则天做的第二件事便是放开手脚清除朝中对自己临朝称制心怀不满的势力，其主要人物是当朝宰相裴炎。

裴炎虽然在废除唐中宗李显时为武则天立了大功，但其内心始终是忠于李唐王室的，他协助武则天废除李显就是担心昏庸的李显将李唐天下让给韦玄贞，所以在武则天废了中宗，又将睿宗置于别殿，册封为嗣皇帝，自己临朝称制，一步步采取代唐而立的措施后，便自然而然地与其产生了不可避免的矛盾。

《资治通鉴》载："武承嗣请太后追王其祖，立武氏七庙，太后从之。裴炎谏曰：'太后母临天下，当示至公，不可私于所亲。独不见吕氏之败乎！'太后曰：'吕后以权委生者，故及于败。今吾追尊亡者，何伤乎？'对曰：'事当防微杜渐，不可长耳！'太后不从。……裴炎由是得罪。"

根据祖制，七庙是天子之制，只有皇帝家才能设七庙供奉祖宗，内设三昭三穆与太祖之庙。对李唐朝廷一片忠心的首辅宰相裴炎不难从武则天的这些举措看到自己力阻李唐天下不姓韦，现在却有可能姓武的危机。但是，武则天追封故人是为了抬高今人，是为了自己代唐而立制造声势，裴炎极力阻止设立武氏祖宗七庙自然让武则天对其心生忌恨，产生除掉这块绊脚石的杀心。

在李敬业扬州造反之时，武则天终于抓住了除掉裴炎的时机。原来，裴炎的外甥监察御史薛仲璋乘自己奉命巡察江都时便和李敬业合谋，抓了扬州长史陈敬之，乘势夺取了扬州而聚众造反。于是商讨如何征讨李敬业叛军的朝堂上，武则天便公开点名让裴炎第一个发表意见。没想到此时非常清楚自己面临危机的裴炎竟然利用自己最后一个能表达自己政治主张的机会，高声劝谏武则天说："皇帝年长，不亲政事，故竖子得以为辞。若太后返政，则不讨自平矣。"中国历史上有裴炎这样不顾自己生死坚持自己政治主张的忠贞之士，便也少不了趋炎附势、落井下石、以攻击他人而求得自己飞黄腾达的小人。裴炎话语刚落，监察御史崔詧立即奏道："炎受顾托，大权在已，若无异图，何故请太后归政？"崔詧的话正中武氏下怀，于是"太后命左肃政大夫金城骞味道、侍御史栎阳鱼承晔鞫之，收炎下狱"。裴炎被抓捕下狱之后，有人私下里劝他"逊辞以免"，即说些认错讨饶的话来求得武则天的宽免，但裴炎回答道："宰相下狱，安有全理！"果然时间不长，裴炎即被定罪斩首。在押赴都亭刑场的路上，裴炎看见跟在后面流泪号哭的兄弟说：

"兄弟官皆自致，炎无分毫之力，今坐炎流窜，不亦悲乎！"裴炎被斩后，官府抄灭其家时，竟发现堂堂宰相之家没有多余的一斗米面。

史家对裴炎之死也有不同的看法，有人认为裴炎反对立武氏七庙，已经触怒了武太后，却在自己的外甥参加叛军自身难免嫌疑之时，丝毫不知自己面临的危险，竟然在朝廷商讨退敌之策时，借叛军造反之势，挟逼武太后退位，真正是自寻死路。但是，我们从裴炎为官的清廉正直来看，从他制止唐中宗胡为、反对立武氏七庙、劝谏武则天还政于唐睿宗等一贯忠贞于李唐王室的行为来看，他正是鲁迅说的在历史上能舍生取义，以死抗争而维护心中正义主张的人，是黑暗浓重、多灾多难、多丑陋小人的中国历史上能支撑历史前行的中华民族的脊梁。他"宰相下狱，安有全理"的话语便清楚地表明他抱着一死的决心而挽李唐江山于倾倒的铮铮铁骨。

在裴炎精神的感召下，当时许多的士大夫也以他们的直言抗争在历史上留下了他们的闪光点。在裴炎下狱被定为谋反大逆之罪时，纳言刘景先和凤阁侍郎胡元范即在朝堂上当着武则天的面为其辩解道："炎社稷元臣，有功于国，悉心奉上，天下所知，臣敢明其不反。"在武则天回答"炎反有端，顾卿不知耳"后，二人直接抗争说："若裴炎为反，则臣等亦反也。"这样的抗争让武则天极为恼怒，但在朝堂之上，面对众多极力为裴炎请命的大臣，也只好强装大度地说："朕知裴炎反，知卿等不反。"但是，武则天虽然当众说了这样的话，却说是说，做是做，不久便将刘景先和胡元范两人抓捕关进了大狱。

裴炎有个侄子裴伷先，在裴炎下狱后即上书要求面见武太后，武则天召见他后责问他说："汝伯父谋反，尚何言？"想不到刚刚17岁的裴伷先即直言不讳地说："臣为陛下画计耳，安敢诉冤！陛下为李氏妇，先帝弃天下，遽揽朝政，变易嗣子，疏斥李氏，封崇诸武。臣伯父忠于社稷，反诬以罪，戮及子孙。陛下所为如是，臣实惜之！陛下早宜复子明辟，高枕深居，则宗族可全；不然，天下一变，不可复救矣！"裴伷先的话一下子让武则天气昏了头，大声呵斥说："胡白，小子敢发此言！"让左右拉出殿去，没想到裴伷先在被架出殿时多次挣扎着回头看着武则天大声喊道："今用臣言，犹未晚！"勃然大怒的武则天即刻下令将其拉回朝堂"杖之一百，长流灞州"。

在裴炎刚被抓入大牢之时，以英勇善战名闻边庭、长期担任单于道发抚大使，防备突厥的左武卫大将军程务挺便派人加急送表章给武太后，为裴炎求情。手握重兵的边将为裴炎求情，让武则天极为不安，便指使与程务挺关系密切的人诬告"务挺与裴炎、徐敬业通谋"。接到告密的武则天即刻派使臣赶至军中密斩了程务挺，并抄灭了其家。程务挺多年镇守边关，威震突厥，突厥知道程务挺死亡后，纷纷摆宴庆贺，还在其驻地修建了程务挺的祠堂，每当他们出兵侵犯唐朝边境时，全军人马便在祠堂焚香朝拜，祷告程务挺的英灵护佑他们大获全胜。

对于那些卖友求荣、望风使舵的小人，许多耿直之士恨之心头，也想方设法以其人之道还制其人之身，以泄心头之恨

有位叫作姜嗣宗的郎将，在裴炎下狱之时出使长安，镇守长安的左仆射刘仁轨和他谈起东都洛阳所发生的事时，姜嗣宗颇为自得地说我很久以前就觉得裴炎有谋反之心了。刘仁轨听他这样说便反复问他你真的有这样的觉察？姜嗣宗一再拍胸肯定，于是刘仁轨便拜托他回东都洛阳时带上自己的密奏面呈武太后，姜嗣宗满口答应，带回刘仁轨的密奏给了武则天。武则天打开密奏却发现刘二轨只写了八个字"嗣宗知裴炎反不言"。于是武则天即刻下令将姜嗣宗拉出殿堂绞死在都亭刑场，自吹有先见之明的姜嗣宗至死也不明白自己为何丢了性命。刘仁轨闻报非常高兴，他设酒密奠老友裴炎说："我无能，不能救我的老宰相，但施计杀了这样的小人，也算是出了一口恶气。"

清除了自己心中的隐忧和朝廷内潜在的对手，武则天便无所顾忌地派遣大军征讨李敬业。李孝逸的征讨大军和李敬业的叛军虽然在开始的交战中互有胜负，但因为李敬业在刚起兵时没有采纳魏思温"以匡复为辞，宜帅大众鼓行而进，直指洛阳，则天下知公志在勤王，四面响应矣"的建议，而是转头进攻金陵，分兵夺取常州、润州，企图建立起自己的王国后再北攻中原。这样做的结果不仅贻误了战机，而且让天下人看到他只是以匡扶李唐为词，实则为自己称霸一方的意图。所以时间不长，两军在决战之时，李孝逸采纳了魏元忠"风顺荻干，此火攻之利"的建议，因风纵火，大败李敬业，并乘

胜追击，逼迫准备渡海逃往高丽的李敬业、李敬猷、骆宾王被其部将王那相斩首献降。从李敬业扬州起事到兵败身亡，轰轰烈烈的讨武风暴只持续了40多天便灰飞烟灭了。

李敬业叛军被剿灭，武则天下诏削夺了李敬业祖父、父亲的官爵，剥夺了赐予他家的李姓，回复其本姓徐氏，并诛灭徐家满门，而且挖开祖坟，开棺抛尸。善于权谋、聪明一世的大司空英国公李勣的一句话便为武则天登临皇后之位扫平了道路，但没想到他一直担心其孙李敬业造反惹来满门抄斩的大祸还是应验发生了。

武则天以她在血雨腥风的政治斗争中历练出来的非同一般的权谋和胆略，不仅迅速平定了气势很盛的反叛，而且乘机清除了自己以后代唐而立的心腹大患和朝廷内效忠李唐的势力，让她的威力和声望在朝野上下达到了无以复加的程度。这一天，武太后召集群臣，高坐朝堂之上，向全国发表了一通让朝野上下无不心胆俱裂的训词。这让人心惊的场面，《新唐书·则天武皇后传》做了详细的记载："始，武承嗣请太后立七庙，中书令裴炎沮止，及敬业之兴，下炎狱，杀之，并杀左威卫大将军程务挺。太后方怫患，一日，召群臣廷让曰：'朕于天下无负，若等知之乎？'群臣惟惟。太后曰：'朕辅先帝逾三十年，忧劳天下。爵位富贵，朕所与也；天下安佚，朕所养也。先帝弃群臣，以社稷为托，朕不敢爱身，而知爱人。今为戎首者皆将相，何见负之遽？且受遗老臣伉扈难制有若裴炎乎？世将种能合亡命若徐敬业乎？宿将善战若程务挺乎？彼皆人豪，不利于朕，朕能戮之。公等才有过彼，盍为之。不然，谨以事朕，无诒天下笑。'群臣顿首，不敢仰视，曰：'惟陛下命。'久之，下诏阳若复辟者。睿宗揣非情，固请临朝，制可。"

老太后这番犹如万钧雷霆、杀气腾腾的训话，吓得大臣们个个浑身打战，悚然心惊，武则天多年来对敢于与她为敌者从不手软，纵擒自如的铁血手腕，谁人不知？在血雨腥风的政治斗争中伴君如伴虎的群臣只能是唯唯诺诺，高呼万岁，对武太后唯命是从。就连她的小儿子唐睿宗李旦也被吓得坐立不安，在武则天佯装还政让其复辟时，为保性命，也只能一而再再而三地请求太后继续临朝称制，不敢有任何非分之想。

荡平了李敬业的反叛，扫除了以裴炎为首的维护李唐王室的朝中势力，武则天的权威达到了如日中天，让朝野上下不敢仰视的地步，在这样的情势下，武则天这个历史上野心和能力均不可一世的女人给自己加上皇帝的名号自然是水到渠成、指日可待的事了。她是如何代唐而立成为皇帝的，我们这位唯一的女皇又是怎样君临天下治理朝政的？我们下一节再讲。

3. 以周代唐

公元 684 年，临朝称制的武太后下令大赦天下，改唐睿宗文明元年为光宅元年，并颁发了《改元光宅》诏。诏书中说："先帝以社稷之大任，属荒渺之微躬，钦奉遗言，载深悲惧……朕居临赤县，求瘼之志每盈；子育苍生，恤隐之怀镇切。唯欲励精为政，克己化人。使宗社固北辰之安，区寓致南风之泰。"在这道诏书中，武则天不仅明确宣称唐高宗临终之时将天下之事托付给了自己，而且还有意称自己为"朕"，这便明确地表明自己已经以皇帝的身份和口吻面对天下人说话了。

但是谙熟朝政和历史的武则天心里也非常清楚，自己一个外姓女人要做李唐皇帝是实实在在犯众怒、冒天下之大不韪的行为，所以借这道诏书中自称"朕"来投石问路后，又降诏改革了许多旧制：旗帜一律改为金黄色，饰以紫边，中间画有各种花纹。东都洛阳改为神都，洛阳宫改为太初宫。尚书省改为文昌台，门下省改为鸾台，中书省改称凤阁。左右仆射改为左右相；吏部为天官，户部为地官，礼部为春官，兵部为夏官，刑部为秋官，工部为冬官。御史台改为肃政台，分为两台，左肃政台负责监察中央百官、监军和承诏出使，右肃政台负责各州的按察。

同时，武则天还为自己改了一个名字，这个名字单用了一个她自己创造的"曌"字，至此她的名字便由唐太宗李世民给她起的"武媚"改成了"武曌"。

表面看起来，武则天只是用了一些光怪陆离、标新立异的名称，但稍加揣摩，便能看出她要表达给天下人的心意。首先这些旗帜及重要部门与官员称谓的改变向天下表明历史已进入了一个万象更新的时代，一切都将有所改变，而且这种改变是顺应天命，适合四时变化的改变。其中许多富有女性色彩名称的推出，如"鸾台""凤阁"，更是表明了这种变化将是女性君临天下的新时代，而自己，这个如日月高悬于天空，光辉普照天地万物的女人武曌，便是开创这个新时代的史无前例的女皇。

在做了这样许多试探人心的举措后，深谙御人之术统治之道的武则天深知在中国不论是武力夺取还是暗中篡夺天下，都必须给自己找一个合法的根据，这个合法的根据便是古往今来所有统治者均加给自身的法宝——顺应天意（规律），顺应民心。自己登基统治天下只要是天意所赐，只要是万民拥戴，自己的执政便有了合理合法性，自然是受之无愧的。于是一场为女皇登基大造舆论的宣传战和表明民心所向的臣民拥立活动的浪潮便一波一波地涌动起来。

武则天深知宗教影响人们思想的作用，便指使薛怀义等人在佛教经典中查找有关女身能称王的经文。功夫不负有心人，薛怀义和他找来的法明等高僧日夜苦查经文，终于在《大云经》中找到了经文记载的南天竺中有一个无明国，一位叫等乘的国王生了一个女儿后，国家连年风调雨顺，百姓丰衣足食，于是老国王死后，大家便拥戴这个给民众带来康乐幸福的女儿继承了王位。那女儿当了国王后，威仪天下，人人臣服，使得东方各国都来朝贺。佛教经典中有女人当国王的记载，不仅给武则天增加了底气，更能让天下臣民明白女人当国王、当皇帝不仅符合佛教体例，而且是古已有之的。于是，法明等高僧对《大云经》进行了新的注释，并宣称当今天太后是弥勒佛转世，应当替代唐朝皇帝为阎浮提主（大地的主宰）。对此，武则天自然十分高兴，便下诏将《大云经》颁行天下，要求西京及各州均要建寺珍藏《大云经》，并组织各地高僧设坛讲解，在全国开展了一场女主代唐而立、主宰天下的全民洗脑教育运动。

佛教经文给武则天提供了做女皇帝的依据，这使武则天非常感激，于是她诏令全国提高佛教的地位。诏令中说："自令以后，释教应处道法之上，淄服应处黄冠之前、庶得道有识以皈依，极群生于回向。布告遐迩，知朕意焉。"从此，备受武则天推崇的佛教拥有了特殊的地位，以至于出现了"逃丁避罪，并集法门"的现象。

　　心思缜密的武则天并不满足于从经文中找出女主天下的理论依据，同历史上许多的皇帝登位前总要制造一些祥瑞之兆来蛊惑人心一样，大量的祥瑞吉兆纷纷被制造出来。除了"凤集上阳宫，赤雀见朝堂"等大量的传言外，最引起轰动的祥瑞之兆便是洛河出宝图瑞石的大吉兆。

　　这天，武承嗣带来了一个叫作唐同泰的渔夫，给武太后献上了一块据称是从洛水河中打捞上来的瑞石。这块看起来很平常的白色鹅卵石上竟有八个暗红色的篆字："圣母临人永昌帝业。"这明白无误地昭示天下女皇登基的"天授宝图"让武则天大喜过望，她不仅立即赏唐同泰 10 万钱，封其为五品游击将军，还率领朝中百官及邻国使臣在洛水设坛祭拜天地河神，感谢上天的旨意。在这场拜领"天授宝图"的大典中，武则天首次撤除帷幛，头戴冕旒，身穿衮袍，登坛致祭，还大大方方地与闻讯而来的臣民见面交谈，让天下百姓瞻仰自己的气度和威仪。大典进行中还让庞大的宫中乐队演奏了她亲自撰写的《唐大享拜洛乐章》十四首。当武太后神色庄重地接过放在金盘中的瑞石后，祭坛上下数万军众一齐发出了雷鸣般的呼喊："天赐宝图，君权神授！圣母临人，苍生纳福！"

　　武则天举办的拜领"天授宝图"的大典给朝野上下发出了明确的信号，心领神会的臣子立即开始了一场又一场的请愿劝进活动。

　　首先是一个叫傅游艺的侍御史带领从关中聚集到东都洛阳的 900 多人在宫门外请愿，要求武太后改国号，称皇帝。像历史上许多急不可待想登基称帝的人一样，虽然是她自己授意或组织的劝进请愿，自己还一再表示自己只是一个为国家操劳、为百姓造福，不求虚名的人，需要人们再三再四而且规模越来越大，朝野上下、各界人士都请愿劝进时才装作勉为其难地接受劝进。所以，傅游艺组织关中父老劝进武则天的请愿自然是没有被接受。

　　傅游艺带头劝进请愿虽然没有被武太后接受，但几天之后傅游艺一下子被提拔为给事中，这无疑是给朝野内外官员发出了请愿劝进武太后当皇帝的起跑令。于是朝野百官一个不落地上表劝进，外戚宗室也纷纷请见劝进，到后来，各地的父老百姓代表、边远地区的各族酋长、各处寺院道观的僧尼道士纷纷到神都洛阳劝进请愿，到高潮时，洛阳聚集的各地各界劝进民众代表达到了 6 万多人。公元 690 年农历九月庚辰日，群臣上朝时集体跪地劝进说："天意如此，人诚如此，陛下何以辞之！"嗣皇帝李旦也上表请求赐给自己母亲的武姓，做事果断的武则天眼见大戏已达到高潮，即刻答应了群臣的劝进请求。九月壬午日，已 67 岁的武则天头戴皇帝冠冕、身披龙袍，登上则天门楼，向天下宣布改唐为周的诏令，尊号自己为大周的"圣神皇帝"，改年号为"天授"元年。同时宣布赐皇嗣李旦为武姓，其子皇太子改为皇孙。中国历史上唯一的一位女皇帝终于正式登基了。

4. 铁腕治国

武则天虽然如愿以偿地面南称帝了，但她心里清楚地知道自己一个外姓的女人能够废唐立周成为女皇帝，不仅李唐宗室的人难以咽下这口气，那些忠于李唐、坚持正统观念的大臣也是口服心不服的。历朝历代靠着血腥杀戮夺取的政权从来都是靠血腥清洗镇压来维系的，所以武则天几十年来靠着她的铁血手腕在血雨腥风中拼杀而来的女皇天下也只能用残忍的血洗镇压来维持。对于武则天这种血腥的铁腕统治，《新唐书·则天武皇后传》有非常明确的记载："又畏天下有谋反逆者，诏许上变，在所给轻传，供五品食，送京师，即日召见，厚饵爵赏歆动之。凡言变，吏不得何洁，虽耘夫荛子必亲延见，禀之客馆。敢若不送者，以所告罪之。故上变者遍天下，人人屏息，无敢议。""内纵酷吏周兴、来俊臣等数十人为爪吻。有不慊若素疑惮者，必危法中之。宗姓侯王及它骨鲠臣将相骈颈就铁，血丹狴户，家不能自保。太后操奁具坐重帏而国命移矣。"

武则天的血腥统治有三大法宝：一是设置告密"铜匦"，鼓动全天下人揭发检举一切对其统治心怀不满和谋逆之人。二是重赏、提拔告密者。三是大量任用酷吏，纵容指使其制造冤狱和血腥的杀戮来维护其大周天下。

奸佞小人无中生有地告密检举历来是中国历史上冤狱不断的缘由，而武周王朝这样大肆鼓励告密，更给那些胆大妄为的无耻小人指出了一条升官发财的捷径。一时之间，各地的告密者像潮水一样涌向洛阳，不仅让王公大臣们个个心惊胆战，朝不保夕，也让普通百姓提心吊胆。由武则天一手提拔重用的周兴、来俊臣、索元礼等一班酷吏更是像一群狂撕滥咬的疯狗一样，以疯狂地抓人、杀人来求得自身的富贵和武则天的信任。在他们发明的有史以来无以覆加的凶残的酷刑之下，冤狱接连不断，血腥的恐怖笼罩了全国。

当时在洛阳南门设有一座监狱，专门用来处置谋反的罪犯，进入此狱的人不死不会出来，所以人们称此狱门为"例竟门"。许多王公大臣常常半夜被抓走后便没了消息，更有许多人早上上朝就再也回不了家门，所以许多官员上朝之前都要和家人诀别。许多的无耻小人靠告密获得官职更成为红眼疯狗的酷吏。如一个叫作侯思止的卖饼的无赖，认识了一名判司，这个判司犯罪被恒州刺史裴贞判以杖责。这个判司便指使侯思止告裴贞与舒王李元名谋反，李元名坐罪流放，裴贞被杀，侯思止即被任为游击将军。没想到侯思止竟然当面请求武则天提升自己为监察御史，武则天回绝他说："卿不识字，岂堪御史？"侯思止却回答说："獬豸何尝识字，却能触邪！"这样武则天便即授其为朝散大夫、侍御史。

有一个衡水人王弘义，只是一个无业的赌徒，因告密当地乡绅给僧人施舍斋饭是聚众谋反，被授予游击将军，后因制造的大案要案接连不断，不久便升为殿中侍御史。此人杀人成性，手段极其凶残，有人告胜州都督王安仁谋反，王弘义见王安仁在公堂上昂头不跪，上前在枷上砍了王安仁的头后仍不解气，又抓来王安仁的儿子亲手斩了他的头。路上经过汾州，司马毛公招待他吃饭，没想到他吃了几口饭后喝令陪侍在座的毛公离席下座，即刻将其斩首，并用长枪挑着毛公的头大摇大摆地走进洛阳城。

像侯思止、王弘义这样无耻妄为、横行不法的狂徒只是当时遍布全国成百上千个酷吏中名声不大的小吏，让时人心惊胆战，恶名如同瘟神在世的便是索元礼、周兴、来俊臣这样大名鼎鼎的酷吏。对此《资治通鉴》有如下的记载："有胡人索元礼，知太后意，因告密召见，擢为游击将军，令案制狱。元礼性残忍，推一人必令引数十百人，太后数召见赏赐以张其权。于是尚书都事长安周兴、万年人来俊臣之徒效之，纷纷继起。兴累迁至秋官侍郎，俊臣累迁至御史中丞，相与私畜无赖数百人，专以告密为事。欲陷一人，辄令数处俱告，事状如一。俊臣与司刑评事洛阳万国俊共撰罗织经数千言，教其徒网罗无辜，织成反状，构造布置，皆有支节。太后得告密者，辄令元礼等推之，竟为讯囚酷法，有定百脉、突地吼、死猪愁、求破家、反是实等名号。或以椽关手足而转之，谓之'凤皇晒翅'；或以物绊其腰，引枷向前，谓之'驴驹拔橛'；或使跪棒枷，累甓其上，谓之'仙人献果'；或使立高木，引枷尾向后，谓之"玉女登梯"。或倒悬石缒其首，或以醋灌鼻，或以铁圈毂其首而加楔，至有脑裂髓出者。每得囚，辄先陈其械具以示之，皆战栗流汗，望风自诬。每有赦令，俊臣辄令狱卒先杀重囚，然后宣示。太后以为忠，益宠任之。中外畏此数人，甚于虎狼。"

在武则天设置告密铜匦、重赏告密小人、大量提拔酷吏的鼓动之下，一时之间告密成风，酷吏横行，冤狱遍地。几年时间被定为谋逆杀头的人成百上千，李姓宗室几乎被斩尽杀绝，朝中大臣、地方刺史、郎将等官员杀头流放更是无以计数。从下面几则史载案例便可略见一斑。

"夏四月，戊戌，杀太子通事舍人郝象贤。象贤，处俊之孙也。"郝象贤是高宗时宰相郝处俊的孙子。当年高宗受武则天所迫多次提出逊位让武则天"摄知国政"。时任中书令的郝处俊则坚决反对唐高宗的荒唐提议，他说："臣闻《礼经》云：'天子理阳道，后理阴德，内和顺，国家以治。'然则帝之于后，犹日之于月，阳之于阴，各有所主，不相夺也。若失其序，上则谪见于天，下则成祸于人。昔魏文帝着令，虽有少主，尚不许皇后临朝，所以追鉴成败，杜其荫也。况天下者，高祖、太宗之天下，陛下正合慎守宗庙，传之子孙，诚不可持国与人，有私于后。且旷古以来，未有此事，伏乞特垂详审！"在众宰相和大臣的反对声中，唐高宗最终收回了成命，致使武则天"摄知国政"没有成功。所以"初，太后有憾于处俊，会奴诬告象贤反，太后命周兴鞫之，致象贤族罪。象贤家人诣朝堂，讼冤于监察御史乐安任玄殖。玄殖奏象贤无反状，玄殖坐免官。象贤临刑，极口骂太后，发扬宫中隐匿，夺市人柴以击刑者，金吾兵共格杀之。太后命支解其尸，发其父祖坟毁棺焚尸。自是终太后之世，法官每刑人，先以木丸塞其口"。

在武则天剪除李唐宗室之风愈演愈烈之时，李唐宗室中许多成员眼看自己已是待宰的羔羊，在危险步步逼近的形势下，意识到只有拼死抗争，或许尚有生路。寿州刺史赵瓌的妻子常乐公主激励她丈夫拼死一搏的话正表达出了有见识的李唐宗室子女的心声："昔隋文帝将篡周室，尉迟迥，周之甥也，犹能举兵匡救社稷，功虽不成，威震海内，足为忠烈。况汝诸王，先帝之子，岂得不以社稷为心！今李氏危若朝露，汝诸王不舍生取义，尚犹豫不发，欲何须邪？祸且至矣，大丈头当为忠义鬼，无为徒死也。"

但是，在琅玡王李冲与诸王相约起兵反周时，只有他的父亲越王李贞仓促响应，其他诸王却临阵退缩，不敢发兵响应，在武则天派遣左金吾将军丘神勣为清平道行军大总管的残酷讨伐下，起事很快被镇压下去。李贞、李冲兵败被杀后，武则天便将许多李唐诸王抓起来，命监察御史苏珦审讯定案。苏珦经过审理认为诸王并没有和李贞、李冲合谋反叛的罪证，于是便有人告苏珦与诸王通谋。武则天当面斥责苏珦，苏珦仍然坚持诸王无罪，武则天强按心头怒火对苏珦说："卿大雅之士，朕当别有任使，此狱不必卿也。"苏珦被派遣至河西监军，诸王谋反的案子便交给了周兴审理。时间不长，鲁王、韩王、韩王的儿子及常乐公主都被定为死罪，其亲族及关系亲近的人全部遭到诛杀。这以后此案在周兴不断的牵连追杀中，许多李唐宗室都被牵涉其中，大批王公贵族被灭族，甚至连武则天最疼爱的女儿太平公主的丈夫驸马都尉薛绍的家族也被牵连，薛氏家族被诛灭，仅薛绍因是太平公主的丈夫，被杖一百后饿死在狱中。

在这样一波又一波的大清洗中，许多正直的王公大臣表现出了中华民族"士可杀不可辱"和刚正不阿、初心不改的传统气节。地官尚书、时同平章事魏玄同因早年劝过进京谋求提拔而无望的周兴"周明府可去矣"，遭周兴诬告，说魏玄同曾对人说"太后老矣，不若奉嗣君为耐久"，武则天闻言大怒，即下令赐死。监刑御史房济很同情魏玄同，便给他出主意说："丈人何不告密，冀得召见，可以自直。"但魏玄同却说："人杀鬼杀（得病而死），亦复何殊，岂能作告密人邪！"平静地自尽而死。

当时，武承嗣、武三思把持朝政，朝中宰相及王公大臣个个曲意逢迎。但地官尚书、同凤阁鸾台韦方质在自己有病，武承嗣、武三思亲自探视他时"据床不为礼"。有人很为他担心，劝他不要这样得罪武氏兄弟，但韦方质却说："死生有命，大丈夫安能曲事近戚以求苟免乎。"不久，周兴便按武氏兄弟的授意，给韦方质罗织了罪名，将其流放到儋州，全家被抄灭。

许多的李唐宗室子弟和公主绑赴刑场受死时，拒不下跪，口被塞不能言仍然怒目抗争，被砸碎膝盖，挑断脚筋后，才伏地而死。但也有为求苟活保命而极尽阿谀奉承、丑态百出之人。《资治通鉴》记载："八月，甲寅，杀太子少保、纳言裴居道；癸亥，杀尚书左丞张行廉。辛未，杀南安王颖等宗室十二人，又鞭杀故太子贤二子，唐之宗室，于是殆尽矣。其幼弱存者亦流岭南，又诛其亲党数百家。惟千金大长公主以巧媚得全，自请为太后女，仍改姓武氏；太后爱之，更号延安大长公主。"

千金大长公主是唐高祖皇帝的第十八女，按辈分是唐高宗李治和武则天的姑姑，但她为求自保竟然给自己的侄媳妇武则天引荐面首薛怀义后，还自降辈分认武则天为干娘，而且当面对武则天说自己以姓李为耻，请求赐自己改姓武，武则天竟然收了自己的姑母做干女儿。自古以来，所谓的皇室之中这样的人伦颠倒，廉耻全无的丑态丑事，真让人闻之而恶心。

告密和杀戮不仅涉及李唐宗室和忠于李唐王朝的官员，许多人言行稍有不慎也会陷于血光之灾，甚至许多为武则天登基立下汗马功劳的亲信也难以自保。史载曾带着关中父老请愿团到洛阳劝进而被提升为鸾台侍郎、同平章事的傅游艺"梦登谌露殿，以语所亲告之，壬辰，下狱，自杀"。

血腥的告密杀戮之风愈演愈烈，不仅让王公大臣终日提心吊胆，更让从来不问政事，一心曲意逢迎母后而求保全性命的皇嗣李旦惶惶不可终日。有一个叫作团儿的宫女最受武太后宠信，自认为皇嗣终会当上皇帝的，便多次挑逗皇嗣李旦，想得到宠爱后使自己日后更有依靠而获得荣华富贵。但终日忧心畏惧的李旦唯恐团儿是受母后指使来引诱他，便多次极力拒绝团儿的示好。团儿心中很是气恼，便在武太后面前诬告李旦的两个妃子刘氏和窦氏厌咒太后。武则天便在刘氏和窦氏拜见自己时，将二人同时杀死，埋在后宫花园。两个妃子去拜见母后却一下子消失得无影无踪，皇嗣李旦一点也不敢声张，仍然温顺平和地侍候在武则天的左右。即使这样，谨言慎行的皇嗣李旦仍然逃不脱一心想抓到大鱼，建立大功的告密者和虎狼成性的酷吏的追杀。

史载："甲寅，前尚方监裴匪躬、内常侍范云仙坐私谒皇嗣腰斩于市。

自是公卿以下皆不得见。又有告皇嗣潜有异谋者，太后命来俊臣鞫其左右，左右不胜楚毒，皆欲自诬。太常工人京兆安金藏大呼谓俊臣曰：'公既不信金藏之言，请剖心以明皇嗣不反。'即引佩刀自剖其胸，五藏皆出，流血被地。太后闻之，令入宫中，使医五藏，以桑皮线缝之，傅以药，经宿始苏。太后亲临视之，叹曰：'吾有子不能自明，使汝至此。'即命俊臣停推。睿宗由是得免。"

安金藏舍命保主的行为让武则天的心中有所触动，这以后也有一些正直的大臣冒死上书揭露酷吏的恶行，请求惩处酷吏，再加上又亲审了她非常信任和倚重的大臣狄仁杰、魏元忠被诬告下狱的案件，使她心中对告密成风、酷吏横行、冤狱遍地的现象不得不有所顾忌，从而对严刑酷法的推行也有所松缓。

狄仁杰是武则天最为信任重用的大臣。《资治通鉴》载："太后信重内史梁文惠公狄仁杰，群臣莫及，常谓之国老而不名。仁杰好面引廷争，太后每屈意从之。尝从太后游幸，遇风吹仁杰巾坠，而马惊不能止，太后命太子追执其鞍而系之。仁杰屡以老疾乞骸骨，太后不许。入见，常止其拜，曰：'每见公拜，朕亦身痛。'仍免其宿直，戒其同僚曰：'自非军国大事，勿以烦公。'辛丑，薨，太后泣曰：'朝堂空矣！'自是朝廷有大事，众或不能决，太后辄叹曰：'天夺吾国老何太早邪！'"

即使这样，狄仁杰仍然逃脱不了被诬告，时任左台中丞的来俊臣诬告同平章事的任知古、狄仁杰、裴行本、司礼卿崔宣礼、前文昌左丞卢献、御史中丞魏元忠、潞州刺史李嗣真谋反，并把他们抓捕起来严刑审讯。当时有一条敕令，被抓捕审讯的人员第一次审问即承认谋反犯罪，便可免除死刑，来俊臣便用这条敕令诱使任知古、狄仁杰等人招认罪行。没想到来俊臣话音刚落，狄仁杰即大声说："大周革命，万物惟新，唐室旧臣，甘从诛戮，反是实。"狄仁杰一审便承认自己谋反是真实的，自然躲过了严刑拷打，但其他人不承认自己犯罪，便少不了拷打折磨。侯思止审讯魏元忠时，魏元忠据理抗争不认罪，侯思止大怒，让人将魏元忠打倒在地，将他倒拖双腿在厅堂及台阶上折磨。等侯思止一停手，魏无忠还是断断续续地说："我真是命不好，从驴背上跌落了，脚还挂在驴镫上，被驴子拖着走。"侯思止更加生气，用各种刑法来折磨他，魏元忠痛苦难熬，便吼道："侯思止，你要我魏元忠的脑袋，砍了就是，何必要我承认造反啊！"

狄仁杰一审便承认了自己谋反，没有受到过多的刑罚，判官王德寿受到指使对狄仁杰说尚书大人您肯定不会判死罪了，现在您只要接受我的劝告，把刚任同平章事的夏官尚书扬执柔也指认为谋反同伙，不但您可以减罪，我也能立功升官。狄仁杰听完话便长叹一声说天地神明在上，没想到竟然叫我狄仁杰做这么无耻的勾当啊！话音刚落，狄仁杰便一头撞在柱子上，血流满面，昏死在地。眼前的这一幕让王德寿深感惭愧，他救醒了狄仁杰后一再向他道歉认错。

狄仁杰承认了犯罪，对他的看管便不再十分严厉，狄仁杰偷偷地撕了块被里子，写成了申诉冤情的状子，放在自己棉衣中的棉絮里，对王德寿说天气很热了，烦请你把我的棉衣带到我家，让家人抽掉里面的棉絮再给我带来穿。王德寿将棉衣带到狄仁杰家中，狄仁杰的亲人得到了申诉状，他的儿子即刻到宫中申冤。武则天看了狄仁杰的申诉状，便召来俊臣了解案情，来俊臣说他对狄仁杰很优待，吃住都格外照顾，连头巾都没有除掉，是他主动承认自己谋反事实的。武则天对来俊臣的话半信半疑，便派了通事舍人周琳去狱中查看情况，谁知这个周琳在狱中一见到来俊臣便心惊肉跳，在远处看了一眼被来俊臣安排好戴上头巾站立的狄仁杰，便对来俊臣点头哈腰连声说好，然后拿着来俊臣模仿狄仁杰等人笔迹写好的给武太后的谢死表，面呈给了武则天。

听了周琳的报告，看了狄仁杰等人承认犯罪请求处死的表奏，武则天自然相信了来俊臣，狄仁杰费尽心机的申诉看来也没有任何作用了，只等案件审理完毕引颈受死了。但这时发生的不足 10 岁的小孩子为其父申冤的事引起了武则天对狄仁杰等人谋反案的关注，使案情出现了重大转机，狄仁杰等人才保住了性命。

这个不足 10 岁的小孩是已被杀了头的官员乐思晦的儿子，他在其父被处死后籍没在司农寺，想不到他竟偷跑出来跪在宫外喊冤。一个小孩敢于为父申冤，这引起了武则天的注意，在面召询问实情时，孩子的一番话竟引起了武则天的反思。孩子说臣父已死，家已被抄没，这都没有什么，我只感到可叹的是皇上的法度被来俊臣等酷吏随意玩弄。皇上若不信我说的话是实情，请选择一位清廉忠诚而且最受陛下信任的大臣，说他有造反的嫌疑而让来俊臣去审问，他肯定也会承认自己造反的啊！孩子的这番话让武则天自然想到了狄仁杰，于是她下旨面召狄仁杰，亲审此案。《资治通鉴》对武则天这次廷审判决及其他人对这个案件的态度做了下面详细的记载：

> 太后意稍寤，召见仁杰等，问曰："卿承反何也？"对曰："不承，则已死于拷掠矣。"太后曰："何为作谢死表？"对曰："无之。"出表示之，乃知其诈，于是出此七族。庚午，贬知古江夏令，仁杰彭泽令，宣礼夷陵令，元忠涪陵令，献西乡令；流行本、嗣真于岭南。

> 俊臣与武承嗣等固请诛之，太后不许。俊臣乃独称行本罪尤重，请诛之；秋官郎中徐有功驳之，以为"明主有更生之恩，俊臣不能将顺，亏损恩信。"

> 殿中侍御史贵乡霍献可，宣礼之甥也，言于太后曰："陛下不杀崔宣礼，臣请陨命于前。"以头触殿阶，血流沾地，以示为人臣者不私其亲。太后皆不听，献可常以绿帛裹其伤，微露之于巾头下，冀太后见之以为忠。

徐有功能与权势熏天的酷吏外戚极力抗争，表现出即使在暗夜浓重、浊流横行的历史时期也有耿直之士的精神闪光；而霍献可之流的行径则将人性的丑恶无耻表现得淋漓尽至。

武则天对严刑酷法、冤狱遍地的恐怖风潮有所反思和松缓，让朝中正直的大臣看到了希望和机会，他们或明或暗地运用各种谋略，以其人之道反治其人之身来攻击告发周兴等人，使许多酷吏得到了应有的下场。

敢于冒天下之大不韪杀害太子李贤，镇压李唐宗室李贞、李冲父子起事而滥杀博州千余家的丘神勣首当其冲被仇家人一再告发谋反。武则天虽极信任丘神勣，但因其左金吾大将军的权力直接执掌禁卫军而心生忌惮，终于杀掉了丘神勣。紧接着，武则天接二连三收到告密，告文昌右丞周兴与丘神勣共谋逆，于是史书便有了"请君入瓮"这个著名典故的记载："或告文昌右丞周兴与丘神勣通谋，太后命来俊臣鞫之。俊臣与兴方推事对食，谓兴曰：'囚多不承，当为何法？'兴曰：'此甚易耳！取大瓮，以炭四周炙之，令囚入中，何事不承！'俊臣乃索大瓮火围如兴法，因起谓兴曰：'有内状推兄，请兄入此瓮！'兴惶恐叩头伏罪，法当死，太后原之。二月，流兴岭南，在道为仇家所杀。"

在众多酷吏中，索元礼嗜杀成性，最为凶残，周兴死后，状告索元礼的潮流一浪高过一浪，最后"太后亦杀之以慰人望"。

周兴、索元礼死后，来俊臣一家独大，更受武则天倚重，这让来俊臣更加肆元忌惮，野心与贪欲更加膨胀起来。史载："司仆少卿来俊臣倚势贪淫，士民妻妾有美者，百方取之；或使人罗告其罪，矫称敕以取其妻，前后罗织诛人，不可胜计。自宰相以下，籍其姓名而取之。监察御史李昭德素恶俊臣，又尝庭辱秋官侍郎皇甫文备，二人共诬昭德谋反，下狱。"这时的来俊臣不仅欺男霸女，为所欲为，而且野心勃发，达到了疯狂的程度。真所谓上天要叫你灭亡，必先让你疯狂。发了疯的来俊臣最后竟然唆使告密者告起了武周时最有权势的武氏诸王及武则天最为宠爱的太平公主，指望将这些人通通下狱，自己便可以权倾天下，执掌国柄，此事终于让这个凶残恶狗的人生走到了尽头。

史载来俊臣诬告武氏诸王及太平公主："诸武及太平公主恐惧，共发其罪，系狱，有司处以极刑。太后欲赦之，奏上三日，不出。王及善曰：'俊臣凶狡贪暴，国之元恶，不去之，必动摇朝廷。'太后游苑中，吉顼执辔，太后问以外事，对曰：'外人唯怪来俊臣奏不下。'太后曰："俊臣有功于国，朕方思之。'顼曰：'俊臣聚结不逞，诬构良善，赃贿如山，冤魂塞路，国之贼也，何足惜哉！'太后乃下其奏。

"丁卯，昭德、俊臣同弃市，时人无不痛昭德而快俊臣。仇家啖俊臣之肉，斯须而尽，抉眼剥面，披腹出心，腾蹋成泥。太后知天下恶之，乃下制数其罪恶且曰：'宜加赤族之诛，以雪苍生之愤，可准法籍没其家。'士民皆相贺于路曰：'自今眠者背始贴席矣。'"

武则天深知来俊臣诛杀李唐宗室及朝野众臣，实是按自己的旨意行事，他制造的血腥清洗和高压政治为稳固武周王朝及女皇权势立下了汗马功劳。所以在她最受宠爱的诸武侄儿及太平公主的告发下，仍然舍不得处死来俊臣这条自己亲手放出来咬人的恶狗，但在吉顼劝说来俊臣已是"聚结不逞"的"国之贼也"，已危害到她的统治时，才下决心除掉自己的这条猎犬。然而，当她看到天下人对来俊臣啖肉抉眼的切齿之恨时，内心受到震动，终于下决心彻底丢弃这个恶卒，在列举其罪恶，撇清其和自己的关系后，以对来俊臣最严厉的处罚达到笼络人心、保障自己稳固统治的目的。

乱世出小人恶徒，但小人恶徒被利用以后下场也很惨，周兴、来俊臣等酷吏得到了他们应得的下场。但是了解历史的人知道他们只是武则天放出来咬人的鹰犬，所以任用酷吏，制造血腥的恐怖统治历来是武则天最受指责的罪恶之一。许多史家认为性格凶残阴冷的武则天跟周兴等酷吏完全是物以类聚，本性相投，血腥杀戮，恐怖镇压便自然是由武则天这个最大的酷吏本性使然的治国之法，武则天才是这个时期的最大酷吏。

封建社会的中国历来是个人治的国家，社会的发展、人民的生活历来寄托在最高统治者道德修养性格品行的优劣上。遇到一个好皇帝，能够体恤百姓疾苦，偃武修文，不好大喜功，使得社会安定，经济有好的发展环境，百姓得以休养生息，过上安康的生活。遇上一个性格暴虐荒淫，把个人名利看得至高无上而不断胡乱折腾国家和人民的皇帝，国家和百姓只能是逆来顺受，求苟且偷生而不能。看一个历史人物要从他对今天的影响来看，也应该考虑当时人们的遭遇和感受。只从秦始皇留下了长城，隋炀帝留下了大运河来夸赞他们伟大，不考虑他们的暴虐统治给当时人造成的深重苦难，看起来眼光高远，实则鼓吹暴虐政治。应该让这样的所谓史家穿越到秦始皇时代去修长城、修秦始皇陵，让其感受一下当时百姓的苦难，我想他便不会夸赞秦始皇是多么伟大了。几千年来我国最高统治者的性格品德决定着社会能否进步，经济能否发展，百姓能否安康，文化能否繁荣是一个不争的事实，更是一个让人既痛心又无奈的事实。

从武则天一步步夺取权力，最终登上帝位和铁腕统治大周的历史事实来看，武则天确实有着她性格阴冷凶狠的一面。但是，她又确确实实和历史上的秦始皇、隋炀帝等暴君有所不同。从她进号天后以后"建言十二事"开始施行的"劝农桑，薄赋徭"，免除三辅地区的徭役，"息兵，以道德化人"，禁止制作华而不实的奇巧之物，减省各种工程费用和百姓的劳役负担，增加各级官员的薪俸等来看，这些关心民生疾苦的宽厚政策为维护社会安定、平稳发展经济、提高人民生活条件产生了良好作用。虽然她也时不时脑袋发热地干些给百姓造成祸殃的蠢事，如因信佛而禁止杀生和捕鱼虾使畜牧特别是渔猎的人们无以为生饥饿而死。但她实际统治的几十年中，边疆基本安定，经济迅速发展，百姓安居乐业，生活安康。所以虽然发生了像李敬业、李贞等多次反叛事件，但由于人民安康，厌恶战乱，没有出现像秦末和隋末那样一夫作乱万民响应的动乱局面，从而使这些叛乱很快得以剿灭。武则天的武周时期处在唐朝两个盛世"贞观之治"和"开元盛世"的过渡时期，非常客观地说，武则天武周时期的平稳发展为大唐鼎盛的"开元盛世"奠定了不可或缺的基础。

说武则天是最大的酷吏，她和周兴等酷吏恶棍性格相投也显得有失偏颇，这从她对待监察御史苏珦公正断案的事例上就可看得出来。在李贞等诸王造反被杀之后，武则天便想将李唐宗室中最优秀、最有影响力的韩王李元嘉、鲁王李灵等诸王牵扯到这起谋反案中而将诸王一网打尽，她将这个任务交给苏珦办理后，没想到苏珦竟以"皆无明验"，即没有证据可以证明诸王参与了这次谋反来报告，武则天当面叱责他，苏珦还是坚持自己的观点而"抗论不回"。对此，武则天看到了靠苏珦这样刚直不阿的臣子是办不了罗织罪名、陷害栽赃这样的奸佞之徒才能做的事，于是她对苏珦说："卿大雅之士，朕当别有任使，此狱不必卿也。"武则天认为苏珦是个刚正的人，而刚正的人是办不了龌龊的事的，于是她便选用了周兴这个龌龊小人来办这个案子。果然武则天的慧眼识小人很快达到了预期目的，周兴很快将诸王定为谋反罪，许多李唐宗室诸王及公主被诛杀，消除了武则天的心头之患。

武则天不仅善于辨别奸佞小人，也很痛恨小人行径。《资治通鉴》记载的这则故事便是明显的例证："五月丙寅，禁天下屠杀及捕鱼虾……右拾遗张德，生男三日，私杀羊会同僚，补阙杜肃怀一啖，上表告之。明日，太后对仗，谓德曰：'闻卿生男甚喜。'德拜谢。太后曰：'何从得肉？'德叩头服罪。太后曰：'朕禁屠宰，吉凶不预。然卿自今召客，亦须择人。'出肃表示之。肃大惭，举朝欲唾其面。"这件事只能看出武则天内心其实是对告密行径也极其憎恶和不齿的，她鼓动告密也是为了达到消除自己政敌的目的。她在自己统治尚不稳固的情况下鼓动告密，制造社会混乱和恐怖气氛，在恐怖混乱的政治高压中借酷吏恶鬼消灭政敌。而在自己的政敌被消灭殆尽的情况下，非常了解这些酷吏是何等样人的武则天便自然对周兴、来俊臣下了手，使这些恶鬼得到了自古以来为人猎犬最终兔死狗烹的下场。

武则天这个中国历史上少有的女强人不仅善于识别和利用奸佞小人，更能知贤任能。她起用了像娄师德、狄仁杰、魏元忠、张柬之、姚崇这样德才兼备的人辅佐自己治理国家，使国家大局稳定，经济发展，人民安居乐业。对狄仁杰、魏元忠等人的信任和保护我们前面已说过，她不仅信任尊重狄仁杰这样有德才的大臣，委以重任，尽力维护，而且对他们所举荐的人也是给以信任，大胆起用。史载："太后尝问仁杰：'朕欲得一佳士用之，谁可者？'仁杰曰：'未审陛下欲何所用之？'太后曰：'欲用为将相。'仁杰对曰：'文学缊藉，则苏味道、李峤固其选矣。必欲取卓荦奇才，则有荆州长史张柬之，其人虽老，宰相才也。'太后擢柬之为洛州司马。数日，又问仁杰，对曰：'前荐柬之，尚未用也。'太后曰：'已迁矣。'对曰：'臣所荐者可为宰相，非司马也。'乃迁秋官侍郎；久之，卒用为相。仁杰又尝荐夏官侍郎姚元崇、监察御史曲阿桓彦范、太州刺史敬晖等数十人，率为名臣。或谓仁杰：'天下桃李，悉在公门矣。'仁杰曰：'举贤为国，非为私也。'"

武则天不仅重用狄仁杰这样的贤能之臣，对德行仁厚的大臣也委以重任，尽力维护，如对任陇右诸军大使、镇守西北边关近40年的娄师德的信任与维护便是例证。

娄师德为人宽厚仁义，《资治通鉴》对此有明确的记载："春，一月，庚子，以夏官侍郎娄师德同平章事。师德宽厚清慎，犯而不校。与李昭德俱入朝，师德体肥行缓，昭德屡待之不至，怒骂曰：'田舍夫！'师德徐笑曰：'师德不为田舍夫，谁当为之？'其弟除代州刺史，将行，师德谓曰：'吾备位宰相，汝复为州牧，荣宠过盛，人所疾也，将何以自免？'弟长跪曰：'自今虽有人唾某面，某拭之而已，庶不为兄忧。'师德愀然曰：'此所以为吾忧也！人唾汝面，怒汝也；汝拭之，乃逆其意，所以重其怒。夫唾，不拭自干，当笑而受之。'"

娄师德能笑对别人的辱骂，能让唾面自干，对于这样一位仁厚长者，武则天不仅提拔重用，长期信用他手握重兵坐镇边关，而且处处维护他的声誉，让狄仁杰这样的重臣也时时尊重他。史载："师德在河陇，前后四十余年，恭勤不怠，民夷安之。性沉厚宽恕，狄仁杰之入相也，师德实荐之，而仁杰不知，意颇轻师德，数挤之于外。太后觉之，尝问仁杰曰：'师德贤乎？'对曰：'为将能谨守边陲，贤则臣不知。'又曰：'师德知人乎？'对曰：'臣尝同僚，未闻其知人也。'太后曰：'朕之知卿，乃师德所荐也，亦可谓知人矣。'仁杰既出，叹曰：'娄公盛德，我为其所包容久矣，吾不得窥其际也。'是时罗织纷纭，师德久为将相，独能以功名终，人以是重之。"

武则天更是重视收集网罗各种人才为其所用。为使招收人才的科举考试公平公正，提拔重用真才实学之人，她发明了科考"糊名"制，"令士子自糊提名，暗考以定等第"。即让考生在考场中将自己试卷上的名字糊住，使阅卷的考官认不出这是何人的考卷，以防考官从中作弊，不以真才实学来取人。女皇这一小小的发明创造，竟然一直沿续了1000多年，至今的各种考试都还在采用。为了选拔出符合自己心意的优秀人才，女皇武则天还推出了另一个前无古人的创举，即科考"殿试"的先河。在科考之后，武则天要求考官选拔出数十个最优秀者，由她亲自召在朝堂大殿中策问应答，确定出录取名次。这种科考的殿试之制也由武则天推出后沿用了几个朝代。

但是，如此重才重德，用尽心力选用人才为其所用的女皇武则天却又对自己委以重任的大量官员极度猜忌，时时以为他们对自己不忠而图谋恢复李唐王朝，从而大肆任用酷吏，以不惜枉杀一千也不放过一个谋反之人的血腥屠杀来确保自己的心安和统治。如果我们从武则天内心深处来推测，便可以看出一个1000多年前的女人做皇帝是多么的不易和无奈！

一个新皇帝的诞生，在我们中国只能有两种方式：一种是以嫡长者的身份承袭继位或被老皇帝指定为接班人；一种便是发动战乱武力夺取帝位或制造宫廷政变阴谋夺取皇位。前一种方式被认为是正统的承袭方式，自然为人们最认同，而后一种方式，虽在事前不被社会认同，但因几千年封建统治难免少不了奴性色彩的国民性中的枭雄崇拜心理作祟，在新皇帝即位前虽然有人难以接受而汹汹然，以后又慑服于其武力和手腕而臣服，以至于将其抢班夺权的武力和手腕称颂为雄才大略而感佩，最终山呼万岁而接受。

而武则天登基称帝，一没有嫡长太子的身份，更没有老皇帝唐高宗的指定，而且也没有以战乱来抢班夺权，也没有以下犯上搞阴谋来进行宫廷政变（在废除唐中宗李显和唐睿宗李旦时，武则天已实际掌控了最高权力）。武则天称帝是以中国前无古人后无来者的第三种方式，即人们通常所说的“女人通过征服男人而征服世界”，她是征服了丈夫皇帝唐高宗，通过唐高宗把她心甘而情不愿地捧上了最高权力的宝座。她既没有靠被社会认同的身份当上皇帝，也没有靠武力或政变抢班夺权，她仅仅是靠自己的女儿身征服了唐高宗，从而成了大周皇帝。这种方式前无古人，后无来者，更不为时人接受认同，甚而至于在武则天心底里都难以避免女人怎能当皇帝，女人怎能用这样的方式当皇帝的心理阴影。自己心里都有自己的身份和方式当皇帝有不正当性的阴影，便自然会有秃子怕说光头的心理猜忌，便总会时时疑心人们不认同自己这个女皇帝执政的合法性而寝食难安，从而只能以捕风捉影的杀戮镇压来求得自己心中的片刻安宁。所以，武则天靠血腥恐怖的铁腕治国，既让我们看到了一代女皇的残忍和疯狂，也让我们感到了她内心的恐慌和无奈，更能体谅出这个历史留名的中国古代女人改朝换代创造历史大事的不易！

一代女皇武则天除了任用酷吏血腥杀戮的恐怖政治广受诉议之外，更因她的后宫生活而历来饱受指责。

5. 女皇后宫

单从字面上看这个题目肯定是不合适的，因为女皇武则天从来就没有过后宫。但以后宫来言皇帝私生活，这个话题却又不得不说，因为如同武则天杀死自己的诸多亲人，屠杀李唐宗室和政敌等血腥冷酷的手段历来为人们所诟病一样，武则天的私生活也是最受指责诟病的热门话题。从史料来看武则天确实有蓄养面首、重用情夫的劣迹，而且由于她的宠爱和祖护使这些人气势熏天，横行不法，因而被人们认为荒淫无耻，祸乱朝纲。但是，在阅读这些记载前我想先说的一点是，这种指责是以男性社会的偏见对一个女性皇帝的过分苛求，因为同武则天女皇之前及以后中国历朝历代所有的皇帝宫中蓄养成千上万的女性而供一人淫乐相比，女皇武则天蓄养几个情夫实在是不值得一提。中国两千多年来众多纵欲淫乐的男性皇帝没有哪一个像武则天这样被人因之愤慨而受到极端的斥骂，有的甚至因其淫乱无耻，还被捧为风流和情真。如武则天的孙子唐玄宗李隆基，他淫乱逼纳自己亲儿媳的恶迹还被人作诗讴歌传颂至今。下面，我们再阅读一些有关女皇武则天私生活的史料后，再来探讨一下武则天在这方面最受指责的原因。

武则天第一个蓄养的面首便是薛怀义，对他的出身及受宠经过史书有如下的记载："怀义鄠人，本性冯，名小宝，卖药洛阳市，因千金公主以进，得幸于太后。太后欲令出入禁中，乃度为僧，名怀义。又以其家寒微，令与驸马都尉薛绍合族，命绍以季父事之。"

薛怀义本名叫冯小宝，出身贫寒，靠街头摆地摊卖药为生，在他耍棍卖艺招徕顾客时，因身材结实魁梧而被千金公主看中。千金公主是唐高祖李渊的第十八个女儿，论辈分武则天应该叫她姑妈，但在武则天大肆屠杀李唐王室宗族时，千金公主为保性命自请认武则天为干妈，并改姓武来表示自己对女皇的忠心。做了干女儿的千金公主常来宫中为武则天解闷，时间长了，她便发现寡居多年成天忙于政务的女皇性格越来越烦躁，睡眠越来越差，脾气暴躁，喜怒无常，体质也大不如前，于是颇有心计的千金公主便向女皇举荐了冯小宝。

武则天对冯小宝非常满意，为了能让其经常出入宫中而又不被人非议，武则天下令修复了白马寺，让他剃度为僧，做了白马寺住持。这样便可以用和住持谈佛讲法的名义让冯小宝自由进出自己的内宫。同时，又为了掩人耳目，抬高冯小宝的身份，还让其与自己的女儿太平公主的丈夫薛绍联宗，让薛绍认其为叔父，为其改名为薛怀义。这样，一个在洛阳街头舞枪弄棒、卖狗皮膏药和大力丸的江湖混混摇身一变，就成了主持皇家寺院国师级的高僧薛怀义。

但是，他的姓氏可以改变，身份地位可以改变，但市井无赖的本性却难以改变，而且因为他一下子的飞黄腾达，其恶性更是膨胀起来。史料对受宠后的薛怀义有如下的记载："出入乘御马，宦者十余人侍从，士民遇之者皆奔避，有近之者，辄挝其首流血，委之而去，任其生死。见道士则极意殴之，仍髡其发而去。朝贵皆匍匐礼谒，武承嗣、武三思皆执僮仆之礼以事之，为之执辔，怀义视之若无人。多聚无赖少年，度为僧，纵横犯法，人莫敢言。右台御史冯思勖屡以法绳之，怀义遇思勖于途，令从者殴之，几死。"

对于这样一个横行不法的恶棍，武则天却倍加宠爱，不仅拜他为右卫大将军，赐爵鄂国公，还让其役使几万人修建明堂。高达294尺的明堂建成后，武则天又让薛怀义监造天堂，天堂中塑造的夹纻大佛像高大巍峨，佛像小指中就能容纳几十个人。对于修建这样浩大的工程，史料记载："日役万人，采木江岭，数年之间，所费以万亿计，府藏为之耗竭。怀义用财如粪土，太后一听之，无所问。每作无遮会，用钱万缗；士女云集，又散钱十车，使之争拾，相蹈践有死者。"

但是，许多正直的大臣极其厌恶这样无端蹿红高升而飞扬跋扈的小人。史载："（左相）苏良嗣遇僧怀义于朝堂，怀义偃蹇不为礼。良嗣大怒，命左右曳批其颊数十。怀义诉于太后，太后曰：'阿师当于此北门出入，南牙宰相所往来，勿犯也。'"有人为维护宫廷的颜面也曾建议阉割薛怀义，这当然不为女皇采纳。史载："补阙长社王求礼上表，以为'太宗时，有罗黑黑善弹琵琶，太宗阉为给使，使教宫人。陛下若以怀义有巧性，欲宫中驱使者，臣请阉之，庶不乱宫闱。'表寝不出。"

武则天的纵容骄惯使薛怀义更加忘乎所以，有恃无恐。到后来竟然"怀义颇厌入宫，多居白马寺，所度力士为僧者满千人"。侍御史周矩对薛怀义这样广招恶徒为所欲为的行为很担忧，怕他势力做大会祸乱国家，便一再请求武则天依法审讯薛怀义。但武则天只是对他说："卿姑退，朕即令往。"但等周矩回到他的府衙时，"怀义亦至，乘马就阶而下，坦腹于床。矩召吏将按之，遂跃马而去"。周矩将这样的情况报告给武则天，武则天却说："此道人病风，不足诘，所度僧，惟卿所处。"按理私蓄武士是图谋不轨的大罪，但武则天却让周矩只是处理薛怀义聚集在身边的恶徒，将他们全部流放到边远之地，对薛怀义却以病颠为名给以祖护，不予追究。

武则天的包庇祖护更让薛怀义气焰嚣张，胆大包天。这时，由于他竟然"颇厌入宫"，时时进入内宫给武则天诊治病痛的御医沈南璆便又得到了武则天的宠幸。然而，自己"颇厌入宫"，经常在白马寺鬼混的薛怀义在得知这一情况后却妒火中烧，当天晚上他便潜入天堂放火。史载："时御医沈南璆亦得幸于太后，怀义心愠，是夕，密烧天堂，延及明堂，火照城中如昼，比明皆尽，暴风裂血像为数百段。"

对于薛怀义这样一朝暴贵小人的疯狂行为我们本无须多加评论，但在他这里表现出的很有代表性的男权社会的想法却值得我们思考。即"我薛怀义是个男子，我厌倦了你武则天这个六七十岁的女人，便可以在外找年轻女子鬼混，而你武则天虽然贵为皇帝，但你仍然是女人，女人便只能安守本分，不能朝三幕四而另寻情夫"。现在宠爱自己的女皇又和沈南璆搅和在一起，薛怀义当然知道自己不能像平民百姓对待对丈夫不忠的女人一样挥拳相向，但心中妒火无处发泄，便迁怒于天堂、明堂，一把火将其烧了个尽光。薛怀义的这种想法，我们猛然一看甚觉可笑，但仔细一想，直到今天这种想法在我们现实社会中依然比比皆是。

耗费国家巨资修建的明堂、天堂被一把火烧了个尽光，但统治者是不会把来自百姓税收的国家资财当作一回事的。史载在薛怀义烧了明堂和天堂后，"太后耻而讳之，但云内作工徒误烧麻主，遂涉明堂"。武则天因为怕自己和薛怀义、沈南璆的私情暴露于天下，不仅推托说是工匠不小心烧了佛像而延及天堂、明堂，而且"命更造明堂、天堂，仍以怀义充使"。这样，薛怀义不仅没有被治罪，而且又有了大肆挥霍贪污国家巨额钱财的机会。

女皇武则天为满足自己的情欲而对薛怀义的极度庇护却更使薛怀义无所顾忌起来，他不仅在朝野内外横行不法，而且常常把自己和女皇的床笫之欢当作夸耀的资本而到处散布，这真正戳到了武则天的痛处。于是"太后恶之"，

"密选宫人有力者百余人以防之。壬子，执之于瑶光殿前树下，使建昌王武攸宁师壮士殴杀之，送尸白马寺，焚之以造塔"。一代恶棍薛怀义就这样以不知道自己是个什么角色的胡言乱语犯了大忌而断送了自己的性命。

武则天的晚年又蓄养了两个面首，这便是张易之、张昌宗兄弟。史载："尚乘奉御张易之，行成之族孙也，年少，美资容，善音律。太平公主荐易之弟昌宗入侍禁中，昌宗复荐易之，兄弟皆得幸于太后。常傅朱粉，衣锦绣。昌宗累迁散骑常侍，易之为司卫少卿。拜其母臧氏、韦氏为太夫人，赏赐不可胜纪，仍敕凤阁侍郎李迥秀为臧氏私夫。迥秀，大亮之族孙也。武承嗣、三思、懿宗、宗楚客，晋卿皆候易之门庭，争执鞭辔，谓易之为五郎，昌宗为六郎。"

薛怀义被杀死了，御医沈南璆也病死了，为讨母亲欢心，太平公主便向武则天推荐了张昌宗入宫来侍奉女皇。张昌宗获得武则天的喜爱后又推荐了自己的哥哥张易之。张易之、张昌宗兄弟正值年少，又长得清秀，并善于歌舞弹唱，很让女皇宠爱欢心，于是便多次提升他们的官职，并把他们的母亲拜为太夫人，还下令让刚休妻的凤阁侍郎李迥秀把寡居的张氏兄弟的母亲纳为情妇。张氏兄弟一时显贵极盛，朝中权势熏天的武承嗣、武三思等人都争着巴结讨好他们，争着给张易之、张易宗牵马执鞭，媚笑着称张易之为五郎，张昌宗为六郎。

张氏兄弟的迅速蹿红引得朝廷内外许多人纷纷向女皇自荐献媚，于是武则天下令设置了一个专门的官署控鹤监。史载："甲子，置控鹤监丞、主簿等官，率皆嬖宠之人，颇用才能文学之士以参之。以司卫卿张易之为控鹤监、银青光禄大夫张昌宗、左台中丞吉顼、殿中监田归道、夏官侍郎李迥秀、凤阁舍人薛稷、王谏大夫临汾员半千皆为控鹤监内供奉……半千以古无此官，且所聚多轻薄之士，上疏请罢之，由是忤旨，左迁水部郎中。"

武则天把她宠爱的人，当然为掩人耳目也掺杂了一些有才能的文学士人，都安置在控鹤监，高官厚禄蓄养起来，自己有了闲情便和他们聚会宴乐，消遣度日。临汾人员半千看到自己任职的控鹤监多是些轻薄小人，而且自古以来朝中都没有这样一个官署，于是上书请求裁撤控鹤监，因而触怒了女皇，被降为水部郎中。

不久，女皇又下令改控鹤监为奉宸府，让张易之做奉宸令。她常常和武承嗣、武三思及张氏兄弟等人在府内游乐宴饮。为了掩人耳目，让人觉得奉宸府是有正事可做的朝廷公署，便让张易之、张昌宗组织了一些文学之士在府中修整《三教珠英》。武三思为了讨女皇的欢心，便上奏说张昌宗是王子晋转世而生，武则天一听自然非常高兴，便让张昌宗穿上羽衣，乘着木鹤吹笙，府中的官员文人纷纷喝彩叫好，争相赋诗来赞美张昌宗。

奉宸府中聚集了大量轻薄无行的美少年，整日闲乐游宴，这让一些大臣很看不惯，右补阙朱敬则劝谏女皇说："陛下内宠有易之、昌宗，足矣。近闻右监门卫长史侯祥等，明自媒炫，丑慢不耻，求为奉宸内供奉，无礼无仪，溢于朝听。臣职在谏净，不敢不奏。"武则天听了他的劝谏便安慰朱敬则说："非卿直言，朕不知此。"还赏赐朱敬则彩绸百匹。

武则天虽然表面上接受了朱敬则的劝谏，但对张氏兄弟的宠爱却日盛一日，这让张氏兄弟的权势如日中天。俗话说一人得道，鸡犬升天，张易之、张昌宗的显贵让他们的亲族个个都成了不可一世的权贵。史载："易之、昌宗，竞以豪移相胜。弟昌仪为洛阳令，请属无不从。尝早朝，有选人姓薛，以金五十两并状邀其马而赂之。昌仪受金，至朝堂，以状授天官侍郎张锡。数日，锡失其状，以问昌仪，昌仪骂曰：'不了事人，我亦不记，但姓薛者即与之。'锡惧，退，索在铨姓薛者六十余人，悉留注官。"

宰相魏元忠为人耿直，一直看不惯张氏兄弟的恶行，多年前魏元忠做洛州长史时便杀了在街市上横行不法的张易之的家奴。他做宰相后，武则天想任命张易之的弟弟张昌期为雍州长史，其他宰相都附合说皇上选对人了，魏元忠却坚决反对。在武则天一再责问下，魏元忠还是坚持自己的意见说："臣自先帝以来，蒙被恩渥，今承乏宰相，不能尽忠死节，使小人在侧，臣之罪也。"对此，张氏兄弟非常痛恨魏元忠，便在女皇面前诬告魏元忠曾和太平公主的丈夫高戬说："太后老矣，不若挟太子为久长。"虽然许多的大臣极力为魏元忠、高戬等人辩白，甚至连张氏兄弟以授肥缺而买通的证人也当廷说明是张氏兄弟逼其做伪证，但最终魏元忠还是被贬为高要县尉（今广东高要县），高戬等人被流放岭南。

张易之兄弟一手遮天,使得朝中王公大臣个个对其阿谀奉承。史载:"司仪卿张昌宗兄弟贵盛,势倾朝野。八月戊午,太子、相王、太平公主上表请封昌宗为王,制不许;壬戌,又请,乃赐爵邺国公。"

女皇的儿子、女儿都这样讨好张氏兄弟,大臣们更是用各种方式来取悦他们。史载:"再思为相,专以谄媚取容。司礼少卿张司休,易之之兄也,尝召公卿宴集,酒酣,戏再思曰:'杨内史面似高丽。'再思欣然,即剪纸帖巾,反披紫袍,为高丽舞,举坐大笑。时人或誉张昌宗之美曰:'六郎面似莲花。'再思独曰:'不然。'昌宗问其故,再思曰:'乃莲花似六郎耳。'"

到了晚年,女皇武则天更是到了只信任张氏兄弟的地步,女皇生了病,只允许张氏兄弟在病床前侍候,几个月内任何人不能进宫面见皇帝。大臣崔玄暐上奏说:"皇太子、相王,仁明孝友,足侍汤药。宫禁事重,伏愿不令异姓出入。"武则天也不接纳他的建议。以至于张氏兄弟担心女皇病重归天后,自己没有了靠山,便暗中准备人手应变,接到举报说易之兄弟谋反,武则天也从不过问。但是,当她听到张易之哭诉太子的儿子邵王李重润和他的妹妹永泰公主以及公主的丈夫魏王武延基暗中议论女皇过度宠爱张氏兄弟,使其在朝中专权的事后,竟然即刻逼令自己的三个孙子、孙女自杀。这件骇人听闻的事,不仅《资治通鉴》等多部史书都有明确的记载,而且现在乾陵旁开放游览的永泰公主墓内由永泰公主的父亲唐中宗李显亲自撰写的《墓志铭》都有记载。

但是,张氏兄弟的专权作恶仅仅依赖的是女皇对其的宠爱,自己既无能力又在朝中无任何根基,他们的受宠和恶行只能激起朝野内外对其的极大愤慨。所以在张柬之等人拥立中宗李显复位的行动一开始便"斩易之、昌宗于庑下",并"收张昌期、同休、昌仪,皆斩之,与易之、昌宗枭首天津南"。

在本节开始我们就说到了,同中国历史上其他男性皇帝宫中蓄养成千上万的女人供一人淫乐相比,女皇武则天前后蓄养了几个男性来满足自己的生理需求实在算不上什么淫乐、放荡,但女皇武则天却因之背负骂名。在中国这个几千年来"夫为妻纲"的男权观念极深的社会里,那些历史上因自己胡作非为而亡国的君王的骂名都得由其身后的女人来承担,更何况这位女皇帝在其皇帝男人死后不为之守节而蓄养情夫呢？就连仅是供女皇玩乐的薛怀义也会因女皇有了另一个情夫沈南璆而妒火中烧，认为武则天一女不能侍二夫，更何况当时忠于李唐王朝时时以恢复李唐天下为己任的臣子和以捍卫封建正统观念为己任的文人学士？所以男性皇帝的纵欲淫乐是多情多义，而女性皇帝宠爱面首便是淫乱放荡了。

这里我们并不是说武则天的后宫生活是不可指责的，特别是她将那几个毫无德行的面首纵容骄宠得无法无天祸害国家的做法。但我们不能不承认千百年来女皇武则天在生活上备受唾骂是带有男性社会偏见苛求的，而这种男性社会的偏见苛求，不仅在男性头脑中根深蒂固，在女性中也是固有的，甚至我们认为即使像武则天这样历史以来仅有的以自己女儿身而君临天下敢作敢为的女人，这种偏见苛求也存在于她的心底，左右着她的言行。因此，她不敢把薛怀义直接纳入后宫，像男性皇帝一样册封一个公开的后宫名号，而是让其以皇家寺庙住持的身份出入宫中。同样她也让张易之、张昌宗在控鹤监、奉宸府中装模作样地办公来掩人耳目，而不敢在宫廷内设置一个蓄养男人的后宫。她可以容忍朝中臣子对其情夫胡作非为的惩处和批评，但绝对忌怕和不能容忍人们对她与情夫们关系的议论。薛怀义妄言自己和女皇的床第之欢而被打杀，女皇自己的亲孙子亲孙女和亲孙婿敢于谈论女皇与情夫的关系而被逼令自杀，既显示出了武则天冷酷狠毒的性格，更让我们感觉出她内心深处存在的女人淫乱是极大罪恶的观念和忌惮，因此，她宁愿背负杀人的罪名，也不愿背负淫荡的骂名。

但是，女皇武则天生在一个男权观念极深的社会，淫乱放荡的骂名自然会毫不留情地砸落在她的头上，这是贵为皇帝的武则天也不能左右的无奈结局。所以，千百年来武则天背负的骂名一个是残忍冷酷，一个便是淫荡放纵。

除此之外，女皇武则天从她登基称帝那天起便面临着一个让她无法选择的难题。这个难题一直困扰着她，让她最终落得了一个无奈的人生结局，而这个难题的无法选择也是因为她的女性身份。

6. 嗣位之争

武则天以周代唐，登基称帝以来，便有一个难题一直困扰着她，让她左右为难，无法选择，这便是立谁为嗣的问题。

自古以来皇帝确立自己的皇嗣自然是从自己的儿子中选择，即所谓"嫡长制"的传承皇位。然而，做了皇帝的武则天面临的难题是：自己已经废唐立周，创建了一个新的武姓皇帝的周朝，如果立自己的儿子为后嗣皇帝，那么他们都是李姓皇帝唐高宗的儿子，即使现在让他们改李姓为武姓，但他们是唐朝皇帝儿子的血亲关系是无法改变的。因此，他们将来继承帝位，无论从哪个角度看，都会被看成是李唐王朝的复辟。自己亲手废弃李唐而创建的武周天下在自己百年后重新落入李唐王朝后代手中，大周王朝便会是只存在一个皇帝的短命王朝，这实在让心比天高的女皇难以甘心。

但是，不立自己的儿子为皇嗣，便只能立自己武姓的侄儿武承嗣、武三思等人，这虽然保住了武周王朝传承给了武姓，但儿子和侄儿相比，毕竟母子关系血浓于水。儿子是自己的家人，侄儿说到底只是亲戚，更何况人生在世日短，百年之后时长，自己长眠地下只能享用儿孙们的祭祀，谁见过侄孙辈代代相传祭祀姑姑、姑奶奶的？

一般来说，皇帝即位后最重要的事便是册立太子，确定皇嗣，以防皇帝有所不测之时王朝的稳定相传。但中国历史上唯一的以女性之身来做皇帝的武则天却遭遇到了以男权社会的准则制定的皇权传承制度的困扰，在立嗣问题上、陷入了左右为难，无法选择的困境。

女皇左右为难，后嗣悬而未决，于是宫廷内外，朝野上下的后嗣之争在武则天在位时期或明或暗，从来没有停止过，最终成了促使武周王朝短命的绝症。我们从下面这些整理出来的史料来了解一下这场长达十多年的后嗣之争的具体情况：

> 先是，凤阁舍人修武张嘉福使洛阳人王庆之等数百人上表，请立武承嗣为皇太子。文昌右相、同凤阁鸾台三品岑长倩以皇嗣在东宫，不宜有此议，奏请切责上书者，告示令散。太后又问地官尚书、同平章事格辅元，辅元固称不可。由是大忤诸武意，故斥长倩令西征吐蕃，未至征还，下制狱。承嗣又谮辅元。来俊臣胁长倩子灵原，令引司礼卿兼判纳言事欧阳通等数十人，皆云同反。通为俊臣所讯，五毒备至，终无异词，

俊臣乃诈为通款。冬十月，己酉，长倩、辅元、通等皆坐诛。

表面上看，张嘉福指使王庆之组织了几百人上表要求立武承嗣为皇太子，但从岑长倩、格辅元等人因坚持认为皇嗣已明确为东宫的李旦，反对废李旦而立武承嗣为新的皇嗣而被诸武陷害诛杀的结果可看出，位高权重的武承嗣才是极力抢夺皇太子之位而安排筹划这次几百人请愿上表的真正主谋。

但是一心一意想恢复李唐王朝的旧唐臣子非常清楚，保住现皇嗣李旦的太子位，李唐便有恢复的希望，所以他们时时防备着武承嗣等人对太子之位的窥伺与争夺，一有机会便毫不手软地予以反击。史料记载道："王庆之见太后，太后曰：'皇嗣我子，奈何废之？'庆之对曰：'神不歆非类，民不祀非族。今谁有天下，而以李氏为嗣乎！'太后谕遣之。庆之伏地，以死泣请，不去。太后乃以印纸遗之曰：'欲见我，以此示门者。'自是庆之屡求见，太后颇怒之，命凤阁侍郎李昭德赐庆之杖。昭德引出光政门外，以示朝士曰：'此贼欲废我皇嗣，立武承嗣。'命扑之，耳目皆血出，然后杖杀之，其党乃散。"

忠于李唐的李昭德非常痛恨王庆之这个极力为武承嗣效力的小人，以杀一儆百的霹雳手段吓退了求立武承嗣的请愿团。但女皇武则天却听信武承嗣等人的谗言，诛杀了反对立武承嗣为皇嗣的岑长倩、格辅元等人，虽然口中指责王庆之为何要废我儿子的太子位，却又发给王庆之进宫面见自己的通行证，这清楚地表明女皇心中有废太子李旦、立武承嗣为皇太子的偏向。所以李昭德又面见武则天，极力痛陈废太子的利害关系。

"昭德因言于太后曰：'天皇，陛下之夫；皇嗣，陛下之子。陛下身有天下，当传之子孙为万代业，岂得以侄为嗣乎！自古未闻侄为天子而为姑立庙者也！且陛下受天皇顾托，若以天下与承嗣，则天皇不血食矣。太后亦为然。"

李昭德不仅指出了儿子与侄儿的亲疏远近之分，而且明确说到女皇的天下来自你的丈夫唐高宗，一旦让与唐高宗没有一点血亲关系的武承嗣继承皇位，将置你的丈夫唐高宗于何地？李昭德一针见血、直刺要害的话语不能不让武则天心有所动。

李昭德为人耿直且心直口快，眼见武承嗣等人在朝中位高权重，声势日盛，大有取代太子而成为皇嗣的趋势，便不顾个人利害直接劝谏武则天削减武承嗣的权力。"夏官侍郎李昭德密言于太后曰：'魏王承嗣权太重。'太后曰：'吾侄也，故委以腹心。'昭德曰：'侄之于姑，其亲何如子之于父？子犹有篡弑其父者，况侄乎！今承嗣既陛下之侄，为亲王，又为宰相，权侔人主，臣恐陛下不得久安天位也！'太后矍然曰：'朕未之思。'"不久，武承嗣便从文昌左相转任为特进，不再有主政的实权。

李昭德在同诸武的争斗中常常是针锋相对，缺乏心计，有时便难免杵犯了武则天。如"太后好祥瑞，有献白石赤文者，执政诘其异，对曰：'以其赤心。'昭德怒曰：'此石赤心，他石尽反邪？'左右皆笑。襄州人胡庆以丹漆书龟腹曰：'天子万万年。'诣阙献之。昭德以刀刮尽，奏请付法。太后曰：'此心亦无恶。'命释之。"

"乙亥，禁人间锦。侍御史侯思止私畜锦，李昭德按之，杖杀于朝堂。"

武则天非常喜欢祥瑞之事，而李昭德总是当面戳穿这些逢迎讨好的把戏，自然引得女皇心中不快。因为痛恨酷吏，李昭德便在抓住其把柄后当场将其打死，直接杖杀武则天重用的酷吏，怎能让女皇心中对其不加以防备？

女皇心中已对李昭德有了疑忌，极端憎恨李昭德的诸武唆使的诬告自然会产生结果。有人接二连三状告李昭德专权，说李昭德"鼻息所冲，上拂云汉"，告诫武则天"蚁穴坏堤，针芒写气，权重一去，收之极难"。这样，李昭德不久被贬为南宾尉，后来又被免死流放，最后竟又被诬告谋反，与他最痛恨的酷吏来俊臣一起押赴刑场处死，"时人无不痛昭德而快俊臣"，上演了一场让人啼笑皆非的悲喜剧。

除掉了李昭德这只拦路虎，武承嗣等人更加快了谋求皇嗣之位的步伐。史载："武承嗣、三思营求为太子，数使人说太后曰：'自古天子未有以异姓为嗣者。'太后意未决。"

但是，武承嗣等人遇到了更难对付的对手，这便是行事稳健、谋略过人的狄仁杰。

"狄仁杰每从容言于太后曰：'文皇帝栉风沐雨，亲冒锋镝，以定天下，传之子孙。大帝以二子托陛下。陛下今乃欲移之他族，此乃非天意乎！'且姑侄之与母子孰亲？陛下立子，则千秋万岁后，配食太庙，承继无穷；立侄，则未闻侄为天子祔姑于太庙者也。'太后曰：'此朕家事，卿勿预知。'仁杰曰：'王者以四海为家，四海之内，孰非臣妾，何者不为陛下家事？君为元首，臣为股肱，义同一体，况臣备位宰相，岂得不预知呼？'又劝太后召还庐陵王。他日，又谓仁杰曰：'朕梦大鹦鹉两翼皆折，何也？'对曰：'武者，陛下之姓，两翼，二子也。陛下起二子，则两翼振矣。'太后由是无立承嗣，三思之意。"

狄仁杰不仅同李昭德一样以母子、姑侄的亲疏关系及女皇身后能否配享太庙来劝说武则天，而且在武则天以立谁为皇嗣是皇家家事为借口阻挡大臣干预时，以君王以四海为家，所以天下事就是君王家事，君王的家事便是国家大事来表明确立皇嗣是身为宰相的自己义不容辞的职责。同时，他又不失时机地以武则天的梦境巧妙解析来打动女皇，使武则天的内心断绝了立诸武为嗣的念头。

事实上，在武则天废唐立周的当时，李唐宗室是王朝正宗的正统观念就从来没有被抹杀掉，即使域外附属国都还尊李唐为正宗，认为女皇武则天只是以李唐皇后的身份执掌国政。在武则天欲与突厥和亲来维系友好关系派遣武承嗣的儿子、她的侄孙武延秀迎娶突厥可汗默啜的女儿为妃时，默啜却说："我欲以女嫁李氏，安用武氏儿邪！此岂天子之子乎？我突厥世受李氏恩，闻李氏尽灭，唯两儿在，我今将兵辅立之。"并且还给武则天写信说："我可汗女当嫁天子儿，武氏小姓，门户不敌，罔冒为昏。"在这样一种情势下，就连张易之、张昌宗都因担心女皇百年后自己没有依靠而在别人的安排下，多次劝说武则天立庐陵王李显为皇嗣。

公元698年春，武则天在长期艰难的选择中，最终无奈地选择被自己废除了帝位的儿子庐陵王李显回到朝廷。"三月，己巳，托言庐陵王有疾，遣职方员外郎瑕丘徐彦伯召庐陵王及其妃，诸子诣行在疗疾。戊子，庐陵王至神都。"

李显被接回洛阳，一心想当太子的武承嗣遭受了重大的打击而病倒，不久便死掉了。史载："太子太保魏宣王武承嗣，恨不得为太子，意快快，戊戌病薨。"

哥哥李显回到了都城，一直谨言慎行不与人争而得以自保的皇嗣李旦便很乖巧地多次上表，请求让位给自己的哥哥。史载："皇嗣固请逊位于庐陵王，太后许之。壬申，立庐陵王哲为皇太子，复名显。赦天下。"

武则天不仅以自己女性的身份敢于登基称帝，而且敢于挑战自己丈夫的李姓宗室，废弃李唐王朝而建立自己的大周新王朝，但让人可悲可叹的是，又正是她的女性身份使她不能选择出真正能让自己满意放心的后继者，以使自己亲手开创的大周王朝得以延续。最后无奈地选择被自己亲手废弃的自己的儿子李显、李唐王朝的唐中宗。这与其说是武则天听从了狄仁杰等忠于李唐王朝臣子的劝说，顺从了朝廷内外人心，倒不如说晚年的武则天已无力招架强大的男权社会和封建正统观念的重压，不得不妥协，不得不屈服，不得不眼睁睁地把皇嗣之位交给自己心里非常清楚将要废弃自己的大周而恢复李唐天下的人。从这里我们也可以体会出一个女人成就自己理想和事业的艰难。

武则天不仅担心自己的大周王朝将在自己身后不复存在，她还担心自己的娘家武姓子孙在李唐复辟后面临灾难。史载："太后春秋高，虑身后太子与诸武不相容。壬寅，命太子、相王、太平公主与武攸暨等为誓文，告天地于明堂，铭之铁券，藏于史馆。"

作为一位年过八十的女皇帝，武则天能够做的、想的，她都尽力而为了，那么，在她临近生命尽头之时，还会发生什么事呢？

六、无字之碑

李显终于重新被确立为皇嗣，这让一直忠于李唐王室的人看到了希望。公元 701 年秋天，有个武邑人苏安恒直接给女皇上疏说："陛下钦先圣之顾托，受嗣子之推让，敬天顺人，二十年矣。岂不闻帝舜褰裳，周公复辟！

舜之于禹，事只族亲；且与成王，不离叔父，族亲何如子之爱，叔父何如母之恩？今太子孝敬是崇，春秋既壮，若使统临宸极，何异陛下之身？陛下年德既尊，宝位将倦，机务烦重，浩荡心神，何不禅位东宫，自怡圣体？自昔理天下者，不见二姓而俱王也。当今梁、定、河内、建昌诸王，承陛下之荫覆，并得封王。臣谓千秋万岁之后，于是非便，臣请黜为公侯，任以闲简。臣又闻陛下有二十余孙，今无尺寸之封，此非长久之计也。臣请分土而王之，择立师傅，教其孝敬之道，以夹辅周室，屏藩皇家，斯为美矣！"

苏安恒身为一介平民，竟然说出了朝中大臣谁也不敢说的话。他一是指责女皇在位时间已很长了，现在已到高龄，不该贪恋权位而烦心伤神；二是太子年轻力壮，理应让位给太子执政；三是指责不该给诸武封王，使他们位高权重；四是建议将女皇的孙子，太子李显和相王李旦的儿子封王。这样的话要是在前几年说出，必定是自寻死路，不要说你苏安恒只是一介平民，即便是王公大臣、当朝宰相也会被碎尸万段，诛灭全族。但是，女皇看过苏安恒的上疏后，非但没有恼怒生气，还将苏安恒召进宫中设宴招待，当面安慰劝勉了一番后让他回了家。

到了第二年夏天，苏安恒又给女皇上了一道疏，他说："臣闻天下者，神尧、文武之天下也，陛下虽居正统，实因唐氏旧基。当今太子追回，年德俱盛，陛下贪其宝位而忘母子深恩，将何圣颜以见唐家宗庙，将何诰命以谒大帝坟陵？陛下何故日夜积忧，不知钟鸣漏尽！臣愚以为天意人事，还归李家。陛下虽安天位，殊不知物极则反，器满则倾？臣何惜一朝之命而不安万乘之国哉！"

如果说苏安恒的第一篇上疏是在情理分析的基础上提出一些合理化建议，而这第二篇上疏则满篇都是对武则天直言不讳的批评指责，甚至是一篇从李唐王朝大法官的立场发出的对武则天的判词和告诫文书。而且其中许多用语，如"贪其宝位而忘母子深恩""不知钟鸣漏尽""天意人事，还归李家""殊不知物极则反，器满则倾"，让人自然想到当年的《讨武曌檄》对武则天的口诛笔伐。但是，谁又能想到，苏安恒的这篇上疏竟然是"太后亦不之罪"。

　　武则天对苏安恒这样大胆直白的攻击如此宽容大度实在让人难以理解，但是，如果我们对她当时的心理状态进行一些符合实际的分析，或许能得到一个合理的解释。武则天 14 岁入宫，此时已在宫廷经历了 60 多年血雨腥风政治斗争的拼搏，纵观武则天这 60 多的奋斗拼搏，我们不难看出她是中国历史上少有的志向极其远大的女性。但如果要问武则天一生中最大的志向，或者说她最终的理想是什么，我想很多人会毫不犹豫地说是做皇帝，做一个中国历史上亘古没有的君临天下的女皇帝。但是，我认为她的最大志向、最终理想并不仅在于此，她的最大志向是要做一个武周王朝的开国皇帝，她的最终理想是要开创一个以她为开国皇帝，而且要千秋万代延续下去的武周帝国王朝。因为她如果只是要做皇帝，做一个史无前例的女皇帝，她是无须废弃李唐王朝的，她只要以李唐王室媳妇的资格做了皇帝，然后传位给自己的儿子，便实现了自己的志向，成为中国历史上史无前例的女皇帝。但是，她不仅做了女皇，而且废弃了李唐王朝的名号，改国号为周；废弃了李唐宗庙，设立了以自己武姓始祖及自己考妣配享的宗庙；不仅将李唐宗室几乎赶尽杀绝，而且将自己宗族的武姓成员全部封王；在自己做了武周王朝的圣神皇帝后，曾一度准备废弃自己亲生儿子的皇嗣身份，立自己武氏侄儿为皇嗣。凡此种种，无不是为开创一个以她自己为始皇帝，并以武姓宗室世代延续的王朝为目标而奋斗努力。但是，迫于各种情势，特别是迫于自己女性身份而在选择皇嗣问题上无法破解的困扰，使得从来不肯向命运妥协，从不甘心屈服于他人意志的女皇武则天选择了妥协，选择了屈服，选择了将自己的儿子，同时又是被自己亲手废弃的李唐王室子孙李显立为皇嗣。这种无奈的选择对武则天这样心比天高的人来说是极其痛苦的，因为她心里极其清楚，选择了李显，她亲手创建的武周王朝将会在她身后化为乌有，自己一生最大的抱负和理想将付之东流，这样的心痛、这样的心理折磨，怎能不让一个年近 80 岁的老太婆万念俱灰？

　　自己的最高理想已经由自己亲手化为泡影，心灰意冷的女皇自然不把苏安恒的攻击当作一回事了，而且我们从史料中还看到此时的她已成为一个将自己封闭起来，不问它事，只图一时贪欢度日的病弱老人。史载："太后寝疾，居长生院，宰相不得见者累月，惟张易之、昌宗侍侧。"年轻时以处理国家政事为人生最大乐趣的武则天如今竟然是如此的倦于政务，以至达到了"宰相不得见者累月"的程度，老病缠身，特别是自己人生最高理想破灭的女皇只能靠与自己心爱的小鲜肉厮混度日。而这种将自己封闭起来，与外界隔绝，特别是与朝廷，与自己一直掌控的国家权力机器隔绝，将能支配国家命运的权力弃置一旁而落入他人之手，对国家的最高统治者来说何等的危险是不言而喻的，这无疑给一直梦想着复辟李唐王朝但忌惮于武周女皇的铁腕高压而不敢轻举妄动的朝臣一个绝佳的机会。

此时，深得女皇信任但却一心想恢复李唐的狄仁杰已去世，但经他极力举荐的当朝宰相张柬之自然看准了这难得的时机。于是中国历史在此时便发生了"神龙政变"这个结束武周王朝、恢复李唐王朝的重大事变。《资治通鉴》对此事变做了详细的记载：

> 太后疾甚，麟台监张易之，春官侍郎张昌宗居中用事，张柬之、崔玄暐与中台右丞敬晖、司刑少卿恒彦范，相王府司马袁恕己谋诛之。柬之谓右羽林卫大将军李多祚曰："将军今日富贵，谁所致也？"多祚泣曰："大帝也。"柬之曰："今大帝之子为二竖所危，将军不思报大帝之德乎？"多祚曰："苟利国家，惟相公处分，不敢顾身及妻子。"因指天地以自誓。遂与定谋。

> 初，柬之与荆府长史郧乡杨元琰相代，同泛江，至中流，语及太后革命事，元琰慨然有匡复之志。及柬之为相，引元琰为右羽林将军，谓曰："君颇记江中之言乎？今日非轻授也。"柬之又用彦范、晖及右散骑侍郎李湛皆为左、右羽林将军，委以禁兵。易之等疑惧，乃更以其党武攸宜为右羽林大将军，易之等乃安。

> 俄而姚元之自灵武至，柬之、彦范相谓："事济矣！"遂以其谋告之。彦范以事白其母，母曰："忠孝不两全！先国后家可也。"时太子开北门起居，彦范、晖谒见，密陈其策，太子许之。

> 癸卯，柬之、玄暐、彦范与左威卫将军薛思行等帅左右羽林兵五百余人至玄武门，遣多祚、湛及内直郎、附马都尉安阳王同皎诣东宫迎太

子。太子疑，不出，同皎曰："先帝以神器付殿下，横遭幽废，人神同愤，二十三年矣。今天诱其衷，北门、南牙，同心协力，以诛凶竖，复李氏社稷，愿殿下暂至玄武门以副众望。"太子曰："凶竖诚当夷灭，然上体不安，得无惊恒！诸公更为后图。"李湛曰："诸将相不顾家族以徇社稷，殿下奈何欲纳之鼎镬乎！请殿下自出止之。"太子乃出。

同皎扶抱太子上马，从至玄武门，斩关而入。太后在迎仙宫，柬之等斩易之、昌宗于庑下，进至太后所寝长生殿，环绕侍卫。太后惊起问曰："乱者谁邪？"对曰："张易之、昌宗谋反，臣等奉太子令诛之，恐有漏泄，故不敢以闻。称兵宫禁，罪当万死！"太后见太子曰："乃汝邪？小子既诛，可还东宫。"彦范进曰："太子安得更归！昔天皇以爱子托陛下，今年齿已长，久居东宫，天意人心，久思李氏。群臣不忘太宗天皇之德，故奉太子诛贼臣。愿陛下传位太子，以顺天人之望！"

李湛，义府之子也。太后见之，谓曰："汝亦为诛易之将军邪？我于汝父子不薄，乃有今日！"湛惭不能对。又谓崔玄暐曰："他人皆因人以进，惟卿朕所自擢，亦在邪？"对曰："此乃所以报陛下之大德。"

对此次事变，《新唐书·则天武皇后传》做了如下简练的记载："神龙元年，太后有疾，久不平，居迎仙院。宰相张柬之与崔玄暐等建策，请中宗以兵入诛易之、昌宗，于是羽林将军李多祚等帅兵自玄武门入，斩二张于院左。太后闻变而起，桓彦范进请传位，太后返卧，不复语。中宗于是即复位。"

眼见自己的儿子太子李显率兵环床而立逼宫让位，自己唯一和外界联络的张易之兄弟已做了刀下之鬼，知道大势已去的武则天便不再说话，回身躺下继续睡觉，于是唐中宗李显得已复位。

史载："丙午、中宗即位。赦天下，惟张易之党不原；其为周兴等所枉者，咸令清雪，子女配没者皆免之。相王加号安国相王，拜太尉、同凤阁鸾台三品，太平公主加号镇国太平公主。皇族先配没者，子孙皆复属籍，仍量叙官爵。丁未，太后徙居上阳宫，李湛留宿卫。戊申，帝帅百官诣上阳宫，上太后尊号曰则天大圣皇帝。庚戌，以张柬之为夏官尚书、同凤阁鸾台三品，崔玄暐为内史，袁恕己同凤阁鸾台三品，敬晖、桓彦范皆为纳言；并赐爵郡公。李多祚赐爵辽阳郡王，王同皎为右千牛将军、琅邪郡公，李湛为右羽林大将军、赵国公；自余官赏有差。"

唐中宗复位后，立即赏赐分封自己的弟妹和"神龙政变"中有功的官员，并且即刻为武周时期众多的冤案平反昭雪。同时在表面上给其母后封以则天大圣皇帝的尊号，但却将其迁移到上阳宫居住，并派李湛以宿卫的名义将其软禁宫中。到这一切都安排妥当后，中宗便下诏"复国号曰唐。郊庙、社稷、陵寝、百官、旗帜、服色、文字皆如永淳以前故事"。至此，女皇武则天建立的武周王朝及变革举措被全部废弃，李唐王朝最终得以恢复。

失去皇位的武则天被迁居上阳宫，唐中宗刚开始每10天看望一次自己的母亲，后来改为每月两次。失去了自己拼搏一生夺取并极力维护的皇位，特别是眼睁睁地看着自己创立并希望延续千秋的武周王朝倾刻灰飞烟灭，一世逞强而今老病缠身、孤独无依的武则天心中该是怎样的悲楚和凄凉，我们无从得知，史料对此无任何的描述。但是这年的年末，时年82岁的武则天便去世于上阳宫，因此这半年多的时光，年迈体衰而又失去了权柄的武则天是怎样的光景和心境，我们自是不难想象的。

史载："壬寅，则天崩于上阳宫，年八十二。遗制：'去帝号，称则天大圣皇后。王、萧二族及褚遂良、韩瑗、柳奭亲属皆赦之。'"

第二年（神龙二年，公元706年），"五月，庚申，葬则天大圣皇后于乾陵。"至今，陕西长安乾陵前唐高宗李治的功德碑对面立着一块高大巍峨却没有文字的碑石，据传，此无字之碑是唐中宗李显根据其母武则天临死时口嘱而立。

一生满是故事和传奇的女皇武则天在离开人世时，又给人们留下了千年谈资和解不开的谜团。

武则天从14岁入宫，60多年在宫廷政治斗争中，可以说处处是血雨腥风，时时是机关算尽，最终成为中国历史上唯一的女皇帝。为了将皇帝的名号加在自己头上，她屈意逢迎他人；为了这个名号，她凶残地清除一切对手和政敌；为了这个名号，她甚至阴冷狠毒地杀害自己的儿女和亲人。最终，她不仅登基称帝、君临天下，把皇帝桂冠稳稳地戴在自己头上十多年，而且在其子逼她让位之后，还让其给自己封上"则天大圣皇帝"的称号。

有人说："死后原知万事空。"武则天临死时最终明白了自己一生为追求更大的名分是多么的荒诞虚妄，所以她的遗诏要"去帝号"，不再称自己是皇帝。

这个说法我们是不能完全否定的，因为我们今天是无法完全推测出她当时究竟是怎么想的，但如果我们真正理解武则天的这条遗诏的话，便会发现当年的女皇武则天并不是把名分看成完全虚妄无用的东西，因为其"去帝号"后，还有"则天大圣皇后"。这里她不仅保留了"皇后"的名号，还保留了对她一生评价的谥号"则天大圣"。所以，武则天死后还要名号，只不过是从"皇帝"退而求其次为"皇后"罢了。

那么，临终时的武则天为何要放弃她敢于向传统挑战而登基称帝的皇帝身份，只要皇后身份呢？笔者的回答是她死后要葬于乾陵，要名正言顺地接受李唐王室后世子孙的祭享。武则天临死时便安排中宗李显将她葬在乾陵，与其丈夫唐高宗李治合葬，这曾引起朝廷的不同意见。给事中严善思在中宗提出要将其母合葬乾陵时，上疏说："乾陵玄宫以石为门、铁锢其缝，今启其门，必须镐凿。神明之道，体尚幽玄，动众加功，恐多惊黩。"但是中宗为了遵从母亲的遗嘱，还是决定合葬乾陵。将要离世的武则天心里明白，她的武周王朝此时已不复存在，现在是李唐天下，她必须恢复李唐皇帝妻子的身份，即皇后身份，才能在身后配享皇室宗庙，才能与自己的丈夫合葬于乾陵。否则，大唐后世子孙怎能将一个废弃了的武周王朝皇帝配享李唐宗庙？本应夫妻合葬的陵墓怎能容纳两个不同朝代的皇帝共寝一陵？所以，生前不顾一切将皇帝名号加于自身的武则天，死后却不得不放弃这个倾注了她一生心血和精力、不择手段背负了多少骂名才拿到手的皇帝称号。

武则天的遗诏又云："王、萧二族及褚遂良、韩瑗、柳奭亲属皆赦之。"让我们稍稍感到了人性的一丝温暖。想当年，武则天为扫除自己走上权力高峰的障碍，用近乎疯狂的手段残杀王皇后、萧淑妃，对褚遂良面目狰狞地吼道："何不扑杀此獠！"将自己的这些情敌、政敌无不斩草除根。但是，人之将死，其言也善，在她将赴黄泉之时，这个狠毒一生的政治冷血动物却能主动提出赦免她这一生最嫉恨的仇敌，让我们自然会感到有点欣慰。当然，在感到有点欣慰的同时，我们也能体会到濒临死亡时的武则天对人事间政治争斗的厌倦，以及她对另一个世间会遇到当年的这些冤家对头与她报仇争斗的担心。她希望以自己生前对这些仇敌的赦免换来他们在地下对自己的宽容，以免自己在另一个世界还会争斗不休。

武则天的无字碑是她本人在中国历史上少有的较富传奇色彩人物的人生最后一刹那放出的让人迷惑的闪光。历史以来，各种各样的历史人物无不希望自己的身后能有一个让万人敬仰的评价，不要说封建时代的帝王陵前矗立的为其歌功颂德的碑石，也不要说今天许多名人的悼词中一个接一个的伟大的什么家的称号，即使是臭名昭著、坏事做绝的人物也会有人为其在盖棺论定时奉上许多尊荣无比的赞语。但是，武则天却叮嘱她的儿子，她死后她的陵墓前立的本应为其歌功颂德、大唱赞词的碑石上却不刻一个字。这样的无字之碑怎能不让人产生疑惑？又怎能不让人多方猜测？

有人猜测，武则天认为自己的功德大得无法用语言来表达，所以就不刻一个字；有人说女皇死前为自己的所作所为感到羞惭，不好意思说，也就不刻字了。当然还有种种猜测和说法。我觉得我们的猜测再多，也无法判断哪种说法才符合女皇武则天当时的真正想法，因为斯人已去，她的想法和意图已无法证实。

但是，性格决定命运，性格不同的人便会有不同的行事风格。敢于冲破传统的思想观念的束缚，敢于挑战男权正统社会的礼法和制度，不顾世人的非议和指责，做自己想做的事，做前人不敢做的事，敢做敢当，敢承担，走自己的路，让别人去说，便是武则天的性格，便是她一生行事的风格。所以，她立无字碑的真实意图我们虽然不能推测出完全符合她当时心意的说法，但她立无字碑又是做了一件前无古人的事，她的一生到最后都敢于做前人没有和不敢做的事。她用无字之碑再次向人们展示了她敢做敢当的性格，她用无字碑告诉我们：她对自己一生的功过是非不仅无暇顾及，而且是毫不在意，所以留下了这块无字碑，任由世人及后人评说！

这就是女皇武则天，这就是前无古人很可能后无来者的武则天。

唐明皇李隆基

唐玄宗李隆基，因其死后谥号为大圣大明孝皇帝，故史称唐明皇。他是唐睿宗李旦的第三个儿子，生于公元 685 年，卒于公元 762 年，终年 78 岁，在位 44 年。

唐玄宗通过两次政变夺取帝位之后励精图治，创造了被称为"开元盛世"的盛唐时代，但很快由于他的骄奢怠政引发了"安史之乱"而使国运迅速衰败，更由于他晚年宠爱贵妃杨玉环的风流韵事在史书和文学作品中广泛流传，使之成为我国历史上有较大名声的帝王。

一、英姿勃发夺帝位

1. 少年临淄王

李隆基生于垂拱元年（公元 685 年）八月初五。在他降生前两年，他的祖父唐高宗李治病死，他的伯父李显即位做了皇帝，但两月后便被武则天废掉，立了李隆基的父亲李旦为帝。李旦虽名为皇帝，但政事全由武则天执掌，而且在武则天称帝后，他又被改立为皇嗣。这时正是武则天一步步加紧以周代唐，夺取李唐天下，大肆杀戮李唐宗室的时期，几年时间，李隆基的族祖父、伯父、叔父几乎被杀光斩尽。唐高宗李治共有八个儿子，其中五个被杀头、一个病死，只留下李隆基的伯父李显和他的父亲李旦。

　　李隆基的母亲窦氏出身名门，其曾祖窦抗是唐朝的开国功臣，窦抗的孙子窦孝谌便是李隆基的外祖父，历任太帝常少卿刺史等官职。窦氏于嗣圣元年（公元 684 年）被册封为德妃，第二年秋天便生了李隆基。

　　李隆基的同父异母弟兄有五个，大哥李成器，曾封皇太孙；二哥李成义，封为恒王。李隆基为老三，封为楚王；四弟李隆范，封为卫王；五弟李隆业，封为赵王，史籍记载他们兄弟关系融洽，无论游猎学习"无不相随"。

　　李隆基的童年史书记载很少，只说他"聪明睿哲"。从青少年开始，他不仅熟读《论语》《孝经》等儒家经典，而且长于隶书，在今天西安的碑林里，还保存有他书写的碑文。除了会赋诗作文外，李隆基还非常爱好音律、戏曲、舞蹈，并且能自编、自唱、自演，是位才华横溢的贵族青年。

　　李隆基虽然身为皇室贵胄，但从少年时期便时运不佳，命运多舛。在武周时期，他的父亲李旦虽名为皇嗣，但一直过着不由自己做主的软禁生活，而且在李隆基刚刚 7 岁时，他的母亲窦氏德妃便被武则天秘密杀害。《资治通鉴》记载："户婢团儿为太后所宠信，有憾于皇嗣，乃谮皇嗣妃刘氏、德妃窦氏为厌咒。癸巳，妃与德妃朝太后于嘉豫殿，既退，同时杀之，瘗于宫中，莫知所在。德妃，抗之曾孙也。皇嗣畏忤旨，不敢言，居太后前，容止自如。团儿复欲害皇嗣，有言其情于太后者，太后乃杀团儿。"

　　韦团儿是深得武则天宠信的宫女，她想和皇嗣李旦私通，却遭到处处小心谨慎的李旦的拒绝，于是便怀恨在心。她暗中刻制了一个桐木小人，写上武则天的名字，然后向武则天诬告皇嗣李旦的两位妃子诅咒武则天早死。武则天不仅在李隆基的母亲窦氏德妃和刘妃参拜婆母后将二人杀害，还将她们的尸体销毁秘葬于宫中，让她们在人间蒸发，尸骨无存。自己的两个爱妃到宫中给婆母请安却一去不回，无影无踪，李隆基的父亲皇嗣李旦只能是大气不出，强装笑颜，在武则天面前表现得像什么事都没有发生过一样，直到韦团儿进一步诬告加害皇嗣李旦时，有人将韦团儿怀恨李旦的情由报告给了武则天，武则天这才杀死了韦团儿。

　　武则天不仅杀害了李隆基的母亲窦氏，还想进一步置窦氏的父亲窦孝谌和母亲庞氏于死地，只是由于侍御史徐有功刚直不阿，极力抗争为其辩诬，才免于死罪而被贬职流放。《资治通鉴》对此有如下详细的记载："是时，告密者皆诱人奴婢告其主，以求功赏。德妃父孝谌为润州刺史，有奴妄为妖异以恐德妃母庞氏，庞氏惧，奴请夜祠祷解，因发其事。下监察御史龙门薛秀昶接之，季昶诬奏，以为与德妃同祝诅，先涕泣不自胜，乃言曰：'庞氏所为，臣子所不忍道。'太后擢季昶为给事中。庞氏当斩，其子希瑊诣侍御史徐有功讼冤，有功牒所司停刑，上奏论之，以为无罪。季昶奏有功阿党恶逆，请付法，法司处有功罪当绞。令史以白有功，有功叹曰：'岂我独死，诸人永不死邪？'既食，掩扇而寝。人以为有功苟自强，必内忧惧，密伺之，方熟寝。太后召有功，迎谓曰：'卿比按狱，失出何多？'对曰：'失出，人臣之小过；好生，圣人之大德。'太后默然。由是庞氏得减死，与其三子皆流岭南，孝谌贬罗州司马，有功亦除名。"

为铲除李氏宗室和意欲恢复李唐王朝的臣子，武则天大力鼓励告密，施行恐怖政治，在告密成风、酷吏横行的形势下，被诬死于非命的德妃窦氏的家族成员自然成为恶奴向上攀爬的诬告对象。酷吏薛季昶不仅肆意制造冤案、枉杀无辜，而且在女皇面前装模作样，痛苦流涕来表示自己的忠心以求高升，这种卑劣恶徒的丑行既让人痛恨，更让人恶心。但是，刚正为人的徐有功敢于以自身性命相搏，不畏权势强暴依法办案，特别是他坦然面对死亡的光明磊落的心态，让今天读史的人看到了专制恐怖的黑暗时代依然存在的人间正气，让人振奋，让人赞叹。

李隆基对其外祖父家的不幸遭遇非常悲痛，他当了皇帝后，常不由自主地提到这件给他少年时期造成巨大心理伤害的凄惨往事，曾特地下诏追封外祖父窦孝谌为太保、舅父窦希瑊为国公。武则天杀害了自己的两个亲儿媳后，更增加了对自己的儿子李旦和李隆基五兄弟，这些自己的亲孙子的防备，这年的年底便下令将皇孙李成器降为寿春郡王，李成义降为衡阳郡王，李隆基降为临淄郡王，李隆范降为巴陵郡王，李隆业降为中山郡王，还取消了他们身为王公的一切政治待遇。第二年正月更是当街腰斩了两个私自面见了皇嗣李旦的大臣裴匪躬和范云仙。这样，李旦父子实际上成了被软禁在深宫不能与外界接触的囚徒。

到了武则天晚年，"天下思唐"的趋势越来越明显，全国各个阶层拥戴李姓继皇位的呼声很高，女皇不得不从稳定天下形势、顺应人心及自己身后平稳过渡考虑，终于下定决心将自己废黜囚禁在房州的唐中宗李显召回东都，重新立为皇太子，并同意李旦辞去皇嗣之位，封为相王。同时，李旦的五个儿子李隆基兄弟五人也获得了人身自由，允许"出阁"，李隆基被授予右卫郎将和尚辇奉御官职。右卫郎将负责宫廷警卫，尚辇奉御是殿中监尚辇局官员，掌管宫廷车舆，从此年轻的临淄王李隆基有了参与朝廷重大活动与社会各界广泛接触、增长见识、了解天下政治形势的机会。

长安五年（公元705年）正月，宰相张柬之与桓彦范、敬晖、崔玄暐，袁恕己等发动了震惊天下的"神龙政变"，逼迫武周皇帝武则天退位，拥立唐中宗李显复辟称帝。中宗复位后立即恢复了唐朝国号，废除了武周国号及其一切所改的制度，并还都长安；宣布大赦天下，为武周时期受到酷吏陷害的臣民平反昭雪。重用"神龙政变"时的功臣外，还加封支持政变的相王李旦为安国相王，太平公主加号为镇国太平公主。

中宗李显重新当了皇帝，李唐天下得以恢复，身为安国相王的儿子李隆基自然有了更多的参政施展其才智的机会，但是，此时的皇帝只是自己的伯父，自己的父亲相王及自己的兄弟已是皇室的旁支，按皇位父子传承的体制，李隆基已经没有承继皇位、君临天下的资格和可能。然而，正值20岁出头的李隆基并不是因王室养尊处优的生活成为平庸的纨绔子弟，少年时经受的磨难和屈辱反而砥砺了他坚韧与不服输的性格和胸怀大志的志向，他年轻时写的诗句中就有"所希光史册，千载仰兹晨"的远大理想。将自己的人生目标锁定在"光史册"的李隆基会有怎样的作为？历史会给这样一个血气方刚且野心勃勃的少年临淄王怎样的机遇？我们下节再讲。

2. 振臂灭韦后

张柬之等人发动"神龙政变"恢复了李唐王朝，但他们却犯了两个致命的大错。其一是选择了昏庸无能的唐中宗李显做皇帝；其二是心慈手软，不能除恶务尽，留下了武三思和上官婉儿这样一些武则天最倚重的帮凶。这两个大错既为他们以后的命运留下了杀机，更为国运埋下了隐患。

　　李显不仅昏庸无能，而且是个非常惧内的懦弱男人。史载："初，韦后生邵王重润、长宁、安乐二公主，上之迁房陵也，安乐公主生于道中，上特爱之。上在房陵与后同幽闭，备尝艰危，情爱甚笃。上每闻敕使至，辄惶恐欲自杀，后止之曰：'祸福无常，宁失一死，何遽如是！'上尝与后私誓曰：'异时幸复见天日，当惟卿所欲，不相禁制。'"

　　长期的流放和禁闭生活不仅造成了李显懦弱的性格，而且造成了他对强悍的韦氏的过度依赖和感激，重新当了皇帝后便立即立韦氏为皇后，还将自己因提拔老丈人韦玄贞为宰相而丢了皇位的往事抛之脑后，追赠已死的韦后父亲韦玄贞为上洛王，韦后母为妃。对此，左拾遗贾虚己上疏劝道："异姓不王，古今通制。今中兴无始，万姓喁喁以观陛下之政；而先王后族，非所以广德美于天下也。且先朝赠后父太原王，殷鉴不远，须防其渐。若以恩制已行，宜令皇后固让，则益增谦冲之德矣。"谁知李显不仅不听劝告，反而依从韦后的无理要求，在朝堂上又设置帷幔，让韦后像当年武后二圣同朝一样垂帘听政，"预闻正事"。

　　对此，桓彦范上表劝谏说："《书》称'牝鸡之晨，惟家之索。伏见陛下每临朝，皇后必施帷幔坐殿上，预闻正事。臣窃观自古帝王，未有与妇人共政而不破国身亡者也。且以阴乘阳，违天也；以妇陵夫，违人也。伏愿陛下览古今之戒以社稷苍生为念，令皇后专居中宫，治阴教，勿出外朝干政。"唯妇命是从的李显自然听不进这样的劝告，于是当年武则天二圣同朝、皇后干政的局面又在朝中形成。

　　由于皇帝李显的无能造成了李唐王朝皇后干政的政治局面，而且又由于张柬之等人的掉以轻心，没有清除武周残余势力，更在朝中形成了武周余党专权的形势。史载："二张之诛也，洛州长史薛季昶谓张柬之、敬晖曰：'二凶虽除，产、禄犹在，去草不去根，终当复生。'二人曰：'大事已定，彼犹机上肉耳，夫何能为！所诛已多，不可复益也。'季昶叹曰：'吾不知死所矣。'朝邑尉武强刘幽求亦谓桓彦范、敬晖曰：'武三思尚存，公辈终无葬地，若不早图，噬脐无及。'不从。"

　　张柬之等人麻痹大意、掉以轻心，认为武三思等人只不过是他们案几上的几块肉，随时都可以收拾的几个废物，孰料等他们从胜利中醒过神来时，这些人已内外勾结取得了皇帝皇后的信任，重新形成了专权的势力。史载："上女安乐公主适三思子崇训。上官婉儿，仪之女孙也，仪死没入掖庭，辩慧善属文，明习吏事，则天爱之。自圣历以后，百司表奏多会参决。及上即位，又使专掌制命，益委任之，拜为婕妤，用事于中。三思通焉，故党于武氏，又荐三思于韦后，引入禁中，上遂与三思图议政事，张柬之等皆受制于三思矣。上使韦后与三思双陆而自居旁为之点筹，三思遂与后通，由是武氏之势复振。"

当武三思、上官婉儿等内外勾结，获得唐中宗及韦后的亲近信任时，张柬之等人才感到形势紧迫，多次劝谏李显清除诸武，防备武周势力卷土重来，但为时已晚，昏庸的李显根本不听劝谏。史载："张柬之等数劝上诛诸武，上不听。柬之等曰：'革命之际，宗室诸李，诛夷略尽；今赖天地之灵，陛下返正，而武氏滥官僭爵，按堵如故，岂远近所望邪！愿颇抑损其禄位以慰天下！'又不听。柬之等或抚床叹愤，或弹指出血，曰：'主上昔为英王，时称勇烈，吾所以不诛诸武者，欲使上自诛之以张天子之威耳。今反如此，事势已去，知复奈何！'"

"上数微服幸武三思第，监察御史清河崔蛟密疏谏曰：'国命初复，则天皇帝在西宫，人心犹有附会；周之旧臣，列居朝廷，陛下奈何轻有外游，不察豫且之祸！'上泄之，三思之党切齿。"

"敬晖等帅百官上表，以为：王运迭兴，事不两大。天授革命之际，宗室诛翦殆尽，岂得与诸武并封！今天命惟新，而诸武封建如旧，并居京师，开辟以来未有斯理。原陛下为社稷计，顺遐迩心，降其王爵以安内外。'上不许。"

敬晖等人的上表不被采纳，他们心中更是不安，为了防备武三思，特地安排考功员外郎崔缇为耳目，投靠武三思，给自己打探消息，谁自善观风向的崔缇看到皇帝亲近信任武三思而忌恨敬晖等人，于是把敬晖等人的谋划完全透露给了武三思。此时，武三思又收留了一个善于投机趋炎附势的奸佞小人，这便是以前投靠二张，"神龙政变"中二张被杀后被贬为宣州司士参军的郑愔，这时他又因犯了罪逃亡到东都。在东躲西藏之时，打听到武三思又东山再起，便潜入武府投靠武三思。史载郑愔："初见三思，哭甚哀，既而大笑。三思素贵重，甚怪之，愔曰：'始见大王而哭，哀大王将戮死而灭族也。后乃大笑，喜大王之得愔也。大王虽得天子之意，彼五人皆据将相之权，胆略过人，废太后易如反掌。大王自视势位与太后孰重？彼五人日夜切齿欲噬大王之肉，非尽大王之族不足以快其志。大王不去此五人，危如朝露，而晏然尚自以为泰山之安，此愔所以为大王寒心也。'三思大悦，与之登楼，问自安之策，引为中书舍人，与崔缇皆为三思谋主。"

武三思得到崔缇、郑愔的帮助谋划，制订了除掉张柬之等五人的计划，通过韦后不断在中宗面前说五人"恃功专权，将不利于社稷"的坏话，终于一步步地将五人置于死地。

首先是在名分上抬高五位功臣的地位，分封他们为王，却实际"罢知政事"，夺取了他们的实权。神龙元年（公元705年）五月，唐中宗敕封敬晖为齐王，桓彦范为平阳王，张柬之为汉阳王，袁恕己为南阳王，崔玄暐为博陵王。

接下来便将已没有实权的五王赶出了京城，让他们到外地当空头刺史。崔玄暐任检校益州长史，知都督事，不久又改任梁州刺史。张柬之任襄州刺史，但"不知州事，给全俸"。这之前已调敬晖、袁恕己、桓彦范分别出任滑州、洛州、豫州刺史。五人全被赶出京城，这为在朝廷给他们罗织罪名，使其无法防备创造了机会。

紧接着武三思便授意郑愔诬告张柬之等五人勾结王同皎谋反，于是又将张柬之等贬官流放到边远之地。

最后，武三思担心"敬晖等北归，终为后患，便遣使矫制杀之"。桓彦范在流放到贵州的途中，武三思令大理正周利用"途中执缚，曳竹槎之上，肉尽至骨，然后杖杀"。袁恕己最后流放到环州，被逼"饮野葛汁尽数升不死，不胜愤闷，掊地，爪甲殆尽，仍锤杀之"。敬晖流放到崖州后也被周利用杀死。张柬之最后在流放地新州"愤恚而死"。崔玄暐在流放白州途中便病死了。

除掉了五王之后，武三思"令百官复修武氏之政，不附武氏者斥之，为五王所逐者复之，大权尽归三思矣"。史载此时大权在握的武三思常大言不惭地说："我不知代间何者谓之善人，何者谓之恶人；但于我善者则为善人，于我恶者则为恶人耳。"

与武三思狼狈为奸的上官婉儿看出韦后一心效法武则天想当女皇的心思后，便极力为之出谋划策，"上表请天下士庶为出母服丧三年"，以被休离家的母亲服丧来抬高女性地位，借以提高韦后声望。"又请百姓二十三为丁，五十九免役"，来达到"改易制度以收时望"，为韦后收买人心。

最受唐中宗宠爱的安乐公主更是依仗权势，为所欲为。她对自己修得像皇宫一样的豪华宫殿还不满足，还向中宗索要昆明池供自己游乐，但昆明池是当地人捕鱼之处，中宗怕引起民愤未敢答应。对此安乐公主非常不满，便占民田，开挖了一个面积超过昆明池的定昆池，累石造山，引水成湖。除这样大肆挥霍之外，史载安乐公主"恃宠骄恣，卖官鬻爵，势倾朝野。或自为制敕，掩其文，令上署之，上笑而从之，竟不视也。自请为皇太女，上虽不从，亦不遣责"。

唐中宗对韦后惧怕，对安乐公主和上官婉儿的过度宠爱让她们的贪欲无限膨胀，恶行无所顾忌、无法无天。她们公开拍卖官爵，不论市井流氓、屠夫小贩，只要交钱30万，都可以买个斜封官当，致使各地官员泛滥。这些人不仅拿着国家俸禄养尊处优，还对百姓作威作福。交钱3万便可以买到僧尼身份，有了这样的身份，即可免役税，沉重的负担自然转嫁到正直良善的百姓头上，造成严重的社会危机。

武氏集团图谋卷土重来，韦后和安乐公主都想当女皇，这自然使她们共同憎恨时任太子的李重俊，李重俊成了他们篡位夺权的最大障碍，必欲除之的对象。史载："皇后以太子重俊非其所生，恶之。特进德静王武三思尤忌太子。上官婕妤以三思故，每下制敕，推尊武氏。安乐公主与附马左卫将军武崇训常陵侮太子，或呼为奴。崇训又教公主言于上，请废太子，立己为皇太女。太子积不能平。"

韦后所生的儿子邵王李重润因为和其妹永泰公主议论武则天与二张的事情被杀死，所以唐中宗李显又做了皇帝后只得立了后宫其他妃嫔生的儿子卫王李重俊做了太子。对于韦后、安乐公主和武三思等人的攻击侮辱，太子李重俊自然是心中非常愤恨，而且深感自身的危险。于是，公元707年7月6日，太子李重俊铤而走险，同左羽林大将军李多祚等率御林军300多人发动政变。他们首先攻入武三思府第杀死了武三思、武崇训父子，接着便攻打禁宫，声称捉拿上官婉儿。上官婉儿赶快向唐中宗报告说："观其意欲先索婉儿，次索皇后，次及大家。"于是唐中宗急忙与韦后、安乐公主、上官婉儿等登上玄武门躲避，下令右羽林将军刘景仁督兵守卫，这时兵部尚书宗楚客等也带兵2000多人赶来救护。玄武门城楼上的唐中宗李显看见太子和李多祚率领攻关的人都是御林军，便扶着栏杆大声喊："汝辈皆朕宿卫之士，何为从多祚反？苟能斩反者，勿患不富贵！"中宗在城楼上的呐喊煽动起了作用，攻关的羽林兵军心动摇纷纷倒戈，混乱中有人杀掉了李多祚。李重俊眼见夺关无望，大势已去，只得骑马逃出城外，路上休息时又被倒戈邀功的士兵所杀。

太子李重俊铤而走险的政变迅速失败，他死后"上以其首献太庙及祭三思、崇训之枢，然后枭之朝堂。同党皆伏诛"。

太子李重俊死了，这自然为一心想当女皇的韦后和想当皇太女的安乐公主去掉了一道障碍，按理此时已是权势熏天的母女只要耐心等待，昏庸的唐中宗归天之后，她们的梦想很可能变为现实，中国历史上可能要多出几个女皇帝。但是，韦后和安乐公主却急不可耐，她们认为只要除掉中宗，自己的愿望便可以实现。史载："散骑常侍马秦客以医术，光禄少卿杨均以善烹调，皆出入宫掖，得幸于韦后，恐事泄被诛；安乐公主欲韦后临朝，自为皇太女。乃相与合谋，于饼中进毒。六月，壬午（初二日），中宗崩于神龙殿。"

唐中宗死后，朝中"秘不发丧"，"总揽庶政"的韦后与安乐公主、宗楚客等秘议对策，调集5万府兵屯守京城，并令驸马都尉韦捷、韦灌、卫尉卿韦璿，左右千牛中郎将韦锜、长安令韦播，郎将高嵩分别领军守卫，令国舅中书舍人韦元徼巡视六街。同时令监门大将军薛思简领兵急驰均州，防备谯王李重福。

一切防卫措施妥当之后，韦后便让上官婉儿与太平公主伪造唐中宗李显的遗诏，立中宗16岁的儿子李重茂为太子，韦后临朝称制。六月初六才在太极殿为中宗发丧，宣布伪造的中宗遗诏，改元"唐隆"。第二天太子李重茂即位，韦后垂帘听政。

在太子李重俊政变被杀后，韦后等人便多次想诛连相王李旦，更对其几个儿子存有戒心，景龙二年（公元 708 年）便将他们逐出了京城，让李隆基出任潞州别驾，不但将其从四品降为五品，而且让其只是担任副职。现在中宗死了，青少年时便有"光史册"之志的李隆基对韦后一党的倒行逆施非常痛恨，决心铲除这伙危害李唐王室的仇敌，挽救大厦将倾的李唐王朝。

据《旧唐书》记载："属中宗末年，王室多故，上（李隆基）常阴引材力之士以自助。"李隆基不仅广交勇武有力之士，更注重足智多谋有远见的谋士，如曾在"神龙政变"后建议五王除掉武三思的刘幽求。《旧唐书》记载："及韦庶人将行篡逆，幽求与玄宗潜谋诛之。"为壮大自己的力量，李隆基又暗中联系其时与韦后有矛盾的姑母太平公主，取得了公主的支持，派其子薛崇简协助李隆基共举大事。

准备政变最重要的是做北门禁军的工作。此时，韦后将北门禁军羽林军及长安城警卫军的将领全换成了她的侄儿、外甥及女婿，这些措施虽然使自己的亲信掌握了皇家禁军的指挥权，但引起了北门禁军的反感。为使自己在军中立威，这些韦氏将领经常"榜棰以取威"，反而更激化了将领和下层官兵的矛盾。以前待人豪爽的李隆基便特别注重和北门禁军的军官交友，此时北门军的营长"葛福顺、陈玄礼相与见玄宗诉冤，会玄宗已与刘幽求，麻嗣宗，薛崇简等谋举大计，相顾益欢，令幽求讽之，皆愿决死从命"。

在李隆基发动政变的准备工作正紧锣密鼓之时，有人建议李隆基应当将政变的谋划报告相王李旦。李隆基却说："我曹为此以徇社稷，事成福归于王，不成以身死之，不以累王也。今启而见众，则王预危事；不从，将败大计。"李隆基没有把发动政变的事向父亲相王李旦报告，不仅显示了他为父亲着想，不把父亲置于危险境地的良善之心，更显示出了他做事周密稳健、深思熟虑的谋略。

景龙四年（公元 710 元）六月二十日，讨伐韦氏集团，夺取帝位的政变爆发。《资治通鉴》对此做了详细记载："庚子，晡时，隆基微服与幽求等入苑中，会钟绍京廨舍。绍京悔，欲拒之，其妻许氏曰：'亡身徇国，神必助之。且同谋素定，今虽不行，庸得免乎？'绍京乃趋出拜谒，隆基执其手与坐。时羽林军皆屯玄武门，逮夜，葛福顺，李仙凫皆至隆基所，请号而行。向二鼓，天星散落如雪，刘幽求曰：'天意如此，时不可失！'福顺拔剑直入羽林军营斩韦璿、韦播、高嵩以徇，曰：'韦后鸩杀先帝，谋危社稷，今夕当共诛诸韦，马鞭以上皆斩之，立相王以安天下。敢有怀两端助逆党者，罪及三族。'羽林之士皆欣然听命。乃送璿等首于隆基，隆基取火视之，遂与幽求等出苑南门，绍京帅丁匠二百余人，执斧锯以从。使福顺将左万骑攻玄武门，仙凫将右万骑攻白兽门，约会于凌烟阁前。即大噪，福顺等共杀守门将，斩关而入。隆基勒兵玄武门外，三鼓，闻噪声，帅总监及羽林兵而入，诸卫兵太极殿宿卫梓宫者，闻噪声，皆被甲应之。韦后惶惑走入飞骑营，有飞骑斩其首献于隆基。安乐公主方照镜画眉，军士斩之。斩武延秀于肃章门外，斩内将军贺娄氏于太极殿西。"

"初，上官昭容引其从母之子王昱为左拾遗，昱说昭容母郑氏曰：'武氏，天之所废，不可兴也。今婕妤附于三思，此灭族之道也，愿姨思之！'郑氏以戒昭容，昭容弗听。及太子重俊起兵讨三思，索昭容，昭容始惧，思昱言，自是心附帝室，与安乐公各树朋党。及中宗崩，昭容草遗制立温王，以相王辅政，宗、韦改之。及隆基入宫，昭容执烛帅宫人迎之，以制草示刘幽求。幽求为之言，隆基不许，斩于旗下。"

"时少帝在太极殿，刘幽求曰：'众约今夕共立相王，何不早定？'隆基遽止之，捕索诸韦在宫中及守诸门，并素为韦后所亲信者皆斩之。比晓，内外皆定。辛巳，隆基出见相王，叩头谢不先启之罪。相王抱之泣曰：'社稷宗庙不附于地，汝之力也。'遂迎相王入辅少帝。"

"闭宫门及京城门，分遣万骑收捕诸韦亲党。斩太子少保、同中书门下三品韦温于东市之北。中书令宗楚客衣斩衰，乘青驴逃出，至通化门，门者曰：'公，宗尚书也。'去布帽，执而斩之，并斩其弟晋卿。相王奉少帝御安福门，慰谕百姓。初，赵履温倾国资以奉安乐公主，为之起第舍，筑台穿池无休已，厌紫衫，以项挽公主犊车。公主死，履温驰诣安福楼下舞蹈称万岁，声未绝，相王令万骑斩之。百姓怨其劳役，争割其肉立尽。

秘书临汾王邕娶韦后妹崇国夫人，与御史大夫窦从一各手斩其妻（窦妻曾为韦后的奶妈）首以献。左仆射、同中书门下三品韦巨源闻乱，家人劝之逃匿，巨源曰：'吾位大臣，岂可闻难不赴！'出至都街，为乱兵所杀，时年八十。于是枭马秦客，杨均、叶静龙等首，尸韦后于市。崔日用将兵诛诸韦于杜曲，襁褓儿无免者……

"癸卯，太平公主传少帝命，请让位于相王，相王固辞。

"刘幽求言于宋王成器、平王隆基曰：'相王畴昔已居宸极，即位以镇天下乎？'隆基曰：'王性恬淡，不以代事婴怀。虽有天下，犹让于人，况亲兄之子，安肯代之乎？'幽求曰：'众心不可违，王虽欲高居独善，其如社稷何？'成器、隆基入见相王，极言其事，相王乃许之。

"甲辰，少帝在太极殿东隅西向，相王立于梓宫旁，太平公主曰：'皇帝欲以此位让叔父，可乎？'幽求跪曰：'国家多难，皇帝仁孝，追踪尧、舜诚合至公。相王代之任重，慈爱尤厚矣。'乃以少帝制传位相王。时少帝犹在御座，太平公主进曰：'天下之心已归相王，此非儿座！'遂提下之。睿宗即位，御承天门，赦天下，复以少帝为温王。"

从已经宣读了少帝让位于叔父相王的诏书，少帝仍不肯下座，被其姑母太平公主揪下皇位来看，少帝的让位显然是被迫的，但不管怎样，相王李旦代少帝而即皇帝位，表明李隆基发动的铲除韦氏集团、拥立相王称帝的政变取得了完全胜利。

三年前，太子李重俊在自己的地位和生命深受威胁的情况下发动政变，结果是很快土崩瓦解，自己落得个枭首示众的下场。而三年后李隆基的政变却在一夜之间取得完胜，我们将这两次政变的情况稍作比较便可看出 25 岁的临淄王李隆基的过人之处。

一是李隆基虽然年轻却能深谋远虑，准备充分。事前他不仅与刘幽求这样足智多谋之人仔细筹划，而且多方争取力量，获得朝中另一支重要力量太平公主的支持。虽然羽林军的指挥权掌握在诸韦手中，但他却利用矛盾，获得了羽林军中下层军官的效命，而且争取到了熟悉皇宫门庭道路的宫苑总监钟绍京的协助。而李重俊只是获得了左羽林军大将军李多祚的支持，300 多人仓促起事，孤军作战，缺乏接应和支援。

二是李隆基起事后目标明确，擒贼擒王，口号响亮且顺应人心。葛福顺等一冲入御林军营便大呼："韦后鸩杀先帝，谋危社稷，今夕当共诛诸韦……立相王以安天下！"不仅明确提出起事的目标是诛杀诸韦，而且以拯救社稷、安天下的口号来获得人心。于是起事队伍和一呼百应的羽林军夺取玄武门，一路斩关而入，直冲太极殿，杀死了此次政变主要的诛杀目标韦皇后，为政变的胜利奠定了基础。李重俊起兵后却没有直奔皇宫夺取首脑机关，控制住唐中宗和韦后，而是以泄愤为目的先杀入武三思府第，杀死了侮辱自己的武三思父子后才转而攻打皇宫，而且又不敢以儿子的身份公开喊出让唐中宗让位交权的口号，只能以捉拿上官婉儿为托词。这样，当唐中宗以皇帝身份喊话时，李多祚手下的羽林军自然是服从皇权而瓦解了。

此次政变的胜利，不仅表现出李隆基非凡的政治谋略和指挥才能，还表现出他做事果敢决断的政治风格。事前不给其父李旦报告，不仅表现出他虑事周全的谋略，更表现出他敢于担当的风格；对诸韦毫不留情斩尽杀绝，将善于变化的上官婉儿斩杀，使这个年轻的政治人物初次登台表演，便给人留下了果敢决断，做事不留后患、不拖泥带水的铁腕形象。

对于李隆基斩杀上官婉儿，今天我们能看到的材料也有许多不同的声音，有说李隆基冷酷的，更多的是为上官婉儿这个美丽的才女惋惜哀叹。上官婉儿确实美丽，以至于身边美女如云的武三思和她勾搭成奸，惧怕老婆的唐中宗也把她封为昭容。上官婉儿更是历史上著名的才女，以至于武则天诛灭了敢于助唐高宗起草废武皇后诏书的上官仪全家后，还将仇敌的孙女上官婉儿留在宫中，成为起草各种文书的贴身秘书。但是，历史记载又清楚地表明宫中长期的政治权谋和血雨腥风的争斗教会了她善变和投机。她不仅将家族的深仇大恨完全抛在脑后，尽心服侍仇敌武则天，还委身权奸武三思，"神龙政变"后又转身投靠韦氏集团，不仅与安乐公主沆瀣一气，卖官鬻爵，还为韦后与武三思穿针引线，使其勾搭成奸，祸害朝纲。韦氏集团覆灭后，她又故技重演，带领宫女柄烛迎接起事的部众，妄图另投新主，继续作威弄权，但因其遇到了不为其表象所迷惑的李隆基，才最终成了刀下之鬼。虽然上官婉儿只是一个弱女子，但被卷入复杂多变的宫廷争斗中，无法左右自己的命运，但善于变化，依附权势，毫不坚守为人底线的初心最终也只能断送了自己的性命。

唐朝时代出了武则天这样一位女皇帝，使得其后能接近皇权的韦氏、安乐公主这样的女人也产生了做女皇的蠢动，但当她们毒害唐中宗，开始垂帘听政并图谋做女皇、皇太女成就女皇天下美梦时，年轻的临淄王李隆基振臂一呼便将她们的梦想化为云烟了。横空出世的李隆基在那个复杂多变的历史舞台上还会有怎样的惊人表演？我们下节再讲。

3. 先发除太平

韦氏集团被诛灭后，李隆基即被封为平王，不久又被任命为殿中监兼宰相。唐睿宗李旦复位后尚有一个问题急待解决，就是立谁当太子。按照宗法制度来说，当然应当立长子为太子，但是，此时唐睿宗李旦的第三个儿子李隆基有匡复大唐皇室的重大功绩，而且在朝中掌握军政大权，所以一时之间，立谁为太子成了摆在朝廷君臣面前的难题。

对此，《资治通鉴》载道："上将立太子，以宋王成器嫡长，而平王隆基有大功，疑不能决。"终于为人忠厚的长子李成器经过多方考虑，出面力辞立自己为太子，他说："国家安则先嫡长，国家危则先有功；苟违其宜，四海失望。臣死不敢居平王之上。"长子李成器"涕泣固请者累日"，在这样的情势下，大臣们也纷纷上表说平王李隆基功勋卓著，应立为太子。刘幽求上表说："臣闻除天下之祸者，当享天下之福。平王拯社稷之危，救君亲之难，论功莫大，语德最贤，无可疑者。"

长子李成器力辞立自己为太子，大臣也纷纷拥立李隆基，最终唐睿宗权衡利害，决定立李隆基为皇太子。对此，李隆基立即上表推让大哥李成器为太子，却没有得到父皇唐睿宗的同意。李隆基被立为皇太子后，唐睿宗又封"宋王成器为雍州牧，杨州大都督，太子太师"。"立衡阳王成义为申王，巴陵王隆范为岐王，彭城王隆业为薛王"，同时"加太平公主实封满万户"。

唐睿宗复位后，在太子李隆基及重臣姚崇、宋璟协助下，拨乱反正，政治出现了一些新气象，如撤销了几千名斜封官，禁止卖官鬻爵，严格执行九品官员铨选制度，撤换罢黜朝中奸臣，为张柬之等"五王"及前太子李重俊、大将军李多祚等平反、恢复名誉等。但是由于唐睿宗李旦软弱姑息，朝中另一支重要的政治力量，李隆基的姑母太平公主的势力迅速膨胀起来，使政局又出现了动荡不安的局面。《资治通鉴》记载："太平公主沉敏多权略，武后以为类己，故于诸子中独爱幸，颇得预密谋。然尚畏武后之严，未敢招权势，及诛张易之，公主有力焉。中宗之世，韦后，安乐公主皆畏之，又与太子共诛韦氏。既屡立大功，益尊重，上常与之图议大政。每入奏事，坐语移时；或时不朝谒，则宰相就第咨之。每宰相奏事，上辄问：'尝与太平议否？'又问：'与三郎议否？'然后可之。三郎，谓太子也。公主所欲，上无不听，自宰相以下，进退系其一言，其余荐士骤历清显者不可胜数，权倾人主，趋附其门者如市。子薛崇行、崇敏、崇简皆封王。田园遍于近甸，收市营造诸器玩，远至岭、蜀，输送者相属于路。居处奉养，拟于宫掖。"

作为武则天唯一的女儿，太平公主从小就深受宠爱，养成了她飞扬跋扈、为所欲为的性格。在武周时期就深受武则天倚重而成为一支重要的政治力量的太平公主，在诛杀二张，拥立唐中宗复位和诛杀韦氏集团，拥立唐睿宗复位的两次政变中，都是参与者、有功者，所以她的野心在她的势力巨增影响下迅速膨胀起来。母亲武则天君临天下的威势逐渐成为她的人生最高理想，而唐睿宗李旦对她的敬畏迁就更使她认为成为继母亲之后又一个女皇极有可能。但是，要实现自己的女皇梦，太子李隆基便成为一道必须除去的障碍，这样，一心想做唐太宗之后的一代英主、中兴大唐的太子李隆基和一心想做第二个武则天、成为威震天下女皇的太平公主这对姑侄之间产生了不可调和的矛盾。

太平公主既然把太子李隆基看作她实现女皇梦必须除去的障碍，所以不仅在朝廷施政上与李隆基针锋相对，如反对废除斜封官、反对停止滥用民力财力修建佛寺等，而且多方剥减李隆基的力量，增强扩充自己在朝中的势力，如罢免铲除韦氏集团的功臣钟绍京的宰相官职，调任武氏同党益州长史窦怀贞任宰相等，还到处制造对李隆基不利的流言和废黜太子的舆论。《册府元龟》记载："太平公主专政，睹太子明察，恐不利己，乃阴谋废黜。"一时间流言四起，唐睿宗听了也很不高兴，便下令追查禁止。

眼见指使他人制造废黜太子的舆论收效甚微，太平公主便亲自出面，多方收集对太子李隆基不利的言传，在唐睿宗面前加油添醋。《资治通鉴》记载："太平公主以太子年少，意颇易之，既而惮其英武，欲更择阉弱者立以久其权，数为流言云：'太子非长，不当立。'已亥，制戒谕之外，以息浮议。公主每觇伺太子所为，纤介必闻于上，太子左右，亦往往为公主耳目，太子深不自安。"

常言道，三人成虎，流言蜚语多了，就连做父亲的唐睿宗也对太子李隆基有了疑心。史载："太平公主与益州长史窦怀贞等结为朋党，欲以危太子，使其婿唐晙邀韦安石至其第，安石固辞不往。上尝密召安石，谓曰：'闻朝廷皆倾心东宫，卿宜察之。'对曰：'陛下安得亡国之言！此必太平之谋耳。太子有功于社稷，仁明孝友，天下所知，愿陛下无惑谗言。'上瞿然曰：'朕知之矣，卿勿言。'时公主在帘下窃听之，以飞语陷安石，欲收按之，赖郭元振救之，得免。"

在制造流言，多方挑拨离间皇帝和太子的关系都收效不大的情况下，急于将李隆基拉下太子大位的太平公主竟然亲自出手，鼓动宰相出面废黜太子李隆基。《资治通鉴》记载："公主又尝乘辇邀宰相于光范门内，讽以易置东宫，众皆失色。宋璟抗言曰：'东宫有大功于天下，真宗庙社稷之主，公主奈何忽有此议？'"

宋璟为人一贯刚直不阿，武周时期他任御史中丞，当时有人告发武则天的情夫张昌宗曾请术士为他看相，术士李弘泰说张昌宗有天子相，如在定州造佛寺，就会天下归心而登临帝位。在武则天一再给宋璟叮咛不要拘押张昌宗的情况下，宋璟仍然"请收付狱，穷理其罪"。无奈之下，武则天又下令宋璟出京办理其他案件，宋璟竟然"皆不肯行"，并抗言说："若昌宗不伏大刑，安用国法！"坚持"庭立而按之"。加紧审讯办理。但当他正准备宣判时，对宋璟毫无办法的武则天只好紧急派人当庭枪走了张昌宗。眼见即将被自己斩首的罪犯被皇帝派人抢走，宋璟气得咬牙切齿地说："不先击小子脑裂，负此恨矣！"事后，自知理亏的女皇武则天召见宋璟并让张昌宗出来当面给宋璟道歉谢罪，但宋璟仍然气恨难消，"拒不见"。此时面对太平公主公然鼓动废黜太子的言论，宋璟义正词严的驳斥，一下子让气焰极其嚣张的太平公主也无言以对。

太平公主不仅煽动宰相出面废除太子，而且在下面一再地调唆唐睿宗的长子李成器争夺太子之位。虽然李成器并没有按太平公主的唆使出面争位，但却让朝中正直的大臣姚崇、宋璟、张说等人深感忧虑，于是接连给唐睿宗提出了他们扭转危局的建议。《资治通鉴》记载："宋璟与姚元之密言于上曰：'宋王陛下之元子，豳王高宗之长孙，太平公主交构其间，将使东宫不安。请出宋王及豳王皆为刺史，罢岐、薛二王左右羽林，使为左、右率以事太子。太平公主请与武攸暨皆于东都安置。'上曰：'朕更无兄弟，惟太平一妹，岂可远置东都！诸王惟卿所处。'乃先下制云：'诸王，附马自今毋得典禁兵，见任者皆改他官。'

"顷之，上谓侍臣曰：'术者言五日中当有急兵之宫，卿等为朕备之。'张说曰：'此必谗人欲离间东宫。愿陛下使太子监国，则流言自息矣。'姚元之曰：'张说所言，社稷之至计也。'上说。

"二月，丙子朔，以宋王成器为同州刺史，豳王守礼为豳州刺史，左羽林大将军岐王隆范为左卫率，右羽林大将军薛王隆业为右卫率。太平公主蒲州安置。

"丁丑，命太子监国，六品以下除官及徒罪以下，并取太子处分。"

唐睿宗的长子宋王成器、唐高宗的长孙李守礼是太平公主急于推出与李隆基争夺太子位的人选，虽然他们自己并没有站出来，但因其现任长子及前任皇帝长孙身份的敏感，自然对太子李隆基的地位存在着一种潜在的威胁，宋璟、姚崇请求将他们改任地方刺史，为的是将他们逐出京城来达到防患于未然的目的。岐王、薛王自己便是皇帝的儿子，自然具有和现任太子争夺地位的资格，他们掌握羽林军，自然是现任太子的最大威胁，剥夺了他们对皇宫禁卫军的指挥权，太子和拥立太子的大臣才能心安。挑动诸王与太子李隆基争夺皇储之位的太平公主当然是李隆基的最大威胁，所以将她逐出京城，安置在千里之外的东都洛阳，使之对京城长安的事务鞭长莫及，自然是极为稳妥的策略。

但是，此时的太平公主已拥有了一定的势力，而且唐睿宗李旦性格懦弱，做事摇摆不定，这给太平公主发展野心创造了有利的条件。不甘处于劣势的太平公主对宋璟、姚崇防范自己的安排自然不会善罢甘休，立即给予了强力的反击。

史载："太平公主闻姚元之、宋璟之谋，大怒，以让太子。太子惧，奏元之、璟离间姑、兄、请从极法。甲申，贬元之为申州刺史，璟为楚州刺史。丙戌，宋王、豳王亦寝刺史之命。"

太平公主的勃然大怒，使得李隆基不得不以退为进，宋王李成器、豳王李守礼没有被调离京城，自己的得力助手姚崇和宋璟反而被赶出了京城，但深知禁卫军指挥权重要性的李隆基在这一回合较量中也取得了重大胜利，岐王等被免除了羽林军指挥权后，"左、右万骑与左、右羽林为北门四军，使葛福顺等将之"。

太平公主及其同党不仅在官员任用上与李隆基水火不容，在许多朝政问题上也是针锋相对，如对斜封官的废除发生了争执。史载："殿中侍御中崔莅，太子中允薛昭素言于上曰：'斜封官皆先帝所除，恩命已布，姚元之等建议，一朝尽夺之，彰先帝之过，为陛下招怨。今众口沸腾，遍于海内，恐生非常之变。'太平公主亦言之，上以为然。戊寅，制：'诸缘斜封别敕授官，先停任者，并量材叙用。'"以前废除的斜封官又要被"叙用"，许多正直的大臣自然忧虑万分，前右率府铠曹参军柳泽立即上疏劝阻："斜封官皆因仆妾汲引，岂出孝和之意！陛下一切黜之，天下莫不称明。一旦忽尽收叙，善恶不定，反复相攻，何陛下政令不一也？议者咸称太平公主胡僧慧范曲引此曹，诳误陛下。臣恐积小成大，为祸不细。"但是，对于柳泽这样入情入理的劝谏，其结果竟然是"上弗听"。

唐睿宗朝令夕改，出尔反尔地将自己下诏停任的斜封官又"量材叙用"，除了让人感到太平公主及其同伙的蛮横和唐睿宗的昏庸外，也并不值得多加评论，倒是崔莅和薛昭素请求再任用斜封官的上表中给废除斜封官架上的罪名让人值得深思。他们说斜封官是"先帝所除"，现在"一朝尽夺之"，是"彰先帝之过"。卖官鬻爵的斜封官是明明白白的贪腐钱财和祸国殃民的丑恶行径，但因为是"先帝所除"，现在便不能纠正废除，当今的皇帝纠正了前任皇帝的过错，便是"彰先帝之过"。彰显了先帝的过错，当今皇帝便犯了不避讳先贤前辈过错的大忌，所以几千年来，凡是前任皇帝说过的话，后任便必须照办；凡是前任皇帝做过的事，后任便不得更改。因为君王皇帝都是圣明的，后任和臣民们也只能是按他们的所言所行做事，即使是招纳斜封官这样明摆着的丑行，也丝毫不能纠正改过。

唐睿宗虽然能力平庸，但却有着看淡权位的长处，正因为如此，他在武周时期名为皇嗣、实为软禁中都得以自保。现在，自己的儿子与自己的妹妹几次三番的明争暗斗，让他自然感到心烦，他虽然很迁就自己的妹妹太平公主，但心底里却是对儿子的爱更胜一筹，于是便多次提出让位给太子李隆基。

第一次是在公元711年夏天。史载："上召群臣三品以上，谓曰：'朕素怀淡泊，不以万乘为贵，曩为皇嗣，又为皇太弟，皆辞不处。今欲传位太子，何如？'群臣莫对。太子使右庶子李景伯固辞，不许。殿中侍御史和逢尧附太平公主，言于上曰：'陛下春秋未高，方为四海所依仰，岂得遽尔！'上乃止。"在太子的固辞和臣子的劝阻下，唐睿宗这次虽然没有坚持传位于太子，但下诏说："凡政事皆取太子处分。其军旅死刑及五品已上除授，皆先与太子议之，然后以闻。"

到了第二年秋天，史书记载出现了"彗星出西方，经轩辕入太微，至于大角"的不祥天象，于是唐睿宗便执意传位于太子李隆基。史载："上曰：'传德避灾，吾志决矣！'"太平公主及其党皆力谏，以为不可，上曰：'中宗之时，群奸用事，天变屡臻。朕时请中宗择贤子立之以应灾异，中宗不悦，朕忧恐数日不食。岂可在彼则能劝之，在己则不能邪？'太子闻之，驰入见，自投于地，叩头请曰：'臣以微功，不次为嗣，惧不克堪，未审陛下遽以大位传之，何也？'上曰：'社稷所以再安，吾之所以得天下，皆汝力也。今帝座有灾，故以授汝，转祸为福，汝何疑邪？'太子固辞，上曰：'汝为孝子，何必待柩前然后即位邪！'太子流涕而出，壬辰，制传位于太子，太子上表固辞。太平公主劝上虽传位，犹宜自总大政，上乃谓太子曰：'汝以天下事重，欲朕兼理之邪？昔舜禅禹，犹亲巡狩，朕虽传位，岂忘家国，其军国大事，当兼省之。'

"八月，庚子，玄宗即位，尊睿宗为太上皇。上皇自称曰朕，命曰诰，五日一受朝于太极殿。皇帝自称曰予，命曰制、敕，日受朝于武德殿。三品以上官员除授及大刑政决于上皇，余皆决于皇帝。"

从以上材料可以看出，唐睿宗虽然传位给了李隆基，但仍然保留了三品以上官员的任免及大刑的决断权，这种有所保留的传位给太平公主扩张自己的势力创设了机会，她利用唐睿宗的软弱与迁就把支持李隆基的张说和韦安石等人削去宰相职位，把自己的私党一个个塞进宰相班子，致使朝中宰相七人中，五人均出其门。朝中大臣也有人依附太平公主，甚至禁军首领羽林大将军常元楷、李慈，京城警军首领左金吾将军李钦也都听命于太平公主。

唐玄宗的得力谋臣宰相刘幽求眼见形势危机，与张韦等人私议灭除太平公主，结果被人举报下狱，在被定罪"离间骨肉，罪当死"的情况下，唐玄宗以"幽求有大功，不可杀"为由，将幽求流放于封州，张韦流放于峰州。眼见自己和李隆基的争斗已到了白热化的程度，太平公主召集窦怀贞等密谋定下两步对策：一是收买宫女元容容在唐玄宗李隆基常服的赤箭粉（天麻）中下毒；二是在第一条策略失败的情况下发动政变，废除李隆基的皇位。

太平公主集团密谋除掉李隆基，政治嗅觉极敏感的李隆基及其手下当然也没有闲着，早在李隆基为太子时，他与前来投靠他的王琚的一番对话，便可看出他们早有准备。

上之为太子也，琚还长安，选补诸暨主簿，过谢太子。琚至廷中，故徐行高视，宦者曰："殿下在帘内。"琚曰："何谓殿下？当今独有太平公主耳！"太子遽召见，与语。琚曰："韦庶人弑逆，人心不服，诛之易耳。太平公主，武后之子，凶猾无比，大臣多为之用，琚窃忧之。"太子引与同榻坐，泣曰："主上同气，唯有太平，言之恐伤主上之意，不言为患日深，为之奈何？"琚曰："天子之孝，异于匹夫，当以安宗庙社稷为事。盖主，汉昭帝之姊，自幼供养，有罪犹诛之。为天下者，岂顾小节！"……太子乃奏为詹事府司直，日与游处，累迁太子中舍人；及即位，以为中书侍郎。

在宫女元容容在赤箭粉中投毒事发未能得手后，唐玄宗李隆基的手下之人更是个个进言，极力劝李隆基先发制人，除灭太平公主集团。史载："王琚言于上曰：'事迫矣，不可不速发。'左丞张说自东都遣人遗上佩刀，竟欲上断割。荆州长史崔日用入奏事，言于上曰：'太平谋逆有日，陛下往在东宫，犹为臣子，若欲讨之，须用谋力。今既光临大宝，但下一制书，谁敢不从？万一奸宄得志，悔之何及！'上曰：'诚如卿言，直恐惊动上皇。'日用曰：'太子之孝在于安四海。若奸人得志，则社稷为墟，安在其为孝乎？请先定北军，后收逆党，则不惊动上皇矣。'上以为然。以日用为吏部侍郎。"

元容容投毒失败，太平公主集团立即加紧了武装政变的进程，即刻决定于当年农历七月初四发动政变。当年只是宗亲王的李隆基便能率领手下亲信，联络羽林军中的几个下级军官和宫中的一群工匠起事政变，一举铲除了主掌朝廷大权的韦皇后集团。现今他已是皇帝，手握大权，太平公主集团貌似强大，宰相班子中人数众多，在朝堂争斗中常能占据上风，但与有武装政变经验的李隆基以武装起事相斗，便只能以失败告终。史载："秋七月，魏知古告公主欲以是月四日作乱，令元楷、慈以羽林兵突入武德殿，怀贞、至忠、羲等于南牙举兵应之。上乃与岐王范、薛王业、郭元振及龙武将军王毛仲，殿中少监姜皎，太仆少卿李令问，尚乘奉御王守一，内给事高力士，果毅李守德等定计诛之。"

太平公主定下七月初四起事的行动方案很快便传到了早有准备的李隆基耳中，于是他即刻与亲信商讨定下了先发制人，一举铲除其姑母太平公主集团的计划。

七月初三日，唐玄宗李隆基调集一直是自己贴身保镖的龙武将军王毛仲手下强健士兵 300 多人，同李令问、王守一、高力士、李守德等人从武德殿入虔化门，召太平公平集团中时任羽林军大将军的常元楷、李慈二人面见皇上，常元楷、李慈不知有变应召而来，刚到玄宗面前便被左右伏兵拉下就地正法。太平公主手下最有威胁力的羽林军首领被杀后，唐玄宗又派人迅速消灭了太平公主安插在北门四军中的亲信将领，随后便不费多大气力擒杀了太平公主的重要党羽书舍人李猷、右散骑常侍贾膺福、刑部尚书萧至忠、户部尚书岑羲，左仆射兼御史大夫窦怀贞乘乱逃跑，跳进了一条深沟自缢而死。

太上皇李旦惊闻事变后，急忙登上了承天门观望，唐玄宗早派了郭元振前去护驾，向太上皇报告说："皇帝前奉诰诛窦怀贞等，无他也。"等到太平公主的文臣武将诸多同伙都被捕杀后，唐玄宗才来到承天门拜见太上皇。太上皇见大事已定，便只好顺水推舟，下诰命指责窦怀贞等人祸国殃民的罪行。

到了第二天，太上皇又发出诰命："自今军国政刑，一皆取皇帝处分。朕方无为养志，以遂素心。"当天，唐玄宗的父亲太上皇李旦便从太极殿移居到了百福殿，至此，唐玄宗李隆基完全执掌了朝政。

太平公主因住在宫外，接到事变的报告后急忙逃至深山寺庙中，围困三天后听劝回到家中也被赐死。随后，唐玄宗下令抄灭其家，太平公主的儿女及党羽数十人被杀头，只有她的儿子薛崇简因为一直反对其母阴谋篡权，多次遭到太平公主的鞭打而被免死，赐予李姓，保留了官职。

最后，唐玄宗登承天门，大赦天下，赏封有功人员，任高力士为监门将军，知内侍省事、刘幽求为左仆射，掌军国大事；郭元振为代国公兼御史大夫，朔方大总管；姚崇为兵部尚书兼同中书门下三品，为首席宰相。

公元712年12月，改元开元，拉开了"开元盛世"的序幕，大唐王朝进入了历史上最为鼎盛的黄金时代。

二、开元中兴铸盛唐

1. 政治革新

经过武则天以周代唐的铁腕统治，特别是韦后专权，太平公主势力膨胀而出现的政治腐败，统治集团内部权力争夺，政变频发时期的唐王朝政治形势相当严峻，唐玄宗即位真正是面对着一个内外交困、百废待兴的困难局面。

唐玄宗深知经过多年动乱，内忧外患深重的国家治理一定要有堪当重任的贤才为相辅佐自己，于是他刚一即位便请当时被贬出京的姚崇为相。面对皇帝的任命，昼夜兼程赶来面见唐玄宗的姚崇却迟迟不予表态，在唐玄宗的一再追问下，姚崇才跪地奏道："臣适奉作弼之诏而不谢者，欲以十事上献，有不可行，臣不敢奉诏。"唐玄宗说："悉数之，朕当量力而行，然定可否。"

在唐玄宗的鼓励下，姚崇便给皇帝提出了他治理国家的十条建议，即著名的《十事要说》："垂拱以来，以峻法绳下，臣愿政先仁恕，可乎？朝廷覆师青海，未有牵复之悔，臣愿不幸边功，可乎？比来壬佞，冒触宪网，皆得以宠自解，臣愿法行自近，可乎？后氏临朝，喉舌之任，出阉人之口，臣愿宦竖不预政，可乎？戚里贵献，以媚于上，公卿方镇，寝以为之，臣愿租赋之外一决之，可乎？外戚贵臣，更相用事，班序荒杂，臣请戚亲不任台省，可乎？先朝褒狎大臣，亏君臣之严，臣愿陛下接之以礼，可乎？燕钦融、韦月将以忠被罪，自是诤臣沮折，臣愿群臣皆得批逆鳞，犯忌讳，可乎？武后造福先寺，上皇造金仙、玉真二观，费钜百万，臣请绝道佛营造，可乎？汉以禄、莽、阎、梁乱下天，国家为甚，臣愿推此鉴戒为万代法，可乎？"

姚崇的十条建议，第一是废除酷政，施行仁政；第二是以当年远征吐蕃大败，将领被俘为戒，不要轻意对外用兵，发动战争；第三是坚持依法治国，法律面前人人平等；第四是以武后任用太监掌禁军大权为戒，严禁太监干政；第五是除征收租税外，拒收一切贡礼；第六是坚决刹住亲王、公主、外戚干预国政，推荐私属任大臣宰相的裙带风；第七是皇帝和臣下的关系应庄重严肃，以礼相待，不可轻慢嬉戏、不成体统；第八是以唐中宗杀害揭发武三思谋反，韦后淫乱内宫的韦月将、燕钦融为戒，接受逆耳忠言，兼听纳谏；第九是以武后、太上皇大肆建造佛寺道观劳民伤财为戒，停止误国害民的庙观建造风潮；第十是以西汉外戚专权祸国为戒，把禁止后妃外戚干政作为国家的法则，永为教训。

唐玄宗对姚崇总结武、韦专政的历史教训，提出的十条治国策略深为赞赏，表示完全接受。自此，君臣认真总结国家几十年动乱的教训，大力推行政治改革，除旧布新，兴利除弊，使国家很快走上了复兴之路。总结唐玄宗开元初期的政治革新，主要有以下几个方面。

（1）选贤任能

宰相是皇帝首要的助手，既要与皇帝制定军国大事的决策，又要总领百官，统管朝政，因此唐玄宗十分重视宰相的人选。唐玄宗即位后便首先请曾在中宗、睿宗时期两度为相，政绩卓著、声望很高的姚崇为相，姚崇任宰相时提出的《十事要说》成了唐玄宗政治革新的施政纲领。

姚崇曾任扬州长史，由于为政有方，关心民生，深受民众爱戴，他离任时，当地官员和民众流泪拦阻在马头前极力挽留，他只得留下马鞭和马镫作为纪念，后来扬州人还专门为他立了德政碑。

唐玄宗深知姚崇的能力和为人，放手让姚崇大胆为政。史载："姚元之尝奏请序进郎吏，上仰视殿屋，元之再三言之，终不应。元之惧，趋出。罢朝，高力士谏曰：'陛下新总万机，宰臣奏事，当面加可否，奈何一不省察？'上曰：'朕任元之以庶政，大事当奏闻共议之，郎吏卑秩，乃一一以烦朕邪！'会力士宣事至省中，为元之道上语，元之乃喜。闻者皆服上识君人之体。"

唐玄宗不仅识人，深知君人之体，而且还非常尊重和关心姚崇。姚崇家庭贫困，在京城没有私宅，进京后便住在小庙中，玄宗了解情况后，即刻派人把他家搬进"四方馆"居住。有一次，玄宗突然想和姚崇商讨政务，却正逢天降大雨，唐玄宗便特地让太监们抬着轿子把姚崇抬到宫中。

深得玄宗信任的姚崇处处以国事为重，以民生为先。开元三年（公元715年），太行山以东州县发生大面积蝗灾，姚崇即刻建议唐玄宗发出敕令让御史分赴受灾州县，发动官民捕灭蝗虫。但当时民众迷信，只是在田边焚香祈祷，官员也认为杀蝗虫即是杀生，不敢放手捕虫，连当时的副相卢怀慎也认为"杀蝗太多，恐伤和气"。但姚崇极力坚持说："昔楚庄吞蛭而愈疾，孙叔傲杀蛇而致福，奈何不忍于蝗而忍人之饥死乎？若使杀蝗有祸，崇请当之！"于是唐玄宗下决心敕令灾区官民捕蝗，从而大大减轻了灾害损失，稳定了农业生产。

开元初年与姚崇共事的副相卢怀慎为官极为清廉，家中门上长年是一副破竹帘，招待客人也只是两盘素菜。他死后无钱安葬，他的一位老家人卖身为奴为他筹措安葬费用，玄宗知道这个情况后才赐给他家中200石粮和100匹绢。卢怀慎死后多年，唐玄宗狩猎经过他的墓地，只看到一个没有墓碑的坟堆，唐玄宗下马流泪凝视了好长时间，下令大臣苏颋撰写碑铭，自己亲自书写了碑文，为卢怀慎立了墓碑。后世著名的史学家司马光感叹说："崇、唐之贤相，怀慎之与同心戮力，以济玄宗太平之政。"

开元四年（公元716年），由姚崇推荐，唐玄宗又任命为人耿介刚直的宋璟为相，宋璟继续推行姚崇提出并获唐玄宗批准的政治改革纲领，使开元时期朝政更加清明。史称："宋璟刚正，又过于崇，玄宗素所尊惮，常曲意听纳。""姚崇善应变，以成天子之务；璟善守文，以持天子之正，二人道不同，同归于治，此天所以佐唐使中光也。"

开元八年（公元720年），张嘉贞继任宰相。张嘉贞为政肃直刚正，为人吏所畏，他长期担任高官，但清廉为政，不置田园，其俸禄多周济贫穷亲故，妻子儿女一直过着清贫的生活。副相源乾曜"政存宽简，不严而治"，他极力主张京官势要子弟应出任外官并带头将其长子由河南府参军转调绛州司功，次子由太祝调郑县尉。在源乾曜的带动下，当时"公卿子弟京官出外者百余人"。

开元九年（公元721年），当时公认的文坛领袖张说继任宰相，此时唐玄宗已在位八年多，政治改革成效显著，经济迅速发展，重用张说这样的文学之士，更是推动了开元时期文化事业的发展。

开元十四年（公元726年），李元纮任相，他为人正直，注重民生，任地方县令时政声极佳，离任时走出百里后仍有民众拦路乞求留任。担任宰相后坚决杜绝走后门，请托为官，为官多年"不改第宅，仆马弊劣，未曾改饰"。

在特别注重选用贤相的同时，开元初期的唐玄宗也特别慎重选择守令，严格管理各级官吏。

唐玄宗认为，都督刺史是亲民之官，"实理乱所系，尤须得人"。而唐玄宗在开元前期力图"依贞观故事"，他在《戒牧宰敕》中指出："郡县者国之本，牧宰者政之先，朕每属意此官，有殊余职。顷来刺史县令，我不得人，致令户口不能安业，斯以朕之不德，所以瘰瘰劳想，辞命旁求，搜扬所知，亲加试择。"

唐玄宗慎择守令最突出的事例当是开元四年（公元716年）四月亲自出题考试新授县令。当时吏部新选任命的县令200多人进宫拜谢皇帝，唐玄宗突然宣令全体新选县令立即到宣政殿集中考试，并亲出"问策一道"。结果考试合格者仅100余人，甚至还有人交了白卷。最后唐玄宗宣布，25名落第者不予授任而"还旧官"，45人成绩低劣"放归学问"，100余成绩合格者被授任县令，名列榜首的韦济被调任京郊醴泉县令。唐玄宗不仅处理了成绩不合格的官员，对所有主持县令选拔考试的吏部人员也分别给以了惩处。吏部侍郎卢从愿被降为豫州刺史而限期离京。

开元初期，唐玄宗不仅注重官员的选拔，还特别安排中央官员和地方官员调任交流，以提高地方官员的素质，增进工作效率，同时也让京官了解下情，以便做出正确的决策。开元二年（公元714年）正月，唐玄宗在《黜陟内外官制》中指出，"当于京官内，简宏才通识堪致理兴化者，量授都督、刺史管官，在外藩频有升进状者，量授京官。使出入常均，永为常式。"

当时的京官中不少人是贵胄子弟，外调至地方的阻力极大，但唐玄宗在开元六年（公元718年），开元十二年（公元724年）接二连三下诏，安排100多名京官到地方任职。

唐玄宗不仅注重官员的选拔，安排京官与地方官员的交流任职，使官员的调动能上能下，更注重各级官员的考核。开元初期便颁布了《整饬吏治诏》，规定："每年十月，委当地按察使较量理行殿最，从第一等至五等奏闻较考。""上等为最，下等为殿。中间三等，以次定优劣。改转日凭为升降。"

（2）兼听纳谏

开元元年（公元713年）十月，姚崇在他的《十事要说》中便建议："愿群臣皆得批逆鳞，犯忌讳。"对此唐玄宗回答说："朕非唯能容之，亦能行之。"第二年正月，他便颁布了《求言诏》，不仅指出"诏敕有不便之时，及除授有不称于职，或内怀奸宄，外损公私，并听进状，具陈得失"，而且鼓励"五品以上官，乃许其廷争"。

同其曾祖唐太宗一样，开元年间唐玄宗也留下了许多纳谏佳话。

开元二年（公元714年）二月，皇兄李成义请求将自己属下九品流外员阎楚生提升为正七品官员，唐玄宗未多加考虑即答应下来，但姚崇等人认为不妥，当面指出皇帝这是不经吏部办理，私相给家族亲友赠送官爵的行为，唐玄宗一听立即收回了成命。

同年六月，唐玄宗准备给他沉冤多年的生母窦氏的靖陵修建纪念碑，已下敕令开始了征工征料，结果汝州刺史韦凑上表说："自古陵国无建碑之礼，又时正旱俭，不可动功。"于是唐玄宗便下令停建而"工程乃止"。

开元四年（公元716年）二月，宫内派太监到江南罗捕珍鸟异禽，欲置宫中玩赏。汴州刺史倪若水即刻给玄宗上奏说："今农桑方急，而罗捕禽鸟以供园池之玩。远自江、岭，水陆传送，食以粱肉，道路观者岂不以陛下贱人而贵鸟乎！陛下方当以凤凰为凡鸟，麒麟为凡兽，况鸡鹊、鸂鶒，曷足贵也！"唐玄宗看了倪若水的上奏后，即刻亲手书写敕令向倪若水认错道谢，并赏赐其40匹帛缎，还下令将已捕捉的禽鸟放掉。

开元初期的唐玄宗不仅虚心纳谏，听取批评意见，严格要求自己，对自己身边的亲友也严厉管束。史载："皇后妹夫尚衣奏御长孙昕以细故与御史大夫李杰不协。（开元四年）春，正月，昕与其妹夫杨仙玉于里巷伺杰而殴之。杰上表自诉曰：'发肤见毁，虽则痛身，冠冕被陵，诚为辱国。'上大怒，命于朝堂杖杀，以谢百僚。仍以敕书慰杰曰：'昕等朕之密戚，不能训导，使陵犯衣冠，虽置以极刑，未足谢罪。卿宜以刚肠疾恶，勿以凶人介意。'"

（3）巩固皇权

唐朝建立后接连不断地发生政变，这使靠政变起家的唐玄宗深为忌惮和警惕，而且政变的发动者多为王公贵族，所以为巩固自己的帝位，对王公贵族的限制和控制成为开元年间政治革新的重要方面。

开元初年对王公贵族势力的削弱和控制有下面多种方式。

一是在诛灭武、韦诸王后，朝廷不再滥封王爵，从而在数量上对其有所限制。

二是削减实封贵族的封户定额。武后、中宗、韦后、睿宗在掌权后为获得贵族官僚的支持，一再增加实封之家，扩大封家的税户。唐朝建国时，功臣众多，但实封者只有二三十家，每家封户最多为 1000 户，但到了中宗、韦后掌权时，全国实封之家已达 140 余户，封户最多的达到了 7000 户，到睿宗时，像太平公主的封户竟达到了一万户。对此唐玄宗不仅严格禁止滥封王爵，而且大量削减王公封户，使亲王最多 2000 户，公主最多 1000 户，并且下令禁止王公贵族直接到封地征收租税，由太府司按朝廷规定标准统一收取发放，从而避免了王公贵族任意增加封地租税，盘剥百姓。

三是严禁国家重臣与亲王秘密交往。姚崇任宰相以后，张说对自己位于姚崇之下甚为不满，于是多次前往唐玄宗的弟弟岐王府中联络岐王，请岐王出面要求皇帝罢免姚崇的宰相职务。左拾遗张九龄写信给玄宗说："今张说为辅臣，而密乘车入王家。岐王，陛下爱弟也，恐为所误，故忧之。"几天之后玄宗下旨罢张说相职，贬为相州刺史。另外，许多官员因与亲王关系密切而受到处理，如附马都尉裴虚己，私带纤讳之书，常与岐王游宴，被流放岭南；万年县尉刘庭琦、太祝张谔也因被人告发与岐王饮酒赋诗诽谤朝臣而被罢官。

四是调亲王出京外任。开元二年（公元 714 年）六月，敕令"开府仪同三司宋王成器为歧州刺史；司徒申王成义为邠州刺史；司空邠王守礼为虢州刺史；委务上佐；太常卿岐王范为华州刺史；秘书监薛王业为同州刺史"。唐玄宗的哥哥、弟弟及唐高宗的长孙这五个对唐玄宗皇位最具威胁的亲王都出京城为没有实权的挂名刺史，使他们与朝中重臣隔离开来，以防对皇权的侵夺。

唐玄宗不仅严防王公贵族，而且也特别注意控制功臣的势力做大，极力设法免除、剥减功臣的权势。

兵部尚书郭振元，是屡立战功的名将。在诛灭太平公主的事件中，参与谋划，功不可没，但唐玄宗在开元元年（公元 713 年）十月的骊山阅兵式上，即以军容不整为由，判郭振元死刑，在宰相刘幽求和张说一再求情下，才改为流放新州。当然，在叛乱接连发生、皇帝刚刚即位的情况下，突然搞一个 20 万人的大阅兵，军容不可能严整，因此君王定计除掉手握军权的郭振元应该是早已谋划好的剧本。

宰相刘幽求在诛灭韦后集团中是最早的谋划者，在灭除太平公主时也是功勋卓著，他不仅一直忠于唐玄宗，而且能力超群，发动政变，新皇除旧布新的制敕百余道诏书皆由其起草颁布，因其功勋首屈一指而在新皇帝即位时被任命为宰相。但仅到了开元元年（公元 713 年）十二月便被罢相，降为太子少保，第二年因其背后说了牢骚话而贬为睦州刺史，又迁为杭州刺史，开元三年（公元 715 年）转为桂阳郡刺史，在途中怨愤而死。

钟绍京不仅参与诛灭韦后的密谋，而且因其任内苑总监而使他的住地成为政变的始发地，政变的主力中便有他手下的工匠 200 多人，在他的带领下政变人马从苑中凿通宫墙直达内宫而诛杀了韦后。钟绍京不仅在诛杀韦氏集团的政变中功勋卓著，而且最了解政变的底细，所以唐玄宗对他特别戒备。在他升任户部尚书不久就被降为太子詹事，后又贬为绵州刺史，接着被贬为果州尉，后来又转为温州别驾。

王琚是第一个极力劝说唐玄宗诛灭太平公主的人，是诛灭太平公主的主要功臣之一，因此升任户部尚书，封赵国公，食实封 500 户。但时间不长便转为御史大夫，后又贬为泽州刺史，削封户 100。

密报太平公平主集团欲发动政变，使唐玄宗先发制人诛灭太平的魏知古，开元元年（公元 713 年）任副相，时间不长便"除工部尚书。罢相"。

参与诛灭韦后集团成功后封齐国公，食实封 200 户的崔日用一再劝告唐玄宗先下手除灭太平公主，后被升任吏部尚书，加实封 400 户，不久便贬出京城为常州刺史，削实封 300 户，又转为汝州刺史。

从以上情况来看，当年在诛灭韦后及太平公主过程中建功立业的功臣全被唐玄宗免去高官，逐出京城，剥减了权力。这是因为唐玄宗深知他们搞政变的能力，而且由于自己以前和他们密谋政变，过从甚密，彼此知根知底而很难驾驭。只有削去其手中的大权，将他们放至偏远之地，才不致威胁自己的皇权。

从古自今都是"狡兔死，走狗烹"，唐玄宗将为他登上皇位出力流汗的功臣逐出京城，贬为小官，而没有置于死地，比起以前的刘邦，以后的朱元璋等开国皇帝已经是宽厚的了。这种做法虽然在道德上很难让人接受，但在巩固皇权、维护政权稳定上又有其作用。特别是从王毛仲阴谋叛乱的事件来看，唐玄宗对功臣的预防也自有他的道理。

王毛仲是高句丽族人，因其父犯法，全家被籍没为官奴，隶属临淄王府。王毛仲因聪明有武功，与李守德同为临淄王李隆基的贴身保镖。在灭除韦后的政变中，本该冲锋在先的王毛仲却"避匿不从，事定数日方归"，对这种临阵脱逃的行为，唐玄宗李隆基因其以前的忠心而未与追究，反而"超授将军"。在诛灭太平公主的斗争中，王毛仲冲锋在前，立下大功，被封为霍国公，食实封 500 户，授辅国大将军，后来又任朔方道防御大使，又因其管理军马成绩卓著，加封"开府同三司"，成为名誉地位最高的武将。

但出身低微的王毛仲此时野心膨胀，公开向唐玄宗要兵部尚书的职位。《新唐书·王毛仲传》载道："然兹小人，志既满，不能无骄，遂求为兵部尚书，帝不悦，毛仲鞅鞅！及与葛福顺为姻家。而（李）守德及左监门将军卢龙子、唐地文、左右威卫将军王景耀、高广济数十人与毛仲相依仗为奸。毛仲恃旧，最不法。"

王毛仲结党的行为自然引起了朝臣的注意，开元十六年（公元 728 年），吏部侍郎齐瀚密奏唐玄宗说："葛福顺典兵马、与毛仲为姻家，小人宠极则奸生，不预图，且为后患。"开元十七年（公元 729 年），太原少尹又密奏唐玄宗："殿中监王毛仲使太原、朔方、幽州计会兵马，事隔数年，乃牒太原索器仗。挺之以为不挟敕，毛仲宠幸久，恐有变故，密奏。"王毛仲"不挟敕"，没有皇帝的敕令，便调动武器军用物质，当然便有了"异图"的嫌疑，即有可能为发动军事政变做准备。在皇帝已对其警惕戒备的情况下，王毛仲依然我行我素，毫不收敛，终于使唐玄宗痛下决心，一举除掉了王毛仲这伙掌握着禁军指挥权因而极具危险的军人团伙。

史载："会毛仲妻产子，三日，上命力士赐之酒馔，金帛甚厚，且授其儿五品官。力士还，上问：'毛仲喜乎？'对曰：'毛仲抱其襁中儿示臣曰："此儿岂不堪作三品邪！"上大怒曰：'昔诛韦氏，此贼心持两端，朕不欲言之，今日乃敢以赤子怨我！'力士因言：'北门奴，官太盛，相与一心，不早除之，必生大患！'上恐其党惊惧为变。"

因为王毛仲一伙身份地位特殊，所以做事周密的唐玄宗李隆基"恐其党惊惧为变"，他不动声色地做了细致的安排后，突然下旨免除了王毛仲一伙京城禁军首领的职务，将他们分别贬放到边远之地。

史载："（开元十九年）春，正月、壬戌，下制，但述毛仲不忠怨望，贬瀼州别驾，福顺、地文、守德、景耀、广济皆贬远州别驾，毛仲四子皆贬远州参军，连坐者数十人。毛仲行至永州，追赐死。"

2. 开元中兴

唐玄宗李隆基即位之后的励精图治、政治革新使政变频生的政治局面迅速平定下来，皇权巩固，社会安定，从而使唐代历史有了难能可贵的几十年没有变乱的和平发展时期。在此基础上，李隆基君臣加强军事力量，巩固国防，调和国内矛盾，促进经济民生发展和文化的繁荣，加强对外交流，促进与周边各国及各民族的友好往来，使国家迅速进入了历史以来最为鼎盛的开元中兴的盛唐时期。

（1）安定边疆

几十年变乱频生的黑暗政治，自然使国家的国防力量受损，给外敌入侵造成可乘之机。唐玄宗即位之时，国家东北的靺鞨、契丹，西北的东突厥、西突厥，特别是西南的吐蕃等国常常侵边掠夺，战事不断。鉴于20多年来边疆战争的多次失利，唐玄宗总结经验教训，决心整顿军队，提高战力，重整唐朝国威，开元初年即颁布了《练兵诏》和《禁私役兵士诏》。除了加强军事训练，增加西北、西南边防军力外，严令整顿军务，特别指出开元以前"军中总管以下不遵师律，多役兵士，帐中有粱肉之娱，麾下罢勤卒之色，人既劳力，军亦挫气"。敕令自今以后"总管以下私役兵士计庸，以受所监临财物论"。即军官若役使士兵为自己服役，按贪污受贿罪论处。

同时，唐玄宗还特别注重选拔培养良将等军事人才。盛唐名将王忠嗣就是唐玄宗亲手培训的著名战将。忠嗣是名将王海滨的遗孤，王海滨在与吐蕃作战中英勇牺牲，留下9岁的儿子，唐玄宗便将他收养在宫中，赐名忠嗣，与皇太子李亨等一同读书习武。将门出虎子，忠嗣自小便喜读兵书，李隆基"以其兵家子，与之论兵，应对纵横，皆出意表"。王忠嗣28岁便任兵马使与吐蕃兵作战，多次大破吐蕃兵，特别是在夺取新城的战役中"忠嗣之功居多"，升往河东节度副使，大同军使。在以后的边疆战争中屡立战功，防守朔方至云中数千里边疆，使"北塞之人，复罢战矣"。四十初头任河西、陇石节度使，同时又权知朔方，河东节度使事。著名史学家司马光赞叹说："忠嗣杖四节，控制万里，天下劲兵重镇皆在掌握，与吐蕃战于青海、积石皆大捷。又讨吐谷浑于墨离军，虏其部而归。"

在唐玄宗选任培养下，这时期的唐朝良将辈出，如郭知运、张守珪、郭子仪、王晙、李光弼、高仙芝等都是威镇一方的著名将领。

唐军边防力量的增强使开元时期20多年的边疆形势有了根本好转，但吐蕃、突厥、契丹等仍然时刻觊觎河西陇右及长城以南地区，为此唐玄宗在天宝元年（公元742年）建立了安西、北庭、河西、朔方、河东、范阳、平卢、陇石、剑南及岭南五府经略十大节度使统领十大军区，维护边疆的安全，保卫丝绸之路的通畅。

（2）经济发展

在维护边疆安定的同时，唐玄宗尽力处理吏治败坏的遗留问题，减轻人民负担，稳定农业生产，促进经济发展。

武周、中宗、睿宗时期，吏治腐败，朝廷公开卖官鬻爵，致使冗官倍增，出现了员外，同正、试、摄、检校等各种名目的虚职官员，不仅耗费国库资财，而且影响正式官员的施政。开元二年（公元714年）五月，唐玄宗便颁布了《量减员外官诏》，指出："今岁诸州，多非善轨，及京师每劳转运员外等官，人数倍广，俸禄之辈，何以克周。诸色员外，试、检校官，除皇亲诸亲及五品以上，并战阵列要急内侍省外，一切总停。"这些冗员、冗官的裁撤减轻了财政支出和人民的额外负担。

开元十年（公元722年）正月，敕令撤销各级官员职田，将土地分给无地农民。开元九年（公元721年），朝廷撤销了过去让逃户（因战乱和天灾逃亡他乡的农户）限期归乡的敕令，允许逃户就地入籍，豁免他们在逃时期的租调。同时在开元年间，朝廷还多次颁发了减轻百姓负担的法令。如将成丁役作的年龄由21岁改为23岁，服兵役的年龄达70岁的士兵退伍归农。

这些措施减少了百姓负担，有利于农业及经济民生的发展。

社会安定，经济发展，全国人口也迅速增加，高宗永徽年间全国人口仅380余万户，开元年间增至800余万户，到天宝十三年（公元754年），全国户口增加到969254户，人口达到5288万余人。

（3）文化繁荣

随着政治改革取得初步成效，国家政局稳定，社会经济欣欣向荣，百姓安居乐业，文学艺术修养甚高的唐玄宗又积极振兴文化事业，使文学艺术大放异彩成为开元盛世令人目眩的标志性成果。

唐玄宗的父亲李旦长期做挂名皇帝，赋闲在家便以文学艺术怡情养性，且特别善弹琵琶，受此影响玄宗兄弟个个都有很高的文学艺术造诣。唐玄宗不仅善作诗歌，《唐诗》便收录了他64首诗，而且多才多艺，特别是音乐才能，他会各种丝竹乐器，善弹琵琶，精通羯鼓的演奏，而且善于作曲和指挥。

上有好者下必甚焉，唐玄宗个人的文学艺术爱好和创作活动对开元天宝年间的文化发展起了很大的促进作用，使盛唐文化，特别是唐诗成为我国文学艺术史上不可逾越的一座高峰。下面我们来说说唐玄宗时期文化繁荣的具体情况。

唐朝是我国诗歌的高峰时期，而开元天宝年间的诗歌创作更是璀璨夺目。我们从儿时便诵习的《唐诗三百首》，多数作品都是开元天宝年间的作品。这个时期涌现出的诗人个个都是大名鼎鼎，如李白、杜甫、贺知章、王维、孟浩然、王之涣、高适、王昌龄、岑参等。李白、杜甫这两个开元年间最璀璨的明星我们姑且等会再说，我们先来吟诵一下其他诗人脍炙人口的作品。

贺知章《回乡偶书二首》：少小离家老大回，乡音无改鬓毛衰。儿童相见不相识，笑问客从何处来。离别家乡岁月多，近来人事半销磨。惟有门前镜湖水，春风不改旧时波。

王维《送元二使安西》：渭城朝雨浥轻尘，客舍青青柳色新。劝君更尽一杯酒，西出阳关无故人。

孟浩然《过故人庄》：故人具鸡黍，邀我至田家。绿树村边合，青山郭外斜。开轩面场圃，把酒话桑麻。待到重阳日，还来就菊花。

王之涣《登鹳雀楼》：白日依山尽，黄河入海流。欲穷千里目，更上一层楼。

高适《别董大二首》：千里黄云白日曛，北风吹雁雪纷纷。莫愁前路无知己，天下谁人不识君。六翮飘飖私自怜，一离京洛十余年。丈夫贫贱应未足，今日相逢无酒钱。

王昌龄《出塞》：秦时明月汉时关，万里长征人未还。但使龙城飞将在，不教胡马度阴山。

岑参《逢入京使》：故园东望路漫漫，双袖龙钟泪不干。马上相逢无纸笔，凭君传语报平安。

李白是我国继屈原之后伟大的浪漫主义诗人。他生于公元701年，卒于公元762年，基本生活在唐玄宗开元天宝年间。天宝元年（公元742年）经人推荐，被唐玄宗召赴长安任翰林供奉，但李白不满足于做一个只陪皇帝作诗玩赏的清客，于是在天宝三年（公元744年）便"乞归"离开长安遂浪迹天下，以诗酒自适。

李白的诗歌有他傲视权贵、敢于反抗性格的自然流露，也有对人生如梦、时光易逝的慨叹，更有对社会不公、人民苦难的不平，也有对祖国美好山河的挚爱。他的诗歌感情奔放，想象力丰富，语言夸张，善于用历史典故和神话表达感情。

下面我们从几首李白的诗中探视一下他的心路历程：

《南陵别儿童入京》：白酒新熟山中归，黄鸡啄黍秋正肥。呼童烹鸡酌白酒，儿女嬉笑牵人衣。高歌取醉欲自慰，起舞落日争光辉。游说万乘苦不早，著鞭跨马涉远道。会稽愚妇轻买臣，余亦辞家西入秦。仰天大笑出门去，我辈岂是蓬蒿人！

自以为西去长安便可青云直上，施展自己的抱负，"仰天大笑"得意至极的神态，"岂是蓬蒿人"自视甚高的信心，诗人踌躇满志的形象表现得淋漓尽致。

《梦游天姥吟留别》：海客谈瀛洲，烟涛微茫信难求。越人语天姥，云霞明灭或可睹。天姥连天向天横，势拔五岳掩赤城。天台四万八千丈，对此欲倒东南倾。我欲因之梦吴越，一夜飞度镜湖月。湖月照我影，送我至剡溪。谢公宿处今尚在，渌水荡漾清猿啼。脚著谢公屐，身登青云梯。半壁见海日，空中闻天鸡。千岩万转路不定，迷花倚石忽已暝。熊咆龙吟殷岩泉，栗深林兮惊层巅。云青青兮欲雨，水澹澹兮生烟。列缺霹雳，丘峦崩摧。洞天石扉，訇然中开。青冥浩荡不见底，日月照耀金银台。霓为衣兮风为马，云之君兮纷纷而来下。虎鼓瑟兮鸾回车，仙之人兮列如麻。忽魂悸以魄动，恍惊起而长嗟。惟觉时之枕席，失向来之烟霞。世间行乐亦如此，古来万事东流水。别君去兮何时还？且放白鹿青崖间，须行即骑访名山。安能摧眉折腰事权贵，使我不得开心颜！

梦游天上仙境，心觉"世间行乐亦如此"，在抒发了自己从此将徜徉山水的心愿后，愤然一句"安能摧眉折腰事权贵，使我不得开心颜"，一吐长安三年侍奉权贵的郁闷之气，向最高的权贵统治者投去一瞥快意的蔑视。

《山中问答》：问余何意栖碧山，笑而不答心自闲。桃花流水窅然去，别有天地非人间。

诗人"栖碧山"而"心自闲"，但对"别有天地"的自然美景的爱却深透着对"世俗人间"的憎恶。愤世嫉俗与乐观浪漫的爱憎分明的情感就这么在明暗对比中奇妙和谐地统一在一首小诗中。

《将进酒》：君不见，黄河之水天上来，奔流到海不复回。君不见，高堂明镜悲白发，朝如青丝暮成雪。人生得意须尽欢，莫使金樽空对月。天生我材必有用，千金散尽还复来。烹羊宰牛且为乐，会须一饮三百杯。岑夫子，丹丘生，将进酒，杯莫停。与君歌一曲，请君为我倾耳听。钟鼓馔玉不足贵，但愿长醉不复醒。古来圣贤皆寂寞，惟有饮者留其名。陈王昔时宴平乐，斗酒十千恣欢谑。主人何为言少钱，径须沽取对君酌。五花马，千金裘，呼儿将出换美酒，与尔同销万古愁。

既有韶光易逝、人生苦短"千古愁"的感叹，也有"人生得意须尽欢"的及时行乐情绪的流露，更有深藏在心底的怀才不遇而又渴望用世的高度自信。借酒浇愁的狂放无奈，极具自信的自我价值的乐观宣示，使全诗的感情悲而不伤，悲而能壮，动人心怀。

　　杜甫是我国伟大的现实主义诗人。他生于公元712年，卒于公元770年，也基本生活在开元天宝年间，由于他比李白晚出生11年，更多地感受到了天宝后期统治者穷奢极欲带给人民的苦难，特别是安史之乱带给家国民族的深重灾难，使他的诗作不仅抒发出中国优秀知识分子浓重的忧国忧民情怀，更有"朱门酒肉臭，路有冻死骨"这种直接对罪恶现实的直接揭示和批判以及代表劳苦大众心声的"安得务农息战斗，普天无吏横索钱"的呼喊。

　　下面我们也从杜甫的几首诗作中了解一下他多难的人生和高尚的情怀。

　　《春望》：国破山河在，城春草木深。感时花溅泪，恨别鸟惊心。烽火连三月，家书抵万金。白头搔更短，浑欲不胜簪。

　　"国破"的伤感，离乱的痛苦，又加衰老的叹息，层层抒发出诗人在战乱岁月中的悲哀，"烽火连三月，家书抵万金"因触动从古至今饱受战乱人们的心声，而成为千古传诵的名句。

　　《茅屋为秋风所破歌》：八月秋高风怒号，卷我屋上三重茅。茅飞渡江洒江郊，高者挂罥长林梢，下者飘转沉塘坳。南村群童欺我老无力，忍能对面为盗贼。公然抱茅入竹去，唇焦口燥呼不得，归来倚杖自叹息。俄顷风定云墨色，秋天漠漠向昏黑。布衾多年冷似铁，娇儿恶卧踏里裂。床头屋漏无干处，雨脚如麻未断绝。自经丧乱少睡眠，长夜沾湿何由彻！安得广厦千万间，大庇天下寒士俱欢颜，风雨不动安如山。呜呼！何时眼前突兀见此屋，吾庐独破受冻死亦足。

　　安史之乱中辗转逃到成都的杜甫在亲友的帮助下，在浣花溪边盖起了一座茅屋，饱受颠沛流离之苦五年多的杜甫总算有了栖身之所，不料秋风破屋，大雨又至，诗人长夜难眠，感慨万千，写下了这首脍炙人口的诗作。诗篇写的是自己的苦难，抒发的却是忧国忧民的情怀和推己及人愿普天之下的寒士有屋居住的心愿。

　　《闻官军收河南河北》：剑外忽传收蓟北，初闻涕泪满衣裳。却看妻子愁何在，漫卷诗书喜欲狂。白日放歌须纵酒，青春作伴好还乡。即从巴峡穿巫峡，便下襄阳向洛阳。

　　公元762年冬天，唐军在洛阳附近的横水大败叛军，收复了洛阳、郑州和汴州，听到胜利捷报的诗人欣喜若狂，并即刻想象着一路顺风回到久别的家乡，表现出在战乱中背井离乡的人们对结束战事的喜悦和对和平生活的美好向往。

《登岳阳楼》：昔闻洞庭水，今上岳阳楼。吴楚东南坼，乾坤日夜浮。亲朋无一字，老病有孤舟。戎马关山北，凭轩涕泗流。

"亲朋无一字，老病有孤舟"正是晚年的杜甫"漂泊西南天地间"而无处安身的真实写照，但诗人仍然有着能容纳"乾坤日夜浮"的浩大胸怀，他"凭轩涕泗流"不是为自身孤苦无依的晚景哀伤，而是为关山之北仍然戎马相交、战乱不断感叹，被后世尊为"诗圣"自然是实至名归！

我们上面所举的诗作只是盛唐时期汪洋诗海中的一滴。无论从数量上或作品的思想艺术上，唐诗不仅是我国文学史上一颗极其璀璨的明珠，而且其许多优秀诗作千百年来一直深受人们喜爱。唐诗的繁荣有着许许多多的原因，但开元天宝年间，唐玄宗把制科考试中的初考策与诗赋，改为只考诗赋，因而唐人把进士科称为"词科"，不能不说是一个重要的原因。宋朝的严羽在其《沧浪诗话》中写道："或曰：唐诗何胜我朝？唐以诗取士，故多专门之学，我朝之诗所以不及也。"

唐代开元天宝时期的文化繁荣，不仅只是文学特别是诗歌的璀璨夺目，其他艺术门类同样是绚丽多彩，成就惊人。

唐玄宗非常重视书法，朝廷设置了侍书管官职，专门指导皇帝写字，而且还设立秘书学这样的国立书法专科学校，由国子监总管，因此涌现出张旭、李阳冰、徐浩、颜真卿、怀素等书法大家。

张旭是我国历史上公认的草书名家，史书记载："旭尤善狂草，性嗜酒，每酒酣兴起，落笔挥洒，醒后自视，以为神异，不可复得。"传说张旭任苏州常熟尉时，常有父老递上呈文，"判去，不数日复至，乃怒而责曰：'敢以闲事，屡扰公门。'父老曰：'某实非论事，但睹少公笔迹奇妙，贵为箧笥之珍耳。'"

颜真卿是开元年间进士，安史之乱爆发时，河北州县大都被攻陷，但平原太守颜真卿坚守孤城多年，其忠君爱国精神历来为人们推崇。他不仅是抗击叛乱的英雄，而且《新唐书》记载他"善正草书，笔力遒婉，世宝传之"。后世文人苏东坡说他"颜鲁公书，雄秀独出，一变古法"，"后之作者，殆难措手"。

开元天宝年间的著名画家首推吴道子。吴道子又名道玄，少孤，家贫，年未弱冠便成为"穷丹青之妙"的民间画工，在寺院从事壁画谋生。开元年间被唐玄宗召入宫中，任宫廷画师，与盛唐时期各类艺术沟通并能与中外绘画艺术交流的便利地位，为他的艺术成就的创新提高奠定了良好的基础，使他成为我国历史上公认的绘画大家。

开元天宝时期音乐和舞蹈艺术的发展更是历来为人们所注目和公认的。由于唐玄宗李隆基个人对音乐舞蹈的善长和喜爱使盛唐的音乐舞蹈艺术成为我国历史上较为辉煌的时期。

唐玄宗为了培养优秀的音乐舞蹈人才，于开元二年（公元714年）在宫内光化门北设立了"梨园"。"梨园"实际上就是国立音乐、舞蹈学院，唐明皇李隆基自任"崔公"，即院长。崔公以下设专门的创作人员和"乐营匠"。创作人员由唐明皇李隆基指定的翰林学士及国内著名学者担任，大诗人李白、贺知章等都给梨园写过稿本。"乐营匠"又称"魁伶"，相当于艺术学院的导演和教授，负责培训梨园的学生，当时全国著名的表演艺术家李龟年、雷海青、公孙大娘都曾担任"乐营匠"。

在"梨园"以外，唐明皇又设立了宜春园，专门培养女弟子，唐明皇李隆基最宠爱的杨贵妃经常到宜春园指导这些女弟子学习舞蹈。当时长安最流行的舞蹈便是杨贵妃最善长的《霓裳羽衣舞》和《胡旋舞》。

由于唐明皇李隆基对培养音乐舞蹈人才和盛唐时期音乐舞蹈艺术发展的贡献，后世的戏剧艺术工作者便奉唐明皇为其祖师爷，学习戏剧、音乐舞蹈的场所也被称为"梨园"，其从业者自称"梨园弟子"。

开元天宝盛唐时期的文化繁荣还必须提到当时在天文历算及图书整编方面的成就。

当时的算学由国子监管辖，内有算学博士、助教及学生，有著名的天文学家僧一行、李淳风、傅仁均。僧一行原名张遂，他从小刻苦好学，博览群书，最喜欢天文历算学，青年时便成为名声极大的学者。唐玄宗李隆基非常重视学术研究，他聘请许多名流学者做朝廷的顾问。让他们集中在朝堂著书立说，僧一行也应聘入宫，做了李隆基天文和历法的顾问。

僧一行用他制造的仪器重新测定了 150 余颗恒星的位置，固定了二十八宿距离北极的度数，并且取得了发现恒星移动现象的伟大成就。公元 1718 年，英国天文学家哈雷才提出了恒星自行的观点，但这已经比僧一行的发现晚了1000 年。

僧一行的另一伟大贡献是制定了《大衍历》，这是 1200 多年前出现的最先进的历法。宋朝的科学家沈括评价道："开元《大衍历》最为精密，历代用其朔方。"《大衍历》不仅在我国一直使用到明朝末年，而且被当时的日本留学生带到日本，在日本等国长期流传使用。

开元五年（公元 717 年），秘书监马怀素上奏建议整编图书，国子监祭酒褚无量也建议说："内库旧书，自高宗代即藏在宫中，渐致遗逸，请缮写刊校，以弘经籍之道。"此时的唐朝已立业百年，在经学、史学、文学、科学、文艺等各方面都涌现出很多独树一帜的专家。褚无量和元行冲是知名的儒学大家，褚无量"尤精三礼及史记"，元行冲"博学多通，尤善音律及训诂之学"；当时知名学者如马怀素"博通经史"，韦述以史才谱学知名，崔沔有文词，礼经最善，殷践猷博学，尤通氏族、历数医方，君知章明经而多注解周易老庄之书。于是唐玄宗调集天下知名学者，任命褚无量为修书使，以褚无量、马怀素、元行冲为主管，在东都含元殿整理、校对、抄写群书。

开元年间的图书整编工作历时十多年，分类编入目录的唐代以前的图书达 53915 卷，唐代学者的著作 28469 卷，这项浩大的工程为我国文化的繁荣发展做出了不可磨灭的巨大贡献。

在整编历代图书的同时，唐玄宗还分别任命历代宰相张说、萧嵩、张九龄、李林甫为主编，同样历时十多年编修了《唐六典》和《大唐开元礼》两部重要的文献典籍。

开元天宝年间的盛唐时期至今成为史家肯定的"盛世"，不仅是因它选贤任能、政治清明，不仅是因它国力强大、边疆稳定，也不仅是因它经济发展、社会繁荣，更因它文化发展所取得的辉煌灿烂的成就。唐玄宗李隆基不仅以他个人的兴趣和爱好以诗取士，设立梨园把盛唐时期的诗歌创作和音乐舞蹈艺术推上了中国历史的高峰，而且以他的高瞻远瞩将天下各方面的英才招纳到京城，给他们以时间和集中精力在各自的领域中钻研创新。有集中在两京各个文化领域的大师各领风骚，自然引领出了全国文化事业百花争艳、万紫千红的局面。更为重要的是盛唐时期的文化发展不仅有朝廷最愿意看到的所谓的正能量，更有大量揭露政治黑暗、社会不公的作品问世，但是盛唐时期有幸的文化人并没有受到像秦代焚书坑儒及明清以来愈演愈烈的文字狱那样的绞杀。如果没有当时的最高统治者唐玄宗李隆基那样的胸怀，没有当时的宽容政治，以"三吏""三别"那样的诗歌直刺政治的黑暗，反映人民痛苦的杜甫和敢于喊出"安能摧眉折腰事权贵，使我不得开心颜"而向最高统治者投出轻蔑目光的李白，不仅他们本人会被批倒批臭，甚至死于非命，而且今天我们也绝不会看到他们的作品，中国历史、中国文学史上也绝不会有杜甫、李白这样的"诗圣""诗仙"了，唐诗也很难成为中国文学史上的高峰。

3. 民族及中外交流

开元天宝年间的盛唐时期是国内各民族大融合与中外经济文化大交流的时期，京城长安不仅是国内政治、经济、文化的中心，更是当时国际上独一无二的大都市，世界经济文化的中心。

唐玄宗李隆基继承了唐太宗李世民"中国根本，四夷枝叶"的原则，平等对待国内各少数民族，坚持平等和睦的民族政策。到天宝年间，唐朝的边境设立了856个羁縻州，朝廷任命被征服的或主动归服的少数民族首领担任本民族的都督、刺史，与中央政府保持友好关系，并且不向朝廷纳税。同时，还一视同仁吸收少数民族成员在朝廷任职，直接成为国家的施政管理官员或统领军队的将领。

例如，宇文融，匈奴族，玄宗朝曾任宰相；

源乾曜，鲜卑族，开元初年任宰相；

李光弼，契丹族，天宝末年任节度使，天下兵马副元帅；

哥舒翰，突厥人，天宝元年任安西副都护，四镇经略使；

王忠嗣，高丽族，开元天宝年任河西陇右节度使，知朔方，河东节度使；

王武俊，奚族，卢龙节度使；李国昌，沙陀族，代北节度使；

夫蒙灵祭，羌族，安西四镇节度使；

李多祚，靺鞨族，右鹰扬大将军；

王毛仲，高丽族，初任李隆基武装待从，后升任辅国大将军；

论弓仁，吐蕃族，圣历二年（公元699年）归唐，授左玉钤卫将军封酒泉郡公，累迁右骁卫大将军；其孙惟贞，开元末年任左武卫将军。

唐玄宗一生极其信任的掌握大权的宦官高力士也是南方少数民族。这时期不仅许多少数民族成为朝中文武官员，而且出现了许多世代做官的蕃将世家，如契苾氏、浑氏、乌氏等。从这可以看出唐朝任用官员已完全打破了民族界限，少数民族官员不仅能做主持朝政的宰相，而且能统领军马镇守一方。

盛唐时期各民族平等的政策还充分表现在各民族自由通婚上，首先是皇族与少数民族首领间的通婚，开元天宝年间见于记载的就有九次。

民族平等的政策除了巩固了各民族友好和睦的关系，稳定边疆外，更促进了汉族与各少数民族经济文化方面的交流发展，开元天宝年间各民族贸易数量之大，人员往来之多达到了历史顶峰。许多的少数民族因商贸及各种交流居住在长安、洛阳等地，使唐代中原地区社会习俗发生很大变化，服饰、饮食、乐舞、绘画各个方面胡化盛极一时，各民族大融合达到了高潮。

盛唐时期实行对外开放政策，开元年间与唐交往的国家达到70多个，各国官员、商人、学者、僧侣、旅行家及留学人员不断入唐。朝廷设立了鸿胪寺，专门接待各国使节和外宾，天宝末年，居住在鸿胪寺的外国人竟达4000人以上。此外，长安、洛阳、扬州、广州、登州等城市还设专门的馆驿，负责接待外国商人、学者及旅游者。

当时，刚刚实行了"大化改新"，结束了奴隶制，初步建立了封建中央集权制的日本对唐朝日臻完备的封建典章制度和繁荣的经济文化"益加赞叹向往，狂热地试图汲取、模仿"（姚剑章《遣唐使》）。从贞观年间开始，在其后的260多年中，以"遣唐使"的形式向中国取经学习，开展了人类历史上罕见的、规模空前的文化经济交流。规模最大的使团人数一次就达500

人以上，有三批是在开元天宝年间入唐，包括日本大使、副使、留学生、僧侣、技师水手等。

在长达几百年的唐日文化交流中，涌现出了许多唐文化的传播者，日本学者阿倍仲麻侣就是其中的优秀代表。

阿倍仲麻侣出身于日本官宦家庭，因其对唐文化有一定的研究基础被选入日本第九次遣唐使团，于开元五年（公元 717 年）十月到长安，与阿倍同来的还有著名的学者吉备真备等。阿倍被分配到太学学习，太学学习了 9 年后经考试合格，由太学推荐参加了礼部的科举考试，阿倍以优异成绩而进士及第，被唐玄宗赐名"晁衡"。开元十六年（公元 728 年），阿倍任司经局的校书郎，从此开始了担任唐朝官职长达 40 年的人生经历。担任唐朝官职的阿倍至此成为唐日友好交流的桥梁，他既是唐朝的官员，同时又执行日本驻唐大使的职责，协助日本遣唐使在京城及各地的文化经济交流，直到大历五年（公元 770 年）72 岁时在中国去世。

阿倍在唐朝任职时结交了许多中国朋友，大诗人李白在长安任翰林供奉时经常与其痛饮酣歌，高谈阔论。天宝年间阿倍在归国途中海上遇险被救后又辗转返回长安，当时传说他已遇险而亡，李白非常悲伤，特地写诗抒发自己的哀伤："日本晁卿辞帝都，征帆一片绕蓬壶。明月不归沉碧海，白云愁色满苍梧。"

除了日本国遣唐使的友好学习交流外，还有成千上万的新罗、林邑、波斯、大食、天竺、尼婆罗等国的官员、商人、学者、僧侣、工匠、旅游者等络绎不绝来到长安、洛阳、扬州、广州等地交流学习。广州作为当时世界上最大的海港和贸易口岸，各国商船纷纷到此与唐人贸易，许多的外国商人都居住在广州。当然，唐朝的商船也远渡重洋，到各国经商贸易。开元年间与外国通商的路线有水陆两方面，西北的大陆通商线，即"丝绸之路"和东南水上丝绸之路。

开元天宝年间，唐人也有不少人出国，除大量的商贸活动外，许多人成为向外国传播中国文化的友好使者，鉴真和尚便是其中的一位优秀代表。

鉴真俗姓淳于，14 岁曾在两京游学，他除在扬州大明寺及淮南地区传教受戒外，还精通医学和建筑，曾主持建寺庙 80 余所。天宝年间鉴真受日本高僧的邀请四次东渡日本传教，但都在海上受阻，最后一次更是遭台风而遇险翻船，漂流十多天后才达海南岛，而且又因眼疾而失明，不得已回到扬州。

天宝十一年（公元 752 年），鉴真大师受日本"遣唐使"副大使再次邀请，以自己 66 岁高龄东渡日本，当时随鉴真东渡的除僧侣外，还有许多画师、玉工、铸写、绣工、镌刻、医生及建筑人才，组成了实际上的大唐文化代表团。到达日本后，鉴真大师除了给包括日本天皇皇后等许多日本人传教讲学受戒外，还同他的弟子及随行技师在日本传授各种技艺，其中鉴真大师在日本主持修建的唐招提寺和唐禅院成为日本艺术的明珠，1000 多年来被日本视为国宝，至今保存完好。公元 763 年，东渡日本十余年的鉴真大师在日本逝世，他的弟子及日本僧侣为其造了肖像，成为至今保存在唐招提寺开山堂内日本的国宝"鉴真和尚坐像"。

总之，在唐代开国近百年的国力积淀之下，在唐玄宗李隆基本身的雄才大略和任人唯贤、乐纳谏言的治理之下，唐玄宗君臣励精图治，在其执政前半期的开元年间迅速创建了中国历史上辉煌的"开元盛世"，使此时的盛唐成为当时世界的经济文化强国。但是，又是他本人在执政后期的错误，最终酿成了"安史之乱"，而使他亲手创建的盛唐迅速走向混战和衰落，最终使他成为中国历史上极具悲剧色彩的人物。唐玄宗李隆基在他执政后期究竟出现了哪些变化和犯了哪些错误，而这些变化和错误给国家与李隆基自己带来了怎样痛彻心扉的命运，我们将在以后的章节中进行讲解。

三、骄奢任佞国政乱

1. 骄奢拒谏

承继唐朝建国近百年的基业和其曾祖唐太宗李世民雄才大略及任人唯贤、乐纳谏言精神的唐玄宗李隆基夺取帝位后，君臣励精图治，时间不长便创建了中华民族历史上辉煌的"开元盛世"，这时期的盛唐国家一统、政治清明、军力强盛、经济雄厚、文化繁荣，成为当时引领世界发展潮流的四夷宾服、万邦来朝的世界经济文化中心。

我们常说历史是人民群众创造的，但实际上历史往往不是按照人民的良好愿望而发展变化的，我们今天看到的历史常常是因历史人物性格行为和喜好兴致及一时的念头产生而发生改变的。中华民族的历史在唐玄宗的手中出现了辉煌的开元盛世，但不幸的是，亲手创造了辉煌历史的李隆基很快又因他自身的诸多变化亲手毁灭了辉煌的盛唐，他执政后期的好大喜功、享乐怠政、任用奸佞直接酿成了使处于顶盛时期的盛唐一下子坍塌跌落至无休无止战乱中的"安史之乱"的发生。

"安史之乱"的发生不仅使大唐盛世风光不再，从此藩镇割据，一蹶不振，致使中华民族的历史陷入长期战乱不止的五代十国时期，而且这以后1000多年的历史，再没有让中华民族感到扬眉吐气、精神为之一振的辉煌盛世出现。唐朝以后深以武将掌权为忌的文弱宋朝一直在辽、金、西夏的夹击下屈辱偷生；元朝将人分为等级的野蛮统治更是让中原华夏民族痛不欲生；朱元璋建立的明王朝虽然驱逐了异族统治，但无法无天的家天下的流氓残暴统治摧残了中华民族的精神和生机；清兵屠刀下留起长辫子的顺民更是在一波波文字狱的暴虐下万马齐喑。从清末甲午战争开始到民国半个多世纪的历史更是中华民族无尽的苦难史：列强欺凌，外敌入侵，内战连绵……多灾多难的中华民族1000多年来无不时时在心底企盼着民族的再度辉煌。

像盛唐那样国土一统，像盛唐那样民富国强，像盛唐那样文化灿烂，像盛唐那样成为世界各国人民争相涌入的经济文化的中心，这便是千百年来一直萦绕在我们心中的中华民族复兴之梦。在我们的中华复兴之梦已晨曦初露的今天，我们重温历史，自然为开元盛世的辉煌而赞叹，但更为它只是电光一闪便倏然而逝感到惋惜。所以探讨亲手创造了大唐盛世的唐玄宗李隆基又是怎样亲手毁灭了自己的辉煌业绩的历史原因，自然更有其现实意义。

那么，唐玄宗在位后期他的所作所为发生了哪些变化呢？

首先，同历史上稍有作为的皇帝一样，面对自己的辉煌业绩，唐玄宗自然头脑发昏，认为自己功高德厚、前无古人，好大喜功起来，这在开元十三年（公元725年）唐玄宗拒绝宰相宋璟等人的极力劝谏举行泰山封禅大典的行为表现得尤为明显。

泰山封禅是中国古代帝王到泰山祭祀天地，向天地报告自己的丰功伟绩、祈祷上天护佑的仪式，一般来说只有觉得自己功德至伟的皇帝才举行这样的大典。在开元以前，历史上只有秦始皇、汉武帝、汉光武帝、唐高宗四位帝王举行过封禅大典。

秦始皇嬴政横扫天下，统一了六国，结束了自春秋以来至战国时代诸侯几百年混战的历史，建立了封建君主集权制的统一国家；汉武帝刘彻在其祖父、父亲"文景之治"时期积累的强大国力基础之上，提高军力，积极备战，任用了历史上少有的卫青、霍去病等一大批优秀军事人才多次大规模征讨匈奴，消除了先秦以来几百年的匈奴边患，开拓了"北绝大漠，西逾葱岭，东越朝鲜，南至大海"的广褒国土；汉光武帝刘秀在西汉国势倾覆，王莽篡位另立新朝之时，振臂高呼独撑危局，最终挽救了大汉江山，开创了东汉王朝。这三位帝王泰山封禅即自认为自己功高前无古人，历史对其也是肯定的。而唐高宗李治本身是个懦弱之人，在武则天另有所图的撺掇下搞封禅大典，《旧唐书》便有"封岱礼天，其德不类"的评说。

其实，历史上许多有所建树的帝王在"群臣请封禅"的情况下，都能摆正自己的位置，不以自己功高而封禅。如结束了战乱不休的南北朝而统一全国的隋文帝，在大臣多次请封禅的情况下，却以"此事体大，朕何德以堪之"推却了。

唐太宗李世民治下的贞观时代是历代歌颂的"贞观之治"的太平盛世，在许多大臣请求封禅的情况下，唐太宗李世民征求魏徵的意见。魏徵说："陛下虽功高德厚，国内安定，四夷宾服，然承隋末大乱之后，户口未服，仓廪尚虚，而车驾东巡，千乘万骑，其供顿劳费，未易任也。且陛下封禅，则万国咸集，远夷君长，皆当扈从；今自伊洛以东至于海岱，烟火尚稀，灌莽极目，此乃引戎狄入腹中，示以虚弱也。况赏赉不赀，未厌远人之望；给复连年，不偿百姓之劳；崇虚名而受灾害，陛下将焉用之！"最终，唐太宗李世民听取了魏徵的意见，一直没有去泰山封禅。

开元十二年（公元 724 年）年底，第二次为相的张说多次上疏，吹捧唐玄宗"功格上天，泽流厚载，三王之盛，莫能比崇"，极力请求泰山封禅。此时已有志得意满之感的李隆基便不顾副相宋璟的极力劝阻，决定于第二年11 月举办泰山封禅大典。在唐玄宗率领群臣离开长安东巡封禅之时，宋璟拦住唐玄宗的车驾送上辞职奏本，劝阻皇帝东巡泰山封禅。

正在兴头上的李隆基自然很不高兴，他愤愤地对宋璟说："朕欲封禅，卿极言阻之，难道朕功不高？德不厚？符瑞不至？何为不可？"唐玄宗李隆基自以为已是功高德厚，国家一片祥瑞，正表现出他志得意满的骄情横溢。

宋璟敢于拦驾，自然已将个人生死置之度外，于是他不顾君王的呵斥大声回答说："陛下功高则高矣，而百姓尚未深受其惠；德虽厚矣，然泽润尚未广被宇内；诸夏虽安，未足以供其事；远夷仰慕，未足以供其求；符瑞虽臻，灾警犹密；积岁虽丰登，但仓库尚稀！臣窃以为不可也！若陛下尚未审老臣此谏，则请喻谏之。臣虽未能远喻，但喻于人，请陛下试一省之：譬有人十年长患瘵，治后将愈，便欲此人负米千斤，令其日行百里，可乎？既不可，则老臣更言之：今韦逆、太平之乱，非止十年。陛下之良医，虽除其疾苦，使大唐中兴，然犹初愈重疾之人，尚未其充实，便欲告成功于天地，臣窃有疑！"

宋璟以人喻国极力苦谏，但此时自觉功成名就的李隆基哪里听得进去，听到宋璟对自己泰山封禅有疑虑，便大声质问宋璟："卿所疑何来？"宋璟毫无忌惮，更是直接道出自己心中对唐玄宗一意孤行封禅的看法："臣闻先贤云：'满者招溢，自骄者招损。'今以我朝方兴而告大成功于天地，臣疑我君臣威威烈烈出望贤宫之日，即已暗招溢损，致有他日对此望贤之宫，浩叹唏嘘之忧患！臣身为辅臣，苦谏不得，只有求避相位，让贤者继之！"

宋璟一语中的，直接指出了泰山封禅是皇帝骄傲自满的开始，会招来开元以来君臣一心开创贤明政治的大业功败垂成，让后人感叹惋惜的结果，这让兴致勃勃一心封禅告大功于天地的唐玄宗大为恼火，立即准了宋璟辞去副相的请求，让他做了西京留守，自己带着大队人马，浩浩荡荡启程前往泰山封禅去了。

　　此次封禅，唐玄宗李隆基一改以往帝王封禅玉牒（祭文）秘而不宣的做法，不仅将玉牒秘置泰山，而且还将其昭告天下，载入了史册，使我们看到了他祭祀上天的全文："有唐嗣天子臣某，敢昭告于旻天上帝。天启李氏，运兴土德，高祖、太宗受命立极。高宗升中，六合殷盛。中宗绍复，继体不定。上帝眷佑，赐臣忠武，底绥内难，推戴圣父。恭承大宝，十有三年。敬若天意，四海晏然。封祀岱岳，谢成于天。子孙百禄，苍生受福。"

　　唐玄宗封禅当然也由于古人对上天的敬畏，封禅祭天祈求上天护佑的心愿，但祭文中说自己即位仅仅 13 年便使得"四海晏然"，全国平安祥和一片兴旺，明显表现出了对自己业绩的陶醉。这场封禅大典满足了唐玄宗好大喜功的欲望，但封禅大典从准备到实施一年有余，朝野上下全力以赴承办奔忙。从离开长安东巡到大典结束返回长安两三个月内，皇帝、亲王、百官、四夷首领及各国来使及其护从几万人马"数十里中人畜被野，有司辇载供具之物，数百里不绝"，所有食宿交通费用均由沿途州县竭力供给，给各地百姓造成了严重负担。

　　如果说泰山封禅还不足以显示唐玄宗自我陶醉的骄奢之情，那么从开元十八年（公元 730 年）起，将唐玄宗李隆基农历八月初五的生日定为国家的"千秋节"，全国放假三天，聚宴欢乐，朝野上下一齐为皇帝祝寿庆贺，则足以表现出唐玄宗李隆基在成就面前已飘飘然地认为自己是前无古人的圣人再世了。

　　不仅如此，到了天宝初年唐玄宗更是极力神化自己，敕令"工人于太白山采石，为玄元圣容与玄宗圣容，侍立于玄元右，皆依王者冠冕之服，绘彩珠玉为之"。皇帝亲自下令用白玉为自己雕像立在玄元皇帝（老子）像右侧供人礼拜，于是天下各郡纷纷用黄金铸造老子与唐玄宗真容雕像，供奉在各地道观里。一时之间唐玄宗的玉雕、石雕及金、银、铜各种雕像遍布各地道观，唐玄宗自我膨胀的个人崇拜运动使他成了朝野上下顶礼膜拜的真神。

　　在朝臣每天山呼万岁的朝拜中，在千秋节全国上下一片敬祝皇帝万寿无疆的祈祷中，在天下民众顶礼膜拜的颂歌中，当年英气逼人、谋略超群的少年临淄王一步步滑向了骄奢荒淫、昏庸误国的深渊。

这时的李隆基生活极端奢华，每餐都要大讲排场，山珍海味达到成百上千盘。纵情声色上更是穷奢极欲，宫中嫔妃数不胜数，自己也不知让哪个嫔妃陪侍才好，于是便在晚间设宴，叫嫔妃都头插鲜花，自己亲自将准备好的蝴蝶放飞，蝴蝶落到哪个嫔妃头上，李隆基便到这个嫔妃的房间过夜。

唐玄宗追求个人享乐更是表现在"玩"上，可以说他是一个把"玩"发挥到极至的皇帝。

首先是极尽声色享乐的音乐舞蹈，不仅有几百人的集体表演，也有杨贵妃、胡女念奴等《霓裳羽衣舞》《胡旋舞》表演的轻歌曼舞，更有享誉全国的大家李龟年、雷海青、公孙大娘的精彩表演。兴致一来，李隆基也常常登台表演，他吹拉弹唱无所不通，更有击打羯鼓的绝技。这样的舞乐宴乐常常通宵达旦。

到了后来，人的舞乐不足以娱情了，又训练了400匹舞马，穿上锦绣衣服，配上金银珠玉的装饰，随着《倾杯乐》的舞曲翩翩起舞，甚至让力士举起特制的舞台，让舞马在人力托举的舞台上起舞。更有少数民族的艺人领着大象、犀牛入场给皇帝拜伏起舞。

除此之外，唐玄宗特别喜爱赛马斗鸡。他在宫中专门建了斗鸡坊，挑选了500名年轻力壮的士兵做鸡童，饲养了上千只精壮的斗鸡，天天训练观看它们相斗。当时他最宠爱一位叫贾昌的神鸡童，常常让他穿着斗鸡服伴随在自己左右，使贾昌一时成了全国闻名、人人争相巴结讨好的人物。大诗人李白也对此不由得写道："路逢斗鸡者，冠盖何辉赫。鼻息干虹霓，行人皆怵惕。"

开元末年，唐玄宗更是大兴土木扩建避暑过冬的温泉宫取名"华清宫"，并以华清宫为中心在骊山修建了大型的旅游城，经常带着文武百官游乐宴饮。酒足饭饱、歌舞尽欢之余便大肆赏赐嫔妃艺伎及百官，整日过着醉生梦死豪华奢侈的生活。这种"用度日侈，后宫赏赐无节"的挥霍掏空了国库，大大加重了百姓的负担。

同历史上极尽享乐的皇帝最怕来日无多、无法尽享富贵奢华一样，晚年的唐玄宗一心盼着长生不死。开元初年他曾明确宣称："仙者凭虚之论，朕所不取。"并且有将宫中的集仙殿改为集贤殿的历史佳话，但到了开元末期便开始迷信神仙，企求长生。他特地派人"肩舆入宫"，将隐居在中条山自称是神仙的张果老请进宫中，并封其为银青光禄大夫。他不仅亲自祭拜玄元皇帝老子，并给其加上"大圣祖"的尊号，还追尊老子的父亲李敬为"先天太上皇"，追尊老子的母亲益寿氏为"先天太后"，并下令各州建观修庙供奉老子像。天宝元年（公元 742 年）修造长生殿，经常在集灵台祈祷神灵给自己降福长寿，以致产生幻觉，听见有神灵在空中说："圣寿延长！"使得朝中王侯宰相个个上表祝贺。

唐玄宗李隆基由陶醉于自己的功绩产生骄奢之情开始，致使丧失了政治朝气，走向了他执政初期的反面，沉湎于声色享乐和迷信神灵企求长生不死的荒诞虚妄的精神幻想之中，由执政初期励精图治、奋发有为的明君一步步滑入了骄奢淫逸、荒政误国的昏君之路。

对于李隆基荒政误国的行为，许多正直的大臣不是没有劝谏，但陷于昏庸的他不仅拒绝劝谏批评，而且残酷打击敢于谏言批评其过失的诤臣。副相宋璟就是因为反对搞浮夸的封禅大典而被罢了相位，宰相张九龄因多次谏言被罢相更表现出了唐玄宗的昏庸。著名的贤相张九龄最初和皇帝发生争执竟然是劝谏唐玄宗杀死以后发起"安史之乱"的安禄山而引起的。

《资治通鉴》记载："张守珪使平卢讨击使、左骁卫将军安禄山讨奚、契丹叛者，禄山恃勇轻进，为虏所败。夏四月，辛亥，守珪奏请斩之。禄山临刑呼曰：'大夫不欲灭奚、契丹邪？奈何杀禄山？'守珪亦惜其骁勇，乃更执送京师。张九龄批曰：'昔穰苴诛庄贾，孙武斩宫嫔。守珪军令若行，禄山不宜免死。'上惜其才，敕令免宫以白衣将领。九龄固争曰：'禄山失律丧师，于法不可不诛。且臣观其貌有反相，不杀必为后患。'上曰：'卿勿以王夷甫识石勒，枉害忠良。'竟赦之。"

宰相张九龄一再劝谏应当按军法斩了"貌有反相"的安禄山，而唐玄宗李隆基不但不听，反而讥讽嘲笑谏言抗争的宰相，这不仅表现出唐玄宗固执己见，而且真正是放虎归山，为自己、为国家留下了大祸根。

虽然皇帝一再拒谏，但关心国家朝廷安危的宰相张九龄仍然不顾个人安危多次劝谏唐玄宗的过失和时弊。开元二十四年（公元 736 年）千秋节，张九龄特地编写了综述前代兴废教训和论述当朝得失的《千秋金镜录》5 卷作为寿礼献给唐玄宗，对皇帝近年的失政提出劝谏。如《千秋金镜录·齐家第九》中说："臣于今盛治之时，尤有界齐之言。""总欲皇上学圣人，治益求治，齐益求齐之至意也。""齐莫大于正妻妾，定父子，别内外，至于减宫人，严出入，抑宦官，省游宴，皆齐之重事也。"特别提出"妾不得加于其妻，妻不可逊于其妾，则嫡庶大定，而宫闱肃清矣"。这些话直接针对唐玄宗专宠武惠妃，废王皇后，并欲废太子而说的。

再如《千秋金镜录·治府兵第七》中说："复又制十节度以总诸镇之兵，而府兵荡然无复存焉矣。""今节制之权，几重于京师，而禁卫之兵，久怠于邦城。臣恐日复一日，年侯一年，将来摇动边境，扰侵乡国，有莫可以常情测度物论几及者。"

张九龄的劝谏直言不讳地指出了当时府兵败坏、边将权重的时弊，并告诫边将拥兵自重，势力过大将会给朝廷带来不可测度的祸患。并且极力劝谏皇帝："此虽一时兵甲钝弊之患，实国家百年无备之忧。有志之士，所愿早图！"然而，宰相一片忧国忧民之心的劝谏，极其明智的远见卓识却被唐玄宗束之高阁，置之脑后。

虽然宰相张九龄早已劝谏唐玄宗"正妻妾，定父子"为"齐之重事"，但一心宠爱武惠妃的唐玄宗不但按武惠妃的心意废了王皇后，还要废太子，这自然遭到了张九龄的坚决反对。同时，头脑发昏的唐玄宗还听从李林甫的意见，要提升朔方节度使牛仙客为副相，这自然又遭到了张九龄的反对，于是开元二十四年（公元 736 年）十一月，唐玄宗直接敕令罢免了张九龄的宰相职务，同时又罢免了与张九龄意见一致的副相裴耀卿的职务。

此时的李隆基不仅由即位初期的纳谏逐渐反向发展到拒谏，还穷凶极恶地杀戮谏臣。监察御史周子谅听到张九龄被罢相，十分生气，直接在朝堂上公开弹劾副相牛仙客，唐玄宗不但不接受弹劾，当堂杖打周子谅，还将其流放到瀼州，而且在流放的路途中又下令处死了周子谅。

皇帝这样对待谏言，从此以后朝臣便再没有人敢于直言进谏了。忠直之士的谏言没有了，奸佞小人的谗言自然是日盛一日，昏庸的唐玄宗李隆基自然是深深地陷入荒政误国的泥潭之中。

2. 宫闱废立

同中国历史上许多皇帝一样，陷入骄奢昏庸泥潭中的唐玄宗也少不了后宫内斗和储君之争的烦心事。

按照唐朝的体制，皇帝的后宫名分最高的是皇后。皇后以下是妃子，有贵妃、淑妃、德妃、贤妃共四人为正一品夫人。再下是正二品的九嫔，分别称为昭仪、昭容、昭媛、修仪、修容、修媛、充仪、充容、充媛。依次还有婕妤9人，正三品；御女27人，正七品；采女27人，正八品。此外，还有皇帝可能宠幸的统称三千的宫女。皇帝的女人既然如此之多，便自然少不了后宫的内斗争宠。皇后既然是后宫的最高名分，那争夺皇后的位置便成为后宫争斗的主要内容。

唐玄宗即位时册封的皇后是王皇后，是他做临淄王时的王妃，在唐玄宗诛灭韦武集团时，王妃便参与密谋，帮助丈夫李隆基成就了大业，所以王皇后应该是李隆基同甘共苦的正妻。但很不幸的是，王皇后却一直没有生育，只得按惯例领养了一位杨姓妃子的儿子。

唐玄宗即位时有一位他当时最宠爱的赵丽妃，是他受到排挤到潞州任别驾时收纳的一位娼女。赵丽妃能歌善舞，李隆基对她大加宠爱，所以他称帝后立即封她为妃，而且在开元二年（公元 714 年）下诏立赵丽妃生的儿子李嗣谦（后改名李瑛）为太子。

唐玄宗称帝后当然要大选宫女，当时武则天的从兄弟武攸止的一位女儿被选入宫内。这个女儿十五六岁时即引起了唐玄宗的注意，后来"渐承恩宠"被唐玄宗封为妃，史称武惠妃。

深受皇帝宠爱的武惠妃渐渐地恃宠生骄，不仅不把赵丽妃放在眼里，就连正宫王皇后也不以礼仪待之。武惠妃的失礼自然要受到皇后的斥责，于是武惠妃便怀恨在心，一而再，再而三地在皇帝面前撒娇弄痴，哭诉王皇后悍妒刁难自己，逐渐使唐玄宗对王皇后厌恶起来。

　　和皇帝多年夫妻的王皇后自然感到了唐玄宗对自己态度的改变，不由令她深感焦虑。自己虽为皇后，却没有给皇帝生下一男半女，当年册立太子就没有立自己领养的儿子为储君，现在受宠的武惠妃又给皇帝生有儿子，看来自己的皇后名分不仅难保，以后的日子也会更加难过。王皇后的焦虑自然引起了她哥哥时任太子少保、封邠国公的王守一的担心，于是便发生了《资治通鉴》记载的一幕："王皇后愈忧畏不安，然待下有恩，故无谮而潜之者，上犹豫不决者累岁。后兄太子少保守一，以后无子，使僧明悟为后祭南北斗，刻霹雳木，书天地字及上名，合而佩之，祝曰：'佩此有子，当如则天皇后。'事觉，己卯，废为庶人，移别室安置；贬守一潭州别驾，中路赐死。户部尚书张嘉贞坐与守一交通，贬台州刺史。"

　　可怜的王皇后与其兄王守一只是以"母以子贵"的古训感到王皇后与武惠妃争斗的劣势在于无子，但其实王皇后被李隆基渐生厌心的主要原因是皇帝的喜新厌旧。对于李隆基来说，当年有了能歌善舞的赵丽妃，他便能冷落与自己共创根基的正妻，而立赵丽妃的儿子为太子，现在又有了更年轻貌美、善解人意的武惠妃，自然更是不把已人老珠黄的皇后放在心上。为了能讨得自己宠爱的武惠妃欢心，他心中早有了废黜皇后的打算，但多年来王皇后为人厚道，没有其他人说她的不对，这样便找不到废黜皇后的罪名。现在王皇后在其兄王守一的帮助下，竟然用巫术求子，自然难逃处处留心窥探王皇后言行、时时寻求王皇后小辫子的武惠妃及其爪牙的耳目。接到密报迅速派人搜出证据的唐玄宗正好找到废黜皇后的罪名，于是即刻下令："皇后王氏，天命不佑，华而不实，且有无将之心，不可承宗庙母仪天下，其废为庶人。"被废黜打入冷宫的王皇后三个月后便忧愤而死。

　　王皇后被废而死两年后，唐玄宗便正式在朝堂提出要立武惠妃为皇后，谁知此议一出许多大臣便极力反对，其中侍御史潘守礼上疏反对的意见很有代表性。《唐会要》第三卷记载了这篇疏文："臣闻《礼记》曰：'父母之仇，不共戴天。'《公羊传》曰：'子不复父仇，不子也！'昔齐襄公复九世之仇，丁兰报木母之怨。陛下岂得欲以武氏为皇后，当何以见天下人乎？不亦取笑天下乎！又惠妃再从叔三思，再从父延秀等，并干纲纪，乱伦常，迭窥神器，豺狼同穴，枭獍共林。匹夫匹妇欲结发为夫妻者，尚相选择，况陛下是累圣之贵，天子之尊乎？伏愿详察古今，鉴戒成败，慎择华族之女，必在礼仪之家，称神祇之心，允亿兆之望。伏愿杜之将渐，不可悔之于已成。且太子非惠妃所生，惠妃复自有子，若惠一登辰极，则储位实恐不安。古人所以谏其渐者，良为是也。昔商山四皓，虽不食汉廷之禄，尚能辅翊太子，况臣愚昧，职忝台省乎！"

潘守礼的上疏言辞激烈，切中要害。他首先指出武氏是李唐不共戴天的仇家，怎能立武家的人为皇后。他的疏文中虽然只点出了武三思、武延秀等人的名字及恶行，实际上是指武则天废唐立周、改朝换代、弑杀李唐宗室的罪恶。因为武则天是唐玄宗的亲祖母，潘守礼不便直指名讳，但他直接告诫身为李唐子孙的皇帝李隆基，不可忘记李唐的仇家武氏，绝对不能立李唐仇家的女子为皇后。

如果说潘守礼上疏首先从道义上否决了立武惠妃为皇后的可能性话，接下来他的疏文便更是直接指出了立武惠妃为后将会给国家朝廷带来的危害：因为武惠妃有亲生儿子，立武惠妃为皇后会直接危害当今太子的地位，使朝政不安。

武氏虽然被封为惠妃，但名分上不能算是皇帝的正妻，皇帝对其极尽宠爱，大臣是无权干涉的，但如果立其为皇后，自然使人们想到了当年的武则天武皇后。武则天的酷吏政治，武则天对李唐宗室斩尽杀绝的凶残，20多年来一直笼罩在李唐臣子的心头。所以，唐玄宗要再立武家人做皇后，自然让众大臣感到可怕而极力反对，对此，唐玄宗不得不考虑大臣们的意见，放弃了立武惠妃为皇后的想法，但对其仍然宠爱有加，并规定对武惠妃："宫中礼秩，一如皇后。"

皇帝后宫的女人多，还常常直接影响储君的废立。当然立谁为太子和太子的地位是否稳固不仅仅是皇帝后宫女人争斗的结果，影响其结果的因素太多也太复杂，但因"母以子贵"，后宫女人争宠斗狠也是储君废立的重要因素。在大臣们的反对下，武惠妃没有如愿以偿地登上皇后宝座，但她仍不死心，她知道因自己武家在历史上的恶行很难实现当皇后的心愿，但她还有一条奋斗之路，就是除掉现任太子，立自己的儿子寿王李瑁为太子，那么自己就可以在将来新君即位后名正言顺地成为皇太后。

为除掉现任太子李瑛，很有心机的武惠妃实施了两种策略："第一，搞臭现太子李瑛的生母赵丽妃，让皇帝对其母子心生厌恶；第二指使亲信秘密监视太子瑛和其他诸王的言行，诬其谋反，置其于死地。"

赵丽妃本是潞州一名色艺俱佳的娼女，这给武惠妃提供了机会，她暗中花巨资收买了一个亡命徒，让他在潞州自称是赵丽妃与李隆基相好时所生的儿子，到处招摇撞骗。密报传到京城，唐玄宗十分震怒，立即下令斩杀了那个亡命徒。但自己年轻时在妓院鬼混的丑闻在社会上一时传得沸沸扬扬，自然使他想到了赵丽妃早前倚门卖笑的经历，这时有福无寿的赵丽妃虽然已经死去，但这件丑闻所引起的对人死情绝的赵丽妃出身的厌恶自然延伸到了她的儿子太子李瑛身上，于是唐玄宗心中萌生了废黜太子的念头。

在和重臣私下商讨这事时，不仅现任宰相张九龄极言反对，就连已退休的宰相姚崇、宋璟、张说也不予赞同，于是怒气难消的唐玄宗虽然暂时放下了废黜太子之议，但对自己与曾做娼女的赵丽妃所生的儿子太子李瑛的厌嫌始终萦绕在心头。

武惠妃的第一步策略取得了效果，时间不长她的第二步策略也有了重大收获，对此，《资治通鉴》有如下记载："太子与瑶、琚会于内第，各以母失职有怨望语。驸马都尉杨洄尚咸宜公主，常伺三子过失以告惠妃。惠妃泣诉于上曰：'太子阴结党与，将害妾母子，亦指斥至尊。'上大怒，以语宰相，欲皆废之。九龄曰：'陛下践祚垂三十年，太子诸王不离深宫，日受圣训，天下之人皆庆陛下享国久长，子孙蕃昌。今三子皆已成人，不闻大过，陛下奈何一旦以无根之语，喜怒之际，尽废之乎！且太子天下本，不可轻摇。昔晋献公听骊姬之谗杀申生，三世大乱。汉武帝信江充之诬罪戾太子，京城流血。晋惠帝用贾后之谮废愍怀太子，中原涂炭。隋文帝纳独孤后之言黜太子勇，立炀帝，遂失天下。由此观之，不可不慎。陛下必欲为此，臣不敢奉诏。'上不悦。"

李隆基做临淄王时，除了王妃王皇后外，受宠爱的还有赵丽妃、皇甫德仪和刘才人，赵丽妃生了太子李瑛，皇甫德仪生了鄂王李瑶，刘才人生了光王李琚。李隆基即位做了皇帝后便宠武惠妃一人，武惠妃生了寿王李瑁，皇帝李隆基因专宠武惠妃，对李瑁的宠爱也便超过了其他诸王。太子李瑛、鄂王李瑶和光王李琚均因自己的母亲失去父皇的宠爱而受到冷落，心中不免失落，于是相聚于内府时不免因命运相同，惺惺相惜而口有怨言，谁知他们的身旁有武惠妃安排的密探，这便是咸宜公主的丈夫驸马杨洄。杨洄将三人的怨言报告给武惠妃，武惠妃便在唐玄宗面前添油加醋，说这三人结党谋害她，还说皇帝的坏话。唐玄宗本来已对太子李瑛心生厌弃，闻言便要废太子和李瑶、李琚的王位。宰相张九龄听了皇帝废太子的打算后极力反对，他指责唐玄宗不该听信武惠妃无根无据的谗言，指出太子的地位事关国家的根基，绝对不可轻易摇动，而且以历史以来各个帝王废太子引起的祸乱告诫唐玄宗，还以"臣不敢奉诏"明确表达了自己的态度。这自然让偏爱武惠妃，厌恶太子李瑛的唐玄宗很不高兴。

当时，唐玄宗就废黜太子征求宰相意见时，在场的还有副相李林甫，在张九龄言辞强烈地反对废黜太子时，李林甫这位中国历史上有名的奸相默无一言，没有表态。但此时的李林甫早已和武惠妃勾结在一起，只是碍于宰相张九龄的面子，自己作为副相不好直接顶撞自己的顶头上司，于是在退场后他即刻暗中对皇帝最信任的宦官说："此主上家事，何必问外人。"唐玄宗虽然了解了李林甫的态度，但因为宰相张九龄反对废黜太子的态度非常坚决，而且道理充分有力，使他不得不犹豫起来。

眼见大功即将告成，皇帝又犹豫起来，心中着急的武惠妃便暗中打发她的心腹官奴牛贵儿去劝宰相张九龄说："有废必有兴，公为之援，宰相可长处。"这句话明确劝说张九龄废太子李瑛而立李瑁为太子，并许愿让其长久地做宰相。但是心地无私的宰相张九龄丝毫不为所动，他不但直接叱责了牛贵儿，还将此事禀报给了唐玄宗。唐玄宗一时之间被张九龄正直坦荡的胸怀感动，所以在张九龄为相期间再没有提废黜太子的事。

但是，昏庸的唐玄宗对李林甫的宠幸却一天天加深起来，工于心计的李林甫"日夜短龄于上"，使"上浸疏之"，终于使"上积前事，以耀卿，九龄为阿党"，而"并罢政事"。支持太子的宰相张九龄被罢了相，太子李瑛的储君地位便岌岌可危了。

废黜太子的挡脚石被搬除了，武惠妃、李林甫之流即刻抓紧时机，加快了废太子的行动。开元二十五年（公元737年）四月，唐玄宗又上演了一场让人难以置信、骇人听闻的一次杀害了三个亲生儿子和一个女婿的惨剧，表现出了唐玄宗李隆基这个复杂多变的历史人物凶残冷酷的一面。《资治通鉴》对这场惨剧做了如下记载："杨洄又奏太子瑛、鄂王瑶、光王琚，云与太子妃兄驸马薛锈潜构异谋。上诏宰相谋之，李林甫对曰：'此陛下家事，非臣等所宜豫。'上意乃决。乙丑，使宦者宣制于宫中，废瑛、瑶、琚为庶人；流锈于瀼州。瑛、瑶、琚寻赐死城东驿，锈赐死于蓝田。"

唐玄宗李隆基在武惠妃、李林甫等撺掇下杀了三个亲生儿子，制造了震惊天下的大冤案，当时便舆论哗然一片，史称："瑛、瑶、琚寻遇害，天下冤之，号三庶人。"大冤案的发生成为李隆基人生最大的一件恶行，既显示出他的昏庸，也显示出他的冷酷无情，更显示出了宫廷争斗的血腥凶残。

太子瑛死了，武惠妃理所当然地认为她的儿子寿王李瑁被立为太子指日可待，但是，让她万万没想到的是由于天下人心同情"三庶人"，为他们的冤死鸣不平，使她的阴险狠毒臭名远扬，并在朝廷内外产生了不利于寿王李瑁的强大言论，这使得唐玄宗不得不重新考虑太子的人选。

另外，作为一个生在权贵人家、在富贵窝里长大的女人，没有经过风险波动的历练，虽然一心向往着自己和儿子在宫廷权力争斗中能战胜对手，获得更高的权力和荣宠，但自己的阴谋害死了"三庶人"，在全国上下愤愤不平的舆论压力下，她的良心受到极大的谴责和折磨，从而疑神疑鬼，时时胆战心惊。史载："其年，武惠妃数见三庶人为祟，怖而成疾。巫者祈请弥月，不瘥而殒。"

一心想当皇后的武惠妃被自己的恶行吓得抑郁而死，一直宠爱她的李隆基追封她为贞顺皇后。对于武惠妃死后被谥为皇后，大臣中也无人表示异议，因为人已入土，一切的称号都是没有实际意义的，所以我们今天所听到的对一个人的最高评价和称号往往都是出现在悼词之中。但是武惠妃死后被谥为贞顺皇后一事，虽没有实际意义，却也表现出唐玄宗李隆基对她真心相爱的女人至死不渝的情种性格，这在其后他和杨玉环的故事中我们还要讲到。

作为储君的太子之位是不能长久空置的，所以，太子瑛死后，朝廷内外拥立新太子一直是暗流涌动。时任宰相李林甫仍然支持寿王李瑁，因为他长期和武惠妃勾结谋划废黜太子李瑛，就是想拥立李瑁，建立拥立新太子的功勋，从而巩固和强化自己的势力与在朝中的地位。但是让他始料不及的是，此时的唐玄宗在太子瑛死后一年多的犹豫中心里又有了新的太子人选，大唐王朝多年围绕太子废立争斗的结果又发生了戏剧性的变化。《资治通鉴》记载："太子瑛既死，李林甫数劝上立寿王瑁。上以忠王玙年长，且仁孝恭谨，又好学，意欲立之，犹豫岁余不决。自念春秋浸高，三子同日诛死，继嗣未定，常忽忽不乐，寝膳为之减。高力士乘间请其故。上曰：'汝，我家老奴，岂不能揣我意！'力士曰：'得非以郎君未定邪？'上曰：'然。'对曰：'大家何必如此虚劳圣心，但推长而立，谁敢复争！'上曰：'汝言是也！汝言是也！'由是遂定。六月庚子，立玙为太子。"

唐玄宗受武惠妃的撺掇不仅废了太子李瑛，而且一不做二不休地要了他的性命，照理就该顺遂自己爱妃的心意立她的儿子寿王李瑁为太子，但出乎意料的是他却立已死了多年的杨妃所生又是被废黜的王皇后养子的忠王李玙（后改为李亨）为太子，这看起来确实有些突然，但仔细想来却又很合当时唐玄宗的心理。

首先，此时的李隆基不立寿王李瑁为太子至少有四个原因：第一，此时武惠妃已死，人死情衰，唐玄宗不再有武惠妃的软缠硬磨，更有其他后宫佳丽的邀宠替代。第二，杀死自己的三个儿子虽然出于最高权力位置的专制独裁的皇帝对"谋逆"造反威胁自己统治地位特别忌惮而一下子痛下杀手，但毕竟被杀的三个鲜活的年轻人是自己的亲生儿子，时间一长，头脑稍有清醒，又难免心有所悔，再加上朝野舆论哗然，不能不让他感到天下人心的压力。第三，寿王李瑁年轻，是唐玄宗的第十八子，没有什么突出的功勋才能作为压倒其他诸王的借口。第四，更为主要的是宰相李林甫极力拥立李瑁反而让唐玄宗产生疑惧和担心，担心权势极重的宰相一旦建立了立储之功，更能使其势力坐大，而且被其拥立的太子和宰相一旦联手，自己就有可能尝到自己当年逼父亲让位的苦果。唐玄宗的起家便是一而再，再而三靠宫廷政变的结果，所以善弄帝王权术的唐玄宗李隆基的心中对此定要设防。

其次，斟酌考虑一年多，忠王李玙自然成为唐玄宗李隆基心中最适合的太子人选，这是因为：第一，王皇后虽然被自己所废，但毕竟是共同谋划起事共担风险的患难夫妻，虽然自己喜新厌旧被情所迷而废了王皇后，但忆及往事，难免心有所动。王皇后死后留在人世的只有她的养子忠王李玙，怜妻及人，自然便会想到李玙。第二，忠王李玙是唐玄宗的第三子，作为老二的太子瑛死后，除了以前刘华妃所生的老大庆王李琮外，李玙在其他诸王中最年长，而且李玙是当年皇后的养子，这个名分是其他诸王无法企及的。第三，同寿王李瑁相反的是，忠王李玙因是被黜的皇后的养子，多年来一直受人冷落，不仅朝中大臣谁也想不到去亲近他，而且其养母王皇后和生母杨妃已死多年，与后宫也没有任何联系，这表面上孤单无依的缺陷，恰恰成了唐玄宗对其放心的理由。

所以，从以上两方面的分析来看，立忠王李玙做太子，看似意外，却实实在在地自在情理之中。善于揣摩唐玄宗心意的高力士一句话点破了他的心意，自然让李隆基愁眉顿展而连连夸赞。于是开元二十六年（公元738年）六月，唐玄宗下诏立忠王李玙为皇太子，搅扰了唐玄宗多年的宫闱及储君之争终于至此画上了句号。

3.任佞乱政

唐玄宗在即位之初深明国家治乱系于宰相的道理，于是他不顾一大批功臣的反对召见在武则天、唐中宗、唐睿宗时期屡次出任宰相，时任同州刺史的姚崇出任宰相。姚崇吏事明敏，善于应变，他退位后又推荐了守法持正、敢于直谏的广州都督宋璟做宰相。在唐玄宗执政的前20多年，他一直坚持任人唯贤的方针，在姚崇、宋璟之后，又相继任用了吏事强敏的张嘉贞，文雅有才的张说，以清俭闻名的李元纮，清谨自守的源乾曜，善治财赋的宇文融以及敢于直言、处事守正不阿的韩休和张九龄。

这些贤相尽力辅佐唐玄宗治理国家，使得天下赋役宽平、刑罚清省、吏治清正、百姓安康，迅速创造了国力强大、经济发达、文化繁荣的"开元盛世"，在中国历史留下了辉煌的一页。但是，唐玄宗又的的确确是中国历史上让人极为叹息的悲剧色彩极重的人物，正所谓成于斯而败于斯，他的成在用人上，败也在用人上。早年他励精图治、任人唯贤而功业辉煌，而晚年又耽于逸乐任人唯亲招致祸乱。唐玄宗晚年在用人方面的严重错误酿成了"安史之乱"，使唐朝由盛转衰，在此后100多年陷入藩镇割据的混乱局面，所以许多史家认为正是唐玄宗晚年错用了两个人为相而毁灭了盛世大唐，而这两个人便是中国历史上很是有名的奸相——李林甫和杨国忠。

李林甫出身于李唐宗室，其曾祖父长平肃王李叔良是唐高祖李渊从父弟，所以从辈分上看李林甫是唐玄宗李隆基的远房叔父。李林甫是个缺德少才的人物，他不仅文化水平很低。史载其"仅能秉笔"，意即只能提起笔写几个字，而且有著名的"弄獐宰相"的名号。古人生下儿子有让其玩玉器璋的习俗，意为让儿子长大后有玉一样的美好品德和才能；生下女子有让其玩瓦（纺锤）的习俗，意为让女儿长大后能有极美好的女工技艺。所以生下儿子称为"弄璋之喜"，生下女儿称为"弄瓦之喜"。而李林甫听说自己舅父的儿子姜度妻生了儿子，便手书庆贺说："闻有弄獐之庆。"璋是玉器名，而獐即獐，是野兽名，当时姜度家中来祝贺的客人见了宰相李林甫亲手书写的贺词皆掩口暗笑，从此李林甫便有了"弄獐宰相"的雅号。

这样一个不学无术的李林甫是如何当上宰相的呢？原来这个李林甫虽然识字不多、文化不高，但他却有着极为高超的中国从古至今的官场中最通用的心机和手法——善于揣摩和钻营。同时，他还极其谙熟中国从古至今奸佞之徒惯常手法，即心地阴险毒辣，表面和言悦色，俗话说的当面说好话，背后下毒手，所以当时的人们便给他一个"口有蜜，腹有剑"的评论，给我们汉语的词典中增加了一个"口蜜腹剑"的成语。

对于李林甫这两点性格特点，《旧唐书·李林甫列传》有如下的记载："林甫面柔而有狡计，能伺候人主意，故骤历清列，为时委任。而中官司妃家，皆厚结托，伺上动静，皆预知之，故出言进奏，动必称旨。而猜忌阴中人，不见于词色，朝廷受主恩顾，不由其门，则构成其罪；与之善者，虽厮养下士，尽至荣宠。"

李林甫能够由一个不学无术之徒"骤历清列，为时委任"，即今天所说的"坐直升飞机"般地获得迅速提拔高升，主要靠的是他的"窥伺人主意"，因而"出言进奏，动必称旨"，获得唐玄宗的欢心。例如开元二十四年（公元736年）十月，当时唐玄宗住在东都洛阳，原计划第二年2月返回长安，但东都宫中出现了不吉之兆，迷信的唐玄宗便同宰相相商想提前返回长安。张九龄和裴耀卿都说这时田间庄稼收获还未结束，一两个月后农闲时再回长安，以免调动民夫影响农事。当时李林甫只是默无一言，而散场时他却一瘸一拐地落在了后边，唐玄宗见状便叫住李林甫问他脚怎么了。没想到李林甫回答说："我的脚没什么毛病，只是想等他们走后单独给您上奏。"唐玄宗闻言哈哈大笑，叫他赶快言事。李林甫却说："长安、洛阳，陛下东西宫耳，往来行幸，何更择时！借使妨于农收，但应蠲所过租税而已。臣请宣示百司，即日西行。"原先不发一言的李林甫早从皇帝的话语和表情中揣摩出了唐玄宗怕有意外急于西行的心理，于是便略施小计，故意装作腿瘸留下来单独请示唐玄宗。张九龄等人只是捉摸事的人，想着秋收乃一年农活中的大事，不能耽误，这是着眼于国计民生的大事，而皇帝在东宫西宫多住几天只是区区小事，却没想到顺应皇帝这个最高上级才是保持自己官职的大事。而李林甫是中国官场中那种不捉摸事，只捉摸人的人，他非常了解自己的上级皇帝对自己仕途升迁的决定作用，他只考虑顺应帝心，获得皇帝的欢心，所以他的单独上奏即刻获得了唐玄宗的欢心，结果是"上说，从之"。

像这样暗中做小动作获得唐玄宗的欢心是李林甫的惯常手法。再如在废黜太子瑛的廷议中，张九龄慷慨陈词，坚决反对，而李林甫早已从武惠妃处打探到了皇帝厌嫌太子瑛的心事，但身为副相的他又怕得罪顶头上司，所以廷议时他一直沉默不语，但会后却立即通过皇帝的心腹宦官给唐玄宗表示废黜太子乃陛下家事，何必问外人。这样的投其所好，当然得到了唐玄宗的欢心和赏识。

李林甫的善于钻营不仅只是极力讨好皇帝，而是"中官妃家，皆厚结托"，对一切能左右他仕途的人他都是用尽心思阿谀讨好，尽力巴结的。例如他做吏部侍郎时，唐玄宗的哥哥宁王李成器暗中托他委任十个人当官，李林甫在"长名榜"公布这十个人后，私下对宁王说这十个人只任用九个，淘汰一名，以表示公正，宁王同意了李林甫的安排。事后李林甫便公开宣称这名遭淘汰的人选是宁王推荐的，这样他既讨好了宁王，又表现出了自己用人的公正。

李林甫身为朝中大员深知掌握后宫内情，结交皇帝最受宠的妃嫔对自己仕途的作用，于是他厚结有权势的宦官，通过他们传话给武惠妃表示支持寿王当太子。外廷官员的支持投靠，自然使武惠妃很是高兴，便常在唐玄宗面前为李林甫说好话。

另外，李林甫不光讨好皇室成员，对一切能为自己仕途起作用的人，他都会极力找机会讨好结交。李林甫知道高力士是皇帝信任的人，而且高力士以前曾在武家为仆，他这时便和武三思的妹妹裴光庭的妻子武氏私通，多次让武氏找高力士请求提升李林甫为相。高力士深知选用宰相事大自己不便多言，但却把皇帝准备提拔韩休为侍中（副相）的事让武氏转告了李林甫，李林甫立即将这事密报给了韩休，使后来做了副相的韩休"甚德林甫"，最终在韩休出面推荐下使李林甫做了副宰相。

奸相李林甫不仅有逢迎拍马、善于钻营的一面，还有他口蜜腹剑，即暗中打击对他仕途有妨害或有可能妨害以及不巴结投靠他的人的极为阴险毒辣的一面。《资治通鉴》记载的李林甫暗害中书侍郎严挺之，并牵连张九龄、源乾曜罢相的事件便是典型的一例："林甫引萧炅为户部侍郎。炅素不学，尝对中书侍郎挺之读'伏腊'为'伏猎'。挺之言于九龄曰：'省中岂容有"伏猎侍郎"！'由是出炅为岐州刺史，故林甫怨挺之。九龄与挺之善，欲引以为相，尝谓之曰：'李尚书方承恩，足下宜一造门，与之款昵。'挺之素薄林甫为人，竟不之诣。林甫恨之益深。挺之先娶妻，出之，更嫁蔚州刺史王元琰，元琰坐赃罪下三司按鞫，挺之为之营解，林甫因左右使于禁中白上。上谓宰相曰：'挺之为罪人请属所由。'九龄曰：'此乃挺之出妻，不宜有情。'上曰：'虽离乃复有私。'于是上积前事，以耀卿、九龄为阿党。壬寅，以耀卿为左丞相，九龄为右丞相，并罢政事。以林甫兼中书令；仙客为工部尚书，同中书门下三品，领朔方节度如故。严挺之贬沼州刺史，王元琰流岭南。"

李林甫暗中指使他的随从将严挺之为前妻之夫求情的事直接上报给唐玄宗，终于一箭双雕，既贬黜了心中嫉恨日久的严挺之，更以结交私党的罪名将两个宰相免职，自己乘势而上做了宰相。

当了宰相大权在握的李林甫为蒙蔽皇帝视听，取得唐玄宗对自己的偏听偏信而自专大权，公然召集朝中谏官训斥道："今明主在上，群臣将顺之不暇，乌用多言！诸君不见立仗马乎？食三品料，一鸣辄斥去，悔之何及！"他不仅公然恐吓朝廷谏官进谏，而且杀鸡给猴看。"补阙杜王进尝上书言事，明日，黜为下邽令。"李林甫杀气腾腾的训斥和毫不手软的杀威棒吓得朝中谏臣无人敢言，"自是谏争路绝矣"。

晚年的唐玄宗耽于享乐，沉于酒色，有了善于逢迎自己心意的李林甫后便"一以委成"，让李林甫独揽大权，自己好摆脱繁重的政务纵欲享乐。《旧唐书·李林甫传》对此有明确的记载："每有奏请，必先赂遗左右，伺察上旨，以固恩宠。上在位多载，倦于万机，恒以大臣接对拘检，难徇私枉欲。自得林甫，一以委成。故杜绝逆耳之言，恣行宴乐，衽席无别，不以为耻，由林甫之赞成也。"

李林甫为长久地执掌相权不仅极力逢迎帝心，"以固恩宠"，更是妒贤嫉能，千方百计打击一切才干声望超过他，或被皇帝看重，有可能代替他的人。对此《资治通鉴》有如下记载："林甫城府深密，人莫窥其际。好以甘言焰人，而阴中伤之，不露辞色。凡为上所厚者，始者亲结之，乃位势稍逼，辄以计去之。虽老奸巨猾，无能逃于其术者。"对于李林甫的这种手法，《旧唐书·李林甫传》中记载了其典型事例："初，韦坚登朝，以坚皇太子妃兄，引居要职，示结恩信，实图倾之，乃潜令御史中丞杨慎矜阴伺坚隙。会正月望夜，皇太子出游，与坚相见，慎矜知之，奏上。上大怒，以为不轨，黜坚，免太子妃韦氏。林甫因是奏李适之与坚昵狎，及裴宽、韩朝宗并曲附适之。上以为然，赐坚自尽，裴韩皆坐之斥逐。后杨慎矜位渐盛，林甫又忌之，乃引王鉷为御史中丞，托以心腹。鉷希林甫意，遂诬罔密奏慎矜左道不法，遂族其家。林甫之苞藏安忍，皆此类也。"

太子妃韦氏的哥哥韦坚入朝为官后，李林甫便表面极力讨好，推荐其任要职来获得韦氏兄妹的好感和信任，但心底里深知若韦坚得势，有可能取代自己为相，便打定主意要搞倒韦坚。他暗中安排御史中丞杨慎矜秘密监视韦坚，尽力查找韦坚的疏漏，终于探知皇太子和韦坚在正月十五曾有会见的把柄，并指使杨慎矜报告给了唐玄宗。

封建专制的帝王虽然处在君临天下的位置，但无时无刻不在担心有人谋取自己的位置，更是特别防范有资格、有能力取代自己的人，而皇太子虽然是自己的儿子，但他处在储君的位置，一旦老皇帝有不测，皇位自然便由皇太子来坐，所以皇太子是皇帝特别不放心而时时防范的对象。特别是唐玄宗李隆基，他身为搞宫廷政变的老手，先以侄子的身份夺了唐中宗韦皇后的权，又以皇太子的身份诛杀了姑母太平公主，逼其父让出了皇位，所以自己虽然天命难违终有一天会离开人世而立了忠王李玙为皇太子，但时时处处都在防范着，特别担心皇太子和朝中大臣勾结往来而威胁到自己的皇位。老辣的李林甫自然明白唐玄宗这样的心理，所以抓住了皇太子和韦坚见面的把柄，自然就抓到了韦坚的死穴。

韦坚果然被搞倒了，李林甫又顺藤摸瓜扩大战果，牵扯了有可能威胁自己地位的副相李适之和与自己有过结的裴宽、韩朝宗等人。但是没有想到李林甫亲手培植的心腹打手杨慎矜获得了皇帝的赏识，权位渐渐逼近了自己，于是他又另选打手，指使王鉷诬告杨慎矜，将其赐死。

口蜜腹剑的李林甫整人的手法是多种多样的，他常常当面装好人，背后下毒手，挖好坑后，让被整者自己往陷阱里跳，自己在旁掩口而笑。他多次陷害有可能替代自己的副相李适之，但李适之不仅为人正直而且因其是唐太宗李世民的废太子李承乾的孙子，深得唐玄宗的信任，所以多次诬陷均效果甚微。有一次，手法刁猾的李林甫终于给李适之挖了一个大坑，让唐玄宗疏远了李适之。据《资治通鉴》载："李适之性疏率，李林甫尝谓适之曰：'华山有金矿，采之可以富国，主上未之知也。'他日，适之因奏事言之。上以问林甫，对曰：'臣久知之，但华山陛下本命，王气所在，凿之非宜，故不敢言。'上以林甫为爱己，薄适之虑事不熟，谓曰：'自今奏事，宜先与林甫议之，无得轻脱。'适之由是束手。"

老道的李林甫不仅挖坑整人，还两面讨好，整了人还让被整者感激他的好意。严挺之为官一直有很好的名声，有一次唐玄宗问李林甫严挺之在哪里，这个人应该被提拔任用。当时严挺之在降州做刺史。李林甫退朝后便把严挺之的弟弟严损之叫来说："皇上对你的哥哥恩意深厚，何不让你哥哥给皇上写封表奏，说自己患了风湿病，要求调回京师就医。"严挺之一听说皇帝很关心自己，就按李林甫的吩咐写了奏文。于是李林甫拿着严挺之的奏文向唐玄宗报告说严挺之年老，又得了风湿病，应该任命他做个闲散的职务，使他便于看病吃药，养护身体。唐玄宗听了，叹息了很久，便任命严挺之回京做了詹事。

身为宰相的李林甫一切为自己私利出发，不仅整人害人，而且误政乱政，给国家朝廷造成大患。

唐朝建立以来一直实行边帅入相的政策，《资治通鉴》对此有专门的记载："自唐兴以来，边帅皆用忠厚名臣，不久任，不遥领，不兼统，功名著者往往入为宰相。其四夷之将，虽才略如阿史那社尔、契苾阿力，犹不专之任，皆以大臣为使以制之。"

这种边帅政策是唐王朝根据实际从历代兴亡历史中汲取经验教训而制定的，其主要精神有：第一，边疆统帅必须由忠厚名臣担任。如唐初的李靖、李勣、刘仁轨、娄师德等人，他们不仅驻守边疆抗击突厥，而且大兴屯田，发展生产，建设稳定的边疆。第二，边帅不久任、不兼统、不遥领，防止边帅势力做大，造成尾大不掉之势。第三，功勋卓著的边帅调任宰相、副相。如李靖、李勣、刘仁轨、郭元振、王晙、张嘉贞、张说、杜暹、萧嵩、李适之等。第四，藩将不单独主持重大军务。如名将阿史那社尔、契苾阿力，虽然功勋卓著，但讨高昌、征高丽分别以侯君集、李勣为元帅，他们都是副将。

这样的政策实施了100多年，不仅稳定了边疆，而且确保了王朝中央的绝对权力，保证了全国局面的安定。但是，边帅入相的政策危及了一心想长久执掌宰相大权的李林甫，功名卓著的边帅自然成了权势逼近自己的人选，所以心底十分忌惮边帅入相政策的李林甫在天宝六年（公元747年）上奏废除了边帅入相的政策。《资治通鉴》对此有如下记载："李林甫欲杜边帅入相之路，以胡人不知书，乃奏言：'文臣为将，怯当矢石，不若用寒畯胡人，胡人则勇决习战，寒族则孤立无党。陛下诚以恩洽其心，彼必能为朝廷尽死。'上悦其言，始用安禄山。"

只从心底私欲制定国策的李林甫仅从藩将无文化，便不能入朝为相的考虑，堵住了边帅入朝为相、无人能取代自己的道路，但是藩将专兵，镇守一方，没有朝廷重臣辖制，造成其势力日益强大，以致形成尾大不掉之势。唐玄宗为其"胡人则勇决习战，寒族则孤立无党"的话所惑，废除了唐初以来100多年边帅入相政策，直接导致了安禄山势力的迅速膨胀。

胡人将领安禄山为人乖巧，善于谄媚，靠着讨好上司、逢迎拍马及钱财贿赂，获得了曾任河北采访使及李林甫这样的大臣的推荐。史载："右相李林甫与禄山交通，复屡言于玄宗，由是特加宠遇。"李林甫不仅极力推荐安禄山，而且认为其可作为自己的势力培植，极力拉拢安禄山。安禄山特别乖巧，为了取得唐玄宗对自己的信任，特地请求做了后来深受唐玄宗宠爱的杨贵妃的义子，此后李林甫更视安禄山为自己的亲信。有一次安禄山冬季拜见李林甫，李林甫不仅带安禄山坐于政事堂，而且亲自脱下长袍披在安禄山身上，这自然让安禄山受宠若惊，成了与李林甫无所不谈的党羽。

有了唐玄宗和杨贵妃的宠爱与宰相李林甫的抬举，安禄山便步步高升，天宝元年（公元742年）升为平卢节度使，到天宝十年（公元751年），安禄山竟然担任了平卢、范阳、河东三镇节度使。

对于安禄山的迅速窜升，朝中许多大臣和将领都提出过反对意见，当时任河东节度使，不久又兼领朔方、河西、陇右节度使，一身"佩四将印，控制万里，劲兵重镇，皆归掌握"的王忠嗣便上疏揭发安禄山长有反相，以后必定反叛。对此，李林甫极为反感，多次谋害都没有得逞的情况下，竟然唆使济阳别驾魏林诬告王忠嗣要出兵资助太子。唐玄宗即刻调其入京交三司审讯，由于大将哥舒翰极力担保死救，王忠嗣才没有被处死，但却被夺了兵权，贬为汉阳太守。

身为名将之后的王忠嗣，幼年便被唐玄宗收养于宫内，与太子一起读书长大，成人后战功卓著，威镇边疆，是唐代出色的边关统帅。但是，狡猾的李林甫抓住了王忠嗣和太子一起长大的情深厚谊及唐玄宗特别防范太子的心理，一下子夺取了当时大唐最为出色的边关将帅的兵权，给安禄山的提升和势力坐大清除了障碍。

安禄山做了平卢、范阳、河东三镇节度使后，控制了今天的山西、河北、北京、天津及辽宁大部分地区。当时唐朝在边疆共设了 10 个节度使，安禄山一人便任三镇节度使，手中掌握了 20 万武装，占全国镇兵总数的 40%，特别是军马占了全国总数的 1/3，安禄山成了手握重兵，割据一方而威震天下的霸主。这让唐王朝及天下百姓即将陷入灭顶之灾的形势便是大唐皇帝唐玄宗的昏庸和大唐宰相李林甫的恶欲共同造成的。

人们常说"恶有恶报"，但一生作恶多端的奸相李林甫竟然当宰相执掌朝政 20 年，用他的权术和诡计一直做宰相到了寿终正寝。但是，李林甫临死时和其死后发生的事情，或许还可以让相信善恶有报的中国人心有所平。对这两件事情《旧唐书·李林甫列传》做了如下记载：

"林甫时已寝疾。其年十月，扶疾从幸华清宫，数日增剧，巫言一见圣人差减，帝欲视之，左右谏止。乃敕林甫出于庭中，上登降圣阁遥视，举红巾招慰之，林甫不能兴，使人代拜于席。"

"国忠素憾林甫，既得志，诬奏林甫与蕃将阿布思同构逆谋，诱林甫亲族间素不悦者为之证。诏夺林甫官爵，废为庶人，岫、崿诸子并谪于岭表。"

李林甫几十年来小心翼翼地揣摩讨好皇帝，到病重卧床时还要跟着唐玄宗到华清宫陪侍，临死时寄希望见一面皇帝来减轻病势，但却不能如愿。厌恶将死之人不利己身的皇帝唐玄宗只是站在高阁上让被抬到院子里的李林甫远远地望了一眼，这让善于揣摩人心的李林甫自然感到了皇帝已对自己厌弃，所以"翌日，国忠自蜀达，谒林甫，拜于床下，林甫垂涕托以后事"。

但是，杨国忠是和他一样的奸诈之人，所以在李林甫死后杨国忠当了宰相，便用了和李林甫同样的手法，指使人诬告李林甫谋反，不仅最终追夺了李林甫一生用尽心力获得并保持到死的官职，而且遗祸后代，子孙都被发配到了岭南。

李林甫死后，唐玄宗又任命了杨贵妃的从祖兄杨国忠为宰相，这位杨国忠又是怎样祸国殃民的，我们在后面的章节再讲。

四、唐皇重色宠贵妃

1. 乱伦夺媳

晚年的唐玄宗最受人诟病的除了信任奸相李林甫、杨国忠误国乱政外，还有就是专宠贵妃杨玉环而怠政祸国了。

对于杨玉环的出身，《新唐书·杨贵妃传》介绍说："玄宗贵妃杨氏，隋梁郡通守汪四世孙。徙籍蒲州，遂为永乐人。幼孤，养叔父家。始为寿王妃。"

杨玉环的祖先杨汪曾是隋朝的大臣，当过梁郡的通守，后任上书左丞，杨汪在隋末大乱中投靠了当时势力最大的王世充，李世民灭王世充后，杨汪以逆党罪被杀了头，后人便迁居到了蒲州永乐（今山西永济）。杨玉环的父亲叫杨玄琰，任唐朝蜀州同卢，家中便随父迁到了蜀州（今四川成都），杨玉环就出生在蜀州。杨玉环还有三个姐姐和一个哥哥，父亲虽然官位不高，但家庭还算富足欢快，但在她 10 岁时，父母却双双亡故，在洛阳任河南府士曹的叔父杨玄珪便领养了她。

作为开元盛世时期的东都洛阳经济发达，繁华似锦，在叔父的关怀培养下，杨玉环不仅具备了一定的文化素养，更在音乐歌舞等技艺上打下了深厚的基础。叔父杨玄珪虽然只是个七品官员，但却是洛阳城内有名的儒学家，和洛阳朝中显贵有较多的交往，因此杨家有位色艺双绝的美少女的名声在洛阳上层便渐渐传开。当时，唐玄宗的堂妹长宁公主为儿子办婚事，请了端庄靓丽、活泼可爱的杨玉环做伴娘，就在这次婚礼上，前来参加婚礼的寿王李瑁暗暗看上了新娘旁边这位国色天香、举止不俗的伴娘。

寿王李瑁是唐玄宗第十八个儿子，人称十八郎，是唐玄宗当时最宠爱的武惠妃的亲生儿子，母贵子荣，唐玄宗当时特别偏爱李瑁，一度产生废太子李瑛而立李瑁的想法。武惠妃把儿子的心意转告给了唐玄宗，请求纳杨玉环为寿王妃。爱妃的请求唐玄宗自然特别留心，派人调查得知杨玉环不仅出身名门望族，受过良好的家庭教育，而且长得如花似玉，知书达礼，所以最终选定了杨玉环做了寿王的妃子。

婚后，寿王李瑁和王妃杨玉环从洛阳回到长安专门为诸王子修建的十王宅居住，年轻的新婚夫妇相亲相爱，生活得幸福快乐。李瑁不仅非常疼爱自己活泼可爱的妻子，而且还请宫中名师指导杨玉环歌舞技艺，使她的才艺日渐成熟，达到了很高的造诣。此时的杨玉环完全沉浸在犹如童话传说般的王子和美女幸福结合的日子里，完全想不到她的人生命运还要发生世人无法想象的变化。

唐玄宗李隆基不仅是一位杰出的君王，更是一位中国历史上著名的风流皇帝。晚唐诗人白居易著名的《长恨歌》开篇"汉皇重色思倾国，御宇多年求不得"之名句，说的便是"重色思倾国"的唐明皇李隆基。其诗前《长恨歌传》开篇更有详细的记述："开元中，泰阶平，四海无事。明皇在位岁久，倦于旰食宵衣，政无小大，始委于右丞相。深居游宴，以声色自娱。先是元献皇后、武淑妃皆有宠，相次即世。宫中虽良家子千数，无可悦目者，心忽忽不乐。"

武惠妃与唐玄宗相处20多年，朝夕相伴，极受宠爱，她的死对唐玄宗打击很大，感情出现空白，虽然在武惠妃死后唐玄宗也宠幸过一个叫江采萍的妃子（因其喜梅，住所栽满梅树，所以人称"梅妃"），但却一直精神恍惚，郁郁寡欢，所以《新唐书·杨贵妃传》也说："开元二十四年武惠妃薨，后廷无当帝意者。"

常言道："皇帝不忙，太监忙。"侍奉唐玄宗几十年的高力士最了解他的主子皇帝，唐玄宗几年来情绪低沉，精神萎靡，自然让他忧心忡忡，于是如史传所说"或言妃姿质天挺，宜充掖廷"。高力士等便建议召见"姿色冠代"的寿王妃杨玉环，于是唐玄宗即刻在华清宫传旨召见杨玉环，结果"既进见，玄宗大悦"。

与史书上记载是高力士等人见唐玄宗闷闷不乐而建议召见杨玉环入宫不同的是，《长恨歌传》却明确写道："诏高力士潜搜外宫，得弘农杨玉琰女于寿邸。"即高力士等人不是主动建议召杨玉环入宫的，而是在唐玄宗安排下找到杨玉环入宫的。

一般来说，如果没有皇帝老子的授意或至少是暗示，太监高力士等人即使搜遍天下，也不会想到从皇帝家中找出皇帝的儿媳来献给皇帝，所以史书说唐玄宗是受到建议而召见杨玉环入宫，明显是有意为唐玄宗的掩饰之言，反倒是常用虚构之笔的文学作品《长恨歌传》说了实言。

如果我们稍作推断便会得出符合情理的事实真相：杨玉环作为儿媳肯定与作为公公的皇帝唐玄宗见过面，于是风流成性的唐玄宗便看上了杨玉环，但因其是自己的儿媳实在难以遂愿，于是整日忧虑，闷闷不乐。跟随皇帝几十年的高力士自然看出了皇帝主子的心思，于是提出召见杨玉环入宫的建议，这自然使"玄宗大悦"了。

皇帝看上了哪个女人，只需要一个眼神、一句话便能据为己有，但是唐玄宗看上的女人却是自己的儿媳，这便有两大难题摆在他面前：一个是怎样才能名正言顺，不背负乱伦的骂名而得到杨玉环？再一个是怎样让自己的儿子寿王李瑁接受父亲的夺妻行为而不恨？

皇帝身边从来不缺少为之献媚取宠，甘心为主子奔走效力的奴才。于是唐玄宗身边的奴仆，自然是高力士等亲信便献计让皇帝下诏令杨玉环出家当女冠（道姑），于是唐玄宗向朝野内外专门颁布了《废寿王妃为女道士敕》："圣人用心，方悟真宰，妇女勤道，自昔罕闻。寿王瑁妃杨氏，素以端懿，作嫔藩国，虽居荣贵，每在精修。属太后忌辰，永怀追福，以兹永度。雅志难违，用敦宏道之风，特遂由衷之情，宜度为道士。"

唐玄宗明明是强行拆散自己的儿子寿王与儿媳杨玉环这对年轻幸福的夫妻，却说杨玉环是"雅志难违"，自己身为父亲却毫无人性，不顾廉耻地做第三者强夺人妻，却说自己是"特遂由衷之情"，还把逼迫杨玉环出家披上为自己的生母窦氏"追福"的孝道外衣，真正是人面兽心，无耻至极！

皇帝的诏令一下，弱女子杨玉环自然不敢违抗，于是被送往大明宫的太真观当了法号太真的女道姑。唐玄宗住的兴庆宫和大明宫有复道暗通，所以刚开始他们便暗中往来，时间不长，唐玄宗便将杨玉环接住兴庆宫，让她脱掉了道袍，穿上了皇妃服装。《太平御览》载："不期岁，恩礼如惠妃。太真姿质丰艳，善歌舞，通音律，智算过人。每倩盼承迎，动移上意。宫中呼为'娘子'，礼教实同皇后。"

杨玉环在别人的眼中虽是尊荣的寿王妃，但同作为皇帝的唐玄宗相比，只是个地位低微的弱女子。皇帝一道诏令，她不得不入宫，皇帝让她出家，她不得不抛夫离家做道姑，否则不仅自己性命不保，自己深爱的丈夫也会受牵连。至于后来，她和唐玄宗男欢女爱，夫唱妇随，一是因为时移事迁，日久生情；二是因为两人情趣相投，互生爱慕，这也是自然的情理，我们也不能过多地指责苛求。

杨玉环既然出家了，便自然宣布与寿王李瑁不再是夫妻，唐玄宗与太真道姑杨玉环的往来也就不再是公公夺占儿媳了，唐玄宗按照奴仆的建议和张罗终于用掩耳盗铃之术，自欺欺人地解决了第一道难题。

至于第二道难题，更有地位更高更善于欺瞒天下的奴仆帮其解决，这个人便是奸相李林甫。中国人常挂在嘴边的所谓深仇大恨即所谓"杀父之仇，夺妻之恨"，唐玄宗第三者插足，强行占了自己儿子的爱妃，虽然自己身为皇帝，强势之下寿王李瑁绝对不敢公然反抗，因为当年废太子李瑛，杀掉三个儿子即寿王李瑁的三个哥哥的前车之鉴就在眼前。但是如何让儿子寿王李瑁接受自己父亲夺取自己爱妻而不致生恨，也着实成了唐玄宗的一块心病。唐玄宗的心病自然被善于揣摩圣心的奸相李林甫摸得清清楚楚，于是，在朝廷大贺所谓天降灵符，改元天宝不久向唐玄宗献上了一本夹着一张小字条的《孝经》，并请求"请陛下钦注《孝经》"。唐玄宗甚是不解地打开被夹着的小字条，突然眼前顿时一亮，原来在小字条上李林甫用小楷抄录了一行字："孟懿子问孝，子曰：'无违！'"

孔子回答孟懿子怎样才算孝时，仅仅两个字"无违"，即不要违背父母的意愿。"不违背父母就是最大的孝道，那么，我唐玄宗作为寿王李瑁的父亲，想占有儿子的妻子，是我这个做父亲的心愿，你寿王李瑁只有不违背我的心愿，心甘情愿地献上妻子杨玉环，才是做到了孝，否则就违反了孝道。因此，我钦注《孝经》，让儿子及天下人都努力学习《孝经》，按《孝经》的要求行事，既是提倡仁孝礼仪、教化天下人心的大事，更能开导儿子李瑁按孝道办事，服从父亲的意愿，这岂不是两全其美的妙计？"这样不露声色，不点明皇上的忌讳，又替皇上去掉了心病，而且又给朝廷增添了以仁孝治天下的美名，不是行事缜密的李林甫谁能想得出来？

于是，唐玄宗不仅钦注《孝经》，并写了一篇序文，让诸位王子包括李瑁认真学习，而且还倡导天下百姓认真学习，认真领会服从父亲的心愿欲念，才是孝子之道的道理。当然，为了对与杨玉环有五年恩爱夫妻感情的儿子李瑁感情有所补偿，唐玄宗很快选择了出身名门的韦氏册封为寿王妃。唐玄宗既用了思想教育的方法，用圣人之言劝导儿子服从自己，又很快为儿子办了婚事来弥补其感情的空白，总算自认为圆满地解决了第二道难题。

唐玄宗公然"父纳子媳"，确确实实是他人生中极为丑恶的一笔，但是，与中国历史上许多的皇帝对美女只是满足于肉欲，以一时占有为目的，而后便是喜新厌旧不同，唐玄宗对于杨玉环竟然一直宠爱如初，而且在天宝四年（公元 745 年）八月初六日，册封杨玉环为贵妃。杨玉环自此不仅成为唐玄宗名正言顺的妃子，而且使"后宫莫得进"的专宠地位延续了 10 年之久，以至于二人的爱恋成为历史上久传不衰的佳话。

2. 专宠贵妃

唐玄宗得到了杨贵妃，用他自己的话说："朕得贵妃，如得至宝也。"从此，他便整日迷恋贵妃的妩媚和舞姿，懒于过问朝政。正如白居易的《长恨歌》中所写：

> 春宵苦短日高起，从此君王不早朝。
>
> 承欢侍宴无闲暇，春从春游夜专夜。
>
> 后宫佳丽三千人，三千宠爱在一身。
>
> 金屋妆成娇侍夜，玉楼宴罢醉和春。

姐妹弟兄皆列土，可怜光彩生门户。

遂令天下父母心，不重生男重生女。

唐玄宗非常宠爱杨贵妃当然首先是杨贵妃的"天生丽质"，正如《长恨歌》所描述的"回眸一笑百媚生，六宫粉黛无颜色"。但是，更让皇帝心动的还有她的聪慧过人，善于察言观色。陈鸿的《长恨歌传》中说："（贵妃）非徒尤态致是，盖才智明慧，善巧便佞，先意希旨，有不可形容者。"这样处处投合皇帝的心意，自然深得唐玄宗的宠爱。然而这些只是让唐玄宗对杨玉环心动生情的基础，更深层的原因还有他俩的情趣相投、天赋才艺的高度相合，他们的结合可以说是音乐家和舞蹈家的相伴相合。

唐玄宗李隆基自幼"英断多艺"，特别"雅好度曲"，爱好音乐，善长器乐，而且对音律有很深的造诣。杨贵妃也有很高的艺术修养，特别善长舞蹈，她的《霓裳羽衣舞》流动飘逸，盛极一时，而在《胡旋舞》中持续快节奏的旋转更显示了她高超的技艺。大诗人白居易的诗中称赞："左旋右转不知疲，千匝万周无已时。人间物类无可比，奔车轮缓旋风迟。"所以，两人能歌善舞的艺术情趣更使他们趣味相投，从而情深意笃，正如《长恨歌》中所写："骊宫高处入青云，仙乐风飘处处闻。缓歌慢舞凝丝竹，尽日君王看不足。"

唐玄宗对杨贵妃的宠爱，史书所载很多，那种对其生活照顾得极尽奢华达到了无以复加的程度。我们仅从下面两首诗歌中的描述便可感受到唐玄宗对杨贵妃的专宠之深。

有一次，唐玄宗与杨贵妃到兴庆宫龙池赏花，著名歌唱家李龟年在旁唱歌助兴，而唐玄宗却说："赏名花，对妃子，焉用旧乐词为？"于是便请来时任翰林供奉的大诗人李白填写新词。李白"欣然承旨"，即刻写了《清平调》三章：

云想衣裳花想容，春风拂槛露华浓；

若非群玉山头见，会向瑶台月下逢。

一枝红艳露凝香，云雨巫山枉断肠；

借问汉宫谁得似？可怜飞燕倚新妆。

名花倾国两相欢，长得君王带笑看；

解释春风无限恨，沉香亭此倚阑干。

李白的诗极写杨贵妃的美貌，不仅以花喻人，而且赞叹贵妃的美只有天上仙界才能一见，只有大汉天子的赵飞燕才能有所比拟。贵妃漫步在沉香亭北的牡丹花丛中，人和花融为一体，交相辉映，花团锦簇，艳丽华贵，让帝王无限的迷恋。唐玄宗看过李白填写的诗歌后非常满意，即刻叫乐队演奏，李龟年歌唱，而且自己以玉笛伴奏，让杨贵妃非常快活，"笑领歌，意甚厚"。

第二首便是大家非常熟知的晚唐诗人杜牧的《过华清宫绝句》：

长安回望绣成堆，山顶千门次第开；

一骑红尘妃子笑，无人知是荔枝来。

唐玄宗不仅大兴土木修建华清宫，扩建温泉，与杨贵妃在这里尽兴游乐，而且为了满足杨贵妃喜吃鲜荔枝的嗜好，便安排驿骑风尘仆仆急送至京。从千里之外的剑南快马紧急传递，路人还以为在传送国家的紧急文书，只有杨贵妃看到快马到来时，自然是嫣然而笑了。

唐玄宗初次召见杨玉环时已经53岁了，而杨玉环刚刚22岁，这对老夫少妻却因各自艺术人才的气质在生活中时时制造浪漫的情调。

每年桃花盛开的春天，他们便在桃林饮宴。一次唐玄宗顺手摘下一枝桃花插在贵妃头上，笑眯眯地说"这花能助娇态"。因此这以后便叫桃花为"助娇花"。

农历七月七，唐玄宗和杨贵妃在庭院中摆上祭品，燃香跪拜向牵牛星、织女星求福乞巧后，还要捉来蜘蛛放在小盒中，到了第二天两人一起看盒中蜘蛛是否结了网，网结得密就是赐予的巧多，网稀就是巧少。渐渐地，他们的这种游戏传到了民间，成为乞巧节的习俗。

8月，唐玄宗和杨贵妃及王公贵妇欣赏太液池中的莲花，在大家赞叹莲花之美时，唐玄宗却指着杨贵妃说："哪里比得上我的这朵解语花！"

酒宴正酣时，杨贵妃便率领众多宫女，唐玄宗率领一帮宦官，排成两阵，叫作风流阵来对打，皇帝和贵妃分别担任两阵的指挥官，用霞帔、锦被做旗子指挥双方攻打，战败者喝大杯酒。

最让历代文人不断写诗作文来歌叹的是那年农历七月七日，唐玄宗和杨贵妃在长生殿外树下燃香跪拜，指天盟誓，如《长恨歌》中所写："七月七日长生殿，夜半无人私语时。在天愿作比翼鸟，在地愿为连理枝。天长地久有时尽，此恨绵绵无绝期。"直到今天，到华清池旅游的情侣还要在当年李杨盟誓的树下手扶树干，流连祈福。

夫妻长年在一起生活难免会产生矛盾，更何况唐玄宗是皇帝，他不仅后宫美女如云，更有周围的艺伎命妇，个个都想投其所好，获得皇上的欢心。杨贵妃得到的是皇帝的无比宠爱，听的是皇帝只爱她一个人的甜言蜜语，痴心想着自己永远独占这位风流天子，听到唐玄宗和其他女人有染的消息，自然醋意大发哭闹不休，致使有两次被赶出家门。

天宝五年（公元746年），杨贵妃由于"妒悍不逊，上怒，命送归兄铦之第"。关于李、杨之间这次发生的不快，有许多不同的说法，但较可信的是唐玄宗想起了他以前宠爱的梅妃，偷偷去了一次梅园，一心获得独宠的杨贵妃自然责备起了皇帝的失信，结果被气恼的唐玄宗赶回了娘家。

但是杨贵妃刚出宫半天，唐玄宗便后悔了，整个人烦躁不安，中午饭也无法下咽，而且还一直责骂身边的人。于是明白皇帝心意的高力士请求将饭食分一半给宫外的杨贵妃送去，唐玄宗这才开始吃了午饭。到了晚上唐玄宗立刻下令打开宫门迎杨贵妃回宫。回家反省了一天的杨贵妃见到皇帝即刻磕头请罪，唐玄宗连忙扶起，不断安慰。第二天唐玄宗大摆宴席款待杨贵妃及杨家姐妹，当场给杨家赏赐无数，还宣布每年拨给杨家姐妹每人100万的脂粉钱。

天宝九年（公元 750 年），杨贵妃又被撵出了宫门，对这次杨贵妃和皇帝发生矛盾《开元传信记》写道："太真妃常因妒媚，有语侵上，上怒甚，召高力士以辎軿送还其家。妃悔恨号泣，抽刀断发。"这次发生矛盾的说法也有不同，但较可信的是唐玄宗又老毛病发作，与杨贵妃的三姐虢国夫人有了暧昧关系。杨贵妃的这位姐姐虢国夫人资色秀美，为人轻佻，当时就有诗朝讽她说："虢国夫人承主恩，平明骑马入宫门，却嫌脂粉污颜色，淡扫蛾眉朝至尊。"据传杨贵妃在华清宫直接碰见了唐玄宗和虢国夫人调情，于是脾气大发，哭骂起了唐玄宗，这当然使唐玄宗又羞又恼，杨贵妃又被赶出了宫门。

杨贵妃的这次哭闹让皇帝丢大了人，所以好多天过去了，唐玄宗不但没有一点要接贵妃回宫的意思，而且生活得安安稳稳，很是平静。这下让杨家人着急了，杨贵妃的堂兄宰相杨国忠，很怕贵妃就此失宠，自己没有了靠山，就找到他的好友吉温帮忙。当时吉温任户部郎中，他面见唐玄宗说："妇人智识不远，有忤圣情，然贵妃久承恩顾，何惜宫中一席之地，使其就戮，安忍取辱于外哉！"吉温表面上让唐玄宗把杨贵妃弄回宫来杀了算了，以免她在外丢人，但实际上是为杨贵妃开脱，指出她的哭闹只是"妇人智识不远"并无大错。结果，与前次一样，唐玄宗立即派宦官送御膳给杨贵妃，以示抚慰。杨贵妃非常乖巧，见了皇帝派来送饭食的宦官便痛哭流涕地说："妾罪当死，陛下幸不杀而归之。今当永离掖庭，惟发者父母所与，敢以荐诚。"说完便剪下自己的一缕长发，让宦官送给皇帝作为诀别留念之物。唐玄宗听了宦官的传言，看到杨贵妃献上的秀发，极为感动，即刻下令速接贵妃回宫。风波过后，两人不仅和好如初，而且唐玄宗对杨贵妃是"宠待益深"，杨家又得到了皇帝更为厚重的赏赐。

自古以来，后宫女人无数的皇帝很难说有什么爱情，然而唐玄宗和杨贵妃长达十余年的夫妻情爱却是一个例外，或许是任何东西都是以稀为贵吧，唐玄宗李隆基和贵妃杨玉环这对皇帝夫妻的爱情故事成了千百年来中国文学作品中一直为人咏叹的话题。

3. 外戚专权

虽然史料中很少见到杨贵妃要求唐玄宗对自己家人亲戚提拔照顾的记载，但由于唐玄宗对其极端宠爱，所以杨家便以外戚地位享受到了皇帝一而再再而三给予的种种特权。

天宝四年（公元745年）八月，杨玉环刚刚被册封为贵妃，唐玄宗便下诏追封杨贵妃已故的父母。她的父亲杨玄琰开始被追封为兵部尚书，后来又追封为太尉、齐国公，同时追封她已故的母亲李氏为凉国夫人。又封杨玉环尚健在的叔父杨玄珪为光禄卿，从三品，后又升至工部尚书，正三品。

杨玉环的三个姐姐，早已分别嫁给了崔家、裴家和柳家。杨玉环被封贵妃后，她的三个姐姐"皆赐第京师，宠贵赫然"。天宝七年（公元748年）十一月，唐玄宗带着杨贵妃及其姐姐到华清宫避寒，敕令杨贵妃的大姐崔氏为韩国夫人，三姐裴氏为虢国夫人，八姐柳氏为秦国夫人（此处排行称呼为同宗姐妹排行），而且下令这三姐妹可随时自由出入内宫，唐玄宗还将这三姐妹称为"姨"。特别是三姐虢国夫人，虽寡居，但姿色最盛，受唐玄宗宠爱最深。

杨贵妃的哥哥和堂哥也纷纷获得了官位。贵妃的亲哥哥杨铦，开始任殿中少监，从四品，后任鸿胪卿，从三品，后来再授上柱国，正三品。她的从兄，即杨玄珪的儿子杨锜，初任侍御史，从六品，后来唐玄宗将以前宠爱的武惠妃生的太华公主嫁给杨锜，杨锜循例升为从五品的驸马都尉，唐玄宗还特赐杨锜和太华公主在与内宫相连的"太华宅"居住。

杨家弟兄中提拔得官位最高、声势最显赫的便是后来成为著名奸相、祸国误政的杨国忠。杨国忠原名杨钊，他的爷爷和杨贵妃的爷爷是兄弟关系，所以他与杨贵妃只是从祖兄妹关系。杨钊早年便和杨贵妃的三姐裴氏，后来的虢国夫人私通，在杨玉环得宠被封为贵妃后，善于钻营的杨钊借助虢国夫人的关系，接近了杨贵妃，不久被任命为金吾兵曹参军，虽然职务不高，但有了接近皇帝为皇帝服务的机会。由于在皇帝和贵妃姐妹玩一种叫作"樗蒲"的娱乐活动时，精明的杨钊为其精准计分，判定胜负，杨钊被提升为户部专门负责核算财赋收支的度支判官，不久又提升为监察御史。这以后杨钊的官职不断窜升，天宝七年（公元 748 年）升给事中兼御史中丞，天宝八年（公元 749 年）兼兵部尚书，成为朝中重臣。这时杨钊上奏唐玄宗，说自己的名字含"金刀"二字，对君王不祥，请求更名，于是唐玄宗为其赐名"国忠"，来彰显其对朝廷的忠心。天宝十一年（公元 752 年）十月兼领剑南节度使的杨国忠被从成都召回京城，接替病故的李林甫做了宰相。

杨家姐妹兄弟个个飞黄腾达后，权势熏天，每年皇帝带着贵妃和王公大臣到华清宫避寒时，杨家兄妹五家各穿不同颜色的服装，史书记载其五家车马相连的车队长龙像天上的云霞一样辉煌灿烂，而且当车马走过后，丢弃的首饰、珠宝和贵重物品是一路不断。

杨氏新贵不仅生活极度奢侈豪华，更是依仗权势、横行不法。我们从《资治通鉴》记载的两件事情中便可窥其一斑。

"上所赐与及四方献遗，五家如一。竞开第舍，极其壮丽，一堂之费，动逾千万。既成，见他人有胜己者，辄毁而改为。虢国尤为豪荡，一旦，帅工徒突入韦嗣立宅，即撤去旧屋，自为新第，但授韦氏以隙地十亩而已。"

这些杨氏新贵一个和一个比赛着修宅第，花钱如流水也就罢了，虢国夫人为了自己要盖府第，竟然青天白日闯进别人家，将人家赶出来拆掉房子，盖自己的宅院，特别是这户被平白无故拆了房子赶出家门的人家竟然是前宰相韦嗣立！如此的有恃无恐，骄横霸道，真真是古今罕有，骇人听闻。

又"庚子（天宝十年正月十六），杨氏五宅夜游，与广平公主从者争西市门，杨氏奴挥鞭及公主衣，公主坠马，驸马程昌裔下扶之，补被数鞭。公主泣诉于上，上为之杖杀杨氏奴。明日，免昌裔官，不听朝谒"。

杨家新贵不仅敢强行拆任前宰相的房子，而且为了正月十六夜游赏灯争路鞭打当朝公主和驸马。唐玄宗的处理竟然是各打五十大板，虽然杀了杨家的恶奴，但回过头却为了讨好自己的爱妃而罢了自己女婿驸马的官职。

杨家姐妹兄弟暴富暴贵后对宰相和皇亲都可以横行不法，为所欲为，对其他地位低微的官员和百姓的暴行自然是可想而知了。所以，他们的这些恶行激起的公愤长久地压抑在百姓心中，一旦有了机会便会猛烈地爆发，马嵬坡事变中杨家新贵被斩尽杀绝，便是其恶行所报。

和杨家兄弟姐妹暴富暴贵后便得意忘形、无法无天相比，位高权重的杨国忠的所作所为造成的危害直接达到了祸国殃民、乱政误国的程度。

杨国忠继李林甫为相时，唐玄宗已是68岁的年纪，在位做皇帝已40年整，整日沉迷在与杨贵妃的玩乐之中，根本无心问政。由于极端宠爱杨贵妃及杨国忠善于逢迎阿谀，唐玄宗一心信任杨国忠，大小事务均由杨国忠处理，皇帝才放心，以致此时做宰相的杨国忠身兼军国40余职。《资治通鉴》对此时为相的杨国忠有下面的文字记载：

"国忠为人强辩而轻躁，无威仪。既为相，以天下为己任，裁决杨务，果敢不疑。居朝廷，攘袂扼腕，公卿以下，颐指气使，莫不震慑。自侍御史至为相，凡领四十余使。台省官有才行时名，不为己用者，皆出之。"

无才行、无德行，做事急躁轻浮，因而毫无威信，不能服众，却又刚愎自用，傲气十足，军国大事指手画脚，全凭自己拍脑门定夺，还自以为是，一心想做出惊天动地的大事业，而且处处排除异己，心地狭窄。这样的人手握相国大权，国家只能是被折腾得人疲财竭，离厄运不远了。

但是，善于玩点小聪明的杨国忠为笼络人心，博取对自己这个新宰相的好感，刚即相位便建议："文部选人，无问贤不肖，选深者留之，依资据阙注官。"这样不问才德，只凭资历选拔官员的结果是"滞淹者翕然称之，国忠凡所施置，皆曲徇人所欲，故颇得众誉"。这样虽然获得了大批昏庸无能、混吃俸禄的官员的拥护，增强了个人的声望和势力，但国家的治理却可想而知了。

天宝十三年（公元754年），杨国忠又接受他的同党吉温欲长擅军国大权，不仅要笼络人心，还应大树声威，方能震慑文武的建议，指使安禄山诬告李林甫，借打击李林甫同党树立自己的威权。《资治通鉴》对此做了以下记载：

"杨国忠使人说安禄山诬李林甫与阿布思谋反，禄山使阿布思部落降者诣阙，诬告李林甫与阿布思约为父子。上信之，下吏按问。林甫婿谏议大夫杨齐宣惧为所累，附国忠意证成之。时林甫尚未葬，二月癸未，制削林甫官爵。子孙有官者除名，流岭南及黔中，给随身衣及粮食，自余资产并没官。近亲及党羽坐贬者五十余人。剖林甫棺，抉取含珠，褫金紫，更以小棺如庶人礼葬之。己亥，赐陈希烈爵许国公，杨国忠爵魏国公，赏其成林甫之狱也。"

小心翼翼揣摩君心、逢迎侍奉唐玄宗几十年的李林甫，生前看起来甚得君心，大小政务皆委其办理，但仅仅是一番诬告便被开棺削爵，累及子孙同党，所以君王对重臣真正是毫无信任可言。生前时时猜忌，死后翻脸清算，中国历史上许多的重臣常常落得如此下场。靠诬告制造冤案的杨国忠不仅据此打击了异己，树立了自己的声威，而且和副相陈希烈一起被唐玄宗封了爵位。

一朝富贵，迅速蹿红的杨国忠生活极端奢侈。每到冬天他便挑选十多个肥胖的婢女时时簇拥着自己，借她们身上的体热取暖，谓之"肉阵"。家中的亭阁用檀香木做栏杆，用麝香、乳香碾细和泥抹墙，称为"四香亭"。为了在游玩途中随时随地欣赏名花异草，便将花草移栽在特制的槛子里，木板做底，下安轮子，让人牵着跟随，称为"移春槛"。穷奢极欲的杨国忠，一朝大权在手，更是不可一世，气势熏天。史载："国忠子暄举明经，学业荒陋，不及格。礼部侍郎达奚珣畏国忠权势，遣其子昭应尉抚先白之。抚伺国忠入朝上马，趋至马下，国忠意其子必中选，有喜色。抚曰：'大人白相公，郎君所试，不中程式，然亦未敢落也。'国忠怒曰：'我子何患不富贵，乃令鼠辈相卖！'策马不顾而去。抚惶遽，书白其父曰：'彼恃挟贵势，令人惨嗟，安可复与论曲直！'遂置暄上第。及暄为户部侍郎，珣始自礼部迁吏部，暄与所亲言，犹叹己之淹回，珣之迅疾。"

就是这样一个一朝暴红便穷奢极欲、忘乎所以的杨国忠，唐玄宗却将军国大事尽委予他。他为相不足四年，就因连年发动对南诏的战争，弄得国敝民穷、无怨人怨，更因其后在对待安禄山拥兵自重、威逼朝廷、意欲反叛问题时昏招迭出，直接将国家推入了战乱的深渊。

早在杨国忠任兵部侍郎，后又兼领剑南节度使时便因急于建立边功发动了对南诏国的征战，南诏王阁罗凤多次请罪求和，并直接陈述利害说："今吐蕃大兵压境，若不许我，我将归命吐蕃，云南非唐有也。"唐军统帅在杨国忠授意下依然不同意讲和，结果进攻西洱海的 6 万唐军在南诏与吐蕃联军的夹击下全军覆没，大将王天运被斩首，主帅鲜于仲通连夜逃命而回。但是杨国忠却"掩其败状，仍叙其功"，谎报"吐蕃兵六十万救南诏，剑南兵击破之云南，克故隽州等三城"。结果杨国忠由兵部侍郎兼御史丞升任为宰相。

晚唐诗人白居易的诗作指出："天宝宰相杨国忠，欲求恩幸立边功。"天宝十三年（公元754年）六月，杨国忠又姿意妄为撺掇唐玄宗发动了对南诏的第二次战争，《资治通鉴》对这次战争的结果有如下记载："侍御史，剑南留后李宓将兵七万击南诏。阁罗凤诱之深入，至大和城，闭壁不战。宓粮尽，士卒罹瘴疫及饥死者什七八，乃引还，蛮追击之，宓被擒，全军皆没。"

唐军第二次征南诏又彻底失败，但杨国忠故技重演，隐瞒败绩，假传捷报，而且"益发中国兵讨之，前后死者凡二十几万人"。对此，被蒙骗在鼓中，整日沉缅在酒色之中的唐玄宗却说："朕今老矣，朝事付之宰相，边事付之诸将，夫复何忧！"

连年发动征战，青壮年大量死亡，国家民力耗尽，社会经济遭到严重破坏，国家陷入了风雨飘摇的危险境地。然而因杨国忠一手遮天，无人敢将实情告于唐玄宗，只有高力士眼见危机迫近便对唐玄宗说："臣闻云南数丧师，又边将拥兵太盛，陛下将何以制之？臣恐一旦祸发，不可复救，何得谓无忧也！"但是此时昏庸至深的唐玄宗却说："卿勿言，朕徐思之。"

但是，此时国家的危局已容不得唐玄宗"徐思之"了。此时，西南对南诏的征战连年损兵折将，国力大减，而更危险的是东北坐领三镇节度使的安禄山已掌握全国1/3的兵力，人强势重，反叛的面目已逐渐显露，各种危急的报告纷纷传到朝中。统领几十万人马的安禄山不仅实力雄厚，而且在军中建立了一支由同罗、奚、契丹等降卒中的亡命徒组成的"曳洛河"亲兵敢死队，这些人效忠安禄山，骁勇狠斗，作战"以一当百"。在雄武（今河北蓟县）修建战争物资储备基地，蓄养成千上万的战马和牛羊并储存大量的战备物质。在军中招募各种文武人才，拟订叛唐计划和战争部署。清除军中忠于朝廷的将领，以蕃将32人替换了军中的汉将。眼见危在旦夕，杨国忠采取了如下三项对策：

杨国忠和副相韦见素入宫见唐玄宗献计，建议夺取安禄山兵权，召其进京任副宰相。唐玄宗同意了杨韦的建议，但却让他们起草诏书的同时派宦官辅璆琳以御赐甘果的名义到范阳探听安禄山的虚实。但是辅璆琳接受了安禄山的重贿，回来后"盛言禄山竭忠奉国，无有二心"。结果昏庸的唐玄宗对杨韦二人说："禄山朕推心待之，必无异志。东北二虏，籍其镇遏。朕自保之，卿等勿忧也。"

在安禄山反叛已显端倪之际，平庸的杨国忠自以为以副相位引诱便可以让安禄山上钩，谁知狡猾的安禄山仅略施小计，便让昏庸的唐玄宗放松了警惕，不仅让杨国忠等无忧，自己还继续到华清宫游乐。这样昏聩无能的君相怎能不让国家陷入危险境地？

杨国忠的第一项对策被唐玄宗否决后，在危急关头竟然连出了两个昏招：清除安禄山在京城的坐探吉温和搜查安禄山在京城长安的住宅。

善观风向的吉温眼见安禄山势力已极端强大，暗中投靠了安禄山，二人约为"兄弟"，杨国忠探知这一情况后便将吉温治罪并杖死狱中。安禄山闻报便立即上书唐玄宗为吉温鸣不平，但是昏了头的杨国忠竟然搜查安禄山在长安的住宅，逮捕了安禄山宅内的门客李起、安岱、李方来等人，将他们送御史台暗杀。

危急关头乱了方寸的杨国忠一心想的是除掉安禄山的同党，搜查出安禄山的反叛证据，便可以治安禄山的罪，但是，这对当时的形势无疑是火上浇油，逼其速反。结果接到报告的安禄山非常生气，在立即上表指责杨国忠二十条罪状的同时，即刻着手发动以奉敕令讨伐国贼杨国忠为口号的反叛战乱。

五、安史之乱国运衰

1. 宠信安禄山

唐玄宗李隆基的人生实在是让人感叹，想当年是那样的雄心勃勃、英气逼人，晚年却又如此沉缅享乐、昏聩糊涂。《旧唐书·玄宗纪》就发出了下面的慨叹："自天宝已还，小人道长。此山有朽坏，虽大必亏；木有蠹虫，其荣易落。此百口百心之谗谄，蔽两目两耳之聪明，苟非铁肠石心，安得不惑！而献可替否，靡闻姚宋之言，妒贤害功，但有甫、忠之奏。豪猾因兹而睥睨，明哲于是乎卷怀，故禄山之徒，得行其伪。厉阶之作，匪降自天，谋之不减，并功并弃。"

自古以来都是"秦人不暇自哀，而后人哀之"，史家对唐玄宗从天宝初年以来走的堕落败亡之路的慨叹，确实值得我们这些后人深思。小人道长，谗谄蔽目的弊政皆来自唐玄宗自身的堕落荒淫，所以"禄山之徒，得行其伪。厉阶之作，匪降自天"。我们从下面的史料便可以看出正是喜闻谀颂、偏信奸佞的唐玄宗一步步让狡猾的安禄山坐大，从而养虎成患，最终害己祸国的。

《资治通鉴》载："安禄山者，本营州杂胡，初名阿荦山。其母，巫也。父死，母携之再适突厥安延偃。会其部落破散，与延偃兄子思顺俱逃来，故冒姓安氏，名禄山。又有史窣干者，与禄山同里闬，先后一日生。及长，相亲爱，皆为互市牙郎。以骁勇闻，张守珪以禄山为捉生将，禄山每与数骑出，辄擒契丹数十人而返。狡猾，善揣人情，守珪爱之，养以为子。

"窣干尝负官债亡入奚中，为奚游弈所得，欲杀之。窣干绐曰：'我，唐之和亲使也，汝杀我，祸且及汝国。'游弈信之，送诣牙帐。窣干见奚王，长揖不拜，奚王虽怒而畏唐，不敢杀，以客礼馆之，使百人随窣干入朝。窣干谓奚王曰：'王所遣人虽多，观其才皆不足以见天子。闻王有良将琐高者，何不使之入朝？'奚王即命琐高与牙下三百人随窣干入朝。窣干将至平卢，先使人谓军使裴休子曰："奚使琐高与精锐俱来，声云入朝，实欲袭军城，宜谨为之备，先事图之。'休子乃具军容出迎，至馆，悉坑杀其从兵，执琐高送幽州。张守珪以窣干有功，奏为果毅，累迁将军。后入奏事，上与语，悦之，赐名思明。"

安禄山、史思明都出身低微，但在社会底层鬼混谋生的经历练就了他们颇有心机，狡猾多变的性格，并据此获得了幽州节度使张守珪甚至唐玄宗的偏爱，为以后的步步上爬打下了基础。

深得张守珪偏爱并收为养子的安禄山很快被提升为平卢讨击使、左骁卫将军，但是却在一次讨伐奚和契丹的叛乱中，"禄山恃勇轻进，为虏所败"。按军法当斩的安禄山在宰相张九龄"禄山失律丧师，于法不可不诛，且臣观其貌有反相，不杀必为后患"的坚持下，唐玄宗却"惜其才，敕令免官，以白衣将领"。死里逃生被敕免回营戴罪立功的安禄山不久又凭着他乖巧的心机再次获得了提拔。史载："平卢兵马使安禄山，倾巧，善事人，人多誉之。上左右至平卢者，禄山皆厚赂之，由是上益以为贤。御史中丞张利贞为河北采访使，至平卢，禄山曲事利贞，乃至左右皆有赂。利贞入奏，盛称禄山之美。八月，乙未，以禄山为营州都督，充平卢军使，两蕃、勃海、黑水四府经略使。"

为向皇帝表达自己的忠心，博取唐玄宗的信任提拔，狡猾的安禄山多次编造神异托梦等谎言，同时还无故攻击奚人和契丹，制造边功，获得提升：

> 春，正月，安禄山入朝，上宠待甚厚，谒见无时。禄山奏言："去秋营州虫食苗，臣焚香祝天云：'臣若躁心不正，事君不忠，厚使虫食臣心；若不负神祇，愿使虫散。'即有群鸟从北方来，食虫立尽。请宣付史官。"从之。

> 冬，十月，甲午，安禄山奏："臣讨契丹至北平郡，梦先朝名将李靖、李勣从臣求食。遂命立庙。又奏荐奠之日，庙梁产芝。"

> 安禄山欲以边功市宠，数侵掠奚、契丹。奚、契丹各杀公主以叛，禄山讨破之。

编造飞鸟食虫神异事件，以示自己为人正直，事君忠心；梦先朝名将向自己乞食来表明自己就是当朝的李靖、李勣；立庙当日庙梁上生出灵芝，可见上天的感应。无故侵掠契丹等地，逼其反叛而建立边功，更增加了被提升的筹码。于是，心机多端的安禄山被不断提升，天宝元年（公元742年）将范阳节度使的辖地分出来设平卢节度，任命安禄山为节度使，后又兼范阳节度使。天宝六年（公元747年）任范阳、平卢节度使的安禄山兼御史中丞。

对安禄山为官的升迁之道，《资治通鉴》有如下记载："禄山体充肥，腹垂过膝，常自称腹重三百斤。外若痴直，内实狡黠。常令其将刘骆谷留京师诇朝廷旨趣，或应有笺表者，骆谷即为代作通之。岁献俘虏、杂畜、奇禽异兽、珍玩之物，不绝于路，群县疲于递运。"

下面几则故事便真实地再现了安禄山"外若痴直，内实狡黠"的特点。

"禄山在上前，应对敏洽，杂以诙谐。上尝戏指其腹曰：'此胡腹中何所有？其大乃尔！'对曰：'更无余物，止有赤心耳'！上悦。又尝命见太子，禄山不拜。左右趣之拜，禄山拱立曰：'臣胡人，不习朝仪，不知太子者何官？'上曰：'此储君也，朕千秋万岁后，代朕君汝者也。'禄山曰：'臣愚，向者惟知有陛下一人，不知乃更有储君。'不得已，然后拜。上以为信然，益爱之。上尝宴勤政楼，百官列坐楼下，独为禄山于御座东间设金鸡障，置榻使坐其前，仍命卷帘以示荣宠。命杨铦、杨锜、贵妃三姊皆与禄山叙兄弟。禄山得出入禁中，因请为贵妃儿。上与贵妃共坐，禄山先拜贵妃，上问何故，对曰：'胡人先母而后父。'上悦。"

头脑灵活、反应敏捷的安禄山能够不失时机地以自己的大肚子为皇上表忠心，更在拜见太子的这场表演中摸准了唐玄宗的心理，获得了皇帝的绝对信任。处处留意朝廷及皇帝动向的安禄山，完全了解曾逼父让位的唐玄宗最忌讳朝中大臣和太子结党威胁自己的皇位，于是装傻卖呆，表明自己心中只有皇帝，这样的表演怎能不让唐玄宗对其绝对的信任和放心？同样，深知杨贵妃是皇帝心中分量的安禄山假托胡人习俗的憨态十足的表演，既谄媚了杨贵妃，更讨得了唐玄宗的欢心！

安禄山这样大奸似忠狡猾似愚的表演深得唐玄宗的宠信，结果是他的地位一升再升，势力增大到无以复加的程度：

"（天宝九年）五月、乙卯，赐安禄山爵东平郡王，唐将帅封王自此始。"

"（天宝九年）八月，以安禄山兼河北道采访处置使。"

"安禄山求兼河东节度。（天宝十年）二月，丙辰，以何东节度使韩休珉为左羽林将军，以禄山代之。"

自此，安禄山不仅总领平卢、范阳、河东三镇节度使，手握天下近三分之一的武装力量，成为坐镇东北一方的最高军事长官，而且是身兼御史中丞，河北道采访处置使的朝廷重臣，并且成了唐朝第一个被赐封王爵的将帅。

唐玄宗不仅绝对信任安禄山，不断提升他的职务，增强他的权力，而且对安禄山的宠爱也到了无以复加的地步。《资治通鉴》对此有如下记载：

安禄山屡诱奚、契丹，为设会，饮以莨菪酒，醉而坑杀之，动数千人，函其酋长之首以献，前后数四。至是请入朝，上命有司先为起第于昭应。禄山至戏水，杨钊兄弟姊妹皆往迎之，冠盖蔽野；上自幸望春宫以待之。辛未，禄山献奚俘八千人，上命考课之日书上上考。前此听禄山于上谷铸钱五炉，禄山乃献钱样千缗。

上命有司为安禄山治第于亲仁坊，敕令但穷壮丽，不限财力。既成，具幄器皿，充其中。有帖白檀床二，皆长丈，阔六尺；银平脱屏风、帐方丈六尺；于厨厩之物皆饰以金银，金饭罂二，银淘盆二，皆受五斗，织银丝筐及筙笼各一。他物称是。虽禁中服御之物，殆不及也。上每令中使为禄山护役，筑第及造储赐物，常戒之曰："胡眼大，勿令笑我。"

禄山入新第，置酒，乞降墨敕请宰相至第。是日，上欲于楼下击毬，遽为罢戏，命宰相赴之。日遣诸杨与之选胜游宴，侑以梨园教坊乐。上每食一物稍美，或后苑校猎获鲜禽，辄遣中使走马赐之，络绎于路。

甲辰（正月二十日），禄山生日，上及贵妃赐衣服、宝器、酒馔甚厚。后三日，召禄山入禁中，贵妃以锦绣为大襁褓裹禄山，使宫人以彩舆舁之。上闻后宫欢笑，问其故，左右以贵妃三日洗禄山儿对。上自往观之，喜，赐贵妃洗儿金银钱，复厚赐禄山，尽欢而罢。自是禄山出入宫掖不禁，或与贵妃对食，或通宵不出，颇有丑声闻于外，上亦不疑也。

安禄山以他表面的憨态装傻卖呆表现出来的愚忠蒙住了唐玄宗的眼睛，以他惯用的机巧制造的边功让好大喜功的唐玄宗心花怒放，因而对安禄山的荣宠偏爱达到了让人难以理解的程度。封王赐爵，让其雄踞一方统领三镇节度使不说，还让其铸钱盈利，为其建造豪华府第，所用之物都要宫中宦官监造，其豪华奢侈甚至超过宫禁之物；官员的考核一定要在上上等级中大书特书安禄山的功勋不说，安禄山进京还要让朝中最受荣宠的杨家兄妹出潼关迎接，甚至皇帝还要亲临望春宫等候以示其荣耀；安禄山府第新成，皇帝竟然中断自己的玩乐，亲书敕令让宰相及大臣前去捧场以助声势；平时不仅让杨家姐妹陪其游乐，让宫中梨园教坊为其舞乐助兴，自己每食鲜美之物都要派遣宫使送给安禄山尝鲜。这样的疼爱关切，真正是自古难觅。

特别是杨贵妃或出于寻求新鲜好玩的刺激，或出于许多野史所说的杨安之间说不清的关系，后宫禁闱之中，年轻的贵妃娘娘竟然为一个赤条条的大汉办三日洗儿的游戏，皇帝丈夫不仅闻之大喜而"尽欢而罢"，而且还"赐贵妃洗儿金银钱，复厚赐禄山"。更让人难以理解的是安禄山以一个守边武将的身份竟然能自由出入后宫，能与贵妃对食，甚而通宵不出宫，唐玄宗却对其深信不疑。这样的痴迷宠信实在是有点不合人情事理，这不由得让人想起了"上天要让其灭亡，必先让其疯狂"这句名言。古往今来许多高居宝座的最高统治者是谁也奈何不了他的，然而正是他最后的疯狂使他跌下宝座、轰然倒地的。

唐玄宗就是这样，他对安禄山的宠信实在是达到了让人不可理喻的痴狂程度，以致到了其反相已露，杨国忠等人都坐不住了，献计以任相为名诱安禄山进京时，唐玄宗还相信他派去探听情况而受了安禄山贿赂的辅璆琳的假话，近乎痴迷地说："禄山朕推心待之，必无异志……朕自保之，卿等勿忧也。"

到了天宝十四年（公元755年）接连发生了几件事才让唐玄宗对安禄山有所怀疑。这年6月，唐玄宗的一个儿子成婚，唐玄宗亲书诏书让安禄山进京观礼，而安禄山竟然称疾不至。7月，安禄山上表要向朝廷献马3000匹，但每匹马要配马夫二人，还要派遣22位蕃将押送至京。驻边部队6000多人进京，这自然让许多大臣产生疑惑，而且，这时辅璆琳受贿瞒报安禄山反情的事发，唐玄宗了解到实情后却借其他罪名杀了辅璆琳。于是唐玄宗派遣了宦官冯神威给安禄山送去了诏书，告诉安禄山马匹到冬天再送到京城，马夫及押送人员由各地官府安排，不再麻烦安禄山的部队押送。唐玄宗还带话给安禄山说："朕新为卿作一汤，十月于华清宫待卿。"

冯神威给安禄山宣诏并传话一事，《资治通鉴》有如下记载："神威至范阳宣旨，禄山踞床微起，亦不拜，曰：'圣人安隐？'又曰：'马不献亦可，十月灼然诣京师。'即令左右引神威置馆舍，不复见。数日，遣还，亦无表。神威还，见上泣曰：'臣几不得见大家！'"

皇帝的使者来军营宣读诏书，安禄山竟然踞床不拜，而且对朝廷安排冬天送马拒不接受，竟说"马不献亦可"。对皇帝邀请他10月来华清宫在专门为他新造的温泉池沐浴毫无致谢话语，只是语带双关地说他10月一定进京，而且冷落皇帝的使者冯神威，让冯神威感到性命几乎不保。

按理，接连出现的这些情况应该使唐玄宗有所警觉，不然唐玄宗也不会下诏让安禄山冬天再来献马，并且不要派军队押送，也不会杀掉接受安禄山贿赂而说假话的辅璆琳，但是面对冯神威"臣几不得见大家"的哭诉，唐玄宗对面临的危局丝毫未作任何措施防备，这年10月，唐玄宗又放心地带领着他的贵妃和命妇避寒华清宫去了。或许一直对安禄山宠信不疑的唐玄宗还幻想着"十月灼然诣京师"的安禄山还像往年那样来华清宫朝见他吧，然而这年11月"渔阳鼙鼓动地来，惊破霓裳羽衣曲"，唐玄宗亲手豢养的安禄山这只恶虎率领的几十万铁骑公开竖起了叛旗，烟尘滚滚地杀奔京师而来了。

2. 安禄山反叛

天宝十四年（公元755年）十一月初九日，安禄山打出奉敕令讨伐国贼杨国忠的口号公开反叛。这天晚上他集结包括8000"曳洛河"亲兵在内的20万叛军，昼伏夜行十天后到达博陵（河北定县），自此，安禄山叛军开始白天公开鼓噪进军。自唐开国以来，中原大地100余年没有经历过战争，现在突然间安禄山骑兵在狼烟翻滚中杀声震天动地而来，一时之间军民一片慌乱。当时的河北州县均曾由安禄山管辖控制，所以当叛军杀来，各地的守令投降的投降，逃走的逃走，有的稍作抵抗便城破被杀，到12月初，河北州县大部沦陷。

接到奏报的唐玄宗这才如梦初醒，急急从华清宫返回京城。在商议如何防御安禄山叛军的朝会上，大臣各个惊慌失措，极其紧张，唯独杨国忠"扬扬有德色"，十分自信地说："今反者独禄山耳，将士皆不欲也。不过旬日，必传首诣行在。"这之前杨国忠曾设法诱骗安禄山进京欲将其控制，受到了宠信安禄山的唐玄宗阻止，现在安禄山真的反叛，他于是扬扬得意，自认为有先见之明，便盲目自信地说只是安禄山一个人想造反，他的部下没有人愿死心塌地跟他造反，不过十天安禄山的首级就会被人送到京城来。唐玄宗听了杨国忠的狂言竟然连连点头，十分高兴。由于京城没有多余的部队调动，于是便安排金吾将军程千里到河东，特进毕思琛到东都洛阳，让他们就地招募士兵来抵抗叛军。过了几天，安西节度使封常清恰好入朝述职，唐玄宗便任命封常清为范阳、平卢节度使，让他到东都洛阳募兵抵御叛军。到了月底，朝廷又拿出内府钱帛，在京城招募了 11 万人马，以荣王李琬为元帅，右金吾大将军高仙芝为副帅，号曰天武军，出兵东征。

但是唐军大都是临时招募的市井子弟，未经训练战斗力极差，从 12 月初开始，战略重地陈留郡（今河南开封）、荥阳（今河南郑州）便纷纷失陷，到 12 月 13 日，虽然封常清率领部下步步防御，与叛军进行了极为残酷的巷战，但终于无法挽回败局，东都洛阳落入安禄山之手。东都陷落后，作战经验丰富的封常清向驻守陕郡的高仙芝建议说："常清累日血战，贼锋不可当，且潼关无兵，若贼豕突入关，则长安危矣，陕不可守，不如引兵先据潼关以拒之。"潼关自古以来是长安的门户，潼关一旦失守，京城便无险可守，于是高仙芝听从封常清的建议率军退守潼关。

当时形势极其危急，想不到在如此紧急的关头，唐玄宗又脑袋发昏，竟然听信谗言，派人到潼关军中杀了高仙芝和封常清两位大将。高仙芝、封常清都是唐朝名将，他们退守潼关是非常符合战场形势的正确选择，但这却同当时派在高仙芝部的监军大宦官边令诚发生了矛盾，得罪了监军。边令诚回到朝中，在唐玄宗面前诬告高、封二人说："常清以贼摇众，而仙芝弃陕地数百里，又盗减军士粮赐。"昏聩的唐玄宗一听便勃然大怒，即令边令诚带着诏书赶赴潼关将二人斩首。《资治通鉴》对此有如下记载：

"常清草遗表曰：'臣死之后，望陛下不轻此贼，无忘臣言。'时朝议皆以为禄山狂悖，不日授首，故常清云然。令诚到潼关，先引常清，宣敕示之，常清以表附令诚上之。常清既死，陈尸蘧蒢。仙芝还，至听事，令诚索陌刀手百余人自随，乃谓仙芝曰：'大夫亦有恩命。'仙芝遽下，令诚宣敕。仙芝曰：'我遇敌而退，死则宜矣。今上戴天，下履地，谓我盗减粮赐则诬也。'时士卒在前，皆大呼称枉，其声振地，遂斩之。"

封建帝王以天下为私产，虽然要任用文臣武将为其治理和镇守天下，但内心却极其猜疑忌惮，只信任身边的家奴，因此在手握重兵的军事将领身旁派遣监军，就是皇帝安插在军中的耳目，这些奸佞奴才的谗言和诬告便往往造成冤案。唐玄宗在大战生死关头只信身边奴才的谗言而枉杀一片忠心且积累了一定对叛军作战经验的优秀将帅，无疑是自毁长城。

安禄山在攻下东都洛阳后，开始忙着登基称帝，进攻势头有所放缓，长安城内有了调兵遣将安排抵御叛军的时机，于是唐玄宗提出要亲领军队东征。《资治通鉴》载道：

"上议亲征，辛丑，制太子监国，谓宰相曰：'朕在位垂五十载，倦于忧勤，去秋已欲传位太子，值水旱相仍，不欲以余灾遗子孙，淹留俟稍丰。不意逆胡横发，朕当亲征，且使之监国。事平之日，朕将高枕无为矣。'杨国忠大惧，退谓韩、虢、秦三夫人曰：'太子素恶吾家专横久矣，若一旦得天下，吾与姊妹并命在旦暮矣！'相与聚哭。使三夫人说贵妃，衔土请命于上，事遂寝。"

常言说人之将死，其言也善，唐玄宗在安禄山叛军逼近潼关，东征御敌的主要将帅又被其冤杀，京城长安岌岌可危之时说的这番话，让人觉得人之临危，其言也真。他不仅表示自己要亲自东征，让太子监国，而且坦白地说出自己因为已在位近50年，早已倦于忧国勤政，有了让位于太子的打算。还直言不讳地说这次东征平叛后，自己便要将国事托与太子，自己便可清清静静地养老休息了。虽然一般说来坐在最高统治之位的专制统治者是极其恋权的，要他让位交权真比要他的命还难受，但此时71岁的唐玄宗已在位确实已近50年，所以在其后期早已有了倦政享乐的思想，并且宠信奸佞，委政于奸相李林甫和杨国忠，致使酿成今日之大患。作为封建皇帝自命为天子的人，他说的每句话都被称为圣言圣旨，能够当众承认自己"早已倦于忧勤"也算是出自真心，很是可贵了。

但是，唐玄宗的这番话却吓坏了杨国忠，吓坏杨国忠的不是唐玄宗要亲征，而是太子监国，而且"事平之日，朕将高枕无为"。杨家姐妹兄弟因为杨贵妃一人得宠，便一朝暴贵，暴贵之后便为所欲为，不把任何人放在眼里，其中也包括诸王公主，甚至太子。所以他听了皇帝的这番话自然是胆战心惊，极端担心一旦太子得天下，自己和杨家姐妹便命在旦夕，于是便极力劝说杨贵妃，让杨贵妃演了一出口衔土块跪在地上哭劝唐玄宗不要亲征的闹剧。有了杨贵妃出马阻止，唐玄宗自然是不再提亲征之事了。

唐玄宗不亲自东征，潼关没有了主帅，军情又十分紧急，朝中有作战经验的郭子仪、李光弼等大将又远在河北抗击安禄山的副帅史思明部，根本无法脱身。无奈之下，唐玄宗只有请在京城养病瘫痪在床已经十月有余的河西陇右节度使哥舒翰主持潼关防御作战了。

史载："河西、陇右节度使哥舒翰病废在家，上藉其威名，且素与禄山不协，召见，拜兵马副元帅，将兵八万以讨禄山。仍敕天下四面进兵，会攻洛阳。翰以病固辞，上不许，以田良丘为御史中丞，充行军司马，起居郎萧昕为判官，蕃将火拔归仁等各将部落以从，并仙芝旧卒，号二十万，军于潼关。翰病，不能治事，悉以军政委田良丘，良丘复不敢专决，使王思礼主骑，李承光主步，二人争长，无所统一。翰用法严而不恤，士卒皆懈弛，无斗志。"

哥舒翰长期镇守西北边关，与吐蕃、突厥作战屡有边功，而且他和王忠嗣一样极端痛恨安禄山欺上瞒下的行径，与安禄山一直不和。唐玄宗想靠他的威名提振士气，震慑叛军，但此时哥舒翰已瘫痪在床，无法治军，行军司马田良丘不懂军事，遇事便不敢做主，而步兵和骑兵的统帅将领又互争高下，所以军中"无所统一"。况且哥舒翰是在京城养兵时奉诏带兵，其手下士卒并不是其河西陇右部属，大都是临时凑集的人马，与多年准备、训练有素的叛军相比，显然处于劣势。

但是，哥舒翰虽然病重瘫痪，但作战经验丰富，面对严峻的形势，知己知彼的他采取了闭关固守潼关的策略。他认为"贼远来，利在速战。王师坚守、毋轻出关，计之上也"。结果唐军从天宝十四年（公元755年）十二月到第二年五月底一直坚守潼关，安禄山命其子安庆绪及叛将田乾真多次猛攻潼关，唐军均据险力守，形成对峙局面。

两军在潼关形成对峙局面，而且在河北战场郭子仪、李光弼在嘉山大败叛军史思明部，斩敌4万余人，常山太守颜杲卿、平原太字颜真卿率众敌后抗击叛军势力纷纷兴起，形势出现了向唐军有利方向发展的趋势。但是，让人万万想不到的是年老糊涂的唐玄宗竟然又出昏招，致使潼关战场形势陡变。《资治通鉴》对此有如下记载：

"会有告崔乾祐在陕，兵不满四千，皆羸弱无备，上遣使趣哥舒翰进兵复陕、洛。翰奏曰：'禄山久习用兵，今始为逆，岂肯无备？是必羸师以诱我，若往，正堕其计中。且贼远来，利在速战；官军据险以扼之，利在坚守。况贼残虐失众，兵势日蹙，将有内变，因而乘之，可不战擒也。要在成功，何必务速！今诸道征兵尚多未集，请且待之。'郭子仪、李光弼亦上言：'请引兵北取范阳，覆其巢穴，质贼党妻子以招之，贼必内溃。潼关大军唯应固守以弊之，不可轻出。'国忠疑翰谋己，言于上，以贼方无备，而翰逗留，将失机会。上以为然，续遣中使趣之，项背相望。翰不得已，抚膺恸哭。丙戌，引兵出关。"

当时，唐玄宗接到报告说叛军陕郡守将崔乾祐手下只有4000羸弱士兵，而且毫无防备，于是就不辨真假急急下令哥舒翰出关进攻。哥舒翰上奏说久习用兵的安禄山是用此来引诱我出关，如果出关正中了他的圈套。而且分析敌我形势，指出固守潼关，以待敌人内部变乱才是正确的作战方针。这时河北作战的郭子仪、李光弼也上奏唐玄宗请求带兵袭击范阳安禄山的老巢，抓住叛将的妻子儿女，逼其发生内部变乱，而且特别指出潼关守军一定要固守不出，这样拖住敌军，使其生变。但是杨国忠以前就十分猜忌哥舒翰，现在哥舒翰重兵在握，特别怕其离长安不远而有害于自身，所以一再进言唐玄宗督促哥舒翰出关进军陕郡。昏庸的唐玄宗只是组织过宫廷政变，没有直接指挥大部队作战的经验，而且仍然偏信杨国忠，再加上安禄山反叛以来，忧心操劳，总想快速平定叛乱继续过他的歌舞宴乐生活，于是严令哥舒翰即刻出兵进攻陕郡，进而收复东都洛阳。

东都洛阳失陷后，安禄山已在此称帝，国号大燕，陕郡是其门户，安禄山怎会只让4000羸弱士卒防守？正如哥舒翰分析的，明眼人一看便知其为引蛇出洞诱敌深入之计，但求胜心切的唐玄宗却不顾一切严令哥舒翰出关作战，而且接连派出宫中使者督促，以致长安到潼关的道路上宫使一个接着一个。明知出关作战极其凶险的哥舒翰捶胸大哭，但皇命难违，至德元年（公元756年）六月，只得率领潼关大军出关。

哥舒翰的大军三天后便在灵宝西原南是大山，北是黄河的狭窄小道上遭到伏击，结果全军覆没，仅8000余骑逃回潼关，哥舒翰也被其蕃将火拔归仁捆在马背上献给了安禄山。两天后叛将崔乾祐便带兵攻陷了潼关。潼关失守后，河东、华阴、冯翊、上洛等地的郡守都弃郡而逃，从潼关到长安的守军全部溃散，京城长安一下子门户洞开，只等着安禄山叛军铁骑呼啸而入。

潼关失守，唐玄宗负有不可推卸的战略责任。开战之前，哥舒翰、郭子仪、李光弼等将帅再三上奏潼关只宜坚守，千万不可出关迎敌，但唐玄宗求胜心切，偏信杨国忠谗言，中了敌方引蛇出洞之计，严令哥舒翰出关，导致了全军覆灭。

哥舒翰在皇帝严令之下无奈出关，但却一下子让20万大军倾巢出动，致使狭道上人员密集，首尾不能相顾，遇到伏击则自相践踏，产生自乱，使敌乱中取胜，不能不说有其战术指挥上的重大失误。

而奸相杨国忠，大敌当前之时，依然以自身利害谋人谋事，最终误国害己，实在是令人愤慨。

3. 兵变马嵬坡

至德元年（公元756年）元月初九日下午，潼关危急的消息传到京城，唐玄宗被吓得脸色煞白，手足无措。到了晚上，从潼关到京城的烽火台没有传来"平安火"，唐玄宗即感到潼关已经陷落，心中便产生了放弃京城逃跑的念头。第二天一大早唐玄宗和杨国忠等宰相商议对策，杨国忠立即提出了"幸蜀"，即逃跑到四川去的策略。

杨国忠曾任剑南节度使，安禄山反叛时便打出了奉敕征讨国贼杨国忠的旗号，这让杨国忠非常害怕，所以心中早已有了遇紧急情况便逃跑到四川的准备。想不到他一提出"幸蜀"，便和唐玄宗弃城逃亡的想法不谋而合，唐玄宗马上表示同意，于是便瞒着京城臣民开始了逃亡准备。6月12日唐玄宗还装模作样上朝说自己要亲征讨贼，6月13日黎明即带着不多的亲信西逃。《资治通鉴》对此有如下记载：

甲午，百官朝者什无一二。上御勤政楼，下制，云欲亲征，闻者皆莫之信。以京兆尹魏方进为御史大夫兼置顿使，京兆少尹灵昌崔光远为京兆尹，充西京留守；将军边令诚掌宫闱管钥。托以剑南节度大使颍王璬将赴镇，令本道设储待。是日，上移仗北内。既夕，命龙武大将军陈玄礼整比六军，厚赐钱帛，选闲厩马百余匹，外人皆莫之知。乙未，黎明，上独与贵妃姊妹、皇子、妃、主、皇孙、杨国忠、韦见素、魏方进、陈玄礼及亲近宦官、宫人出延秋门，妃、主、皇孙在外者，皆委之而去。上过左藏，杨国忠请焚之，曰："无为贼守。"上愀然曰："贼来不得，必更敛于百姓；不如与之，无重困吾赤子。"是日，百官犹有入朝者，至宫门，犹闻漏声，三卫立仗俨然。门既启，则宫人乱出，中外扰攘，不知上所之。于是王公、士民四处逃窜，山谷细民争入宫禁及王公第舍，盗取金宝，或乘驴上殿。又焚左藏大盈库。崔光远、边令诚帅人救火，又募人摄府、县官分守之，杀十余人，乃稍定。光远遣其子东见禄山，令诚亦以管钥献之。上过便桥，杨国忠使人焚桥。上曰："士庶各避贼求生，奈何绝其路！"留内侍监高力士，使扑灭乃来。

6月12日，唐玄宗上朝宣布自己要亲征反贼，还煞有介事地安排了留守京城的官员及职责，为了自己逃亡路上吃住有所供应，还假托新任剑南节度使颍王李璬要到四川任所，命令沿途各地准备好接待物品。但是，这天来上朝的百官不到十分之一二，即使上朝的官员也没有人相信皇帝的话了。到了晚上便安排龙武大将军整顿宫中禁军和马匹，给禁军士卒赏赐了大量钱财，这些都在暗中进行，宫外的人一点都不知道消息。

第二天天刚亮，唐玄宗便带人悄悄从后门西逃了。所带的人只有杨家姐妹和宫中的皇子、王妃、皇孙、杨国忠等三两个宰相以及贴身宦官和宫女及宫中禁军，而在宫外的王妃、公主及皇孙都来不及通知便弃之而去，更不用说朝中其他王公大臣了。

经过皇室左藏府库，杨国忠要放火焚烧，说不要留给反贼，但唐玄宗非常伤心地说反贼得不到钱财，就会大肆掠夺百姓，不如留给反贼，以免让我的子民受苦。逃过城外的便桥后，杨国忠又派人放火烧桥，唐玄宗却指责他说："官员百姓都想逃生活命，你为什么要断绝大家的逃生路呢？"于是便留下高力士，让他带人扑灭大火后再赶来。从这两处细节可以看出唐玄宗和杨国忠为人的不同：杨国忠只顾自己逃命，不顾他人死活，凶残自私；唐玄宗虽然在紧急关头抛下亲人及臣民逃跑，但还能念及自己的臣民百姓，还能给他们逃跑留下活路。其心境的凄凉，让人可悲；其真情的流露，让人可叹。虽然搞政治的人常说"大行不顾细谨"，但正是这样的细节，却能让人心动。

唐玄宗早已悄悄逃跑，但宫外的官员、百姓还被瞒得死死的，宫外的卫士还在防守巡逻，有的官员还在宫门等着上朝，但宫门一打开，人们才发现皇帝已不知去向。皇帝跑了，长安城内一片大乱，王公大臣争相逃命，山野百姓入宫抢劫，连毛驴都被赶上殿堂驮运劫掠的财物了。被唐玄宗临时任命的京兆尹兼西京留守崔光远急急忙忙打发他的儿子面见安禄山投降献城，掌管皇宫的将军边令诚也乖乖地向叛军打开了宫城大门，京城长安很快落入安禄山之手。

虽然在逃跑之前唐玄宗就假托颖王李璬要到四川任所，让沿途各地府县做好招待准备，但是，潼关失守的消息早已风传开来，各地官员已闻风而逃，因此，出了长安西行的唐玄宗一行一时食宿无着，十分困顿。《资治通鉴》对此有详细记载：

> 上遣宦者王洛卿前行，告谕郡县置顿。食时，至咸阳望贤宫，洛卿与县令俱逃，中使征召，吏民莫有应者。日向中，上犹未食，杨国忠自市胡饼以献。于是民争献粝饭，杂以麦豆。皇孙辈争以手掬食之，须臾而尽，犹未能饱。上皆酬其直，慰劳之。众皆哭，上亦掩泣。有老父郭从谨进言曰："禄山包藏祸心，固非一日。亦有诣阙告其谋者，陛下往往诛之，使得逞其奸逆，致陛下播越。是以先王务延访忠良以广聪明，盖为此也。臣犹记宋璟为相，数进直言，天下赖以安平。自顷以来，在廷之臣以言为讳，惟阿谀取容，是以阙门之外，陛下皆不得而知。草野之臣，必知有今日久矣，但九重严邃，区区之心无路上达。事不至此，臣何由得睹陛下之面而诉之乎？"上曰："此朕之不明，悔无所及。"

慰谕而遣之。俄而尚食举御膳而至，上命先赐从官，然后食之。令军士散诣村落求食，期未时皆集而行。夜将半，乃至金城，县令亦逃，县民皆脱身走，饮食器皿具在，士卒得以自给。时从者多逃，内侍监袁思艺亦亡去。驿中无灯，人相枕藉而寝，贵贱无以复辨。

虽然之前便传令各地准备接待，但细心的唐玄宗仍然派出宦官王洛卿打前站，让各地安顿食宿。可是到了吃饭的时候，到达咸阳望贤宫的唐玄宗却发现王洛卿和当地县令都逃跑了，唐玄宗派宦官征召，却没有人响应。到了中午，皇帝还没有吃东西，于是杨国忠跑到集市上给唐玄宗买了些胡饼。这时路边村子里的村民看到了皇帝，便送来了一些掺杂着小麦和豆子的糙米饭，皇孙们急着用手捧着吃，一下子便吃光了，还没有吃饱。唐玄宗很感激，拿出钱来酬谢大家，大家全都哭了起来，唐玄宗不禁掩面而泣。

这时一位叫郭从谨的老人向唐玄宗讲了一番话，说："安禄山怀有异心已不是一天两天了，这期间也有人向朝廷报告他的阴谋，但陛下却杀掉这些人，使安禄山肆无忌惮地施行他的叛乱计谋，造成了今天让皇帝也流亡在外的恶果。先王特别访求忠贞之士来使自己了解真实情况，我还记得宋璟做宰相时多次向皇上进谏忠言，天下因此太平无事。但近几年朝廷大臣都忌讳谏言，只是一味地阿谀奉承，所以宫门外的事皇上您都无法得知。身在草野的臣民都早已知道会有今天，但是宫廷幽深，人们没有门路来向陛下反映真情。事情没有发展到今天这个地步，我又怎能见到陛下而倾诉这些心中之言呢？"唐玄宗听了这番话是又羞又愧，只得说："这都是我的过错啊，现在后悔也来不及了。"

这时主办皇帝膳食的官员才送来吃的，唐玄宗让其他官员先吃，然后自己才吃，但士兵们的饭一时无法解决，只好让他们分头到各村找吃的。到半夜时分，逃难队伍才走到金城，但县令和百姓都逃走了，大家只能用各家留下的用具做饭吃。当时许多跟随的人都逃走了，连内侍监袁思艺都跑掉了。驿站里没有灯烛，大家摸黑在地上横卧竖躺，相互枕靠着睡，也顾不上分什么贵贱尊卑了。

往日狐假虎威、盛气凌人而又养尊处优的宫中禁军遇到了现在这等艰难，自然人心波动，因此，一场中国历史上少有的兵变便不可避免地发生了。《资治通鉴》对这场兵变做了详细的记载：

> 丙申，至马嵬驿，将士饥疲，皆愤怒。陈玄礼以祸由杨国忠，欲诛之，因东宫宦者李辅国以告太子，太子未决。会吐蕃使者二十余人遮国忠马，诉以无食，国忠未及对，军士呼曰："国忠与胡虏谋反！"或射之，中鞍。国忠走至西门内，军士追杀之，屠割支体，以枪揭其首于驿门外，并杀其子户部侍郎暄及韩国、秦国夫人。御使大夫魏方进曰："汝曹何敢害宰相！"众又杀之。韦见素闻乱而出，为乱兵所挝，脑血流地。众曰："勿伤韦相公。"救之，得免。军士围驿，上闻喧哗，问外何事，左右以国忠反对。上杖屦出驿门，慰劳军士，令收队，军士不应。上使高力士问之，玄礼对曰："国忠谋反，贵妃不宜供奉，愿陛下割恩正法。"上曰："朕当自处之。"入门，倚仗倾首而立。久之，京兆司录韦谔前言曰："今众怒难犯，安危在晷刻，愿陛下速决！"因叩头流血。上曰："贵妃常居深宫，安知国忠反谋？"高力士曰："贵妃诚无罪，然将士已杀国忠，而贵妃在陛下左右，岂敢自安？愿陛下审思之，将士安则陛下安矣。"上乃命力士引贵妃于佛堂，缢杀之。舆尸置驿庭，召玄礼等入视之。玄礼等乃免胄释甲，顿首请罪，上慰劳之，令晓谕军士。玄礼等皆呼万岁，再拜而出，于是始整部伍为行计。谔，见素之子也。国忠妻裴柔与其幼子晞及虢国夫人、夫人子裴徽皆走，至陈仓，县令薛景仙吏士追捕，诛之。

6月14日，逃难的第二天，唐玄宗一行人来到了马嵬驿。这里属陕西兴平县，距长安城40千米，名叫马嵬坡。相传东晋时一位名叫马嵬的武官曾在此筑城，唐代时这里建有驿站，所以又叫马嵬驿。马嵬驿是古丝绸之路连接秦蜀的交通要道，也是唐代设在京城长安西南方向上的第一个驿站。

经历了两天的逃难，又累又饿的护驾禁军各个怨气冲天。禁军统帅陈玄礼对杨国忠早就看不惯，现在看到自己掌握的禁军队伍里暗流涌动，心中明白此时正是收拾杨国忠千载难逢的机会。于是，陈玄礼采取了两条措施准备诛灭杨国忠：一是通过太子身边的宦官李辅国向太子转达了自己的想法，以征得太子的支持；二是鼓动部下士兵闹事诛杀杨国忠。陈玄礼在暗中对他的士卒说："今天下崩离，万乘震荡，岂不由杨国忠割剥甿庶，朝野怨咨，以致此耶？若不诛之以谢天下，何以塞四海之怨愤！"陈玄礼的煽动即刻得到了部下的拥护，一场由大将军陈玄礼带头发难的禁军兵变就在马嵬坡开始了。

太子李亨听了陈玄礼的想法还在犹豫不决之时，一个小小的意外之事便像一点小火星落在干草堆上一样，马嵬坡兵变即刻熊熊燃烧起来。杂乱地驻守在驿站外的士兵忽然发现骑在马上的杨国忠正在与一群吐蕃人说着什么，于是便听到有人大喊一声："国忠与胡虏谋反！"其实这是一个由20多人组成的吐蕃使团，出使长安却在这里碰到了唐朝皇帝从长安出逃到这里，他们找不到饭吃，便围着宰相杨国忠讨要食物。杨国忠被一群又饥又累的吐蕃人围着还没有说话，听到喊声的士兵中便有人向他射了一箭，箭射在他的马鞍上，杨国忠吓得即刻掉转马头逃到驿门内，鼓噪而起的士兵哪能容他逃脱，一拥而上将其乱刀砍死不说，还肢解了他的尸体，并将头砍下来用长枪挑起悬挂在驿门之上。

一不做，二不休。作乱的士兵又到处搜寻杀死了杨国忠的儿子，户部侍郎杨暄及韩国夫人、秦国夫人。刚刚晋升才两天的御使大夫魏方进看到杨国忠的头挂在驿站上，便不知好歹地指责作乱的禁军说："你们竟敢杀害当朝宰相！"立刻被乱刀砍死。副相韦见素听到驿站外喊声大作，跑出来想看看发生了什么情况，却也被士兵们打得头破血流，幸而有人大喊不要伤害韦宰相才保住了性命。

哗声一片的士兵们团团围住了驿站，唐玄宗听到外面一片喊声吃惊地问发生了什么事，左右的人说是杨国忠造反了。头脑尚还清醒的唐玄宗一听便明白发生了兵变，在无人可依的情势下，只能自己拄着拐杖，穿着麻鞋走出驿门极力安抚人心，希望禁军收兵。看见皇帝亲自出面，士兵们虽然不再呼喊着向里面涌动，但却仍然围在四周不肯散去，强作镇定的唐玄宗只得让身边的高力士问大家为何还不退去。这时一直躲在士卒后面的陈玄礼才站出来说国忠谋反，贵妃不能再侍奉皇帝了，希望陛下能割舍个人恩爱，杀死杨贵妃以正国法。唐玄宗一听此言如同五雷轰顶，一下子低头拄杖愣在那里，一言不发。此时年逾古稀的唐玄宗李隆基不仅在生活上，更在精神上已完全离不开他的爱妃杨玉环了，但是有着政变经验的他心里也非常清楚，杀死了杨国忠的军士不可能留下杨贵妃的性命，皇帝身边的杨贵妃现在已经成了杀死杨国忠的军士致命的后顾之忧。如果不答应陈玄礼的要求，他心里非常清楚杀红了眼，已犯下作乱死罪的士兵是什么事情都可能做得出来的，如果那样，自己性命不保不说，朝廷也必将陷入混乱。

唐玄宗在那里低头发愣，难以割舍，可他左右的人急了，副相韦见素的儿子京兆司录韦谔跪在地下叩头流血地说："现在已是众怒难犯，陛下的安危就在瞬间，希望陛下赶快割爱决断！"可是唐玄宗还是舍不得她的贵妃，低声说："我的贵妃一直住在深宫，她怎么能知道杨国忠谋反的阴谋呢？"一心想保住皇上性命的高力士非常明白眼下不丢车便难以保帅的情势，便直言相告皇帝说："贵妃娘娘确实是没有罪过，但现在将士们已杀死了她的哥哥杨国忠，而贵妃娘娘却还在皇帝身边，他们怎能安心？希望陛下仔细想一想，现在的情势是将士们心安了，陛下您才能性命无忧啊！"

高力士所说的道理，唐玄宗心里其实也是非常清楚的，万般无奈之下，只得安排高力士将杨贵妃勒死在驿站佛堂内。中国有句古语："生也萧何，死也萧何。"说的是楚汉相争时韩信受萧何举荐被拜为大将，从而建功立业，威震天下，可最后也是萧何受吕后指使哄骗韩信入宫而被害。可怜中国古代四大美人之一的杨贵妃杨玉环，受高力士引荐而被唐玄宗万般宠爱而大红大紫，今天却又被高力士一手处死而香消玉殒，正应了这句古语。

杨玉环被处死了，她的尸体还被抬到院子里让陈玄礼等禁军将领验明正身。看到了这次兵变最主要的诛杀对象确实已被处死，放下心来的禁军将士才脱下甲胄，向皇帝叩首请罪，哀伤至极而又无可奈何的唐玄宗只得好言安慰一番，于是陈玄礼便下令部下收兵，做好继续护送皇帝西行的准备。

兵变发生时，杨国忠的妻子裴氏带着她的小儿子同虢国夫人及其儿子乘乱脱逃，但逃到陈仓时，被县令带领的吏卒抓住全部杀死了。当年杨贵妃一人得宠，杨家便个个升天，一朝暴富暴贵，气势汹天，但转眼间便一损俱损，全家被诛灭殆尽。其世事变化真是来得快，去得也快，让人既难以预料，更让人感慨万千！

马嵬坡兵变以杨贵妃的死结束了。这场兵变是从禁军将士痛杀祸国殃民的杨国忠开始的，但杀了杨国忠而不杀杨贵妃，哗变的士兵无法自安。此时的唐玄宗虽然名义上依然是皇帝，但落难西逃的他身边竟无一人替他说话，为求自保，为避免更大的事端发生，万般无奈之下他只得下令赐死心中难以割舍的爱妃杨玉环。从兵变当事者来说，只有杨贵妃的死才能让他们双方得以自保，所以时年只有38岁的杨贵妃只能以她的性命来平息变乱，但是，无论怎样，杨贵妃都是这场变乱中的无辜牺牲者。

我们从现有的历史资料中能看到，杨贵妃杨玉环和中国历史上许多进入宫廷便千方百计争权夺利，甚至染指朝政的后宫女人有很大的不同，她只是一个想过幸福美好生活的小女人。她17岁嫁与寿王李瑁，五年平静而美好的夫妻恩爱生活让她心满意足，但是她无力抗拒强势的皇帝公公唐玄宗的乱伦夺媳，在最高权力掌有者的皇帝面前，她的命运由不得她自己做主。从现有的历史资料中我们能看到她和李隆基由于兴趣相投而日久生情，看到她为追求享受而恣意玩乐，但却看不到她为提高自己身份而争来斗去，也看不到她为自己家人求权求利。看到的只是皇帝李隆基因其"三千宠爱在一生"而万般恩宠于她，为讨其欢心而为其家人一而再再而三地封官授爵，以致杨家兄弟姐妹权势熏天，使得奸相杨国忠祸国殃民，弄得天怒人怨，众叛亲离。至于安禄山迅速膨胀，祸乱国家，主要原因在于唐玄宗的昏庸糊涂，养虎成患，在于李林甫只谋一己之私而令其坐大。但是，如同中国历史上一旦国运倾覆，便要由一个女人来承担惑主误国的罪名一样，1000多年来，无辜身死马嵬坡的杨玉环也一直被斥为美色误国的红颜祸水。

杨玉环死后，还有许多传说，有一种说法是她当时没有死，只是被丝带勒昏了，后来被迅速藏了起来，马嵬坡只是留下了她的一座空坟。甚至还传说她东渡到了日本，至今在日本还有她的后裔。这种传说的存在本身便表明了人们对杨玉环这个命运由不得自己做主的无辜女子的同情，既寄托了善良人们的良好愿望，也是对加在她身上的不实罪名的否定。

六、晚景凄凉话明皇

1. 太子灵武称帝

马嵬坡兵变平定了下来，但安禄山叛军随时都有可能追来，在兵变中痛失爱妃受到极度惊吓的唐玄宗李隆基不得不继续西行逃难。但是，让他更未想到的是太子李亨也因当地父老"遮道请留"而与他分道扬镳了。对此《资治通鉴》有如下记载：

> 及行，父老皆遮道请留，曰："宫阙，陛下家居，陵寝，陛下坟墓，今舍此，欲何之？"上为之按辔久之，乃令太子于后宣慰父老。父老曰："至尊既不肯留，某等愿帅子弟从殿下东破贼，取长安。若殿下与至尊皆入蜀，使中原百姓谁为之主？"须臾，众至数千人。太子不可，曰："至尊远冒险阻，吾岂忍朝夕离左右。且吾尚未面辞，当还白至尊，更禀进止。"涕泣，跋马欲西。建宁王倓与李辅国固执鞚谏曰："逆胡犯阙，四海分崩，不因人情，何以兴复！今殿下从至尊入蜀，若贼兵烧绝栈道，则中原之地拱手送贼矣。人情既离，不可复合，虽欲复至此，其可得乎？不如收西北守边之兵，召郭、李于河北，与之并力东讨逆贼，克复两京，削平四海，使社稷危而复安，宗庙毁而更存，扫除宫禁以迎至尊，岂非孝之大者乎？何必区区温情，为儿女之恋乎？"广平王俶亦劝太子留。父老共拥太子马，不得行。太子乃使俶驰白上。上总辔待太子，久不至，使人侦之，还白状，上曰："天也！"乃命分后军二千人及飞龙厩马从太子，且谕将士曰："太子仁孝，可奉宗庙，汝曹善辅佐之。"又谕太子曰："汝勉之，勿以吾为念。西北诸胡，吾抚之素厚，汝必得其用。"太子南向号泣而已。又使送东宫内人于太子，且宣旨欲传位，太子不受。

唐玄宗要继续西行，却被许多老百姓跪在道上拦住了去路，他们挽留皇帝说："长安的皇宫是皇帝您的家，长安的陵墓是您的祖坟，现在您却全都抛弃，这是想到哪里去？"人们指责唐玄宗家也不要了，祖坟也不管了，明显地表达了他们心中对皇帝只顾自己逃命的不满，心中羞愧的唐玄宗驻马而立，一句话也说不出来，只好回头让太子给大家解释说明一下，自己默默继续西行。然而未等太子开口，这些遮道请留的百姓却劝太子留下来，并且表示"某愿帅子弟从殿下东破贼，取长安"。当太子说自己不忍心丢下年迈的皇帝父亲，自己要赶上父亲禀报，由父亲决定自己是否去留时，他的儿子李俶、李倓及太监李辅国皆极力劝谏他不要太在乎儿女情长的小孝之道，要以国事为重，留下来召集天下兵马扫除叛贼，克复两京，恢复宗庙社稷，迎皇帝回京，这才是大孝之道。于是太子终于决定留下北行，并让李倓赶上向唐玄宗禀报。

接到太子李亨与自己分道扬镳的报告后，刚遭到妻离现在又遇子散的唐玄宗不由得长呼老天。但眼下的情势是一切都很难由他做主了，无奈之下，似乎遭遇的大难让他清醒了许多的唐玄宗李隆基这时做出了很富有人情味和理智的决定：他不仅将跟随自己逃难的禁军分出 2000 人马跟随太子而去，还派人将太子的东宫家眷护送给太子，让其团聚。他嘱咐分给太子的禁军将士们说："太子仁义孝道，能够承继宗庙，你们一定要好好辅佐他！"又带话给太子说："你好好努力吧，不要挂念我。西北一带各个蕃属国，我一直对他们很好，相信他们会为你所用。"

从唐玄宗知道太子离开他北上后他的言行来看，政治经验深厚的他深知太子与他分手对他意味着什么。国家破败，爱妃被杀，现在儿子又公然与他分手，明摆着他的帝位将要不保，但是，此时已 72 岁，心力交瘁的他只能是默默接受了。此时他内心虽然是极度的哀伤，但还是理智地从国家大局出发，不仅告诫禁军将士尽力辅佐太子，而且还给太子指出了可资利用的力量。人之将死，其言也善；人之绝望，其言感人。此时凄凉绝望、唯呼苍天的唐玄宗李隆基不仅表现出了一个父亲对儿子的慈爱关切，更表现出了一个以国事为重、不以个人进退为念的老皇帝对其接班人的期望和支持，让人是既悲且叹！

太子因父老遮道请留而与唐玄宗分手北上，又是唐玄宗西行逃难路上发生的一件大事，这件事不仅对唐玄宗和太子李亨以后个人的命运产生了重大影响，而且对以后平定安史之乱及唐王朝命运等重大历史走向产生了重大作用。整个事件的细节读起来也很是感人，很有点悲壮，但实事求是地说，这只不过是由太子李亨自导自演的一幕闹剧，从现有的史料记载中稍作分析，我们便不难看出。

前面就说过，因为唐玄宗自己就是以太子身份用种种手法逼其父亲让位称帝的，所以自他立儿子李亨为太子以来，一直用各种手法孤立太子，时刻提防太子夺位，因此父子关系并不融洽。现在，利用这难得的逃难机会摆脱父皇的控制，是李亨几十年来战战兢兢求保太子位的天赐良机，因此不仅李亨自己早就有所考虑，他周围的人也看到了时机，纷纷劝其采取行动。《旧唐书·肃宗张皇后传》载："李靖忠（李辅国）启太子请留，（张）良娣赞成之。"《旧唐书·宦官李辅国传》载："至马嵬，诛杨国忠，辅国献计太子，请分玄宗麾下兵，北趋朔方，以图复兴。"《旧唐书·承天皇帝传》载："（建宁王）倓于行宫谓太子曰：'逆胡犯顺，四海分崩，不因人情，何以兴复？夫有国家者，大孝莫若存社稷……殿下宜购募豪杰，暂往河西，收拾戎马，点集边防将卒，不下十万人，光弼、子仪、全军河朔，谋为兴复，计之上也。'"

以上这些记载基本意思都是一致的，都是太子李亨身边最亲近的人建议太子李亨乘此时机离开唐玄宗分兵北上，以图复兴。由此便可推知事前太子与王妃、儿子及贴身亲信已经做了周密的计划安排。《资治通鉴》虽然只是对事件过程做了平实的记载，但我们稍加推敲遮道父老的话语，便可看出所谓的"父老遮道请留"，表面上是挽留皇帝唐玄宗，实际上只是请留太子李亨，唯一的目的是使太子李亨与唐玄宗分手，摆脱父皇的控制以图大事。既然是父老遮道请留皇帝，那么父老就应陈述去留的利弊，要求皇帝留下来带领他们抗击叛军、收复失地。但这些父老只是表达了对唐玄宗逃离家园、抛弃祖坟、只顾自己逃命的不满，丝毫没有挽留皇帝的意思，而这些话只能让唐玄宗羞愧万分，无言而走。但是父老们转而对太子说的话，开口便是皇帝不留，你应该留，而且表示我们愿跟着你东击叛军，收复长安。特别是后面"若殿下与至尊皆入蜀，使中原百姓谁为之主"明确地表达了皇帝逃到了四川，太子您便是我们中原百姓之主。这些事前拟好的台词清楚地表明所谓的遮道请留的真正目的。

至于后面太子李亨表面上是不得已听从了父老及亲信的劝说同意留下后，派自己的儿子广平王李俶去禀报唐玄宗的记述，更能看出李亨早就想和唐玄宗分道扬镳留下北行。因为此时他们同唐玄宗的队伍没有多远的距离，只说了那么几句话的时间，而且唐玄宗还在那里"总辔待太子"，如果自己真要征求父皇的意见，要唐玄宗决定自己的去留，自己不长时间就可赶上唐玄宗的队伍，当面征求意见。但一是不能去，因为像现在这样能摆脱父皇控制的机会实在难得；二是不敢去，他担心唐玄宗看出他的用心后又将他控制起来。于是，他只是让儿子去向其爷爷禀报，这样使分手已成事实，唐玄宗在无法控制局面的情况下，只能无奈地接受既成事实。

但是，我们却不能就这次事件是太子李亨的苦心设计而否定了它的历史作用。太子李亨与唐玄宗分手留下北行主持征讨叛军，其中虽有摆脱父皇的控制而早日接班即位的个人打算，但其主要的客观作用却是使得中原抗击叛军的军民有了领导核心。太子李亨留在中原，特别是其后的灵武称帝对抗击安史之乱产生的巨大的凝聚力和向心力是其他人谁也无法代替的。而唐玄宗因其年老力衰，特别是多年的贪欲享乐使其早年的斗志丧失殆尽，只顾逃命的偏安西南一隅的做法，不仅是置国家百姓生死于不顾的可耻行为，而且将致使全国抗击叛军的战争陷入没有统帅的一盘散沙，因而形成叛军肆虐天下的混乱局面。所以，客观地说太子李亨自导自演的这场遮道请留的事件，为其后的历史走向产生了极大的作用。

经过马嵬坡兵变和太子分手北行两次事变后，唐玄宗西行逃难的队伍更是人心离散，难以控制，几乎到了行将溃散的地步。但是，几天来的苦难经历似乎真的使长期沉缅于声色享乐而昏庸的唐玄宗一下子清醒了不少，在扶风郡的一番发自内心的悔过自责和真情告白打动了士卒，聚拢了人心，稳住了逃难队伍的阵脚。《资治通鉴》有如下的记载：

> 己亥，上至岐山。或言贼前锋且至，上遽过，宿扶风郡。士卒潜怀
> 去就，往往流言不逊，陈玄礼不能制，上患之。会成都贡春彩十余万匹，
> 至扶风。上命悉陈之于庭，召将士入，临轩谕之曰："朕比来衰耄，托

任失人，致逆胡乱常，须远避其锋。知卿等皆苍猝从朕，不得别父母妻子，芨涉至此，劳苦至矣，朕甚愧之。蜀路阻长，郡且褊小，人马众多，或不能供，今听卿等各还家，朕独与子、孙、中官前行入蜀，亦足自达。今日与卿等诀别，可共分此彩以备资粮。若归，见父母及长安父老，为朕致意，各好自爱也！"因泣下沾襟。众皆哭，曰："臣等死生从陛下，不敢有贰！"上良久曰："去留听卿。"自是流言始息。

逃难队伍一路上风声鹤唳，狼狈逃窜，使本来就人心浮动的队伍更加骚动不安，连陈玄礼也感到无法控制了，这时恰好碰到成都贡献给朝廷10多万匹的春绸运到了扶风。唐玄宗下令把这些绸缎全部陈列在庭院中，自己站在台阶上高声对大家发表了一番讲话。他首先坦诚是自己年老糊涂，错用了奸佞祸害了国家，又真心地表达了由于自己的仓促出逃，使将士们抛弃了父母妻子、家庭离散的愧疚之情，表示愿只带着儿女孙子和内宫宦官到四川去，让将士们带着这些绸缎做盘缠回家和家人团聚。最后还央求将士们见到家中父母和长安父老后带他向大家问好，叮嘱大家各自珍重，保重身体。

皇帝的真情告白打动了这些将士的心，他们不仅无人带着绸缎回家，反而高呼口号表示生生死死都要跟着皇帝走，不敢再有其他的想法。唐玄宗的真情凝聚了人心，自此，这支名为"幸蜀"的逃难队伍越秦岭，过剑南，经益昌县（今广元昭化）、普安郡（今剑阁）、巴西郡（今绵阳），到这年7月底，终于到达了成都。

太子李亨和唐玄宗分手后的北上之行也是极其艰险，史籍中有"太子既北上渡渭，一日百战"之说，经过20余日的且战且进，七月初十日，太子一行终于到达了灵武。时任御史中丞裴冕和朔方军留后杜鸿渐派来的迎接太子的盐池判官李涵对李亨说："朔方，天下劲兵处也。今吐番请和，回纥内附，四方郡县大抵坚守拒贼以俟兴复，殿下今理兵灵武，按辔长驱，移檄四方，收揽忠义，则逆贼不足屠也。"

灵武在今宁夏灵武县，是当时唐朝镇守西北边疆朔方军的大本营。太子李亨早年曾任朔方节度大使，并且和长期担任朔方节度使的王忠嗣从小在宫中长大，关系密切，所以王忠嗣虽然被李林甫所害，但其部下对太子李亨都还熟悉，所以太子李亨到了朔方便有了稳固的根据地。

7月12日，太子李亨在裴冕、杜鸿渐等西北军政官员多次劝进下于于灵武即皇帝位，即唐肃宗，改元至德。尊唐玄宗为"上皇天帝"，任裴冕为中书侍郎，同平章事，杜鸿渐为中书舍人，当时的文武官员不过30余人。

李亨在灵武登基称帝事先虽没有唐玄宗"宣旨传位"，但是，当时的唐玄宗只想自己逃命，将天下和百姓弃之不顾，使各地抗击叛军的行动处于无人统一指挥、一盘散沙的境地。而太子李亨在危急关头提前称帝，自然肩负起了领导关中及中原地区平叛的重任。这不仅让天下抗击叛军的武装力量士气大振，而且也得到了广大百姓的拥戴。所以史书记载当李亨在灵武称帝的消息风传天下时，"衣冠士庶归顺于灵武郡者，继于道路"，"及闻肃宗治兵于灵武，人心益坚矣"。

在李亨灵武称帝几天后，到达普安郡的唐玄宗从逃跑的惊吓中回过神来，下了一道《幸普安郡诏》。诏书中除用书面的形式表示自责的"伊朕薄德，不能守其位，贻祸海内，负兹苍生，是用罪己责躬"内容外，第一次布置全国军队抗击安禄山叛军。诏书任命太子李亨为"天下兵马大元帅"，领朔方、河东、河北、平卢节度都使；任命永王李璘为山南东道、岭南黔中、江南西道节度都使；任命盛王李琦为广陵大都督，领江南东路及淮南、河南等道节度都使；任命丰王李珙为武盛大都督，并领河西、陇右、安西北庭节度都使。

唐玄宗虽然在这里安排太子李亨为"天下兵马大元帅"，但让太子和其他三个王子分别统帅全国各路军马抗击叛军。让太子和诸王分区领兵，显然是分割限制了太子李亨的权力，所以，这之前唐玄宗虽然已在口头上表示要让位给太子，但对于一个具有最高权力的皇帝来说，真正让出皇权由别人来代替自己是很不容易的。唐玄宗这样做不仅表现出了他此时仍然不愿心甘情愿地让位于太子，而且让诸王分区领兵也极易造成其他王子与太子分庭抗礼的局面。不久，永王李璘便在南方搞起了地方割据来对抗唐肃宗，失败后也牵连到了大诗人李白，李白在流放途中被赦免回家，便有了《朝发白帝城》这首轻快愉悦的佳作传世。

从史料来看，在安禄山叛军肆虐中原关中等地时，当时天下军民最关心的不是太子擅自称帝是否名正言顺，而是谁能担当带兵讨贼、收复失地、保护黎民百姓的责任，所以，太子李亨的灵武称帝是大势所趋，人心所向的。

唐肃宗即位后，立即派使者到成都向太上皇报告。唐玄宗李隆基接到报告后，不管他是不是心甘情愿，但他自知自己偏居西南一隅，难以再左右局势，所以他终于明智地顺应历史颁布了《命皇太子即皇帝位诏》。诏文写道："今宗社未安，国家多难，宜令即皇帝位，朕称太上皇。且天下兵权，宜制在中夏，朕居巴蜀，应卒则难。其四海军权，先取皇帝处分，然后奏朕知。待克复上京，朕将凝神静虑，偃息大庭也。"诏书颁布后，太上皇又命左相韦见素、右相房琯与唐肃宗的使者崔涣一起带着传国玉玺及玉册到达灵武，举行传位大典，正式传位给太子李亨。当年9月15日，唐肃宗已迁至顺化（今甘肃庆阳），韦见素、房琯等人到达顺化后，献上了传国玉玺与即位册文。玉玺是国家权力的象征，即位册文是太上皇正式传位的文书证明，至此，灵武自行称帝的唐肃宗成为名正言顺的大唐皇帝。

2. 明皇晚景凄凉

唐肃宗李亨灵武称帝产生了极大的凝聚力，使全国军民"人有复兴之望矣"。于是，名路军马从各地纷纷投奔而来，在河北抗击叛军的郭子仪、李光弼5万多人马到达灵武不久，河西（今甘肃武威）、北庭（今新疆吉木萨尔）、安西（今新疆库车）等各节度使的大军也到灵武会合。同时，唐肃宗还得到了回纥、于阗及西域各族部落的援助。至德二年（公元757年）正月，安禄山被其子安庆绪所杀，叛军留守范阳的史思明不愿受安庆绪的节制，便以所统领的十三州8万部卒投降了唐廷，虽然不久史思明又重新叛唐，与安庆绪遥相呼应，但叛军的内乱使其元气大伤，给唐军收复两京造成了机会。当年的9月，唐肃宗令广平王李俶与兵部尚书郭子仪统率朔方军及回纥、西域诸族部队15万人从凤翔进兵，攻克长安，10月收复了洛阳，安庆绪只得带着残部逃到了邺郡（今河南安阳）。

乾元元年（公元758年）九月，唐肃宗派遣郭子仪、李光弼等九位节度使统兵60万讨伐安庆绪，包围了邺城，但范阳的史思明率兵来援，破坏了唐军的粮道，使唐军 60 万人马溃败于城下。战后，史思明又杀死了安庆绪，还兵范阳，自称大燕皇帝，并又攻占了洛阳。上元二年（公元 761 年）三月，史思明又被其子史朝义所杀，从此叛军内部更加人心离散，使相持多年的战局有了转机。宝应元年（公元 762 年）十月，唐军借助回纥兵收复了洛阳，史朝义逃往莫州（今河北任邱），第二年正月又逃往范阳，最后在走投无路之时自杀身亡，至此，历时七年两个月的安史之乱，才始告平定。

早在长安洛阳两京收复之时，唐肃宗便立即派遣官员赴成都迎太上皇李隆基回长安。接到两京收复报告的太上皇非常高兴，此时他已在成都待了一年零两个月，于是便与陈玄礼、高力士、部分皇子皇孙及禁军 600 余人，沿来时的原路返回。至德二年（公元 757 年）十二月初到达了咸阳望贤宫，在这里唐肃宗亲自带领百官前来迎接太上皇。《资治通鉴》对这次父子皇帝相见做了详细的记载：

> 十二月，丙午，上皇至咸阳，上备法驾迎于望贤宫。上皇在宫南楼，上释黄袍，著紫袍，望楼下马，趋进，拜舞于楼下。上皇降楼，抚上而泣，上捧上皇足，呜咽不自胜。上皇索黄袍，自为上著之，上伏地顿首固辞。上皇曰："天数、人心皆归于汝，使朕得保养余齿，汝之孝也！"上不得已，受之。父老在仗外，欢呼且拜。上令开仗，纵千余人入谒上皇，曰："臣等今日复睹二圣相见，死无恨矣！"上不肯居正殿，曰："此天子之位也。"上固请，自扶上皇登殿。尚食进食，上品尝而荐之。
>
> 丁未，将发行宫，上亲为上皇习马而进之上皇。上皇上马，上亲执鞚。行数步，上皇止之。上乘马前引，不敢当驰道。上皇谓左右曰："吾为天子五十年，未为贵；今为天子父，乃贵耳！"左右皆呼万岁。上皇自开远门入大明宫，御含元殿，慰抚百官，乃诣长乐殿谢九庙主，恸哭久之。即日，幸兴庆宫，遂居之。上累表请避位还东宫，上皇不许。
>
> 甲子，上皇御宣政殿，以传国宝授上，上始涕泣而受之。

唐肃宗亲自到咸阳迎接太上皇真可以说是表现得至诚至孝，他不仅跪拜于望贤宫下，而且匍匐在地捧着父亲的双足不停地哭泣。他不穿只有皇帝才能加身的黄袍，穿着一身紫袍来拜迎太上皇，表明自己在父亲面前仍然只是臣子，自己还是承认父亲是皇帝的心意，他不仅亲自为太上皇牵马引路，还叫臣民拜见太上皇。他的这些做法不仅让臣民们感动得山呼万岁，而且让太上皇李隆基发出了"吾为天子五十年，未为贵，今为天子父，乃贵耳"的感叹。于是李隆基不仅亲自为自己的儿子李亨穿上黄袍，到长安后还郑重地到宣政殿亲手将传国玉玺交到了唐肃宗李亨的手中。这样面对面地交接国之权柄，表明了唐玄宗禅让帝位于唐肃宗，使唐肃宗李亨名正言顺地接受了帝位。

但是，父子二人这场让广大臣民感动得热泪盈眶的相见在很大程度上存在着唐肃宗生动地表演作秀，因为在这之前太上皇一行到达扶风（今陕西凤翔）时，唐肃宗李亨就给了自己的太上皇父亲一个狠狠的下马威。他从长安派了3000精骑到扶风"迎卫"，将太上皇的600禁军缴了械，将收缴的武器全部存放在扶风的武器库里。解除太上皇禁军的武装，不仅表明了唐肃宗李亨对自己父亲李隆基的猜忌和防范，而且明确地给其不要妄想复辟的警告。所以，唐肃宗"释黄袍、著紫袍""累表请辞位还东宫"都是虚情假意的表演而已。

虽然唐肃宗心底一直忌惮自己的父亲太上皇，但年事已高的太上皇李隆基却从心底里认同了自己的儿子李亨继位。乾元元年（公元758年）正月，他又在宣政殿以自己太上皇的名义给唐肃宗加了"光天文武大圣孝感皇帝"的称号，不仅彰显了李亨光复大唐的业绩和杰出的才能，还称赞他的诚孝品行。为报答太上皇对自己的肯定认可，唐肃宗又尊太上皇为"太上至道圣皇天帝"。

太上皇李隆基又住进了兴庆宫，但物是人非，往日的繁华景象一去不复返，人死不能复生，曾带给他无数欢乐时光的杨贵妃不能重回他的身边，于是他便想重新找回当年的梨园故人。潼关失守，长安陷落之时，梨园艺人死的死、逃的逃，当时梨园著名的琵琶大师雷海青被安禄山掳进洛阳为其演奏庆功，雷海青不但不为其演奏，还大骂安禄山，被割掉舌头的雷海青忍着剧痛将手中琵琶掷向了安禄山的脑袋，气急败坏的安禄山吼叫着让刀斧手将雷海青凌迟处死在大殿前。梨园著名的歌唱家李龟年安史之乱后流落到了江南，"每逢良辰胜景，为人歌数阕，座中闻之，莫不掩泣罢酒"。杜甫曾有一首著名的《江南逢李龟年》："岐王宅里寻常见，崔九堂前几度闻。正是江南好风景，落花时节又逢君。"感慨时事的变乱和人生的不幸。据说李龟年在又一次遇到长安故人聚会上演唱了当年王维为其作的《相思》"红豆生南国，春来发几枝？愿君多采撷，此物最相思"这首诗歌后，便因伤感至极昏倒在地而一病不起。

高力士按照太上皇的吩咐各处寻找到了一些幸存的梨园艺人，但是每当艺人演唱起当年宫中乐曲时，无论是演唱者还是观赏者，都是泪流满面，不忍卒听。被找回的梨园故人中有当时著名的舞蹈家谢阿蛮，当年她常和杨贵妃合作表演舞蹈。她给太上皇表演了当年她极拿手的《凌波曲》后，拿出了她的"金栗装臂环"给太上皇观看，原来此物是杨贵妃赠送给她的，太上皇看到杨贵妃的旧物，"持之出涕，左右莫不呜咽"。

太上皇李隆基对杨贵妃思念不已，自然想到了改葬杨贵妃，但是，改葬不仅要将马嵬坡仓促埋葬的杨贵妃移到合适的地方，而且要举行一定的仪式，并给以一定的名分，这自然遭到了唐肃宗的近臣们的反对。礼部侍郎李揆就此事上书说："龙武将士诛国忠，以其负国兆乱。今改葬故妃，恐将士疑惧，葬礼未可行。"李揆的上书说得很明确，马嵬兵变诛杀杨国忠，逼死杨贵妃是因为他们"负国兆乱"，现在重新安葬杨贵妃，不仅将士们担心否定了他们的行动，而且否定了兵变的发起者陈玄礼等人，甚至否定了兵变的默许者唐肃宗。李揆的意见获得了唐肃宗的认可，于是停止了重新安葬杨贵妃的行动。无奈之下，太上皇只得改派几个宦官到马嵬坡用棺椁装殓了杨贵妃的尸体，重新就地安葬了杨贵妃。宦官们还带回来杨贵妃尸体旁一个生前所带的香囊交给太上皇做纪念，这更让李隆基哀伤不已。

除了改葬杨贵妃外，太上皇李隆基还十分想念他宠爱的另一个妃子梅妃。李隆基逃离长安时，并没有带上梅妃，据野史记载，李隆基重回长安后梦见梅妃对他说长安城破后，自己被乱兵杀死，被好心人埋在宫内湖边的几棵梅树下。太上皇李隆基梦醒后派人依照梦境寻找到了裹在锦被中的梅妃尸体，也重新装殓安葬了。

对往昔繁胜的回忆和对故人的思念一直折磨着衰老的太上皇，但还有更为残酷无情的境遇变化加速他走向了死亡。《资治通鉴》对此有较详的记载：

> 上皇爱兴庆宫，自蜀归，即居之。上时自夹城往起居，上皇亦间至大明宫。左龙武大将军陈玄礼、内侍监高力士久侍卫上皇，上又命玉真公主，如仙媛、内侍王承恩、魏悦及梨园弟子常娱侍左右，上皇多御长庆楼，父老过者往往瞻拜，呼万岁，上皇常于楼下置酒食赐之，又常召将军郭英义等上楼赐宴。有剑南奏事官过楼下拜舞，上皇命玉真公主、如仙媛为之作主人。

> 李辅国素微贱，虽暴贵用事，上皇左右皆轻之。辅国意恨，且欲立奇功以固其宠，乃言于上曰："上皇居兴庆宫，日与外人交通，陈玄礼、高力士谋不利于陛下。今六军将士尽灵武勋臣，皆反仄不安，臣晓谕不能解，不敢不以闻。"上泣曰："圣皇慈仁，岂容有此？"对曰："上皇固无此意，其如群小何？陛下为天下主，当为社稷大计，消乱于未萌，岂得徇匹夫之孝！且兴庆宫与阎闾相参，垣墉浅露，非至尊所宜居。大内深严，奉迎居之，与彼何殊？又得杜绝小人荧惑圣听。如此，上皇享万岁之安，陛下有三朝之乐，庸何伤乎？"上不听。

> 兴庆宫先有马三百匹，辅国矫敕取之，才留十匹。上皇谓高力士曰："吾儿为辅国所惑，不得终孝矣。"辅国又令六军将士号哭叩头，请迎上皇居西内，上泣不应。辅国惧，会上不豫，秋，七月，丁未，辅国矫称上语，迎上皇游西内，至睿武门，辅国将射生五百骑，露刃遮道奏曰："皇帝以兴庆宫湫隘，迎上皇迁居太内。"上皇惊，几坠。高力士曰："李辅国何得无礼！"叱令下马，辅国不得已而下。力士因宣上皇诰曰："诸将士各好在！"将士皆纳刃，再拜，呼万岁。力士又叱辅国与己共执上皇马鞚，侍卫西内，居甘露殿。辅国帅众而退，所留侍卫兵，才老数十人。陈玄礼、高力士及旧宫人皆不得留左右。上皇曰："兴庆宫，吾之王地，吾数以让皇帝，皇帝不受。今日之徙，亦吾志也。"

> 是日，辅国与六军大将素服见上，请罪。上又迫于诸将，乃劳之曰："南宫、西内，亦复何殊，卿等恐小人荧惑，防微杜渐，以安社稷，何

所惧也？"刑部尚书颜真卿首率百寮上表，请问上皇起居。辅国恶之，奏贬蓬州长史。

……

丙辰，高力士流巫州，王承恩流播州，魏悦流溱州，陈玄礼勒致仕。置如仙媛于归州，玉真公主出居玉真观。上更选后宫百余人置西内，备洒扫。令万安、咸宜二公主视服膳。四方所献珍异，先荐上皇。然上皇日以上怿，因不茹荤，辟谷，浸以成疾。

上初犹往问安，既而上亦有疾，但遣人起居。其后上稍悔寤，恶辅国，欲诛之，畏其握兵，竟犹豫不能决。

……

甲寅，上皇崩于神龙殿，年七十八。

太上皇回京以后住在兴庆宫，看起来生活悠闲、行动自由，但是他的许多行动却引起了唐肃宗及其近臣的注意。太上皇繁华热闹的生活过惯了，免不了常常登上临街的长庆楼，街上来往的官员百姓看到了他们的老君王便免不了瞻仰跪拜、高呼万岁，这在时时防备老皇帝的唐肃宗等人看来，自然有聚集人气、笼络人心之嫌。特别是太上皇避难地剑南的官员还特地到楼下跪拜，太上皇还让身边人招待他们，更让唐肃宗等人不安的是太上皇还宴请羽林大将军郭英义，不久郭英义就被解除了禁军中的职务，调任至潼关去了。

唐肃宗等人不仅担心太上皇的这些行动，还担心其身边对太上皇忠心耿耿、能力超群的陈玄礼、高力士等人及护卫禁军，于是表面上是李辅国"矫旨"而行，实则是唐肃宗同意的欺骗太上皇游幸，而将其武力押迁西内太极宫的事件便发生了。

太上皇李隆基被武力逼迁至太极宫后，完全隔绝了同宫外的联系，被软禁了起来，护卫的几百禁军只留下了几十名老弱病残，长期跟随其身边的高力士、陈玄礼等人不是被流放，便是被勒令退休回家，连身边侍候父亲的公主也被强行出家为道姑。

早在李辅国在唐肃宗授意下削减太上皇宫中的御马，将300匹马减为仅剩10匹时，太上皇李隆基就感到了唐肃宗等人的用心，发出了"吾儿为辅国所惑，不得终孝矣"的哀叹，现在更是与世隔绝，完全被幽禁起来，自然是心如死灰，完全绝望，先是"不茹荤"，到后来"辟谷"，不进食，悲愤地结束了自己的生命。

《资治通鉴》在记载这段历史时多归于李辅国"矫称"唐肃宗的旨意，好像这些都是在唐肃宗不知情的情况下，李辅国的个人行为。其实从情理上看这是不可能的，因为从《资治通鉴》本身所记载的史料来看，李辅国这样做的目的是"欲立奇功以固其宠"。他要固谁对自己的宠爱呢？当然是皇帝唐肃宗了，那么，他只有按唐肃宗的意愿办事才能建立"奇功"，从而取得皇帝唐肃宗的宠爱了。一个一心想获得皇帝恩宠的人，怎敢不按皇帝的旨意办事，甚至假称皇帝的旨意办事呢？更何况将太上皇幽禁在西内太极宫中后，裁撤其禁军卫队，流放或勒令其身边的重臣退休都是朝廷公开下旨办理的，所以对太上皇处境待遇的改变完全是在唐肃宗授意下进行的。

那么，唐肃宗为何不顾父子之情而如此对待太上皇呢？笔者认为主要有以下几方面的原因：一是唐肃宗本身的心虚，因为当年他不辞而别，北上灵武称帝并没有得到唐玄宗的事前禅让，毕竟自己是在老皇帝还在位时，便另立中央自行称帝的，他知道这无论事后唐玄宗如何追认同意，太上皇肯定有其心结。二是他认为太上皇现在承认他的皇帝地位只是势不得已，一旦有机会，就会毫不留情地清算自己擅自称帝的行为，当年有人告发原太子谋反时，当年的唐玄宗、现在的太上皇竟然一下子杀了自己的三个儿子。皇帝父亲这样只认权力，不顾亲情的性格，他是深有感受的。三是太上皇在兴庆宫与官员百姓互动的行为，让他感到了太上皇尚存的余威，这让他感到深受威胁。四是当时非常危险的形势。当时史思明杀了朝廷派往范阳的官员，重新叛唐，又第二次攻占了东都洛阳，大有西进长安的势头。在这危险时刻，一旦太上皇乘机起事夺取帝位，自己内外交困，局面将不可收拾。当然还有第五个原因，这便是唐肃宗身边当年拥立其灵武称帝的包括李辅国在内的重臣，非常担心太上皇重新掌权自己肯定没有好果子吃，便极力劝谏唐肃宗防范控制太上皇，促使唐肃宗下决心将其太上皇父亲幽禁在了太极宫，造成了78岁的唐玄宗李隆基走向了死亡。

当年英姿勃勃诛灭了韦氏和太平公主集团，逼迫其父给其让位的临淄王，登基后选贤任能，君臣励精图治，开创了中华历史上强盛辉煌"开元盛世"的唐明皇，最终又因他骄奢怠政、任佞误国而引发安史之乱，不仅使自己悲愤而死，而且促使盛唐迅速衰落，最终使中华民族陷于五代十国分裂混战之中，让人深深感到人事及历史的不测和轮回。作为在中国历史上很有影响的帝王，唐玄宗的一生让我们不得不想到其后世文学家、史学家欧阳修的名言："忧劳可以兴国，逸豫可以亡身，自然之理也。"

后记

观众的掌声和喝彩能极大地激发演员将自己的演艺技能极致发挥，同样，学生对授课教师的喜爱和赞赏也会激励教师更加精心准备与竭力讲好他的课程。正是县老年大学文史班的众多学员多年来对我的讲课始终不渝的喜爱和鼓励，激励督促我不敢有所懈怠，才日积月累出了这样一本近40万字的讲稿。

县委任命已退休的我为县老年大学副校长，使本书有了产生的可能。县主要领导、县委组织部分管领导、县老干部局领导及工作人员多年来一直关心老年大学和我的工作，对本书的编写出版也给予了极大的关注和支持。

退休回家还做这样的文字工作，照料赡养我年逾九十的父亲及繁杂的家务依如我在职工作时一样大多落在了我妻子彭桂英身上，她毫无怨言的付出和儿女们对我的理解与支持也是本书能在今天得以付梓的重要因素。

仅以本书的出版表示我对各位领导、各位学员和我家人深深的谢意！

尤玉祥

2018 年 7 月 16 日